Greg King
Alexandra

Gemälde der Kaiserin Alexandra, 1896

Greg King

Alexandra

Die letzte Zarin von Rußland
Ihr Leben und ihre Zeit

Aus dem Amerikanischen
von Ilse Strasmann

Marion von Schröder

Die Originalausgabe erschien 1994 unter dem Titel
»The Last Empress« bei Birch Lane Press, Carol Publishing Group, Secaucus

Der Marion von Schröder Verlag ist ein Unternehmen
der Verlagshaus Goethestraße GmbH & Co. KG

ISBN 3-547-75401-1

© 1994 Greg King
Copyright der deutschen Ausgabe:
© 1999 Verlagshaus Goethestraße GmbH & Co. KG, München
Satz: Franzis print & media GmbH, München
Alle Rechte vorbehalten. Printed in Germany
Druck und Bindung: Bercker, Kevelaer

Für Russ

Niemand würde ohne Freunde leben wollen,
auch wenn er alles andere hätte.

Aristoteles

Inhalt

»Das Leben der letzten Kaiserin gliedert sich deutlich in zwei Abschnitte, und man muß diese Frau als zwei verschiedene Personen sehen und beurteilen.

Die erste Frau ist eine Mutter und eine Gattin, die umstrittene Ratschläge erteilt in Dingen, die sie schlicht nichts angehen. Die zweite zeigt sich, als der Zar abdankt: Sie erträgt Demütigungen und ständige Angst und gelangt über einen wahren Leidensweg in den Keller des Ipatjew-Hauses.

Ein Charakterzug ist dabei beiden Frauen gemein – die leidenschaftliche Liebe der Kaiserin zu ihrem Mann. An der ersten dieser Frauen kann man schärfste Kritik üben; die zweite kann man nur bewundern.«

Aus einem Brief des Fürsten Nikolaj Romanow an den Autor

Vorwort

Über Alexandra Fjodorowna, die Gemahlin Nikolaus' II., des letzten Zaren von Rußland, ist schon viel geschrieben worden. Als eine der wichtigsten Persönlichkeiten bei dem dramatischen Ende des russischen Kaiserreichs und der folgenden Revolution hat man sie und ihr Leben ein Dreivierteljahrhundert lang erforscht, analysiert, kritisiert und verurteilt. Keine andere Frau in der Geschichte des 20. Jahrhunderts ist wohl derart verleumdet und mißverstanden worden, verantwortlich gemacht für ein so folgenschweres Ereignis wie die russische Revolution.

Alexandra wird in der Geschichte dargestellt als schüchterne, aber eigensinnige junge Frau, die, nachdem sie Zar Nikolaus II. geheiratet hatte, jeden Sinn für Ausgewogenheit verlor: Sie wurde zu einer unnahbaren, prüden Person, die ihre Familie isolierte – zum Nachteil des russischen Volkes im allgemeinen und des Ansehens der Familie Romanow im besonderen. Mit der Zeit verscherzte sie sich alle Sympathien der Bevölkerung. Als sich herausstellte, daß ihr letztes Kind und einziger Sohn, der Zarewitsch Alexej, Bluter war, machten Gram und Verzweiflung sie zu einer religiösen Fanatikerin, die unter den üblen Einfluß des berüchtigten Rasputin geriet. Während des Ersten Weltkriegs wurde seine Macht über sie so groß, daß er – der trunksüchtige, lasterhafte, grobe und betrügerische *Muschik* – das Schicksal des kaiserlichen Rußland bestimmte, und die Zarin, seine ihn vergötternde Anhängerin, ihren schwachen Mann zwang, seine Anweisungen auszuführen. Sie und Rasputin trugen gemeinsam zum

13

Zusammenbruch des russischen Kaiserreiches bei. Alexandra blieb bis zum Ende so naiv und blind, daß sie weiterhin und gegen alle Beweise des Gegenteils glaubte, das Volk liebte sie und ihren Mann. Und als die Revolution ausbrach, beklagten die wenigsten ihren Sturz und folgenden Tod.

Auch achtzig Jahre nach ihrem Tod fasziniert Alexandra uns noch immer – ein Zeichen für ihre komplexe und nur schwer verständliche Persönlichkeit. Ihre Rätselhaftigkeit ist nicht im Mangel an Materialien über ihr Leben und Denken begründet. Sie hat eine Fülle von Briefen und Tagebüchern hinterlassen, die einen Zeitraum von dreißig Jahren umfassen. Verwandte erinnerten sich in ihren Memoiren an Alexandras Leben und ihre Zeit, ihre Freunde veröffentlichten Apologien und ihre Feinde Anklagen, in denen sie ihr die Schuld am Sturz der Romanow-Dynastie gaben. Doch wie viele Bücher auch geschrieben wurden, in denen sie entweder im Mittelpunkt steht oder zumindest eine wichtige Figur ist, die Verfasser scheinen sich nicht einig werden zu können über ihre Rolle in der russischen Gesellschaft, das Ausmaß ihres Einflusses auf ihren Mann und die Bedeutung von Rasputins Wirkung über sie.

Trotz solcher Berühmtheit und angeblichen Macht sind jedoch der Kaiserin nur zwei seriöse Biographien gewidmet worden.[1] 1928 veröffentlichte Alexandras ehemalige Hofdame, die Baronin Sophie von Buxhoeveden, eine offizielle Lebensbeschreibung, in der sie Dokumente verarbeitete, die sich im Besitz von Alexandras Familie befanden, sowie ihre eigenen Erlebnisse und Erfahrungen am Hof. Diese Biographie leidet allerdings ein wenig unter der deutlichen Zuneigung der Autorin zu ihrer Heldin, der sie im Leben so nahegestanden hatte.

1961 erschien in London E. M. Almedingens nachdenkliches Werk *The Empress Alexandra*. Es war das erste Buch, welches das Leben der Zarin vor dem Hintergrund ihrer Zeit zu betrachten und ihren Charakter ohne Voreingenommenheit zu analysieren versuchte. Im Vergleich zu den anderen Arbeiten war es ein Fortschritt, opferte aber Gründlichkeit und Details aus Alexandras Privatleben dem größeren Bild des Zerfalls der russischen Gesellschaft insgesamt. Zum Beispiel widmet Almedingen den ersten zweiundzwanzig Lebensjahren Alexandras weniger als zwölf Seiten, und im übrigen Buch konzentriert sie sich auf eine klare, präzise Darstellung der Faktoren, die Einfluß auf das Leben der Zarin in Rußland hatten, befaßt sich aber wenig mit ihren Reaktionen darauf oder gar mit der Frage, weshalb sie so reagierte, wie sie es tat.

Robert K. Massies Buch *Nicholas and Alexandra*, in dem er nicht nur die Zarin porträtiert, hat viel dazu beigetragen, das kaiserliche Paar zu vermenschlichen. Massie hat sich auf ihre große Liebe als Gegensatz zum Niedergang des russischen Kaiserreichs konzentriert. Er brachte ein ausgewogenes Verständnis für Alexandra auf, das in gewisser Weise bis dahin gefehlt hatte, dennoch überging sein Buch viele wichtige Einzelheiten in ihrem Leben, weil sie natürlich nur eine Hälfte seines Themas darstellte.

Andere Autoren haben Alexandra im allgemeinen streng beurteilt. Ein typisches Beispiel ist Edward Crankshaws ansonsten erstklassiges Werk *Winterpalast*. Es lohnt sich, daraus zu zitieren, denn es gibt ein weitverbreitetes Urteil über die Zarin wieder:

»... Alexandra war zwar auch nicht gerade ein Dummkopf, verfügte jedoch über keinerlei politisches oder gesellschaftliches Verständnis; sie beherrschte ihren Mann und zwang ihm gegen Ende verhängnisvolle Entscheidungen auf ... Alexandra kam – nicht ohne Grund – zu dem Schluß, daß der Hof korrupt war und korrumpierte und daß dies für das ganze bürokratische System galt. Wenig stichhaltig war jedoch die Begründung, mit der sie sich einredete, daß sie und nur sie allein die fromme Natur des russischen Bauern verstehen könne und daß buchstäblich die gesamte Intelligenz an einer Verschwörung beteiligt sei mit dem Ziel, zwischen Nikolaus und seinem Volk Schranken aufzurichten. Sie traute niemandem und glaubte gleich das Schlimmste von jedem, der ihren Mann zu beraten oder zu beeinflussen versuchte ... Trotzdem richtete sie schon dadurch, daß sie Nikolaus überredete, St. Petersburg zu verlassen, die Winter in Zarskoje Selo und die Sommer auf Peterhof zu verbringen, unermeßlichen Schaden an. Denn sie spann Nikolaus in ihren klaustrophobischen Gemächern wie in einen Kokon ein. Dort wurde er nur von billigen Schmarotzern besucht. Sie stellte sich zwischen ihn und fähige, ideenreiche Männer und Frauen, und sie unterstützte ihn in seiner Überzeugung, daß er der Autokrat und der Vater seines Volkes sei ...«[2]

15

Hier hat in wenigen Sätzen Crankshaw sein eigenes Vorurteil gegen Alexandra deutlich gemacht und zugleich alle Animositäten ihr gegenüber aufgegriffen, die sich im Laufe der Jahre entwickelt haben. Er steht mit diesem Urteil nicht allein, aber ist das Bild korrekt?

Ich habe mich über fünfzehn Jahre mit dieser umstrittenen Frau beschäftigt, und bin zu dem Ergebnis gekommen, daß fast alle bisherigen Biographien bei dem Versuch, sie zu verstehen, wenig hilfreich sind. Ich will nicht behaupten, daß ich die ganze Wahrheit über Alexandra Fjodorowna kenne, glaube aber, daß der Schlüssel zum Verständnis ihres Charakters – und damit ihrer Rolle als Zarin und ihres Anteils am Sturz der russischen Monarchie – weniger in den zweiundzwanzig Jahren liegt, die sie als Zarin in Rußland verbracht hat, als in den vorausgegangenen zweiundzwanzig Jahren, in denen sie eine Prinzessin des deutschen Großherzogtums Hessen und bei Rhein war. Diese Jahre ihres Lebens muß man berücksichtigen, wenn man verstehen will, wie sie zu der Frau geworden ist, die sie war, und warum sie unter die Einflüsse geriet, die sie schließlich beherrschten. Sie sind, wie bereits angedeutet, zu einem großen Teil vernachlässigt worden. Aber schon hier können wir sehen, wie Alix als Mädchen und junge Frau bereits beginnt, sich von der Gesellschaft und von ihr nicht bekannten Menschen zurückzuziehen, wie sie schon jetzt auf ihre Umgebung den Eindruck einer tragischen Figur macht und auch zu extremer religiöser Verzückung fähig ist. Alles dies wird sich später, nachdem sie Zarin geworden ist, stärker und unglücklicherweise mit nachhaltigeren Konsequenzen noch deutlicher offenbaren.

Der Zerfall der Zarin – denn es war ein Zerfall der Persönlichkeit – im Laufe der Jahre, der von der Selbstisolierung über den Einfluß Rasputins bis zur politischen Beherrschung ihres Mannes reichte, war bereits in ihren Entwicklungsjahren angelegt. Sie kam nach Rußland als eine von Queen Viktorias aufgeklärten und demokratischen Enkelinnen, aber kaum zehn Jahre später übertraf ihr Glaube an die Institution der russischen Autokratie noch den ihres Mannes. Ihr Charakter scheint sich von Jahr zu Jahr zu ändern. Aber schon in ihren Kinder- und Jugendjahren hatte Alix von Hessen die Saat zu ihrer eigenen Vernichtung in sich getragen: ihren Fatalismus, ihre starken religiösen Überzeugungen und ihre Empfänglichkeit für Pomp und Pracht.

Daher habe ich mich in dieser Biographie ausführlich mit den Entwicklungsjahren der Zarin beschäftigt. Wenn meine Argumentation nicht unmittelbar überzeugt, bitte ich die Leser um Nachsicht: Vieles, was Alexandra in der Kindheit erlebt hatte, wurde erst relevant, als sie an der Seite ihres Mannes auf dem russischen Thron saß. Wie andere Historiker habe ich mir den Kopf zerbrochen über ihre Handlungen und Reaktionen und sie im Lichte dessen zu interpretieren versucht, was wir über ihre Persönlichkeit wissen. In einigen Fällen, wo wenig unmittelbares Beweismaterial vorliegt, war es unmöglich, nachzuvollziehen, was Alexandra bewegt hat. An anderen Stellen und unter anderen Umständen – etwa ihre Beziehung zu Rasputin im Ersten Weltkrieg – habe ich meine eigene Interpretation der meiner Vorgänger hinzugefügt.

So findet sich nun auf diesen Seiten ein Bericht vom Leben der Alexandra Fjodorowna, der letzten Zarin von Rußland. Von ihr ist schon oft erzählt worden – von der unglücklichen Kindheit, dem glücklichen Eheleben, der tragischen Krankheit ihres Sohnes, ihrer Entfremdung von der Gesellschaft, ihrer Beziehung zu Rasputin und ihrem schrecklichen Tod. Aber ich glaube, die hier erzählte Geschichte macht diese bedeutende und umstrittene Frau verständlicher und in ihrem Wesen nachvollziehbarer als alle bisherigen.

Vorbemerkung des Autors

Die Verwendung der Titel Zar und Zarin oder Kaiser und Kaiserin kann unter Umständen verwirrend wirken. Bis 1721 nannten sich alle Romanow-Herrscher Zar. Dieser Titel ist von *Caesar* abgeleitet, wie übrigens auch das deutsche Wort *Kaiser*. Peter der Große, der alles Westliche liebte, nahm dann offiziell den Titel *Gosudar Imperator* (Souveräner Kaiser) an, und das blieb bis zum Ende der Romanow-Dynastie 1917 die korrekte Anrede. Dennoch wurde der Herrscher allgemein als Zar bezeichnet, und seine Frau als Zarin oder Zariza, auch wenn ihr Titel eigentlich *Imperatrix* (Kaiserin) lautete. Der slawophile Nikolaus II. zog die ältere Form *Zar* vor, während Alexandra den Titel *Kaiserin* bevorzugte. Ich habe in diesem Buch beide Formen benutzt. Der Thronfolger trug bis 1721 den Titel Zarewitsch, dann wurde daraus Zesarewitsch. Die meisten Autoren, und auch ich, schreiben dennoch weiterhin Zarewitsch.

In Rußland galt bis zur Revolution der Julianische Kalender, nicht wie im Westen der Gregorianische. Deshalb hinkt das russische Datum im 19. Jahrhundert immer zwölf Tage, im 20. Jahrhundert dann dreizehn Tage hinter dem europäischen Datum her. Ein Beispiel: Nikolaus II. dankte nach dem russischen Kalender am 2. März 1917 ab, aber nach westlicher Zeitrechnung am 15. März 1917. Ich habe mich durchweg an den Gregorianischen Kalender gehalten und alle Daten nach westlicher Datierung angegeben. Trotzdem ist Vorsicht geboten: Manche Tagebuchschreiber haben bereits vor der Revolution nach westlicher Zeitrechnung datiert, und nicht immer war das eindeutig festzustellen.

Bei der Transkription der russischen Eigennamen hat sich die Übersetzerin nach der gebräuchlichen, deutsche Buchstaben verwendenden Form gerichtet.

TEIL EINS
Prinzessin Alix
(1872–1894)

1

Eine englische Prinzessin

Sie war ehrgeizig. Sie wurde geliebt. Sie wurde gehaßt. Sie war sensibel. Sie war stark. Sie war schwach. Sie war charmant. Sie war kalt. Sie war stolz. Sie war umgänglich. Sie war intelligent. Sie war engstirnig. Sie war scheu. Sie war warmherzig. Sie war hysterisch. Sie war eine Heilige. Sie war eine Ehefrau, eine Mutter und eine Kaiserin. Vor allen Dingen war sie verkannt. Sie war eine Frau, die den Lauf der neueren Geschichte verändern sollte.

Alexandra Fjodorowna war keine Russin, dennoch gelang es ihr, in ihrem Patriotismus russischer zu sein als jeder Untertan ihres Ehemannes. Sie war nicht im orthodoxen Glauben erzogen worden, dennoch war sie von einer stärkeren religiösen Inbrunst beherrscht als die meisten derer, die von Geburt an der russischen Kirche angehörten. Sie machte sich wenig aus Politik, dennoch fand sie im Laufe der Zeit gerade hierin ihre *Raison d'être*. Sie liebte ihren Mann leidenschaftlich, und dennoch fand sie in ihm ein Ventil für ihren Ehrgeiz, durch den sie letztlich die Kontrolle über die Geschicke des russischen Reiches erlangte. In ihrem späteren Leben war sie Ihre Kaiserliche Hoheit. Ihre Freunde nannten sie Alexandra Fjodorowna. Für ihre Familie war sie Alicky oder Sunny. Das Licht der Welt jedoch erblickte sie als Alix von Hessen, Sproß einer schicksalhaften Eheschließung zehn Jahre vor ihrer Geburt.

An einem kalten, windigen 1. Juli 1862 waren Alix' Eltern, Prinzessin Alice von Großbritannien und Prinz Ludwig von Hessen, in einer privaten, traurigen kleinen Zeremonie in Osborne House, dem

Sommersitz von Königin Viktoria auf der Insel Wight, getraut worden.

Ein derartiges Ereignis hätte mit allem angemessenen Pomp gefeiert werden müssen. Tatsächlich hatte es auch Pläne für eine Hochzeit in der königlichen Kapelle des St.-James's-Palastes in London gegeben, doch der Tod des Prinzgemahls Albert sechs Monate zuvor hatte seinen Schatten über die Feier geworfen. Ein Speisezimmer, nur hastig durch die Aufstellung eines Altars verwandelt, ersetzte die Kapelle. Die Mutter der Braut, Königin Viktoria, war zu dem Gottesdienst ganz in Schwarz erschienen, und jeder Moment des Tages rief in ihr tiefe Trauer über den Verlust des geliebten Gatten hervor. Ludwig und Alice, in einem mit Volants aus Honitonspitze besetzten Kleid aus weißem Satin, legten vor einem 1846 von Winterhalter gemalten Porträt der königlichen Familie kniend ihr Ehegelübde ab. Aus dem Gemälde blickte der Prinzgemahl auf die Szene herab, seine ausgestreckte Hand schien auf den Stuhl zu weisen, auf dem seine Witwe Platz genommen hatte. Die Brüder und Schwestern der Braut weinten, und während hinterher die Eltern des Bräutigams der Königin ihr Beileid aussprachen, wischte auch der Erzbischof sich Tränen aus den Augen.[1] Die ganze Feier war mißlungen. Es war keine richtige Hochzeit gewesen. Im Gegenteil, die Zeremonie beinhaltete alle Merkmale einer Trauerfeier: weinende Familienmitglieder, eine schwarz gekleidete Witwe und die lastende Atmosphäre eines Hauses, das von erdrückender, absoluter Trauer beherrscht war. »Alices Hochzeit«, bemerkte Königin Viktoria später, ähnelte »eher einem Begräbnis«.[2]

Flitterwochen gab es keine. Die Familie versammelte sich unter dem italienischen Säulenportal, um die Frischvermählten zu verabschieden. Ein vierspänniger Brougham brachte Alice und Ludwig fort von Osborne. Und als sie gerade abfuhren, öffnete der Himmel seine Schleusen, und ein schon lange drohendes Unwetter brach über die Insel herein. Es war ein passender Auftakt für das traurige Schicksal dieser Fürstenfamilie.

Königin Viktoria hatte Alice neunzehn Jahre zuvor zur Welt gebracht. Eine Geburt war für die Königin jeweils mit großen Unannehmlichkeiten verbunden, und sie fand das Ergebnis nicht allzu erfreulich.

Die meisten Säuglinge waren für sie schlicht »gräßlich« und »eher widerwärtig«. Es gab in ihren Augen nur wenige hübsche Babys, und die häßlichen waren »lästige Dinger«.[3] Wenn sie sich mit ihren Kindern beschäftigte, mußte sie all ihre Geduld aufbringen. Für jede Kleinigkeit gab sie einem von ihnen die Schuld, und wenn sie sich einmal etwas in den Kopf gesetzt hatte, wich sie nicht mehr davon ab. Aber die Königin besaß auch andere Seiten. Einmal, bei einem Staatsbankett, saß neben ihr ein nahezu tauber Admiral. Das Gesprächsthema wechselte, ohne daß er es wahrnahm, von seinem Schiff zu seiner Schwester, und Viktoria konnte sich vor Lachen nicht halten, als er ihr erzählte, daß er beabsichtige, »to have her bottom scraped«[4] (ihren Rumpf schrubben zu lassen).

Prinz Albert von Sachsen-Coburg-Gotha war es gelungen, das Herz dieser schwierigen und leidenschaftlichen Frau zu erobern. Sie fand in ihm ein strahlendes Beispiel all dessen, was gut ist im Leben, und ihre Kinder wurde dazu erzogen, in seine Fußstapfen zu treten. Er war ein aufgeklärter Fürst des 19. Jahrhunderts – er forschte, plante, entwarf, beobachtete und unterrichtete. 1851 organisierte er die erste Weltausstellung britischer Waren und britischer Technik im Kristallpalast in London. Die Königin vermochte jedoch hinter diesen hervorragenden Qualitäten ihres Mannes die andere, dunklere Seite seines Wesens nicht zu erkennen. In der Öffentlichkeit war der Prinz scheu und befangen. Die Engländer mochten ihn nicht, sie hielten ihn für zu deutsch und zu überheblich. Er war so nervös, daß er abends noch lange nachdem sich alle anderen zurückgezogen hatten, in den Fluren des Palastes auf und ab schritt. Als Vater glaubte er an den absoluten Gehorsam, und er herrschte über seine Kinder, wie sein Erzieher über ihn geherrscht hatte.

Alice war eines von neun Kindern. Mit dieser Zahl war Königin Viktoria sehr zufrieden. Die älteste Tochter, Viktoria, genannt Vicky, war ein außergewöhnlich begabtes Mädchen, mit drei Jahren sprach sie fließend Französisch, Englisch mit deutschem und Deutsch mit englischem Akzent.[5] Albert Edward, der Prinz von Wales, Bertie genannt, sperrte sich gegen die strenge Erziehung zum Thronfolger und entwickelte sich zum Gegenteil dessen, wofür sein Vater stand – er wurde lebenslustig, unbeherrscht und führte einen lockeren Lebenswandel. Sein Bruder Alfred konnte Bertie so wenig ausstehen, daß die beiden schließlich getrennt werden mußten. Arthur spielte mit Soldaten, Leopold war Bluter. Helena und Louise waren, freundlich ausgedrückt, unscheinbar und unattraktiv, und Beatrice, die Jüngste, verlebte ihre Kindheit unter der Last der übermäßigen Trauer ihrer Mutter.[6]

Alice und Bertie verband eine innige Beziehung, denn sie wurden beide innerhalb der königlichen Familie als Enttäuschung angesehen. Alices Problem war ihre äußere Erscheinung – ihr Vater nannte sie immer »süße arme kleine Alice«.[7] Ihre Züge waren fein, verloren sich aber in einem Gesicht, das beim besten Willen nicht als hübsch bezeichnet werden konnte. Ihr Unabhängigkeitsstreben bereitete der königlichen Familie große Sorge; sie besuchte Krankenhäuser, half den Armen und studierte Anatomie, was die Königin als »widerlich«[8] empfand. Trotzdem stellte sie ein kleineres Problem dar als ihr älterer Bruder, wie die Königin in einem Brief an Vicky erwähnte, die den preußischen Kronprinzen Friedrich geheiratet hatte: »Die liebe, gute Alice hat sich sehr herausgemacht. Sie hat eine freundliche Veranlagung, ist fleißig und macht gute Fortschritte. An einem Abend hat sie Unterricht bei Papa, welcher sagt, daß sie sehr aufmerksam sei, Bertie dagegen dumm und unaufmerksam.«[9]

Als Alice siebzehn war, entschied die Königin, daß es für ihre Tochter Zeit sei zu heiraten. Die europäischen Fürstenhäuser boten eine Auswahl geeigneter Ehemänner, und die Königin, eine unverbesserliche Ehestifterin, hatte großen Spaß an der Suche nach einem Partner für ihre Tochter. Alices Schwester Vicky hatte mit dem Kronprinzen von Preußen die bestmögliche Partie gemacht, also würde sie sich mit einer weniger illustren Stellung zufriedengeben müssen. Als nun die Zeit kam, wandte sich Viktoria selbstverständlich einem der unabhängigen Herzogtümer zu, aus denen traditionsgemäß die Heiratskandidaten für die Kinder von Herrschern kamen.

Ihre Wahl fiel auf Hessen-Darmstadt, ein kleines Großherzogtum zu beiden Ufern des Rheins. Es wurde von einer der ältesten protestantischen Dynastien regiert. Die Hessen zählten die heilige Elisabeth von Thüringen, Maria Stuart und Kaiser Karl den Großen zu ihren Vorfahren. Im Darmstädter Schloß war schon manch eine königliche Hochzeit arrangiert worden. Die Schwester des derzeit regierenden Herzogs war Zarin Maria Alexandrowna von Rußland. Die

Blutsbande zu anderen Herrscherhäusern waren ebenso stark. Selbst heute ist der Anteil hessischen Blutes in der britischen Königsfamilie höher als der irgendeines anderen Fürstenhauses.[10]

Das Oberhaupt der Familie war Großherzog Ludwig III. Obwohl er zweimal verheiratet war, hatte er keinen Erben hervorgebracht.[11] Sein jüngerer Bruder Karl rechnete damit, den Thron zu erben. Prinz Karl hatte 1836 Prinzessin Elisabeth von Preußen geheiratet, die ihm vier Kinder schenkte: Ludwig, Heinrich, Anna und Wilhelm. Es war der junge Prinz Ludwig, hübsch, höflich und harmlos, auf den die Königin ihre Hoffnungen für Alices Zukunft setzte. Nachdem sie nun den möglichen Bewerber ausgewählt hatte, lud sie Ludwig im Juni 1860 zur Rennwoche nach Ascot ein.

Alice sah in Ludwig nicht nur ein neues Gesicht, sondern auch ein recht attraktives. Das Klosterdasein in den Palästen ihrer Mutter hatte ihre Kontakte zum anderen Geschlecht auf eine Handvoll Bedienstete und die Familie reduziert. Ludwig war der erste in Frage kommende junge Mann, mit dem sie überhaupt zusammensein durfte. Sie verliebte sich ganz einfach auf den ersten Blick in ihn. Nachdem er wieder abgereist war, beichtete Alice ihre Gefühle einer Freundin, welche darüber berichtete: »Sie sprach fast ausschließlich von ihren Hoffnungen und ihrem Liebesleid aus übergroßer Liebe zu Prinz Ludwig von Hessen-Darmstadt. Er ist jetzt ›der eine‹, der einzige Mann, den sie jemals geliebt hat, lieben will, kann oder wird.«[12]

Sechs Monate später nahm Prinz Albert bei einem Besuch Ludwig zur Seite und forderte ihn auf, am gleichen Abend noch um Alices Hand anzuhalten.[13] Alice nahm den Antrag an, und die Königin war überglücklich.

Ein Jahr später wurde jedoch aus der großen Freude tiefes Leid. Mitten in den Hochzeitsvorbereitungen wurde Prinz Albert krank. Er mochte nichts essen; in einen Morgenmantel gehüllt, schlurfte er hustend von Raum zu Raum. Im Laufe der ersten Dezemberwoche diagnostizierten die Ärzte gastrisches Fieber, und Albert mußte das Bett hüten.[14] Viktoria weigerte sich zu glauben, daß die Sache ernst war. Sie betrachtete die Krankheit als Folge der Sorgen um den kürzlich an die Öffentlichkeit gelangten unbesonnenen Umgang des Prinzen von Wales mit der jungen Schauspielerin Nellie Clifton. Zu spät erkannte die Königin, daß ihr Mann tatsächlich schwer krank war. Am 14. Dezember 1861 fiel der Prinz ins Koma und starb. Die hysterischen Schreie der Königin hallten durch das ganze riesige Schloß Windsor.

Alice war achtzehn Jahre alt als ihr Vater starb. Die Königin lag, bis auf die ständigen Andachten in dem Raum, in dem ihr Gemahl gestorben war, unbeweglich auf ihrem Bett, und es war der jungen Prinzessin Alice überlassen, sich um das Begräbnis zu kümmern. »Eingehüllt in einen blauen Mantel lag Prinz Albert der Gute im Blauen Zimmer von Windsor aufgebahrt ... und hielt in seinen erstarrten Händen eine Photographie seiner Frau ...«[15] Weinend und schluchzend bedeckte die Königin sein kaltes Gesicht mit Küssen, und ihre Hände verkrampften sich in seinen Kleidern, bis der Leichnam weggetragen wurde.[16]

Es war dann auch Viktorias zwanghafte Besessenheit mit ihrem toten Gatten, die zu der schnellen Hochzeit schon im folgenden Sommer führte. Albert hatte dem Paar seinen Segen gegeben; Albert hatte die Zeremonie geplant; er hatte das Hochzeitskleid entworfen. Also würde die Hochzeit stattfinden. Nicht jedoch als öffentliche Feier – davon wollte die Königin nichts wissen. So wich die Hochzeitsgesellschaft in das von Trübsinn erfüllte Osborne House aus, um sich dort sowohl der andächtigen Huldigung des Prinzgemahls zu widmen, als auch der Trauung beizuwohnen.

Das Leben in Hessens Hauptstadt Darmstadt erwies sich als völlig anders, als Alice erwartet hatte. Ihre frühen Ehejahre wurden durch das Verhalten Preußens und seines Kanzlers Otto von Bismarck belastet. Das von den Hohenzollern regierte Preußen war der größte und mächtigste der lose miteinander verbundenen deutschen Staaten. Aus Meinungsverschiedenheiten wurden Kriege, und Familienstreitigkeiten führten zu der politischen Unterstützung aufrüstender Gegner. Die Unvermeidlichkeit der preußischen Vorherrschaft mußte laut Bismarck ständig demonstriert werden. Einen willkommenen Vorwand lieferte ihm die unklare Erbfolge in den Herzogtümern Schleswig und Holstein.

Was Bismarck wollte und auch bekam, war eine einfache Militärübung für die reformierte preußische Armee. Nach dem Tode König Friedrichs VII. von Dänemark 1863 lud Kanzler Bismarck die Herzogtümer ein, sich der preußischen Nation anzuschließen. Die Frage, wohin sie tatsächlich gehörten, war juristisch nicht eindeutig geklärt, aber die Herzogtümer lehnten Bismarcks Angebot zugunsten eines Bündnisses mit Dänemark ab. Die Bevölkerung, sagte Bismarck, spreche aber doch Deutsch, nicht Dänisch. Der neue König von Dänemark, König Christian IX., beteuerte, die Herzogtümer seien nicht von seinem Land abtrennbar, was jedoch eine Verletzung eines 1852 ausgehandelten Vertrages bedeutete. Erbprinz Friedrich von Augustenburg erklärte, seine Familie habe Anspruch auf die Herzogtümer, und übernahm die Regierungsgeschäfte als Herzog Friedrich VIII. von Schleswig-Holstein.

Alice befand sich in einer eigentümlichen Lage. Ihr Mann glaubte an die Rechte des Herzogs von Augustenburg. Ihr Bruder Bertie hatte Prinzessin Alexandra von Dänemark, eine Tochter König Christians IX., geheiratet, und das Paar unterstützte selbstverständlich die dänischen Interessen. Sowohl Alices Schwester Vicky, Ehefrau des Kronprinzen von Preußen, als auch Königin Viktoria selbst stellten sich auf die Seite Bismarcks.[17]

Bismarck überredete schließlich Österreich, an dem Angriff auf die Herzogtümer teilzunehmen und der Deutsch-Dänische Krieg von 1864 begann. Sehr bald war Schleswig-Holstein fest in preußischer Hand. Preußen überließ Österreich zum Zeichen seiner Dankbarkeit einen kleinen Landstrich. Dieser lag jedoch zwischen preußischen Gebieten. Österreich brachte die Angelegenheit zur Beratung vor den Deutschen Bundestag zu Frankfurt, doch der schlug vor, die Herzogtümer wieder unter die Regierung des Herzogs von Augustenburg zu stellen. Preußen besetzte Holstein, und Österreich stellte Antrag auf eine Mobilmachung der Bundesarmee. Bismarck interpretierte das als Kriegserklärung und befahl den Einmarsch der preußischen Armee in all die Staaten des Bundes, die sich seiner Politik entgegenstellten. Damit begann der Deutsche Krieg von 1866. Zwei Tage später, Ende Juni, rückten die Preußen in Hannover, Sachsen und Kurhessen ein. Hessen-Darmstadt stand ebenfalls auf seiten Österreichs.[18]

Ludwig übernahm den Befehl über eine Brigade der hessischen Kavallerie. Hessen war gänzlich unvorbereitet auf einen Krieg. Alice, schwanger mit ihrem dritten Kind, zerriß Bettlaken, um sie als Verbandsmaterial zu verwenden, und bat Königin Viktoria um zusätzliches »altes Leinenzeug« aus Osborne und Windsor.[19] Sie erkannte den Bedarf an Krankenschwestern und gründete den Alice-Frauenverein, um sie auszubilden. Sie selbst besuchte Kurse, um in den Lazaretten helfen zu können. (Später sollte sie weitere Stiftungen und Hilfsvereine zu Gunsten von Frauen und Armen ins Leben rufen.)

Der Krieg dauerte sieben Wochen. Bei der Entscheidungsschlacht von Königgrätz erlitten die Österreicher eine vernichtende Niederlage durch die Preußen. Die preußische Armee überschritt die hessische Grenze und zog durch Darmstadt, nach Belieben beschlagnahmend und plündernd. Alice schrieb an ihre Mutter:

»Die Preußen sind heute morgen mit Marschmusik und unter möglichst großem Aufsehen einmarschiert... Ich weiß nicht, wo der liebe Ludwig jetzt ist. So Gott will, ist er in Sicherheit, aber die Ungewißheit ist furchtbar... Für alles, was wir tun, brauchen wir die großzügige Erlaubnis der Preußen; nur unter Schwierigkeiten schmuggeln wir Leute aus der Stadt, wenn wir etwas benötigen. Aber die Preußen passen gut auf, daß wir nicht mit unseren Truppen oder sonst irgendeiner Stelle draußen Verbindung aufnehmen und so sind wir ganz und gar eingesperrt. Das geht so weit, daß wir Probleme haben, an ordentliches Fleisch oder die gewohnten Annehmlichkeiten des Lebens zu gelangen, denn die Preußen verleiben sich alles ein...«[20]

Der Waffenstillstand brachte Hessen praktisch schon unter die Kontrolle von Preußen. 1871 dann, nach dem Deutsch-Französischen Krieg, verlor Hessen auch das bißchen Unabhängigkeit, das es noch besessen hatte, als es Teil des neu gegründeten Deutschen Reiches wurde, das die preußischen Hohenzollern regierten.

Die Eingliederung bedeutete schwere Belastungen für das Fürstentum. Als Wiedergutmachung für den an Österreichs Seite verlorenen Krieg mußte das Land eine hohe Summe bezahlen und verlor darüberhinaus die Ländereien mit den höchsten Steuereinkünften. Alice mußte einen privaten Haushaltsplan aufstellen. Als sie Ludwig heiratete, hatte sie eine Mitgift von dreißigtausend Pfund mitgebracht Doch sowohl diese als auch der größte Teil des Vermögens ihres Mannes war für den Bau des Neuen Palais in Darmstadt verwendet worden. Sie mußte einige ihrer Bediensteten entlassen und ihre Pläne für Neuanstellungen aufgeben. Schon im März 1866 hatte sie an ihre

Mutter geschrieben: »Wir müssen so sparsam leben, nirgends hingehen oder viele Leute empfangen, um, soviel wir können, jährlich zurückzulegen ... Wir haben vier Wagenpferde verkauft und haben jetzt nur noch sechs zum Fahren, von welchen zwei die Damen beständig für Theater, Besuche usw. brauchen; wir sind daher in manchen Dingen übel dran ...«[21]

1876 fragte Alice bei ihrer Mutter an, ob sie auf dem Weg nach Balmoral, dem Schloß der Königin in Schottland, zwei Nächte im Buckingham-Palast übernachten könne. Sie reise mit nur zwei Begleitern, einem Obersten und seiner Frau aus Darmstadt. Aber Königin Viktoria sagte nein, das sei zuviel Aufwand. Alice mußte zugeben, daß sie keine andere Wahl habe – sie konnte sich keine Hotels leisten. Ein Angestellter des Hofes schlug vor, die Königin könne die Rechnung für das Hotel bezahlen, worauf Viktoria erwiderte, daß sie wissen müsse, um wie viele Übernachtungen es sich handele. Alice telegrafierte zurück, es seien zwei oder drei und die Königin teilte mit, sie müsse die Situation neu überdenken. Am Ende war Alice es leid, zu betteln. Sie reiste unbegleitet und übernachtete in billigen Hotels.[22]

Die Kriege und finanziellen Schwierigkeiten belasteten auch die eheliche Beziehung. Vielleicht wäre es so oder so zu Problemen gekommen, da Alice und ihr Mann so gänzlich verschieden waren. Sie war launisch, er war oberflächlich. Sie war empfindsam und gefühlsbetont, er barsch und reserviert. Während Alice intelligent und geistig anspruchsvoll war, blieb Ludwig kindlich und anspruchslos. Ludwig war bemüht, sich britisch zu geben, er trug Norfolk-Jacketts und sprach Englisch, aber sein starker Akzent verriet ihn immer. Durch sorgfältige Nachahmung hoffte Ludwig andere glauben zu machen, er sei der perfekte englische Gentleman. Die Königin allerdings fand dieses Spiel – die Versuche ihres Schwiegersohnes, ein Erbe zu beanspruchen, das ihm nicht zukam – geschmacklos. Er redete gerne über die britische Politik, ein innerhalb der königlichen Familie verbotenes Thema, und jedesmal, wenn er es anschnitt, begann die Königin nervös zu hüsteln.

Alice war stolz auf ihre Belesenheit, Ludwig jedoch, seinem Onkel Alexander von Battenberg zufolge, »liebt Sherry und Pferde, liest so wenig wie möglich und schreibt überhaupt nichts«.[23] Die Ehe litt unter diesen Gegensätzen. Alice hätte jemanden gebraucht, der ihr emotional und intellektuell gewachsen war, jemanden, mit dem sie ihre Hoffnungen und Sorgen hätte teilen können, Ludwig jedoch war dazu nicht der Mann. Es gibt keinen Zweifel an ihrer Liebe, aber die Verbindung war alles andere als ungetrübt. Als Ludwig während des Krieges abwesend war, schrieb sie ihm: »Wie ich dich vermisse – bei Tag und bei Nacht – kann ich dir gar nicht sagen, geliebter Ehemann, und wie sehr ich wünschte, mit dir sprechen zu können. Ich küsse dein liebes Bild, wenn ich aufstehe, und wünschte, es könnte sprechen. Es ist so einsam im Bett, wenn du nicht bei mir bist ...«[24] Zehn Jahre später allerdings bot sich ein ganz anderes Bild. Nach einem Streit mit ihrem Gatten besuchte Alice ihre Mutter im Schloß Balmoral in Schottland. Auf Ludwigs tägliche Briefe antwortete sie mit einem traurigen und aufschlußreichen Schreiben:

»Es ist lieb von Dir, so oft zu schreiben, und es macht mir so viel Freude. Aber, geliebter Louis, wenn die Kinder mir solche kindischen Briefe schreiben – nur kurze Berichte darüber, wo und was sie gegessen haben oder wo sie gewesen sind etc., und sonst nichts, keinerlei Ansichten, Beobachtungen und Kommentare –, würde mich das überraschen, und um wieviel mehr also, wenn *Du* mir so schreibst.

Es hat niemals an Liebe gefehlt – nur wurde es mit der Zeit immer schwerer, die Enttäuschung zu ertragen ... Ich hatte mich nach einem wahrhaftigen Partner gesehnt, denn sonst hatte das Leben in Darmstadt mir nichts zu bieten. Ich hätte ganz glücklich und zufrieden in einem kleinen Häuschen leben können, wenn ich nur meine geistigen Interessen und Ziele einem Ehemann hätte mitteilen können, dessen starke, fürsorgliche Liebe mich um die Klippen, die meine eigene Natur, die äußeren Umstände und meine übertriebenen Ansichten mir in den Weg legen, geleitet hätte.

So bin ich natürlich bitter enttäuscht von mir, wenn ich zurückblicke und erkenne, daß trotz guter Absichten und wirklicher Bemühungen meine Hoffnungen gänzlich gescheitert sind. Und diese Feststellung, mein Liebster, macht mich oft Dir gegenüber ungerecht, denn man trägt immer die Schuld in sich selbst, wie ich *jetzt* weiß. Es macht mich auch immer traurig zu sehen, wie Dich das vielleicht enttäuscht hat – denn die Schuld liegt bei *mir*. Aber laß uns von nun an einander helfen, ehrlich helfen, wir dürfen uns nicht von der Vergangenheit lähmen lassen – und alles, was ich will, ist, Dich glücklich zu machen und Dir nützlich zu sein.

Ich habe immer wieder versucht, über ernsthaftere Dinge mit Dir zu sprechen, wenn ich das Bedürfnis dazu hatte, aber wir haben nie zueinandergefunden. Ich fühle, daß eine wahre Partnerschaft für uns unmöglich ist, denn unsere Gedanken werden sich niemals treffen. Es gibt so viele Dinge, die mir wichtig sind, von denen Du nichts weißt, die jedoch in meinem Alter einen Teil meiner Persönlichkeit ausmachen und aus denen mein Leben besteht. Du würdest lachen, Du würdest es nicht verstehe, wenn ich Dir erklärte, was ich denke und fühle. Ich werde nie Deine *große* Güte vergessen, oder daß Du mich noch immer so lieb hast – und ich liebe Dich auch so sehr, mein geliebter Ehemann, darum ist es so traurig, das Gefühl zu haben, daß unser Leben dennoch so unvollständig und manchmal so schwierig ist. Aber nie gebe ich Dir daran die Schuld – das denke ich *nie, nie* ...«[25]

Später konnte Alice an Ludwig schreiben: »Ich bin meinen Fehlern gegenüber nicht blind. Aber ich glaube, ich kann sagen, daß wir damals nicht schlecht gewählt haben und daß wir ein sehr glückliches Paar sind.«[26]

Trotz ihrer Bemühungen, sich ihrer neuen Heimat und Stellung anzupassen, fühlte Alice sich immer noch als Außenseiterin. Die zwölfjährige Tochter von Prinz Alexander von Battenberg, Prinzessin Marie, sagte später: »Sie war eine Fremde, aus dem fernen England hergekommen, und paßte, wie ich schnell feststellte, überhaupt nicht in die Darmstädter Verwandtschaft. Sie tat mir oft leid, sie war so freundlich und so sympathisch, viel mehr, als unsere hessischen Verwandten, und auf andere Weise ... Sie war eine höchst attraktive und eindrucksvolle Persönlichkeit; ihre Stimme insbesondere, und ihr hübscher Mund mit den regelmäßigen Zähnen erweckten meine Bewunderung ...«[27]

Ihre Unzufriedenheit – sowohl mit der ehelichen Beziehung als auch mit dem Leben in Darmstadt – begann sich in Alices Persönlichkeit niederzuschlagen. Immer öfter versank sie in Melancholie und litt abwechselnd unter Nervenzusammenbrüchen, Erschöpfungszuständen und Übelkeitsanfällen. Ihr Gesundheitszustand verschlechterte sich zunehmend, wobei ein großer Teil psychosomatisch bedingt gewesen zu sein scheint: »Wenn sie nichts hatte, was sie vom ganz gewöhnlichen Leben ablenkte«, schrieb Gerard Noel, »schienen die Leiden am größten zu sein.«[28]

Was ihren Gesundheitszustand erheblich beeinträchtigte, war die Tatsache, daß Alice in den ersten zehn Jahren ihrer Ehe fünf Kinder zur Welt gebracht hatte. Das älteste, Viktoria (Vicky), war 1863 zur Welt gekommen, ihr folgte 1864 Elisabeth (Ella), 1866 Irene, 1869 Ernst Ludwig (Ernie) und 1870 Friedrich Wilhelm (Frittie). Da Schwestern und Kindermädchen teuer waren, sorgte Alice nach der Geburt selbst für ihre Kinder oder wurde später von nur sehr wenig Personal – nach fürstlichen Maßstäben – unterstützt.

Im Dezember 1871 erkrankte Alices Bruder Bertie an Typhus. Sie hielt sich ohnehin gerade in England auf und eilte zu ihm nach Sandringham House, Norfolk, wo er sterbend daniederlag. Die Ärzte fürchteten täglich seinen Tod, doch Alice blieb an seiner Seite und pflegte ihn – zusammen mit seiner Frau Alexandra – wieder gesund. Als Bertie schließlich außer Gefahr war, war Alice emotional und physisch ein Wrack. Tagelang ruhte sie sich auf einer Couch aus, ohne schlafen zu können. Ihr Gesundheitszustand war besorgniserregend, sie war im dritten Monat schwanger und fürchtete, daß die Atmosphäre des Krankenlagers in irgendeiner Weise das Leben ihres ungeborenen Kindes beeinträchtigen könnte. Als sie das Baby strampeln fühlte, schrieb sie: »Ich glaube, das Kind erwacht zum Leben. Hoffentlich schadet dieses hier ihm nicht.«[29]

2

Ein Juni-Kind

Alices jüngstes Baby – ein gesundes Mädchen mit dunklen, strahlenden Augen, einem winzigen Köpfchen mit einem Schopf von rötlich-goldenem Haar und zarten, wohlgeformten Zügen – wurde am 6. Juni 1872, einem schwülen Sommertag, geboren. Am 1. Juli, dem Hochzeitstag ihrer Eltern, wurde sie getauft und erhielt, wie es in der damaligen Zeit üblich war, eine ganze Reihe von Namen: »(Den Namen) Alix gaben wir ihr statt Alice, weil man hier meinen Namen umbringt. Man spricht ihn ›Aliice‹ aus, und deshalb dachten wir, Alix könnte nicht so leicht verketzert werden«, schrieb Alice an ihre Mutter, Königin Viktoria.[1] Die Wahl des zweiten Namens war inzwischen zu einer Art Familientradition geworden, denn die Königin hatte gebeten, daß alle ihre Nachkommen in Erinnerung an das königliche Paar entweder den Namen Viktoria oder Albert tragen sollten. So wurde Viktoria hinzugefügt. Helena, Louise und Beatrice nannte man das Baby nach den englischen Tanten, Alices Schwestern. Damit erhielt Ihre Königliche Hoheit, die Prinzessin, bei der Taufe die Namen Alix Viktoria Helena Louise Beatrice von Hessen und bei Rhein. Diese winzige Nachfahrin von Karl dem Großen und Maria Stuart hatte illustre Taufpaten: den späteren König Edward VII. von England und seine Frau, den späteren Zaren Alexander III. von Rußland und seine Frau, Prinzessin Beatrice von England, den Herzog von Cambridge und den Landgrafen von Hessen.

Alix verbrachte ihre Kindheit in verschiedenen Palais, Schlössern, Waldschlößchen und Jagdhäusern, die über die liebliche hessische

Landschaft verstreut waren. Die Familie besaß Häuser am Ufer des Rheins, in tiefen Wäldern oder auf lichten Anhöhen mit Blick über goldene Wiesen, etwa die Jagdschlösser Seeheim oder Kranichstein.

Die hessische Hauptstadt Darmstadt war von bescheidener Größe. Wie so viele im Mittelalter entstandene deutsche Städte hatte sich Darmstadt um ein Zentrum von engen Straßen und Plätzen mit Kopfsteinpflaster entwickelt. Seine romantischen, mit Schnitzereien versehenen Giebel blickten damals auf plätschernde Brunnen herab und malten ein Bild aus alter Zeit. Das Alte Schloß vermittelte einen sehr lebendigen Eindruck von der Vergangenheit. Es bestand eigentlich aus zwei Gebäuden: Das eine war ein neuerer, schlicht gestalteter Bau mit Blick auf den Marktplatz, das andere eine mit Giebeln und Türmchen geschmückte Burg mit Innenhöfen und Arkaden unter einem Uhrturm, der für ganz Darmstadt die Stunden schlug. Obwohl Alix' Familie all diese Häuser gehörten, wuchs sie vor allem im Neuen Palais, einen halben Kilometer südlich vom Alten Schloß auf.

Das Neue Palais – es war erst sechs Jahre vor Alix' Geburt fertig geworden – lag in einem großen Park, der früher einmal der botanische Garten gewesen war und von einem hohen schmiedeeisernen Zaun umgeben wurde. Ulmen, Linden und Kastanien säumten die Kieswege, die am Teich und den Blumenbeeten vorbei und dann zwischen ansteigenden Rasenflächen zum Haus hinaufführten. Alice hatte für das Haus einen italienisierenden Stil gewählt, der ihr aus ihren Kindertagen in Osborne vertraut war. Glastüren führten auf Loggien und Terrassen hinaus, die Wohnräume hatten hohe Decken, und an den Wänden hingen Porträts von Königin Viktoria, Prinz Albert und König Georg III. sowie Ansichten von den Schlössern Windsor, Osborne und Balmoral.[2] Erstaunlicherweise hatte Alice ihr Schloß mit Möbeln ausgestattet, die sie bei Maples in London bestellt hatte. Maples hatte sich auf elegante, aber preiswerte, maschinell gefertigte Stücke spezialisiert, mit denen ein Brite aus dem Mittelstand sein Heim ausstatten würde.

Alix' erste Jahre verliefen ruhig, und sie scheint als Kleinkind glückliche Zeiten verlebt zu haben. »Baby gleicht Ella, nur kleinere Züge und noch dunklere Augen …«, schrieb ihre Mutter. »Sie ist eine liebe, lustige kleine Person, lacht immer und hat auf einer Wange ein Grübchen gerade wie Ernie.« Als 1874 ihre Schwester Marie getauft wurde, nannte man Alix wegen ihres sonnigen Gemüts schon nur noch Sunny. »Sunny in Rosa wurde ungeheuer bewundert«, berichtete ihre Mutter.[3] Ihr kleines Mädchen würde schnell groß. »Sunny ist das Bild starker Gesundheit.«[4] Königin Viktoria versuchte die »liebe, hübsche, amüsante kleine Alix« bei einem Besuch zu zeichnen, mußte aber berichten, daß sie »gar nicht gut saß«.[5]

Als Alix noch ein kleines Mädchen war, kam ihre Großtante, Zarin Maria Alexandrowna, eine geborene hessische Prinzessin, mit ihrem Mann, Alexander II. von Rußland, zu Besuch nach Darmstadt. Sie brachte eine Ehrendame mit, die Baronesse Anne Pilar von Pilhau. Im Neuen Palais standen alle Kinder in schmucken neuen Kleidern und Matrosenanzügen wartend in einer Reihe, um die kaiserlichen Gäste zu begrüßen. Als die Kaiserin bei Alix angekommen war, deutete sie auf das Mädchen, wandte sich zur Baronesse um und sagte: »Küssen Sie ihr die Hand. Das ist Ihre zukünftige Kaiserin.«[6]

Wie unwahrscheinlich sich die Geschichte heute auch anhören mag, sie ist nur eine von vielen, die Alix betreffen, und die später, in ihrer Verlobungszeit mit dem Zarewitsch Nikolaus, am russischen Hof zirkulierten. Eine andere berichtete davon, wie Alix und ihre Schwestern als junge Mädchen bei einem Spaziergang im Richmond Park außerhalb von London auf eine alte Zigeunerin stießen. Die Mädchen ließen sich aus der Hand lesen und kicherten über die Vorhersagen für Viktoria und Irene. Als aber die alte Frau zu Alix und Ella kam, wurde sie besorgt und verkündete, daß beide Schwestern in ein fernes Land heiraten und dort unglücklich sein würden.[7]

Wieviel Wahrheit die Geschichte auch enthalten mag, sie fängt den Hauch von Tragik ein, der Alix schon früh umgab. Der erste Schlag war der Tod ihres Bruders Frittie, der an der gefürchteten Bluterkrankheit litt. Die defekten Gene, die die Hämophilie bei Königin Viktorias Nachkommen ausgelöst hatten, waren plötzlich zum Vorschein gekommen. Alice hätte darauf gefaßt gewesen sein müssen: ihr Bruder Leopold litt ebenfalls an dieser Krankheit. Als Frittie zwei Jahre alt war, hatte er sich am Ohr verletzt, und das Blut floß, bis das Haar des armen Kindes völlig verklebt war. Vier Monate später, an einem Morgen Ende Mai, stürmte der kleine Prinz in das Schlafzimmer seiner Mutter im Neuen Schloß. Alice saß am Klavier und spielte Chopins »Trauermarsch«.[8] Sie sah, wie Frittie quer durchs Zimmer

auf eins der Erkerfenster zum Garten zurannte. Als er die Fensterrahmen erreichte, streckte er die Hände aus, um seinen Lauf zu stoppen. Aber an diesem Morgen waren die Fenster nicht verriegelt und
gaben nach. Frittie stürzte auf die Steinterrasse sechs Meter darunter. Alice schrie auf und rannte die Treppen hinab zu der kleinen
gekrümmten Gestalt ihres Sohnes. Er lebte noch. Zunächst hoffte
man, er würde sich erholen, denn die Ärzte konnten keine schwer-
wiegenden Verletzungen erkennen. Aber es hatte schon eine Gehirn-
blutung eingesetzt, und am Abend war Frittie tot.[9]

Ihre ganze Kindheit hindurch hing der Schatten von Fritties Tod
über Alix. Sie selbst hatte ihn zwar gar nicht richtig kennengelernt,
aber Prinzessin Alice sorgte dafür, daß er nicht vergessen wurde. Jedes
Jahr besuchten Alix und ihre Familie das Mausoleum, in dem Frittie
beigesetzt war. Alice sprach unaufhörlich vom Jüngsten Tag sowie von
der Hoffnung, im Himmel wieder mit ihrem Kind vereint zu werden,
womit sie im Kopf ihrer kleinen Tochter die Saat für deren späteren
Fatalismus legte. An Königin Viktoria hatte Alice einmal geschrieben:
»Mitten im Leben sind wir mit dem Tod umfangen … Unser ganzes
Leben sollte der Vorbereitung und Erwartung der Ewigkeit gewidmet
sein.«[10] Und Ernie (Ernst Ludwig) rief schon im Alter von vier Jahren aus: »Wenn ich sterbe, mußt auch du sterben und alle anderen,
warum können nicht alle zugleich sterben? Ich mag nicht allein sterben, wie Frittie!« Und später träumte er einmal, er sei in den Himmel gekommen und hätte dort seinen toten Bruder gefunden, was
Prinzessin Alice rührend fand.[11]

Auch wenn sie selbst in ihrer Trauer versank, hegte Alice große
Erwartungen, was die Erziehung ihrer Kinder betraf. Ihrer Mutter hatte sie ihre ungewöhnliche Philosophie schon 1870 erläutert: »Ich bin
so vollständig mit dem einverstanden, was Du über die Erziehung
unserer Kinder sagst, und ich bin ernstlich bestrebt, sie frei von allem
Stolz auf ihre Stellung aufzuerziehen, welche ohne das, was ihr inne-
rer Werth daraus machen kann, nichts ist … Ich fühle ganz dasselbe
wie Du hinsichtlich der Verschiedenheit des Standes, und wie es vor
allem für Fürsten und Fürstinnen von Wichtigkeit ist, zu wissen, daß
sie nicht besser als andere sind, noch höher als andere stehen, es sei
denn kraft eigenen Verdienstes, und daß ihnen nur die doppelte
Pflicht obliegt, für andere zu leben und ihnen ein Beispiel zu geben,

gut und bescheiden zu sein – und ich hoffe, meine Kinder werden so heranwachsen.«[12]

Alice und Ludwig waren viel aufmerksamere Eltern als man sie in einer Zeit der Bediensteten und Kindermädchen erwarten würde. Viele Adlige waren aufgrund ihrer Verpflichtungen außerhalb des Hauses höchst nachlässige Väter und Mütter, und die meisten Kinder wuchsen sehr anders als Alix auf. Frances Donaldson schreibt:

»Alle Kinder der Oberschicht wuchsen von ihren Eltern isoliert heran; in einigen Familien sahen sie sie nur einmal, höchstens zweimal am Tag, nachdem sie besonders gekleidet und vorbereitet worden waren. Es war ganz normal, daß diese Eltern keine Ahnung von Kindererziehung hatten und den Konventionen ihrer Zeit folgten. Der einzige sichtbare Unterschied im Tagesablauf der Kinder der königlichen Familie und dem der Kinder aus Hunderten von anderen Familien im ganzen Land war der, daß ihre Mutter, wenn sie zu ihr in den Salon gebracht wurden, gewöhnlich in Gesellschaft einer Hofdame war.«[13]

Die legendäre *Nanny* der englischen Oberschicht war in Gestalt von Mary Anne Orchard über den Ärmelkanal gekommen, um das Regiment in den Kinderstuben des Neuen Palais zu übernehmen. Sie spielte eine herausragende Rolle. Mrs. Orchard weckte Alix jeden Morgen, half ihr beim Baden und Anziehen und schickte sie zu einem Morgengruß ins Zimmer ihrer Mutter; sie unterrichtete sie in Bibelkunde und erzählte ihr Gutenachtgeschichten; sie teilte ihre Freuden und tröstete sie, wenn sie traurig war – kurz, sie tat, was Alice gern getan hätte, wenn sie nicht eine Prinzessin mit begrenzter Freizeit gewesen wäre.

Mrs. Orchard, oder Orchie, wie die Kinder sie nannten, hatte verschiedene Kindermädchen unter sich. Die Kinder müssen kleine Tyrannen gewesen sein, denn sie hatten die Nannies in rascher Folge verschlissen, bevor sie Orchie fanden. Mit detaillierten Anweisungen der Prinzessin Alice regierte Orchie die Kinderstube mit eiserner Hand. Die Kinder mußten früh aufstehen, denn der Unterricht begann pünktlich um sieben. Das Frühstück um neun war herzhaft: es gab Porridge, Würstchen und kalten Braten. Solche Kost war nicht ungewöhnlich. Orchie bevorzugte einfache, unkomplizierte Ernährung: Mittags und abends gab es fast immer Rindfleisch, Reis, Salzkartoffeln und Bratäpfel.[14]

Die ersten Stunden waren ganz leicht – Lesen oder Zeichnen bei Orchie oder Prinzessin Alice. Danach durfte Alix mit Ernie oder der kleinen Marie spielen. Alix liebte Tiere. Begleitet von einem livrierten Lakaien, der ihr Pferdchen führte, fuhr sie schon früh in einem Ponywagen durch den Park des Neuen Palais. Als sie größer wurde, wichen die Shetlandponys schnellen und starken Pferden, auf denen sie anmutig saß. Es gab auch einen zahmen, nicht besonders angenehm riechenden Fuchs, ein Wildschwein, verschiedene Kaninchen und Meerschweinchen sowie ein Streichelschaf.[15]

1877 wurde Alix' Vater Großherzog Ludwig IV. von Hessen. Sie sah jetzt ihre Mutter viel seltener, denn die zusätzlichen Pflichten als Erste Dame des Landes beanspruchten ihre Zeit immer mehr. Unter Alices Führung entwickelte sich Darmstadt zu einem Zentrum des aufgeklärten, aber auch des romantischen Denkens. Sehr zum Ärger der konservativen Lutheraner diskutierte sie mit ihrem umstrittenen Freund David Strauß über Religion. John Ruskin, Thomas Carlyle und Alfred Tennyson waren zu Gast im Schloß, und mit Johannes Brahms spielte Alice sogar vierhändig am Klavier.[16] Diese zusätzlichen Aktivitäten forderten ihren Tribut von Alice. Die Depressionen und Krankheitsperioden vermehrten sich in dem Maße, wie ihr weitere Pflichten auferlegt wurden. Gerard Noel schreibt: »Vielleicht mußte sie diese Art Melancholie erben, gegen die sie nur ein Mittel hatte: ihre Tendenz, andere zu beherrschen, wenn es niemanden gab, der ihren eigenen latenten Wunsch danach, beherrscht zu werden, befriedigen konnte. Hinzu kommt der mit Intelligenz gepaarte Fatalismus, den sie von ihrem Vater, dem Prinzgemahl Albert, geerbt hatte.«[17]

Vieles im Leben der Mutter sollte sich später in dem ihrer Tochter wiederholen. Die psychischen Belastungen, die Beanspruchung durch ihre Stellung, das melancholische Temperament – das alles erbte Alix, und zwar in verstärktem Maße. Schon 1876 hatte Prinzessin Alice an Königin Viktoria geschrieben: »Ich glaube, Du weißt nicht ganz, wie weit ich davon entfernt bin, wohl zu sein, und wie lächerlich schwach es mir zu Muthe ist. Ich erwähne es nur, damit Du weißt, daß, ehe die gute Luft mich etwas gestärkt hat, ich so gut wie gar nichts thun kann … Es ist mir noch nie in meinem Leben so gewesen – ich lebe auf dem Sopha und in der Luft, sehe Niemanden und verliere doch fortwährend Kraft …«[18]

Alice nahm immer weniger teil an Alix' Leben. Immer häufiger war sie vom Schloß abwesend. Wenn sie zu Hause war, verbrachte sie die Tage im Bett, weil sie so erschöpft war. Sie hatte sich nie richtig vom Tod des Sohnes erholt, der vier Jahre zuvor unter ihren Augen gestorben war, und das spürten die Kinder deutlich. Alix sah Orchie viel häufiger als ihre Mutter, und wenn Prinzessin Alice mit ihrer Tochter zusammen war, sprach sie vom Himmel, vom Tod und vom Wiedersehen mit anderen Menschen in einer anderen Welt – nicht gerade beruhigende Worte von einer Mutter an ihre sechsjährige Tochter. Die Saat war gesät, die Tragödie angelegt. Es sollte aber noch ein Lebensalter dauern, bis die Katastrophe hereinbrach.

Den Sommer des Jahres 1878 verbrachte Alix mit ihren Eltern und Geschwistern auf Reisen. Sie besuchten Paläste und Schlösser in ganz Europa, die aber nicht etwa von entrückten gekrönten Häuptern, sondern von Tanten, Onkeln und anderen Verwandten bewohnt wurden. In England blieben die Hessen eine Weile bei Königin Viktoria, bevor sie weiter nach Compton Place zogen, dem Heim des Herzogs und der Herzogin von Devonshire an der Küste bei Eastbourne. Kühlende Brisen wehten vom Kanal herüber, als Alix hier Tennis spielen lernte. Vor der Rückkehr nach Darmstadt besuchten sie den Herzog und die Herzogin von Baden, die an der Ostsee Ferien machten, und die Kinder tobten mit ihren Vettern und Cousinen am Strand.[19]

Während sie in England waren, geschah ein Unglück, daß Alice als böses Omen ansah. Am 8. September 1878 rammte der Raddampfer *Princess Alice* während einer Fahrt auf der Themse ein anderes Schiff und ging mit über 600 Personen unter. Das Schiff war nach ihr benannt, und Alice war überzeugt, daß die Katastrophe eine Tragödie in ihrem eigenen Leben ankündigte.

In Darmstadt begann für die Kinder wieder das Alltagsleben. Am 5. November las Viktoria ihren jüngeren Geschwistern aus *Alice im Wunderland* vor. Sie fühlte sich ganz und gar nicht gut. Als sie sich über Halsschmerzen und Fieber beklagte, rief Alice den Hausarzt. Er stellte bei der Untersuchung fest, daß Viktoria Diphterie hatte. Das Neue Palais wurde sofort unter Quarantäne gestellt. Am 11. November war Viktoria außer Gefahr, aber gleich am nächsten Tag wurde Alix krank. Ihre Mutter schrieb der Königin: »Das ist schrecklich! Meine liebe, theure Alicky so krank. Heute nacht um 3 weckte mich Orchie und sagte, sie halte das Kind für fiebernd, es klage über seinen Hals. Ich ging hinüber und sah ihr in den Hals, und es waren nicht nur Flecken, sondern auf jeder Seite des Halses dicke Beläge jener schrecklichen weißen Membrane.«[20]

Kurz danach folgten Marie, Irene, Ernie und der Großherzog selbst; nur Ella hatte sich nicht angesteckt und wurde fortgeschickt. Die Krankheit war ernst – einige Male waren die Kinder dem Tod nahe. Alles was Alice tun konnte war, von Zimmer zu Zimmer zu gehen, sie zu pflegen, ihre Hände zu halten und die Stirn mit einem feuchten Tuch zu kühlen.

Marie starb in der Nacht des sechzehnten November. Alice beschloß diese Nachricht, so niedergeschlagen sie selbst auch war, von ihren Kindern fernzuhalten, bis es ihnen besser ginge. Doch Ernst Ludwig fragte immer wieder nach seiner Schwester, und schickte ihr, zur Qual seiner Mutter, kleine Botschaften und einmal auch ein Buch.[21] Als sie es nicht länger ertragen konnte, mußte Alice ihm doch sagen, daß Marie gestorben war. Dann, in dem Versuch, ihn zu trösten, beugte sie sich über ihren Sohn, küßte ihn und empfing von ihm, was der britische Premierminister Disraeli später als »Todeskuß« bezeichnete.[22] Ernie war bald außer Gefahr, doch Alice, geschwächt von der Fürsorge für ihre Familie, wurde krank. Nach der ersten Dezemberwoche gab es keine Zweifel mehr: Prinzessin Alice hatte Diphterie. Königin Viktoria war fassungslos und schrieb: »Ach! Es kann nicht wahr sein! Sie wird nicht die Kraft haben, es zu überstehen.«[23]

Tagelang verließen die Ärzte ihr Krankenzimmer nicht und versuchten, ein Wunder an der Prinzessin zu bewirken; die Königin schickte sogar ihren Leibarzt zu ihrer Unterstützung. Aber alle Bemühungen waren vergebens. Es ging Alice täglich schlechter. Ihre Temperatur stieg und sank wieder, und sie verfiel immer wieder in Fieberphantasien. Sie hatte Visionen: wie ihr Vater, Frittie und Marie nebeneinander im Himmel standen, um sie willkommen zu heißen. Am 13. Dezember verschlechterte sich ihr Zustand. Am folgenden Morgen, bevor sie ins Koma fiel, flüsterte Alice: »*May ... dear Papa.*«[24] Es war der siebzehnte Todestag des Prinzgemahls. Morgens um zehn vor acht starb Alice. Sie war fünfunddreißig Jahre alt.

Die Familie war niedergeschmettert, fassungslos. »Es sind immer die Guten, die weggenommen werden«, rief ihr Bruder, der Prinz von Wales, aus, als er die Nachricht erhielt.[25] Königin Viktoria war erschüttert und schrieb: »Daß dieses liebe, begabte, feine, zartfühlende, edle, süße Kind, das sich während der Krankheit ihres Vaters und später so wunderbar hielt und mir in jeder nur möglichen Weise eine Stütze und Hilfe war, gerade an diesem Jahrestag zu ihrem Vater abberufen wurde, scheint fast unglaublich und höchst geheimnisvoll!«[26] Die Einwohner Darmstadts sahen still und respektvoll zu, als der Sarg, von einem langen Zug von Trauernden mit brennenden Fackeln begleitet, vom Neuen Palais zur Kapelle im Alten Schloß getragen wurde. Am folgenden Tag zogen sie an dem mit der englischen Fahne, dem *Union Jack*, geschmückten Sarg vorbei. Blumenduft erfüllte die Luft: Das Hoftheater, dessen Förderin Alice gewesen war, schickte einen großen Kranz; eine Bauersfrau sandte einen Kranz aus Rosmarin, und zwei kleine Waisenkinder, mit denen Alice sich einst angefreundet hatte, brachten ein Sträußchen zerknitterter Veilchen.«[27] Später wurde die Großherzogin in einem aufwendigen, von Joseph Edgar Boehm entworfenen Grabmal beigesetzt; es zeigt Prinzessin Alice halb liegend, mit der toten Marie in ihren Armen.[28]

Die Kinder nahmen nicht an der Beerdigung teil. Sie hatten die Gesichter gegen die überfrorenen kalten Fensterscheiben des Neuen Palais gepreßt, als ihre Mutter ins Dämmerlicht des Dezember fortgetragen wurde. Königin Viktoria schickte ihnen einen Brief voller Trauer und Niedergeschlagenheit:

»Meine armen lieben Kinder, denn ich schreibe diesen Brief an Euch alle – Ihr habt den schrecklichsten Schlag erhalten, der Kinder treffen kann – Ihr habt eure teure, liebe, hingebungsvolle Mutter, die Euch liebte – und die ihr Leben Euch und Eurem lieben Vater gewidmet hatte – verloren. Diese schreckliche Krankheit, die die süße kleine Marie von uns genommen hat und von der Ihr und die anderen Euch erholt habt, hat sie Euch und Eurer armen alten Großmama fortgenommen, die mit Eurer anderen guten Großmama versuchen wird, Euch eine Mutter zu sein. Oh! Liebe Kinder, die liebste, geliebte Mama ist fortgegangen zum lieben Großpapa und Eurem anderen lieben Großpapa und Frittie und der süßen kleinen May [Marie], dahin, wo es keinen Schmerz und keine Trennung mehr gibt. Ich sehne mich danach, alle Einzelheiten zu erfahren. Der liebe, arme Ernie, er wird sich so schrecklich fühlen. Mögen er und der liebe Papa nicht so unter diesem grausamen Schlag leiden. Versucht und tut alles, um Euren armen, lieben Papa zu trösten und ihm zu helfen. Gottes Wille geschehe. Möge Er Euch allen Kraft geben und Euch helfen. Von Eurer ergebenen und höchst traurigen Großmama.«[29]

3

Kindheit

Der Tannenbaum stand in majestätischer Pracht auf dem Parkettboden mitten im weiß-goldenen Ballsaal des Neuen Palais. An seinen Zweigen hingen vergoldete Nüsse und Äpfel und kunstvoll geschnitzter Holzschmuck.[1] Der Duft der Wachskerzen mischte sich mit dem der Tannenzweige, die überall im Raum hingen. Auf kleinen, mit weißem Damast gedeckten Tischchen lagen die Geschenke für die hessische Fürstenfamilie. Nur waren es in diesem Jahr zwei Tische weniger.

Die Familie war fassungslos vor Schmerz. Alix hatte im Alter von sechs Jahren ihre Mutter verloren. Ihre Schwester Marie war ebenfalls tot. Alleine, unbeachtet und ohne ganz zu verstehen, was geschehen war, beobachtete Alix, wie Orchie immer wieder hinauslief, weil sie selbst mit ihrem Schmerz nicht mehr fertig wurde. Jeder Tag brachte neue Schneegestöber, die gegen die Fenster im Schloß drückten, und neue Windböen, die durch die verlassenen Flure heulten. Im kahlen, kalten Kinderzimmer gab es für Alix nur die Einsamkeit: Sogar ihr Spielzeug war wegen der Ansteckungsgefahr verbrannt worden.[2]

Irgendwann versiegten die Tränen, und mit der Energie der Jugend erholte sich Alix von der Tragödie. Ihre Mutter und ihre kleine Schwester waren zwar nicht mehr da, aber sonst war alles beim alten geblieben. Im Neuen Palais sah sie die gleichen Diener, Kindermädchen und Köche wie zuvor. Auch ihre Familie versuchte den Verlust erträglich zu machen: Vater und Kinder rückten zusammen, schlossen einen festen, sicheren, liebevollen Kreis, der emotionalen Halt gewährte.

Die Frage, ob der Tod ihrer Mutter Alix' Leben grundlegend verändert hat, muß untersucht werden, schon deshalb, weil das so häufig behauptet wurde, daß es inzwischen ein fester Bestandteil jener Grauzone ist, aus der Legenden entstehen. Wer Einblick in Alix' Charakter gewinnen möchte, kommt an dem 14. Dezember 1878 nicht vorbei. Tatsächlich aber hat der Tod ihrer Mutter Alix nicht zerbrochen. Er intensivierte nur ihre Beschäftigung mit dem Tod, der sie seit ihren frühesten Lebensjahren begleitete. Der Tod ihrer Mutter habe Alix kalt, gefühllos und unnahbar gemacht, heißt es: Aber das ist schlichtweg nicht wahr. Schon als kleines Mädchen war sie widerspenstig, eigensinnig, dickköpfig. Irgendein Wort – sogar ein im Spaß geäußertes – konnte sie verletzen, was sie sich jedoch nie anmerken ließ.[3] Sie war nicht nur übersensibel, sie hatte auch noch die melancholische Veranlagung ihrer Mutter geerbt, was sie später kalt, introvertiert und hochmütig scheinen ließ. Die regelmäßigen Besuche an Frities Grabstätte, das ständige Trauern, die Gespräche über den Tod und den Himmel – all diese Dinge hatten Alix' Einstellung und Gemütsverfassung lange vor dem Tod ihrer Mutter beeinflußt. Sie kam aus einer Familie, die sich der Trauer und dem Leben nach dem Tod verschrieben hatte: Die Queen trauerte bis an ihr Lebensende um Albert und sprach immer wieder von den grausigen Einzelheiten des Dahinscheidens ihrer Tochter; Alice erlaubte ihren Kindern nicht, den toten Bruder zu vergessen, und fragte sich, warum Gott sie so gestraft hatte. Diesem Übermaß an Trauer fügte die Familie nun ein weiteres Symbol hinzu: Als Königin Viktoria im April 1880 Darmstadt besuchte, war sie sehr zufrieden, als sie sah, daß das Schlafzimmer ihrer Tochter so belassen worden war, wie es an dem Morgen ihres Todes ausgesehen hatte, nur daß das Bett mit schwarzem Krepp umkleidet war.[4] Königin Viktoria war sehr daran gelegen, daß die Familie auch weiterhin um ihre Toten trauerte. Als 1884 Alix' Onkel Leopold, der Herzog von Albany, starb, fand die Königin, daß die Hessen ihrem Schmerz darüber nicht genügend Ausdruck verliehen hätten. Sie schrieb: »Ich dachte, Ernie und Alicky würden mir schreiben. Der liebe Onkel liebte sie so sehr, Euch alle, und Alicky war so niedlich mit ihm. Ich *hoffe*, daß sie auch fühlen, wie groß der Verlust für sie ist?«[5]

Es war ein einsames Dasein für ein sechsjähriges Kind, und es überrascht kaum, daß Alix sich später zu einer kühl und distanziert wirkenden Frau entwickelte. Ihre Kindheit hatte sie nicht gelehrt, die freundlichen Seiten ihres Charakters mit den dunklen, die sie einerseits geerbt hatte und zu denen sie andererseits von ihrer Mutter erzogen worden war, in Einklang zu bringen. Sie hatte weiter Unterricht bei denselben Lehrern, machte die gleichen Ferien und wurde von denselben morbiden und fatalistischen Kräften, die immer schon gegenwärtig gewesen waren, beeinflußt. Nicht der Tod ihrer Mutter im Dezember 1878 verfolgte sie später, sondern alles, was vor diesem kalten, trostlosen Wintertag geschehen war.

Wichtiger noch als die sechs Jahre mit ihrer Mutter waren die zweiundzwanzig Jahre mit ihrer Großmutter, Königin Viktoria. Als die Queen ihren Enkeln schrieb, sie möchten sie als Mutter ansehen, war das nicht nur so dahergesagt. Alix verbrachte einen beträchtlichen Teil ihrer Kindheit in den Schlössern der Königin in England und wurde beim Erwachsenwerden von ihrer Großmutter geleitet, die ihr beibrachte, wie sich eine pflichtbewußte Prinzessin zu verhalten hat.

Die Königin war sechzig, als ihre Tochter starb. Albert war schon fast zwanzig Jahre tot, doch sie trauerte immer noch. In Osborne, Windsor und Balmoral war alles, wie es bei seinem Tod gewesen war; nichts war verändert worden. Die Kleider hingen noch im Schrank, die Bettdecke wurden jeden Abend zurückgeschlagen, und jeden Morgen wurde der Nachttopf in seinem Zimmer gescheuert. Das Schreibzeug des Prinzen lag so auf seinem Schreibtisch, wie er es hinterlassen hatte, und seine Spazierstöcke standen bereit – alles wurde beibehalten, als ob er noch lebte. Wenn die Königin abends ins Bett ging, drückte sie das Nachthemd des toten Prinzgemahls an sich; über ihr hing ein Kranz mit dem Bild ihres Mannes auf dem Totenbett. Für den Rest ihres Lebens trug die Königin Trauer. Für Alix war ihre Großmama eine eindrucksvolle Dame von ziemlich großem Umfang, eingehüllt in schwarze Seide, die bei jeder Bewegung raschelte. Auf dem ergrauenden Haar, das sie in einen kleinen Knoten zurückgekämmt trug, saß ein Witwenhäubchen aus weißem Tüll mit einem Schleier. Ein Ring an ihrem Finger zeigte das Porträt des Prinzgemahls, wie es sich ähnlich auch in dem Medaillon an ihrer Brust befand. Ein Hauch von Orangenblüten, von ihrem Lieblingsparfüm, umgab sie.[6]

So sehr sie aber trauerte, so majestätisch und dominierend sie gegenüber den meisten anderen Familienmitgliedern auftrat, für Alix war die Königin vor allem Freundin und Ansprechpartnerin. Wenn sie zusammen waren, gab die Königin ihrer Enkelin alle möglichen Ratschläge und Unterweisungen, angefangen damit, wie man den *Cercle* macht – sie mußte, um ihre gesellschaftlichen Umgangsformen zu üben, eine Runde durchs Zimmer machen und mit den Möbelstücken sprechen, als seien sie Menschen –, bis hin zu der korrekten Art, in einer Staatsrobe zu sitzen. Auf die Etikette wurde großer Wert gelegt, aber daneben wurde betont – *noblesse oblige* –, daß mit dem fürstlichen Rang soziale Verpflichtungen einhergehen.

Die Schlösser der englischen Königin wurden Alix' zweite Heimat. Gewöhnlich verbrachte sie einige Wochen im Jahr in Osborne House oberhalb von Cowes auf der Insel Wight, mit Blick über den Solent. Im Sommer erwachte Osborne zum Leben: Die Rosenbeete standen in voller Blüte; Gärtner mähten die riesigen Rasenflächen und putzten und stutzten die Büsche an deren Rändern, und über den Wipfeln von Magnolien, Zedern, Tannen und Kiefern wurde auf dem Turm die Standarte der Königin gesetzt, wenn sie kam. Kutschen rollten durch die hohen schmiedeeisernen Tore die Auffahrt hinauf und brachten Familienmitglieder, Gefolge und Personal.

Überall im Schloß wurden Viktoria und Albert verherrlicht: An jeder Tür im Haus, in jedem Kaminaufsatz, jedem Türbeschlag und jeder hölzernen Bekrönung waren die verschlungenen Initialen *V* und *A* zu sehen. Albert selbst hatte sich an der Planung des Hauses beteiligt. Die Flure waren in hellen Renaissancefarben gehalten, es gab aufwendige Stuckarbeiten, und die Decken wurden von vergoldeten Marmorsäulen getragen. Das ganze Haus war voll von Erinnerungen, nicht nur an den Prinzgemahl, sondern auch an Alix' Mutter: Porträts, Büsten, Fotografien und sogar die Gipsabgüsse von den winzigen Händen und Füßen der einjährigen Prinzessin Alice waren da zu sehen. Osborne quoll über von Skulpturen und Bildern. Einmal stieß jemand aus dem Gefolge der Königin versehentlich eine der Büsten von ihrem Podest, was die Hausherrin – in Sorge um ihre Enkel – dazu veranlaßte, schriftlich mitzuteilen, »es sei verboten, die Statuen zu berühren oder gar mit ihnen zu spielen«.[7]

Im »Schweizerhaus«, das Prinz Albert als vorgefertigten Bausatz gekauft hatte, wurde der Nachmittagstee eingenommen, wobei Alix gern auf dem Platz saß, auf dem ihre Mutter früher gesessen hatte. Alix spielte in den Verteidigungsanlangen und Kasematten der Albert-Kaserne, der Kinderfestung, in der schon ihre Mutter getobt hatte. Das übrige englische Spielzeug von Alix spiegelte deutlich die Vorlieben der Königin wieder: Im Buckingham-Palast gab es einen lebensgroßen Spielzeuglöwen, in dessen Schwanz eine Kurbel steckte. Wenn man ihn dort aufzog, öffnete der Löwe sein Maul und verschluckte einen russischen Pappsoldaten.[8]

Noch häufiger wurde Windsor Castle, eingebettet in die hügelige Landschaft von Berkshire, aufgesucht. Den Kindern machte es Spaß, seine versteckten Ecken, die Türme, Zinnen und die Balkons, von denen man über die Themse und das dahinterliegende Eton blicken konnte, zu erforschen. Die großen Räume waren sehr prächtig, ausgestattet mit grünen, roten und weißen Seidentapeten, Parkettböden, vergoldeten Holzschnitzereien und Deckengemälden. An langen, regnerischen Nachmittagen war der »große Korridor« das Spielzimmer des hessischen Kinder. »Es gab dort wunderbare Ecken und Vorhänge, hinter denen man sich verstecken und dann hervorspringen konnte«, erinnerte sich Alix' Schwester Viktoria. »Unsere wilde Toberei wurde oft von einem Pagen mit der Botschaft von der Königin unterbrochen, daß sie soviel Lärm nicht dulde.«[9]

Wenn im Sommer die Hitze einmal unerträglich war, speiste die Königin mit ihrer Familie im Freien beim Frogmore House. Es lag in geringer Entfernung unterhalb des Schlosses in der Nähe des königlichen Mausoleums, in dem Prinz Albert bestattet war. Normalerweise versammelten sich Alix und ihre Familie im State Dining Room und erwarteten die Ankunft der Königin. Eine Kapelle stimmte die Nationalhymne an, wenn die Queen am Arm eines indischen Dieners erschien, gemessenen Schrittes ihre Runde durch den Raum machte und ihren Platz am langen Tisch einnahm. Da das Speisezimmer ziemlich weit von der Küche entfernt war, kam das Essen häufig kalt an. Auch wenn es warm gewesen wäre, hätte es, Alix' Schwester Viktoria zufolge, nicht besonders gut geschmeckt. Sie erinnerte sich an »ekelhaften Brotpudding ohne eine einzige Rosine« und »pappigen Maniokbrei voller Klümpchen«.[10]

Alix war Balmoral das liebste unter den Schlössern der Königin. Es war erst 1855 erbaut, natürlich zum Teil von Prinz Albert in Erinnerung an seine deutsche Heimat gestaltet, und lag an geschützter Stelle eingebettet mitten in den Cairngorms im schottischen Hochland: ein Märchenschloß. Da es so weit nördlich lag, zeigte es sich erst im Hochsommer von seiner schönsten Seite; wenn die Hügel rundherum leuchteten, weil die Heide blühte, und wenn die Brise, die durch das Tal des Dee strömte, noch warm war. Schon im Spätsommer bedeckte morgens oft Rauhreif die ausgedehnten Rasenflächen.

Hinter der neugotischen Fassade mit Bogenfenstern und einem fünfundzwanzig Meter hohen Turm gab es schlichte, allein der Bequemlichkeit gewidmete Räume, die mit einfachen Teppichen im Tartanmuster ausgelegt waren. Lord Archibald Roseberry äußerte einmal, er habe den Salon in Osborne für den scheußlichsten der Welt gehalten – bis er den in Balmoral gesehen habe.[11] Die Zahl der Schlafräume war beschränkt, und Alix mußte sich oft nicht nur mit ihren Schwestern, sondern auch mit ihren Cousinen ein Zimmer teilen. Eine dieser Cousinen, Prinzessin Marie Luise von Schleswig-Holstein, war genauso alt wie Alix, und die beiden wurden schnell Freundinnen und streiften miteinander durch die Berge oder angelten im Dee.

Es gab noch weitere Vettern und Cousinen; allein auf der britischen Seite hatte Alix achtundzwanzig aufzuweisen. Großherzog Ludwig nannte diese ausgedehnte Familie den *Royal mob*, den »königlichen Haufen«.[12] Vor allem waren die Kinder des Prinzen und der Prinzessin von Wales oft da – Eddy, George, Louise, Victoria und Maud. Eddy (Albert Edward), der nächste britische Thronanwärter, war Anführer der Gruppe, und Alix und die anderen machten lange Ausflüge über die Hügel und durch die Wälder mit ihm. Ein kleiner Laden in der Nähe von Balmoral, der Süßigkeiten verkaufte, war meistens ihr Ziel; später einmal zeigten die beiden Frauen, die ihn führten, Alix, wie man Scones backt.[13]

Ein Ergebnis dieser häufigen, ausgedehnten Besuche in England war eine erstklassige Erziehung für Alix. Sorgfältig überwachte die Königin den Unterricht ihrer Enkelin. Die Lehrer mußten jeden Monat Berichte über Alix' Fortschritte anfertigen. Die Königin gab ihrerseits ungebeten Ratschläge für jedes Fach: welche Bücher gelesen, welche Lektionen studiert, welche Themen verfolgt und welche

Musikstücke gelernt werden sollten. So wurde Alix eine gründliche Bildung zuteil, ganz anders, als es sonst üblich war im viktorianischen Zeitalter. Die Erziehung der meisten Mädchen beschränkte sich auf Singen, Tanzen und die Einübung in die Regeln der Etikette.

Alix' Lehrerin, die etwas exzentrische Margaret Hardcastle Jackson, war mit verantwortlich für die Unabhängigkeit ihres Denkens. Anders als ihre Mutter hatte Alix nicht viel für die Arbeit in der Fürsorge übrig, sah aber ein, daß Hilfe für die Armen und Schwachen eine Aufgabe war, die sich aus ihrer Stellung als Prinzessin ergab. Das heißt nicht, daß ihr deren Probleme gleichgültig waren, aber es war eine sonderbare, beinahe theoretische Anteilnahme, die mehr auf Pflichtbewußtsein beruhte, als auf ehrlichem Interesse. Alix' erste Sorge galt – und hierin unterschied sie sich radikal von den meisten Mitgliedern ihrer Familie – der Rolle der Frau in der Gesellschaft. Und eben auf diesem Gebiet sollte Miss Jackson den nachhaltigsten Einfluß auf sie ausüben.

Da sie eigensinnig und hartnäckig war, konnte Alix nie den viktorianischen Weg der Unterordnung beschreiten, wie es von den Damen der Gesellschaft erwartet wurde. Schon als Kind wußte sie, was sie wollte, und wenn sie sich einmal eine Meinung gebildet hatte, hielt sie ohne zu zögern und zu zweifeln daran fest. Als Miss Jackson im Unterricht ihre Vorstellungen über Frauen und über Politik miteinander zu verbinden begann, sog Alix diese widersprüchlichen Theorien in sich auf, ohne zu diskutieren. Der springende Punkt war für sie offensichtlich: Der mächtigste Monarch in Europa war ihre Großmutter.

Alix war eine gute Schülerin, hatte ein hervorragendes Gedächtnis und war durchaus bereit, hart zu arbeiten. Im Alter von fünfzehn Jahren hatten sie die meisten ihrer Lektionen in Geschichte, Literatur, Geographie, Arithmetik und Fremdsprachen absolviert. Deutsch und Englisch beherrschte sie gleichermaßen gut. Deutsch war die Sprache ihres Landes, Englisch ihre Muttersprache. Französisch empfand sie als schwierig und zögerte immer, es zu gebrauchen.[14] Alix liebte Musik, besonders Wagner, und hatte beim Leiter der Darmstädter Oper Klavierunterricht. Sie war brillant am Klavier, aber auch sehr gehemmt. Einmal forderte Königin Viktoria sie auf, vor einem Raum voller Gäste und Mitarbeiter zu spielen. Sie kam dem Wunsch nach, aber nur unter Qualen.[15] Künstlerisch war sie recht begabt und aquarellierte gern, und sie konnte, wie alle gebildeten Mädchen des viktorianischen Zeitalters, sehr gut nähen.

Zwischen der Schule und ihren Ferien in England verbrachte Alix viele Tage ihrer Kindheit in ihres Vaters neuem Jagdschloß Wolfsgarten. Der Großherzog besaß zwar schon sein Jagdschloß Kranichstein, gleich östlich von Darmstadt, aber nach dem Tod seiner Frau kaufte er dieses weitere Domizil. Es lag im Wald zwischen Darmstadt und Frankfurt, und von den Fenstern im Dachgeschoß aus hatte man nach Westen einen Blick über die Wälder der Rheinebene und nach Osten einen auf die Höhen des Odenwalds. Im Garten standen hübsche, von Efeu und Rosen überrankte Pergolen, und in der Mitte des viereckigen Hofes gab es einen Brunnen. Das eigentliche Wohnhaus, ein zweistöckiges Gebäude aus rötlichen Steinen, hatte schon nichts Prachtvolles an sich, aber das Innere empfanden viele Besucher als schockierend. Lord Henry Ponsonby erinnerte sich an Räume mit grün abgesetzten blauen Wänden und roten Möbeln, alles »scheußlich, nach der gegenwärtigen Mode gestaltet, Jugendstil«.[16]

In Wolfsgarten hatte Alix häufig Besuch von den Vettern und Cousinen: den Kindern des Prinzen und der Prinzessin von Wales, aber auch ihrer Spielgefährtin Marie Luise. Schon als Kind erkannte Marie Luise die dunklere Seite ihrer Cousine. »Alix«, sagte sie, »du spielst immer Traurigsein, eines Tages wird der Allmächtige dir ein paar wirklich niederschmetternde Kümmernisse schicken, und was wirst du dann tun?«[17]

Nicht so willkommen war Alix ihr Vetter Wilhelm, der Sohn des Kronprinzen und der Kronprinzessin von Preußen. *Cousin Willy* hatte von Geburt an einen verkrüppelten Arm, und er versuchte das zu kompensieren, indem er sich grundsätzlich rüde und egoistisch benahm. Es konnte seine Gefährten zum Tennisspielen auffordern, um dann mitten im Spiel seinen Schläger wegzuwerfen und zu verlangen, daß jetzt gerudert oder geritten wurde, und er erwartete, daß alle Beteiligten seinen Wünschen nachkamen. Wenn er müde wurde, befahl er seinen Vettern und Cousinen, sich im Kreis um ihn zu setzen, und las ihnen aus der Bibel vor.[18]

Wilhelms Besuche fanden statt, als er schon fast erwachsen war. Er war leidenschaftlich in Alix' Schwester Ella verliebt. Seine Gefühle überwältigten ihn, als er neunzehn und Student an der Universität Bonn war; später, im holländischen Exil, gab er zu, »daß er … in Bonn viel Zeit mit dem Schreiben von Liebesgedichten für seine Kusine vertan habe«.[19] Ella war erst vierzehn – und sie fand Wilhelm absolut schrecklich. Aber natürlich war sie viel zu gutartig, ihn unhöflich zu behandeln, und so folgte er ihr überallhin. Wenn sie sich setzte, setzte sich auch Wilhelm. Und wenn sie sprach, starrte er sie voller Verehrung an. Als sie dann mit dem russischen Großfürsten Sergej Alexandrowitsch verheiratet war, weigerte sich Wilhelm, vertraulich mit ihr zu sprechen, und zwang sich lediglich, sich bei unvermeidbaren öffentlichen Treffen höflich mit ihr zu unterhalten. Trotzdem hat er sie immer geliebt.

Im Frühjahr 1884 heiratete Alix' älteste Schwester Viktoria ihren Vetter Prinz Ludwig von Battenberg. Zu der Zeit gab es einen üblen Skandal um den Großherzog von Hessen und eine Frau, die von vielen Menschen als freundlich und hübsch bezeichnet wurde, von Königin Viktoria jedoch als »verderbt« und »berechnend«.[20] Die fragliche Dame, Alexandrina de Kalomine, war die dreißigjährige ehemalige Frau eines russischen Diplomaten am hessischen Hof. Ludwig hatte Madame de Kalomine ein paar Jahre nach dem Tod seiner Frau zu seiner Geliebten gemacht. »Eigentlich mochten wir die Dame; sie war uns gegenüber sehr aufmerksam«, erinnerte sich Alix' Schwester Viktoria; es gab offenbar keinen Groll über ihren Platz im Haushalt des Großherzogs.[21] Wie akzeptabel sie als Geliebte auch gewesen sein mag, die Frau des Großherzogs durfte Madame de Kalomine natürlich niemals werden; nicht nur war sie geschieden, sie war auch russisch-orthodoxen Glaubens. Doch eine Heirat war genau das, was der Großherzog im Sinn hatte, und was noch schlimmer war, er wollte, daß sie zu einem denkbar ungünstigen Termin stattfinden sollte: zur gleichen Zeit, wie die Hochzeit seiner Tochter.

Jeder war davon überzeugt, daß es zu einer gewaltigen Auseinandersetzung kommen würde, denn Königin Viktoria nahm an der Vermählung ihrer Enkelin in Darmstadt teil und die Situation im Neuen Palais spitzte sich zu. Die Queen war noch nicht von der drohenden Heirat ihres Schwiegersohnes unterrichtet worden. Ihr Privatsekretär Sir Henry Ponsonby schrieb: »Der Großherzog hat sich sehr schlecht verhalten, indem er die Königin nicht benachrichtigte, bevor sie nach

Darmstadt kam, denn das hat sie in eine schwierige Lage versetzt. Wenn sie fortgeht, gibt es einen Skandal, und wenn sie bleibt, sieht es so aus, als stimme sie der Heirat zu.«[22]

Niemand wußte genau, wann und wie der Großherzog heiraten wollte; es gab vage Gerüchte, aber anscheinend hatte der Großherzog bis zu dem Tag der offiziellen Zeremonie niemanden informiert. Da die Heirat wie eine Drohung über dem Haus hing, entschied man aber, daß die Königin unterrichtet werden müsse. Das Problem war, daß niemand diese Aufgabe übernehmen wollte, und schließlich mußte Viktoria ihre Großmutter über die Absichten ihres Vaters informieren.

Die Königin wurde sehr böse. Wenn Ludwig »solch eine Person« heiratete, erklärte sie, »würde ihn das so herabwürdigen, daß ich ihn nicht mehr so nahe haben kann, wie zuvor«. In einem Brief an ihre Enkelin Viktoria setzte die Königin ihre Proteste fort:

»Er kann nicht behaupten, daß die beabsichtigte Verbindung zum Wohle seiner Kinder oder seines Landes sei – es wäre das genaue Gegenteil von *beidem*, sie kann nur dem dienen, was er selbst für sein *persönliches* Glück *hält* (und ich fürchte, da hat er unrecht). Es wird ihm in seinem eigenen Land großen Schaden zufügen – in England wird er das Ansehen, das er genoß, verlieren, und ich könnte solch eine Wahl *nicht* verteidigen. Sollte sich Euer lieber Papa einsam fühlen, wenn ihr drei älteren verheiratet seid, würde ich nichts sagen (obwohl es mich verletzen muß), wenn er sich zu einer morganatischen Ehe mit einer netten, zurückhaltenden, vernünftigen und liebenswerten Person entschließen würde, die auf jeden Fall unseren Respekt und den seines Landes hätte. Aber eine Dame zu wählen, die einer anderen Religion angehört und gerade erst geschieden wurde, die sich ohne Zweifel darum bemüht hat, Papas Mitgefühl und seine Bewunderung auf sich zu lenken, wäre, fürchte ich, ein *schrecklicher Fehler* und zwar einer, den er bald bedauern würde, wenn es nämlich zu spät ist.«[23]

Aber alles Reden war umsonst: Der Großherzog war entschlossen, Alexandrina de Kalomine zu heiraten. Die Frage war nur, wann. Seine Tochter Viktoria war so besorgt, daß sie am Morgen ihrer eigenen Hochzeit, dem 30. April, mit einem Nervenzusammenbruch im Bett liegen blieb.[24]

Im übrigen verlief Viktorias Hochzeit dann reibungslos, bis auf die Tatsache, daß die Braut humpelte, weil sie sich ein paar Tage vorher bei dem Versuch, über eine große Kellerluke zu springen, den Knöchel verstaucht hatte.[25] Aber die Hochzeit des Großherzogs ging allen im Kopf herum, obwohl, wenn man Ponsonby glaubt, »alle so taten, als wüßten sie von nichts. Die großartige Hochzeitszeremonie von Prinz Ludwig und Prinzessin Viktoria wurde ordnungsgemäß durchgeführt, doch dann kam der Paukenschlag. Der Großherzog heiratete noch *am selben Abend* Madame de Kalomine!«[26]

Eigentlich sollte die Hochzeit ein Geheimnis bleiben. Bevor sie vollzogen wurde, versammelte der Großherzog seine Kinder und sagte ihnen, daß sie eine neue Mutter bekämen, dann verschwand er zur Trauung, die vom hessischen Premierminister in Anwesenheit von nur zwei Trauzeugen durchgeführt wurde, in einem Salon. Unmittelbar nach der Zeremonie, als der Rest der Familie gewahr wurde, daß sie stattgefunden hatte, wurden der Großherzog und seine neue Frau getrennt.

Im Neuen Palais brach Chaos aus. Alle anwesenden Mitglieder der preußischen Königsfamilie wurden vom Kaiser selbst nach Hause beordert. Der Großherzog war entsetzt über die Reaktionen, die seine Heirat hervorrief. Alix verstand kaum, was da geschah, doch ihre Lehrerin geriet in Panik und erklärte, Madame de Kalomine müsse sofort nach Rußland zurückgeschickt werden.[27]

Es war gar keine Frage, was der Großherzog würde tun müssen: Das Geflüster und Gerede über eine Annullierung der Ehe ließen ihm keine Wahl. In diesem Punkt war die Königin unnachgiebig und bat ihren Sohn, den Prinzen von Wales, seinen Schwager von ihrer Entscheidung in Kenntnis zu setzen: Die Wünsche der Familie hätten Vorrang vor denen des Großherzogs.

»Wir sind«, sagte Bertie, der spätere Edward VII., »eine sehr starke Familie, wenn wir uns einig sind.«[28] Pflichtergeben sagte der Großherzog seiner neuen Frau adieu und begann mit den Formalitäten für eine Annullierung, während Königin Viktoria in einem Wutanfall über den ganzen Vorfall sich vom Großherzog verabschiedete und nach England zurückkehrte.

Weitere aufregende Ereignisse folgten bald darauf. Kaum hatte Viktoria geheiratet, verlobte sich ihre Schwester Ella mit dem russischen

Großfürsten Sergej. Solch ein Ereignis verlangte nach einer Pracht-entfaltung, wie sie nur die Romanows aufbringen konnten. Deshalb sollte die Hochzeit in ihrer Hauptstadt St. Petersburg stattfinden. Natürlich würden Alix und ihre Familie daran teilnehmen. An einem warmen Juniabend des Jahres 1884 bestieg Alix den Zug und reiste in die Nacht, dem Land der Zaren zu. Sie wußte es noch nicht, aber auf dieser Reise würde sie ihrem zukünftigen Ehemann begegnen.

4

Das kaiserliche Rußland

Alix war gerade zwölf geworden, als sie zum ersten Mal nach Rußland reiste. Sie hatte einiges Schulwissen über russische Geschichte,
dennoch war das Land für sie wie für die meisten Europäer geheim-
nisumwoben. Dabei waren die Familienbande zu den Romanows
stark. 111 Jahre zuvor war eine Verwandte, Gräfin Wilhelmina von
Hessen, die erste Frau des Zaren Paul geworden; die Schwester von
Alix' Urgroßmutter hatte Zar Alexander I. geheiratet, und ihre
Großtante Marie war die erste Frau von Zar Alexander II. gewesen.
Und nun war Ella auf dem Weg nach Rußland, um ihren Namen der
Liste hessischer Prinzessinnen hinzuzufügen, die einen Ehemann in
diesem fremden, unwirtlichen Land gefunden hatten.

Mit ihrem goldenen Haar und den dunklen Augen war die zwanzigjährige Ella umwerfend hübsch. Ihr freundlicher Charakter paßte
zu ihrem Äußeren. Sergej war ganz anders als seine Verlobte. Der dritte Sohn von Zar Alexander II. war groß und schlank, hatte dunkle
Augen und trug einen Spitzbart. Sergej hatte den Ruf eines politischen Reaktionärs, und sein eigentümliches Privatleben hatte ihm
sowohl die Furcht der russischen Liberalen als auch das Mißtrauen
der meisten Romanows eingebracht. Sonderbarerweise war er stolz
darauf, als Tyrann angesehen zu werden. Dies war allerdings eine Seite von Sergej, die Alix nicht zu Gesicht bekam: sie betete den Großfürsten an, und man konnte die beiden oft ausgelassen miteinander
lachen sehen. Alix war ein leichtes Ziel für Sergejs Späße, und er
konnte sie furchtbar in Verlegenheit bringen, wenn er sie vor ande-

ren daran erinnerte, daß er sie als Baby nackt in der Badewanne gesehen hatte.[1]

Die Bahnreise dauerte drei Tage. Alix war noch nie so weit von Darmstadt entfernt und so weit nördlich gewesen. Je weiter der Zug durch deutsche und polnische Provinzen nach Nordosten gelangte, desto kühler wurde die Luft. Die Landschaft bestand bald nur noch aus einer Folge von Seen, Sümpfen und dunklen Kiefern- und hellen Birkenwäldern.

Niemand verstand es besser als die Romanows, ein großartiges Schauspiel zu inszenieren. Als der Zug mit den Hessen in den Hauptbahnhof von St. Petersburg einfuhr, wurden Fahnen geschwenkt, eine Blaskapelle spielte, und Tausende von Menschen jubelten ihnen zu. Ella fuhr in einer vergoldeten Staatskarosse in die Hauptstadt ein, die von acht Schimmeln gezogen und von Lakaien mit gepuderten Perücken, scharlachroten Livreen und Seidenstrümpfen begleitet wurde.

Die Hessen waren in Peterhof, der kaiserlichen Sommerresidenz am finnischen Meerbusen, untergebracht. Es war eine völlig neue Erfahrung für Alix. Sie war von Pracht umgeben aufgewachsen; ihre Besuche bei Königin Viktoria hatten ihr den besonderen Luxus vor Augen geführt, in dem die Herrschenden lebten. Doch in Rußland war Großzügigkeit durch protzigen Prunk ersetzt worden. Der Palast in Peterhof war dafür ein perfektes Beispiel: Peter der Große hatte ihn erbauen und Zarin Elisabeth hatte ihn erweitern lassen. Seine Fassade erstreckte sich über rund 270 Meter und war mit vergoldeten Säulen und barocken Verzierungen geschmückt. An einem Ende gab es eine Kirche mit fünf goldenen Kuppeln, am anderen befand sich der Wappenflügel, so genannt wegen der großen Menge von Golddekor.[2] Es war eine blendende Einführung in die Welt des kaiserlichen Rußland.

Eine Menge von Alix' Verwandten waren zur Hochzeit nach Rußland gekommen. Viele von ihnen sah sie hier zum ersten Mal – eine verwirrende Parade von Prinzen und Prinzessinnen, Großherzögen, Erzherzögen, königlichen und kaiserlichen Hoheiten. Ihre Paten, Zar Alexander III. und seine Frau Maria Fjodorowna, hatten den Vorsitz bei dieser fürstlichen Ansammlung und hielten hof in ihrem wundervollen Palast am Meer.

Der Zar war ein Riese von einem Mann, fast zwei Meter groß, mit schroffem Auftreten, das sein warmes Herz und seine Verachtung für Prunk und Zeremonien kaschierte. Er war unglaublich stark: er konnte zum Vergnügen seiner Kinder Feuerhaken verbiegen oder ganze Kartenspiele durchreißen. Während eines Streits zwischen Rußland und Österreich um den Balkan deutete einst der österreichische Botschaft bei einem Staatsbankett an, daß sein Land gezwungen sein könnte, »zwei oder drei Armeekorps zu mobilisieren. Da nahm Alexander III. eine silberne Gabel, zerdrückte sie zu einem Knäuel und warf sie dem österreichischen Botschafter auf den Teller: ›Das‹, sagte er ganz ruhig, ›werde ich mit Ihren zwei oder drei Armeekorps machen.‹«[3]

Maria Fjodorowna, die Frau des Zaren, war das genaue Gegenteil ihres Mannes. Sie war zierlich, mit dunklem Haar und leuchtenden Augen, die ständig in Bewegung waren, um alles in sich aufzunehmen, und sie liebte Bälle, Prunk und Tratsch. Ihre Stellung als Zarin gab ihr ausreichend Gelegenheit, diesen Vergnügungen zu frönen. Im Alter von vierundvierzig Jahren schrieb sie: »Ich tanzte und tanzte. Ich ließ mich davontragen.«[4] Ursprünglich war sie nicht mit Alexander verlobt gewesen, sondern hatte seinen älteren Bruder, den Zarewitsch Nikolaus heiraten sollen. Da aber Nikolaus vor der Hochzeit starb, nahm Alexander den Platz seines Bruders ein, nicht nur als Thronerbe, sondern auch als Marias zukünftiger Ehemann. Überraschenderweise war ihre Ehe von Anfang an eine Liebesbeziehung gewesen, und Alexander III. war wahrscheinlich der erste russische Zar, der sowohl ein guter Ehemann als auch ein guter Vater war.

Ihr Sohn, Zarewitsch Nikolaus, sechzehn Jahre alt und entwaffnend charmant und gutaussehend, war Alix' Vetter zweiten Grades. Sie stammten von einem gemeinsamen Urgroßvater ab, Ludwig II. von Hessen: Alix durch ihren Vater und Nikolaus durch seine Großmutter Maria Alexandrowna. Nikolaus war bei seinen Vettern und Cousinen durchaus beliebt. Er hatte mittelblondes Haar, tiefblaue Augen und eine bescheidene Art. Daran, daß er eines Tages seinem Vater als Kaiser von Rußland nachfolgen würde, schien er überhaupt nicht zu denken. Am 8. Juni 1884 hielt er ihre erste, flüchtige Begegnung fest: »Wir haben Onkel Gegas [Großfürst Sergej Alexandrowitschs] schöne Verlobte Ella kennengelernt, ihre Schwester und ihren Bruder. Die ganze Familie aß um halb acht. Ich saß neben der kleinen zwölfjährigen Alix, und ich mag sie schrecklich gern.«[5]

Die Tage in Peterhof vor der Hochzeit verliefen gemächlich, sie waren ausgefüllt mit langen Spaziergängen durch den Park und Kutschfahrten am Ufer des Finnischen Meerbusens. Es war eine romantische Szenerie: französische Gärten, aufgelockert mit vergoldeten Plastiken und durchzogen von Kieswegen, die zum Meer führten oder zu Springbrunnen, die schon von weitem glitzerten. Sie befanden sich so weit nördlich, daß der Himmel noch um Mitternacht blau und rosafarben und vom Leuchten des Polarlichts überflutet war.

Ella heiratete Sergej in der weiß-goldenen Kapelle des Winterpalastes in St. Petersburg. Sie trug eine russische Staatsrobe aus silberdurchwirktem Gewebe mit einer langen Schleppe, und dazu Juwelen, die Katharina der Großen gehört hatten. Während der Zeremonie stand Alix in einem Kleid aus weißem Musselin mit Rosen im Haar neben dem Altar. Von ihrer Schönheit überwältigt, konnte Nikolaus während des gesamten Gottesdienstes die Blicke nicht von ihr wenden.[6]

Man sagt, daß der Zarewitsch sich während dieses Besuches hoffnungslos in Alix verliebt habe. Natürlich waren ihre eigenen Gefühle nicht so deutlich: sie war zwölf Jahre alt und erlebte die erste Schulmädchenschwärmerei. Ihr Tagebuch enthält keinen Hinweis auf die sich entwickelnde Romanze, aber sie füllte die Seiten mit naiven Zeichnungen von sich als Braut. Nichtsdestoweniger saß Alix, wie Nikolaus bemerkte, »auf jeden Fall immer neben mir. Wir spielten und liefen im Park herum. Alix und ich schenkten uns gegenseitig Blumen.«[7] Ein anderer Eintrag des Zarewitsch lautete: »Alix und ich schrieben unsere Namen an das Fenster auf der Rückseite des Italienischen Hauses (wir lieben uns).«[8] Es ist unwahrscheinlich, daß Alix sich ihrer Gefühle so sicher war, wie es Nikolaus' Tagebucheintrag anzudeuten scheint. Sicher ist jedoch, daß der Zarewitsch auf einem ihrer Streifzüge durch das Gelände Alix eine kleine Brosche überreichte. Sie nahm sie an, drückte sie ihm jedoch später, vielleicht weil sie es für unangebracht hielt, ein so wertvolles Geschenk angenommen zu haben, während eines Festes wieder in die Hand.[9]

Was immer sie 1884 gefühlt haben mag, bei ihrem nächsten Besuch in Rußland zu Beginn des Jahres 1889 war Alix kein Schulmädchen mit unbestimmten Gedanken mehr, sondern eine selbstbewußte, strahlend schöne sechzehnjährige Prinzessin. Auch Nikolaus hatte sich verändert: Er war jetzt zwanzig und machte in der Uniform eines Gardeoffiziers eine gute Figur. Zum ersten Mal trafen sich die beiden als Erwachsene.

Wenn es etwas Romantischeres gab als die späten Sonnenuntergänge und die Fahrten durch die Dämmerung im sommerlichen Peterhof, dann war das der tiefe Winter in St. Petersburg – die *Saison*, wenn die große Gesellschaft Feste feierte und auf Bällen tanzte und beim Licht lodernder Fackeln mitternächtliche Schlittenrennen abhielt. St. Petersburg übte seinen stärksten Zauber im Winter aus.

Die Stadt war ins Wasser gebaut; sie wurde durchschnitten von der mächtigen Newa, die im Winter zufror und dann zum Tummelplatz der Schlittschuhläufer wurde. St. Petersburg breitet sich über neunzehn Inseln aus, durch Brücken verbunden und durch Kanäle getrennt. Die schmalen Straßen an den Ufern der Kanäle wurden von Barockpalästen in den Pastellfarben Blau, Grün, Gelb, Rosa und Purpur flankiert, deren elegante Gärten vom Schnee zugedeckt waren. Die Atmosphäre in der Hauptstadt des kaiserlichen Rußland veränderte sich mit den Jahreszeiten: Im Sommer, wenn die vornehmen Familien ihre Stadthäuser verließen und in ihre Sommervillen zogen, war die Stadt verlassen, still, im Ruhezustand. Doch im Winter wurde St. Petersburg lebendig, da wimmelte die Stadt von Kutschen, und auf dem Newskij Prospekt – der wichtigsten St. Petersburger Straße, einer wahren Prachtstraße – drängten sich die Menschen. Paare bummelten Arm in Arm von Schaufenster zu Schaufenster und strebten in die große Oper oder Konzertsäle, um es sich in der Wärme eines Plüschsessels bequem zu machen, während Wellen von Musik über sie hinweg und in die Nacht zogen. Mit dem ersten Frost verschwanden die Marmorstatuen im Sommergarten hinter Holzverschalungen, die Springbrunnen wurden abgestellt und der kaiserliche Exerzierplatz, das Marsfeld, war nur noch eine weite, leere Fläche, über die der Nebel aus den Kanälen zog. Die Stadt verschwand unter dem Schnee, die Farben verblaßten und vermischten sich zu einem grauen Einerlei. Der Himmel darüber aber war verziert mit an die hundert vergoldeten Zwiebeltürmen und Kreuzen, die unter dem weißen Pulver des nordischen Winters funkelten und leuchteten.

Alix, Ernst Ludwig und Großherzog Ludwig kamen nach St. Petersburg, um Ella und Sergej zu besuchen. Sobald es seine Pflichten bei der Armee zuließen, besuchte Zarewitsch Nikolaus den Bjelosselskij-Bjeloserskij-Palast, wo Onkel und Tante wohnten. Sowohl Ella als auch Sergej setzten sich für eine Verbindung zwischen Alix und Nikolaus ein und taten alles in ihrer Macht Stehende, um auf die jungen Liebenden einzuwirken.

Ella unternahm mit den jüngeren Romanows Schlittenfahrten, bei denen sie von einer Eskorte in leuchtende Uniformen gekleideter Kosaken begleitet wurden. Oft rodelten sie auf eisigen Hängen. Es handelte sich dabei nicht um einfache Schneeberge, sondern um etwa fünfzehn Meter hohe Holzkonstruktionen, die mit Lagen von Schnee bedeckt und dann mit Wasser übergossen wurden, so daß sich eine Eisschicht bildete, die eine schnelle Rodelbahn ergab. Dieser Sport war so beliebt, daß er nach Sonnenuntergang beim Schein großer Holzfeuer fortgesetzt wurde.[10] Von ihren Schlitten aus bewarfen sich die Romanows gegenseitig mit Schneebällen. Schließlich eilten sie hungrig in Ellas Palast zurück.

Am Abend ging die feine Petersburger Gesellschaft in die Oper oder zum Ballett ins Mariinskij-Theater. Von der Zarenloge aus, die mit blau-goldenen Vorhängen geschmückt war, erstreckten sich weiß-goldene Logen bis zur Bühne. Diese Logen waren hoch geschätzt und wurden vom Vater auf den Sohn vererbt, so daß das Theater fast immer ausgebucht war. Im Parkett drängten sich junge Mädchen in eleganten Roben und Soldaten in Uniform, deren Goldtressen und Epauletten ihren Rang in der Armee bezeichneten. Die Luft duftete leicht nach Leder, Holz, Zigarettenrauch und nach den Blumen, mit denen die privaten Empfangsräume hinter den Logen geschmückt waren, in die sich die Theaterbesucher in den Pausen zurückzogen, um zu rauchen, sich zu unterhalten und den neuesten Klatsch auszutauschen.[11] An Abenden, an denen es kein Ballett oder Theater gab, wurden gewöhnlich prunkvolle Bälle veranstaltet.

St. Petersburg nahm seine Feste ziemlich ernst; eine Gastgeberin eiferte mit der anderen darum, das eleganteste und teuerste Fest zu geben. Die Saison begann am Neujahrstag und dauerte bis zur Fastenzeit – es waren aufregende Wochen. Durch die winterdunkle Hauptstadt fuhren bunt bemalte Troikas, sie rasten über Brücken und an zugefrorenen Kanälen entlang zu einem der Paläste an der Newa oder an der Fontanka. Dort betraten dann die Gäste einen auf dem Schnee ausgelegten roten Teppich und gelangten über Marmorstufen in die Wärme des Hauses.

Eine Ballnacht unter den vergoldeten Decken der St. Petersburger Paläste bedeutete eine Reihe von atemberaubenden Szenen. Die Menge versank in Hofknicksen und Verbeugungen, wenn Prinzen und Großfürsten den Raum betraten, die seidenen Gewänder der Damen raschelten, und die goldenen Fangschnüre und Litzen auf den Uniformen glitzerten im Licht. Die Damen trugen festliche Roben aus Samt und Seide, zobelbesetzte Schleppen und Diamantdiademe, die lange Tüllschleier auf dem Haar festhielten. Das Gewicht dieser Ausstattung war phantastisch. Dabei konnten die Damen noch zufrieden sein, verglichen mit den Offizieren der Husarengarde, die Reithosen aus Elchleder tragen mußten. Ein Mann erinnerte sich: »Es war sehr wichtig, daß die Kniehosen keinerlei Falten aufwiesen. Um das zu erreichen, wurden sie angefeuchtet, mit Seife eingerieben und angezogen – nachdem man vorher die Unterhosen ausgezogen hatte, wenn ich das so sagen darf. Diese Prozedur bedurfte der Hilfe einiger tatkräftiger Soldaten.«[12]

Livrierte Diener trugen Silbertabletts herum und boten den Gästen immer wieder Gläser mit Champagner, Wodka oder köstlichem Krimwein an. Zu Musik von Tschaikowskij, Rimskij-Korsakow und Borodin tanzten sie im weichen Licht Hunderter von funkelnden Kerzen in silbernen Kristallkronleuchtern über die weite Fläche des Ballsaales. Um Mitternacht überkam sie der Hunger, dann eilten sie zu den Tischen, die mit Tausenden von frischen, von der Krim durch den Schnee herbeitransportierten Blumen geschmückt waren. Kellner reichten Tabletts mit gefüllten Eiern, Kaviar, Hummer, feinen französischen Pasteten, Stör, Räucherlachs, Pilzen in Sahnesoße, Salzgurken, kalter Zunge, Gefrorenem und frischen Früchten herum.

Irgendwann nach vier oder fünf Uhr morgens, aber lange bevor die Sonne am verschneiten Horizont aufging und die ersten Sonnenstrahlen auf die goldenen Kuppeln von St. Petersburg fielen, gingen die Gäste auseinander. Sie wickelten sich in schwere Mäntel aus Nerz oder Fuchs, um sich gegen die Kälte zu wappnen, verabschiedeten sich von den Gastgebern und kletterten bei Fackelschein in ihre

Gefährte. Schnell fuhren sie durch die leeren Straßen, »den Newakai entlang, vorbei an den drohenden schwarzen Fassaden der massigen Gebäude: da war die große Newa, eine Wüste aus Eis, die Gaslampen auf dem Marsfeld wie Heiligenscheine in der trüben Finsternis; sie waren erschöpft, erregt, der Champagner perlte noch in ihren Köpfen und ihre Herzen schlugen schnell«.[13]

Einer der berühmtesten Bälle von St. Petersburg wurde in jenem Winter von dem Zaren und der Zarin veranstaltet: An einem kalten Morgen Ende Januar 1889 waren in dem habsburgischen Jagdschloß Mayerling in Österreich die Leichen von Kronprinz Rudolf und seiner Geliebten Maria Vetsera entdeckt worden. Irgendwann in der Nacht hatten die zwei ihren Selbstmordpakt geschlossen, der Kronprinz hatte zuerst Maria Vetsera erschossen und dann sich selbst. Nun war es an den europäischen Höfen so üblich, daß man beim Tod eines Mitgliedes einer königlichen Familie trauerte; der Ball in St. Petersburg hätte also ausfallen müssen. Ein paar Jahre zuvor hatten jedoch die Habsburger ein großes Fest wie geplant gefeiert, obwohl ein Prinz aus dem Hause Romanow gestorben war. Die Zarin erinnerte sich an diese Brüskierung und erklärte, daß ihr Ball wie geplant stattfinden würde, doch bat sie ihre Gäste, in Schwarz zu erscheinen. Das war also der berühmte *Bal noir* gewesen.[14] Am Abend des Balls erstrahlte der riesige Anitschkow-Palast in festlichem Licht, und in all den mit Samt, Seide und Damast tapezierten Räumen brannten Feuer in den Porzellanöfen, um die Kälte fernzuhalten.

Schließlich kam die Fastenzeit und dann der Frühling, und irgendwann begann das Eis auf der Newa zu tauen. Großherzogin Maria Pawlowna (die Jüngere) erinnerte sich später an dieses großartige Schauspiel: »Dumpfe, hallende Geräusche drangen aus der Tiefe des Eises herauf; hier und da erschienen Sprünge, und das schwarze Wasser wurde sichtbar. Bald war der Fluß durchzogen von Spalten, die immer größer wurden. Riesige Eisstücke brachen krachend ab, wirbelten stromabwärts und stauten die Strömung. Mit einem trockenen Geräusch donnerten sie aneinander, drehten sich, schoben sich übereinander. Der Fluß stieg an, das aufgewühlte Wasser, gelblich und schlammig, spülte seine Last mit großer Geschwindigkeit in Richtung Meer.«[15]

Der letzte Sonntag vor der Fastenzeit war *La Folle Journée*, und Za-

rewitsch Nikolaus gab im Alexanderpalast in Zarskoje Selo, etwa fünfundzwanzig Kilometer südlich der Hauptstadt, einen Ball für Alix.
Rosen und Orchideen füllten die Räume mit einem wunderbaren
Duft. Da er wußte, wie scheu Alix Fremden gegenüber sein konnte,
lud Nikolaus nur eine kleine Zahl persönlicher Freunde, jüngere Mitglieder der Familie Romanow und seine Offizierskollegen von der
Armee ein. Auf diesem privaten Fest tanzten Alix und Nikolaus wieder den ganzen Abend miteinander, bis um Punkt Mitternacht die
Fastenzeit allen Feierlichkeiten ein Ende setzte.[16]

Fastenzeit bedeutete tägliche Gottesdienste. Alix besuchte mit der
Zarenfamilie prächtige Bußmessen und Frühgottesdienste in der
Isaakskathedrale, der drittgrößten Kuppelkirche der Welt. Über mehr
als einem Hektar erhebt sie sich zu einer goldenen Kuppel, unter der,
zwischen Granitsäulen, eine über sechzig Meter lange Ikonostase
steht, eine mit Diamanten und Perlen besetzte Altarwand aus Marmor und Malachit. Bei der Vergoldung der Kuppel sollen mehr als
fünfzig Bauleute an Bleivergiftung gestorben sein. Alix muß es nach
den Aufregungen der Karnevalszeit genossen haben, sich in der Kühle des Marmors der imposanten Kathedrale zu erholen. Nach sechs
Wochen kehrte Alix schließlich mit ihrer Familie nach Darmstadt
zurück.

Im folgenden Sommer reiste Alix wieder nach Rußland. Diesmal
fuhr sie nicht nach St. Petersburg, sondern nach Moskau, um Ella und
Sergej auf ihrem Gut Iljinskoje am Ufer der Moskwa zu besuchen.
Eine lange Fahrt über gerade sandige Straßen führte sie an Weizen-
feldern, die noch frühsommerlich grün waren, vorbei und durch dichte Kiefernwälder. Als der Wald sich lichtete, bog die Kutsche in ein
kleines Dorf ein, überquerte eine Holzbrücke und fuhr dann durch
die Tore des Anwesens. Am Ende einer langen Lindenallee kamen die
Dächer von Iljinskoje in Sicht, und dann das Haus selbst, ein großer
viereckiger Bau aus Eichenholz mit Balkons rundherum.[17]

Alix und Ella ruderten auf dem Fluß oder veranstalteten tief im
Wald Picknicks. Sie ruhten im Schatten der Kiefern und speisten Kaviar, Räucherlachs, kaltes Wildbret und Gemüse sowie Beeren, die sie
im Wald gesammelt hatten. An den Nachmittagen besuchten sie
Archangelskoje, das nahegelegene Anwesen der Jussupows, um dort
im glänzenden Kreis der eleganten Welt, die in dem Haus verkehr-

te, Tennis zu spielen. Die Landschaft war wunderschön, und am Ende des Sommers war die Ernte reif, die Luft war süß und große Wiesen waren für die Heumahd bereit.

Am Ende des Sommers hielten die Bauern des Dorfes bei Iljinskoje einen Jahrmarkt ab, und Alix und Ella besuchten den kleinen Platz mit Zelten und Ständen, an denen bunte Stoffe aushingen. Der Kontrast zwischen den eleganten, juwelengeschmückten Damen von St. Petersburg und den derben Bauern von Iljinskoje machte die zwei gegensätzlichen Welten des kaiserlichen Rußland sehr deutlich: auf der einen Seite die elegante Gesellschaft, auf der anderen die Menschen, die nichts hatten, aber die Aristokratie zahlenmäßig siebzehn zu eins übertrafen. Auf den staubigen Straßen des Dorfes waren zahnlose alte Frauen in Lumpen zu sehen, Männer in blusigen Hemden und Hosen, spielende, lachende schmutzige Kinder. Auf dem Platz tanzten Zigeuner zur Musik von Balalaika oder Akkordeon, und ihre Stimmen wurden mit jedem Schluck, den sie tranken, lauter. Wenn Ellas Kutsche an den Bauern vorbeifuhr, fielen sie zum Zeichen des Respekts auf die Knie und beugten den Kopf.

Nikolaus kam in dem Sommer nicht nach Iljinskoje; fürstliche Verpflichtungen hielten ihn ab. Während dieses Besuches lernte Alix das ländliche Rußland kennen, die großen Felder und tiefen Wälder, die einfachen Bauern, die sich vor ihr verneigten, aber ein zahnloses Grinsen zeigten, wenn sie vorbeikam. Sie vergaß diese goldenen Tage in Iljinskoje nie; vier Jahre später würde dieser Sommer zu Alix zurückkehren und sie davon überzeugen, daß sie wahrhaftig nach Rußland gehörte.

5

Eine Prinzessin daheim und auf Reisen

An einem schwülen englischen Sommertag im Juni 1887 feierte Königin Viktoria ihr fünfzigjähriges Thronjubiläum. Seit dem Tod des Prinzgemahls hatte es in Großbritannien keine größere öffentliche Feierlichkeit mehr gegeben. Das großartige Spektakel des *Golden Jubilee* gab dem faden viktorianischen London Gelegenheit, die Uniformen, Ballkleider und Kutschen abzustauben, die so lange weggeschlossen gewesen waren. Solch ein Ereignis verlangte die Teilnahme der ganzen königlichen Familie, Alix eingeschlossen, die mit ihrem Vater, Schwester Irene und Bruder Ernst Ludwig zu diesem Anlaß nach England kam.

Sie wohnten während der Jubiläumswoche im Buckingham-Palast. Hinter seiner schmucklosen viktorianischen Fassade waren nicht nur die Mitglieder von Alix' Familie untergebracht, sondern auch so exotische Monarchen wie der Maharadjah von Cooch Behar und Ihre Majestät, Königin Kapiolani von Hawaii.[1] Die ganze Woche vor dem großen Jubiläumsgottesdienst in der Westminster Abbey war mit Festen, Empfängen und Bällen gefüllt, die alle von der betagten Königin eröffnet wurden.

Am Morgen des Festtages stieg Alix unter dem Portikus des Buckingham-Palastes in einen königlichen Landauer und fuhr die Mall hinunter, über den Trafalgar Square und Whitehall zur Westminster Abbey. Eine Eskorte der Gardetruppen – *Life Guards, Royal Horse Guards*, und *Royal Dragoons* – begleitete sie, alle in leuchtend roten oder goldenen Uniformröcken, weißen Reithosen, schwarzen

Stiefeln und goldenen Helmen mit Federbüschen. Flaggen und Wimpel flatterten im Wind, und alle paar hundert Meer standen Blaskapellen und schmetterten zur Begrüßung »*God Save the Queen*«. Für ein fünfzehnjähriges, für Eindrücke empfängliches Mädchen muß das ein großartiges Schauspiel gewesen sein.

Die königliche Familie schritt auf dem langen Teppich vom Westportal unter den gewölbten Decken der hoch aufragenden gotischen Kirche vorbei an dem geschnitzten Chorgestühl bis zum Hochaltar; durch die wundervollen farbigen Glasfenster fiel warm leuchtendes Sonnenlicht. Ein großes Tedeum wurde zur Feier des Jubiläums aufgeführt; Orgelklänge, das Brausen des Chores und Trompetenfanfaren hallten durch die Kirche. Im Mittelpunkt all der Feierlichkeiten saß auf einem goldenen Stuhl die kleine, in schwarzen Satin gekleidete Frau, deren Familie nun auf die Knie fiel, um für ein langes Leben für sie zu beten, und anschließend bewegt die Nationalhymne sang.

Für Alix war dies das erste große offizielle Ereignis, an dem sie teilnahm. Zwei Jahre zuvor hatte sie als Brautjungfer ihrer Tante Beatrice bei deren Hochzeit mit Prinz Heinrich von Battenberg fungiert, doch hatte diese Hochzeit in einer kleinen Dorfkirche auf der Insel Wight stattgefunden und war eine eher private Angelegenheit gewesen. Sicher, bei ihrem ersten Besuch in Rußland, als Ella Sergej heiratete, hatte es großartige Bälle und Empfänge gegeben. Aber Alix hatte das exotische Schauspiel des kaiserlichen Rußland mit den Augen einer Fremden betrachtet. Bei dem Jubiläum jedoch erlebte sie aus erster Hand die Verehrung, die ihrer eigenen Familie zuteil wurde. Nie zuvor hatte diese Mischung aus Ergebenheit, Gepränge und Üppigkeit ihr einen solch berauschenden Einblick in die Welt der Herrschenden und der Macht erlaubt.

Der Unterschied zwischen den Londoner Menschenmassen während der Jubiläumswoche und dem Leben im Neuen Palais in Darmstadt muß Alix bei ihrer Heimkehr besonders deutlich geworden sein. Nicht genug, daß ihre älteren Schwestern Viktoria und Ella fort waren, 1888 heiratete Irene Prinz Heinrich von Preußen, den Bruder des ungeliebten *Cousin Willy* ihrer Kindheit. Es gab von seiten der Königin Viktoria starke Einwände gegen die Verbindung, weil Irene und Heinrich zu nahe verwandt waren: die beiden waren Vetter und Cousine ersten Grades, ihre Großeltern mütterlicherseits waren ohnehin schon zweifach Vetter und Cousine, und väterlicherseits hatten sie auch gemeinsame Urgroßeltern.[2] Aber die beiden wußten, was sie wollten, und heirateten trotz aller Einwände in Berlin, während Heinrichs Vater, Kaiser Friedrich III., mit Kehlkopfkrebs bereits im Sterben lag. Zwei Wochen später war der Kaiser nach nur 99 Tagen Herrschaft tot. Sein Sohn und Erbe, der neue Kaiser Wilhelm II., übernahm, kaum daß er den letzten Atemzug getan hatte, schon eifrig sein Amt und die Krone.

Im Alter von sechzehn Jahren bekam Alix ihre eigene Hofdame. Nun, da sie die einzige im Neuen Palais verbliebene Tochter war, gab Königin Viktoria der Hoffnung Ausdruck, daß sie nicht »Miss Jackson *allein* überlassen werden solle, mit deren schlechter Gesundheit, der harten, mürrischen Art und den schlechten Launen. Es würde Alicky ruinieren. Es muß jemand Jüngeres, Milderes, fröhlicheres für sie gefunden werden, sonst wird ihr einsames Leben gänzlich trist sein.« Sie schlug Gretchen von Fabrice vor – »eine so reizende Person« –, die die Gouvernante der Kinder von Alix' Tante Helena gewesen war.[3] Schon bald nahm Fräulein von Fabrice die Stellung der Hofdame ein. Als solche hatte sie Schreibarbeiten zu erledigen und für zeremoniale Aufgaben aller Art zur Verfügung zu stehen; da Alix jedoch zu jung war, um in der komplizierten Tagesroutine des Hofes eine große Rolle zu spielen, war Gretchen von Fabrice hauptsächlich Gesellschafterin. Die beiden lernten zusammen für Alix' Konfirmation in der Lutherischen Kirche.

In viktorianischer Zeit war die Konfirmation in protestantischen Ländern ein Muß für jedes Mädchen, das in die Gesellschaft aufgenommen werden wollte; ohne konfirmiert zu sein wäre Alix an europäischen Höfen kaum akzeptiert worden. Mit ihrer Konfirmation wurde eine junge Dame erwachsen, und dieser Schritt wurde ebenso wegen seiner gesellschaftlichen wie wegen der religiösen Bedeutung gefeiert. Die meisten Mitglieder des *Royal mob* betrachteten Religion und ihre Ausübung als Tugend und die Erfüllung einer Pflicht, jedoch nicht unbedingt als Festlegung auf eine bestimmte Art zu leben. Nur wenige in der Familie verstanden das, an was sie glaubten. Bei Alix war das etwas anderes.

Sie lernte eifrig für ihre Konfirmation und verbrachte lange Stunden im Gebet kniend. Alix war schon immer introvertiert gewesen, vielleicht, weil ihre Kindheit von den Gedanken an den Tod und das Jenseits überschattet gewesen war. Wie Prinzessin Alice grübelte sie über die Vergangenheit nach und suchte nach Sinn und Bedeutung. Die Kirche erfüllte ihre spirituellen Bedürfnisse, Wünsche und Ideale. Alix nahm die lutherischen Lehren an und fühlte sich dafür ihrerseits von ganzem Herzen in ein größeres, höheres und bedeutungsvolleres Dasein aufgenommen, als es ihr der Alltag im Neuen Palais bot. Die Religion würde eines Tages zu einer Festung werden, in die kein Eroberer eindringen konnte.

Nach ihrer Konfirmation wurde Alix formell in die Darmstädter Gesellschaft eingeführt. Viele viktorianische Mädchen litten unter der Befürchtung, daß sie keinen guten Eindruck machen und deshalb keine Verehrer anziehen würden. Eine Dame schrieb dazu: »Wenn ein Mädchen nicht etwas ganz Besonderes war ... entschied sich ihr Schicksal mit dem ersten Eindruck, den sie auf die Gesellschaft machte. Die junge Frau, der es nicht gelang, sich innerhalb der ersten sechs Monate nach dem Debüt einen Heiratsantrag zu sichern, konnte nur auf eine zweite Saison hoffen – mit bereits verminderten Chancen. Nach dem dritten Mal blieb nichts als Indien als letzte Zuflucht, bevor das Schreckgespenst der alten Jungfer Wirklichkeit wurde.«[4]

Vielleicht hat Alix nicht alle Ehehoffnungen auf ihre Einführung in die Gesellschaft gesetzt, aber bestimmt hat sie sich allerlei Gedanken über dieses Ereignis gemacht. Ihr Vater hatte keine Ausgaben gescheut, um einen spektakulären Ball im Neuen Palais auszurichten. Hunderte von Gästen waren eingeladen, und das Schloß erstrahlte im Lichtermeer, um sie willkommen zu heißen – Tanten, Onkel, Vettern und Cousinen. Sogar Ella und Sergej waren zu diesem Ereignis aus Moskau angereist. Im warmen Licht der Kerzen in den Kristallkronleuchtern schritt Alix am Arm ihres Vaters die Freitreppe hinab, um ihre Gäste zu begrüßen. Sie trug ein weißes Tüllkleid, und Maiglöckchensträuße waren in ihrem Haar und auf dem Kleid festgesteckt.[5] Wie sie sich so von Raum zu Raum bewegte, erweckte sie bei den Damen der Darmstädter Gesellschaft, die sie als neue Führungspersönlichkeit willkommen heißen wollten, traurige Erinnerungen an ihre verstorbene Mutter.

Alix übernahm nun die Pflichten einer Prinzessin von Hessen. Sie fungierte als Gastgeberin für ihren Vater und gab kleine Abendgesellschaften und Empfänge, Einladungen zum Tee für die weniger vom Glück Begünstigten, und aufwendige Bälle für die feine Gesellschaft. Für einen davon wählte sie als Thema die Renaissance und erschien selbst in einem Kleid aus blaßgrünem Samt mit hohem Kragen und weiten Ärmeln; es war mit Silberschnüren paspeliert und brachte die Smaragde, die sie um den Hals und im Haar trug, wunderbar zur Geltung.[6] Trotz des glänzenden Lebens, das sie nun zu führen begann, dachte Alix weiterhin an die Armen in Hessen und spendete große Summen aus ihrem persönlichen Besitz für örtliche Wohlfahrtsvereine.

Als junges Mädchen ging sie auch auf Reisen. 1890 fuhr sie mit ihrem Vater nach Malta. Ihr Schwager, Prinz Ludwig von Battenberg, war dort als Kommandant des Torpedokreuzers HMS Scout stationiert, und ihre Schwester Viktoria hatte auf der Insel ein Haus gemietet. Malta war reichlich einsam und heiß, aber die dort lebenden Engländer hatten es sich in den Kopf gesetzt, ihre Kultur dennoch möglichst originalgetreu zu importieren. An sonnigen Nachmittagen versammelten sie sich, um bei Polospielen zuzusehen oder um Wetten bei Pferderennen abzuschließen; abends tanzten sie auf Festen und Bällen. Für Alix war das eine neue Erfahrung. Obwohl sie die extreme Hitze unerträglich fand, genoß sie das alles und war ihrerseits bei den Offizierskollegen von Ludwig sehr beliebt. Der Flaggoffizier des Kommandanten, ein Schotte namens Mark Kerr, war für die Gäste verantwortlich; Alix mochte ihn sehr gern und bezeichnete den hübschen jungen Mann scherzhaft als ihren *Malta aide-de-camp*.[7] Die Seeleute arrangierten zur Unterhaltung von Alix allerlei Ausflüge und Abendgesellschaften, auch wenn ihr Kommandant aufpaßte, daß sie bei ihren Unternehmungen nicht allzu eifrig wurden.

Zwei Jahre später fuhr Alix wieder in den warmen Süden, diesmal besuchte sie Italien. Zuerst war sie in Florenz bei Königin Viktoria, die gerne im wärmeren Klima Südeuropas Urlaub machte. Alix war von der alten Stadt fasziniert und verbrachte die Tage damit, eine Sehenswürdigkeit nach der anderen aufzusuchen. Dann fuhr sie weiter nach Venedig. Sie wanderte durch die kühlen Marmorhallen der Paläste und Museen, erforschte von einer Gondel aus die vielen Kanäle und genoß dabei die Brise, die von der Adria in die Stadt wehte. Sie verliebte sich in die Architektur und in die Bilder von Botticelli und Michelangelo. Als es Zeit war, nach Deutschland zurückzukehren, schrieb Alix an eine Freundin, sie fürchte, sie werde sich immer danach sehnen, wieder herzukommen.[8]

Als sie wieder in Darmstadt war, brach bei einem Gabelfrühstück, das sie für ihren Vater gab, dieser plötzlich am Tisch zusammen. Es war Ludwig schon längere Zeit nicht gutgegangen und Anfang 1892 hatte man ein schwaches Herz diagnostiziert. Aber niemand hatte mit einem Herzinfarkt gerechnet. Alix weigerte sich, ihn gehen zu lassen; Tag und Nacht saß sie an seinem Bett und wartete auf ein Erkennen, irgendein Lebenszeichen. Aber der Großherzog erlangte das Bewußtsein nicht wieder und starb am 13. März 1892. Er war fünfundfünfzig Jahre alt geworden.[9]

Königin Viktoria war – wie zu erwarten – ganz überwältigt und schrieb an ihre Enkelin Viktoria: »Es ist zu schrecklich … an Eure Trauer zu denken, und daran, daß die armen lieben Kinder Ernie und Alix alleine sind – *Waisen* – verstärkt *meinen eigenen, so überwältigenden Schmerz* … Es ist *scheußlich*! Aber ich bin *immer noch da*, und solange ich lebe, soll Alicky, bis sie verheiratet ist, *mehr denn je mein Kind sein*.«[10] Im Alter von dreiundzwanzig Jahren folgte Ernst Ludwig seinem Vater als Großherzog von Hessen auf den Thron.

Alix war verzweifelt vor Trauer. Nach dem Tod ihres Vaters lag sie wochenlang im Bett, weinte hysterisch und weigerte sich, irgend etwas zu sich zu nehmen. Alles erinnerte sie an ihren Verlust – jedes Foto, das sie sah, jeder Brief, den sie las, brachte einen neuen Schwall von Tränen hervor. Der Tod ihres Vaters zerstörte das Gefühl von Sicherheit in der Familie, das ihr seit dem Tod ihrer Mutter Kraft gegeben hatte. Sein Scheiden hinterließ eine große Leere in ihrem Leben. Sie erstickte ihren Kummer in der Religion und entwickelte eine zwanghafte Anhänglichkeit an ihren Bruder: Alix war am Rande eines Nervenzusammenbruchs. Wieder einmal kam Königin Viktoria ihrer Enkelin nach einem Todesfall in der hessischen Familie zu Hilfe, sie schickte eiligst nach Alix, die den Rest des Jahres bei ihr verbrachte.[11]

Während dieser Zeit begleitete Alix ihre Großmutter bei ihren seltenen öffentlichen Auftritten, so auch auf einer Tour durch den walisischen Bergbaudistrikt. Einmal stieg Alix, obwohl sie ein elegantes Kleid und einen Hut trug, aus der Kutsche und bestand darauf, in die schmutzigen schwarzen Schächte hinuntergelassen zu werden, so daß sie aus erster Hand die Arbeitsbedingungen sehen konnte. Die Königin muß mit der jungen Frau, auf die sie so viel Einfluß ausgeübt hatte, sehr zufrieden gewesen sein. Alix war durch die Jahre in der britischen Königsfamilie geprägt worden. Sie wußte es noch nicht, aber es gab Pläne, die sie zu einem ihrer mächtigsten Mitglieder machen sollten.

Prinzessin Alix war zu einer hübschen jungen Dame erblüht. Sie war rank und schlank, hatte große, leuchtende, graublaue Augen und war sehr stolz auf ihr goldenes Haar, das sie auf dem Kopf zusammengeschlungen trug, mit Ponyfransen auf der Stirn. Wenn es offen war, konnte sie darauf sitzen. Auffallend waren die wohlgeformte Schulter- und Nackenpartie und ihre Pfirsichhaut, besonders anziehend war ihr Erröten, wenn sie ihre Freude hinter einem scheuen Lächeln verbarg. Zeitgenössische Schilderungen verraten mehr über ihre natürliche Schönheit als irgendein Foto. Anna Wyrubowa, die ihr um die Jahrhundertwende begegnete, beschrieb sie folgendermaßen: »Groß war sie, und von feiner, sehr guter Figur, hatte exquisite, blasse Schultern und Nacken … Ihr Teint war hell und rosig wie der eines kleinen Kindes. Die Kaiserin hatte große Augen, tief grau und strahlend.«[12] Alix lächelte selten in der Öffentlichkeit, aber wenn sie es tat, so schrieb eine Dame, »erleuchtete es ihr Gesicht, verwandelte ihren Mund in eine Blume und machte etwas Unvergeßliches mit ihren wunderbaren Augen«.[13]

Ihre Erziehung hatte sie zu einer gut informierten, wenn nicht zu einer besonders klugen jungen Frau gemacht. Ihre literarische Bildung spiegelte allerdings die eher mittelständische Erziehung der Kinder im Palais: Alix' Lieblingsautorin war die nichtssagend schwülstige Marie Corelli. Doch hierin teilte Königin Viktoria ihre Meinung. Die Queen bemerkte einmal, Marie Corelli sei eine der bedeutendsten Schriftstellerinnen der Zeit, während ihre Tochter Vicky, die Kaiserin Friedrich, die Werke der Corelli für »seicht und belanglos« hielt.[14] Ebenso wie ihr literarischer Geschmack blieb Alix' Sinn für Mode mittelständisch und solide. Sie mochte keine aufwendigen Kleider und trug, solange sie jünger war, selten etwas anderes als einfache Kleider aus Musselin und Seide, und fast immer in einer Farbe: mauve, malvenfarben, bläulichviolett. Es war ihre Lieblingsfarbe, der sie wegen der viktorianischen Sitten allerdings auch kaum entrinnen konnte. Der strengen Etikette der Zeit entsprechend mußte ein ganzes Jahr nach dem Tod eines Mitglieds der Familie Trauer getragen werden, und zwar war während der ersten sechs Monate nichts außer Schwarz erlaubt. Während des zweiten Halbjahrs war dann Halbtrauer gestattet – weiß, grau oder lila.[15] Bei einer so ausgedehnten Familie mußte Alix fast immer wegen irgendeines Verwandten Trauer tragen. Es ist vielleicht bezeichnend, daß sie sich auch in späteren Jahren gerne mit dieser Farbe umgab, die sie sicherlich mit dem Tod in Verbindung brachte.

Königin Viktoria hielt Alix für »lieb und gut und gescheit«.[16] Tatsächlich war sie das auch innerhalb ihrer Familie. Aber in Gesellschaft von Menschen, die sie nicht kannte, war Alix nie entspannt. Sie hatte trotz der Anleitung durch ihre Großmutter keine besonderen gesellschaftlichen Fähigkeiten entwickelt. Niemals meisterte sie den *Cercle* und empfand daher Konversation als belastend und quälend. Das wiederum führte zu dem weitverbreiteten Glauben, daß Alix hochmütig und kaltherzig sei. Im Familienkreis konnte sie lustig sein, bei allen Spielen mitmachen und herzlich lachen. Aber nicht in der Öffentlichkeit. Sie war selbst nicht ausgeglichen und verstand nicht, daß sie mit einem kleinen Stirnrunzeln oder einem besorgten Blick jemand anderen brüskieren konnte.

Alix war höchst emotional, aber ihre Gefühle waren von der Melancholie der Mutter gefärbt. Sie fand Trost in ihrer Religion, was sie noch reservierter machte, noch vorsichtiger bei jedem ihrer Schritte. Sie besuchte die Krankensäle der Darmstädter Krankenhäuser, wie es ihre Mutter getan hatte, jedoch ohne die Empfindsamkeit und das Mitgefühl, die so wichtig für ein Leben im Dienst der Gesellschaft sind. Sie war auch weniger sensibel anderen Menschen gegenüber, als es ihre Mutter gewesen war, vor allem erspürte sie nicht, wie sie von anderen wahrgenommen wurde.

Trotz dieser Defizite war Alix zweifellos eine attraktive Heiratskandidatin. Ihr familiärer Hintergrund war untadelig, ihre Erscheinung elegant, wenn nicht gar ätherisch. Sie würde für einen Prinzen die perfekte Frau und Partnerin sein. Und eine Frau in Europa, Königin Viktoria, wußte, wer dieser Mann sein sollte.

Jahrelang hatte Großmama geplant, welche Fächer und Themen

Alix studieren sollte, welche Bücher lesen, welche Stücke auf dem Klavier spielen und wo sie Ferien machen würde. Als unverbesserliche Ehestifterin hatte die Königin längst entschieden, wen Alix heiraten würde. Sie sollte die Frau ihres Vetters Eddy werden und infolgedessen zunächst Herzogin von Clarence und Avondale werden, dann Prinzessin von Wales und schließlich Königin von Großbritannien und Kaiserin von Indien.

6

Der Herzog von Clarence
und Avondale

Den ganzen Tag lang fegte ein kalter Wind von See her durch Sandringham House; Schneeböen peitschten gegen die Fenster des weitläufigen Ziegelbaus. Schnee hing in der Luft und bedeckte schon die großen Rasenflächen und die Auffahrten zum Haus. Der Himmel war grau und bedrohlich. Die kahlen, knorrigen Finger der blattlosen Bäume streckten sich in den immer dunkler werdenden Abendhimmel, und Rauchfetzen krochen aus den Schornsteinen auf den Schieferdächern. So wie sich die Dunkelheit über dem Land ausbreitete, erhellten sich die Fenster des großen Hauses. Diener eilten von einem Raum zum nächsten, schürten die Feuer, räumten die Reste des Nachmittagstees weg und zogen die schweren Vorhänge vor den Fenstertüren zu den Terrassen zu.

Oben lag in einem stickig-heißen Raum Prinz Albert Edward (Eddy), der Herzog von Clarence und Avondale und mutmaßliche Erbe des britischen Throns, im Sterben. Eine Woche zuvor hatte ihn eine Lungenentzündung niedergeworfen. Nur sein Husten und das schwere Atmen waren im Schlafzimmer zu hören. Um das Bett herum stand seine Familie: sein nervös dreinschauender Vater, der Prinz von Wales; neben ihm, in einem Stuhl sitzend und die Hand des Kranken haltend, seine Mutter, die Prinzessin von Wales; dazu sein Bruder George und seine drei Schwestern. Im Kamin loderte ein Feuer, und es war unerträglich heiß.

Die ganze Nacht hindurch kamen und gingen die Ärzte. Immer wieder schaute ein Familienmitglied herein, aber nur eine Gestalt blieb zusammen mit seiner Mutter ständig anwesend: das traurige junge Mädchen in der Ecke war Prinz Edwards Braut. Es schneite die ganze Nacht hindurch, und der Wind rüttelte weiter an den Fenstern des Krankenzimmers und pfiff klagend. Dann begann Prinz Edward vor Schmerzen zu schreien. Seine Familie wußte, daß das Ende nahte.

Prinz Edward war 1864 in der zweiten Januarwoche im Frogmore House im Park von Windsor zur Welt gekommen. Er wurde zwei Monate zu früh geboren. Damit hängt vermutlich auch seine scheinbar zurückgebliebene geistige Entwicklung zusammen.

Sein Erzieher John Neale Dalton versuchte, die geistigen Barrieren im Kopf seines Schülers zu durchbrechen; nach acht Jahren mußte er dem Prinzen von Wales allerdings berichten, daß Edward »nicht nur in einem oder zwei Fächern versagt, sondern in allen«. Es schiene dafür keinen anderen Grund zu geben, so Dalton, als »den abnormal untätigen Zustand seines Geistes«, der Edward davon abhielte, »mehr als ein paar Minuten in Folge seine Aufmerksamkeit irgendeinem Thema« zu widmen.[1] Und noch einmal legte Dalton dar: »[Edward] sitzt teilnahmslos und mit leerem Blick da und … verschwendet ebensoviel Zeit damit, nichts zu tun, wie eh und je.«[2]

Seine Kindheit kann nicht sehr glücklich gewesen sein, denn er sah seine Eltern kaum. Sein Vater, der Prinz von Wales, war ein schlechter Ehemann und unaufmerksamer Vater, der mehr Zeit mit dem Glücksspiel oder seinen Mätressen verbrachte als mit Frau und Kindern. Seine Frau, die hübsche Prinzessin Alexandra, ignorierte er. Edwards Mutter vergötterte ihre Kinder zwar, war ihnen gegenüber aber oft nachlässig. Außerdem hörte sie zunehmend schlechter. Das Ergebnis war, daß die Kinder ohne Disziplin und mit schlechten Manieren aufwuchsen. Als zukünftiger König von England hätte Prinz Edward herausragende Fähigkeiten besitzen müssen; es war ein Unglück für ihn, daß er weder gesellschaftliche Qualitäten noch besonders geistige Fähigkeiten besaß.

Edwards Erziehung war ein ständiger Kampf gewesen und mußte schließlich zumindest zeitweilig zugunsten der möglichen Vorteile einer Karriere in der Marine unterbrochen werden. Er und sein Bruder George machten eine Kadettenausbildung und traten dann als Mitglieder der Besatzung der *HMS Bacchante* eine dreijährige Kreuzfahrt an. Der Prinz von Wales hoffte, daß die Disziplin in der Marine Edwards schwachen Charakter stärken würde. Die Kreuzfahrt hatte jedoch den gegenteiligen Effekt auf den Prinzen, und wiederum berichtete Dalton dem Vater, daß sein Sohn außer Aktivitäten von »zügelloser Natur« nichts gelernt habe.[3]

Nach der Marinezeit wurde Edwards offizielle Ausbildung wieder aufgenommen. Er ging als Student an das Trinity College in Cambridge. Der Prinz hätte vielleicht tatsächlich eine Chance in Cambridge gehabt, wenn sein Vater nicht unglücklicherweise Kenneth Stephen zum Tutor seines Sohnes gemacht hätte. Stephen war ein Gelehrter und Poet von einigem Ansehen; aber er war auch ein zügelloser Homosexueller, der wahrscheinlich den unter seine Obhut gestellten Prinzen dazu verleitete, mit ihm die Nächte zu durchzechen.

Cambridge hatte die Liebe zu intellektueller Betätigung nicht in Prinz Edward zu wecken vermocht, und so wurde er zur Armee geschickt. Am 17. Juni 1885 erhielt seine Königliche Hoheit, Prinz Albert Edward von Wales, ein Offizierspatent im 10. Husarenregiment, dessen verantwortlicher Oberst sein Vater war.

1888 war Eddy vierundzwanzig Jahre alt. James Pope-Hennessy schrieb seinerzeit über ihn:

»[Edward] war ein schlanker junger Mann, etwas größer als sein Bruder und seine Schwestern, mit welligem braunen Haar, das an den Schläfen zurückzuweichen begann; er hatte ein ovales Gesicht, eine Adlernase, große, sanfte Rehaugen und einen kleinen gewachsten Kavalleristen-Schnurrbart, dessen Enden nach oben gebogen waren. Dazu hatte er einen erstaunlich langen Hals – ›einen Hals wie ein Schwan‹, wie jemand aus der Familie sagte. Deshalb mußte er, wenn er nicht in Uniform war, einen ungewöhnlich hohen gestärkten Kragen tragen, und wegen dieser Notwendigkeit entstand der Name *Collars and Cuffs* [Kragen und Manschetten] – ein Spitzname, den sein Vater, der es genoß, Prinz Eddy aufzuziehen, kindlichen Mitgliedern der königlichen Familie ans Herz legte: ›Nennt ihn nicht Onkel Eddy, nennt ihn *Uncle Eddy Collars and Cuffs*.‹«[4]

Nicht nur innerhalb der königlichen Familie, sondern auch in der Öffentlichkeit gab es allerlei Spekulationen über das Privatleben des Prinzen. Das Gerücht, daß der Prinz, vielleicht durch den Einfluß seines Tutors James Kenneth Stephen, homosexuell sei, war weit verbreitet. Es ist bekannt, daß Edward in einem Männerbordell in der Cleveland Street Nummer 19 verkehrte, das von jungen adeligen Sprößlingen der Gesellschaft besucht wurde. Unter denen, die die Polizei bei einer Razzia in dem Etablissement aufgriff, befand sich auch Lord Arthur Somerset, ein Freund Edwards. Da Somerset ob seiner Aktivitäten Strafverfolgung drohte, mußte er schnellstens das Land verlassen. Wie so vieles im Leben Edwards blieb auch seine Beziehung zu dem Klub in der Cleveland Street zum größten Teil von einem geheimnisvollen Schleier des Schweigens umgeben.

In den frühen Morgenstunden des 31. August 1888 sah ein Arbeiter auf dem Heimweg in Whitechapel, einer Slumgegend im Londoner Eastend, eine Frau im Rinnstein liegen. Solch ein Anblick war in Whitechapel nicht ungewöhnlich; die Gegend wimmelte von Prostituierten, die betrunken durch die Straßen torkelten, und der Mann nahm an, daß wieder einmal eine zusammengebrochen war. Als er aber näher kam, erkannte er, daß diese nicht betrunken, sondern tot war. Erst als die Polizei kam, entdeckte man den Grund: im Schein der Lampen wurde deutlich, daß ihre Kleider blutgetränkt waren. Polly Nichols war erwürgt worden, man hatte ihr die Kehle durchgeschnitten und den Bauch aufgeschlitzt.

In den folgenden neun Wochen wurde Whitechapel von bizarren Morden an vier weiteren Prostituierten beunruhigt: Annie Chapman, Elizabeth Stride, Catherine Eddows und Mary Kelly. Die Angriffe wurden immer grausamer. Als Annie Chapman gefunden wurde, war ihr Kopf fast ganz vom Körper abgetrennt, der Bauch war aufgeschlitzt und die Eingeweide über ihre Schulter geworfen. Stride und Eddows wurden in einer Nacht ermordet; der Mörder war anscheinend bei Stride gestört worden und hatte sich ein zweites Opfer gesucht, Eddows. Zusammen mit einem Teil ihrer Niere kam am folgenden Tag in einem Londoner Krankenhaus ein Brief an, der mit *From Hell* überschrieben, und mit *Jack the Ripper* unterschrieben war.

Mit dem Tod von Mary Kelly hörten die Morde auf. *Jack the Ripper* wurde nie gefaßt. In den vergangenen hundert Jahren hat jedoch ein ungewöhnliches Gerücht – daß nämlich Prinz Edward der Ripper gewesen sei – viel Aufmerksamkeit erregt.

Schon vor langer Zeit wurde angedeutet, daß der Prinz an Syphilis erkrankt war, die er sich angeblich auf seiner Schiffsreise um die Welt zugezogen hatte. Die stetige Abnahme der geistigen Stabilität, die durch diese Krankheit hervorgerufen wird, soll die Whitechapel-Morde ausgelöst haben. Ein Mann, der Mary Kelly mit ihrem Mörder gesehen hatte, beschrieb diesen als mittelgroß, mit braunem Haar und einem kleinen gewachsten Schnurrbart; er sei für das Viertel ungewöhnlich gut gekleidet gewesen und habe Manschetten und einen hohen Kragen getragen. Nach dieser Beschreibung hätte man Edward als Mörder identifizieren können. Edward hatte gesehen, wie Hirsche zerteilt wurden, daher könnte er das anatomische Wissen, das der Ripper bewiesen hatte, gehabt haben. Sein Tutor in Cambridge, James Kenneth Stephen, soll angeblich mehrere der den verschiedenen Zeitungen zugespielten Ripper-Briefe geschrieben haben. Verdächtig scheint außerdem, daß fast alle wichtigen Beweise, die den Fall *Jack the Ripper* betreffen, entweder zurückgehalten oder später verbrannt wurden, als hätte die Polizei sich bemüht, die Entdeckung der Wahrheit zu verhindern.

Die Vermutung, daß Edward der Ripper war, steht und fällt mit seinem Alibi zur Zeit der Morde, und hier scheint es eindeutige Beweise zu geben, daß er nicht der Mörder gewesen sein kann, denn in zwei der fraglichen Nächte hielt er sich in Schottland auf, und zur Zeit des letzten Mordes war er in Sandringham. Trotzdem brachten andere Theorien den Prinzen mit den Morden in Verbindung; sie behaupteten, daß er mit einem Dienstmädchen ein uneheliches Kind gezeugt hätte, und daß die Morde dazu dienen sollten, diese Tatsache zu vertuschen.[5] Es muß allerdings gesagt werden, daß bisher noch kein unumstößlicher Beweis ans Licht gekommen ist, der auf irgendeine Verwicklung des Prinzen in die Morde hinweist.

Sicher ist, daß der Prinz wegen der Anspielungen und Gerüchte, die seinen Namen umgaben, Gegenstand von Auseinandersetzungen innerhalb seiner Familie war. Ein zukünftiger König von England durfte nicht in öffentliche Skandale verwickelt sein. Schon um seinen Vater rankten sich solche Gerüchte, und jetzt bedrohte auch noch der zügellose Edward die Stabilität der englischen Krone. Die königliche Familie konnte sich kaum eine weitere Demütigung leisten. Königin Viktoria war der Auffassung, daß Edward einen stabilisierenden Einfluß nötig habe, eine Ehefrau, und daß Alix die notwendige Stütze für die unsichere Zukunft des Prinzen sein könne.

Schon 1887 hatte die Königin an ihre Darmstädter Enkelin Viktoria geschrieben: »Da uns Irene nun hier verlorengegangen ist – und das muß ich Dir mitteilen, die Du so viel Einfluß auf Papa und überhaupt auf alle in der Familie hast –, wollen mein Herz und mein Verstand unbedingt die liebe Alicky entweder für Eddy oder für Georgy sichern. Du mußt verhindern, daß *weitere* Russen oder andere kommen, um sie uns wegzuschnappen.«[6] Doch obwohl die Königin ihre Enkelin zu ermuntern versuchte, scheint Alix' Familie gegen diese Verbindung gewesen zu sein. »Ich finde den Gedanken, daß Eddy Alix heiraten soll, gräßlich – da sie Vetter und Cousine ersten Grades sind, sollte das besser vermieden werden –, aber mein Haupteinwand ist, daß er nicht gerade gesund aussieht und zu dumm ist«, schrieb Ella an Ernie. »England mit einem solchen Ehemann ist überhaupt kein Ort für Alix. Ich wünsche mir, daß sie einmal so glücklich ist, wie wir drei.«[7]

Als ihm der Plan einer Heirat mit seiner Cousine erst einmal vorgetragen worden war, war Edward ganz damit einverstanden. Er bildete sich ein, er sei glühend verliebt in Alix; auf jeden Fall war er viel zu schwach, sich den Wünschen seiner mächtigen Großmutter zu widersetzen. 1889 rief die Königin Alix nach Balmoral. Prinz Edward weilte ebenfalls im Schloß. Er unternahm Kutschfahrten mit seiner Cousine und begleitete sie auf Spaziergängen über die Hügel und wartete auf die passende Gelegenheit, die entscheidende Frage zu stellen. Wir wissen, daß Edward ihr den Heiratsantrag gemacht hat, denn Alix lehnte ab. Es ist nicht schwer, sich ihre Gründe vorzustellen. Edward muß für sie eine Enttäuschung gewesen sein. Pope-Hennessy beschreibt ihn als »zurückgeblieben und völlig lustlos. Er ließ sich gehen und war unpünktlich. Ihm war keine ordentliche Erziehung zuteil geworden, daher war er an nichts interessiert. Er lebte so achtlos und planlos wie ein hübscher Goldfisch in einer Kristallschale.«[8]

Edward war niedergeschmettert. An seine Mutter schrieb er: »Ich glaube nicht, daß sie weiß, wie sehr ich sie liebe, sonst könnte sie nicht so grausam sein.«[9] Die Königin war ebenfalls besorgt, denn der Prinz machte ein schreckliches Getue um seine Zurückweisung.

»Wenn ich wenigstens das Gefühl hätte, daß der arme Eddy (der Alicky ja so zärtlich liebt) entschieden hätte, was er wegen Alicky tun oder nicht tun will ...«, schrieb sie.[10]

In einer Reihe von Briefen an die Enkelin Viktoria gab die Königin ihrer Besorgnis und beständigen Hoffnung Ausdruck, daß sich zwischen ihren Enkeln alles regeln würde: »Und nun laß mich ein Wort zu Alicky sagen. Gibt es denn *keine* Hoffnung in bezug auf Eddy? Sie ist noch *keine* neunzehn – und man sollte sie dazu bewegen, daß sie noch einmal ernsthaft darüber nachdenkt, wie dumm es wäre, die Chance auf einen so guten, freundlichen, liebevollen und zuverlässigen Ehemann zu vergeben, sowie die Aussicht, in eine einige, glückliche Familie und sehr gute Stellung – die *in der Welt unübertroffen* ist – einzuheiraten. Onkel und Tante [der Prinz und die Prinzessin von Wales] wünschen es so sehr, und der arme Eddy ist auch so unglücklich bei dem Gedanken, sie zu verlieren. Können Ernie und Du nicht etwas bewirken? Was denkt sie sich denn nur?«[11]

Als auch dieser Versuch Alix' Widerstand nicht überwand, schrieb die Königin noch einmal an Viktoria: »Die Sache mit Alicky und Eddy ist sehr traurig. Wir haben immer noch die leise, sehnsüchtige Hoffnung, daß sie *vielleicht* doch noch ... Sofern er unverheiratet bleibt, wenn sie schließlich anfängt nachzudenken und erkennt, was für eine traurige und ernste Angelegenheit es ist, solch eine Heirat auszuschlagen, mit solch einer Stellung und in solch eine liebenswerte Familie im Land ihrer Mutter, wo sie mit offenen Armen empfangen würde. Außerdem ist Eddy nicht dumm, er ist sehr gut, ihr zugetan und ein gutaussehender junger Mann.«[12]

Schließlich gab auch die Königin die Hoffnung auf diese Ehe auf. Im Mai 1890 schrieb sie: »Ich fürchte, ich muß jede Hoffnung auf eine Heirat zwischen Alicky und Eddy begraben. Sie hat ihm geschrieben, wie sehr es sie quält, ihn zu quälen, daß sie ihn aber nicht heiraten könne, so sehr sie ihn als Vetter auch mag, daß sie wüßte, daß sie mit ihm nicht glücklich sein würde, und daß er nicht an sie denken solle ... Es ist sehr schmerzlich für uns ... Sie würde es tun, wenn sie dazu gezwungen würde, sagt sie, aber sie würde unglücklich sein und er ebenfalls. Es zeugt von einer großen Charakterstärke, daß sie, obwohl wir alle uns das wünschen, dennoch die großartigste Stellung, die es gibt, ablehnt.«[13]

Edward war wegen dieser endgültigen Zurückweisung verletzt, erholte sich jedoch bald und verliebte sich in Prinzessin Hélène, die Tochter des französischen Thronprätendenten Louis, Comte de Paris. Prinz Eddie war über beide Ohren in Hélène verliebt, und sowohl Königin Viktoria als auch die Prinzessin von Wales ermunterten die beiden bei ihrer Romanze. Sie ignorierten das unüberwindbare Problem der Religion: Hélène war Katholikin und nach dem *Act of Settlement* konnte Edward sie nicht heiraten, es sei denn, er gab den Thronanspruch auf, oder sie änderte ihre Konfession. Hélène wollte wohl, doch ihr Vater verbot ihr zu konvertieren. Als die Angelegenheit Papst Leo XIII. zu Ohren kam, drohte er Hélène zu exkommunizieren, wenn sie auch nur daran dächte, einen »Ketzer« zu heiraten. Schweren Herzens mußte Edward Hélène aufgeben.

1891 fand Edward endlich eine Frau, die der Familie genehm war, und die ihn auch heiraten wollte. Es war Prinzessin Maria von Teck, eine entfernte Cousine, die überall May genannt wurde. Das Land feierte die Verlobung, aber die Eingeweihten nahmen sie nicht ernst. Eine Dame der Gesellschaft schrieb: »Die Zeitungen bringen eseliges Geschwätz über die glühende Liebe und über die jahrelange Zuneigung, die alle Hindernisse überwunden habe. Kolumnen voller Blödsinn. Prinzessin Hélène wird sich ins Fäustchen lachen, wenn sie von dieser langen Ergebenheit liest. Prinzessin Alix von Hessen ebenfalls.«[14]

Als Termin für die Hochzeit wurde die letzte Januarwoche 1892 festgelegt. In den Wochen vor der Hochzeit zogen sich die Verlobten zusammen mit Edwards ganzer Familie nach Sandringham in Norfolk, dem Haus des Prinzen von Wales, zurück. Edward hatte sich schon seit einiger Zeit nicht wohl gefühlt, und nach ein paar Tagen mit Jagdausflügen in Wind und Schnee entwickelte sich ein hartnäckiger Husten. Er hatte keinen Appetit mehr und mußte schließlich auf Geheiß des Hausarztes mit der Diagnose Lungenentzündung im Bett bleiben.

Es ging ihm von Tag zu Tag schlechter. Eines Abends stieg das Fieber ganz plötzlich. Edward begann aus vollem Hals zu brüllen – über seine Pferde, sein Regiment, seine Freunde und seine Großmutter, die Königin; und immer wieder hallte der heisere Schrei »Hélène! Hélène!« durch das große Haus.[15] Die Königin hatte ihren Leibarzt nach Sandringham geschickt, doch der konnte auch nicht helfen. Stunde um Stunde verging, und in seinem Todeskampf schrie Edward immer lauter. Die Prinzessin von Wales saß am Bett ihres Sohnes, während May wie ein Schatten in einer Ecke des Raumes hockte. Mit einem Seufzer und einem letzten schwachen Atemzug starb Edward am 14. Januar 1892. Er war gerade achtundzwanzig Jahre alt geworden.

Eddy wurde an einem verschneiten Tag in Windsor Castle beigesetzt. Sein Eichensarg, der mit der englischen Flagge bedeckt war, wurde von den Kameraden seines alten Truppenteils, des 10. Husarenregiments, zu einer sehr kurzen, düsteren Beerdigungszeremonie in der St.-Georgs-Kapelle begleitet. Alix sah schwarz verschleiert zu, wie der Mann, der sie zur Königin von England hatte machen wollen, ein letztes Mal an ihr vorbeigetragen wurde. Später wurde der Leichnam in ein prächtiges Grabmal aus Marmor und Alabaster in der Albert-Gedenkkapelle in Windsor überführt. Bei der Beerdigung lagen zwei Blumenbuketts auf seinem Sarg: Prinzessin Mays unbenutzter Brautstrauß mit Orangenblüten, den der Prinz von Wales dort hingelegt hatte, und ein Gesteck mit Lilien, dessen Schleife ein einziges Wort ziert: »Hélène.«[16]

7

Eine verliebte Prinzessin

Königin Viktoria war sehr in Sorge um Alix. Seit ihre Enkelin Edwards Antrag abgelehnt hatte, hegte die Queen große Befürchtungen, daß Alix einen Weg finden könnte, Zarewitsch Nikolaus zu heiraten. Da die beiden Vetter und Cousine zweiten Grades waren, hatte man all die Jahre nicht verhindern können, daß sie miteinander korrespondierten, und bei Alix' Besuchen in Rußland hatten sie viel Zeit miteinander verbracht. Wie dem auch sei, drei schwerwiegende Einwände würden die Verbindung verhindern: Königin Viktoria wollte nichts davon wissen, Nikolaus' Eltern mochten die Heirat nicht genehmigen und Alix würde ihre Konfession nicht ändern. Doch mit der Zeit begannen die Mauern, die die beiden voneinander trennten, zu bröckeln: Der Zar wurde krank und konnte sich den Wünschen seines Sohnes nicht mehr völlig widersetzen; und Ella, von der bei der Heirat mit Sergej nicht verlangt worden war, daß sie konvertierte, tat es schließlich doch, und ebnete damit ihrer Schwester den Weg.

In der Hoffnung, eine Verbindung mit dem Zarewitsch verhindern zu können, konsultierte Königin Viktoria das *Who's who* des europäischen Hochadels, den *Gothaer genealogischen Kalender*, und wählte Prinz Maximilian von Baden als möglichen Ehemann für ihre Enkelin aus. An Max, 1867 geboren, war zunächst wenig Bemerkenswertes, außer daß sein Denken für einen Prinzen recht liberal war. Tatsächlich würde es Max Prinz von Baden sein, der 1918 Kaiser Wilhelm II. zwingen sollte, abzudanken. Aber 1891 war Max weder ein brillanter Politiker noch ein besonders hübscher oder gefragter Prinz.

Die Königin überredete schließlich Großherzog Ludwig, sie zu unterstützen bei dem Versuch, Alix zu überzeugen, daß Max der Richtige sei. Sie schrieb an ihre Enkelin Viktoria: »Du weißt, wie sehr der liebe Papa und ich uns wünschen, daß Alicky eines Tages Max von Baden heiratet, den ich *ursprünglich* für Maud [Edwards Schwester) gewünscht hatte – doch in letzter Zeit habe ich bewußt nicht mehr von *letzterer* gesprochen, da ich so besorgt um *erstere* bin … Ich hoffe, der liebe Papa wird *keine* Zeit verlieren, ihn einzuladen.«[1]

Viele Jahre später, bei einem Gespräch mit einem Minister ihres Mannes, erzählte Alix, was sie empfunden hatte, als Max im Neuen Palais erschien, um ihr einen Heiratsantrag zu machen:

»Sie wissen, wie schwierig es mit Ehen in Herrscherhäusern ist. Ich kenne das aus eigener Erfahrung, wenn ich auch niemals in der Position meiner Töchter war. Als Tochter des Großherzogs von Hessen war ich der Gefahr einer politischen Ehe wenig ausgesetzt. Nichtsdestoweniger drohte auch mir die Gefahr, ohne Liebe, sogar einfach ohne jede Zuneigung zu heiraten, und ich erinnere mich lebhaft, was ich durchmachte, als nach Darmstadt … [Max von Baden] kam und man mir nicht verbarg, daß er die Absicht habe, mich zu heiraten. Ich kannte ihn überhaupt nicht, und nie werde ich vergessen, was ich bei der ersten Begegnung mit ihm litt …«[2]

Alix fühlte sich elend. Ihrem Vater, ihrer Schwester und ihrer Großmutter gegenüber erklärte sie, daß sie Max von Baden auf keinen Fall heiraten könne. Viktoria teilte dies der Königin in einem Brief mit und schlug ihr ganz vorsichtig vor, daß die Königin Alix ihren Willen lassen möge. Die Königin antwortete: »Ich bin völlig mit dem einverstanden, was Du über Alicky und Max von Baden sagst. Es wäre viel besser, wenn Alicky noch *mindestens* ein Jahr hätte, um Gesundheit und Kraft zu schöpfen.«[3] So hatte Alix schließlich gewonnen, und Max von Baden reiste zurück in sein Schloß und wartete auf eine andere Braut.

Am 6. Juli 1893 heiratete Prinz George von Wales, inzwischen Herzog von York, die Verlobte seines verstorbenen Bruders May von Teck. Nach Edwards Tod hatte sich Mays Familie bemüht, eine zweite Verlobung, diesmal mit Prinz George, zustande zu bringen. Obwohl die Tecks mit der Königin verwandt waren, waren sie weder von gesellschaftlicher Bedeutung noch waren sie wohlhabend. Eine Heirat ihrer Tochter mit dem zukünftigen Anwärter auf den britischen Thron sicherte ihnen daher sowohl Macht als auch Prestige. Kurz nach Edwards Tod soll Mays Vater ausgerufen haben, jetzt müsse eben Prinz George seine Tochter heiraten. An so etwas wie Liebe wurde kein Gedanke verschwendet. Als jemand aus der Familie diesbezügliche Einwände erhob, antwortete die Königin: »Na ja, aber May war ja auch nie in den armen Eddy verliebt.«[4]

Zweitausend Gäste waren bei der vor der Hochzeit stattfindenden Gartengesellschaft im Marlborough House, dem Londoner Schloß des Prinzen und der Prinzessin von Wales, anwesend. Alix spazierte mit ihrem Bruder Ernst Ludwig durch die Menge; sie trug die cremefarbene Rose von York, die jedem weiblichen Gast zur Feier überreicht worden war. Zarewitsch Nikolaus schlenderte an diesem Tag ebenfalls durch den Park. Er hatte sich zunächst einmal damit beschäftigt, alle Sehenswürdigkeiten in sich aufzunehmen – Westminster Abbey, den Tower und die St.-Pauls-Kathedrale –, und wo immer er auftauchte, wurde er für seinen Vetter Prinz George gehalten, so ähnlich sahen sich die beiden. Auch auf dem Gartenfest gratulierte man Nikolaus zu seiner bevorstehenden Vermählung, während George gefragt wurde, ob er seinen Londonbesuch genieße.[5] An diesem Abend waren Alix und Nikolaus nach vier Jahren zum ersten Mal zusammen. Sie nahmen an einem großartigen Ball teil und tanzten Walzer in drückender Hitze und dem betäubenden Duft der Rosen und Orchideen, mit denen die Säle des Buckingham-Palastes geschmückt waren.

Der Tag der Hochzeit brach heiß und schwül an. Die Straßen Londons waren ein buntes Gewirr von Fahnen, Girlanden und Uniformen. Alle Mitglieder der königlichen Familie und die zu Besuch weilenden Prinzen und Prinzessinnen verließen den Buckingham-Palast in einer langen Reihe offener Landauer. Die Vermählung fand in der königlichen Kapelle des St.-James's-Palastes satt. Alix und Ernst Ludwig standen neben der Königin, die in schwarze Seide gekleidet und mit Diamanten geschmückt war, und sahen zu, wie George und May zu dem Hochzeitsmarsch aus der Oper *Lohengrin* und einer Fanfare der königlichen Herolde den Mittelgang entlangschritten. May, in einem mit Kränzen besetzten Kleid aus silbernem Satin, küßte

Königin Viktoria die Hand, als sie die Kirche verließ, um sich auf den Weg zurück zum Palast zu machen.

Die Königin war außer sich vor Besorgnis. Alix und Nikolaus waren während der Hochzeitsfeierlichkeiten ständig zusammen. Die Königin hatte nichts gegen den Zarewitsch; im Gegenteil, als sie zum erstenmal mit ihm zusammentraf und ihm den Hosenbandorden verlieh, gefiel er ihr sehr, weil er nicht wie ein Russe aussah, sondern »ganz wie Georgie«.[6] Aber Rußland ängstigte sie. »Rußland möchte ich keinem von Euch wünschen, und die liebe Mama hat immer gesagt, davon wollte sie nie etwas hören«, hatte die Königin schon 1882 an die Enkelin Viktoria geschrieben.[7] Nachdem Alix im Sommer 1890 Rußland besucht hatte, war die Königin wieder höchst besorgt gewesen und hatte an Viktoria geschrieben:

»Ich sagte, ich bedauerte, daß Alix wieder nach Rußland fährt, da das zu allen möglichen Nachrichten führt – aber ich meinte nicht, daß das etwas mit Nicky zu tun haben müsse, da er weg ist und außerdem wegen der Religion nicht in Frage käme, und ich weiß auch, daß Minny [die Kaiserin von Rußland] es nicht *wünscht*. Kurz gesagt, das konnte *nicht* passieren. Aber es gibt viele andere Großfürsten und Prinzen: und ich habe gehört, daß Ella entschlossen ist zu versuchen, eine Heirat mit einem anderen Russen in die Wege zu leiten, und *das*, meine ich, würde Onkel Bertie und Tante Alix [Prinz und Prinzessin von Wales] zutiefst verletzen, und *mich* ebenfalls. [Zu der Zeit versuchte die Königin noch Alix zu überreden, Edward zu heiraten.] Aber vielleicht ist es nicht wahr, und wenn Du aufpaßt, und Ella *sagt*, daß für *Alix in Rußland* keine Heirat je *genehmigt* würde, dann wird das der Sache *ein Ende setzen*.«[8]

Und als Alix dann nach Darmstadt zurückkehrte, hatte die Königin erleichtert geschrieben: »Ich hoffe es war richtig von mir, Onkel Bertie zu sagen, daß ich wüßte, daß es für sie in Rußland nicht *um eine Heirat* gegangen sei, und daß Du sie sicher und *ungebunden* nach Hause gebracht hast? Onkel Bertie sagt, er wisse, Ella werde Himmel und Hölle bewegen, um sie zur Heirat mit einem Großfürsten zu bewegen.«[9]

Nur zwei Monate vergingen, bevor der nächste Brief zu diesem Thema an Viktoria abgeschickt wurde:

»…über Alicky und Nicky. Du hattest mir versichert, daß in dieser

Hinsicht nichts zu fürchten sei, aber ich *weiß* mit Sicherheit, daß trotz all Eurer (Papas, Ernies und Deiner) *Einwände* und darüber hinaus gegen den erklärten Wunsch *seiner* Eltern, die nicht wünschen, daß er Alix heiratet, weil sie das Gefühl haben, wie es jeder haben muß, daß es sich nicht schickt und nicht zu Zufriedenheit führen würde, wenn eine *jüngste* Schwester den *Sohn des Kaisers heiraten* würde – das würde nichts werden und nicht zum Glück führen –, Ella und Sergej hinter Euer aller Rücken tun, was sie nur können, um eben dieses *zustande* zu bringen. Sie ermuntern, ja drängen den Jungen sogar dazu. – Ich habe versprochen, *nicht* zu sagen, *wer* mir das erzählt hat – aber Dir gegenüber muß ich es tun; es ist *Tante Alix*, die es von *Tante Minny* selbst hat, die darüber sehr verärgert ist. Du darfst *niemals* Tante Alix' Namen erwähnen; aber das *kann* so *nicht weitergehen.* Papa *muß* ein Machtwort sprechen, und es *darf* keine weiteren Rußlandbesuche für Alicky geben – und er *muß*, und Ernie und Du, Ihr *müßt* darauf bestehen, daß der ganzen Sache Einhalt geboten wird. Der Zustand Rußlands ist so *schlecht*, so verrottet, daß jederzeit etwas Schreckliches passieren könnte, und wenn es auch für Ella keine Bedeutung haben mag, die Frau des Thronfolgers ist in einer höchst schwierigen und prekären Position. Ich habe Papa alles geschrieben, der *stark sein muß* und hart, und ich habe solche Angst, daß er es vielleicht *nicht* ist. Es hätte die allerschlimmsten Auswirkungen hier und in Deutschland (wo man Rußland nicht liebt) und würde zu einem schweren Bruch zwischen unseren Familien führen.«[10]

Doch während die Königin versuchte, Viktoria zu beeinflussen, schrieb Ella an Ernst Ludwig, um ihn zu bitten, ihre Großmutter von der Verbindung zu überzeugen:

»Mach bitte Alix Mut – sei selbst sehr vorsichtig mit dem, was Du in Deiner Unterhaltung mit Großmama sagst: es wäre viel besser nicht mit Pelly [Nikolaus] zu sprechen, oder, wenn sie es tut, sag ihr, daß zwischen Alix und Pelly überhaupt nichts gewesen ist, daß Du in der Sache natürlich keine Stimme hättest. Falls sie Deine ehrliche Meinung über Pelly wissen möchte, sag, was für ein perfektes Geschöpf er ist – von allen angebetet, und daß Alix dieses liebevolle Wesen auf jeden Fall verdient. Gib ihr eine Vorstellung von dem glücklichen Familienleben, damit Großmamas Vorurteile vielleicht abnehmen. Das wäre ein großer Schritt und würde helfen, wenn der entscheidende Moment gekommen ist. Durch den ganzen Unsinn in den Zeitungen kriegt sie unmögliche, unwahre Ansichten und gründet all ihre Argumente auf Fakten, die wahrscheinlich nie existiert haben... Gebe Gott, daß diese Heirat zustande kommt... Pelly hat mir geschrieben, er sehnt sich ständig nach Nachrichten und hat schrecklichen Liebeskummer, fühlt sich verloren und hat niemanden zum Reden, nur Sergej und mich.«[11]

Während all dieser Monate und Jahre des Briefeschreibens scheint Alix selbst sonderbar schweigsam in bezug auf diese mögliche Ehe geblieben zu sein. Es steht außer Zweifel, daß sie tiefe Gefühle für den Zarewitsch hegte, doch scheint sich Alix damit begnügt zu haben, andere den Fall für sie diskutieren zu lassen. Wenn sie zu hoffen wagte, daß die politischen und familiären Hindernisse verschwinden würden, so wußte sie doch im Grunde ihres Herzens, daß die Heirat unmöglich war, weil sie ihre Konfession nicht ändern konnte.

Nichts konnte jedoch die Hoffnungen des Zarewitsch beeinträchtigen. Schon im Juli 1890 gibt es in seinem Tagebuch Hinweise auf eine etwaige Heirat.[12] Immer wieder bat er seine Eltern um die Erlaubnis, um Alix' Hand anhalten zu dürfen. Der Zar und die Zarin waren jedoch der Meinung, eine Partie für ihren Sohn müsse viel bedeutender sein; eine unbedeutende deutsche Prinzessin sei nicht ausreichend. Ihr Argument war, daß es bei der Wahl einer Ehefrau für den Thronerben um mehr ginge, als persönliche Gefühle: Die gesamte Dynastie der Romanows könnte Schaden nehmen, wenn eine ungeeignete Zarin auf den Thron käme.

Obwohl der Zar Alix persönlich mochte, war seine eigene Wahl für eine Schwiegertochter auf Prinzessin Hélène gefallen, dasselbe Mädchen, das gezwungen gewesen war, Prinz Edward abzulehnen; und es war aus genau dem gleichen Grund – weil ihr Vater nicht erlauben würde, daß sie ihren Glauben änderte –, daß der russische Heiratsantrag nie gemacht wurde.

Die nächste Kandidatin auf der Liste des Zaren war die Schwester des deutschen Kaisers, Prinzessin Margarete von Preußen. Diejenigen, die ihr freundlich gesinnt waren, gaben zu, daß sie »nicht eigentlich hübsch« sei.[13] In Wahrheit war sie so außergewöhnlich häßlich, daß Nikolaus erklärte, er würde ins Kloster gehen und Mönch werden, wenn seine Eltern versuchten, diese Verbindung zu erzwingen.[14]

Während all der Monate, in denen ihm Vorschläge gemacht wurden, blieb Nikolaus standhaft bei seinem Wunsch, Alix zu heiraten. 1892 schrieb er in sein Tagebuch:

»Abends bei Mama zu dritt mit Apraxia [Prinzessin E. N. Obolenskij, Hofdame von Maria Fjodorowna] erwogen wir das Familienleben der jetzigen Gesellschaftsjugend. Unwillkürlich berührte dieses Gespräch die allerlebendigste Saite meiner Seele, berührte jene Schwärmerei und jene Hoffnung, mit denen ich von Tag zu Tag lebe. Es sind nun schon anderthalb Jahre vorbei, seit ich darüber mit Papa in Peterhof gesprochen habe, und es hat sich seitdem nichts weder im schlechten noch im guten Sinne verändert. Meine Schwärmerei ist der Wunsch, mich einmal mit Alix von H. zu vermählen. Ich liebe sie schon lange, aber noch tiefer und stärker seit 1889, nach ihrem sechswöchigen Aufenthalte in Petersburg! Lange widerstand ich meinem Gefühl; indem ich mir die Unmöglichkeit der Erfüllung meiner Schwärmerei vorzustellen vermochte. Aber nachdem Eddy die Heiratspläne mit ihr aufgab oder aufgeben mußte, ist die Religionsfrage das einzige Hindernis, der einzige Abgrund zwischen ihr und mir. Außer dieser Schranke gibt es keine; ich bin fest überzeugt, daß unsere Gefühle gegenseitig sind. Alles liegt in Gottes Hand. Mit Vertrauen auf seine Barmherzigkeit sehe ich ruhig und gehorsam der Zukunft entgegen.«[15]

Für Nikolaus ist nie eine andere Ehefrau in Frage gekommen – Alix war die einzige, die er wollte.

Der ganze familiäre und religiöse Druck erwies sich als zuviel für Alix. Im Herbst 1893 schrieb sie Nikolaus einen Brief, in dem sie ihm mitteilte, daß eine Verbindung undenkbar sei, da das bedeuten würde, daß sie ihren Glauben ändern müßte. Der Zarewitsch war niedergeschmettert. »Im Angesicht dieses unumstößlichen Hindernisses brachen alle meine Hoffnungen, meine schönsten Träume und heiligsten Wünsche für die Zukunft in sich zusammen«, schrieb er. »Noch vor kurzem schien sie klar, hoffnungsvoll und sogar nahe, doch nun erscheint sie nebensächlich!!!«[16] Königin Viktoria schrieb an Alix' Schwester Viktoria: »Ich frage mich, ob die arme Alicky mit Dir über das *Ende* der Hoffnungen von Nikolaus gesprochen hat. Tante Alix und Viktoria sagen, es ginge ihm nicht gut, und unsere gute Ella hätte ihn *immer* ermuntert, statt das Gegenteil zu tun!«[17]

Mit der Zeit begann sich die Lage jedoch zu verändern. Das erste trennende Hindernis bröckelte, als Ella zum orthodoxen Glauben übertrat. Sicher hat Ella während der Monate und Jahre, in denen von einer Verlobung ihrer Schwester die Rede war, mit ihr über ihren neuen Glauben gesprochen und hat ihr die Ähnlichkeit mit der lutherischen und der anglikanischen Kirche deutlich gemacht und sie damit bestärkt.

Anfang 1894 verschwand auch das zweite Hindernis. Zar Alexander III. war kein gesunder Mann mehr: Er war hinfällig, und seine Kleidung schlotterte nur so um den riesigen Körper. Er könne kein bequemes Paar Schuhe finden, klagte er, da seine Füße so stark geschwollen seien. Der erste Ball der Saison mußte wegen Krankheit des Zaren abgesagt werden; die offizielle Erklärung lautete, er habe die Grippe und eine Lungenentzündung. Der Ball wurde um zwei Wochen verschoben. »Doch der Zar«, so schrieb ein Gast dann, »sah so krank aus, und sein Gesicht war so bleich, daß ein paar scharfe Beobachter den Verdacht hatten, ihm fehlte ernsthaft etwas.«[18] Während die Ärzte alle möglichen Versuche unternahmen, war der Zar in Sorge um seine Nachfolge. Nikolaus war nicht ausreichend darauf vorbereitet, Zar zu sein. Er hatte keine offizielle Ausbildung erhalten, und nun war es zu spät, damit anzufangen. Wenn Alexander III. auch an der politischen Situation nichts mehr ändern konnte, so konnte er seinem Sohn wenigstens Halt und Unterstützung durch eine Ehefrau geben. Nach jahrelanger Weigerung gab der Zar nach und erlaubte Nikolaus, um Alix' Hand anzuhalten.

An einem warmen Nachmittag im April 1894 fuhr der Zug, in dem der Zarewitsch saß, langsam in die deutsche Stadt Coburg ein. Als Nikolaus ausstieg, wurde er vom Bürgermeister begrüßt, eine Blaskapelle spielte die russische Nationalhymne und zusammen mit anderen Verwandten erwartete ihn Alix. Ein Jahr war seit ihrem letzten Zusammentreffen vergangen. Jetzt waren sie beide zur Hochzeit von Ernst Ludwig mit seiner Cousine, Prinzessin Viktoria Melita von Edinburgh in der Stadt.

Ernst Ludwigs Hochzeit war auch ein Resultat von Königin Viktorias Ehestiftungsaktivitäten. Bei der Hochzeit von George und May im Jahr zuvor war die Königin am Arm des jungen Großherzogs Ernst Ludwig in die Kirche gegangen, beim Frühstück nach der Trauung hatte er am Tisch der Königin gesessen.[19] Die Queen hatte gehofft, daß das Mädchen, das sie zu Ernsts Braut ausersehen hatte – Viktoria Melita – auf diese Weise Notiz von ihm nehmen würde. Melita, in der Familie Ducky genannt, war eine der vier Töchter Alfreds, des Herzogs von Edinburgh und zweiten Sohns von Viktoria, und der Großfürstin Maria von Rußland. Melita war humorlos und herrisch, und Alix war nie gut mit ihr ausgekommen. Ernst Ludwig ging die Verbindung jedoch mit hohen Erwartungen ein. Die Hochzeit fand am 19. April 1894 in Coburg statt und zog den Hochadel aus ganz Europa an, darunter Königin Viktoria, den Zarewitsch, Kaiser Wilhelm II. und seine Mutter, die Kaiserin Friedrich, den Prinzen von Wales, unzählige Vettern, Cousinen und entferntere Verwandte, und Alix' Schwestern mit ihren Ehemännern.

Am ersten Abend in Coburg gingen Alix und Nikolaus in die Operette. Am nächsten Tag traf Königin Viktoria ein. Sie muß die drohende Gefahr gespürt haben, denn jedes Treffen zwischen ihrer Enkelin und dem Zarewitsch löste eine Flut sorgenvoller Briefe aus. Doch Alix und Nikolaus waren erwachsen, und unter den gegebenen Umständen erwies sich der Einfluß der Königin als unbedeutend. Die romantische Kulisse der Coburger Hochzeit war für sie auch nicht gerade hilfreich. Auf eine Abendmusik im Fackelschein vor der Ehrenburg folgte ein festliches Mahl bei Kerzenschein, zu dem ein Streichquartett Mendelssohn und Themen aus Wagners *Lohengrin* spielte.

An seinem zweiten Tag in Coburg bat Nikolaus Alix um ein Gespräch unter vier Augen. Um zehn Uhr begannen sie miteinander zu sprechen; in den folgenden zwei Stunden setzte Nikolaus Alix auseinander, daß sie gar nicht anders könne, als einer Heirat mit ihm zuzustimmen. Alix verlor sogleich die Fassung, weinte die ganze Zeit und flüsterte nur dann und wann: »Nein, ich kann nicht!« Die Furcht vor einem Wechsel der Konfession hinderte sie immer noch daran, den Antrag anzunehmen. Nikolaus bat sie inständig, doch Alix schickte ihn fort und bat ihn, sie in Frieden zu lassen.[20]

Während der Hochzeitsfeier von Ernst Ludwig und Melita ruhten aller Augen auf Alix und Nikolaus. Alix schien gedankenverloren, ganz mit sich selbst beschäftigt, aber die Möglichkeit einer Verlobung versetzte alle in erwartungsvolle Spannung, so daß Braut und Bräutigam beinahe vergessen wurden. Noch am gleichen Abend kam Alix'

Vetter Wilhelm II. auf ein freundschaftliches Gespräch zu ihr. *Cousin Willy* war sehr für die Verbindung. Die Heirat zwischen einer deutschen Prinzessin und dem russischen Thronfolger konnte hilfreich für eine deutsch-russische Allianz mit politischen Auswirkungen und Vorteilen für den Kaiser sein. Wilhelm erklärte Alix, es sei »ihre Pflicht und Schuldigkeit«, Nikolaus zu heiraten. Der Friede in Europa, sagte er, sei es wert, daß sie ihre religiösen Zweifel überwände.[21] Auf ungewöhnlich charmante Art drängte Wilhelm II. Alix dazu, den Zarewitsch zu heiraten. Er befürwortete den Glaubenswechsel, obwohl er seiner eigenen Schwester Sophie verboten hatte, Deutschland zu betreten, nachdem sie in die griechische Königsfamilie eingeheiratet hatte und zum orthodoxen Glauben konvertiert war.

Gleich nachdem Wilhelm gegangen war, klopfte Ella an die Tür ihrer Schwester. Sie war es, die die letzten Einwände aus dem Weg räumte. Alix war hin- und hergerissen zwischen ihrer unbestreitbaren Liebe zu Nikolaus und ihrer starken Abneigung dagegen, ihren Glauben zu ändern. Der Glaube schenkte Alix geistige Erfüllung und Sinn; wenn sie ihn ihrem persönlichen Glück opferte, konnte das aussehen, als mißachte sie den Willen Gottes. Jedenfalls muß es ihr als schwere Sünde erschienen sein. Sie hatte einmal zu Ella gesagt: »Ich werde als Lutheranerin leben und sterben. Die Religion ist nicht wie ein Paar Handschuhe, das man anzieht und wieder abstreift.«[22] Jetzt erklärte Ella ihrer Schwester, was es bedeutete, orthodoxen Glaubens zu sein; sie muß erwähnt haben, welchen Trost sie in den alten Riten gefunden hatte, und welche Gemeinsamkeit die russische und die lutherische Kirche verbinden, denn Alix gab schließlich nach. Wenn der Zarewitsch erst nach Rußland zurückgekehrt war, würde er sie vielleicht nicht noch einmal fragen; das, so entschied Alix, sollte nicht geschehen. Sie würde einen zweiten Antrag annehmen.

Die Gelegenheit kam am Morgen des 20. April 1894. Wilhelm II. sprach gerade mit dem Zarewitsch, als ihn eine sonderbare Stimmung überkam. Er nahm Nikolaus beim Arm, zog ihn in sein Zimmer, schnallte ihm einen Zierdegen an und forderte ihn auf, ein Mann zu sein, drückte ihm die nächstbesten Blumen in die Hand und schickte ihn los, Alix seinen Antrag zu machen.[23]

Sie wartete in einem Zimmer mit Blick auf den Garten; die Flügeltüren waren allerdings geschlossen, denn draußen tobte ein

Gewitter, das an den Fenstern rüttelte und Regen an die Scheiben klatschte. Nikolaus betrat den Raum und schloß die Tür hinter sich. Sie waren allein. Der Zarewitsch bat Alix noch einmal ihn zu heiraten. Die jahrelangen Hemmnisse schienen zu verschwinden. Aus dem Schuldgefühl wegen der Aufgabe ihres Glaubens und der wiederholten Zurückweisung Nikolaus' hatte sich ein neues Gefühl von Zielstrebigkeit bei ihr entwickelt. Sie wußte, daß sie ihn bei der Ausübung seiner schweren Pflichten nach der Thronbesteigung unterstützen konnte, daß sie ihm emotional beistehen konnte, daß sie ihn, und nur ihn, für den Rest ihres Lebens lieben konnte, daß auch sie geliebt werden würde, daß er sie brauchte, daß sie seinen Glauben als den ihren würde annehmen können, daß sie in seinem Land leben und es lieben können würde, daß sie zusammen ihrem Leben einen Sinn geben und damit dem Willen Gottes dienlich sein würden. Tränenüberströmt gab sie Nikolaus ihr Jawort.

Endlich: sie würden zusammensein. Wenn wir auch keine Briefe oder Tagebücher haben, die Alix' Gefühle für den Zarewitsch zu jener Zeit zeigen, so sollte sie doch Jahre später an jenen Frühlingstag in Coburg erinnern und an jene »süßen Küsse von denen ich geträumt hatte und nach denen ich mich so viele Jahre gesehnt hatte«.[24] Es war die Erfüllung all ihrer Hoffnungen und Wünsche.

Ein großes Hindernis hatte Alix noch zu überwinden, bevor sie sich ganz ihrer Liebe hingeben konnte: sie mußte es Königin Viktoria sagen. Es dürfte eine Qual für sie gewesen sein, nachdem die Königin der Verbindung jahrelang immer neue Einwände entgegengestellt hatte. Doch die Verlobung war schon vollzogen; es gab nichts, was Viktoria hätte tun können. In ihr Tagebuch schrieb sie: »Ich war wie vom Donner gerührt; obwohl ich wußte, wie sehr Nicky es wünschte, glaubte ich doch, daß sich Alix ihrer Gefühle nicht sicher sei. Sah sie beide. Alicky hatte Tränen in den Augen, aber sie sah sehr glücklich aus, und ich küßte beide.«[25]

Es den anderen mitzuteilen war viel leichter. »Ich erinnere mich, daß ich in meinem Zimmer saß«, berichtete Alix' Kindheitsfreundin, Prinzessin Marie Luise. »Ich machte mich gerade in aller Ruhe für eine Mittagsgesellschaft zurecht, als Alix in den Raum stürmte, ihre Arme um meinen Hals schlang und sagte: ›Ich werde Nicky heiraten!‹«[26]

8

Zarewitsch Nikolaus

Der Zarewitsch Nikolaus war mit einem Meter siebzig von eher kleiner Statur und wurde leicht von seiner Umgebung überragt oder erdrückt. Zwar hatte die Art seiner Erziehung dazu gedient, den Glauben an seine halbgöttliche Natur zu stärken, aber er lebte im Schatten des mächtigsten Thrones der Welt – und hatte kaum praktische Erfahrungen, auf die er im Falle seiner Thronbesteigung zurückgreifen konnte.

Er war 1868, vier Jahre vor Alix, am 18. Mai, dem Tag des Hiob, geboren. Im liturgischen Kalender der russisch-orthodoxen Kirche war das einer der ungünstigsten Tage für eine Geburt. Nikolaus, der dem religiösen Mystizismus zugetan war, dachte oft über die Worte Hiobs nach: »Der Tag müsse verloren sein, darin ich geboren bin ... Derselbe Tag müsse finster sein, und Gott von oben herab müsse nicht nach ihm fragen; kein Glanz müsse über ihn scheinen ...«

Nikolaus war der älteste; 1871 folgten Georgij, 1875 Xenia, 1878 Michail und 1882 Olga. Seine Eltern, Kaiser Alexander III. und Kaiserin Maria, hielten viel von einer spartanischen Erziehung ihrer Kinder und folgten damit dem Brauch der Zeit. Für Nikolaus bedeutete das ein hartes Feldbett, ein einziges hartes Kopfkissen, eine grobe Wolldecke und ein kaltes Bad am Morgen. Das Essen war ebenfalls kärglich. Der Finanzminister Sergej Witte schrieb später: »Der kaiserliche Tisch war immer relativ ärmlich gedeckt, und das Essen, das am Tische des Hofmarschalls serviert wurde, war manchmal geradezu gesundheitsgefährdend.«[1] Einmal war Nikolaus so hungrig, daß er sein Taufgeschenk hervorholte, ein goldenes Kreuz, das innen hohl und mit Bienenwachs gefüllt war. In das Wachs eingebettet war ein winziger Holzsplitter, der vom Kreuz Christi stammen sollte. Sein Hunger siegte über die Frömmigkeit, und er schluckte das Bienenwachs einschließlich des Splitters hinunter. Nikolaus räumte später ein, daß er sich schäme, erklärte aber, es hätte »unanständig gut« geschmeckt.[2]

Die Erziehung des Thronerben wurde von Hauslehrern geleitet; der wichtigste unter ihnen war der Religionsminister im Kabinett seines Vaters, Konstantin Pobedonoszew. Alexander III. sagte einmal über Pobedonoszew: »Man könnte jedesmal erfrieren, wenn man ihm nur zuhört.«[3] Trotzdem war es Pobedonoszew, den der Zar dazu erkor, seinen Sohn in politischen Dingen zu unterweisen. »Das Parlament«, so wurde Nikolaus gelehrt, »ist eine Institution, die den persönlichen Ambitionen, der Eitelkeit und den Eigeninteressen ihrer Mitglieder dient. Die Institution des Parlaments ist in der Tat eine der größten Veranschaulichungen menschlichen Irrglaubens.«[4]

Seine allgemeine Erziehung machte aus Nikolaus einen Menschen, der gut über die freundlichen Seiten des Lebens informiert, jedoch schlecht darauf vorbereitet war, einmal zu regieren. Seine Lektionen waren praktisch nicht von Nutzen; er lernte deshalb Dinge nur mechanisch auswendig und vergaß sie dann schnell wieder. Wenn er sich aber engagierte, war sein Gedächtnis hervorragend: Er sprach Russisch, Französisch, Deutsch, Dänisch und Englisch, letzteres so gut, daß er Briten zu der Annahme verleitete, er habe seine Erziehung in ihrem Land erhalten. Sein Urteilsvermögen und seine Entschlußkraft blieben jedoch in einem unreifen Stadium stecken, so daß viele seiner Urteile sich auf den Glauben an das überholte System der Autokratie und auf momentane Launen stürzten.

1887, mit neunzehn Jahren, begann Nikolaus seinen Militärdienst. Er wurde zum Leutnant der 1. Kompanie des Preobraschenskij-Garderegiments Seiner Majestät ernannt. An seine Mutter schrieb er: »Ich bin jetzt glücklicher, da ich sagen kann, daß ich zur Armee gehöre, und jeden Tag gewöhne ich mich mehr und mehr an das Feldleben … Die Mahlzeiten sind sehr lustig; man füttert uns gut. Nach den Mahlzeiten üben die Offiziere eifrig den *Pas de géant* oder spielen Billard, Kegel, Karten oder Domino. Ich spiele immer Kegel, und wir haben trotz der armseligen Kegelbahn schon ein paar sehr gute Partien gespielt.«[5]

Die Zarin fürchtete, daß ihr Sohn in der entspannten Atmosphäre von Krasnoje Selo – dem Militärlager bei St. Petersburg – seinen Stand vergessen könnte. Besorgt schrieb sie ihm: »Vergiß niemals, daß jetzt aller Augen auf Dich gerichtet sind und darauf achten, welches Deine ersten selbständigen Schritte im Leben sein werden. Sei stets höflich und freundlich zu jedermann, sieh zu, daß Du mit allen Deinen Kameraden ohne überhebliche Unterscheidung, wenn auch ohne zu familiär oder vertraulich zu sein, vorankommst, und höre niemals auf Schmeichler.«[6] Aber bei der gelösten Stimmung in Krasnoje Selo war der Rat der Mutter bald vergessen. Nikolaus war ziemlich oft sturzbetrunken, und seine Kameraden verbrachten viel Zeit damit, ihn zu seiner kleinen Villa zurückzutragen, wenn er wieder einmal bei einem Regimentsessen umgefallen war.

Alkohol war nicht die einzige Zerstreuung, die Nikolaus in Krasnoje Selo entdeckte. Er lernte dort die attraktive siebzehnjährige Ballettänzerin Mathilde Kschessinska kennen. Alexander III. unterstützte die Affäre, und so wie die Intimität zunahm, wuchs auch die Berühmtheit der Kschessinska im Kaiserlichen Ballett. Das Militärlager war voll von Tratsch, bis Nikolaus zusammen mit seinem Bruder Georgij zu einer Orientreise aufbrach.

Die beiden reisten zunächst nach Athen, wo ihr Vetter, Prinz Georg von Griechenland, zu ihnen stieß. Begleitet von einem ausgewählten Gefolge russischer Adliger gingen die drei an Bord eines kaiserlichen Schlachtschiffes, der *Pamjet Asowa*, und fuhren nach Ägypten. Wie gewöhnliche Touristen schwammen sie im Nil, kletterten auf den historischen Steinen der Pyramiden herum, ritten auf Kamelen und sahen den einheimischen Bauchtänzerinnen zu. »Nichts Besonderes«, schrieb Nikolaus nach der ersten Vorstellung.[7] Das zweite Mal war nach Meinung des Zarewitsch jedoch »besser, sie zogen sich aus«.[8] Nach einer Spritztour zur Tigerjagd in Indien reiste die Gesellschaft nach Singapur, Bangkok, Hongkong, Nagasaki, Tokio und Kioto. Auf diesem Teil der Reise war Großfürst Georgij, Nikolaus' Bruder, nicht mehr dabei; er litt an Tuberkulose und mußte vorzeitig nach Rußland zurückkehren.

In der Stadt Otsu in Japan ereignete sich ein dramatischer Vorfall.

Der Zarewitsch und Prinz Georg von Griechenland fuhren eines Nachmittags in einer offenen Kutsche durch die Straßen, als ihnen plötzlich ein Mann in den Weg sprang. Er hob ein langes Schwert und ließ es auf den Kopf des Zarewitsch niedersausen. Nikolaus fiel vornüber; Blut strömte aus einer Wunde über dem linken Auge. Die Kutsche kam zum Stehen und der Angreifer hob erneut sein Schwert, um noch einmal zuzuschlagen. Doch Prinz Georg, der unverletzt war, konnte den Hieb noch eben mit seinem Spazierstock parieren und rettete damit höchstwahrscheinlich seinem Vetter das Leben.

Niemand wußte, aus welchem Grund der Angriff stattgefunden hatte. Eine Darstellung besagte, das Attentat sei von einem unbekannten Fanatiker ausgeführt worden, den das Verhalten der jungen russischen Kavaliere in einem japanischen Tempel empört habe. Eine andere, Nikolaus habe der Frau eines Samurai den Hof gemacht.[9] Daß Nikolaus überhaupt mit dem Leben davonkam, ist erstaunlich; der Hieb hätte ihn fast das linke Auge gekostet. Für den Rest seines Lebens hatte der Zarewitsch nun eine Narbe und gelegentlich heftige Kopfschmerzen. Nach Otsu bezeichnete Nikolaus die Japaner meist nur noch als *Makakis*, »Affen«.[10]

Gewalt gehörte zum Erbe Nikolaus'. Seine Jugend war von Attentaten überschattet. 1881, als Nikolaus zwölf Jahre alt war, wurde sein Großvater Alexander II. von Revolutionären ermordet. Das war paradox, denn er war der vielleicht liberalste aller russischen Zaren. 1861 hatte er ein Dekret zur Befreiung der Leibeigenen erlassen; bis zu dem Zeitpunkt waren sie im eigentlichen Sinne Sklaven der reichen Landbesitzer gewesen. Es überrascht nicht, daß diejenigen, die Tausende von unbezahlten Arbeitern verloren hatten, nicht gerade begeistert waren; Alexander brachte dieser Akt immerhin den Titel *Zar-Befreier* ein. Es war ein Unglück für Rußland und für Alexander II., daß in den auf die Aufhebung der Leibeigenschaft folgenden Jahren die wachsende Unruhe und Revolte in der Intelligenzija sie dazu verführte, gegen das uralte Symbol der Unterdrückung loszuschlagen: gegen die Autokratie.

Die hartnäckigste unter den revolutionären Gruppierungen war die *Narodnaja Wolja* (Volkswille). Immer wieder schmiedeten sie Pläne, den Zaren zu ermorden, doch er entkam zunächst jedem Attentat. Einmal versuchten sie, den Zug des Zaren in die Luft zu jagen, doch die Bombe explodierte nicht. Bei einer anderen Gelegenheit erwischte die Gruppe den falschen Zug und tötete mehrere Gleisarbeiter. In einer nebligen Winternacht 1880 schlugen die Terroristen im Winterpalast zu. Einer von ihnen hatte es geschafft, sich dort eine Anstellung zu verschaffen, und hatte Brocken für Brocken genug Dynamit eingeschmuggelt, um den Zaren und seine Familie in Stücke zu reißen. Die Bombe sollte zur Essenszeit genau unter dem Speisezimmer der Familie hochgehen. Doch das Essen verzögerte sich, und statt des Zaren tötete die Bombe ungefähr vierzig Offiziere der Garde, in deren Quartier sie plaziert worden war.[11]

Der 13. März 1881, ein Sonntag, war ein kalter, aber klarer Tag in St. Petersburg. Auf den Feldern und an den Straßenrändern lag noch Schnee, und die Kanäle waren noch zugefroren. Am Katharinenkanal entlang fuhr Zar Alexander II. nach einer Inspektion der Reitakademie zurück zum Winterpalast. Es war der letzte Tag des Herrschers aller Reußen. Am folgenden Tag, Montag, hätte er ein kaiserliches Manifest unterzeichnen wollen, das die Bildung eines Parlaments und die Bewilligung bürgerlicher Reformen ankündigte. Es sollte ein erster Schritt in Richtung auf eine moderne Welt für das Russische Reich sein.

Der Schnee auf dem Weg war fest, und das Fahrzeug jagte mit klingelnden Glöckchen am Pferdegeschirr dahin. Ein junger Student namens Nikolaj Rysakow wartete auf den Zaren. Als die Kutsche an ihm vorbeiraste, warf er eine Bombe. Die Explosion zerriß den Himmel. Die Kutsche des Zaren schwankte, Glas splitterte und Holz zerbarst, und die Kutschpferde brachen auf dem Weg zusammen. Männer aus der Begleitung des Zaren ergriffen den Attentäter schnell und eilten mit ihm davon. Alexander II. war unverletzt. Er kletterte aus der demolierten Kutsche und ging zu einem verwundeten Gardisten. Als dieser sah, daß sein Herrscher unversehrt war, rief der Mann, »Gott sei Dank, Euer Majestät sind gerettet!« Doch im selben Moment trat Ignotij Grinewizkij vor, rief: »Es ist zu früh, Gott zu danken!« und warf eine zweite Bombe; sie landete direkt vor den Füßen des Zaren. Die Explosion schleuderte Alexander gegen die Kanalbrüstung; die Offiziere der Garde fanden ihn in einem rotverfärbten Flecken Schnee. Mit großer Mühe flüsterte er: »Nach Hause, in den Palast, um dort zu sterben.«[12] Die Soldaten hoben den sterbenden Zaren auf, jagten in einem Schlitten mit ihm durch die Straßen. Auf dem Weg murmelte der Zar immer wieder: »Mir ist kalt, so kalt.«[13]

Um drei Uhr am Nachmittag hatten der zwölfjährige Nikolaus, seine Mutter Maria Fjodorowna und sein Vetter zweiten Grades, Großfürst Alexander Michailowitsch, Sandro genannt, zum Eislaufen gehen wollen. Sie wollten gerade aufbrechen, als erst die eine, dann die zweite Explosion die Luft zerrissen und an den Palastfenstern rüttelten. Sie errieten sofort, was passiert sein mußte, und eilten zum Winterpalast; dort folgten sie einer Spur von Blut, die über die Marmortreppe und den langen Flur entlang zum Arbeitszimmer des Zaren führte.

Alexander II. lag auf einer Couch. Sein rechtes Bein fehlte, sein linkes war zerfetzt und gebrochen. In seinem Bauch war ein Loch und sein Gesicht war von herumfliegenden Glas-, Metall- und Holzsplittern zerschnitten. Ein Auge war geschlossen, das andere starrte ins Leere. Nikolaus stand in seinem blauen Matrosenanzug da und hielt sich an seinem Vetter Sandro fest. Maria Fjodorowna hatte noch ihre Schlittschuhe in der Hand; ihr Mann starrte aus einem Fenster und zitterte unkontrolliert.

Plötzlich kam Katharina Dolgorukaja, die zweite Frau des Zaren, ins Zimmer gerannt und warf sich »Sascha! Sascha!« rufend über den sterbenden Zaren. Sie trug ein rosafarbenes, spitzenbesetztes Negligé. Als der Zar schließlich starb, schrie sie auf und fiel mit dem Blut ihres Mannes bedeckt in eine tiefe Ohnmacht.[14] Niemals vergaß Nikolaus diesen alptraumhaften Einblick in sein künftiges tragisches Los als Zar von Rußland.

Die Gewalt hörte mit dem 13. März 1881 nicht auf. Im Frühling 1887 wurde eine Gruppe St. Petersburger Studenten der Verschwörung zur Ermordung Alexanders III., Nikolaus' Vater, beschuldigt. Die fünf Terroristen wurden alle für schuldig befunden und gehängt. Einer von denen, die zum Galgen gingen, war Alexander Uljanow, der ältere Bruder eines Jungen, der einmal als Lenin bekannt werden sollte. Ein Jahr danach entgleiste ein Zug, in dem die kaiserliche Familie reiste, und stürzte eine Böschung hinab. Der Zar mußte das einbrechende Dach des Waggons hochhalten, damit seine Familie hinausklettern konnte. Die kaiserliche Familie überlebte zwar, aber 281 andere Menschen – Angestellte, Gefolge, Wachsoldaten – starben.[15] Niemand wußte, wie der Unfall bei Borkij passiert war, und so hielt sich der Verdacht, daß eine Bombe den kaiserlichen Zug aus den Gleisen gerissen hatte. Nach diesem Anschlag lebte Alexander III. völlig zurückgezogen. Er wohnte mit seiner Familie in Gatschina, einem fünfundvierzig Kilometer von St. Petersburg entfernten Palast, der festungsartig und leicht zu schützen war. Wenn sich der Zar aus Gatschina herauswagte, so tat er es in einer gepanzerten Kutsche, die er von Kaiser Napoleon III. erworben hatte; sie war so schwer, daß die Kutschpferde schon früh an Erschöpfung starben.[16]

In dieser Atmosphäre des Mißtrauens gab es in der russischen Regierung einen gewaltigen Rechtsruck. Eine der ersten Amtshandlungen des Zaren nach seiner Thronbesteigung war gewesen, daß er den Erlaß zur Bewilligung eines Parlaments, den sein Vater hatte unterzeichnen wollen, zerriß. Alexander III. herrschte mit eiserner Faust. Sein Kriegsminister sagte einst über ihn: »Er ist wie Peter der Große mit seiner Knute.« Aber der Außenminister antwortete traurig: »Nein, er ist nur die Knute ohne Peter den Großen.«[17] Zar Alexander III. wurde von seinem Volk weniger geliebt als respektiert. Er hatte einen barschen Umgangston, sowohl gegenüber seiner Familie als auch gegenüber Regierungsmitgliedern. Als einer seiner Minister bei einer Auseinandersetzung damit drohte, zurückzutreten, ergriff Alexander ihn am Kragen, schüttelte ihn und schrie: »Halten Sie den Mund! Wenn ich vorhabe, Sie rauszuschmeißen, werde ich Ihnen das unmißverständlich mitteilen!«[18] Die Anschläge und das Durcheinander bestärkten den Zaren in seiner Überzeugung, daß die Bewilligung eines Parlaments das Ende des Hauses Romanow bedeuten würde. Dreizehn Jahre lang beobachtete Nikolaus, wie sein Vater mit einem geradezu mittelalterlich anmutenden Glauben an die Reinheit der Autokratie regierte.

Ein Zarewitsch hatte eigentlich keine Funktion in der Struktur der russischen Regierung, außer der, auf seine eigene Thronbesteigung zu warten. Da er keinerlei Verpflichtungen hatte, lebte Nikolaus das angenehme, ungebundene Leben eines jungen aristokratischen Offiziers. Nach einem Abend in der Oper oder im Ballett bemühte Nikolaus sich oft erst gegen Mittag aus dem Bett, um seinen Tag zu beginnen. Er bekam immer noch Unterricht von irgendwelchen

Amtsträgern, doch betrachtete er das als lästige Tortur. Als ein Dozent der St. Petersburger Militärakademie zu ihm kam, schrieb Nikolaus: »[General] Powserewskij war den ganzen Morgen bei mir und langweilte mich so sehr, daß ich fast eingeschlafen wäre.«[19] Er war Mitglied verschiedener Ausschüsse, nahm aber überhaupt keinen Anteil an deren Aktivitäten. »Ich hatte heute den Vorsitz im Staatsrat«, schrieb er. »Ich lief einfach hinaus, als die Nützlichkeit des Lateinunterrichts an höheren Schulen diskutiert wurde. Ich dachte, ich müßte sterben.«[20] Ein anderer Eintrag lautete: »Heute fand kein Treffen des Kaiserlichen Rates statt. Ich war nicht von Trauer darüber überwältigt.«[21] Er wußte auch über die gängigsten Dinge nicht Bescheid. »Vor zwei Tagen wurde ich zum Mitglied des Finanzkomitees ernannt«, schrieb er. »Viel Ehre, aber wenig Vergnügen. Vor der Sitzung empfing das Ministerkomitee sechs Mitglieder dieser Behörde; ich muß gestehen, ich habe deren Bestehen niemals vermutet.«[22]

Nikolaus war aufsässig und unreif. Ein paar Wochen vor seiner Thronbesteigung notierte er: »Statt einen Spaziergang zu machen, bewarfen Niki [Michail] und ich uns mit Kastanien.«[23] Solche Einträge in seinem Tagebuch waren nichts Ungewöhnliches. Ein Historiker bemerkte:

»Es ist das Tagebuch – man ist versucht, zu sagen, das nicht sehr amüsante Tagebuch – eines Niemand, eines offensichtlich unreifen Mannes mit offenkundig unbedeutenden Interessen. Zwei Zeilen zu dieser Audienz, drei Zeilen zu jener, die beiläufige Erwähnung einer wirklichen Katastrophe ... Eine Trivialität nach der anderen. Die Einträge dehnen sich zu einer Reihe täglicher Wetterbeobachtungen, verbunden mit Berichten über Aktivitäten im Freien, vom Spaziergehen mit den Hunden oder Pilzesammeln bis hin zum Schießen, Fahrradfahren, Schlittschuhlaufen oder Rudern und den Kleinigkeiten des häuslichen Lebens. Ereignisse von Tragweite oder die bedeutenden Themen des Tages werden gleichgültig kurz oder gar nicht erwähnt.«[24]

Alexander III. erkannte die Unzulänglichkeiten seines Sohnes, aber er konnte kaum etwas unternehmen. Der Zarewitsch hatte seine Ausbildung beendet und egal, wie viele Stunden und Sitzungen er über sich ergehen ließ, die Autokratie brachte es mit sich, daß es für den Thronerben wenig praktische Unterweisungen gab. 1893 schlug

Finanzminister Sergej Witte Alexander III. vor, den Zarewitsch zum Vorsitzenden des Ausschusses für den Bau der Transsibirischen Eisenbahn zu ernennen.

»Was?« fragte der Zar. »Sagen Sie, kennen Sie den Zarewitsch?«

»Wie könnten Euer Majestät denken, daß ich den Zarewitsch nicht kennte?«

»Aber haben Sie jemals versucht, etwas ernsthaft mit ihm zu diskutieren?«

»Nein, Majestät, ich hatte nie das Vergnügen, eine derartige Unterhaltung mit dem Zarewitsch zu haben.«

»Nun, er ist ein großes Kind«, teilte der Zar mit. »Seine Ansichten sind durch und durch kindlich. Wie um alles in der Welt könnte er einem solchen Ausschuß vorsitzen?«[25] Das war in dem Jahr vor Nikolaus' Thronbesteigung.

Dieser Eindruck war weit verbreitet. Ein Beobachter, der Nikolaus traf, kurz bevor er Zar wurde, schrieb, daß »er sich so sehr in der Menge verliert, daß es schwer ist, ihn von der Masse zu unterscheiden. Ein kleiner Husarenoffizier, nicht unattraktiv, aber alltäglich, unbedeutend.«[26] Das fehlende Selbstvertrauen war offenkundig. Nikolaus war hoffnungslos unvorbereitet, den Thron zu übernehmen und das unruhige Russische Reich in die Ungewißheit des zwanzigsten Jahrhunderts zu führen.

9

Ein königlicher Sommer

Im Sommer 1894 war es in England unerträglich heiß. Von der schottischen Grenze bis ins hügelige Berkshire außerhalb Londons glühte das Land in der Sonne. Dort lag auf einer Anhöhe mit Blick auf die Themse und das gegenüberliegende Eton die alte Schloßanlage von Windsor. Die dicken Steinmauern boten Schutz vor der andauernden Hitze, und so holte Königin Viktoria Alix an diesen Ort, damit sie ihren letzten Sommer vor der Heirat mit Zarewitsch Nikolaus hier verbrächte. Es war bekannt, daß Alexander III. zunehmend kränker wurde, und es schien sehr wahrscheinlich, daß Alix bald nach ihrer Hochzeit mit dem Zarewitsch, die im Frühling stattfinden sollte, Kaiserin von Rußland werden würde. Diese Aussicht muß Königin Viktoria Sorge bereitet haben, denn sie fürchtete um die Sicherheit ihrer Enkelin, wenn sie erst einmal auf dem Thron saß. Themen dieses Sommers waren die Pflichten, die Alix zu erfüllen haben würde, und die Verantwortung, die mit dem Titel einherging. Ein Leben als Kaiserin von Rußland würde das Ende ihres privaten Daseins bedeuten. Sie würde nicht länger eine unbekannte Prinzessin von Hessen sein, sondern die berühmte und verehrte Zarin. Nach der Heirat mit Nikolaus würde sie sich auf ein Leben voller Feste, Empfänge und Bälle einstellen können; auf Inspektionen der Armee und der Marine; auf die Eröffnung von Hospitälern und Museen und auf Besuche bei Wohltätigkeitseinrichtungen; darauf, Abgesandte aus der Provinz, Minister, Fürsten und Könige zu Gast zu haben, und darauf, Fabriken oder ferne Länder zu besuchen – und die ganze Zeit würde sie ein interessiertes und fröhliches Gesicht machen müssen, um niemanden zu kränken. Paläste und Jachten, Prunk und Juwelen, Sommer mit Kreuzfahrten in der Kühle des Finnischen Meerbusens und Winter im tropischen Klima der Krim warteten auf sie. Aber ein öffentliches Leben bedeutete auch Tausende zudringlicher Blicke, die jeden ihrer Schritte beobachten würden, und Hunderte neuer Leute, die sie würde kennenlernen müssen. Alix hatte, genau wie ihre Mutter, nie gewünscht, in der Öffentlichkeit zu stehen, aber sie war durch ihre Geburt und sogar mehr noch durch die Wahl ihres Ehemannes jetzt in diese Rolle hineingedrängt worden. Alix hatte nie mit Fremden umgehen können; ihr neues Leben versprach einen unglaublichen gesellschaftlichen Druck, den zu meistern die meisten russischen Kaiserinnen Jahre gebraucht hatten. Wenn viel Zeit blieb, würde Alix noch ein paar Monate haben. Es muß eine entmutigende Aussicht gewesen sein.

Königin Viktoria war nicht nur dieser ungeheuren Belastungen wegen besorgt, sondern auch wegen der Ungewißheit in bezug auf die Sicherheit im Russischen Reich. An Alix' Schwester Viktoria schrieb sie:

»Ach, Viktoria, Liebling, je länger ich über die Heirat der lieben Alicky nachdenke, desto unglücklicher werde ich. *Nicht* wegen seiner Persönlichkeit, denn ich mag ihn *sehr*, sondern aufgrund des Landes, der Politik und der Unterschiede zu uns und der schrecklichen Unsicherheit, der das liebe Kind ausgesetzt sein wird … Ich werde aber *versuchen*, es zu ertragen und das beste daraus zu machen. Trotzdem, die Vorstellung, daß ich so hart daran gearbeitet hatte, *es zu verhindern*, und das Gefühl hatte, daß die Gefahr *nicht mehr* bestand und dann eines Abends hatte sich *alles* geändert. Ella hätte es gar nicht erst fördern dürfen, so wie sie es zu Zeiten getan hat … All meine Befürchtungen wegen der bevorstehenden Heirat zeigen sich jetzt so deutlich, und es fröstelt mich, wenn ich daran denke, daß sie höchstwahrscheinlich *so* jung diesen höchst unsicheren Thron besteigen wird, und daß ihr Leben, und besonders auch das ihres Mannes, ständig bedroht sein wird, und daß ich sie dann auch nur noch so selten zu sehen bekomme: es ist eine große zusätzliche Sorge auf meine alten Tage. Ach, wie sehr wünschte ich, daß ich meine geliebte Alicky nicht verlieren sollte. Alles, worum ich jetzt *allen Ernstes* bitte, ist, daß für ihre *Zukunft nichts mehr ohne mein Einverständnis geregelt* werde. Sie hat *keine Eltern* und ich bin der einzig lebende Großelternteil und ich finde, daß ich *ein Anrecht* auf sie habe. Sie ist wie *mein eigenes Kind*, wie ihr *alle* meine lieben Kinder seid, aber sie und er sind Waisen ... Mir ist, als würde man sie uns schon wegreißen.«[1]

Die Königin war nicht die einzige, die ihrer Besorgnis Ausdruck verlieh. Eine deutsche Zeitung brachte einen langen Leitartikel über die Verlobung, der es wert ist, zitiert zu werden, da er viele der herrschenden Meinungen gegen die Verbindung widerspiegelt, denen Alix damals begegnete:

»Nur mit Gefühlen der größten Sorge und des tiefsten Mitgefühls kann das deutsche Volk seine anmutige und geliebte Prinzessin Alix auf ihrer Reise nach Rußland begleiten. Ich kann die geheime Ahnung nicht aus meinen Gedanken verbannen, daß diese Prinzessin, die bei ihrer Abreise aus Darmstadt solche bittere Tränen vergoß, einem Leben voller Tränen und Bitterkeit entgegengeht. Man braucht kein Prophet zu sein, um vorauszusehen, welche Gedanken und Eindrücke während der letzten entscheidenden Wochen das Herz der erhabenen Braut ausfüllen werden. Das menschliche Gesetz verlangt, daß ein junges Mädchen dem Manne ihrer Wahl selbst ins Unbekannte folgt.

Aber das deutsche Volk kann diese Heirat nicht mit Freude betrachten oder mit dem Reiz der Dinge, wo das Herz allein in Frage kommt. Das deutsche Volk kann den Ausspruch des Dichters nicht vergessen: ›Fürsten sind nur die Sklaven ihrer Stellung; dem Verlangen ihres Herzens dürfen sie nicht folgen.‹

Wenn wir an das furchtbare Ende des Zaren denken, an das ›Privatleben‹ des Bräutigams, an das Ablegen des evangelischen Glaubens der Prinzessin, eines Glaubens, dem sie bis heute angehörte, aufrichtig und von seiner Wahrheit überzeugt – so glauben wir, daß nur eine heroische Natur all diese Schrecken überwinden kann.

Nachdem nun das deutsche Volk bis zur letzten Stunde auf das Unterbleiben dieser Heirat, die, so weit man jetzt schon sehen kann, der Braut kein Glück bringen kann, gehofft hat, bleibt uns nur das Gefühl der tiefsten Beschämung, daß man in einem Lande der Freiheit, des Gewissens und der Überzeugung das Opfern des Glaubens und des Herzens zu einer politischen Handlung machen kann.

Mit tiefer Freude würde man in Deutschland hören, daß die Prinzessin an der Seite ihres Gemahls ein wirkliches und dauerndes Glück gefunden hat. Inzwischen können wir der Prinzessin nur unsere besten Wünsche für ihr Wohlergehen nachsenden und die Hoffnung ausdrücken, daß sich ihre vorläufig noch dunkle und ungewisse Zukunft doch noch zum besten wenden möge.«[2]

Während die Öffentlichkeit im allgemeinen Alix vielleicht nur ungern nach Rußland abreisen sah, dachten offenbar manche Menschen, die näheren Umgang mit ihr hatten, ganz anders. Kurz nach Bekanntgabe der Verlobung hatte Graf von der Osten-Sacken, ehemaliger russischer Attaché in Darmstadt, eine merkwürdige Unterhaltung mit dem hessischen Oberhofmarschall.

»Als ich Darmstadt verließ«, sagte von der Osten-Sacken, »war Prinzessin Alix ein kleines Mädchen. Sagen Sie mir offen, was Sie von ihr halten, nun, da sie erwachsen ist?«

»Es ist ein Glück für Hessen-Darmstadt, daß Sie sie wegholen!« war die eisige Antwort des Hofmarschalls.[3]

Im Sommer 1894, während sich die Königin und andere über die bevorstehende Hochzeit Gedanken machten, reiste Alix nach Harrogate in Yorkshire, um sich von einem schmerzhaften Hexenschuß zu erholen. Als Begleitung nahm sie die älteste Tochter ihrer Schwester Viktoria mit, Alice, dazu Mademoiselle Catherine Schneider, Vorleserin und Sprachlehrerin ihrer Schwester Ella, der Großfürstin Jelisaweta, und eine Kiste voller Handbücher zur russischen Sprache. Um der allgegenwärtigen britischen Presse zu entkommen, benutzte Alix den Namen Baronesse Starckenburg, doch die Leute aus der Stadt errieten schon bald ihre wahre Identität. Sie wohnte in einer Privatpension und verbrachte die Tage mit harter Arbeit an ihren Russisch-Lektionen. Sie erwiesen sich als etwas Neuartiges – »amüsant, aber durchaus nicht einfach«, schrieb Alix.[4] Ihre Schwester Viktoria kam für einige Tage, und sie jagten auf dreirädrigen Rollstühlen durch die Straßen der Stadt, trieben ahnungslose Touristen auseinander und hinterließen Verwirrung.[5] Alix freundete sich mit ihrer schwangeren Wirtin an. Als die Frau von Zwillingen entbunden wurde, stand Alix Patin für sie. Der Junge bekam den Namen Nicholas, das Mädchen den Namen Alexandra.[6]

Durch ihre Verlobung mit dem zukünftigen Zaren von Rußland wurde Alix plötzlich zur begehrtesten königlichen Verwandten in ganz England. Tanten, Onkel, Vettern und Cousinen warben um ihre Gunst – hier ein Fest, dort ein Empfang, an einem Wochenende eine Einladung, dann wieder ein Segeltörn in Cowes. Die Hauptrivalen waren einerseits Onkel Bertie und Tante Alix, Prinz und Prinzessin von Wales, die sie in ihr Londoner Heim Marlborough House oder nach Sandringham in Norfolk einluden, und andererseits Onkel Alfred und Tante Marie, Herzog und Herzogin von Edinburgh, die sie gern bei sich im Clarence House gehabt hätten. Die Königin regte sich über beide Angebote auf: Der Prinz von Wales mit seiner Spielleidenschaft und seinen Mätressen würde nicht die Art von Einfluß ausüben, dem die Königin ihre Enkelin auszusetzen wünschte. Und der Einladung des Herzogs von Edinburgh wurde nicht viel mehr Enthusiasmus entgegengebracht: Onkel Alfred galt nicht nur als der eigennützigste, sondern auch als der vulgärste Sproß der königlichen Familie. Verärgert schrieb die Königin an Viktoria:

»Auch wenn Alicky, Onkel Bertie und Tante Alix gekränkt sind – was ziemlich albern ist –: Ich hatte nur darum gebeten, sie aufzunehmen, weil sie *nicht* mit mir nach Schottland gehen würde, was Tante Alix *nicht* wußte und was sie durchaus verstand, als ich es ihr erklärte. Wenn irgend jemand das Recht *hat, gekränkt* zu sein, so bin das ich … Ich hätte nichts gegen zwei Tage in Sandringham einzuwenden gehabt, doch es war grausam, sie mir wegzunehmen, wo ich doch am besten weiß, was gut für sie ist, und so viel von ihr verlieren werden. Ich wünsche, daß sie *nicht* länger als *eine Nacht* in Marlborough House bleibt, oder zwei Nächte *außerhalb* verbringt, und ich wünsche auch nicht, daß sie sich in Clarence House aufhält. Wenn sie ihre Kur unterbrechen *kann*, und wenn sie *lediglich* in die Oper oder ins Theater ginge – und nicht an *großen Abendessen* oder Gesellschaften teilnähme, würde ich natürlich *nicht* widersprechen *können*. Sie darf *nicht* zu Bällen oder Konzerten gehen, es sei denn, Nicky wäre dabei und wünschte es.«[7]

Um familiäre Auseinandersetzungen zu vermeiden, zog Alix in das Landhaus ihrer Schwester Viktoria bei Walton-on-Thames um. Kurz darauf traf der Zarewitsch ein, und das Paar genoß drei friedvolle Tage in völliger Abgeschiedenheit, mit nur der Gastgeberin als Anstandsdame. Sie verbrachten lange, faule Nachmittage unter einem Kastanienbaum am Flußufer, dann las Nikolaus Alix vor, während sie stickte, oder sie hielten ein Picknick an der Themse.[8]

Nach drei Tagen fuhren Alix und Nikolaus nach Windsor Castle, um dort den Rest des Sommers mit Königin Viktoria zu verbringen. Alexander III. schickte seinen Beichtvater nach Windsor, Vater Johann Janyschew, damit er mit Alix' Unterweisung im russisch-orthodoxen Katechismus beginnen konnte. Das mit ansehen zu müssen, beunruhigte die Königin schrecklich; sie schrieb: »Zu denken, daß sie Russisch lernt, und sich wahrscheinlich einem Priester anvertrauen muß – meine ganze innere Natur lehnt sich dagegen auf – obwohl ich mich bemühe, zufrieden zu sein.«[9] Im Laufe des Sommers scheint Alix einen fast mittelalterlichen Glauben an die russisch-orthodoxe Lehre entwickelt zu haben. Sie sammelte Ikonen, sprach die Gebete und lernte die Formeln. Alix mußte alle Lehrsätze des Glaubens annehmen. Anders als diejenigen, die diesen Glauben von Geburt an hatten und selten ein kirchliches Dogma in Frage stellten, scheint sie jede Aussage mit der Hoffnung hinterfragt zu haben, daß dadurch ihr Glaube irgendwie noch deutlicher und intensiver würde. Wie viele Konvertiten verlor sie den Sinn für Proportionen. Anscheinend entdeckte sie im Glanze der brennenden Kerzen, der byzantinischen Kunst und der eingängigen Melodien von Liturgie und Gesängen eine neue, tiefere und stärkere Verbundenheit mit Gott.

Nikolaus hatte seine offiziellen Verlobungsgeschenke mit nach England gebracht: einen Ring mit einer rosa Perle, ein Halsband mit großen rosa Perlen, eine Saphir- und Diamantbrosche und eine Armkette, an der ein riesiger Smaragd hing.[10] Der Zar hatte sein Geschenk ebenfalls mitgeschickt, eine großartige Kette aus Perlen von Fabergé, die eine Viertelmillion Goldrubel gekostet hatte.[11] Diese lange Perlenkette reichte Alix, wenn sie sie umlegte, bis zur Taille. Königin Viktoria musterte ihre Enkelin, die vor all diesen verwirrend schönen Kostbarkeiten saß und warnte sie: »Jetzt werd aber nur nicht zu stolz, Alix.«[12]

Alix und Nikolaus waren sehr verliebt, leidenschaftlich verliebt, und gingen zärtlich miteinander um, wenn sie zusammen waren. Auch wenn die Königin das nur schwer akzeptieren konnte, alle anderen waren von ihrem Glück und ihrer innigen Zuneigung berührt. Eine britische Zeitschrift für Damen berichtete, ihr Verhalten sei »eine Bestätigung dafür, daß es sich um eine Liebesheirat handelte«.[13] Alix' elfjährige Nichte, Prinzessin Alice, sagte später: »Wir liebten sie alle. Sie war so froh und glücklich.«[14]

Bei einer Fahrt im Park von Windsor hatte die kleine Prinzessin Alice den Zarewitsch so sonderbar über die Zukunft sprechen hören, daß es ihr im Gedächtnis haftenblieb: »Ich erinnere mich, wie er sagte – und das war typisch für ihn –, ›ich habe wirklich Angst davor, Zar zu werden, weil ich dann nie wieder die Wahrheit hören werde.‹ Ist das nicht defätistisch? Ich habe nie vergessen, wie er das sagte. Wie kann man so etwas Gräßliches nur sagen – und es kam ganz plötzlich, während einer normalen Unterhaltung heraus. Es beeindruckte mich damals und ich habe es nie vergessen, obwohl ich noch ein ziemlich kleines Mädchen war.«[15]

Im Gegensatz zur Königin und Alix genoß der Zarewitsch die Hitze und ritt beinahe täglich aus, den *Long Walk* auf und ab und durch den Park. Nach einem Morgenritt gesellte er sich zum Frühstück am Frogmore House zu den beiden. Im Schatten von Ulmen, unterhalb der Schloßmauern, waren auf dem Rasen Tische aufgestellt, und livrierte Diener reichen Silberschalen mit Eiern, Fleisch und Brot an sowie Krüge mit frischer Milch von der schloßeigenen Molkerei. Die Tage vergingen angenehm, mit untätigen Nachmittagen, förmlichen Abendgesellschaften und Serenadenkonzerten der Regimentskapellen auf dem Schloßplatz. Als Königin Viktoria die Hitze nicht länger aushalten konnte, arrangierte sie die Übersiedlung der ganzen Gruppe nach Osborne, wo sie sich Erleichterung durch kühlende Brisen vom Meer erhoffte. Bevor sie Windsor verließen, nahmen Alix und Nikolaus noch an einer Feier in White Lodge in Richmond teil: Der Sohn von George und May, dem Herzog und der Herzogin von York, Prinz Edward von York, wurde getauft, der spätere König Edward VIII. und dann Herzog von Windsor. »Welch ein reizendes gesundes Kind«, schrieb der Zarewitsch an seine Mutter.[16] Neben anderen waren auch Alix und Nikolaus Taufpaten des winzigen Prinzen.

Irgendwann während seines Aufenthaltes in England entdeckte Alix, daß Nikolaus ein Tagebuch führte. Für eine Weile vernachlässigte sie ihr eigenes Journal und begann, in seines zu schreiben: »Mein Schatz, Gott segne und beschütze Dich. Mögest Du nie *sie* vergessen, die mit aller Ernsthaftigkeit wünscht und darum betet, Dich glücklich zu machen.«[17] Ein anderer Eintrag lautete: »Ich träumte, ich würde geliebt; ich erwachte und sah, es war wahr, und ich dankte Gott auf den Knien dafür. Wahre Liebe ist ein Geschenk Gottes – täglich stärker, tiefer, voller, reiner.«[18]

Sie schrieb Liebesgedichte:

> *The Clock is striking in the belfrey tower*
> *And warns us of the fleeting hour,*
> *But neither heeds the time which glides upward.*
> *For time may pass but love abides,*
> *I feel his kiss on my fevered brow;*
> *if we must part, oh, why should it be now?*
> *Is this a dream?*
> *Then waking would be pain, oh! do not wake me,*
> *let me dream again.*[19]

Ein anderes lautete:

> *Hush, my dear, lie still and slumber*
> *Holy Angels guard thy bed*
> *Heavenly blessings without number*
> *Gently falling on thy head*
> *Better, better every day.*[20]

Hinter ihrer nach außen gezeigten viktorianischen Reserviertheit in der Öffentlichkeit war Alix offenbar höchst leidenschaftlich und emotional. Ihre Hoffnungen und ihre Liebe flossen in einer raschen Folge romantischer und manchmal nichtssagender Sentimentalitäten aus ihrer Feder und spiegelten sowohl den Einfluß ihrer Zeit als auch den ihrer Lieblingsautorin, der melodramatischen Marie Corelli.

Irgendwann erzählte Nikolaus ihr von seiner Affäre mit Mathilde Kschessinska. Sie vergab ihm, aber auf ihre eigene Art, indem sie ihm einen Vortrag über Versuchungen und die jugendliche Unfähigkeit, der Sünde zu widerstehen, hielt:

»Mein lieber *Boysy*, immer derselbe, immer ehrlich: Hab Vertrauen zu Deinem lieben Mädchen, das Dich mehr und hingebungsvoller liebt, als sie es jemals sagen kann. Worte sind zu armselig, um meine Liebe, meine Bewunderung und meinen Respekt auszudrücken –

was vergangen ist, ist vergangen, und wird nicht wiederkehren, und wir können ruhig darauf zurückschauen. Diese Welt führt uns in Versuchung, und wenn wir jung sind, können wir sie nicht immer bekämpfen oder ihr widerstehen, doch solange wir bereuen und auf den rechten Weg zurückkommen, vergibt uns Gott. ›Wenn wir unsere Sünden bekennen, ist Er gütig und gerecht und vergibt uns unsere Sünden.‹ Gott verzeiht denen, die ihre Fehler eingestehen. Entschuldige, daß ich soviel schreibe, aber ich möchte, daß Du Dir meiner Liebe zu Dir ganz sicher bist und daß Du weißt, daß ich Dich sogar noch mehr liebe, seit Du mir die kleine Geschichte erzählt hast; Dein Vertrauen in mich hat mich berührt, oh, zutiefst berührt, und ich bete zu Gott, daß ich mich immer als dessen würdig erweisen werde. Gott segne Dich, geliebter lieber Nicky.«[21]

Nach sechs Wochen kehrte Nikolaus wegen der Hochzeit seiner Schwester Xenia mit Sandro, dem Großfürsten Alexander Michailowitsch und Freund aus seinen Kindertagen, nach Hause zurück. »Ich bin Dein, Du bist mein, des sollst Du gewiß sein«, schrieb Alix ihrem Verlobten, indem sie eine Anleihe bei der deutschen Literatur machte. »Du bist beschlossen in meinem Herzen. Verloren ist das Schlüsselein, Du mußt nun immer drinnen sein.«[22] Und von Marie Corelli hatte sie eine Abschiedsbotschaft an ihren zukünftigen Gatten entlehnt: »Denn Vergangenes ist vergangen und kehrt nicht wieder, die Zukunft kennen wir nicht, und nur die Gegenwart können wir unser eigen nennen.«[23] Als Nikolaus in See stach, hielt Alix sein Abschiedsgeschenk umklammert: eine Diamantbrosche mit der Inschrift »Nickys Abschiedsträne«.[24]

Kaum war der Zarewitsch abgereist, verabschiedete sich auch Alix von der Königin, um nach Darmstadt zurückzukehren und sich auf ihren Umzug nach Rußland im Frühling vorzubereiten. Die Königin umarmte sie unter vielen Tränen; sie war sicher, daß, wenn sie sich das nächste Mal sähen, es nicht mehr als die »süße, unschuldige, sanfte Alicky« und ihre Großmutter sein würde, sondern als »mächtige Kaiserin« einerseits und Königin und Kaiserin von England und dem britischen Empire andererseits.[25] Ihre Vorahnung erwies sich als richtig.

10

Sterben im Paradies

Zar Alexander III. hatte den Tod vor Augen. Er litt unter dauerndem Kopfweh, schmerzenden Beinen und Schlaflosigkeit. Ein berühmter Arzt aus Berlin eröffnete dem Zaren die gefürchtete Nachricht: Er hatte eine unheilbare Nierenentzündung. Alexander III. reiste nach Polen, doch sein Aufenthalt in dem Jagdhaus bei Bielovezh verschlimmerte seinen Zustand nur. Der Arzt hoffte, daß ein wärmeres Klima sein Leben verlängern könnte und riet dem Zaren, sich auf die Insel Korfu zurückzuziehen. Doch der Zar schaffte es nur bis zum kaiserlichen Anwesen Liwadja auf der Halbinsel Krim im Schwarzen Meer. Die gesamte kaiserliche Familie folgte, um sein Ende mit ihm zu erwarten.

Nikolaus schickte Alix ein Telegramm, in dem er ihr von der drohenden Krise berichtete und sie bat, sich sofort nach Liwadja auf den Weg zu machen. Sie packte schnell ein paar Sachen zusammen und stieg in einen Zug nach Berlin, wo der Expreß nach Rußland die Reise in den Osten begann. Der Zug fuhr durch dichte Nadelwälder, an Flüssen und kleinen Städten zu Füßen von Schlössern vorbei, und an weißen Kirchen mit hohen spitzen Kirchtürmen unter leuchtend roten Dächern.[1] In Warschau stieg Ella zu, und die beiden setzten die Reise bis zur russischen Grenze fort; dort mußten sie den Zug wechseln, weil die russische Eisenbahn eine andere Spurbreite als die Bahnen Westeuropas hatte. Alix überquerte die Grenze zu ihrem zukünftigen Heimatland, als die Nacht hereinbrach.

Im Morgenlicht erblickte sie Bauerdörfer, in denen sich einfache

Katen um eine weißgetünchte Kirche mit Zwiebeltürmen drängten; Wiesen schienen sich bis zum Horizont zu ziehen, und an anderen Stellen schoben sich Kiefern- und Birkenwälder an die Schienen heran. Schließlich erreichten sie die Ukraine, und das Land leuchtete im Gold der letzten Stoppelfelder. Die Luft wurde wärmer, je weiter sie nach Süden kamen, Palmen und Zypressen tauchten auf. Alix sah diese Landschaft von dem Fenster eines einfachen Zugabteils aus an sich vorbeiziehen. Für die Braut des Zarewitsch hätte ein Sonderzug bereitstehen sollen, doch als sie an der Grenze ankamen, gab es dort nur den regulären Zug, mit dem sie nach Liwadja weiterfahren konnten. Sie saß zwischen ganz gewöhnlichen Russen – Beamten in unbequemen Anzügen, Soldaten in Uniform, Lehrern, Großmüttern und Kleinkindern; und keiner von ihnen wußte, daß ihre zukünftige Zarin mit ihnen im Zug saß. Der Oberhofmarschall, Graf Woronzow-Daschkow, hatte Alix regelrecht vergessen, und so gab es nirgendwo einen Empfang für sie. Es war das erste und letzte Mal, daß sie dem einfachen russischen Volk so nahe war.

In Aluschta holte Nikolaus sie ab; zusammen fuhren sie in einer offenen Kutsche vier Stunden nach Liwadja; um den unberührten Zustand der Landschaft zu bewahren, wurden im Süden der Krim keine Nebenstrecken der Eisenbahn gebaut. Beinahe in jeder Stadt, jedem Dorf, jedem Flecken am Weg wartete eine Abordnung von Bauern, um das Paar zu begrüßen und es auf traditionelle russische Weise mit Brot und Salz willkommen zu heißen. Nach einem langen, heißen und staubigen Nachmittag rollte die Kutsche schließlich durch die Tore des kaiserlichen Anwesens und fuhr die Auffahrt hinauf zu dem kleinen Palast am Meer, in dem der Zar im Sterben lag.

Alexander III. hatte entschieden, daß er eine zukünftige russische Kaiserin nur in voller Paradeuniform auf korrekte Art und Weise empfangen konnte. Er zwängte sich in die komplizierte Kleidung und vergewisserte sich, daß jeder Orden und jede Dekoration an der richtigen Stelle saß. Als er sich fertig angekleidet hatte, war der Zar so schwach, daß er nicht mehr stehen konnte: Er empfing Alix auf einem Stuhl sitzend in seinem Schlafgemach. Sie ging hinein und kniete vor der zusammengesunkenen, um jeden Atemzug ringenden Gestalt nieder.[2]

Alix war in Liwadja eine Außenseiterin. Sie war kaum im Palast angekommen, als sie schon merkte, daß sie von der Familie, die den Tod ihres Oberhauptes erwartete, ignoriert wurde. Zarewitsch Nikolaus und Zarin Maria Fjodorowna waren beide zu sehr von dem Drama, das sich da vollzog, in Anspruch genommen, um Alix viel Aufmerksamkeit schenken zu können. Zum Glück blieb Ella in Liwadja, und oft war sie das einzige Familienmitglied, mit dem Alix während eines ganzen Tages sprach. Sie war einsam und verwirrt, aber doch auch verärgert darüber, wie ihr zukünftiger Ehemann behandelt wurde. Die Regierungsbeamten, die im Palast Dienst taten, berichteten zuerst der Zarin und dann dem Zarewitsch; damit mißachteten sie die vorrangige Stellung, die Nikolaus als Thronerbe innehatte. Die Ärzte unterrichteten ebenfalls nur Maria Fjodorowna, die ihre Informationen dann an die Familie weitergab. Als ein Staatspapier unterzeichnet werden mußte, war es Maria Fjodorowna, die die Hand ihres Mannes führte, der mit schwachen Fingern die Feder umklammert hielt.

Nikolaus war viel zu höflich, als daß er jemals anzudeuten gewagt hätte, daß eigentlich er seiner Mutter gegenüber eine Vorrangstellung hätte einnehmen sollen; er gab ihren Wünschen nach und erlaubte ihr, als erste die Nachrichten über ihren Mann zu hören. Alix empfand diese Behandlung jedoch als beleidigend, und sie sorgte dafür, daß Nikolaus genau wußte, was sie von dieser Situation hielt. Sie schrieb in sein Tagebuch: »Liebes Kind, bete zu Gott. Er wird Dir Trost spenden. Sei nicht so niedergeschlagen. Deine Sunny betet für Dich und den geliebten Patienten ... Sei stark und laß die Ärzte jeden Tag zu Dir kommen und Dir berichten, wie es ihm geht ... so daß Du immer als erster Bescheid weißt. Laß nicht zu, daß andere an erster Stelle stehen und Du übergangen wirst. Du bist Deines Vaters lieber Sohn, und Dir muß alles berichtet werden, Du mußt in allen Dingen gefragt werden. Mach Deinen Willen deutlich und laß andere nicht vergessen, wer Du bist.«[3] Doch Nikolaus weigerte sich, seine Mutter beiseite zu schieben, und Alix' Rat blieb unbeachtet.

Zehn lange Tage nach Alix' Ankunft in Liwadja kam das Ende Alexanders. Am Donnerstag, dem 1. November 1894, nachmittags um halb drei erteilte ein Priester Alexander III. die Sterbesakramente. Alix erwartete mit der Familie das Ende des Riesen. Sein Keuchen und Stöhnen füllten das Schlafzimmer. Um drei Uhr begann die Nachmittagsglocke zu läuten. Alexander III. sagte ein kurzes Gebet, küßte seine Frau, sackte in seinem Sessel zusammen und schloß die Augen.[4]

Ohnmächtig sank die Zarin Alix in die Arme. Nikolaus verließ aufgewühlt und schnell den Raum. Während seine Braut die verwitwete Zarin in den Armen hielt, weinte der neue Zar an der Schulter seines Schwagers Sandro. Er war völlig hilflos. »Sandro, was soll ich nur tun?« schluchzte er. »Was soll aus mir werden, aus dir, aus Xenia, aus Alix, aus Mutter, aus ganz Rußland? Ich bin nicht darauf vorbereitet, Zar zu sein. Ich wollte niemals einer werden. Ich verstehe nichts vom Regierungsgeschäft. Ich habe nicht einmal eine Vorstellung davon, wie ich mit den Ministern reden soll.« Angesichts dieses verwirrten Regenten hatte Sandro den Eindruck »einer nahe bevorstehenden Katastrophe«.[5]

Am späten Nachmittag, als die Sonne über dem Schwarzen Meer den Blicken entschwand, wurde auf dem Rasen vor dem Palast eilig ein Altar aufgestellt. Im Hafen von Jalta schossen die Kanonen der kaiserlich russischen Flotte einen letzten Salut für den toten Kaiser, und die Kirchenglocken läuteten. Die Familie versammelte sich auf dem Rasenhang: der verwirrte neue Zar, seine verzweifelte Mutter, seine benommene Verlobte. Die Romanows bildeten einen Halbkreis um den Altar; mit einem großartigen, purpurroten Sonnenuntergang schwand das Licht schnell vom Himmel, während in der Ferne die Kanonen ihren donnernden Tribut zollten. Ein Priester in goldenem Ornat, das in den letzten Strahlen der Sonne funkelte, leitete den kaiserlichen Treueid des erschütterten jungen Mannes, der mit Tränen in den Augen und zitternder Stimme die Eidesformel wiederholte, und dann als »Seine Kaiserliche Majestät, der Kaiser und Selbstherrscher aller Reußen, Zar Nikolaus II.« proklamiert wurde.

Am nächsten Tag tobte ein Unwetter über dem Schwarzen Meer. Der Palast war schwarz verkleidet worden, und die Tücher flatterten kläglich im Wind. An diesem trüben, grauen, vom Tod des Zaren überschatteten Tag wurde Alix in die russisch-orthodoxe Kirche aufgenommen.

Seit den ersten Tagen ihrer Verlobungszeit hatte sie sich in Erwartung ihrer Konversion mit diesem Glauben befaßt. Die normalerweise wunderschöne und ergreifende Zeremonie der Aufnahme in die

117

Kirche hatte vor dem Hintergrund des tragischen Todes des Zaren ihren Glanz verloren. Alix trug Schwarz, und Maria Fjodorowna weinte während des gesamten Gottesdienstes. Die Konvertitin las »erstaunlich gut und deutlich« aus dem Gebetbuch vor und wiederholte dann das Glaubensbekenntnis der orthodoxen Kirche.[6] Es gab keine Taufe; als Protestantin hatte Alix sie schon erhalten, und die russisch-orthodoxe Kirche erkannte ihre Gültigkeit an. Allerdings mußte Alix sich sehr deutlich von ihrem früheren Glauben distanzieren und seine »Häresien« leugnen. Danach wurden ihr Stirn, Augen, Nacken, Kehle, Handinnenflächen und Handgelenke mit heiligem Öl gesalbt. Anstelle der Kette ihrer christlichen Namen bekam sie nun nur zwei Namen: Alexandra Fjodorowna. Der letztere war der häufigste aller russischen Patronyme, Alexandra die ähnlichste Annäherung an Alix im Russischen. Mit dem Namenswechsel gingen der Titel und Rang einer Großfürstin und die Anrede Kaiserliche Hoheit einher; als »die rechtgläubige Großfürstin Alexandra Fjodorowna« wurde sie nun in das Bittgebet der orthodoxen Kirche für die kaiserliche Familie aufgenommen.[7]

Am Ende der Woche wurde der mit violettem Purpur verkleidete Sarg Alexanders III. aus der kleinen byzantinischen Kirche auf der Anhöhe über dem Meer nach Sewastopol überführt. »Es war herrlicher Sonnenschein«, berichtete die Prinzessin von Wales, die nach Liwadja gekommen war, um ihrer Schwester Maria Fjodorowna nahezusein, »und das Meer glänzte, während Tausende weinender Menschen die Straße säumten und auf die Knie fielen, um sich ehrfurchtsvoll zu bekreuzigen, als ihr geliebter Kaiser zum letzten Mal an ihnen vorbeikam.«[8]

Mit Aufenthalten in allen größeren Städten am Weg dauerte es eine ganze Woche, bis der Zug mit Sarg und Trauergefolge Moskau erreichte. Acht in Purpurschabracken gehüllte Rappen führten den Leichenzug durch die Straßen; zehnmal machte er an den verschiedenen Kirchen auf seinem Weg halt, so daß Gebete für den Toten gesprochen werden konnten.

Dichter Nebel hing über St. Petersburg, als dort der Zug endlich in den Bahnhof einfuhr. Die Stadt war dunkel; Schneematsch lag in den Straßen, durch die ein kalter, feuchter Wind fegte. Vier Stunden lang bewegte sich die Prozession von schwarz verhängten rot-goldenen

Kutschen mit der kaiserlichen Familie und dem Hofstaat durch die Straßen und über die Brücken. An der Kathedrale der Peter-und-Pauls-Festung, der Grabstätte der Romanow-Zaren, endete der Leichenzug, und eine Ehrengarde trug den Sarg an den düsteren Bastionen über der Newa vorbei über den Hof mit dem Kopfsteinpflaster in das kühle Innere aus Marmor.

In der prächtigen, weiß, grün und golden getönten Kirche war der Sarg unter einem silbernen, mit dem Doppeladler der Romanows bestickten Baldachin zwischen Kerzen aufgebahrt. An jeder der vier Ecken der Plattform stand still und mit respektvoll gesenktem Kopf eine Ehrenwache. Schwarz verschleierte Mönche stimmten im Dunkel der Kathedrale Klagegesänge an, während Priester an langen Ketten Räuchergefäße mit Weihrauch und goldene Kreuze schwenkten. Der durchdringende Duft von Tausenden von geweihten Kerzen erfüllte die Luft, und ihre flackernden Schatten tanzten auf den juwelenbesetzten byzantinischen Ikonen Christi, der Madonna und der Heiligen.

Alexandra muß beeindruckt gewesen sein. Kaum daß sie in die russisch-orthodoxe Kirche aufgenommen war, nahm sie auch schon an einer ihrer gewaltigen, kaum enden wollenden Totenfeiern teil. Siebzehn Tage in Folge ging Alexandra in einem langen schwarzen Kleid mit Schleier einmal am Morgen und noch einmal am Nachmittag mit der kaiserlichen Familie zu den Trauergottesdiensten in die Kathedrale. Der Zar war erst drei Tage nach seinem Tod einbalsamiert worden und wurde fast drei Wochen lang in der Öffentlichkeit zur Schau gestellt, bevor er beerdigt wurde. Teil des Rituals bei jedem Gottesdienst war es, die Lippen des Toten zu küssen. Diese Tortur wurde dadurch verschlimmert, daß das Gesicht des Zaren eine »schreckliche Farbe« angenommen hatte, und der Geruch »fürchterlich« war.[9] Nach zwei Wochen in St. Petersburg wurde der vergehende Körper endlich in der kaiserlichen Gruft zur letzten Ruhe gelegt. Die Trauergottesdienste hatten vielen Menschen die erste Gelegenheit geboten, ihre zukünftige Zarin zu sehen. Als der Leichenzug sich durch die Straßen bewegte und Alexandra vorbeifuhr, murmelten Abergläubische: »Sie ist hinter einem Sarg zu uns gekommen.«[10]

11

Die düstere Hochzeit

Alexandra wird sich, wenn sie von ihrer Hochzeit mit Nikolaus träumte, nicht vorgestellt haben, daß sie unter solch bedrückenden Umständen stattfinden würde. Als Ella Sergej geheiratet hatte, war ihr eine private Hochzeit zugebilligt worden, weil ihr Mann in der Erbfolge so weit hinten stand, daß er wahrscheinlich niemals den Thron besteigen würde. Doch selbst bei dieser privaten Hochzeit hatte es eine vergoldete Staatskarosse gegeben, die bei dem langen, feierlichen Umzug von acht Schimmeln gezogen wurde, und einen großartigen Ball und einen Empfang zur Feier des Tages. Nikolaus' Hochzeit als Zarewitsch und erst recht als Zar wäre ein Anlaß für ein nationales Fest gewesen, und im Frühjahr 1895 hätte Alexandra eine Galahochzeit mit allem Drum und Dran in der Isaakskathedrale erwarten können. Um so stärker der Kontrast, als die Zeremonie eine Woche nach der Beerdigung des Zaren in der Kapelle des Winterpalastes stattfand.

Der gewählte Termin, Montag, der 26. November, war der Geburtstag der Zarin Maria Fjodorowna. An einem Geburtstag konnte die Trauer ausgesetzt werden, und Alexandra und Nikolaus kamen überein, die Zeremonie so bald wie möglich stattfinden zu lassen. Er hatte sogar versucht, Alexandra zwei Tage nach dem Tod seines Vaters zu heiraten, als sie noch in Liwadja waren. Er wollte sie sofort an seiner Seite wissen, und Alexandra und die Zarin hatten auch zugestimmt. Doch Nikolaus' vier Onkel, die Großfürsten Wladimir, Alexej, Sergej und Pawel, hatten erklärt, der Zar müsse warten, in einer halböffentlichen Feier heiraten und so auf positive Weise die Aufmerksamkeit auf die neue Regierung lenken. Nikolaus hatte nachgegeben, und die Hochzeit wurde auf eine Woche nach der Beerdigung verlegt. Es gab kaum Zeit für Vorbereitungen. Alexandra hatte noch nicht einmal ihre Aussteuer bekommen. »Du kannst Dir meine Gefühle wohl vorstellen«, schrieb sie ihrer Schwester Viktoria. »An einem Tag noch in tiefster Trauer um einen geliebten Menschen, wird man am nächsten in den elegantesten Kleidern verheiratet. Es kann keinen größeren Kontrast geben, aber es hat uns womöglich noch enger verbunden.«[1]

Der Tag der Hochzeit war kalt, und die Hauptstadt war schneebedeckt. Alexandra verbrachte die Nacht im Bjelosselskij-Bjeloserskij-Palast am Newskij Prospekt, wo Ella und Sergej lebten. Das war genau gegenüber vom Anitschkow-Palast, in dem Nikolaus mit seiner Mutter wohnte. Alexandra war an diesem Morgen früh auf den Beinen, um mit den Vorbereitungen für den Tag zu beginnen. Sie hatte im selben Bett und im selben Zimmer geschlafen wie knapp sechs Jahre zuvor, in jenem anderen russischen Winter, als die Romanze mit Nikolaus gerade begann; jetzt würde sie ihn in wenigen Stunden heiraten. Mädchen liefen aufgeregt um Alexandra herum, als sie sich frisierte, ankleidete und Puder und Lippenrouge auflegte. Sie trug ein Gewand aus silberdurchwirktem Stoff und das Leibchen war mit Pelz besetzt; es war nicht ihr Hochzeitskleid, das sich schon im Winterpalast befand, sondern die Reisekleidung, die sie auf dem Weg zur Zeremonie und zurück tragen würde.

Kurz vor elf Uhr verließ Alexandra ihre Räume und ging langsam die geschwungene Treppe zur Empfangshalle hinab. Ein Mädchen legte ihr einen schweren Pelz um die Schultern, dann stieg Alexandra in der Wagenauffahrt zur Zarin in eine geschlossene Kutsche. Die Tore des Palastes öffneten sich und die Kutsche rollte hinaus auf den Newskij Prospekt.

Sie fuhren etwa anderthalb Kilometer. Tausende von Menschen hatten der Kälte getrotzt, um ihnen zuzujubeln. Alle paar Meter standen Soldaten der Preobraschenskij-Garde in Habachtstellung, einerseits zu Alexandras Schutz vor Attentatsversuchen, andererseits auch, um Farbe und Pomp beizusteuern. Kapellen stimmten »Gott schütze den Zaren« an, als Alexandra und Maria Fjodorowna vorbeifuhren. Dann verließ die Kutsche den Newskij Prospekt, bog rechts ab und fuhr unter dem Triumphbogen des Generalstabsgebäudes hindurch endlich auf den gewaltigen Schloßplatz vor dem Palast, der beherrscht wurde von der hohen Alexander-Säule, die an das Ende des Krieges gegen Napoleon I. erinnerte.[2] Gegenüber lag die lange grün-weiße Fassade des Winterpalastes, der mit klassischen Dachstatuen bekrönt war. Wenig später verschwand die Kutsche durch die Tore des Palastes und hielt unter einem Portikus.

Die Braut und Maria Fjodorowna stiegen über die breiten Marmorstufen der von Wassilij Stassow nach Bartolomeo Rastrelli restaurierten Jordan-Treppe mit ihren Säulen aus poliertem Granit und Golddekor hinauf und begaben sich ins Malachitzimmer. Zwischen seinen acht Säulen und acht Pilastern aus geädertem grünen Malachit, auf einem Fußboden mit Holz- und Silberintarsien und unter einem geprägten und vergoldeten Himmel aus Papiermaché, wurde der Braut das Hochzeitsgewand angelegt.[3]

Das Hochzeitskleid war eine prächtige, aber so komplizierte Kreation, daß es fast eine Stunde dauerte, bis Alexandra angekleidet war. Ihre Schuhe waren bestickt und verziert, ihre Strümpfe waren aus Spitze. Darüber trug sie mehrere Lagen gestärkter Unterröcke. Der weite Rock aus Silberbrokat öffnete sich von der Taille herab, um ein zweites, mit Pelz eingefaßtes Untergewand aus Silbergewebe zu enthüllen. Das enganliegende korsettierte Oberteil war mit Diamanten besetzt, die bei jeder Bewegung glitzerten; es hatte kurze Ärmel, an denen eine hermelingefaßte Stola befestigt war, und das Dekolleté war tief ausgeschnitten, um Hals und Schultern zu betonen.[4] Die Falten des Überkleides liefen in einer Schleppe aus, und eine zweite, majestätische Zeremonialschleppe aus hermelingefaßtem Goldtuch fiel von ihren Schultern.[5] Darüber trug Alexandra den mit Hermelin gefütterten und gesäumten Reichsmantel aus goldenem Tuch. Diese Gewänder waren so schwer, daß vier Pagen beim Tragen helfen mußten.[6]

Alexandra hatte das Haar zurückgekämmt, so daß Hals und Schultern zur Geltung kamen. Zwei lange Ringellocken an den Seiten waren ihrem eigenen Haar hinzugefügt worden. Ihr Tüllschleier wurde von einer russischen Tiara aus platingefaßten Diamanten und der Hochzeitskrone der Romanows – Diamanten auf leuchtendrotem Samt – gehalten. Alexandra hatte zusätzlich eine Reihe von Diamantbroschen angesteckt und trug um den Hals Perlenketten und dazu die juwelenbesetzte Kette des St.-Andreas-Ordens. Die Juwelen und die Tiara waren Hochzeitsgeschenke des verstorbenen Zaren und hatten etwa 300 000 Rubel gekostet.[7] Sie trug darüber hinaus die kaiserliche *Rivière*, eine Diamanthalskette von 475 Karat, und ein Paar dazu passender Ohrringe. Tatsächlich waren die Ohrringe so schwer, daß sie mit Drähten, die über die Ohren gelegt wurden, unterstützt werden mußten; sie schnitten sich ihr im Laufe des Tages langsam ins Fleisch.[8] Um die Tiara herum trug Alexandra einen Kranz aus Orangenblüten, die aus dem kaiserlichen Gewächshaus in Warschau stammten.[9] Schräg über das Kleid verlief das rote Band des Ordens der heiligen Katharina.

Während dieser Vorbereitungen zu ihrer Trauung wirkte Alexandra sonderbar verstört. Ihrem Friseur, dessen Aufgabe es war, die Kronen und den Schleier zu befestigen, wurde fast eine Stunde lang der Zutritt zum Winterpalast verwehrt, wodurch sich dann die Zeremonie hinauszögerte. Während Alexandra wartete, weinte sie leise vor sich hin; ihre Nerven hatten schließlich den Belastungen der letzten Monate nachgegeben.[10]

Als alles fertig war, betrat Alexandra den angrenzenden Arabischen Salon, in dem die Hochzeitsgesellschaft wartete. Nikolaus trug die rote Husarenuniform aus seinen Jugendtagen bei der Armee; er hatte das Band des hessischen Ludwigsordens über der Brust, einen weißen Umhang mit Goldtressen über den Schultern und hielt eine Militärmütze mit Federbusch in der Hand. Maria Fjodorowna trug eine weiße Hofrobe mit einer Tiara aus Diamanten und Perlen, doch ihre Augen waren verweint und rot. Man überreichte Alexandra ihren Brautstrauß aus Rosen, Lilien, Orchideen und Orangenblüten. Alles war bereit.

Um zehn Minuten nach zwölf feuerten die Kanonen der Peter-und-Pauls-Festung ihren Salut über die Newa. Zur gleichen Zeit öffneten sich die Türen der Privatgemächer, und der Hochzeitszug trat heraus. Die Spitze nahm der kaiserliche Oberhofmarschall Graf Woronzow-Daschkow ein; im Glanz seiner Goldtressen trug er einen mit dem goldenen Doppeladler der Romanows gekrönten Stab aus Elfenbein. Hunderte Beamte folgten: Pagen in scharlachrot-goldener Livree; königliche Leibgardisten in Weiß und Gold; Hofbeamte in Uniformen, die unter dem Gewicht der goldenen Tressen durchhingen; Hofdamen in weißen Hofgewändern mit funkelnden Juwelen. Schließlich erschien der Hochadel.

Zunächst kamen die ausländischen Gäste: der Prinz von Wales in russischer Dragoneruniform, neben ihm seine elegante Frau, Prinzessin Alexandra; ihr Sohn, Prinz George, der Herzog von York, in britischer Marineuniform; Georg I. und Olga, König und Königin von Griechenland; König Alexander V. von Serbien und die Königin; Großherzöge, Prinzen und Prinzessinnen, Barone und Grafen. Ernst Ludwig führte die Mitglieder von Alix' Familie an. Dann folgte die Zarin am Arm ihres Vaters, König Christian IX. von Dänemark. Gemessenen Schrittes bewegten sie sich auf ihrem Weg zur Kapelle dem langen Band des roten Teppichs folgend von Raum zu Raum.

Schließlich erschienen Alexandra und Nikolaus. Sie gingen Arm in Arm auf dem Teppich über Parkett-, Marmor- und Perlmuttfußböden; unter Stuck und gemalten und vergoldeten Decken hindurch; durch Räume mit Säulen aus Marmor, Malachit und Jaspis; von Duft zu Duft: Rosen, Orchideen und Maiglöckchen waren mit der Bahn von der Krim herbefördert worden. Sie gingen durch Flure voller Offiziere in Uniform und eleganter Damen im Diamantenschmuck: Soldaten der Garderegimenter zogen den Säbel und salutierten, wenn sie vorbeikamen – Kosaken in scharlachrot-goldenen, Husaren in roten, Kavalleristen in blauen Uniformen. Hinter Alexandra und Nikolaus kamen die Trauzeugen. Die Großfürsten Georgij und Michail, die Brüder des Zaren; sein Onkel, Großfürst Sergej, und sein Vetter Kyrill. Als nächstes kamen die Brautjungfern in weißen Hofkleidern, langen Schleiern und roten Samtschleppen. Es dauerte fast eine halbe Stunde, bis die Hochzeitsgesellschaft an den dreitausend Gästen, die in den Fluren warteten, vorbei war und die glänzenden Türen der Kapelle erreicht hatte.

Der Eindruck, den die Braut auf die Zuschauer machte, war äußerst vorteilhaft. Eine Augenzeugin berichtete: »›Wie schön sie ist!‹ Dieser Ausruf begleitete sie auf ihrem ganzen Wege, und es war wahr, sie sah wundervoll aus in ihrem Brautkleide aus Silberstoff und alten Spitzen. Ihre große, schlanke Figur ließ das schwere, kostbare Kleid um so mehr zur Wirkung kommen. Ihr Mund zitterte leicht, hierdurch wurde der für gewöhnlich harte Ausdruck ihres Gesichtes gemildert, eines Gesichtes, das einen in seiner vollkommenen klassischen Schönheit an eine antike griechische Statue erinnerte. Die Glut auf ihren Wangen und die bescheiden gesenkten Augen gaben ihrer ganzen Erscheinung eine mädchenhafte Schüchternheit und machten sie wundervoll anziehend.«[11]

Ältere, weißhaarige Priester in weiten Chormänteln mit glänzenden Silberstolen und diamantbesetzten Mitren erwarteten sie am Eingang. Langsam setzten sie sich in Bewegung, schritten den purpurnen Mittelgang entlang, und ihre Umhänge glitzerten im Kerzenlicht. Alexandra und Nikolaus folgten ihnen und lächelten Verwandten und Freunden zu, die die weiß-goldene Kapelle nun füllten. Schritt für Schritt bewegte sich Alexandra; ihr Gesicht war jetzt fast völlig unter dem von den Diamanten in ihrem Haar gehaltenen Schleier verborgen, Gewand und Schleppe flossen in Lagen von Silbertuch und Brokat hinter ihr her, und bei jeder Bewegung, jeder kleinen Drehung blitzten ihre Juwelen auf.

Die feierlichen Harmonien der versammelten Chöre erfüllten den Raum bis zu dem vergoldeten Deckengewölbe, wo die Cherubim im blauen Himmelsparadies tanzten. Nun standen sie und Nikolaus auf dem Podium unter der Kuppel, neben ihnen riesige Sträuße von Orchideen und Lilien und um sie herum die Verwandten. Ihr Blick war auf die Ikonostase, die juwelenbesetzte Altarwand gerichtet, die im gedämpften Licht der Kerzen glitzerte.

Ein Priester reichte Alexandra und Nikolaus brennende Kerzen und bot ihnen dann ein Silbertablett dar, auf dem zwei Eheringe lagen. Langsam schlug der bejahrte Metropolit von St. Petersburg das Zeichen des Kreuzes über ihnen und verkündete: »Die Dienerin Gottes, Alexandra, verspricht sich dem Diener Gottes, Nikolaus.« Braut und Bräutigam tauschten ihre Ringe dreimal aus zum Zeichen der Anerkennung der Heiligen Dreifaltigkeit, während die Priester sangen und goldene Weihrauchfäßchen schwenkten. Als die Ringe getauscht waren, knieten Alexandra und Nikolaus nieder, und der Chor stimmte den siebenundsiebzigsten Psalm an, ein sonderbar schwermütiges Lied für eine Hochzeit.

Alexandra und Nikolaus sprachen ihre Ehegelübde. Sie versprach, ihn zu lieben, zu ehren und ihm zu gehorchen; er, sie zärtlich zu lieben und zu verehren. Während sie ihre Antworten mit leiser, aber fester Stimme gab, mußte der Priester dem Zaren mehrmals weiterhelfen. Zwei goldene Kronen wurden gesegnet, dann über die Köpfe von Braut und Bräutigam gehalten und wieder dreimal in Anerkennung der Dreifaltigkeit getauscht. Hand in Hand umrundeten Alexandra und Nikolaus dreimal den Altar und knieten dann zum Gebet nieder. Als sie aufstanden, küßten sie ein goldenes Kreuz und eine Ikone, und kurz nach ein Uhr war Alexandra Ihre Kaiserliche Majestät, die Zarin Alexandra Fjodorowna, Kaiserin von Rußland.

Als das Paar hinausging, war jedermann erstaunt, wie offensichtlich verliebt die beiden waren. George, der Herzog von York, schrieb: »Ich glaube, Nicky kann sich glücklich schätzen, solch eine reizende und charmante Frau bekommen zu haben, und ich muß sagen, daß ich nie zuvor zwei so ineinander verliebte Menschen gesehen habe.«[12] Sie gingen durch den Palast zurück ins Malachitzimmer, wo Hochzeitsfotos gemacht wurden und sie die Verwandten empfingen. Nikolaus schenkte seiner Frau zur Hochzeit eine runde Krone mit Diamanten, Perlen und Saphiren.[13] Dann tauschte Alexandra ihr Hochzeitskleid gegen das silberne Reisekleid, stieg mit Nikolaus in eine Kutsche und fuhr mit ihm zusammen zurück zum Anitschkow-Palast.

Sie hielten an der Kathedrale der Muttergottes von Kasan und gingen hinein, um vor der berühmten und sehr verehrten Ikone zu beten. Als sie aus der Kirche traten, brachen die Menschen in Hochrufe und Jubelschreie aus und sangen sogar »Gott schütze den Zaren«. Überwältigt ließ Nikolaus die Soldaten, die den Weg abschirmten, abziehen, so daß das Volk zur Kutsche vordringen und einen Blick erhaschen konnte, ein Akt, den der Korrespondent der französischen Zeitung *Journal des Débats* als »gewagte, aber hübsche Geste« bezeichnete.[14]

Es war keine Zeit gewesen, Pläne für eine Hochzeitsreise zu machen; Alexandra und Nikolaus verbrachten ihre Hochzeitsnacht im Palast seiner Mutter, im Schlafzimmer seiner Kindheit. Am Haupteingang des Anitschkow-Palastes begrüßte Maria Fjodorowna, jetzt Kaiserinwitwe, ihren Sohn und seine Frau auf russische Art mit Brot und Salz. Alexandra und Nikolaus verbrachten den Abend damit, die vielen Telegramme, die von überall in der Welt gekommen waren, zu beantworten. Nach dem Abendessen mit Alexandras Bruder Ernst

Ludwig zog sich das Paar frühzeitig zurück, »da ich starke Kopfschmerzen bekam«, wie Nikolaus notierte.[15]

Bevor Alexandra zu Bett ging, schrieb sie in das Tagebuch ihres frischgebackenen Ehemannes: »Endlich vereint, fürs Leben gebunden, und wenn dieses Leben zu Ende ist, werden wir uns im Jenseits wiedersehen, um bis in alle Ewigkeit zusammenzubleiben. Die Deine, die Deine.«[16] Am nächsten Morgen schrieb sie: »Nie hätte ich geglaubt, daß es auf dieser Welt solch grenzenloses Glück geben könne, solch ein Gefühl der Einheit zwischen zwei Sterblichen. Ich liebe Dich – diese drei Worte tragen mein Leben in sich.«[17]

TEIL ZWEI

Kaiserin von Rußland

(1894–1905)

12

Ihre Kaiserliche Majestät

Alexandra war zweiundzwanzig Jahre alt, als sie »Kaiserliche Majestät, Zarin aller Reußen« wurde. Es war eine außergewöhnliche Stellung für ein so jugendliches Alter. Die damit verbundenen Vor- und Nachteile waren bedeutend.

Entscheidend war, was die junge Zarin aus dieser Position machte. Es gab kaum offizielle Pflichten für dieses Amt; grundsätzlich wurde von der Trägerin des Titels erwartet, daß sie eine führende Rolle in der St. Petersburger Gesellschaft einnahm. Das schloß ein, daß sie in der Mode tonangebend war, ständig Gesellschaften und Empfänge ausrichtete und die Vorrechte der Gattin des mächtigsten Monarchen der Welt auskostete. Diese im großen und ganzen leichtfertige Auslegung von öffentlicher Verantwortung war bei den Kaiserinnen Rußlands eher die Regel als eine Ausnahme gewesen. Ihre jeweilige Haltung hatte zwischen Gleichgültigkeit und übermütiger Extravaganz bei der Ausübung ihrer Pflichten rangiert. Maria Fjodorowna zum Beispiel genoß es, sich mit Juwelen zu schmücken und auf großartigen Bällen die Gäste bis in die frühen Morgenstunden zu unterhalten, sehr zum Mißfallen Alexanders III., der Pomp und Förmlichkeiten haßte.

Es wurde viel darüber spekuliert, was die neue Regierung bringen würde. Einige erhofften sich bürgerliche Reformen; andere träumten von einer glanzvollen Ära der Künste und Wissenschaften, einer Wiederbelebung all dessen, was es in Rußland an Gutem gab. Von der Zarin erhofften sich die meisten, daß sie in der Gesellschaft glänzen, ihrer Stellung höchste Ehre machen und den Ton für die großartigste Regierung aller Zeiten in Rußland angeben würde. Es wurde erwartet, daß Alexandra mit der Zeit eine erfolgreiche und äußerst beliebte Kaiserin werden würde. Ihre Vorteile: Sie war jung und hübsch; sie war die Schwester der geschätzten Großfürstin Ella, sie galt als hochgeistig, intelligent und künstlerisch begabt. Zu Beginn hatte sie außerdem das Mitgefühl des Volkes wegen der unglücklichen Umstände ihrer Einreise und ihrer Hochzeit mit dem Zaren.

Alexandra hatte anderes im Sinn. Sie neigte dazu, die Gesellschaft möglichst zu meiden. Sie muß jedoch erkannt haben, daß solch eine Haltung bei einer Zarin nicht willkommen sein und nur Kritik an ihr und ihrer Position herausfordern würde. Sie hatte keine Wahl. Sie würde also bei offiziellen Empfängen, Reden, Treffen mit Regierungsbeamten, Truppeninspektionen, Besuchen von Krankenhäusern und bei Bällen der großen Gesellschaft an der Seite ihres Mannes stehen. Sie würde ihn bei der Ausübung seiner Pflichten unterstützen, Hilfe bei der Aufrechterhaltung seines Ansehens und seiner Stellung als Selbstherrscher aller Reußen leisten und ihn notfalls nach bestem Wissen und Gewissen vertreten. Doch obwohl sie schließlich dies alles für ihre Pflicht als Zarin erkannte, gelang es Alexandra nie, diese Aufgaben auch zu schätzen oder zu genießen, und sie zeigte ihren Widerwillen immer wieder öffentlich. Wie auch immer, indem sie Nikolaus heiratete, hatte Alexandra nicht nur zu einem Mann, sondern auch zu einer Lebensweise ja gesagt.

Dieser Lebensstil muß Alexandra zugleich verwirrt und bezaubert haben. Ihr tägliches Leben erinnerte sie ständig an den unglaublichen Reichtum der Romanows. Ihr Mann war mit einem Vermögen von nahezu 20 Milliarden Dollar zweifellos der reichste Mensch der Welt. Er besaß allein über eine Milliarde an privaten Goldreserven, und dazu kamen Juwelen; er war Teilhaber an Holz- und Bergbauunternehmen, ihm persönlich gehörten Ländereien von insgesamt 60 Millionen Hektar und viele Millionen in Dollar auf ausländischen Banken.[1] Der Winterpalast in St. Petersburg war die Hauptresidenz, zusätzlich gab es zwei Paläste in Zarskoje Selo, drei in Peterhof, zwei in Liwadja auf der Krim und den Kreml in Moskau. Außer diesen Residenzen gab es noch kleinere Paläste: den Anitschkow-Palast, Jelagin und Gatschina in oder nahe der Hauptstadt; den Petrowskij- und den Neschenskij-Palast in Moskau; drei Jagden in Polen, die Tausende von Hektar umfaßten, mehrere Jagdhäuser in Finnland; vier kaiserliche Jachten und zwei kaiserliche Züge. Die billigen Ferien ihrer Kindheit in zweitklassigen Badeorten, Reitpferde, die man sich mit den Geschwistern teilen mußte, und die Begrüßungsschecks von Königin Viktoria dürfte Alexandra bei all der byzantinischen Üppigkeit am russischen Hof schnell vergessen haben.

Ebenfalls abgelegt waren die Fesseln ihrer Herkunft als Prinzessin von Hessen und bei Rhein. Ihr neuer, vollständiger Titel spiegelte die dramatischen Veränderungen wider. Offiziell und bei den allerheiligsten Zeremonien wie ihrer Hochzeit oder Krönung sollte sie nun Ihre Kaiserliche Majestät sein, die Zarin Alexandra Fjodorowna, Kaiserin von Rußland, und dann folgten all die Titel, die sie von Nikolaus übernehmen würde. Und der vollständige Titel Nikolaus' lautete: Kaiser und Selbstherrscher aller Reußen, Zar zu Moskau, Kiew, Wladimir, Nowgorod, Kasan, Astrachan, von Polen, Sibirien, der taurischen Chersones, von Georgien, Herr von Pskow, Großfürst von Smolensk, Litauen, Wolhynien, Podolien und Finnland, Fürst von Estland, Livland, Kurland, Semgallen, Samogitien, Bjelostok, Karelien, Twer, Jugorien, Permien, Wjatka, Bulgarien und anderer Länder, Herr und Großfürst von Nowgorod des niederen Landes, Tschernigow, Rjasan, Polozk, Rostow, Jaroslaw, Belosero, Udorien, Obdorien, Kondien, Witebsk, Mstislaw und der ganzen nördlichen Gegend; Gebieter und Herr der Länder Iwerien, Kartalinien, Kabardinien und der Provinz Armenien, der cirkassischen und Gebirgsfürsten, Erbherr und Beherrscher, Herr von Turkestan; Erbe zu Norwegen, Herzog zu Schleswig-Holstein, Stormarn, Dithmarschen usw.[2] Alexandra wurde außerdem durch ihre Heirat automatisch zur stellvertretenden Großmeisterin des kaiserlichen Katharinenordens und war durch ihre Position dazu ermächtigt, die Auszeichnungen und Bänder der kaiserlichen Orden von St. Anna und St. Alexander Newskij sowie die des Weißen Adlers zu tragen.[3]

Während der ersten Tage ihres Ehelebens wird es Alexandra allerdings eher so vorgekommen sein, als existiere der sagenhafte Reichtum und die Fülle von Titeln gar nicht. Alexandra und Nikolaus hatten weder Pläne für eine Hochzeitsreise noch für ihren ersten Wohnsitz machen können. Ihr Zuhause waren zunächst sechs vollgestopfte Räume im Anitschkow-Palast, der Residenz der Kaiserin-witwe. Sicher hat sich Alexandra in dieser Situation nicht besonders wohl gefühlt, aber sie konnte wenig tun: die Räume im Winterpalast und die im Großen Palast in Peterhof wurden neu hergerichtet, und bis sie fertig waren, mußte sie sehen, wie sie mit dem häuslichen Arrangement fertig wurde. »Ich kann es noch nicht fassen, daß ich verheiratet bin; so wie ich hier mit den anderen lebe, scheint es, als sei ich nur zu Besuch«, schrieb Alexandra etwas verbittert an ihre Schwester.[4] Sie ist aber anscheinend doch ganz glücklich gewesen, denn an Königin Viktoria schrieb sie: »Ich kann Gott gar nicht genug dafür danken, daß er mir einen solchen Ehemann gegeben hat, und seine Liebe zu Dir berührt mich auch zutiefst, denn bist Du nicht wie eine Mutter zu mir gewesen seit dem Tod meiner geliebten Mama?«[5] Dennoch begannen die Belastungen Spuren zu hinterlassen, wie Alexandras Brief an ihren Schwager Prinz Ludwig von Battenberg offenbarte:

»Ich bin in Gedanken viel bei Dir und Viktoria, und ich frage mich, wann wir uns wiedersehen, wo all unsere schönen Pläne, Euch in Malta zu besuchen, erst einmal gescheitert sind, denn leider hat Nicky nun nicht mehr viele Freiheiten. Der arme Junge – er muß soviel arbeiten, und ich bin sicher, daß Du, der Du gezwungen warst, in London so viele Stunden zu schreiben, verstehen kannst, wie ermüdend das ist. Und die große Verantwortung. Den ganzen Morgen empfängt er mehr oder weniger offizielle Besucher, und manchmal sogar nach dem Mittagessen, und danach muß er sich durch unnütze Papiere kämpfen, so daß wir kaum Freizeit miteinander verbringen.«[6]

Alexandra und ihr Mann lebten nicht nur mit ihrer Schwiegermutter zusammen, sondern teilten das Haus auch noch mit dem sechzehnjährigen Bruder des Zaren, Michail, und seiner zwölfjährigen Schwester Olga. Viele Jahre später sagte Olga über Alexandra:

»Sie war unglaublich lieb zu Nicky, besonders in jenen ersten Tagen, als er von seinen Pflichten erdrückt wurde. Ihr Mut hat ihn zweifellos gerettet. Kein Wunder, daß Nicky sie immer bei ihrem Kindernamen Sunny rief. Sie blieb sicher der einzige Sonnenschein in seinem sich zusehends verdüsternden Leben. Ich habe oft den Tee mit ihnen eingenommen. Ich erinnere mich, wie Nicky erschöpft, manchmal gereizt, hereinkam und seine Gedanken nach einem mit Audienzen angefüllten Tag verknotet waren. Alicky sagte oder tat niemals etwas Falsches. Ich sah gerne ihren ruhigen Bewegungen zu. Sie hat mir meine Anwesenheit nie verübelt.«[7]

Die immer gleich ablaufenden Tage erschienen Alexandra endlos. Gelangweilt und einsam wartete sie in ihrem Wohnzimmer auf die wenigen Minuten, die Nikolaus zwischen den Audienzen mit ihr verbringen konnte. Die Personen ihres Gefolges kannte sie so gut wie gar nicht, denn sie waren alle von der Kaiserinwitwe ernannt worden. Ihre einzige Freundin war Mrs. Orchard, die aus Darmstadt gekommen war, um ihr beizustehen. Alexandra war noch Anfängerin in der russischen Sprache, was jede Art von sinnvoller Unterhaltung mit den Bediensteten verhinderte. Französisch war die offizielle Sprache am Hof. Alexandra konnte zwar Französisch, fühlte sich aber unsicher dabei und benutzte es wenig. Niemand am Hof sprach im täglichen Umgang Deutsch; das bedeutete, daß sich Alexandra ausschließlich auf Englisch, und das nur mit anderen Mitgliedern der kaiserlichen Familie unterhalten konnte, oder mit den wenigen Hofbeamten, die der Sprache soweit mächtig waren, daß sie sich durch eine Unterhaltung lavieren konnten. Sie war so gut wie ganz von der Gesellschaft abgeschnitten. Doch das war nur eines von vielen Problemen, denen sie begegnete.

Ihr Hauptproblem war die Kaiserinwitwe Maria Fjodorowna. Sie war mehr als lediglich eine etwas schwierige Schwiegermutter; sie war mißgünstig, eifersüchtig und – wie ihr Sohn – eigensinnig. Gerade erst hatte sie ihren Ehemann verloren; jetzt hatte Alexandra ihr auch noch den Sohn genommen. Maria Fjodorowna nahm ihrer Schwiegertochter ihre hessisch-deutsche Herkunft übel, obwohl ihre eigene Mutter, Königin Luise von Dänemark, eine Tochter des Landgrafen von Hessen-Kassel war. Tatsächlich hatte die Kaiserinwitwe gewünscht, daß ihr Sohn jemand anderen als Alexandra heiraten sollte, was nicht gerade dazu beitrug, sie ihrer Schwiegertochter ans Herz wachsen zu lassen. Solange Alexandra das Haus mit ihr teilte, würde Maria Fjodorowna sie ihre volle Autorität spüren lassen. Und ihre Autorität war beträchtlich.

Dem strengen Protokoll des russischen Hofes zufolge hatte eine Kaiserinwitwe Vorrang vor der regierenden Zarin. Diese Regel trat gewöhnlich nicht in Kraft, weil sich die Kaiserinnen nach dem Tod ihres Gatten meist aus dem öffentlichen Leben zurückzogen. Maria Fjodorowna war jedoch noch jung, voller Energie, und hatte nicht vor, hinter einem schwarzen Schleier zu verschwinden. Sobald die Trauerzeit vorüber war, kehrte die Kaiserinwitwe mit der Ausrichtung von Gesellschaften und Bällen zu ihrem alten Glanz zurück. Bei öffentlichen Auftritten ging sie, nicht Alexandra, am Arm des Zaren voran; ihre Schwiegertochter folgte am Arm des jungen Großfürsten Michail. Maria Fjodorowna erschien das nur natürlich, Alexandra jedoch ärgerte sich über diese öffentliche Brüskierung.

Eine der ersten Streitigkeiten zwischen Alexandra und ihrer Schwiegermutter betraf die offizielle orthodoxe Liturgie, die im ganzen Land bei jeder Messe gesprochen wurde. Es war üblich, daß die Namen des Zaren und der Zarin in der Liturgie gekoppelt wurden, Maria Fjodorowna aber bestand darauf, daß ihr eigener Name in den Gebeten für die kaiserliche Familie direkt auf den ihres Sohnes folgte, womit der der regierenden Zarin von seinem Platz verdrängt wurde. Alexandra war wütend. Um der Kleinlichkeit ihrer Schwiegermutter zu begegnen, brachte sie die Angelegenheit zu einem Entscheid vor den Heiligen Synod, die oberste Behörde der russischen Kirche. Erwartungsgemäß versicherte dann der Minister für Religion der neuen Zarin, daß ihr Name dem der Kaiserinwitwe vorangehen solle, da sie die Gattin des Zaren sei; doch sowohl bei Maria Fjodorowna als auch bei Alexandra hinterließ die Konfrontation einen bitteren Nachgeschmack.[8]

Jedoch war es der Vorfall mit den Kronjuwelen, der den tiefsten Graben zwischen ihnen aufriß. Es war Brauch, daß die Kaiserinwitwe bestimmte Teile der kaiserlichen Juwelen der regierenden Zarin aushändigte. Maria Fjodorowna schmückte sich aber gern selbst damit. Der Halsschmuck und die Tiara bedeuteten ihr zuviel, als daß sie sich von ihnen hätte trennen mögen, selbst wenn sie nach dem Protokoll Alexandra gehörten. An ihrer Stelle übergab sie Alexandra einige über hundert Jahre alte Tiaren, Ohrringe und Colliers, die einmal Katharina der Großen gehört hatten und die zu tragen Maria Fjodorowna unbequem fand. Alexandra war zutiefst verletzt. Nikolaus bat seine Mutter, die Kronjuwelen auszuhändigen, doch die Kaiserinwitwe weigerte sich. Als Alexandra das hörte, war sie nicht mehr nur verletzt, sondern wurde böse. Sie wußte genau, wie sie zurückschlagen konnte: Alexandra sagte Nikolaus, daß die Juwelen sie nun nicht mehr interessierten, und daß sie sich, falls die Kaiserinwitwe sie ihr geben sollte, weigere, sie jetzt noch zu tragen. Der Zar gab das an seine Mutter weiter. Maria Fjodorowna wußte, daß Alexandra der Tradition entsprechend die Juwelen bei Staatsakten würde tragen müssen. Sie befürchtete einen Skandal und schickte Alexandra alles eiligst zu. Natürlich trug die junge Zarin die Juwelen schon bald, aber jedermann wußte, was passiert war. Alexandra war davon überzeugt, daß diese Demütigung beabsichtigt gewesen war, und sprach danach nur noch höflich, aber distanziert über Belanglosigkeiten mit Maria Fjodorowna.[9]

Alexandra hatte deutlich das Gefühl, daß ihr Mann von seiner Mutter für deren eigene politische Ziele benutzt wurde. Es gibt da eine Geschichte, die den offensichtlichen Neid der neuen Zarin verdeutlicht. In den ersten Tagen der Ehe fertigte Alexandra in ihren Stunden der Muße eine Serie von Karikaturen an. Eine zeigt ihren Mann in einem Kinderstühlchen, und über ihm seine Mutter, die ihn schilt, weil er sich weigert zu essen, was sie ihm vorgesetzt hat. Alexandra hätte diskreter sein müssen. Die Zeichnung machte die Runde am Hof, empörte beinahe jeden und entfremdete Alexandra und Maria Fjodorowna schon in den ersten Tagen der Ehe.[10]

Die Kaiserinwitwe beschwerte sich später über ihre Schwiegertochter: »Sie erzählt mir nie, was sie macht, oder was sie vorhat; wenn wir zusammen sind, spricht sie über alles mögliche, nur nicht über sich selbst. Ich wäre glücklich, wenn sie wenigstens einmal ihre Reserviertheit ablegen würde.«[11]

Maria Fjodorowna trug aber selbst ebenfalls zu diesem Schweigen bei. Das Problem war, daß Alexandra und Nikolaus kein eigenes Speisezimmer hatten; sie nahmen die Mahlzeiten mit der Kaiserinwitwe ein. Bei Tisch saß Alexandra zwischen Mutter und Sohn und wurde von beiden ignoriert. Maria Fjodorowna, die von ihrer Schwiegertochter gedemütigt worden war, versuchte selten, sie in die Unterhaltung einzubeziehen. Nikolaus war zu schwach, um für seine Frau einzustehen, und so saß Alexandra schweigend da, bis das Essen beendet war. Jahre später sagte Olga, die Schwester des Zaren: »Ich bin immer noch der Meinung, daß sie versucht hatten, einander zu verstehen, und dabei versagt haben. Charakter, Gewohnheiten und

Lebenseinstellung der beiden waren völlig unterschiedlich... Meine Mutter liebte den Klatsch. Ihre Damen waren Alicky von Anfang an nicht wohlgesinnt. Es gab so viel Tratsch über Alickys Neid auf die Vorrangstellung meiner Mutter... Die arme Alicky kann nicht sehr glücklich gewesen sein. Aber ich habe sie nie klagen hören...«[12]

Die häuslichen Spannungen lösten sich ein wenig, als Alexandra und Nikolaus zu Beginn des neuen Jahres in den Winterpalast umzogen. Kein Palast in Europa war so groß oder so prächtig. Er war sogar so weitläufig, daß eines Tages eine ganze Bauernfamilie entdeckt wurde, die sich in ein paar Räumen des obersten Stockwerkes eingerichtet hatte. Der Mann, der als Bediensteter im Schloß arbeitete, hatte seine Angehörigen mitsamt Hunden und einer Kuh für die frische Milch mitgebracht. Sie wurden erst entdeckt, als der Gestank unerträglich wurde.[13]

Man sagt, daß Ludwig XIV. den Palast in Saint-Germain-en-Laye nicht mochte, weil er von den hohen Fenstern aus die Türme von St. Denis, der Grablege der französischen Könige, sehen konnte. Wie die Bourbonen konnten auch die Romanows von den Fenstern des Winterpalastes aus auf der anderen Uferseite der grauen Newa ihre zukünftige Ruhestätte, die Kathedrale der Peter-und-Pauls-Festung, sehen.

Die kaiserliche Familie lebte nicht in den glanzvollen Sälen und Empfangsräumen, die reich mit französischen Möbeln und Gobelins ausgestattet waren. Alexandra und Nikolaus hatten sich Räume von eher bescheidenen Ausmaßen und zweifelhaftem Geschmack ausgesucht. Der Zar hatte ein sehr einfaches Arbeitszimmer, ein Billardzimmer und ein Schwimmbad – alles schwer und dunkel getäfelt. Alexandras Salon war mit den vielen Zimmerpalmen und dem Chintz typisch für den bürgerlichen Geschmack der damaligen Zeit. In einer der vielen Übereinstimmungen mit der hingerichteten französischen Königin kleidete Alexandra ihr Schlafzimmer mit Seidentapeten aus, die eine Kopie der Wände von Marie Antoinettes Räumen in Fontainebleau waren.[14]

Bis zu sechstausend Menschen lebten und arbeiteten im Winterpalast, wenn das kaiserliche Paar dort residierte. Davon gehörten fast zweihundert dem Gefolge an – dreiundsiebzig Generäle und sechsundsiebzig zusätzliche Adjutanten, fünfzehn Mitglieder der kaiserlichen Familie, siebzehn Prinzen, die nicht von kaiserlichem Geblüt waren, siebzehn Grafen, neun Barone – und das waren lediglich die Mitglieder des Gefolges des Zaren.[15]

Der Umzug in den Winterpalast signalisierte den Beginn der Saison in St. Petersburg. Die Hauptstadt war ein Schock für Alexandra, die an die stille Würde und die öffentliche Zurückhaltung in Deutschland und in England gewöhnt war. Die Russen waren in jeder Hinsicht exzessiv: beim Geld, das sie für Bälle, Juwelen und Paläste ausgaben, in der Ausübung ihrer Religion, wo die Gläubigen Gott in allem ausmachten, auch in Okkultismus und Spiritismus, und in der Sexualität, wo Affären sich in der Öffentlichkeit abspielten und junge Aristokraten ihre Homosexualität zur Schau stellten.

St. Petersburg sprach Alexandra nicht an. Die Liebesaffären, der Tratsch und die Untätigkeit der Damen stießen sie ab. Sie äußerte ihr Erstaunen, daß »die russischen jungen Mädchen sich ... außer für die Offiziere für nichts sonst interessierten«.[16] Anna Wyrubowa schrieb weiter: »In England und Deutschland erzogen, hatte die Kaiserin für die inhaltlose Atmosphäre der Petersburger Welt kein Verständnis und war bemüht, in der Jugend die Liebe zur Arbeit wachzurufen. Zu diesem Zwecke gründete sie einen Handarbeitsverein, dessen Mitglieder – Frauen und Mädchen – verpflichtet wurden, im Laufe des Jahres zum Besten der Armen verschiedene Gegenstände anzufertigen.«[17]

Leider waren die Damen aus St. Petersburg an diesem Projekt bald nicht mehr interessiert und erklärten, daß sie für solchen Unsinn keine Zeit hätten. Obwohl sie tief gekränkt war, hielt Alexandra es dennoch für ihre Pflicht, während der langen Bälle, die sie im Winterpalast gaben, an der Seite ihres Mannes auszuharren.

Trotz ihres Glanzes hatten die kaiserlichen Bälle jedoch nur den Erfolg, daß die Zarin noch mehr von der Zuneigung der Gesellschaft einbüßte. Nach alter Tradition eröffneten Alexandra und Nikolaus Bälle mit einer Polonaise. Weit davon entfernt, den Tanz zu genießen, bewegte sich Alexandra am Arm ihres Mannes langsam von Raum zu Raum. Ihr Gang wirkte dabei seltsam steif, wie einstudiert; bei jedem Schritt beugte sie leicht den Kopf und eine unvorteilhafte Röte stieg ihr ins Gesicht, das kaum einmal von ein Lächeln erhellt wurde. Bei Empfängen stand sie still an ihrem Platz und sprach nie mehr als ein oder zwei Worte der Begrüßung mit ihren Gästen. Manchmal warf sie einen kurzen Blick die Reihe entlang, um zu sehen, wie viele Menschen noch darauf warteten, begrüßt zu werden. Ihre Hand hing bis zum nächsten Handkuß ungeschickt in der Luft. Sie machte keinen Hehl daraus, daß sie Bälle als Tortur empfand. Der Eindruck, den sie hinterließ, war unterschiedlich. Eine Frau schrieb später:

»... Zu ihrer Schönheit trägt ihr wunderbarer Teint viel bei ... Es umgibt sie ein gewisser Zauber, den man unmöglich wiedergeben kann und der schwer zu beschreiben ist. Sie ist sehr groß und sehr schlank, dabei jedoch wohlproportioniert. Ihre Züge sind in ihrer Regelmäßigkeit fast griechisch, und der natürliche Ausdruck ihres Gesichtes berührte mich sofort in seiner einzigartigen Schwermütigkeit und süßen Traurigkeit, die nie ganz verschwanden, auch dann nicht, wenn sie lächelte. Ihr Haar ist bemerkenswert schön und üppig, lang, schwer, glänzend und golden. Ihre Augen sind groß, mild, von strahlendem Graublau und haben lange Wimpern.«[18]

Die meisten Damen der St. Petersburger Gesellschaft behielten allerdings den Eindruck von »ihrer Zaghaftigkeit und dem äußerst melancholischen Ausdruck ihrer Augen« im Gedächtnis.[19] Schon bei ihrem ersten Empfang war es ihr nicht gelungen, die Gesellschaft für sich einzunehmen. Als die Frau des Generals Bogdanowitsch Alexandra kennengelernt hatte, notierte sie: »Die neue Zarin ist nicht freundlich.«[20]

Alexandra hatte schreckliche Angst vor der neuen Umgebung und den unbekannten Menschen und fürchtete dauernd, irgendwelche kleinen Fehler zu machen. Nach dem ersten Ball gestand sie, daß sie am liebsten im Boden versunken wäre. Alexandra hatte auch keine Möglichkeit, Freundschaften zu schließen, da sie ihre Gäste jeweils nach wenigen Minuten verlassen mußte. Eine Beobachterin schrieb:

»Sie ... hatte offenbar nicht das Talent, die Leute anzuziehen. Sie tanzte schlecht, und sie machte sich nichts daraus, und sie war bestimmt keine brillante Unterhalterin. Sie hatte rote Arme, einen roten Hals und ein rotes Gesicht, und erweckte immer den Eindruck, als würde sie gleich in Tränen ausbrechen ... Alles an ihr wirkte priesterlich, bis hin zu der Art, wie sie sich allem guten Geschmack und gesunden Menschenverstand zum Trotze kleidete, mit dem schweren Brokat, den sie so liebte, und über und über voller Diamanten.«[21]

Alexandra war in einer ausweglosen Lage. Ihre Schüchternheit hinderte sie daran, einfach das Protokoll zu verletzen und sich frei mit ihren Gästen zu unterhalten. Sie sagte lieber gar nichts und erweckte so den Eindruck von Hochnäsigkeit und Stolz. Sie lächelte selten, lachte in der Öffentlichkeit nie und hielt strikte Distanz zwischen sich und den Untertanen ihres Mannes. Ihre viktorianischen Moralvorstellungen veranlaßten Alexandra, einen Namen nach dem anderen von künftigen Gästelisten zu streichen; wer auch nur mit dem kleinsten Skandal in Zusammenhang gebracht wurde, der war bei kaiserlichen Empfängen nicht mehr erwünscht. Das galt auch für Mitglieder der Familie ihres Mannes.

Die Gesellschaft schlug zurück. Sie bezeichnete Alexandra als prüde, langweilig, provinziell, uninteressant und überheblich. Eine Geschichte gibt den Kampf zwischen der Zarin und der Gesellschaft perfekt wieder. Auf einem Ball entdeckte Alexandra eine junge Frau, deren Dekolleté sie als zu tief ausgeschnitten empfand. Eine Hofdame wurde zu der Frau geschickt mit den Worten: »Madame, Ihre Majestät hat mich beauftragt Ihnen mitzuteilen, daß wir in Hessen-Darmstadt unsere Kleider nicht so tragen.«

»Wirklich?« erwiderte die Dame und zog sich dabei ihr Kleid noch tiefer. »Bitte sagen Sie Ihrer Majestät, daß wir in Rußland unsere Kleider *durchaus* so tragen.«[22]

Solche Demonstrationen haben Alexandra zweifellos geärgert, und die Schmach wurde durch die Beliebtheit der Kaiserinwitwe noch verschlimmert. Auf jedem Ball, bei jedem Festmahl und Empfang meinte Alexandra, sie werde verfolgt, man flüstere hinter ihrem Rücken über sie, man mache sich lustig über sie, hasse sie und vergleiche sie zu ihrem Nachteil mit ihrer Schwiegermutter. Alexandra nahm Maria Fjodorowna nicht nur ihren Charme und ihre Schlagfertigkeit bei öffentlichen Auftritten übel, sondern auch die kaum verhohlene Feindseligkeit, die ihre Schwiegermutter ausstrahlte. Zwar bemühte sich Alexandra so gut wie gar nicht, die Gesellschaft für sich zu gewinnen, doch vergrößerte Maria Fjodorowna die Kluft noch, indem sie weiterhin Klatsch über ihre Schwiegertochter verbreitete. Die Kaiserinwitwe hatte schon siebzehn Jahre in Rußland gelebt, bevor sie Zarin geworden war; Alexandra hatte kaum einen Monat zwischen ihrer Ankunft und ihrer Heirat zur Eingewöhnung gehabt. Alexandra wußte, daß sie die »liebe Mutter« nicht öffentlich kritisieren durfte, und Maria Fjodorowna hatte keine Ahnung, wie ihre Schwiegertochter wirklich war. Doch die Tante der Zarin, die deutsche Kaiserin Friedrich, schrieb an ihre Mutter, Königin Viktoria: »Alix ist sehr herrschsüchtig und wird immer darauf bestehen, ihren Willen durchsetzen, sie wird niemals ein Jota von der Macht abtreten, die sie zu haben vermeint ...«[23]

Eine häufig erzählte Geschichte macht den Unterschied zwischen Alexandra und Maria Fjodorowna deutlich. Einmal reisten Nikolaus und Alexandra, als sie ein Kind erwartete, im kaiserlichen Zug in den Süden, auf die Krim. Da es ihr nicht gutging, gab der Zar Befehl, daß es unterwegs keine Empfänge geben solle. Trotzdem hatte sich an einem Provinzbahnhof eine große Menge von Menschen im Sonntagsstaat versammelt. Der Hausmarschall drängte Alexandra und Nikolaus, sich am Fenster zu zeigen. Als Alexandra diese Aufforderung hörte, wurde sie zornig, weil die Befehle des Zaren nicht befolgt worden waren. Es kümmerte sie wenig, daß die Menschen die ganze Nacht gewartet hatten, um einen Blick auf sie zu erhaschen – sie hatten den Wunsch des Zaren ignoriert. Trotz der Verärgerung seiner Frau trat Nikolaus ans Fenster, und die Menge jubelte ihm zu.[24]

Alexandra weigerte sich jedoch, die Vorhänge in ihrem Salonwagen überhaupt zu öffnen. Als die Kaiserinwitwe davon hörte, geriet sie außer sich vor Zorn und schrieb: »Wenn sie nicht wäre, wäre Nicky doppelt so beliebt. Sie ist eine typische Deutsche. Sie denkt, die kaiserliche Familie sollte ›darüberstehen‹. Was soll das heißen? Sich zu gut sein, die Zuneigung des Volkes zu gewinnen? ... Nicky hat alles, was man für die Verehrung des Volkes braucht; alles was er tun muß, ist, sich den Menschen, die ihn sehen wollen, zu zeigen. Wie oft habe ich schon versucht, ihr das klarzumachen. Sie will es nicht verstehen; vielleicht kann sie es nicht verstehen. Aber dann beklagt sie sich über die allgemeine Gleichgültigkeit ihrer Person gegenüber ...«[25]

Mit jeder Gesellschaft, jedem Festmahl, jedem Empfang wurde der

Graben zwischen der Zarin und der Gesellschaft breiter. Mit jedem Schnitzer, jedem Fehler Alexandras wurde die Kritik an ihr lauter und der Klatsch frecher. Verletzt und gekränkt hörte Alexandra auf, Gäste zu empfangen. Die Diners, Empfänge und Bälle wurden eingestellt, und eines nach dem anderen gingen die Lichter im Winterpalast aus; die Marmorsäle und die Gesellschaft versanken im Dunkel.

13

Die neue Regierung

Bei der Leitung des Reiches in den turbulenten ersten Jahren seiner Regierung erlebte Nikolaus den wachsenden Einfluß seiner Frau. Zu Beginn seiner Regierungszeit hatte der Zar auf seine Mutter gehört; vielleicht hatte er erkannt, daß die Jahre, die sie an der Seite seines Vaters auf dem Thron gedient hatte, ihr einen wertvollen Einblick in die politischen Angelegenheiten des Landes gegeben hatten. Leider erwies sich die Kaiserinwitwe als eine zu dominierende Kraft – eine Kraft, die Alexandra nicht dulden mochte.

Schon sehr früh wurde jedermann klar, daß der Zar leicht zu beeinflussen war. Der Leiter der Hofkanzlei, Alexander Mossolow, schrieb später, Nikolaus habe »... einen unumstößlichen Glauben an die göttliche Natur seines hohen Amtes. Sein Auftrag ging von Gott aus, für seine Handlungen war er nur seinem Gewissen und Gott gegenüber verantwortlich. In dieser Auffassung unterstützte ihn die Kaiserin mit äußerst starker Überzeugung. Verantwortlich nur gegenüber seinem Gewissen, seiner Intuition, seinem Instinkt – bis hin zu dem unbegreiflichen Etwas, das man heute das Unterbewußte nennt, von dem man im sechzehnten Jahrhundert, als sich die Zaren des Moskowiterreichs die absolute Macht sicherten, überhaupt noch keine Vorstellung hatte. Verantwortlich gegenüber den Faktoren, die nicht Vernunft sind und manchmal der Vernunft zuwiderlaufen; verantwortlich gegenüber Unwägbarkeiten, gegenüber dem Mystizismus, dessen Einfluß auf ihn ständig zunahm ...«[1]

Es steht außer Frage, daß der Zar von Gott erwählt zu sein glaubte. Doch in der Ausübung seiner Funktion verließ er sich nicht nur auf sein Gewissen, sondern auch auf die Menschen seiner Umgebung. Alexandra wollte ihren Mann bei seiner Arbeit unterstützen und ihn von den Elementen isolieren, die sie als Gefahr für die Ruhe ihres glücklichen Ehelebens ansah; es gelang ihr schnell, fast alle zuverlässigen Berater des Zaren zu verdrängen.

Zu Beginn der Regierungszeit Nikolaus' II. gibt es einen charakteristischen Hinweis auf die Macht und den Einfluß, die Alexandra später erreichen würde. Von der Gesellschaft ignoriert, wandte sie sich der politischen Arena zu und begann, ihre Energie auf die Unterstützung ihres Mannes zu konzentrieren. Es war ein einzelner Vorfall, aber einer, der in der St. Petersburger Gesellschaft schnell bekannt wurde und die Zarin der Öffentlichkeit noch mehr entfremdete.

Bei der Thronbesteigung eines neuen Souveräns war es üblich, daß verschiedene Arten von Abordnungen dem Thron ihre Unterstützung und Loyalität bekundeten. Dazu gehörten die lokalen *Semstwos*, kleine Selbstverwaltungskörperschaften aus den Provinzen des Landes. Eine solche Gruppe Abgeordneter, der Twerer Semstwo, sandte eine Glückwunschbotschaft an den Zaren, die folgende Passage enthielt:

»Wir sind fest überzeugt, daß während Ihrer Regierung die Rechte einzelner wie auch die schon bestehender Körperschaften dauerhaft und mit Nachdruck geschützt werden. Sire, wir warten auf die Gelegenheit und das Recht der Öffentlichkeit, ihre Ansicht über dringende Probleme frei aussprechen zu dürfen, damit nicht nur die Bedürfnisse und die Ansichten der Administration, sondern auch die des ganzen russischen Volkes bis zum Thron vordringen können.«[2]

Solch eine Erklärung war eine gezielte Bedrohung der autokratischen Macht des Zaren. Am 30. Januar 1895 empfing Nikolaus II. die Mitglieder des Twerer Semstwos im Winterpalast, zusammen mit Abgeordneten von Semstwos aus dem ganzen Land. Jede Gruppe trug dem Zaren eine Glückwunschadresse vor und wurde ihrerseits von Nikolaus angesprochen. Als die Delegierten des Twerer Semstwos ihre Botschaft übermittelten, gab der Zar ihnen eine sorgfältig formulierte Antwort, in der er sie wegen ihrer »sinnlosen Träumereien über die Beteiligung von Semstwo-Abgeordneten an innenpolitischen Entscheidungen« schalt. Um diesen Punkt ganz deutlich zu machen, fügte er hinzu: »Hiermit sei es allen gesagt, daß ich, der ich meine ganze Kraft dem Wohl des Volkes widme, an dem Grundsatz der Alleinherrschaft so fest und unerschütterlich wie mein verstorbener unvergeßlicher Vater festhalten werde.«[3]

Die Rede des Zaren war für beinahe jeden ein Schock. Viele Menschen hatten geglaubt und gehofft, daß Nikolaus den Trend zum reaktionären Konservativismus, der die Regierung seines Vaters gekennzeichnet hatte, umkehren würde. Nach der Rede traf Prinzessin Catherine Radziwill zufällig auf Konstantin Pobedonoszew, den ehemaligen Lehrer des Zaren. Natürlich wandte sich ihre Unterhaltung der Ansprache des Zaren zu.

»Ich nehme an, es heißt, ich hätte dem Zaren geraten, diese lächerlichen Worte zu äußern?« merkte Pobedonoszew an.

»Natürlich«, antwortete die Radziwill.

»Nun«, sagte Pobedonoszew, »ich hatte gehofft, man würde mir wenigstens ein gewisses Maß an Intelligenz und gesundem Menschenverstand zubilligen …« Er fuhr fort:

»Niemand glaubt fester als ich daran, daß die Autokratie die einzig mögliche Regierungsform für dieses Land ist. Aber es liegen Welten zwischen dieser Ansicht und dem Rat an den Zaren, die Gefühle der Öffentlichkeit bis an die Schmerzgrenze zu reizen. Außerdem liegt mir nichts daran, etwas Unnützes zu tun. Als der alte Kaiser seinen Vater ablöste, stand das Land an der Schwelle zu Chaos, Anarchie und Ruin. Attentate waren fast normal; es herrschte Nihilismus, und unsere sogenannten Liberalen wären niemals in der Lage gewesen, die Kontrolle zu übernehmen. Es mußte etwas getan werden, um Rußland und der Welt zu zeigen, daß wir noch einen Herrscher hatten, dem ein starker Wille und eine feste Hand gegeben waren. Deshalb riet ich Alexander III., das Manifest herauszugeben, in dem er seine Absicht bekundete, die autokratische Regierung aufrechtzuerhalten. Was aber 1881 notwendig war, ist 1895 nicht unbedingt von Nutzen. Unser Land blüht, wir haben Frieden, der Nihilismus ist ausgerottet. Hat es denn den geringsten Grund gegeben, plötzlich dem ganzen Volk eine Drohung an den Kopf zu schleudern? Nein, ich habe nichts mit den ›sinnlosen Träumen‹ zu tun. Selbst wenn ich auf dieser Basis eine Rede erstellt hätte, hätte ich mich niemals so kraß ausgedrückt. Mein Rat war, beim Empfang der Deputationen nur Gemeinplätze zu erwidern, und der Kaiser hatte versprochen, sich auf das Offensichtliche zu beschränken. Ich war genauso überrascht wie alle anderen, als ich heute abend hörte, was im Winterpalast passiert war, überrascht und entsetzt!«

»Aber«, fragte Radziwill, »wer könnte dem Kaiser dazu geraten haben, etwas so Bedauerliches zu tun?«

»Sie haben es nicht erraten? Natürlich war es die junge Kaiserin.«

»Sie?« rief Radziwill aus. »Was weiß sie über Rußland oder was dem russischen Volk gesagt werden sollte?«

»Genau!« erwiderte Pobedonoszew. »Sie weiß nichts. Aber sie glaubt alles zu wissen, und vor allem ist sie von der Idee besessen, der Kaiser setzte sich nicht genügend durch, ihm werde nicht soviel Achtung erwiesen, wie sie für angemessen hält. Sie ist autokratischer als Peter der Große, und vielleicht so grausam wie Iwan der Schreckliche. Sie hat nur einen geringen Verstand und glaubt, sie verfüge über große Intelligenz.«[4]

Mit der Zeit glaubte Alexandra, ihre Fähigkeit, die politische Situation des Landes einzuschätzen, übersteige die ihres Mannes. Es wird berichtet, daß Alexandra einmal mit Fürst Swjatopolk-Mirskij zusammengesessen und ihre Ansichten verteidigt hätte. Die Zarin erzählte ihm, daß das gemeine Volk den Zaren liebe und daß nur die Intelligenzija eine Veränderung des autokratischen Systems wolle. »Ja«, erwiderte der Fürst, »das stimmt schon, aber es sind die Intellektuellen, die überall die Geschichte bestimmen, während die Massen lediglich eine elementare Gewalt darstellen; heute massakrieren sie die revolutionären Intellektuellen, morgen plündern sie vielleicht die Paläste des Zaren.«[5]

Um die Jahrhundertwende stand Rußland an der Schwelle zu tiefreichenden industriellen Veränderungen und sozialer Unruhe. In den meisten europäischen Nationen hatte sich die Technik langsam entwickelt; da hatten die Menschen Zeit gehabt, sich anzupassen. Rußland war keine solche Atempause vergönnt. Das zwanzigste Jahrhundert wurde einer Gesellschaft des achtzehnten Jahrhunderts ganz unvermittelt übergestülpt. Eine rückständige, unwissende Bevölkerung war mit den Möglichkeiten und Problemen des zwanzigsten Jahrhunderts konfrontiert, ohne damit umgehen zu können. Plötzlich entstand eine Klasse, die in Rußland zuvor nicht existiert hatte, die Arbeiterklasse. Es wurden Tausende von Arbeitsplätzen geschaffen, doch die notwendigen Gesetze – Arbeitszeitbegrenzung, Lohntarife, Gesetze zur Kinderarbeit und Sicherheitsbestimmungen – existierten nicht. Das Ergebnis war Unzufriedenheit unter den Arbeitern, und die Revolte folgte schnell.

Die meisten dieser Arbeiter kamen vom Land, es waren Bauern, die mit ihrer ländlichen Existenz unzufrieden waren und optimistisch auf die Möglichkeiten schauten, die in den Städten auf sie warteten. Diese Bauern hatten in den abgeschiedenen, über das Land verstreuten Dörfern und Weilern ein Leben in äußerster Armut geführt.

Die russischen Bauern blieben für die meisten Bewohner von Moskau und St. Petersburg geheimnisvolle Wesen. Viele, Alexandra eingeschlossen, wollten nur zu gern an den oft kolportierten Mythos von dem glücklichen Bauern, der in einer pastoralen Landschaft freudig vor sich hin arbeitet, glauben. Für Alexandra stellten diese Bauern das »wahre« Rußland dar, jene namenlosen Millionen, die den Zaren anbeteten und seinem Glück ihr Leben opfern würden. Ihre Ansichten beruhten auf Erfahrung, natürlich: 1890, bei ihrem Besuch in Iljinskoje außerhalb Moskaus hatte sie Bauern gesehen und kennengelernt. Sie hatte ihre bescheidenen, aber sauberen Dörfer gesehen, Kinder, die mit einfachem Spielzeug spielten, während die Männer und Frauen die Felder beackerten, die Tiere fütterten und mit farbenfrohen Jahrmärkten religiöse Festtage feierten. Dieses Bild mochte auf diejenigen Bauern zutreffen, die das Glück hatten, einem großen Landgut wie Iljinskoje oder dem Besitz Archangelskoje der Jussupows anzugehören. Doch weiter draußen in den Provinzen gab es kein solch idyllisches Bild.

Die meisten Bauerndörfer waren alles andere als sauber: An staubigen Straßen reihten sich mit wenigen Metern Abstand, so lang wie das Dorf gerade war, grobgezimmerte Blockhäuser ohne Fenster und Belüftungsmöglichkeiten aneinander. Kleine Gärten, in denen Gemüse angepflanzt werden konnte, umgaben diese Hütten. Es gab kaum eingezäunte Weiden: Kühe, Hühner und Schweine liefen auf den Straßen herum. Der Gestank war daher unerträglich. Und nicht die Andeutung von sanitären Einrichtungen: Das Gemeindewasser wurde von Mensch und Tier gemeinsam genutzt, Abwassergräben liefen von Hütte zu Hütte an der Straße entlang und endeten oft direkt in der Wasserversorgung. Die Folge war, daß Krankheiten grassierten. Typhus, Malaria, Cholera, Tuberkulose, Diphtherie, Ruhr und innere Parasiten waren überall verbreitet.

Natürlich waren diese Bauern ungehobelt, ungebildet und unzufrieden. Um der Trostlosigkeit ihres Daseins zu entkommen, fingen viele an zu trinken; Alkoholismus war die alltägliche Geißel für viele Dorfbewohner. Billiger Wodka floß in diesen Dörfern in Strömen. Ohne Eigentum und ohne Hoffnung verlebten die Bauern ihr kurzes Leben größtenteils unbeachtet von dem bürokratischen System der Provinzverwaltung. Dieses System war ohnehin so antiquiert, so komplex und hatte so viele Löcher, daß es oft diejenigen zu Opfern machte, zu deren Nutzen es eigentlich entwickelt worden war. Sogar in den größeren unter den ländlichen Städten konnte eine Nachlässigkeit mit einer Tragödie enden. 1901 zum Beispiel berichteten die Zeitungen vom Tod einer jungen Lehrerin in Nowgorod. Sie war verhungert, weil die dortigen Behörden zwei Monate lang vergessen hatten, ihr ihr Gehalt auszuzahlen.[6]

In Rußland gehörte beinahe alles der kaiserlichen Familie, dem Adel, dem Militär und der Kirche. Was zur Verteilung übrig blieb war wenig. Die Arbeiter, die das Land verließen, um in St. Petersburg oder Moskau ihren Lebensunterhalt zu verdienen, besaßen gar nichts. Die meisten von ihnen lebten in Holzbaracken der Fabrik. Die zog bis zur Hälfte des monatlichen Lohnes für Unterkunft und Verpflegung ab. Nach einer Arbeitsschicht von zwölf, fünfzehn oder achtzehn Stunden kehrten die Arbeiter in ihre Baracken zurück – in Räume ohne Fenster, ohne Sanitäranlagen und mit nassen Fußböden, auf denen es von Küchenschaben und Spinnen wimmelte. Ein Bericht von 1903 erwähnt, wie sich »die Arbeiter ganz schmutzig, in rußigen Lumpen und mit einer dicken Lage Schmiere und Staub bedeckt in den extrem dreckigen und überfüllten Unterkünften drängen. Ein widerwärtiger Gestank verschlägt einem den Atem, sobald man sich zu nähern versucht ...«[7]

So schlecht die Bedingungen in den Fabriken auch waren, die Arbeiter, die dort Beschäftigung fanden, hatten noch mehr Glück, als die Tausende, die auf der Suche nach einem besseren Leben in die Städte kamen und dort nur Arbeitslosigkeit und Hunger fanden. Die schlimmste Ansammlung von Besitzlosen, der berüchtigtste Slum in ganz Rußland, war das Chitrowka-Viertel in Moskau.

Chitrowka wucherte in der Nähe des Kreml an den Ufern des Flusses Jausa. Der Gestank war ekelerregend: Eine Mischung aus schalem Bier, Urin, Erbrochenem und Kot floß durch die Straßen. Betrunkene Männer lagen an den Straßenecken, Prostituierte durchstreiften den Markt und bettelnde Kinder baten um Almosen. Beinahe jedes zweite Haus war ein Freudenhaus oder eine Taverne.

Wie ein Magnet zog Chitrowka die übelsten Elemente der Stadt an: Alkoholiker, Huren, Bettler, Diebe, Mörder. In den Straßen herrschte das Verbrechen: Die Polizei war so um die eigene Sicherheit besorgt, daß sie sich nach Sonnenuntergang nicht mehr in das Viertel hineinbegab.

In dieser Umgebung verhallten Schreie und Hilferufe ungehört. Menschen wurden vor den Augen anderer bei hellichtem Tage umgebracht; allmorgendlich sammelte die Polizei die Leichen ein – Männer, denen auch noch die Kleidung gestohlen worden war; Prostituierte, die geschlagen, vergewaltigt und ermordet worden waren; Kinder, die verhungert waren.

Die meisten Menschen von Chitrowka lebten vom Verbrechen. Junge Mädchen wurden von verzweifelten Müttern auf dem offenen Markt für gerade mal fünfzig Rubel verkauft; betrunkene zehnjährige Prostituierte gingen ihrem Gewerbe nach und Säuglinge wurden an Bettler vermietet, um Mitleid zu erregen. Oft starben die Kleinkinder an diesem Mißbrauch, doch die verwegenen Mütter schlugen weiterhin ihr Kapital aus ihnen: Tote Kinder waren ebenfalls Einkommensquellen für Bettler. Manchmal ließ man Kinder auch gezielt hungern, um ihr erbarmungswürdiges Schreien noch realistischer zu machen. Wenn sie dennoch überlebten, wurden sie später oft selber Prostituierte oder Diebe.[8]

Chitrowka war das dramatischste Beispiel für die elenden Verhältnisse, in denen in Moskau oder St. Petersburg viele lebten, doch dieselben Bedingungen wiederholten sich in kleinerem Maße in vielen Städten und führten ihrerseits zu den Unruhen, die das Land zerrissen. Arbeiterstreiks wurden schnell und grausam von der Armee niedergeschlagen, aber die Unzufriedenheit blieb. Studenten in Moskau und in St. Petersburg verschrieben sich der Sache der Arbeiter. Ihren Forderungen für die Arbeiter fügten sie eigene hinzu: eine Verfassung und ein gewähltes Parlament. Politische Gewalt brach aus. Der Innenminister Dimitri Sipjagin wurde von einem Revolutionär erschossen; ein Jahr später fiel der Provinzgouverneur von Ufa einem Attentat zum Opfer. Wachsende Unruhe drohte das Land zu erschüttern.

Die Jahrhundertwende brachte auch vermehrte Gewalttätigkeit gegen die russischen Juden. Die Verfolgung von Juden war eines der Kennzeichen des kaiserlichen Rußland. Seit Katharina die Große ihre berüchtigten »einschränkenden Gesetze« erlassen hatte, hatten die meisten Juden im Südwesten Rußlands gelebt. Am Ende des neunzehnten Jahrhunderts waren jedoch viele in die größeren Städte gezogen; sie wurden an den Universitäten zugelassen und durften untere Ränge im Staatsdienst bekleiden. Dennoch fanden sich viele mit unüberwindbaren Vorurteilen konfrontiert. Die meisten orthodoxen Russen sahen sie als Christusmörder an; als einer seiner Minister Alexander III. vorschlug, einige der gesetzlichen Schranken gegen die Juden aufzuheben, erwiderte der Zar: »Wir dürfen niemals vergessen, daß es die Juden waren, die Unseren Herren gekreuzigt und Sein kostbares Blut vergossen haben.«[9] Diese Haltung brachte die schrecklichen Pogrome hervor, die während der Regierungszeiten von Alexander III. und Nikolaus II. über das Land fegten, wobei der übelste 1903 in der bessarabischen Hauptstadt Kischinew stattfand. Der Pogrom von Kischinew war vielleicht nicht offiziell von der russischen Regierung sanktioniert, geschah aber unter Mitwisserschaft von vielen hochrangigen Funktionären, vielleicht sogar dem Innenminister selbst.

Wladimir Iljitsch Uljanow war mit der harschen Wirklichkeit politischer Gewalt vertraut. 1887 war sein Bruder Alexander gefaßt worden, als seine Widerstandsgruppe versuchte, Alexander III. zu töten. Das Attentat schlug fehl und er wurde gehängt. Obwohl Alexander Uljanow seinem Bruder die Tat gestanden und ihn davor gewarnt hatte, sich zu engagieren, übte sein Tod eine starke Wirkung auf den Jungen aus, der später als Lenin bekannt wurde.

Lenin wuchs in einer hübschen Provinzstadt an der Wolga auf. Er war nicht bäuerlicher Herkunft. Sein Vater Ilja war Schulinspektor der Provinz und wurde später richtiges Mitglied des Staatsrates, was einen unteren Rang im erblichen Adel bedeutete.[10] Nach dem Tod seines Bruders ging Wladimir als Jurastudent an die Hochschule von

Kasan, von der er schon bald wegen Beteiligung an Demonstrationen verwiesen wurde. Er begann Marx zu lesen und war mit dem Autor des *Kapitals* der Meinung, daß Sozialismus dann eine realisierbare Regierungsform sein könne, wenn seine Struktur richtig organisiert wäre.

Diese Aufgabe beschloß Wladimir zu übernehmen, und es wurde sein Ziel, das Zarenregime zu stürzen und an seine Stelle einen kommunistischen Staat zu setzen. Er zog nach St. Petersburg und begann dort seine Religion zu verkünden. Doch die Polizei verhaftete ihn, und er wurde ins sibirische Exil verbannt.

Im Gegensatz zu der gängigen Meinung war das sibirische Exil, zumindest für Lenin, nicht grundsätzlich unangenehm. Er mußte nur umziehen; in das Dorf Schuschenskoje, nicht allzu weit von der Grenze zur Mongolei. Bis auf die Abgeschiedenheit war sein Leben bequem.

Wer nach Sibirien verbannt war, durfte sich in dem ihm zugewiesenen Dorf frei bewegen und sich eine beliebige Wohnung nehmen, konnte sein eigenes Geld ausgeben und mit seiner Zeit tun und lassen, was er wollte. Lenin nahm viele Bücher und tausend Rubel mit ins Exil. »Jagen und Fischen, Gespräche mit den Bauern und endloses Lesen – das waren seine Hauptbeschäftigungen.«[11] Kurz nach ihm traf eine kräftig gebaute, unscheinbare, wenig liebenswürdig wirkende Frau namens Nadeschda Krupskaja ein, die Lenin aus St. Petersburg kannte. Eher politische Überzeugungen als die Liebe brachte sie zusammen; sie heirateten 1898. Die beiden gaben sich keinen romantischen Illusionen hin: Lenin und seine Frau verbrachten ihre Flitterwochen mit der Übersetzung von *The Theory and Practice of Trade Unionism* von Sidney und Beatrice Webb ins Russische.[12]

Später ging das Paar nach Westeuropa, wo Lenin versuchte, Gruppen von Sozialisten, die sich dem Umsturz der russischen Monarchie verschrieben hatten, zu organisieren. Den anerkannten Führer der russischen revolutionären Bewegung im Exil, Georgij Plechanow, mochte er nicht; er hielt ihn für zu gemäßigt. 1903 hielt die Sozialdemokratische Arbeiterpartei im Exil eine Konferenz ab, um über Probleme der Arbeiterbewegung und ein einheitliches Vorgehen zu diskutieren. Lenin war bis zur Spitze der Partei aufgestiegen; seine

Anhänger hatten sich von denen Plechanows abgespalten, welche ihn für zu aggressiv und autoritär hielten. Die Konferenz sollte die Unstimmigkeiten innerhalb der Partei lösen. Statt dessen brach die Gruppe ganz auseinander. Es kam schließlich zu einer Abstimmung zwischen Plechanow und Lenin. Mit den abgegebenen Stimmen erlangte Lenin eine knappe Mehrheit. Die Lenin-Anhänger nannten sich und ihre Partei von da an *Bolschewiki,* »Mehrheitler«.[13]

14

Die Blutkrone

Moskau bot im Mai 1896 einen eindrucksvollen Anblick: frisch gestrichene Gebäude unter farbigen Ziegeldächern waren mit weiß-blauroten russischen Flaggen und Wimpeln, elektrischen Lichterketten und grünen Zweigen geschmückt. Man sah Husaren in rot-goldenem Umhang und einer Feder auf der Kappe, und Kosaken in langer roter Uniformjacke, mit schwarzer Mütze und blitzendem Säbel, aber auch Türken mit schwarzem Fez oder Perser mit weißem Turban und weißem Gewand. Die breiten Prachtstraßen, an denen elegante Häuser mit Säulenportalen lagen, waren mit Flaggen, Wimpeln und Körben von Frühlingsblumen geschmückt, die ihren Duft verströmten, und an jeder Tür, über jedem Fenster und oben auf den spitzen Dächern prangten die Initialen *H* und *A* für Nikolaus und Alexandra in kyrillischen Buchstaben.[1] Die Stadt erwartete voller Vorfreude die Krönung von Zar Nikolaus II.

St. Petersburg überragte Moskau in allem, außer in einer Hinsicht: der Religion. Mehr als siebenhundert Jahre war Moskau die Hochburg der russischen Orthodoxie gewesen, die Stadt der »vierzig mal vierzig« Kirchen, das »dritte Rom«. Das Stadtbild wurde von hohen Zwiebeltürmen bestimmt, die golden, blau und weiß leuchteten und mit Kreuzen bekrönt waren, welche die Gebete der Gläubigen auf sich zogen und gen Himmel lenkten. Bei einer Krönung ging es nicht nur darum, einem Herrscher die Krone aufzusetzen; eine Krönung war die physische und spirituelle Salbung des Repräsentanten Gottes auf Erden durch Metropoliten und Bischöfe. Die Tradition reichte

Hunderte von Jahren zurück, und jede neue Krönung bezog sich nicht nur auf diese Tradition, sondern erneuerte sie als lebendiges Zeugnis der Macht der Orthodoxie. Damit war eine Krönung eine erhabene Feier der russischen Kirche, in der all ihre Pracht, ihre Macht und ihre Erhabenheit in der Person des Zaren zum Ausdruck gelangte.

Die Tradition schrieb jedes Detail der Zeremonie vor. Alexandra und Nikolaus durften Moskau erst am Tag vor der Krönung betreten. Sie hielten sich zuvor im Petrowskij-Palast am Rande der Stadt auf, wo sie in Vorbereitung auf die Zeremonie beteten und fasteten, während Pagen in mittelalterlicher Tracht die Proklamation des Zaren »an die guten Menschen Unserer ehemaligen Hauptstadt« verlasen, daß das Datum für die Krönung auf den 26. Mai 1896 festgelegt worden sei. Dreizehn Jahre waren seit der Krönung Alexanders III. vergangen, und Tausende von ausländischen Gästen sowie Russen aus allen Teilen des Reiches strömten in die Stadt. Sie besetzten Plätze auf den hölzernen Tribünen, die an der Umzugsroute errichtet waren, und an Fenstern, in Hauseingängen, auf Balkons oder auf den Dächern der Häuser entlang den Straßen. Geschäftstüchtige Hausbesitzer vermieteten Fenster und Balkons mit Blick auf den Krönungsweg für bis zu fünfhundert Rubel.[2] Täglich läuteten die Glocken von den Türmen der Moskauer Kirchen, Chöre sangen »Gott schütze den Zaren«, Kanonen donnerten und Kosaken galoppierten durch die bunt geschmückten Prachtstraßen.[3]

Am 25. Mai zog die kaiserliche Familie in einer prunkvollen Parade in Moskau ein. Hunderttausende warteten auf einen Blick, eine Andeutung von Lächeln der Herren in Uniform und der Damen in den Kutschen, als sie durch die Straßen zogen. Ebenso lauerten Hunderte von Sicherheitskräften zum Schutz vor Revolutionären über kleinste verdächtige Bewegungen. Ein Beobachter erinnerte sich später:

»Von Zeit zu Zeit kam ein höherer Offizier zu Pferde vorbei und wechselte hier und dort ein, zwei Worte mit einem anderen diensthabenden Offizier. Dann wieder erschien ein hoher Geistlicher in golddurchwirktem Gewand und betrat die Kirche, von deren Stufen aus er die beiden Herrscher begrüßen würde. Oder ein Kosak der Eskorte in seiner roten Uniform ging hin und her, weil er jemanden suchte, der nicht aufzufinden war, oder ein Hofbeamter mit einem mit weißen Federn geschmückten Dreispitz und einem Stab, um dessen Spitze ein blaßblaues Band geknotet war, stellte die verschiedenen Deputationen auf, die sich am Eingang der Kirche versammelten, oder gab den Chormitgliedern in ihren langen himbeerroten und goldbetreßten Gewändern Anweisungen. Der Anblick dieses bunten Geschehens, das so malerisch war und in nichts dem glich, was man sonst je gesehen hatte, wurde nie langweilig; und als schließlich der erste Kanonendonner verkündete, daß der Zug den Petrowskij-Palast am Stadtrand verlassen hatte ... wurde die Vorfreude so groß, daß sie schon fast schmerzhaft war.«[4]

Die Sonne strahlte und legte einen schimmernden Glanz über alle Vorgänge, Dinge und Personen, von den Helmen und vergoldeten Kürassen, die die kaiserliche Gardekavallerie trug, bis hin zu den langen roten Mänteln und schwarzen Kappen der Kosakengarde, den goldbetreßten Prachtgewändern des Moskauer Adels, dem polierten Holz der Instrumente des Hoforchesters, den silbernen Trompeten der kaiserlichen Jäger und den weißen Seidenstrümpfen und rotsamtenen Kniebundhosen der kaiserlichen Lakaien.[5]

Wie ein Eroberer ritt der Zar in Uniform, die rechte Hand zum Gruß erhoben, auf einem Schimmel in die Stadt. Die kaiserliche Familie folgte in aufsteigender Rangordnung: Prinzen und Prinzessinnen von kaiserlichem Geblüt, durchlauchte und königliche Hoheiten, Großfürsten und Großfürstinnen. Alexandra saß in einer vergoldeten Staatskutsche, deren Seitenpaneele von Watteau bemalt waren; sie war mit Samt ausgekleidet und mit Goldborte aus spanischer Spitze besetzt. Die Kutsche wurde von acht Schimmeln mit Geschirren aus weißgestepptem, rotem Maroquinleder gezogen. Die Sättel der Vorreiter waren aus dem gleichen Material und hatten Steigbügel aus ziselierter und vergoldeter Bronze, die Satteldecken waren durch goldenen Spitzenbesatz mit dem aufgestickten kaiserlichen Wappen verziert. Jedes Pferd trug einen Federbusch aus weißen Straußenfedern.[6] Die Fahrt war nicht sehr angenehm, denn die Kutschen waren unbequem, fürchterlich muffig und ungefedert, so daß Alexandra bei jedem Holpern durchgeschüttelt wurde. Selbst unter günstigsten Bedingungen waren die Insassen nicht zu beneiden; in der Rüstung, wie die Familie ihre Staatsroben nannte, war es ein Alptraum.[7] Alexandra, die an diesem Tag ein langes weißes Kleid trug, das mit Juwelen besetzt und dadurch noch schwerer war, durchlitt unerträgliche Kilometer, zumal die Sonne gnadenlos heiß brannte. Schließlich erreichte ihre Kutsche die zwanzig Meter hohen und viereinhalb Meter dicken Mauern des Kreml und verschwand durch das Spasskij-Tor, das Erlösertor.

Nach einem feierlichen Tedeum zog sich die kaiserliche Familie in den großen Kremlpalast zurück, um sich zu erholen. Alexandra betrat den Kreml nicht mehr als unbedeutende deutsche Prinzessin wie 1890, als sie Ella besuchte, oder als russische Großfürstin, wie zu den Trauerfeierlichkeiten für einen verstorbenen Monarchen, sondern als mächtige Kaiserin. Innerhalb dieser Mauern hatte sich neben den Triumphen von Peter dem Großen und Katharina der Großen die sonderbare und tragische Geschichte der Romanows zum Teil abgespielt. Als sie an diesem Abend ins Bett ging, tat sie es in der Gewißheit, am folgenden Morgen zusammen mit ihrem Ehemann in die Fußstapfen von Romanows aus fast drei Jahrhunderten zu treten, geweiht und gekrönt und als von Gott zur Herrschaft über Rußland Auserwählte verehrt zu werden.

Der 26. Mai 1896 empfing sie mit einem sonnigen Morgen. Goldene Sonnenstrahlen drangen durch die hohen Spitzbogenfenster ihres Schlafzimmers, schienen auf die blauen Seidentapeten und ließen die Kristallgehänge der Kronleuchter aufblitzen. Nach Beendigung ihrer Toilette fing Alexandra an, ihr Krönungsgewand anzulegen.

Sie trug ein russisches Hofkleid aus Silberbrokat auf Silbertuch mit einem weiten Rock, der sich vorn öffnete, um das Untergewand zu zeigen. Das enganliegende Oberteil und die kurzen Ärmel waren reich mit Zuchtperlen, geschliffenen Steinen und Silbergarn verziert. Eine viereinhalb Meter lange Schleppe, ebenfalls mit Juwelen und aufwendiger Stickerei versehen, war an der Taille angesetzt.[8] Ihr Haar war mit seitlichen Locken zurechtgemacht, und um den Hals trug sie eine einzelne Kette aus rosa Perlen. Schräg über ihre Brust lief das rote Band des Katharinenordens, das mit einem diamantenbesetzten Stern befestigt war.[9] Die Krönungszeremonie verlangte die offizielle Einkleidung und Krönung der Zarin. Krönungsmantel und Krone waren aus dem Zeughaus in die privaten Gemächer gebracht worden, damit Alexandra und Nikolaus vor dem eigentlichen Ereignis noch üben konnten. Nikolaus legte Alexandra den Mantel um die Schultern, und sie schloß die Spangen. Um auch den Moment der Krönung zu proben, kniete sie vor ihrem Mann nieder. Als Nikolaus ihr die Krone aufs Haupt setzte, trat der Friseur heran und steckte ihr zur Befestigung der Krone eine Brillantnadel ins Haar. Alexandra stieß einen gellenden Schrei aus und sprang auf; die Nadel hatte einen empfindlichen Nerv getroffen.[10]

Nach den Priestern in goldenen Meßgewändern und Mitren mit riesigen Diamanten, Mitgliedern der kaiserlichen Familie, dem diplomatischen Korps und der Kaiserinwitwe traten Alexandra und Nikolaus durch die Flügeltüren ins helle Sonnenlicht hinaus. Langsam schritten sie Arm in Arm die berühmte Rote Treppe hinab, den Schauplatz höchst turbulenter Ereignisse in der Geschichte der Romanows. Hier hatte Peter der Große mitansehen müssen, wie Mitglieder seiner Familie bei einer Revolte in die Speere der Strelitzen geworfen wurden. Alexander I. war 1812 hier herabgestiegen, um Rußlands Triumph über die französische Armee zu feiern. Tribünen mit geladenen Gästen säumten alle Seiten des kopfsteingepflasterten Platzes, und das lange rote Band des Samtteppichs reichte vom Facettenpalast bis zum Portal der Kathedrale Mariä Himmelfahrt, in der der Gottesdienst stattfinden würde. Am Fuße der Treppe traten Alexandra und Nikolaus unter einen gewaltigen Baldachin aus Goldtuch mit gelben, weißen und schwarzen Straußenfedern an den Ecken und oben auf der Spitze, der von sechzehn Generälen getragen wurde.[11] Gemessenen Schrittes gingen Alexandra und Nikolaus den roten Teppich entlang, der flankiert wurde von einer Ehrenwache aus der kaiserlichen Kavallerie in prächtigen rot-weiß-goldenen Uniformen und silbernen Helmen, auf denen der doppelköpfige Adler der Romanows thronte. Am Portal der Kathedrale wurden Alexandra und Nikolaus von den Priestern mit heiligem Öl gesalbt, bevor sie in das gedämpftere Licht im Inneren traten.

Die Kathedrale Mariä Himmelfahrt war nicht so groß wie die Isaakskathedrale oder die Kasaner Kathedrale in St. Petersburg; nur zweitausend Menschen fanden innerhalb ihrer Mauern Platz. Die fünfhundert Jahre alte Kirche war über und über mit Fresken ausgemalt und mit Ikonen geschmückt, deren Rahmen mit Diamanten und

Gold besetzt waren, die im Lichte Tausender von geweihten Kerzen funkelten und blitzten. Fünf goldene Kuppeln erhoben sich darüber; ihre Öffnungen ließen Lichtstrahlen durch die Wände aus Stein dringen. Ein in blau-silberne Gewänder gekleideter Chor sang alte russische Kirchenlieder. Im Vorderteil der Kirche befand sich unter einem violetten Baldachin das mit einem roten Teppich belegte Podest. Die Kronen, das Zepter, der Reichsapfel und die Krönungsmäntel lagen auf goldenen Kissen vor der Ikonostase. Die beiden Krönungssessel standen auf niedrigeren Stufen darunter. Für Nikolaus war es der Diamantenthron des Zaren Alexej I. aus dem siebzehnten Jahrhundert, der mit 870 Diamanten besetzt war. Alexandra saß neben ihm auf dem Elfenbeinthron Iwans des Großen.[12]

Die Zeremonie dauerte fünf Stunden. Nach einer langen Messe betrat der Zar das Podium und sprach mit lauter Stimme das Nizäische Glaubensbekenntnis. Dann wurde er mit den Regalien ausgestattet: dem Reichsapfel, dem Zepter und der Kette des St. Andreas-Ordens. Nikolaus kniete vor dem Metropoliten und sprach den Krönungseid, der mit den Worten begann: »Gott Unserer Väter und Herr der Gnade, Du hast mich erwählt, Zar und Richter über Dein Volk zu sein.« Als er aufstand, schmetterte der Chor die Hymne »Herr Gott, wir preisen dich.«[13]

Nachdem er mit heiligem Öl gesalbt worden war, wurde der Zar schließlich ausgerufen als »Nikolaus II., rechtmäßiger Kaiser und Selbstherrscher aller Reußen«. Dieses einzige Mal in seinem Leben betrat der Zar das Allerheiligste, um als ein Priester der orthodoxen Kirche die Messe zu feiern. Als er die Stufen zur Ikonostase hinaufschritt, glitt ihm die Kette des Andreasordens von den Schultern und landete mit einem dumpfen Geräusch auf dem Teppich. Nur ein paar Menschen hatten den Vorfall sehen können; sie mußten später zur Vermeidung von abergläubischem Gerede Geheimhaltung schwören.[14]

Traditionsgemäß setzte sich der Zar selbst die Krone aufs Haupt und bezeugte damit, daß seine Macht nicht von Menschen oder von der Kirche, sondern von Gott selbst kam. Nikolaus hatte gewünscht, die achthundert Jahre alte einfache Krone von Monamach zu tragen, die zwei Pfund wog. Doch die Tradition der Zeremonie machte das unmöglich, und so mußte sich der Zar die acht Pfund schwere kaiserliche Staatskrone aufsetzen.[15] Die für Katharina die Große angefertigte Krone war wie eine Mitra geformt und trug obenauf ein Diamantkreuz und einen ungeschliffenen Rubin; auf den Bögen saßen vierundvierzig zweieinhalb Zentimeter große Diamanten, die von kleineren Diamanten und achtunddreißig rosa Perlen umgeben waren.[16] Zuerst setzte Nikolaus sich die Krone auf, dann nahm er sie ab und berührte mit ihrer Spitze Alexandras Stirn, um damit anzudeuten, daß ihre Macht als Zarin weder von der Kirche noch von Gott, sondern aus der Gnade des Zaren kam.[17] Als er selbst dann die Krone wieder auf dem Kopf trug, setzte Nikolaus vorsichtig eine zweite, kleinere Krone mit zweitausend goldgefaßten Diamanten auf Alexandras gelocktes Haar.[18] Ein Beobachter bezeichnete sie als »die bei weitem schönste« unter den anwesenden Frauen. »Als sie auf das Podium trat, waren ihre Wangen gerötet und ihre Augen zeigten diese Scheu oder Melancholie, die einem schon von ihren Bildern vertraut waren ... Sie sah eher aus wie Iphigenie auf dem Opfergang, als wie die Königin des mächtigsten Reiches der Welt ...«[19] Alexandra und Nikolaus, die nun ihre Brokatmäntel aus hermelingesäumtem Goldtuch trugen, traten zu ihren Thronsesseln aus Elfenbein und Diamanten, um als bedeutendstes Paar der Welt die Huldigungen entgegenzunehmen. Sie waren mit den prächtigsten Juwelen bekrönt, in endlose Meter kaiserlicher Gewänder gehüllt, die auf den Stufen drapiert waren, und nahmen in einer Kathedrale die Treueschwüre von Tausenden entgegen – Nikolaus Romanow und die ehemalige Prinzessin Alix von Hessen-Darmstadt, der letzte Zar und die letzte Zarin von Rußland.

Sie kamen aus der Kathedrale in die helle Nachmittagssonne, gingen über das Kopfsteinpflaster des Platzes, stiegen die rote Treppe hinauf und traten auf einen Balkon. Der Menge zugewandt verneigten sie sich dreimal. Viele tausend Menschen jubelten ihnen zu, und die Glocken der Kreml-Kirchen läuteten: Ein neuer Zar war gekrönt.

Siebentausend Gäste nahmen an diesem Abend am Krönungsbankett teil. Neben Großfürsten, Prinzen und Botschaftern waren auch einfache Russen geladen, denen ein Raum im Palast vorbehalten war. Sie waren durch erbliches Geburtsrecht hier und stammten alle von Personen ab, die irgendwann einmal einem russischen Herrscher das Leben gerettet hatten.[20] Dies allein zeigt schon, welch schreckliche Unsicherheit das Leben eines russischen Zaren immer umgeben hatte. Auf den Tischen standen verzierte Pergamente, aufgerollt und von einem Seidenband zusammengehalten. Sie enthielten das Menü: Borschtsch, Pfeffersuppe, mit Fleisch gefüllte Blinis, gedünsteter Fisch, Frühlingslamm, Fasan in Sahnesoße, Salat, Spargel, süßes Obst in Wein und Gefrorenes.[21]

Alexandra und Nikolaus speisten allein im Thronsaal des Facettenpalastes unter einem aus Goldtuch drapierten Baldachin, umgeben von geschnitzten vergoldeten Cherubim. Die ausländischen Gäste konnten von einem kleinen Fenster aus, das hoch oben zwischen den Fresken in die Wand eingelassen war, zuschauen; nur Russen durften direkt an der Zeremonie teilnehmen. Während des ganzen Mahls verbeugten sich aber Fürsten und Botschafter vor dem Podest und brachten Trinksprüche auf die Gesundheit des gerade gekrönten Herrscherpaares aus.[22]

Es folgte der Krönungsball, der in dem riesigen Saal des St.-Georg-Ordens im großen kaiserlichen Palast im Kreml stattfand. Er hatte blendendweiße Wände mit Goldschmuck, Parkettfußböden mit Einlegearbeiten, purpurrote Vorhänge und sechs Kronleuchter, die gerade elektrifiziert und mit über fünfhundert Glühbirnen ausgerüstet worden waren. Walzermusik erfüllte den Saal, und die Gäste tanzten am Thron des Zaren und der Zarin vorüber. Alexandra war in ihr Krönungsgewand gekleidet, das mit erlesenen Juwelen besetzt war. Im Haar trug sie ein Diadem aus Perlen und Diamanten, das eigens für diesen Anlaß von dem Juwelier Kurt Hahn angefertigt worden war; dazu passende Ohrringe samt Halsschmuck. Die Diamantkette des St.-Andreas-Ordens war um ihre Schultern drapiert, und das rote Band des St.-Katharinen-Ordens lief schräg über das Oberteil ihres Kleides, verschwand jedoch beinahe unter all den Spangen, Ordenssternen und Abzeichen. Um die Taille hatte Alexandra einen breiten Gürtel mit unzähligen Diamanten, die bei jedem Atemzug Feuer sprühten.

Um zehn Uhr abends traten Alexandra und Nikolaus auf den Balkon des großen Kremlpalastes an der Moskwa, und im Inneren drängten sich Hunderte von Gästen an den Fenstern der Galerien und Säle.

Ein Dröhnen – und dann explodierte der Himmel in leuchtenden Orange-, Rot- und Grüntönen. Im Licht des Feuerwerks wurde Alexandra auf einem Silbertablett ein großes Rosenbukett gereicht; als sie die Blumen aufnahm, löste sie einen verborgenen Schalter aus, der ein Signal zum Moskauer Elektrizitätswerk aussandte. Mit einemmal flammten Tausende von winzigen elektrischen Lampen in der ganzen Stadt auf – sie säumten die Straßen, umgaben Fenster und Türen, zogen sich über Dächer und die Zwiebeltürme der Kirchen hinweg und funkelten im Frühlingslaub der Bäume.[23] Noch lange nachdem der kaiserliche Ball geendet hatte und Alexandra und Nikolaus schlafen gegangen waren, glitzerte die Innenstadt von Moskau im Licht der Krönungsfeierlichkeiten.

Vier Tage später war ein gigantisches Krönungsfest für das Volk auf einer Wiese außerhalb Moskaus geplant. Es war das Chodynskij-Feld, ein Exerzierplatz des Militärs, durchzogen von einer Reihe von Gräben, Gruben, Schluchten und verödeten Brunnen.[24] Wie bei allen Aspekten der Krönung spielte auch bei der Wahl dieses Platzes die Tradition eine Rolle. Das Fest zur Krönung Alexanders III. hatte ebenfalls hier stattgefunden. Außerdem war es der einzige Ort in der Umgebung, der die erwarteten Massen aufnehmen konnte.

Am Abend vor dem Fest besuchte das Zarenpaar die Galavorstellung von Michail Glinkas *Das Leben für den Zaren* im Bolschoitheater. Es war für 50 000 Rubel renoviert und die kaiserliche Loge war vergrößert worden, so daß sie dreiundsechzig Gäste aufnehmen konnte.[25] Der Zar und die Zarin und ihre Gäste machten es sich in ihren Sesseln bequem, um das Schauspiel der patriotischsten aller russischen Opern zu genießen.

Auf dem Chodynskij-Feld fanden sich zu dieser Zeit die ersten Menschen ein. An dem einen Ende der Wiese warteten bereits Wagenladungen voller emaillierter »Krönungsbecher« mit dem kaiserlichen Wappen sowie Fässer mit Freibier; sie sollten bei dem Fest verschenkt und ausgegeben werden. Ein Holzgeländer war alles, was die auf das Feld strömenden Menschen von den Wagen mit Bechern und Bier an seinem Ende trennte. Im Morgengrauen waren schon fast eine halbe Million Menschen versammelt, meist Bauern. Ihre Blicke richteten sich auf die Stelle, wo die Geschenke warteten. Nur sechzig Männer waren zur Bewachung abgestellt worden; voller Besorgnis hatte ihr Vorgesetzter bei fortschreitender Nacht das Anwachsen der Menge beobachtet. Als der Morgen graute, schickte er schließlich nach Verstärkung, in der Hoffnung, daß sie noch vor der Ausgabezeit um zehn Uhr eintreffen würde.[26] Was nun genau passierte, ist nicht bekannt, aller Wahrscheinlichkeit nach hat es ein Gerücht gegeben, es seien weniger Wagen mit Geschenken als erwartet vorhanden. Plötzlich setzte sich die Menge – 500 000 Menschen – in Bewegung. Die in den vorderen Reihen stolperten und fielen in die Gräben und Gruben; die Hintenstehenden bekamen davon nichts mit und drängten immer stärker nach. Viele fielen in Brunnen, Löcher und Gräben oder wurden einfach niedergetrampelt: Mütter, die ihre Kinder umklammerten, Männer, die ihre Frauen festhielten. Sie wurden überrannt: fremde Füße traten Gesichter, Arme, Beine in den Dreck. Schreien und Stöhnen stieg von der Wiese auf. Nach fünfzehn Minuten war alles vorbei.[27]

Im Morgenlicht sah die Wiese wie ein Schlachtfeld aus. Überall lagen Leichen – mit grün und blau getretenen Gesichtern und blutverklebter Kleidung.[28] Noch Stunden dauerte das Schreien, das Weinen und das Wutgebrüll an. Nach offizieller Zählung gab es 1429 Tote; Tausende waren schwer verletzt.[29] Die Wagen mit Bechern und Bier standen unversehrt neben den Pavillons, in denen das Fest hätte stattfinden sollen.

Später am Vormittag kamen Alexandra und Nikolaus an der Wiese an. Die weiß-blau-rote russische Trikolore flatterte im milden Sommerwind über den Pavillons, schöne, vom Moskauer Konservatorium gesungene Melodien klangen über die restliche Menge. Doch wie hell die Sonne auch schien oder wie hübsch die Lieder auch waren, nichts konnte die Atmosphäre von Schrecken und Gewalt überdecken, die über der Veranstaltung hing.

Alexandra und Nikolaus waren tief erschüttert. Sie verbrachten den Nachmittag damit, die städtischen Krankenhäuser zu besuchen; sie gingen von Station zu Station und sprachen den Verwundeten Trost zu. Beide erklärten, daß sie auf keinen Fall den Ball, den der französische Botschafter ihnen zu Ehren am Abend gab, besuchen könnten. Das verärgerte eine ganze Reihe von Leuten. Die französische Regierung hatte Tausende von Francs ausgegeben, um zu diesem

Anlaß Tafelsilber und Wandteppiche aus Versailles und 100 000 Rosen aus dem Süden Frankreichs zu schicken.[30] Die vier Onkel des Zaren, Wladimir, Alexej, Sergej und Pawel bestanden darauf, daß das Paar teilnahm: das sei zur Vermeidung von diplomatischen Komplikationen notwendig. Nikolaus dachte darüber nach und entschied, daß sie teilnehmen würden. Sie trafen merklich erregt ein; Alexandras Augen waren vom Weinen rot und verquollen.[31] Alexandra und Nikolaus eröffneten miteinander den ersten Tanz; sie tauschten Höflichkeiten mit dem diplomatischen Korps aus und tranken Champagner. Ein Beobachter bezeichnete den Ball als »den traurigsten, der je gegeben wurde«.[32] Der Finanzminister Sergej Witte nahm zwar an dem Ball teil, stellte sich aber trotzig gegen Großfürst Sergej Alexandrowitsch, den Generalgouverneur von Moskau, indem er die Meinung äußerte, daß die Feierlichkeiten hätten abgesagt werden sollen. Witte zufolge informierte ihn der Großfürst, daß »der Zar nicht dieser Ansicht« sei, sondern denke, daß nichts »das Krönungsfest beeinträchtigen« dürfe.[33] Andere Gäste auf dem Ball zeigten deutlich ihre Gefühle. Die Großfürsten Alexander, Georgij, Nikolaus und Michail Michailowitsch waren zu dem Empfang erschienen, verließen aber geschlossen das Fest, als der Tanz begann. Großfürst Alexej Alexandrowitsch sah sie gehen und murmelte voller Abscheu: »Da gehen die vier kaiserlichen Anhänger Robespierres.«[34] Als sie wieder im Kreml war, ließ sich Alexandra in einen Sessel fallen und schluchzte hemmungslos.[35]

Die Katastrophe auf dem Chodynskij-Feld wäre vermeidbar gewesen. Beim Krönungsfest von Alexander III. waren 32 Menschen auf demselben Gelände zu Tode gequetscht worden. Doch die Verantwortlichen der Feierlichkeiten von 1896 ignorierten die Probleme und Warnungen der Vergangenheit. Fürst Woronzow-Daschkow, dem Minister des Kaiserlichen Hofes, und Großfürst Sergej Alexandrowitsch, dem Generalgouverneur von Moskau, wurde die Schuld zugeschoben. Woronzow-Daschkow, verantwortlich für die Krönungsfeierlichkeiten, reichte seinen Abschied vom kaiserlichen Hof ein, und der Zar akzeptierte ihn. Der Großfürst jedoch, der für die Sicherheitsvorkehrungen verantwortlich war und viel offensichtlicher Schuld trug, wurde durch Intervention Alexandras, seiner Schwägerin, gerettet. Dies stellte eine politische Einmischung ihrerseits dar, die wenig dazu beitrug, sie bei der Öffentlichkeit beliebt zu machen.

Der Zar und die Zarin versuchten mit der Zahlung von 1000 Rubel aus ihrem Privatvermögen an die Familien eines jeden Opfers etwas wiedergutzumachen. Doch diese Geste kam zu spät. Moskau war fassungslos, da es die wahren Gefühle des Zarenpaares nicht kannte. Die Tragödie vom Chodynskij-Feld verblaßte bald vor den Geschichten darüber, wie das unsensible Zarenpaar getanzt und getrunken hatte, während Hunderte ihrer Untertanen litten und starben. Die Abergläubischen nahmen den Vorfall als schlechtes Omen für die neue Regierung. Und während man dem Zaren mangelndes Urteilsvermögen vorwarf, verachtete man Alexandra wegen ihrer Herzlosigkeit. Das gemeine Volk nannte sie bald nur noch abfällig *Nemka* – die Deutsche.

15

Eine kaiserliche Rundreise

Am 27. August 1896 herrschte am Wiener Bahnhof nervöse Geschäftigkeit. Flaggen und Wimpel flatterten im warmen Wind und ein Militärorchester spielte Märsche. Soldaten in hohen Uniformmützen mit weißem Federbusch liefen unruhig auf und ab, und Polizeibeamte in Zivil hasteten hierhin und dorthin und gaben Anweisung, zurückzutreten. Langsam lief zischend und Dampf ablassend der kaiserliche Zug mit dem Zaren und der Zarin in den Bahnhof ein, die Kapelle stimmte die Nationalhymne an und ein Kinderchor sang »Gott schütze den Zaren«.

Die Reise nach Österreich war der erste Staatsbesuch, den Alexandra und Nikolaus, das soeben gekrönte Herrscherpaar, bei den benachbarten europäischen Monarchen machten. Anläßlich des Besuches bei Kaiser Franz Joseph war die hübsche, traurige Kaiserin Elisabeth eigens gekommen, um Alexandra und Nikolaus zu empfangen. Franz Joseph und Elisabeth waren die vielleicht bedauernswürdigsten Monarchen Europas. Sie hatten ihren einzigen Sohn, Kronprinz Rudolf, verloren, als er sich und seine Geliebte in dem Habsburger Jagdschloß Mayerling erschoß; Franz Josephs Bruder Maximilian war zum Kaiser von Mexiko gekrönt worden, dann abgesetzt und von Revolutionären erschossen worden; Elisabeths Schwester Sophie war kurze Zeit mit einem geliebten Vetter, Ludwig II. von Bayern, verlobt gewesen, der später verrückt geworden und im Starnberger See ertrunken war. Sophie selbst kam beim Brand in einem Wohltätigkeitsbasar in Paris um. Die Schicksalsschläge hatten Elisabeth sehr getroffen; sie lebte völlig zurückgezogen, kleidete sich schwarz, schloß ihren Mann und die Gesellschaft aus ihrem Leben aus und weigerte sich, am Leben des Habsburger Hofes teilzunehmen. Es war daher eine große Ehre, als Elisabeth erklärte, sie würde ihre Abgeschiedenheit unterbrechen, um die neuen russischen Herrscher zu empfangen.

Der Aufenthalt in Österreich dauerte nur zwei Tage, aber es war Alexandras erster Staatsbesuch als Kaiserin von Rußland. Die einzige Unannehmlichkeit rief Franz Josephs Weigerung hervor, seine Tagesroutine zu ändern. Der Kaiser stand jeden Morgen um vier Uhr auf und zog sich abends um sieben zurück, so daß die Abendmahlzeit immer zu unüblich früher Stunde um fünf Uhr nachmittags serviert wurde. Franz Joseph mochte davon nicht abweichen, und so fand das große Staatsbankett in der Hofburg zu Ehren des Zarenpaares dem sonderbaren Mahlzeitenplan des österreichischen Kaisers entsprechend statt.[1] Kaiserin Elisabeth erschien in einem schlichten schwarzen Kleid, wobei ihre scheinbar zeitlose Schönheit beinahe die ihres jüngeren Gastes übertraf. Die zwei Kaiserinnen saßen Seite an Seite an einem Tisch, der mit Hunderten von Edelweiß geschmückt war. Es war ein bezaubernder Anblick; leider gab es ein Gerücht am Hof, wonach zwei Männer beim Pflücken der Alpenblumen für die festliche Tafel der russischen Herrscher im Hochgebirge ums Leben gekommen waren.[2]

Von Wien reiste das Zarenpaar nach Breslau, um dort mit Kaiser Wilhelm II. zusammenzutreffen und an den deutschen Sommermanövern teilzunehmen. Vetter Wilhelm war besonders erfreut, das neue russische Herrscherpaar zu empfangen; schließlich hatte er ja selbst beim Zustandekommen der Verbindung die Hand im Spiel gehabt. Seine Frau Auguste Viktoria, genannt Dona, war ebenfalls mitgekommen. Der Zar fand die Kaiserin häßlich, und Bismarck soll sie »die Holsteiner Kuh« genannt haben.[3] Alexandras Schwester Irene und ihr Ehemann, Prinz Heinrich von Preußen, waren auch in Breslau, und das Familientreffen muß die Tage mit dem ungeliebten Kaiser versüßt haben. Bei einem Empfang begegnete Alexandra Prinzessin Daisy von Pless, die schrieb: »Die Zarin ... sieht sehr gesund aus. Sie hat ein charmantes und kluges Gesicht mit tiefen blauen Augen und niedrigen geraden Brauen. Ihr Kopf ist schmal und ihr

Haar an der Stirn hochgebürstet, nur ein paar Locken sind an den Schläfen. Sie trug eine Menge schöner Diamanten und großer Saphire.«[4] Bevor sie Breslau verließen, geschah etwas, das viele als böses Zeichen ansahen. Während der kaiserliche Zug auf einem Rangiergleis auf die Ausfahrt wartete, erlitt der Außenminister, Fürst Lobanow, einen Kollaps und starb.

Im Anschluß an Deutschland und einen kurzen Familienurlaub in Dänemark gingen der Zar und die Zarin an Bord ihrer neuen Jacht, der *Standart*, und segelten nach Schottland zum Höhepunkt ihrer Reise, einem Besuch bei Königin Viktoria im Balmoral Castle.

In strömendem Regen ankerte die *Standart* vor Leith. Der Prinz von Wales, »Onkel Bertie«, empfing Alexandra und Nikolaus und begleitete sie auf der Bahnfahrt nach Ballatar. Als sie dort ankamen, warteten schon George und May, Herzog und Herzogin von York, und der Herzog von Cambridge auf sie sowie eine Ehrengarde der *Black Watch* in Schottenrock-Uniformen. Die Fahrt durch die feuchte Nacht zum Schloß dauerte fast eine Stunde, so daß Alexandra und Nikolaus völlig durchgefroren waren, als sie ankamen. Männer von den *Scots Grays*, den *Balmoral Highlanders* und den *Crathie and Ballatar Volunteers* marschierten neben der Kutsche her und hielten riesige Fackeln, von denen Funken zum dunklen Himmel auf sprühten. Auf den Hügeln zu beiden Seiten des Weges brannten große Freudenfeuer, und die Dudelsackpfeifer der Königin bliesen, was das Zeug hielt.[5] Als sie zum Schloß kamen, konnten Alexandra und Nikolaus die Silhouette der Königin erkennen: Sie stand vor dem hell erleuchteten Haus in der Wagenauffahrt.

Obwohl Balmoral ein relativ großes Schloß ist, gab es nicht genug Räume, um das ganze russische Gefolge aufnehmen zu können. Es wurde in eigens errichteten runden Steinhäuschen untergebracht, die Getreidespeichern ähnelten. Dabei waren diejenigen, die innerhalb des Anwesens Platz fanden, immer noch besser dran als diejenigen, die in Bauernhäusern oder Gasthöfen in einiger Entfernung unterkamen; sie konnten weder die Sprache ihrer schottischen Gastgeber verstehen, noch wurden sie selbst verstanden.

Viktoria war sehr glücklich über das Wiedersehen und verbrachte die Tage damit, daß sie mit Alexandra über ihr Leben in Rußland sprach. Nikolaus dagegen sah sich vom Prinzen von Wales, dem späteren Edward VII., mit Beschlag belegt, der es für notwendig hielt, jeden Tag auf Jagd zu gehen. Das Wetter war die meiste Zeit scheußlich; es regnete und stürmte und hagelte sogar. Tag für Tag stolperte der Zar, während seine Frau gemütlich im warmen Schloß saß, auf der Suche nach einem Hirsch durch die unwirtlichen Berge. Besonders ärgerte es Nikolaus natürlich, daß er trotz ehrlichen Bemühens kein Jagdglück hatte.[6] Der Prinz von Wales sprach gern über Politik und befürwortete eine anglo-russische Allianz, die er durch die engen Familienbande zwischen dem Haus Sachsen-Coburg-Gotha und dem Haus Romanow hoffte beeinflussen zu können.

Während des Besuches von Alexandra und Nikolaus in Balmoral wurde an einem Septembertag die siebenundsiebzigjährige Königin Viktoria gefeiert, weil sie die am längsten regierende britische Monarchin geworden war. Auf die Familienfeiern folgte der berühmte *Ghillies' Ball*, der im Ballsaal in Anwesenheit der gesamten königlichen Familie für Diener und Angestellte gegeben wurde. Alexandra, die im Umkreis der Königin aufgewachsen und hier zu Hause war, kannte diese etwas eigenartigen Veranstaltungen. Sie trug, als sie an den schottischen Reels teilnahm, den Balmoral-Tartan der königlichen Familie und dazu erlesene Juwelen, die, wie die Königin anmerkte, »alle ihr selber« gehörten.[7] Nikolaus muß es dagegen etwas sonderbar vorgekommen sein, daß er mit den Frauen der Jagdhüter tanzen sollte, aber er tat es, er trug sogar einen Kilt, als er sich wie seine Frau zur Dudelsackmusik auf der Tanzfläche drehte. An einem anderen Tag spazierten Alexandra und Nikolaus mit der Königin auf der Terrasse auf und ab, damit eine Filmkamera sie aufnehmen konnte.[8] Für Alexandra, die hier die glücklichen Sommer ihrer Kindheit in den Highlands wiedererlebte, gingen die Tage viel zu schnell vorbei. »Es war so ein kurzer Besuch und ich verlasse die liebe, gute Großmama nur schweren Herzens«, schrieb sie.[9]

Alexandra weckte bei der britischen Presse großes Interesse, besonders, was ihren Sinn für Mode anging. Das Magazin *Graphic* berichtete:

»So charmant und anmutig die russische Kaiserin auch ist, möchte man doch hoffen, daß sie nicht tonangebend für die Mode bei uns wird... Nach einer Schiffsreise kam sie in einem blaßblauen Kleid, einem beigefarbenen Mantel mit Kragen aus weißen Straußenfedern und einem blau-weißen Hut von Bord. Auf eine längere Reise im Zug begab sie sich in einem hellrosa Seidengewand mit einem bläulich-roten Umhang aus zartem Gewebe und einem weißen Hut. Auf derselben Reise trug die Herzogin von Connaught ›echt englische Kleidung‹ – ein Schneiderkostüm aus dunkelbraunem Tweed mit passendem Mantel.«[10]

Von Schottland aus reiste das Zarenpaar zu einem Staatsbesuch nach Frankreich, dem einzigen offiziellen europäischen Verbündeten Rußlands. Die Franzosen waren so um die Festigung der Bande der franko-russischen Allianz bemüht, daß sie alles taten, um einen günstigen Eindruck zu hinterlassen. Eigens gefertigte künstliche Kastanienblüten waren an Tausenden von Bäumen entlang dem Weg, auf dem der Zar durch Paris fahren würde, befestigt worden, und mehr als 900 000 Besucher strömten in die Hauptstadt, um die russischen Herrscher zu sehen.[11] Alexandra war überraschenderweise noch nie in Paris gewesen und freute sich auf den Besuch.

Der Zar und die Zarin kamen am Bahnhof Passy an; als der Zug hielt, erklangen die Nationalhymnen, »Gott schütze den Zaren« und die »Marseillaise«. In einer offenen Kutsche fuhren sie zwischen den Reihen der in geringem Abstand aufgestellten Soldaten hindurch nach Paris hinein. Die Sicherheitsvorkehrungen waren so streng, weil beim letzten Besuch eines russischen Zaren, Alexanders II., ein Anarchist einen Mordanschlag versucht hatte. Eine Million Menschen warteten am Wegesrand, um die Kutsche auf ihrem Weg zum Elysée-Palast zu sehen, wo Alexandra und Nikolaus mit dem französischen Präsidenten, Felix Faure, zusammentrafen. Am Abend gab es ein glänzendes Staatsbankett zu Ehren der Monarchen.

Am ersten Morgen bekamen Alexandra und Nikolaus die großartige Pariser Oper zu sehen. Am nächsten Tag besichtigten sie Notre-Dame, das Pantheon und den Invalidendom mit dem Grabmal Napoleons. Am Nachmittag nahmen sie an der Grundsteinlegung für den *Pont Alexandre III* über die Seine teil. Die Brücke wurde nach dem Vater des Zaren benannt. Am dritten Tag betrachteten sie die Wunder des Louvre.

Am vierten Tag fuhren Alexandra und Nikolaus nach Versailles; die Bäume begannen gerade, sich golden und rot zu färben. Sie gingen durch die leeren Marmorgemächer, in denen einst der Sonnenkönig gelebt hatte: seit dem Deutsch-Französischen Krieg waren vergoldeten Möbel und Gemälde entfernt worden, und sie wirkten sehr verlassen. Als die Sonne zu sinken begann und die Schatten über dem Barockpark länger wurden, erwachten plötzlich die berühmten Fontänen von Versailles zum Leben und spritzten und sprühten Wasser, das im Abendlicht in allen Farben des Regenbogens leuchtete. Dann wurde es dunkel, die Zimmer des Palastes erstrahlten im Licht, und Sarah Bernardt begann zu Ehren der russischen Herrscher Gedichte zu lesen. Nach der Abendunterhaltung zog sich Alexandra in die ihr zur Verfügung gestellten Räume zurück. In dem prächtigen Schlafzimmer Marie Antoinettes, das sorgfältig in dem alten Zustand erhalten war, ging Alexandra schlafen – unter dem Damasthimmel des Bettes der hingerichteten Königin.[12]

16

Ein bezauberndes Märchenland

Etwa fünfundzwanzig Kilometer südlich von St. Petersburg lag hinter hohen, vergoldeten und mit doppelköpfigen Romanow-Adlern gekrönten schmiedeeisernen Toren ein Stück Land von 600 Hektar Größe, genannt Zarskoje Selo, das Zarendorf. Es war ein Paradies am Rande von unwirtlichen Sümpfen und Wäldern, ein künstlicher Ort, sorgfältig geplant und seit fast zwei Jahrhunderten von den russischen Herrschern gehegt und gepflegt. Da es so nahe an der Hauptstadt lag, war es als Sommerresidenz für die kaiserliche Familie sehr geeignet. Alexandra und Nikolaus liebten seine Abgeschiedenheit und friedvolle Atmosphäre und machten schließlich den dortigen Alexanderpalast zu ihrem Hauptwohnsitz. Nach der Revolution von 1905 lebten sie kaum noch irgendwo anders.

Zarskoje Selo war die erste Stadt im Reich, die eine Eisenbahnverbindung zur Hauptstadt erhalten hatte. Die prächtige Straße, die vom Privatbahnhof des Zaren mit seinen hohen spitzen Dächern ausging, war von den Landhäusern der großen russischen Familien gesäumt. Ein vergoldeter Zaun und Tore im ägyptischen Stil markierten den Haupteingang zum kaiserlichen Park. Auf der anderen Seite dieses Zaunes schlängelten sich gepflegte Spazierwege um die üppigen grünen Rasenflächen und an Teichen mit Brücken und Springbrunnen und an Obelisken vorbei. Weiße Pavillons krönten künstliche Hügel; duftende Gärten voller Rosen und Lilien wechselten mit aufwendigen Anlagen aus beschnittenem Buchsbaum und abgezirkelten Rabatten. Ein »Chinesisches Dorf« gab es da für die

Adjutanten, mit bunt bemalten und vergoldeten Drachen, die drohend auf den Dachfirsten hockten, an anderer Stelle eine kleine Pyramide, das Grabmal für die Lieblingshunde Katharinas der Großen. An dem künstlichen See, der wie eine Badewanne geleert und wieder gefüllt werden konnte, fanden sich allerlei barocke und orientalische Spielereien. In dieser friedvollen Landschaft der sorgfältig gepflegten Rasen und Gärten lagen kaum fünfhundert Meter voneinander entfernt zwei Paläste: der großartige, zweihundert Räume umfassende Katharinenpalast, leuchtend weiß, blau und golden, und der gelb-weiße Alexanderpalast.

Alexandra hatte den Alexanderpalast 1889 zum ersten Mal gesehen, als Nikolaus ihr zu Ehren dort einen Ball gab. Vielleicht war das der Grund, warum sie aus all den zur Auswahl stehenden Schlössern im Einzugsbereich der Stadt gerade den Alexanderpalast zu ihrem Heim erkor. Mit lediglich einhundert Räumen war er einer der kleineren stadtnahen Paläste. Der italienische Architekt Giacomo Quarenghi hatte einen zweigeschossigen Bau im palladianisch-klassizistischen Stil entworfen. Lange Flügel erstreckten sich zu beiden Seiten einer überkuppelten halbrunden Gemäldegalerie nordwärts; eine Kolonnade korinthischer Säulen schloß den Hof ab. Anders als der Katharinenpalast mit seiner prunkvollen Barockornamentik bestach der Alexanderpalast durch seine Schlichtheit und die Klarheit der Linienführung.

Es gab fünf Haupteingänge in den Alexanderpalast; ein sechster Eingang führte am Ende einer langen Allee durch den Park in die Gemäldegalerie. Diese Galerie mit klassizistischen Säulen und enormen Kronleuchtern aus vergoldeter Bronze beherrschte den zweigeschossigen, mit einer Kuppel überkrönten Bau. Die kaiserliche Familie lebte im Westflügel des Palastes, nicht in den prächtigen Staatsgemächern im Osten mit den glänzenden Parkett- und Marmorfußböden, den vergoldeten Schnitzereien und *Trompe-l'-œil*-Decken. Die wurden von vier riesenhaften abessinischen Lakaien in goldbetreßten Jacken, roten Hosen, weißen Turbanen und Schnabelschuhen bewacht. »Ihr ganzer Dienst bestand darin«, schrieb Anna Wyrubowa, »die Türen zu öffnen. Das Erscheinen Jimmys in den Räumen erregte stets großes Aufsehen, da es den Eintritt der Kaiserin ankündigte.«[1]

Die Privatgemächer waren kaum bemerkenswert. Alexandra hatte beschlossen, die Zimmer, die sie aus ihrer Kindheit im Darmstädter Neuen Palais, in Wolfsgarten, Osborne und Windsor kannte, zu kopieren. Das Ergebnis war, daß die Räume mit englischem Chintz und Zimmerpalmen eingerichtet waren und ganz und gar bürgerlich wirkten. Prinz Felix Jussupow schrieb später: »Trotz seiner bescheidenen Größe hätte es dem Alexanderpalast nicht an Charme gefehlt, wären da nicht die ›Verschönerungen‹ der jungen Kaiserin gewesen. Sie ersetzte die meisten Gemälde, Stuckornamente und Reliefs durch Mahagoniarbeiten und gemütliche Sitzecken von allerschlimmstem Geschmack. Von Maples aus London kamen neue Möbel, und die alten wurden in Lagerräume verbannt.«[2]

Das Mobiliar war eine Erinnerung an die Kindheit. Prinzessin Alice hatte das Neue Palais in Darmstadt mit Möbeln aus dem Kaufhaus Maples in London eingerichtet. Anstatt die erlesenen, antiken französischen oder englischen Stücke, die ihr aus der Sammlung von Katharina der Großen zur Verfügung standen, zu benutzen, möblierte Alexandra ihr Heim per Postversand mit maschinell gefertigten Sofas, Tischen und Stühlen vom Fließband.

Im Mittelteil des Schlosses befanden sich verschiedene Salons, die nach der jeweils vorherrschenden Farbe benannt waren, und Galerien. Das Gobelinzimmer, in dem die wunderschönen seidenen Wandteppiche Katharinas der Großen hingen, führte in das Jakarandazimmer mit seiner feinen, glänzend polierten Holztäfelung. Die Staatsbibliothek beherbergte gut fünftausend Bände, alle in monumentalen, kunstvoll geschnitzten Regalen untergebracht. Der Saal für Staatsbankette, ein großer Raum mit langflorigen Teppichen und Vorhängen aus Samtbrokat, lag im Ostflügel, danach folgten der Versorgungstrakt und die Vorratsräume.

An der gegenüberliegenden Seite des Palastes markierte der Ecksalon, in dem ein großes Porträt Alexandras von Friedrich August von Kaulbach hing und eine entsprechende Büste des Bildhauers Markus Antokolskij stand, den Eingang zu den Privatgemächern der Familie. An einer Wand war über einer vergoldeten Konsole ein Seidengobelin mit Marie Antoinette und ihren Kindern angebracht, ein etwas taktloses Geschenk der französischen Regierung. Dieser Raum führte ins Ahornzimmer, einen ehemaligen Tanzsaal, der in zwei Räume unterteilt worden war. Von hier führte eine Treppe mit Jugendstilornamentik in den zweiten Stock. Die eigens für diesen Raum angefertigten Vitrinen enthielten Alexandras Sammlung von Fabergé-Eiern und anderen Kunstobjekten. Das offizielle Empfangszimmer des Zaren, die andere Hälfte des früheren Tanzsaales, hatte eine eigenartig gewölbte Decke. Sie bewirkte, daß Nikolaus' Stimme, sobald er sie ein wenig erhob, zu einem ehrfurchtgebietenden Bellen verstärkt wurde. Von diesen Räumen aus führte ein langer zentraler Flur durch den ganzen Flügel. An der Westseite lagen Alexandras Räume; an der Ostseite die des Zaren. Sein großes Arbeitszimmer war mit dunkelblauer Seide und Mahagonipaneelen verkleidet, die Stuckdecke wurde von Marmorsäulen mit Bronzekapitellen getragen. Nikolaus' persönliches Arbeitszimmer war ein relativ kleiner Raum, der mit dunklem Holz getäfelt war und von einem großen, kunstvoll geschnitzten Schreibtisch beherrscht wurde, auf dem die Fotos der Familie standen. Drumherum waren grüne Lederstühle aufgestellt. Dann folgte das Ankleidezimmer des Zaren und der Aufenthaltsraum für seine Adjutanten. Dahinter lag die vielleicht größte Überraschung: ein großes Schwimmbecken mit Salzwasser, verborgen hinter den klassizistischen Fenstern der Palastfassade. Auf der gegenüberliegenden Seite des Flures diente das Palisanderzimmer, das seinen Namen den Holzarbeiten verdankte, als halboffizieller Empfangsraum für die kaiserliche Familie. Direkt dahinter befand sich das berühmteste Zimmer des ganzen Palastes, Alexandras Malvenboudoir mit Blick über den Park.

Der Name Malvenboudoir war passend. Die Wände waren mit blaßlila Moiréseide mit einem Rosenmuster verkleidet. Alles – Teppiche, Vorhänge, Möbel, sogar die Rosen, Veilchen und Orchideen in den Vasen aus chinesischem Porzellan oder Sèvres auf den Tischen – war malvenfarben. Alexandra war besessen von der Farbe. Sie liebte dieses Zimmer und lag oft stundenlang auf einer geblümten Chaiselongue und blickte über ihren Privatbalkon nach draußen. Eine Jugendstil-Sitzecke von Maples in London stand neben einem weißen Klavier, das mit einer violetten Decke mit langen Fransen abgedeckt war. Wandschirme und Zimmerpalmen unterteilten den Raum und grenzten die Zone für die Hofdamen ab, die während ihrer Bereitschaft dort saßen und lasen. Über der Chaiselongue hing eine

Gemälde, »Der Traum der Gottesmutter«. Auf einem Tisch in der Nähe standen sich ein Porträt von Prinzessin Alice und ein großes gerahmtes Foto der Königin Viktoria gegenüber, an den Wänden hingen Familienfotos, heilige Ikonen und hessische und englische Landschaften.[3] Die meisten Besucher empfanden den Raum als häßlichen, aber gemütlichen Schlupfwinkel.

Neben dem Malvenboudoir lagen die Ankleideräume der Zarin. Die Kammern und Schränke waren voller Kleider in Schutzhüllen und die Regale voller Schuhe; in den Schiebladen lagen in dünnes Papier verpackte Seidenblusen und Hunderte von Taschentüchern und säuberlich zusammengelegten Handschuhen; es gab Schachteln mit den neuesten Hutmodellen, mit Federn, Blüten und Spitzen verziert, und Kommoden, in denen Haarnadeln und Haarbürsten und Flakons ihres Lieblingsparfüms, *Rose Blanche*, untergebracht waren.[4] Fürstin Marie Golyzin und später Fürstin E. A. Narischkin, die jeweils erste Kammerfrau der Kaiserin, beaufsichtigte die persönlichen Bediensteten. Das erste Kammermädchen, Marie Muchanow, half Alexandra jeden Morgen beim Anziehen, wobei acht Unterzofen ihr zur Hand gingen.

Alexandra enttäuschte viele Hauptstädter, denn ihr Sinn für Mode ließ in den Augen der Gesellschaft einiges zu wünschen übrig. Sie kleidete sich so, daß sie sich wohl fühlte, und obwohl sie die angesehensten Modeschöpfer beschäftigte, hatte sie kaum Interesse an den jeweils aktuellen Trends. Für jede Saison bestellte sie fünfzig neue Kleider von Paquin oder Worth in Paris.[5] Wenn Alexandra ein Kleid fand, dessen Stil ihr besonders gefiel, erweiterte sie ihre Garderobe; der Zar zahlte schließlich Kleiderrechnungen von bis zu 10 000 Rubeln im Monat. Als sie heiratete, hatte ihre Garderobe überwiegend aus Trauer- und Halbtrauerkleidern bestanden, so daß sie den Thron ohne die ihrer Stellung angemessene Kleidung bestieg. Alexandra hatte eine Vorliebe für fließende Seidengewänder in Weiß, Creme oder Violett, die mit Spitze besetzt waren; dazu trug sie große, breitkrempige Hüte mit Straußenfedern von Bertrand, einer französischen Firma mit Filiale in St. Petersburg. Ihre Seidenspitzenstrümpfe kamen von Swears und Wells in London. Die flachen Schuhe waren aus Wildleder oder Glattleder, und immer trug sie einen Schirm zum Schutz gegen die Sonne.[6] Ihr mißfielen viele Tendenzen der damaligen Mode, und die »Humpelröcke« fand sie unzumutbar.

»Mögen Sie diesen Rock wirklich?« fragte sie einmal Lili Dehn, die Frau eines Offiziers der kaiserlichen Jacht *Standart*.

»Nun, Madame, so ist die Mode nun mal«, antwortete Lili.

»Er ist als Rock völlig unbrauchbar«, entgegnete Alexandra. »Jetzt beweisen Sie mir einmal, daß er praktisch ist – laufen Sie, Lili, laufen Sie – und lassen Sie mich sehn, wie schnell Sie darin vorankommen.«[7]

Neben den Kleidern aus Paris bestellte Alexandra auch Gewänder bei der Modekönigin der Hauptstadt, Madame Brissac, die ein Vermögen damit machte, daß sie ihren Kundinnen überhöhte Preise berechnete. Alle beschwerten sich, doch konnten sie nichts dagegen tun. Bei einer Anprobe mit Alexandra vertraute Madame Brissac ihr jedoch an: »Ich bitte Ihre Majestät, es niemandem gegenüber zu erwähnen, aber ich setze den Preis für Ihre Majestät immer herunter.« Die Wahrheit offenbarte sich dann, als Alexandras Schwägerin Olga ihr erzählte, was Madame Brissac zu ihr gesagt hatte: »Ich bitte Ihre Kaiserliche Hoheit, diese Dinge in Zarskoje Selo nicht zu erwähnen, aber ich setze die Preise für Sie immer herab.«[8]

Alexandras Juwelen wurden in besonderen Kästen und Schüben, die in die Wände ihres Ankleidezimmers eingelassen waren, aufbewahrt. Ihr stand die reichhaltigste Schmucksammlung der ganzen Welt zur Verfügung – Tiaren, Halsketten, Ohrringe, Armbänder, Broschen, Ringe, Brustschmuck, Kronen und Colliers. Jedes Jahr erweiterte Nikolaus die Sammlung mit einem Geschenk, das gewöhnlich von Fabergé oder Bolin geliefert wurde. Beide hatten den Auftrag, die besten Stücke für die Zarin zu reservieren. Perlen mochte Alexandra am liebsten: sie schmückte sich gern mit Ketten fein abgestimmter Süßwasserperlen, die sie zusammen mit platingefaßten Broschen und Ohrsteckern trug. Trotz des bekannten Streites mit der Kaiserinwitwe um die Kronjuwelen legte Alexandra sie selten an. Wenn sie es doch tat, trug sie gerne alle Stücke zugleich, ein Anblick, den Großfürstin Maria Pawlowna, die Frau des Großfürsten Wladimir, als *un gout de parvenue* (Geschmack eines Emporkömmlings) bezeichnete.[9]

Morgens nahm Alexandra im Boudoir das Frühstück mit Ei und knusprigem Schinkenspeck zu sich. Danach las sie oder schrieb und trank Tee, so wie sie ihn am liebsten hatte, »sehr stark und bitter«, und rauchte feine französische Zigaretten.[10] Ihr Lesestoff reichte von schwärmerischen Romanen bis hin zu den neuesten wissenschaftlichen Veröffentlichungen. Geschichte fand sie langweilig, doch ließ sie sich immer die Neuerscheinungen in Astronomie, Mathematik und Philosophie kommen. Ihr Beichtvater sprach sich umsonst gegen ihre Lektüre von Charles Darwins *Entstehung der Arten* aus, ein Werk, von dem sie freimütig zugab, daß es eines ihrer Lieblingsbücher sei.[11] Bevor Alexandra sich für den Tag zurechtmachte, trug sie einen japanischen Kimono und lag lesend oder schreibend auf ihrer Chaiselongue. Eira, ihr Scotchterrier, lag eingerollt neben ihr. Der Hund war bei den meisten Leuten nicht besonders beliebt: »Ich mochte ihn nicht«, schrieb Anna Wyrubowa, »weil er die Angewohnheit hatte, plötzlich unter irgendeinem Sessel oder Sofa hervorzustürzen.«[12] Alexandra hatte ihn jedoch sehr gern und brachte ihn sogar zum Essen mit.

Nach dem Frühstück machte Alexandra manchmal einen Frühspaziergang im Park; bei kühlem Wetter trug sie dann eine kurze Zobelfelljacke.[13] Die Spaziergänge setzte sie den ganzen Herbst hindurch fort, bis der Winter mit seinem Schnee Einzug in Zarskoje Selo nahm. Wenn die Blätter auf den Teichen schwammen, wurden die Boote in die Bootshäuser geschlossen und die Marmorstatuen zum Schutz gegen den Frost mit Brettern verschalt.[14]

An Tagen, an denen es keine öffentlichen Verpflichtungen für Alexandra gab, saß sie an dem weiß-goldenen Schreibpult in ihrer Bibliothek und arbeitete mit ihren Hofdamen und ihrem Privatsekretär, Graf A. Lamsdorff (und später Graf Rostaslaw), an Papieren und Korrespondenz. Sofern der Zar frei war, konnte es sein, daß er Alexandra am Nachmittag zu einer Spazierfahrt in seinem Lieblingsauto abholte, einem Delauney-Belleville.[15] Wenn er jedoch beschäftigt war, fuhr Alexandra mit einer Kutsche aus, einem glänzenden schwarzen Landauer, mit zwei Lakaien in blauer Livree und hohen Hüten und mit einem sehr fetten Kutscher, an dessen Brust lauter Medaillen prangten. Ein Mitglied der Kosakengarde trabte zu Pferde hinterher.[16] Alexandra konnte den strengen Sicherheitsmaßnahmen des russischen Hofes nie entfliehen. Hinter jedem Busch und jedem Baum entlang ihrer Route standen Polizisten. »Geschah es einmal, daß die

Kaiserin … mit Bekannten ein Gespräch anknüpfte, dann wurden diese Unglücklichen sofort von der Polizei aufgesucht und nach ihrem Namen sowie nach dem Anlaß ihres Gesprächs mit der Kaiserin befragt.«[17]

Von Dienern und Wachen umgeben zu sein gehörte zu ihrem Leben, seit sie Zarin geworden war. Allein fünftausend Infanteristen bewachten Zarskoje Selo; dazu kam die Kosakengarde, die in ihren scharlachroten Uniformröcken Säbel schwingend zu Pferde die Grenzen des Parks überwachte. Tausend weitere Bedienstete im Alexanderpalast bedienten die Telefone, putzten das kaiserliche Silber, schnitten und arrangierten die Blumen; kochten, putzten, servierten und leisteten anderen Bediensteten Hilfestellung. Die Höflinge waren oft exzentrisch. Einer der Lieblinge des Zaren war Fürst Wladimir Orlow. Orlow war so fett, daß er im Sitzen seine Knie nicht sehen konnte; als er sein Pferd nicht mehr besteigen konnte, lief er bei Truppenparaden keuchend neben dem Pferd des Zaren her.[18] Ein anderer, Graf Wladimir Fredericks, war oberster Minister des kaiserlichen Hofes. Wegen seines fortgeschrittenen Alters sprachen Alexandra und Nikolaus von ihm als dem Alten, *the old man*. Im Gegenzug nannte Fredericks das Paar *mes enfants*, meine Kinder; er war der einzige Hofbeamte, der sich so etwas erlauben konnte.[19]

Alexandra zog sich zum Abendessen immer um, auch wenn keine Gäste da waren. Gelegentlich besuchten Alexandra und Nikolaus ein Schauspiel oder ein Konzert. Jedes Jahr wurde auf besonderen Wunsch der Kaiserin, die die Musik von Richard Wagner liebte, der gesamte *Ring* in Zarskoje Selo aufgeführt.[20] Mit dem Abendtee um elf Uhr endete der Tag. In ihrem Ankleidezimmer entfernte Alexandra die goldenen Haarnadeln, die ihr langes Haar hielten. Ein Mädchen bürstete ihr eine halbe Stunde lang das Haar und flocht es dann zu festen Zöpfen, die passend zum Nachthemd mit Seidenschleifen gebunden wurden.[21] Alexandra mochte keine Leibwäsche aus Seide.[22] Ihre Nachthemden waren aus feinem Leinen oder Batist, mit Valenciennes- oder Mechlinspitze besetzt. Ihrem ersten Kammermädchen Marie Muchanow erzählte Alexandra einmal, daß es eines ihrer größten Vergnügen sei, sich hübsche Unterwäsche zu gönnen.[23]

Alexandra und Nikolaus hatten ein gemeinsames Schlafzimmer, eine Seltenheit bei Monarchen. Ihr Messing-Doppelbett stand in einem durch Vorhänge abgetrennten Alkoven, an dessen Wänden unzählige Ikonen hingen. Normalerweise schliefen sie gleich ein. Ausgenommen waren die Nächte, in denen sie sich liebten, denn ihre Beziehung war sehr sinnlich und leidenschaftlich. Manchmal saß Alexandra auch mit Kissen im Rücken da, las den neusten englischen Liebesroman und knabberte zum Leidwesen des Kaisers englische Kekse.[24]

Ziemlich genau über dem Schlafzimmer lagen die Kinderzimmer. Diese Räume waren hell und luftig, mit geblümtem Cretonne ausgekleidet und mit poliertem Limonenholz möbliert.[25] Sie waren ständig in Gebrauch, denn in den ersten sieben Jahren der Ehe hatte Alexandra in schneller Folge vier Kindern das Leben geschenkt. Die höchste Pflicht einer Zarin war es natürlich, einen männlichen Thronerben zu gebären. Und darin war Alexandra nicht erfolgreich gewesen, denn ihre vier Kinder waren Mädchen – Olga, 1895 geboren, Tatjana 1897, Maria 1899 und Anastasia 1901.

Sechs Monate nach ihrer Hochzeit war Alexandra mit ihrem ersten Kind schwanger. »Es ist sehr groß geworden, stößt mit den Füßen und rührt sich sehr lebhaft«, schrieb Nikolaus staunend an seine Mutter.[26] Alexandra und Nikolaus erhofften sich beide einen Jungen; es wäre das erste Mal seit dem achtzehnten Jahrhundert, daß dem amtierenden Zaren ein Zarewitsch geboren würde. Sie beschlossen, daß das Kind, sollte es ein Junge sein, Paul heißen würde. Das beunruhigte die Kaiserinwitwe; der einzige andere Romanow-Zar namens Paul war der verrückte Sohn von Katharina der Großen gewesen, dessen Legitimität niemals bestätigt worden und der einer Verschwörung zum Opfer gefallen war, an der sein eigener Sohn teilgenommen hatte. Als Maria Fjodorowna der Namensvorschlag zu Ohren kam, schrieb sie: »Der Name für das künftige Baby ist wohl gut gewählt, obwohl Paul mich fürs erste erschreckte: es ist noch Zeit, darüber zu sprechen ... Selbstverständlich, nicht wahr, wirst Du mir Nachricht geben, sobald sich die ersten Anzeichen einstellen? Ich werde zu Euch fliegen, meine lieben Kinder, und werde keine Last sein, ausgenommen, daß ich vielleicht als Schutzmann fungiere, um jeden sonst fernzuhalten.«[27]

Am 15. November 1895, kurz nach ein Uhr in der Frühe, setzten bei Alexandra die Wehen ein. Die Geburt dauerte quälend lange, fast zwanzig Stunden. Schließlich wurde um neun Uhr abends eine Tochter geboren.

Großfürstin Olga Nikolajewna war ein pummeliges, hellhäutiges Baby. Sie wog bei ihrer Geburt neun Pfund. Eine goldene Kutsche brachte sie zur Taufzeremonie in die Kapelle des Katharinenpalastes. Olga lag mit einem Mantel aus Goldtuch bedeckt auf einem goldenen Paradekissen. Unter ihren Taufpatinnen waren Königin Olga von Griechenland und die Kaiserinwitwe, die das Baby während der Zeremonie hielt – die Urenkelin von Königin Viktoria und Ururururururenkelin von Katharina der Großen.

Alexandra stillte und badete Olga selbst und strickte ganze Stapel von Socken und Pullovern unter den kritischen Blicken von Mrs. Orchard, die aus Darmstadt gekommen war, um die Kinderstube in Zarskoje Selo zu beaufsichtigen. »Eine strahlend glückliche Mutter schreibt Dir dieses«, verkündete Alexandra ihrer Schwester Viktoria einen Monat nach Olgas Geburt. »Du kannst Dir unsere große Freude über das kleine Schätzchen, das wir nun versorgen und bemuttern können, vorstellen.«[28]

Alexandra war eine hingebungsvolle Mutter. Die Konventionen hatten sich, besonders für Mütter aus Königshäusern, seit Alexandras Kindheit nicht verändert. Man erwartete, daß Ammen und Kinderschwestern die Rolle von Ersatzmüttern einnahmen und daß die Kinder durch die lärmdämmenden Türen des Kinderzimmerflügels von ihren Eltern ferngehalten wurden. Königin Viktoria war nicht gerade eine begeisterte Mutter gewesen, und Alice hatte sich bei ihrem Tod 1878 praktisch aus der Gesellschaft ihrer Familie zurückgezogen gehabt. Alexandra lebte jedoch in ihrer Mutterrolle auf. Bei jeder neuen Geburt nahm sie den Stubenwagen mit in ihr Schlafzimmer; es kam ihr gar nicht in den Sinn, wenn bei einem der Babys mitten in der Nacht die Windeln gewechselt werden mußten, nach einem Mädchen zu klingeln. Es machte ihr großen Spaß, ihre Kinder mit gleichen Kleidern auszustaffieren – Rüschenkleidchen mit Spitzenborte oder Matrosenkleider mit Mützen – und ihr Leben mit der Kodak-Kamera festzuhalten.

Knapp sechs Monate nach Olgas Geburt, zur Zeit der Krönung, war Alexandra wieder schwanger. Die Zeitungen in St. Petersburg begannen anzudeuten, daß die Zarin guter Hoffnung sei, und Königin Viktoria schrieb sogar an Alexandras Schwester Viktoria, um zu erfahren, ob das stimmte.[29] Doch wenig später war es mit der Schwangerschaft vorbei: Infolge der Belastungen bei der Krönung erlitt Alexandra eine Fehlgeburt und verlor ihr Kind.[30]

Ihre Schwangerschaft 1897 mit Tatjana war schwierig; Alexandra war krank, sieben Wochen lang mußte sie liegen; sie war sogar so schwach, daß sie einen Rollstuhl benutzen mußte, um sich fortzubewegen.[31] Die Kaiserinwitwe schrieb an den Zaren: »Sie sollte versuchen, morgens im Bett vor dem Frühstück rohen Schinken zu essen. Es hilft wirklich gegen Übelkeit. Ich habe es selber versucht, und es ist gesund und nahrhaft dazu ... Es ist Deine Pflicht, lieber Nicky, über sie zu wachen und Dich in jeder Weise um sie zu kümmern, darauf zu achten, daß sie ihre Füße warm hält ...«[32]

Die gesamte Nation hoffte auf einen Zarewitsch. Als Tatjana geboren wurde, war Alexandra außer sich vor Sorge, sie sagte, »Mein Gott, es ist wieder eine Tochter! Was wird das Volk sagen?«[33]

Die nächste Schwangerschaft zwei Jahre darauf war nicht ganz so schwierig, obwohl Nikolaus seiner Mutter mitteilen mußte: »Alix fährt nicht mehr aus, zweimal wurde sie während der Messe ohnmächtig ...«[34] Drei Wochen später schrieb er: »Das Übelkeitsgefühl ist verschwunden. Sie geht wenig spazieren, und wenn es warm ist, sitzt sie auf dem Balkon ... Abends, wenn sie zu Bett ist, lese ich ihr vor. Wir sind mit *Krieg und Frieden* fertig ...«[35] Alexandra betete um einen Jungen, doch an Viktoria schrieb sie: »Ich mache nicht gerne Pläne ... Gott weiß, wie alles einmal enden wird.«[36] Es endete mit der Geburt einer weiteren Tochter, der Großfürstin Maria.

Während dieser Schwangerschaft war eine Krise entstanden, die Alexandra nachdrücklich daran erinnerte, daß sie einen Erben gebären mußte. Als Nikolaus den Thron bestieg, erhielt sein jüngerer Bruder Georgij den Titel Zarewitsch, Erbe des Thrones, bis zu der Zeit, da der Zar selbst einen Sohn haben würde. Doch 1899 starb Georgij. Der nächste in der Reihe der Thronanwärter, Nikolaus' Bruder Michail, war erst einundzwanzig Jahre alt. Bevor irgendwelche offiziellen Verfügungen getroffen werden konnten, erkrankte der Zar an Typhus. Er war so krank, daß man befürchtete, er könne sterben. Die dynastische Frage erlangte damit höchste Bedeutung. Während der Krankheit des Zaren weigerte Alexandra sich, irgend jemanden an ihn heranzulassen; sie pflegte ihren Mann selbst. Nikolaus war zu krank, sich um Staatsgeschäfte zu kümmern, und die Mitglieder der Regierung protestierten und waren der Meinung, gewisse Dinge müßten erledigt werden. Sergej Witte war einer von denen, die vorschlugen, man solle Michail zum Regenten machen, bis der Zar sich erholt hätte. Hierin hatte er die Unterstützung der Kaiserinwitwe. Alexandra glaubte, daß sie ein Komplott schmiedeten, ihren Mann vom Thron zu stürzen. Witte trieb die Sache voran, es müsse ohnehin irgendein Arrangement getroffen werden, falls der Zar sterbe, sagte er. Er schlug vor, Michail zum Regenten für das Ungeborene zu machen, falls es ein Junge werden würde. Alexandra fand jedoch, sie selbst sollte, falls ihr Mann starb und sie dann einen Sohn gebären würde, zur Regentin gemacht werden. Das wollte niemand in der Regierung, und Witte teilte ihr das ungeschickterweise mit. Alexandra fürchtete um so mehr, daß Michail, von seiner Mutter und Witte ermutigt, ihrem Mann die Krone zu nehmen versuchte.

Der Zar erholte sich schließlich, aber Alexandra war sicher, daß seine Familie in eine Verschwörung gegen ihn verwickelt gewesen war. Das Baby war ein Mädchen, Großfürstin Maria, und die Frage der Thronfolge blieb offen. Aber nach diesem Vorfall ging der Titel Zarewitsch nicht auf Michail als mutmaßlichen Erben über, wie es das Gesetz vorschrieb. Witte glaubte, daß dies auf den Einfluß der Zarin zurückzuführen sei, die immer noch meinte, daß ihr Schwager aus Machtgier gehandelt habe. Anscheinend hatte sie den Zaren ebenfalls davon überzeugt, denn er weigerte sich, Michail den Titel, den Georgij innegehabt hatte, zu verleihen. Zur gleichen Zeit bemerkten die Minister in der Regierung, daß Papiere, die sie dem Zaren zugeschickt hatten, Anmerkungen in der Handschrift der Zarin trugen, wenn sie wieder auf ihrem Schreibtisch landeten.[37] Anscheinend war es der Zarin gelungen, den Zaren von der Unaufrichtigkeit seiner Familie zu überzeugen, und er hatte begonnen, sich politischen Rat bei ihr zu holen.

Die Krise von 1899 und die Geburt einer weiteren Tochter hatten Alexandra entmutigt. Sie war Kaiserin von Rußland, verheiratet mit dem Mann, den sie liebte, umgeben von Palästen und Juwelen, doch das eine, das sie sich am sehnlichsten wünschte, das einfachste, ein Sohn, etwas, das fast jede andere Frau ihrem Mann bieten konnte, war ihr immer wieder verwehrt. Ein Jahr nach Marias Geburt war Alexandra wieder schwanger. Sie betete, hoffte auf einen Jungen und fürchtete das Schlimmste. Die Leute sprachen offen davon, daß sie keinen Sohn hervorbringen könnte, und sie sehnte sich danach, ihre Kritiker zum Schweigen zu bringen. Aber auch dieses Mal sollte es kein Zarewitsch für Alexandra sein: Am 18. Juni 1901 brachte sie ihre vierte Tochter zu Welt, die Großfürstin Anastasia.

17

Die Jahrhundertwende

Der winterliche Himmel über der Bucht von Osborne wirkte dunkel und bedrohlich. Unaufhörlich donnerten die Wellen gegen die felsige Küste und spien Schaum und Gischt in den kalten Wind. Oben auf der Höhe stand mit Blick über den Solent in düsterem Schweigen Osborne House. Die ganze Nacht hindurch brannten die Lichter und grüßten das Kommen und Gehen von Prinzen und Prinzessinnen. Oben in ihrem Schlafzimmer lag Königin Viktoria im Sterben.

Am Tag zuvor war Kaiser Wilhelm II. in Cowes angekommen. Er hatte seinen Onkel Bertie, den Prinzen von Wales, mit einem Kuß auf die Wange begrüßt und gesagt: »Zwar möchte ich Großmama gern vor ihrem Tode noch einmal sehen, habe jedoch volles Verständnis dafür, daß es unter Umständen nicht möglich ist.«[1] Der Kaiser, der von fast der ganzen britischen Königsfamilie wegen seines arroganten und aggressiven Benehmens abgelehnt wurde, hatte sich wenigstens dieses eine Mal richtig verhalten; schweigend begleitete er seinen Onkel durch die Stadt und die kurvige Straße zu den Toren des Hauses hinauf. Jetzt saß er auf dem eindrucksvollen Bett seiner Großmutter unter einem Baldachin aus Chintz, den einst Prinz Albert ausgewählt hatte. Die alte Königin blickte auf all die Menschen, die sich um sie versammelt hatten. Sie standen im Dunkel des Raumes und starrten auf die alte Dame, die in dem gesunden Arm des Kaisers ruhte. Auf der anderen Seite des Bettes hingen ein schwarzer Kranz und ein Porträt ihres Mannes, des Prinzgemahls, auf seinem Totenbett. Zweieinhalb Stunden, während derer sie immer wieder das

Bewußtsein verlor, hielt Wilhelm die Königin so. Schließlich öffnete Viktoria die Augen und blickte auf ihren Sohn, den Prinzen von Wales, der ihr soviel Ärger gemacht hatte während des letzten halben Jahrhunderts. Sie flüsterte seinen Namen, »Bertie«, bevor sie zum letzten Mal ihre Augen schloß. Die Königin starb umgeben von ihrer Familie und ihren Hunden, weißes Haar umrahmte ihr kleines rundes Gesicht. Es war der 22. Januar 1901 um 18.30 Uhr – es war das Ende einer Ära.

Alexandra war von dem Tod ihrer geliebten Großmutter tief erschüttert. In dem Jahr zuvor, im Sommer 1900, hatte die Königin ihre Enkelin noch nach Schloß Windsor eingeladen. An ihre Schwester hatte Alexandra geschrieben: »Wie sehr ich mich danach sehne, ihr liebes altes Gesicht zu sehen, kannst Du Dir vorstellen; noch nie sind wir so lange getrennt gewesen, vier ganze Jahre, und ich habe das Gefühl, als würde ich sie nie wieder sehen. Wäre der Weg nicht so weit, dann wäre ich ganz allein für ein paar Tage hingereist, um sie zu sehen, und hätte die Kinder bei meinem Mann gelassen, denn sie ist seit dem Tod von Mama vor zweiundzwanzig Jahren wie eine Mutter zu mir gewesen.«[2]

An einem bitterkalten Februartag wurde die verstorbene Monarchin von ihrem Sohn und Nachfolger König Edward VII. in einer würdevollen und imposanten Zeremonie beigesetzt. In der St.-Georgs-Kapelle in Windsor fand ein kurzer Gottesdienst statt, dann wurden ihre sterblichen Überreste ins Mausoleum in Frogmore gebracht, das sie selbst entworfen hatte. Dort fand Königin Viktoria neben ihrem geliebten Albert ihre letzte Ruhe. Ihrem Wunsch entsprechend hatte man ihr den Brautschleier auf das Gesicht gelegt, und das weiße Witwenhäubchen verbarg ihr Haar. Endlich war sie wieder mit ihrem Mann vereint.

An dem Tag, an dem die Königin beerdigt wurde, kniete weit über zweitausend Kilometer entfernt Alexandra auf einem Samtkissen in der anglikanischen Kirche von St. Petersburg, um für die Seele ihrer Großmutter zu beten. Als der Bischof das Totengebet intonierte, wurde sie von ihren Emotionen überwältigt, und die Zarin aller Reußen brach vor den Augen des diplomatischen Korps schluchzend zusammen – eine überraschende Gefühlsäußerung in den Augen derjenigen, die sie für kaltherzig und gefühllos hielten.[3] Sie hatte an der

Beerdigung in Windsor nicht teilnehmen können, weil sie mit Anastasia schwanger war und eine Reise als zu gefährlich angesehen wurde. An ihre Schwester Viktoria schrieb sie: »Wie ich Dich beneide, daß Du dabeisein kannst, wenn die geliebte Großmamma zur letzten Ruhe gelegt wird. Ich kann nicht glauben, daß sie wirklich nicht mehr da ist, daß wir sie nie wiedersehen werden. Es erscheint unmöglich. Seit ich denken kann, gehörte sie zu unserem Leben, und ein lieberes, gütigeres Wesen hat es nie gegeben. Die ganze Welt trauert um sie. Ein England ohne die Königin ist kaum vorstellbar.«[4]

Alexandra war untröstlich. Die Königin hatte sich nie ganz mit der russischen Heirat ihrer Enkelin abfinden können, aber solange sie lebte, hatte Viktoria dafür gesorgt, daß Alexandra genau wußte, wie die englische Sicht der Weltsituation war, und erwartet, daß sich Alexandra nach ihre Ratschlägen richtete Die Spannung zwischen Rußland und England, traditionellen Feinden, hatte sich mit der Heirat von Nikolaus und Alexandra etwas gelockert, da sie in der Person der Zarin eine englische Stimme am russischen Hof garantierte. Alexandra hatte sich andererseits auf die zuverlässig einlaufenden Ratschläge ihrer Großmutter gestützt, die ihr halfen, sich auf ihre Position einzustellen. Selbst wenn die beiden unterschiedlicher Auffassung waren, was in den letzten Lebensjahren der Königin häufig vorkam, schenkte Alexandra dem Rat ihrer Großmutter immer viel Aufmerksamkeit; sie hatte mehr Respekt vor der Königin als vor irgend jemand anderem. Die familiären Bindungen blieben trotz aller unterschiedlichen Meinungen und trotz aller politischen Erwägungen stark. Vielleicht hätte die Königin, wenn sie noch weitere fünf Jahre gelebt hätte, ihrer Enkelin praktischen und umsichtigen Rat spenden und ihr in dem Aufruhr, der Rußland plagte, helfen können. So aber war Alexandra auf sich selbst gestellt, niemand unterstützte sie oder diskutierte ihre Meinungen mit ihr. Der Tod von Königin Viktoria, die Rußland verachtet hatte, hätte nicht zu einem schlechteren Zeitpunkt kommen können, weder für das verhaßte Land, noch für seine unruhige, ehrgeizige und engstirnige Zarin.

Im September des Jahres 1903 begab sich Alexandra auf eine Reise. Sie packte ein Dutzend Koffer und Kisten, bestieg mit einem Gefolge von Damen und Personal den kaiserlichen Zug und machte sich zusammen mit Nikolaus auf den Weg nach Darmstadt. Mit an Bord war auf Drängen des Zaren der vollständige kaiserliche Chor. Das gesamte Gefolge reiste zur Hochzeit von Alexandras Nichte Prinzessin Alice von Battenberg mit Prinz Andreas von Griechenland.

Sie wohnten in Wolfsgarten. Prinzessin Alice war die älteste Tochter von Alexandras Schwester Viktoria (und die zukünftige Mutter von Prinz Philip, dem gegenwärtigen Herzog von Edinburgh). Alexandras gesamte Familie war zur Hochzeit erschienen: Ella und Sergej, Irene und Heinrich, und die Eltern der Braut, Viktoria und Ludwig, mitsamt all ihren Kindern, auch dem reichlich ausgelassenen dreijährigen Prinz Ludwig, dem späteren Lord Mountbatten. Die Augen aller ruhten jedoch auf Ernst Ludwig, dessen Ehe mit Melita seit einigen Monaten praktisch am Ende war.

Ernst Ludwig und Melita waren nie richtig miteinander glücklich geworden, eigentlich war die Ehe sogar von Anfang an ein Desaster gewesen. Diesmal war Königin Viktoria bei der Heiratsvermittlung nicht erfolgreich gewesen. Ernst Ludwig war künstlerisch veranlagt und sensibel, er liebte Uniformen, Blumen und die Künste. Er hatte Darmstadt zu einem kulturellen Zentrum in Deutschland gemacht – ohne jede Unterstützung von Melita, die ihn für verweichlicht hielt und langweilig fand. Sie blieben nur wegen der Königin und wegen ihres einzigen Kindes, ihrer Tochter Elisabeth, zusammen. Doch Ende 1903, nur wenige Wochen nach der griechischen Hochzeit, starb das Kind, als es Alexandra und Nikolaus in ihrem Jagdschloß in Polen besuchte. Melita hatte keinen weiteren Grund, in der lieblosen Ehe zu verbleiben, und verließ Ernst Ludwig, entschlossen, eine Scheidung zu erwirken. Nach der Scheidung heiratete Ernst Ludwig wieder, diesmal glücklich, und zwar Eleonore Prinzessin von Solms-Hohensolms-Lich. Die beiden bekamen zwei Kinder, Georg, der 1906, und Ludwig, der 1908 geboren wurde. Melita hatte sich inzwischen in einen Vetter des Zaren, den Großfürsten Kyrill verliebt, der zu dieser Zeit in der Reihe der Thronanwärter an dritter Stelle stand. Das Paar heiratete, illegal, denn nach dem Gesetz hätte der Zar einer Heirat innerhalb seiner Familie erst zustimmen müssen. Als Kyrill heiratete, ohne die Genehmigung des Zaren eingeholt zu haben, waren Alexandra und Nikolaus wütend. Als Zarin von Rußland würde Alexandra ihre ehemalige Schwägerin und auch den Großfürsten Kyrill empfangen müssen, denn sie waren wichtige Mitglieder der Familie Romanow. Aber der Zar enthob Kyrill seiner Ämter und Ehren und verbannte ihn und Melita aus Rußland. 1909, nach starkem Drängen seitens der Familie, gab Nikolaus nach und erlaubte dem Paar, sich in Rußland niederzulassen; die eingezogenen Ehren und Ämter wurden erneut verliehen. Aber der Zar verweigerte die Anerkennung der Ehe, und weder er noch Alexandra empfingen das skandalöse Liebespaar.

Angesichts solcher Alltagssorgen wurde die Hochzeit von Alice und Andreas beinahe übersehen. Da Alice Protestantin war und Andreas der griechisch-orthodoxen Kirche angehörte, gab es drei Zeremonien – die beiden kirchlichen Gottesdienste und eine einfache standesamtliche Feier. Alice war gehörlos und mußte von den Lippen ablesen, um den Handlungen folgen zu können; das konnte sie jedoch nicht im Griechischen und war deshalb verwirrt und nicht immer sicher, was gerade passierte. Als der Priester sie fragte, ob sie Andreas aus freiem Willen heiraten wolle, antwortete sie mit »Nein«. Der Priester ging über den Patzer hinweg und zur nächsten Frage über: Hatte Alice ihre Hand einem anderen versprochen? In Unkenntnis ihres ersten Fehlers lächelte sie Andreas an und antwortete laut mit »Ja«.[5] Die um den Altar versammelte Familie brach in Gelächter aus, und Alice fragte sich, ob sie einen Witz verpaßt habe.

In ähnlichem Stil schloß sich der Hochzeitsempfang an. Aus Angst vor den umherrennenden kleinen Kindern hatte die betagte Großherzogin Vera von Württemberg ihre Diamanttiara mit einem Gummiband auf dem Kopf befestigt. An ihre Brille hatte sie jedoch nicht gedacht; prompt riß sie ihr ein Verwandter von der Nase. Die alte Dame, die außer verschwommenen Schatten nun nichts sehen konnte, ergriff ihre Handtasche und schleuderte sie rachsüchtig jedem, der nahe genug an ihr vorbeiging, entgegen, wobei sie einen Unbeteiligten mitten ins Gesicht schlug.[6]

Als das frisch vermählte Paar abfuhr, stachelte der Zar den Rest der Familie dazu an, Reis, Rosenblätter und Satinpantoffeln zu werfen. Der Wolseley, ein Geschenk von Alexandra und Nikolaus, fuhr langsam mit Alice und Andreas durch Darmstadts Zentrum, und die Menge jubelte ihnen zu. Alexandra stand mit der Familie vor den Toren des Palastes, als sie sah, wie ihr Mann sich durch die Menge drängte. Er drehte sich um und rief: »Kommt mit, wir können sie noch einmal erwischen!«[7] Mit der Polizei, die sich sicher war, daß er erschossen würde, auf den Fersen rannte er wie ein Verrückter durch die Straßen und erreichte den Wagen gerade, als er um die Ecke bog. Er warf Alice erst einen ganzen Beutel Reis ins Gesicht und dann noch einen Seidenpantoffel, den sie aber auffing. Alice lehnte sich nach hinten aus dem Wagen, schlug dem Zaren damit auf den Kopf und rief: »Du bist doch ein dummer alter Esel!«[8] Als Alexandra ihn schließlich einholte, stand Nikolaus mitten auf der Straße und bog sich vor Lachen.[9]

Für Alexandras Familie brachte die Jahrhundertwende Sterbefälle, Hochzeiten und ein paar Skandale, doch in ihrem Land versprachen kulturelle und soziale Umwälzungen neue und dramatische Veränderungen in der russischen Gesellschaft. Die Gewalt der Unruhen sollte sich steigern und schließlich eine ungeheure Wirkung auf den Lauf der russischen Geschichte haben.

Die größte aller russischen Künste, das Ballett, erreichte um die Jahrhundertwende ihren Höhepunkt. Marius Petipa regierte als überragender Choreograph das kaiserlich-russische Ballett; er verband die klassische Musik aus Tschaikowskijs *Schwanensee*, *Dornröschen* und dem *Nußknacker* mit den unvergleichlich eleganten Bewegungen von Mathilde Kschessinska, Waclaw Nijinskij, Tamara Karsawina und Anna Pawlowa. Deren Darbietungen hielten die Kunstwelt in Atem; trotzdem fand Sergej Diaghilew den Stil zu konservativ. Innerhalb eines Jahrzehnts sollte sein berühmtes *Ballet Russe* Europa erregen. Nijinskij tanzte in Topform zu der Musik von Igor Strawinskij und den Choreographien von Michail Fokine.

Die russische Literatur war mit den Arbeiten von Anton Tschechow, Maxim Gorkij und den Symbolisten Andrej Belij und Alexander Blok gereift. Das Moskauer Künstlertheater von Konstantin Stanislawskij führte die Werke der großen russischen Schriftsteller auf und ließ im Stil der strengen Wahrheit kein Detail aus: da wurden richtige Bäume für Waldszenen auf die Bühne gebracht; Tiere vom Bauernhof für das Bauerndorf, und Feuer, die in den Bühnenkaminen brannten und die Wohnzimmer der Helden wärmten. Kein Sänger wurde mehr verehrt als Fjodor Schaljapin, der mit seinem wundervollen Baß jede

Bühne, jedes Opernhaus beherrschte. Nach Jahren der Vorrangstellung westlicher Maler begannen die Russen, die feinen Details in Valentin Serows Licht-und-Schatten-Arbeiten, die Bildtiefe bei Ilja Repin, die Harmonie in den Gemälden von Michail Wrubel zu schätzen. Ein paar Jahre später begann Marc Chagall unter seinem Lehrer Leon Bakst in St. Petersburg zu studieren. Die russische Musik brach sich Bahn: Rimskij-Korsakow selbst dirigierte die St. Petersburger Symphoniker und gab zur gleichen Zeit Igor Strawinskij und Sergej Prokofjew Unterricht. Doch vielleicht waren die überragenden Künstler in jenen Jahren Peter Carl Fabergé, der Juwelier des russischen Hofes, und seine Mitarbeiter.

Zu jedem feineren Palast in Rußland – und bald in ganz Europa – gehörten Kunstwerke von Fabergé: etwa ein mit Perlen und Diamanten besetzter Fabergé-Fotorahmen, oder Schnupfdosen mit feinen Emailleeinlegearbeiten, die Szenen aus St. Petersburg und Moskau zeigten, Zigarettendosen aus Silber und Gold mit eingraviertem Familienwappen oder Schreibtischsets, Uhren und Klingeln, um die Diener herbeizurufen. Sein Ruf bescherte Fabergé eine internationale Kundschaft, darunter die Könige von Großbritannien, Dänemark, Griechenland und Norwegen. Aber es sind die berühmten kaiserlichen Ostereier, die Fabergé besonders bekannt gemacht haben.

Jedes Jahr zu Ostern schenkten sich die Hofangehörigen gegenseitig, russischem Brauch entsprechend, kleine Emailleeier. Zar Alexander III. beauftragte 1884 erstmals Fabergé damit, ein solches Geschenk für seine Frau Maria Fjodorowna zu gestalten. Was Fabergé lieferte, war ein bemerkenswertes Kunstwerk: eine schlichte, glatte Eierschale aus Silber, die in der Mitte aufzuklappen war und ein goldenes Inneres enthüllte. Eingebettet in dieses kleine Geschenk war ein goldener Hahn mit Rubinaugen, der sich seinerseits öffnen ließ und eine weitere Überraschung enthielt: eine Nachbildung der Kaiserkrone. Nikolaus II. führte diese Tradition in seiner Regierungszeit fort; er bestellte jedes Jahr zwei Eier, eines für seine Frau und eines für seine Mutter. Sie waren großartig. Die Gestaltung war ganz allein Fabergé überlassen. In einem Jahr erhielt Alexandra ein golden emailliertes Ei, geschmückt mit dem doppelköpfigen Adler der Romanows; als sie es öffnete, kam eine Miniaturreplik der Krönungskutsche zum Vorschein; sie war detailgetreu bis hin zu den Klappstufen zum Ein- und Aussteigen. In den folgenden Jahren erhielt Alexandra Eier in Rosa oder Blau und Silber, besetzt mit Diamanten und Perlen, mit filigranen Silber- und Platinintarsien, oder vergoldet, oder mit hauchdünnen, sehr zierlichen Mäandern aus getriebenem Gold versehen. Einmal fand sie im Inneren ein Miniaturporträt des Zaren, einmal eins ihrer Kinder, das auf Knopfdruck aus dem Ei hervorsprang, oder auch das goldene Modell eines geliebten Palastes. Ein Ei mit einem Zifferblatt enthüllte sein Geheimnis beim Stundenschlag: Ein goldener Vogel, gelb und grün emailliert, kam aus der Spitze des Eis hervor, nickte mit dem Kopf, schlug mit den juwelenbesetzten Flügeln und verschwand wieder in seiner Schale.

Am vierten Februar 1903 fand der letzte große Ball des kaiserlichen Rußland im Winterpalast statt. Es war ein »Mittelalter-Ball«, und alle Gäste erschienen in Kostümen des Adels aus vergangenen Jahrhunderten. Alexandra hatte die Kleider, die sie und Nikolaus trugen, selbst entworfen. Der Zar war als Alexej I. in ein himbeerrot-weißes Gewand gekleidet; er trug Alexejs Krone und Zepter, die extra aus der Waffenkammer des Kreml geholt worden waren. Alexandras Kleid aus mit Perlen und Smaragden besticktem Goldbrokat war einem Gewand nachempfunden, das Alexejs Frau Marja Miloslawskaja getragen hatte.[10] Um den Hals trug sie eine Fabergé-Kreation, die dieser eigens für den Ball gearbeitet hatte: eine Halskette, deren Mittelstück ein 159karätiger Saphir mit Cabochonschliff war.[11] Sie zogen durch die Säle des riesigen Palastes, Alexandra in ihrem goldenen Kleid, dessen Juwelen glitzerten – und draußen in den kalten verschneiten Straßen froren oder hungerten die Fabrikarbeiter. Es war ein sonderbares Spektakel. Während Rußlands kaiserliche Familie die großartigen Tänze und die Kostüme ihrer Vorfahren aus dem sechzehnten Jahrhundert feierte, war ihr Reich dabei, in den Abgrund zu stürzen.

18

»Ein kleiner, siegreicher Krieg«

Am Abend des 6. Februar 1904 fuhren Alexandra und Nikolaus ins Mariinskij-Theater in St. Petersburg, um einer Vorstellung der Oper *Rusalka* beizuwohnen. Als sie die blau-goldene kaiserliche Loge betraten, wandte sich ihnen die Menge zu und sang »Gott schütze den Zaren«. Niemand hier wußte zu diesem Zeitpunkt, was im Fernen Osten inzwischen geschehen war.

In Port Arthur hatte an diesem Abend der russische Vizekönig und Oberkommandierende der Streitkräfte im Fernen Osten, Admiral Jewgenij Alexejew, in einem Zimmer seines Palastes oberhalb von Port Arthur gemütlich in seinen Sessel zurückgelehnt gesessen, gelesen und seine Zigarre geraucht.[1] Kurz nach halb zwölf Ortszeit hörte er unten im dunklen Hafen gedämpfte Geräusche; Alexejew dachte sich nichts dabei und kehrte zu seinem Buch zurück.

Als Alexandra und Nikolaus das Theater verließen und in Begleitung galoppierender Kosaken in einem vergoldeten Schlitten über verschneite Brücken und Kanäle zum Winterpalast fuhren, ahnten sie noch immer nichts. Sie wollten gerade ins Bett gehen, als ein Page dem Zaren ein Telegramm von Admiral Alexejew brachte: Die Japaner unter Admiral Togo hatten die russische Pazifikflotte in Port Arthur zerstört. Ihre Torpedoboote hatten drei Schiffe versenkt, darunter den Stolz der russischen Marine, die erst einen Monat alte *Zesarewitsch*. Der Russisch-Japanische Krieg hatte begonnen.

Bis 1898 war Rußlands einziger Pazifikhafen Wladiwostok gewesen: er war ein Viertel des Jahres durch Eis blockiert. Drei Jahre zuvor war Japan in einige Gebiete einmarschiert, die Rußland schon immer gern gehabt hätte; das wichtigste von ihnen war die Hafenfestung Port Arthur in der Mandschurei. Sechs Tage nach der Besetzung von Port Arthur hatte sich Rußland offiziell beschwert, Japans Vorgehen stelle »eine ständige Bedrohung des Friedens im Fernen Osten dar«.[2] Japan hatte sich daraufhin aus Port Arthur zurückgezogen, da es zur damaligen Zeit nicht zu einer Konfrontation mit der gigantischen russischen Armee bereit war. 1898 hatte dann Rußland bei der chinesischen Regierung einen neunundneunzigjährigen Pachtvertrag für sich erwirken können.

Mit im Pachtvertrag enthalten war die westlich von Korea ins Gelbe Meer ragende Halbinsel Liautung. Die Russen bauten eine Eisenbahnlinie von Port Arthur über Mukden nach Harbin; sie hatte Anschluß an die Ostchinesische Eisenbahn und damit schließlich an die Transsibirische Eisenbahn. Nachdem sie die Schienen quer durch die Mandschurei gelegt hatten, siedelten die russischen Arbeiter und Wachen dort. Zwei Jahre später begann in Peking der Boxer-Aufstand. Als in der chinesischen Hauptstadt Ausländer angegriffen wurden, schickte der Zar russische Truppen in die Mandschurei. Auch sie blieben nach dem Boxer-Aufstand dort. Langsam begannen sie, Korea zu kolonisieren.

Eine private Gesellschaft wurde gegründet, die Yalu-Holzhandelsgesellschaft. Sie wurde insgeheim von der russischen Regierung finanziert, und ihr Hauptziel war es, als Arbeiter getarnte russische Soldaten nach Korea zu schleusen. Der Zar hatte dem Plan zugestimmt. Japan nahm diese Vorgänge bald wahr und schickte den Diplomaten Ito nach St. Petersburg, der eine Einigung auszuhandeln versuchen sollte. Doch Ito wurde von offizieller Seite nicht empfangen, und seine Bitten um eine Audienz wurden ignoriert. Verzweifelt verließ er Rußland schließlich.

Während dieser Jahre hatte Kaiser Wilhelm II. seinen Vetter Nikolaus in seiner imperialistischen Asienpolitik unterstützt und ermuntert. Wilhelm schrieb endlose Briefe an den Zaren, die auch von der »großen Mission« Rußlands in Asien und von der »gelben Gefahr« sprachen. So am 26. April und 10. Juli 1895: »Denn dies ist offenbar in

Zukunft die große Aufgabe für Rußland, seine Aufmerksamkeit dem asiatischen Kontinent zuzuwenden und Europa gegen die Eingriffe der großen gelben Rasse zu verteidigen. Darin wirst Du mich immer an Deiner Seite finden, bereit, Dir nach besten Kräften zu helfen. Du hast den Ruf der Vorsehung wohl verstanden …« Und ein paar Monate später: »… daß Europa Dir dafür danken müsse, daß Du die große Zukunftsfrage so schnell erfaßt hast, die für Rußland darin liegt, seine Aufmerksamkeit Asien zuzuwenden und das Kreuz und die alte christlich-europäische Kultur gegen Eingriffe der Mongolen und des Buddhismus zu verteidigen … und daß ich niemandem den Versuch erlauben würde, sich in Deine Sache einzumischen und Dich in Europa von rückwärts anzugreifen, während der Zeit, da Du die große Mission erfüllst, die der Himmel Dir vorgezeichnet hat …«[3]

In Rußland war man immer der Auffassung gewesen, daß die Soldaten des Zaren mit Leichtigkeit siegen würden, wenn es tatsächlich zum Krieg kommen sollte. Überall in den Marmorpalästen an der Newa wurde palavert und geprahlt; wie Stammtischstrategen protzten Generäle mit Rußlands großartiger Stärke gegenüber der Schwäche der Japaner. Man sagte, die russischen Soldaten brauchten nicht einmal einen Schuß abzugeben, um den Krieg zu gewinnen; sie müßten, um die japanischen »Affen« fertigzumachen, nur mit den Mützen nach ihnen werfen. Solches Geschwätz war zwar sehr beliebt, aber die militärische Stärke Rußlands wurde dabei stark überschätzt. Die einen kannten die Fakten nicht; andere hießen offen den Krieg willkommen, weil er von Rußlands inneren Problemen ablenken würde. Zu dieser Gruppe gehörte der Innenminister Wjatscheslaw Plehwe. Besorgt über die im ganzen Land aufkommenden Unruhen und Streiks, äußerte er einem Kollegen gegenüber: »Um die Revolution zurückzuhalten, brauchen wir einen kleinen siegreichen Krieg.«[4]

Am Neujahrstag 1904 empfingen Alexandra und Nikolaus wie jedes Jahr die Diplomaten im Winterpalast. Während die Botschafter darauf warteten, das Zarenpaar begrüßen zu können, sprachen sie untereinander vom russischen Militarismus und einem drohenden Krieg mit Japan. Als auf Silbertabletts Champagner herumgereicht wurde, nahmen die Prahlereien zu und die Androhungen von Vergeltungsmaßnahmen gegen etwaige Angriffe wurden frecher. Der Zar trat zu dem japanischen Botschafter Shinchiro Kurino und sprach in demütigendem Ton von Rußlands Geduld und seiner Stärke. Einen Monat später brach die japanische Regierung die diplomatischen Beziehungen mit dem russischen Reich ab und berief Kurino ab.[5]

Wenige Tage später unternahm Japan seinen Überraschungsangriff auf die russische Flotte in Port Arthur. Der Anfang des Krieges war durch starke patriotische Leidenschaft gekennzeichnet. Am Tag nach dem Angriff marschierten Tausende zum Winterpalast, wo der Zar und die Zarin auf dem Balkon erschienen. »Alle kamen gemeinsam – Generäle und Landstreicher marschierten Seite an Seite, Studenten mit Fahnen und Frauen mit Armen voller Einkäufe. Alle verband ein gemeinsames Gefühl. Alle sangen.«[6]

Von Beginn des Russisch-Japanischen Krieges an war Alexandra tätig. Ihre erste Anweisung war die Absage der gesellschaftlichen Saison; Feste und Bälle gehörten nicht in Kriegszeiten. Statt Empfänge zu geben, füllte Alexandra die Galerien und Salons des Winterpalastes mit langen Arbeitstischen. Die Damen nähten und strickten den ganzen Tag und zerrissen Bettücher, um sie als Verbandsmaterial dem Roten Kreuz zu schicken. Alexandra saß nähend dabei und leistete ihren Anteil an der Initiative für den Krieg. Es war aber nicht so, daß der Palast jedem offengestanden hätte: nur die Damen der feinen Gesellschaft und deren Begleiterinnen kamen und saßen mit Alexandra an den Tischen. Auch im Krieg mußte die Etikette gewahrt werden.

Wenn sie nicht die Arbeitsgruppen im Winterpalast beaufsichtigte, stand Alexandra an der Seite ihres Mannes an den Bahnhöfen von St. Petersburg, um die Soldaten zu verabschieden. Eine Blaskapelle spielte aufmunternde Marschmusik, während die Zarin Heiligenbildchen an die vor ihr niederknienden Soldaten verteilte. Sie bestiegen dann Züge, die auf dem Gleis der Transsibirischen Eisenbahn davondampften. Was immer die Russen in den Krieg schickten – jeder Soldat, jedes Gewehr, jeder Bissen Verpflegung – reiste auf einem einzigen, über 9000 Kilometer langen Gleis. Die Japaner waren nur wenige hundert Kilometer von den Kämpfen in Korea entfernt. Was aber noch entscheidender war: in der Nähe des Baikalsees gab es auf etwa 100 Kilometern keine Schienen, da die Transsib noch nicht fertig war.

Der gesamte russische Transport mußte abgeladen, auf Schlitten verfrachtet, dann drei Tage lang über Hügel und Täler gebracht und am anderen Ende wieder umgeladen werden.

Obwohl der Krieg mit patriotischem Eifer begonnen wurde, verlor er bald die öffentliche Unterstützung. Unruhe verwandelte sich in Gewalt gegen alles Offizielle. Innenminister Plehwe war der vielleicht meistgehaßte Mann in Rußland, und es war unvermeidbar, daß sich die Unzufriedenheit gegen ihn wandte. Im Juli 1904 wurde Plehwe ermordet. Der Londoner *Daily Telegraph* beschrieb das Attentat:

»Plötzlich bebte der Boden vor mir, ein enormes Krachen, wie Donner, machte mich fast taub, die Fenster auf beiden Seiten der breiten Straße klapperten, und die Fensterscheiben wurden auf die Gehwege geschleudert. Ein totes Pferd, ein See aus Blut, Teile einer Kutsche und ein Loch im Boden waren meine ersten Eindrücke. Mein Fahrer lag demütig betend auf den Knien und meinte, das Ende der Welt sei gekommen. Ich stieg aus und ging auf das Loch zu, aber ein Polizist befahl mir umzukehren, und auf meine Frage antwortete er, daß der Minister Plehwe in Stücke gerissen worden sei ...«[7]

Mit der Fortdauer des Krieges begann die Regierung zu zerfallen. Der britische Attaché in St. Petersburg schrieb:

»Jeder Minister handelt eigenmächtig und schadet den anderen Ministern so viel wie möglich ... Es ist ein sonderbarer Zustand. Es existiert ein Kaiser, ein religiöser Irrer beinahe – ohne einen Staatsmann oder wenigstens einen Beraterstab –, der umgeben ist von einer Legion von Großfürsten, fünfunddreißig an der Zahl, von denen keiner im Krieg ist ... Dazu ein paar Priester und priesterliche Frauen hinter ihm. Keine Mittelschicht ... eine unterbezahlte Bürokratie, die zwangsläufig von der Korruption lebt. Darunter ungefähr 100 Millionen Menschen, die langsam immer ärmer werden, weil sie die ganze Last der Besteuerung tragen, und die jetzt zu Tausenden zur Armee eingezogen werden ...«[8]

Finanzminister Witte hatte in einer Unterredung mit dem Zaren vorausgesagt, daß »ein bewaffneter Kampf mit Japan ... eine Katastrophe wäre ...«. Es würde, sagte er »die latente Unzufriedenheit mit unserer Innenpolitik« zu politischer Gewalt herausfordern.[9]

Die russische Armee übertraf zahlenmäßig mit drei Millionen Mann Japans 600000, aber nur 133000 russische Soldaten waren wirklich in Korea.[10] Die Russen setzten ihre Hoffnung auf die Marine, die drittgrößte der Welt nach der Englands und Frankreichs. Admiral Stefan Markow, der Oberbefehlshaber der Flotte, versuchte sein Flaggschiff, die *Petropawlowsk*, in sicherere Gewässer zu bringen. Das Schiff steuerte aus Port Arthur heraus direkt auf eine japanische Mine und sank mit siebenhundert Mann, Markow eingeschlossen.

Im Herbst 1904 hatten die Japaner Port Arthur eingeschlossen. Es entwickelte sich ein Kampf Mann gegen Mann um jeden Meter. Die russischen Verluste waren erschreckend, doch die Soldaten verteidigten sich heldenmütig gegen den Ansturm der Japaner. Im Januar 1905 fiel Port Arthur. Die Aufgabe dieses wertvollen Hafens hatte eine demoralisierende Wirkung auf die Soldaten. Desertionen war an der Tagesordnung. Im eisigen Winter drängten sich die übriggebliebenen Soldaten, in zerlumpte Decken gehüllt, um kleine Feuer und aßen das wenige, was an Verpflegung ankam – wenn etwas kam. Eine Geschichte, die die Gräfin Marie Kleinmichel erzählte, verdeutlicht die Ernüchterung der Armee und die Gleichgültigkeit der Offiziere. Ein Oberst saß mit seiner Frau und seinen Kindern in einem Privatabteil eines Zuges, der in den Krieg fuhr. Ein Offizier klopfte an die Tür, um den Oberst darüber zu informieren, daß seine 120 Männer in einem Viehwaggon zusammengepfercht waren, der so eng war, daß sie sich weder hinsetzen noch hinlegen konnten. Der Wagen war nur für ein Drittel der Männer vorgesehen. Sie hatten nicht einmal Wasser zu trinken. Der Oberst sagte, er würde sich um die Sache kümmern und entließ den Offizier. Eine Stunde verging. Der Offizier kehrte zum Abteil zurück und sagte, wenn der Oberst auch mit seinem Abteil zufrieden sein möge, seine Männer würden wie Tiere behandelt. Sofort verhaftete der Oberst seinen Offizier wegen »Insubordination«, woraufhin der Mann einen Schwall von Beschimpfungen gegen seinen Vorgesetzten losließ. Der Oberst zog seinen Säbel, schlug zu und traf eine Arterie. Als die Soldaten hörten, was geschehen war, brachen sie aus ihrem Gefängnis aus, stürmten in das Privatabteil des Obersten, übergossen ihn vor den Augen von Frau und Kindern mit Benzin und verbrannten ihn bei lebendigem Leibe.[11]

Wilhelm II. drängte den Zaren, die russische Ostseeflotte zum Kampf gegen die »Gelbe Gefahr« um die halbe Welt zu schicken. Nach vielen Überlegungen und Beratungen mit dem befehlshabenden Admiral Sinowij Roschdjestwenskij beschloß der Zar, sie loszuschicken. Es war ein Versuch in letzter Minute – alle russischen Hoffnungen konzentrierten sich auf den Erfolg der Flotte. Wie um das zu betonen, waren alle Schiffe Roschdjestwenskijs vom Zaren persönlich gesegnet worden; ein jedes hatte Nikolaus' Porträt und eine von der Zarin übersandte Ikone an Bord; die großen Kanonen waren sogar einzeln mit Weihwasser besprengt worden.[12]

Die Flotte fuhr durch die Ostsee in die Nordsee. Die Russen, die einen weiteren Überraschungsangriff wie in Port Arthur befürchteten, waren auf der Hut. Sie waren sogar so weit gegangen, einen gewissen Kapitän Hartling dafür zu bezahlen, daß er mit neun Schiffen und einem enormen Spesenkonto die Gewässer im Auge behielt. Kapitän Hartling zog es allerdings vor, in einer Hotelsuite in Kopenhagen zu sitzen; von dort schickte er falsche Berichte ab, daß es in der Nordsee von japanischen Torpedobooten wimmelte, was die russische Paranoia weiter anheizte.[13]

Eines Nachts in der Nähe der Doggerbank erspähte der Ausguck auf der *Kamtschatka* ein Schiff im Nebel. Der Wachposten zweifelte nicht, daß dies ein japanisches Schiff war, und schlug Alarm. Besatzung und Offiziere der *Kamtschatka* waren überwiegend betrunken; der Kapitän stolperte auf die Brücke und befahl, das Feuer zu eröffnen. Fast dreihundert Granaten flogen durch die Nacht und versenkten einen winzigen britischen Fischkutter.[14]

Andere russische Schiffe, die den Kanonendonner durch die Nacht hallen hörten, feuerten ebenfalls. Die Granaten trafen mehrere Fischerboote und töteten zwei Männer. In der folgenden Stille entdeckten die Russen bald ihren Fehler; aber anstatt Überlebende aufzunehmen, befahl Roschdjestwenskij seinen Schiffen Volldampf voraus. Inzwischen waren zwei russische Schiffe, die *Aurora* und die *Dimitrij Donskoj*, in ihr eigenes Gefecht verwickelt. Jeder dachte, das andere sei ein japanisches Schiff. Die *Dimitrij Donskoj* feuerte sechs Granaten auf die *Aurora* und verletzte dabei mehrere Besatzungsmitglieder und schoß dem Schiffsgeistlichen eine Hand weg.[15]

England war außer sich. Der Zar war nicht in der Laune, sich zu entschuldigen, und erst nachdem die britische Regierung Kreuzer hinter der russischen Ostseeflotte hergeschickt hatte, gab Nikolaus nach. Er wollte mit niemandem außer Japan eine Seeschlacht anfangen und stimmte zu, die Angelegenheit zur Schlichtung vor den Internationalen Gerichtshof in Den Haag zu bringen.[16] Rußland zahlte schließlich fünfundsechzigtausend Pfund Schadenersatz.[17]

Am Nachmittag des 27. Mai 1905 erreichte die Ostseeflotte die Straße von Tsuschima oder Koreastraße; acht Schlachtschiffe führten den Verband an. Der japanische Admiral Heihachiro Togo hatte seine Schiffe in einem Halbkreis an der Einfahrt zu der Meerenge postiert.[18] Als die Russen gegen 14 Uhr auf sie zufuhren, gab Togo Befehl zu feuern. Die Geschosse trafen die Russen von drei Seiten und rissen ihre Schiffe entzwei. Das Sperrfeuer dauerte eine Dreiviertelstunde. Die Russen verloren zwanzig größere Kriegsschiffe, und mehr als viertausenddreihundert Matrosen wurden getötet.[19]

Der Krieg mit Japan war so gut wie vorbei. In weniger als einer Stunde hatte die »Gelbe Gefahr« Rußlands Hoffnungen auf einen Sieg beendet. Es existierte keine Armee mehr, die Soldaten waren zu Tausenden desertiert und die kaiserlich-russische Flotte lag am Grunde des Meeres vor Korea.

Der amerikanische Präsident Theodore Roosevelt lud zur Friedenskonferenz in Portsmouth, New Hampshire ein. Der Zar schickte Sergej Witte zum Aushandeln der Bedingungen. Nikolaus' Instruktionen folgend stellte er den Japanern ein Ultimatum: Nehmen Sie die Bedingungen Rußlands für einen Frieden an, oder setzen Sie den Krieg fort. Zwar gingen die Japaner als Sieger in die Verhandlungen, aber der Zar wußte, daß sie finanziell nicht in der Lage waren, den Krieg fortzusetzen. Verärgert über den diplomatischen Schachzug, aber ohne Alternative, stimmte Japan den Forderungen Rußlands widerwillig zu.

Der Vertrag von Portsmouth erkannte Japan ein paar Vorteile zu, rang Rußland jedoch keine großen Nachteile ab. Japan erhielt Port Arthur, Talienwan und die südmandschurische Eisenbahn sowie Südsachalin, und Rußland erkannte die Vorherrschaft Japans in Korea und der Südmandschurei an.[20] Diese japanischen Gewinne waren für Rußland jedoch nur unbedeutende Verluste. Rußland behielt weiterhin Nordsachalin, ein Gebiet, um dessen Besitz Japan zäh gerungen hatte. Die meisten seiner Territorialgewinne und Gebietsvorteile im Fernen Osten blieben erhalten, und Rußland brauchte keine Wiedergutmachung zu zahlen, da Japan den Krieg begonnen hatte. Als

diese Bedingungen in Japan verkündet wurden, zogen Menschenmassen protestierend durch die Straßen, weil sie sie als Beleidigung
empfanden.

In fünfzehn Monaten hatte Japan – das barbarische, heidnische
Japan – das mächtige christlich-orthodoxe russische Reich in die Knie
gezwungen. Die Niederlage war demütigend. Ein Viertel der nach
Korea geschickten Männer kehrte nicht zurück und die kaiserlich-
russische Marine war versunken und verloren. Der Krieg scheint der
Zarin sehr zu Herzen gegangen zu sein. Als das Telegramm eintraf,
das die Zerstörung der Flotte bei Tsuschima meldete, brach sie zusammen und weinte stundenlang, so hart traf sie dieser Schlag.[21] Für die
Autokratie war die Niederlage eine Schande. Im ganzen Land herrschte inzwischen das Chaos, und Rußland befand sich mitten in einer
Revolution.

19

Der Blutsonntag

Am 6. Januar 1905 war es extrem kalt in St. Petersburg. Der Schnee fiel in dichten Flocken und breitete eine weiße Decke über die Barockpaläste und Goldkuppeln der Kirchen. Priester in goldenen Gewändern schritten über den roten Teppich, der auf dem Schnee ausgelegt war, sie schwenkten silberne Kreuze und Weihrauchgefäße und sangen alte Segensformeln. Der Zar folgte ihnen zum Kai der zugefrorenen Newa. Über einem ins Eis geschlagenen Loch erhob sich ein goldener Baldachin. Ein Priester tauchte ein silbernes Kreuz in das kalte Wasser, segnete es und hob es wieder heraus. Auf der anderen Seite der Newa standen die Kanonen der Peter-und-Pauls-Festung bereit, zur Zeremonie der Wasserweihe Salut zu schießen. Kanonendonner zerriß den Himmel. Dann Ungläubigkeit in den Gesichtern der Priester und des Zaren, als eine Granate aus der Festung neben dem roten Teppich einschlug. Pflastersteine flogen durch die Luft und trafen einen Polizisten. Die Ungläubigkeit verwandelte sich in Entsetzen, als eine zweite Granate das Gebäude der Admiralität auf der anderen Seite des Platzes traf. Die Menschen – Höflinge, Bauern, Polizisten – liefen in alle Richtungen auseinander. Ein drittes Geschoß aus der Festung ging in die säulengeschmückte Fassade des Winterpalastes. Alexandra stand neben ihrer Schwiegermutter an einem der hohen Fenster des Palastes. Sie trug ein weißes Hofgewand und eine Diamanttiara. Entsetzt sah sie den ersten Schuß ein paar Meter von ihrem Mann entfernt einschlagen. Panik und Verwirrung folgten, und während sich die Flure des Palastes mit besorgten Beamten füllten, donnerte der zweite, dann der dritte Schuß. Plötzlich bebte der Boden unter den Füßen der Zarin, die Glasfenster splitterten, und ein Teil der Außenwand des Palastes bröckelte. Alexandra und Maria Fjodorowna waren beide mit Glassplittern und Staub bedeckt, aber unverletzt. »Ich wußte, daß mich jemand umbringen wollte«, sagte der Zar später. Trotzdem blieb er während des Bombardements auf seinem Platz. Er sagte: »Was hätte ich sonst tun sollen?«[1]

Es war ein Wunder, daß es außer dem toten Polizisten keine weiteren Opfer gab. Eine offizielle Untersuchung der am Dreikönigstag 1905 abgefeuerten Schüsse ergab, daß jemand versehentlich die Kanonen mit scharfer Munition anstatt mit den sonst üblichen Platzpatronen geladen haben mußte. Ob absichtlich oder zufällig: Die Schüsse erwiesen sich als die ersten der Revolution von 1905.

Georgij Gapon, ein junger Priester von vierunddreißig Jahren, betrachtete sich als eine Führungspersönlichkeit. Gapon war nicht nur Priester, sondern auch Informant der Polizei. Die von ihm gegründete Gewerkschaft, die Vereinigung russischer Fabrik- und Werksarbeiter, setzte sich für bessere Lebens- und Arbeitsbedingungen ein, und daher war er bei den Armen von St. Petersburg sehr beliebt.[2] Gapons Idealismus zeigte sich, als er den Arbeitern sagte, daß nicht der Zar für Rußlands Unglück verantwortlich sei, sondern die Fabrikbesitzer und andere Kapitalisten. Wenn das Väterchen nur wüßte, wie seine Untertanen wirklich lebten, argumentierte der Priester, dann würde Nikolaus ihnen helfen.

Auf dem Höhepunkt des Krieges mit Japan standen fast eine Viertelmillion Arbeiter in St. Petersburg unter der Leitung Gapons. Am 16. Januar 1905, kurz nachdem Port Arthur gefallen war, traten die Arbeiter der Putilow-Eisenwerke wegen der Entlassung von vier Kollegen in den Streik; innerhalb von fünf Tagen hatten 150 000 Arbeiter, Mitglieder der Gewerkschaft Gapons, ihre Arbeit niedergelegt, um daran teilzunehmen.[3]

Der Priester verbrachte diese Woche damit, die Arbeiter zu besuchen; er ging durch Matsch und Schnee von Hütte zu Hütte, von Gosse zu Gosse. Was er erblickte, überzeugte ihn von neuem davon, daß etwas unternommen werden müßte: Unterernährte und kranke

Kinder lagen auf »Betten« aus Stroh und Lumpen; Männer und Frauen, die nur mit Fetzen bekleidet waren, beugten sich weit über ihr offenes Feuer, um sich warm zu halten; tote Kinder waren unter einem Tisch oder einem Stuhl versteckt. Und überall Krankheit und Hunger. Jedem sagte Gapon das gleiche: Am nächsten Sonntag würde er einen Bittgang von Tausenden von Arbeitern zum Winterpalast anführen. Dort wollte Gapon zum Zaren auf den Balkon gehen und ihm eine Petition übergeben mit der Forderung nach einer verfassunggebenden Versammlung, nach allgemeinem Wahlrecht, nach allgemeiner Bildungsmöglichkeit, nach Trennung von Kirche und Staat, nach einer Einkommensteuer, einer Amnestie für alle politischen Gefangenen, Mindestlöhnen und nach einem Acht-Stunden-Arbeitstag.[4] Wenn der Zar nicht darauf einginge, so stand in der Bittschrift, »werden wir sterben, hier, auf diesem Platz, vor Ihrem Palast«.[5]

Die Regierung unter der Führung von Innenminister Prinz Swjatopolk-Mirskij – der den ermordeten Plehwe ersetzte – hatte Unzufriedenheit erwartet. Der Minister hatte deshalb schon im Dezember ein Dekret aufgesetzt und von Nikolaus unterschreiben lassen, das einzelne Zugeständnisse machte und der Beschwichtigung dienen sollte. Was die Menschen anstelle der erwarteten Reformen erhielten, war jedoch kaum der Rede wert: eine staatliche Versicherung für die Arbeiter, weniger Einmischung von seiten der Regierung, und eine Angleichung der legalen Stellung nationaler und religiöser Minderheiten.[6] Die Demonstration wurde nicht ausgesetzt.

Swjatopolk-Mirskij ließ die Polizei verstärken und gab Anweisung, die Arbeiter unter keinen Umständen an den Winterpalast herankommen zu lassen. Soldaten sollten an strategischen Punkten auf dem Weg zum Schloßplatz stationiert werden. Der Zar wurde über die Einzelheiten erst am Samstagabend unterrichtet. Die Arbeiter glaubten, er würde wie gewöhnlich in St. Petersburg sein; aber die *Saison* war ja wegen des Krieges abgesagt worden, und bei der wachsenden Unruhe in der Stadt fühlte sich die kaiserliche Familie nur in Zarskoje Selo oder in Peterhof sicher. Nikolaus hatte zwar mit dem Gedanken gespielt, die Demonstranten zu empfangen, war aber schließlich zu dem Schluß gekommen, daß es besser sei, ihre Hoffnungen gar nicht erst zu nähren.

Am Sonntagmorgen, dem 22. Januar 1905, war es kalt in St. Petersburg. Schneewehen hatten sich an den Straßen und Kanälen gebildet. Die Stadt war erstarrt, die Gassen still; das einzige Geräusch, das man hörte, waren die Kirchenglocken in den goldenen Türmen, die die Gläubigen zum Gebet riefen. Ein eisiger Wind kam auf, als sich die Arbeiter sammelten und auf den Weg machten. Sie waren in erwartungsvoller Stimmung und trugen ihre besten Mäntel und Mützen, die sorgfältig geflickt waren, um die Kälte abzuhalten. Gut vermummt und eingepackt trugen sie Ikonen, Kirchenfahnen und Porträts des Zaren mit sich. Kleine Gruppen von Arbeitern wuchsen zu größeren Mengen heran, dann, als sie sich dem Winterpalast näherten, zu mitreißenden Massen. Gapon marschierte voran; es war fast 14 Uhr als die Massen auf dem Platz zusammentrafen. Die Arbeiter sangen Choräle und »Gott schütze den Zaren«.[7]

200 000 Arbeiter marschierten auf die lange Fassade des Winterpalastes zu. Dort standen steif und unnachgiebig Soldaten der Preobraschenskij-Garde im Schnee und schützten den Eingang zum Palast. Man hatte ihnen erzählt, die Arbeiter wollten die kaiserliche Familie ermorden und den Winterpalast zerstören.[8] Schreckschüsse, die die Soldaten in die Luft feuerten, verwirrten die Arbeiter. Anstatt zurückzuweichen, drängten sie vorwärts, über den verschneiten Platz auf die Reihe der bewaffneten Männer zu. Es wurden weitere Schüsse in die Luft abgegeben – erst mit Schreckschußmunition, dann mit scharfer Munition. Dann senkte ein Soldat nach dem anderen sein Gewehr und schoß in die Menge. In den folgenden Minuten zerfetzten die Kugeln Männer, Frauen und Kinder, Fahnen, Ikonen und Zarenbilder, und der weiße Schnee färbte sich rot. Schreien, Weinen und Stöhnen stieg vom Platz auf. Das war das Massaker vom 22. Januar 1905 – der »Blutsonntag«.

Offiziell wurde die Zahl der Todesopfer mit zweiundneunzig angegeben, die der Verwundeten mit mehreren Hundert.[9] Die tatsächlichen Zahlen waren viel größer, da in ganz St. Petersburg Arbeiter auf ihrem Weg zum Winterpalast erschossen worden waren. Ob zweiundneunzig oder tausend Tote, St. Petersburg war erschüttert. Gapon überlebte das Massaker; in seiner Stellungnahme aus einem Versteck heraus nannte er den Zaren einen »Seelenmörder«, der »mit dem unschuldigen Blut von Arbeitern, ihren Frauen und Kindern« besudelt sei.[10] Obwohl der Zar Swjatopolk-Mirskij entließ, wurde doch der Thron schließlich verantwortlich gemacht. Die unglaublich gefühllose Stellungnahme des Großfürsten Wladimir gegenüber einem Londoner Zeitungsreporter war dem Ansehen der kaiserlichen Familie auch nicht gerade förderlich. Über die Tragödie befragt, erstarrte der Großfürst und antwortete kühl: »Wir haben die Versammlung verhindert.«[11]

Alexandra war niedergeschmettert. Nikolaus war ihr kein Trost, denn der Zar war selbst tief deprimiert. Sie schrieb ihrer Schwester Viktoria einen langen Brief, um ihr Herz auszuschütten:

»Du weißt ja, welche Krise wir durchleben. Es ist wirklich eine Zeit voller Prüfungen. Das Kreuz, das mein armer Nicky zu tragen hat, ist ein schweres, um so mehr, als er niemanden hat, auf den er sich ganz und gar verlassen kann und der ihm wirklich Hilfe spenden kann. Er hat so viele bittere Enttäuschungen hinnehmen müssen, aber er ist immer tapfer geblieben und voll des Glaubens an Gottes Gnade. Er bemüht sich so sehr, arbeitet mit solcher Ausdauer, aber der Mangel an ›guten Männern‹, wie ich sie nenne, ist sehr groß. Natürlich gibt es die irgendwo, aber es ist schwer, an sie heranzukommen. Die schlechten sind immer zur Hand, die anderen bleiben wegen falschverstandener Bescheidenheit im Hintergrund. Wir werden versuchen, mehr Leute zu empfangen, aber das ist schwierig. Auf den Knien bete ich zu Gott, er möge mir die Weisheit geben, ihm bei dieser schweren Aufgabe zu helfen. Ich zermartere mir das Gehirn, um einen geeigneten Mann zu finden und kann es nicht; es ist ein Gefühl der Verzweiflung. Der eine ist zu schwach, der andere zu liberal, der dritte zu beschränkt, und so weiter. Zwei sehr intelligente Männer haben wir, und beide sind gefährlich und nicht loyal. Der Innenminister richtet den größten Schaden an – er proklamiert große Dinge, ohne sie gründlich vorbereitet zu haben. Es ist wie bei einem Pferd, das sehr kurz gehalten wurde, und dann läßt man plötzlich die Zügel los. Es steigt und keilt aus, und es ist äußerst schwer, es wieder an den Zügel zu bekommen, bevor es die anderen mit sich in den Graben gerissen hat. Reformen können nur vorsichtig, mit größter Sorgfalt und Vorausschau gemacht werden. Nun sind wir überstürzt in die Sache hineingetrieben worden und können nicht mehr zurück. All dieses Durcheinander ist seiner unverzeihlichen Dummheit zu verdanken, und er will einfach nicht glauben, was Nicky ihm sagt, hat eine andere Sichtweise. Es steht schlecht, und es ist schrecklich unpatriotisch, revolutionäre Ideen auf den Tisch zu bringen, wenn wir mitten im Krieg stecken. Die armen, völlig irregeleiteten Arbeiter mußten leiden, und die Organisatoren haben sich wie üblich hinter ihnen versteckt. Glaube nur nicht allen Horrorgeschichten der ausländischen Presse. Sie lassen einem die Haare zu Berge stehen – gemeine Übertreibungen. Ja, die Truppen waren schließlich gezwungen, zu feuern. Wiederholt hatte man der Menge gesagt, daß sie sich zurückziehen solle, daß Nicky nicht in der Stadt sei (da wir in diesem Winter hier wohnen) und daß man würde schießen müssen, doch sie wollten einfach nicht hören und so kam es zum Blutvergießen. Im Ganzen wurden 92 getötet und 200 bis 300 verwundet. Es ist eine grausige Sache, aber hätte man es nicht getan, dann wäre die Menge gigantisch geworden und 1000 wären zerdrückt worden. Es verbreitet sich natürlich über das ganze Land. Die Bittschrift enthielt nur zwei Fragen, die die Arbeiter betrafen, der Rest war grauenhaft: Trennung der Kirche vom Staat, etc. etc. Hätte eine kleine Deputation ruhig eine wirkliche Bittschrift zum Wohle der Arbeiter überbracht, wäre alles anders gekommen. Viele der Arbeiter waren verzweifelt, als sie später hörten, was die Petition enthielt, und baten darum, unter dem Schutz der Truppen wieder arbeiten zu dürfen. Petersburg ist eine verkommene Stadt, nicht ein Jota russisch. Das russische Volk ist tief und treu seinem Herrscher ergeben, und die Revolutionäre benutzen sogar seinen Namen, um die Menschen gegen die Eigentümer etc. aufzustacheln, aber ich weiß nicht, wie. Wie ich mir wünschte, ich wäre klug und könnte wirklich helfen. Ich liebe mein neues Land. Es ist so jung, so stark und hat so viel Gutes, nur ist es auch kindlich und ganz und gar nicht im Gleichgewicht. Der arme Nicky hat ein bitterschweres Leben. Hätte sein Vater mehr Leute um sich versammelt, hätten wir genug, um die notwendigen Posten zu besetzen; nun gibt es nur alte Männer oder ganz junge, niemanden, an den man sich wenden könnte.«[12]

Zur Zeit des Blutsonntags war Alexandra eindeutig der Meinung, daß sie ihrem Mann gegenüber eine Pflicht hatte – ihn bei der Ausübung seiner Aufgaben zu leiten. Alexander III. habe nicht genügend dafür getan, daß sein Sohn verläßliche Männer hatte, sagte Alexandra, deshalb müsse sie Nikolaus in dieser schwierigen Situation helfen. Täglich erbat sie »Weisheit« von Gott und »zermarterte [sich] das

Gehirn«, um ihrem Mann bei politischen Entscheidungen und der Wahl der Minister zu helfen.

Das ist ein wichtiger Punkt, denn es ist immer angenommen worden, daß sich die Zarin bis zum Ersten Weltkrieg nicht aktiv an der Politik beteiligt habe. Aber solche Zeugnisse lassen vermuten, daß eher das Gegenteil zutraf, daß Alexandra in gewissen Dingen ihren beträchtlichen Einfluß schon geltend machte. Sicherlich wandte sie sich, als sie sich von der Gesellschaft und die Gesellschaft sich von ihr zurückzog, dem Zaren zu, suchte seine Nähe und seinen Schutz und isolierte auch ihn in zunehmendem Maße. In Anbetracht eines derart abgegrenzten familiären Rahmens wäre es unrealistisch zu behaupten, daß sie Nikolaus ihre Ansichten nicht deutlich gemacht hätte. Er war so auch weniger den Meinungen von außerhalb ausgesetzt. Unter diesen Umständen wurde Alexandras Einfluß erschreckend groß.

Ihre Einflußnahme auf den Zaren gründete sich nicht, wie man vermuten könnte, auf Erfahrungen ihrer Kindheit, sondern auf den Sommer 1894, als Großfürst Sergej, Ellas Mann, ihr Vorträge über die russische Selbstherrschaft gehalten hatte. Von Sergej hatte sie die Prinzipien der Autokratie und der mystischen Natur des Zarenamtes übernommen.[13] In den zwei darauffolgenden Jahren scheint sie eine Wandlung zu einem unglaublich konservativen und beschränkten Standpunkt durchgemacht zu haben. Zur Zeit ihres Besuches in Balmoral 1896 war Alexandra schon ganz von der Notwendigkeit überzeugt, die Autokratie beizubehalten und zu bewahren.[14]

Sie hatte den Thron des kaiserlichen Rußland mit einem tief in der konstitionellen Monarchie Englands verwurzelten politischen Erbe bestiegen. Auch in Hessen hatten ihr Vater und ihr Bruder wenige politische Vorrechte besessen. In Rußland war die Zarin aber mit einem Mann verheiratet, der als halb göttlich angesehen wurde, und sie selbst wurde verehrt und hatte eine erhabene Position. Das erwies sich tragischerweise als eine beeindruckende Erfahrung für sie. Sie hatte als Kind in ihrer eigenen Familie Pomp, Glanz und Ehrerbietung kennengelernt, aber im Vergleich zu Rußland verblaßte alles. Die Paläste, die Juwelen, die Huldigung, die orthodoxe Kirche, die byzantinische Üppigkeit am Zarenhof – alles wirkte sich von Alexandras ersten Tagen als Kaiserin an auf ihre Einstellung aus.

Königin Viktoria hatte das kommen sehen. 1884, als Ella den Großfürsten Sergej heiratete, hatte die Königin die Hoffnung geäußert, daß
»die liebe Ella nicht durch all die Bewunderung und Verherrlichung
und all dieses Glitzern der Juwelen und die Größe verwöhnt werde«.[15] Die Königin hatte erkannt, welche Wirkung die Atmosphäre
am russischen Hof auf ihre Enkelinnen haben konnte, und ihre
schlimmsten Befürchtungen wurden im Leben Alexandras wahr.

Im Laufe der Jahre veränderten sich Alexandras Ansichten weiter.
Sie entwickelte eine zunehmend hermetische und reaktionäre Sichtweise der Lage in Rußland. Sie vergaß ihr englisches Erbe nie; aber
irgendwann verband die Zarin mit England nur noch Sommerferien
in Osborne oder Windsor, Familienessen in London und Picknicks in
Balmoral, nicht, wie Almedingen betonte, den Liberalismus von
»Whitehall oder Westminster«.[16]

Ihr Glaube an die Autokratie als eine von Gott errichtete Institution war sehr real. Mit diesen Gedanken im Kopf vergaß Alexandra
schnell die Realitäten einer Volksmonarchie, die Notwendigkeit, die
Unterstützung und Zuneigung des Volkes zu gewinnen. Sie glaubte
fest daran, daß die »wahren« Russen die kaiserliche Familie allein
wegen ihrer Position schon liebten. Sie begriff nicht, daß sie, wenn
sie schon nicht die Unterstützung des Volkes zu gewinnen trachtete,
doch dafür sorgen mußte, keinesfalls seine Abneigung zu erregen. Sie
hatte einmal an Königin Viktoria geschrieben: »Rußland ist nicht England. Hier ist es nicht nötig, Anstrengungen zu unternehmen, um
öffentliche Zuneigung zu gewinnen.«[17] Für die Zarin war diese Einstellung bequem, denn sie fühlte sich immer unwohl, wenn sie Fremde bezaubern mußte. Ihre selbstauferlegte Isolierung, verbunden mit
ihrer zunehmend reaktionären Einstellung, machte Alexandra zu
einer gefährlichen Beraterin ihres Mannes. Aufgeklärtes Denken und
Reformen fanden in ihrem Gedankengebäude keinen Platz. Für sie
war ihr aristokratisches Privileg durch die Stelle, an die Gott sie
gestellt hatte, gerechtfertigt. Jeder Versuch, in das Privileg, in die
Immunität einzubrechen, wurde als Angriff auf ein System angesehen, das Gott zur Erhaltung des russischen Staates errichtet hatte.

Alexandras Einschätzung Rußlands war eindeutig unrealistisch; sie
hatte vieles falsch verstanden. Ihr Unvermögen, die politischen und
sozialen Realitäten des Landes zu begreifen, führten zur Zeit des Blut-

sonntags zu deutlich umrissenen Bildern von »uns« und »ihnen«, dem festen Glauben daran, daß die »wahren« Russen nicht in den Städten, sondern auf dem Land lebten: glückliche, wohlhabende Bauern, die zufrieden blühende Felder beackerten und ihrem Herrscher sklavisch ergeben waren. Sie würde diese letzte Illusion bald zerstört sehen.

20

1905

Es war der 17. Februar, als Großfürst Sergej Alexandrowitsch, Schwager von Alexandra und Onkel von Nikolaus, um drei Uhr nachmittags schnellen Schrittes seine Wohnung im Kreml verließ. Er war schlechter Laune. Es waren noch keine vier Wochen seit dem Blutsonntag vergangen. Nach dem Massaker in St. Petersburg hatte es in Moskau gewalttätige Unruhen gegeben. An der Moskauer Universität demonstrierten und randalierten die Studenten, und Tausende marschierten mit Parolen gegen den Krieg und gegen die Monarchie durch die Straßen. Großfürst Sergej, der Generalgouverneur von Moskau, hatte hilflos zusehen müssen, wie die Unruhen die ehemalige Hauptstadt überrollten. Da er die Lage nicht unter Kontrolle halten konnte, war Sergej von seinem Amt zurückgetreten. Er bestieg nun eine alte, mit grauer Seide ausgekleidete Berline und machte sich quer über den Platz auf den Weg zu einem letzten offiziellen Treffen.[1]

Sergej Alexandrowitsch war immer einer der meistgehaßten Romanows gewesen. Die Öffentlichkeit verachtete ihn wegen seines kalten, reaktionären Auftretens, und Sergej war auf seine verdrehte Art stolz zu wissen, wie verhaßt er war. Er war gegen jede Form von Liberalismus, aber sein stärkster Haß richtete sich gegen die russischen Juden. Er war entschlossen, sie alle aus Moskau zu vertreiben. 1891 war Sergej zum Generalgouverneur der Stadt ernannt worden. »Mein Bruder Sergej möchte nicht nach Moskau gehen, bevor nicht alle Juden hinausgeworfen sind«, soll Alexander III. zu seinem Innenminister Iwan Durnowo gesagt haben.[2] Sergejs erste offizielle Hand-

211

lung war die Ausweisung von rund zwanzigtausend Juden aus Moskau gewesen. Danach erließ er ein Gesetz gegen die allgemein übliche Praxis, daß Juden während ihrer Ausbildung christliche Namen annahmen.[3] Jüdischen Immigranten verbot er, sich in Moskau niederzulassen; die einzige Ausnahme bildeten junge Mädchen, denen Sergej per Dekret erlaubte, in der Stadt zu leben, wenn sie sich offiziell als Prostituierte registrieren ließen.[4]

Sergej war nicht allein. Konservative Moskauer bewunderten seine Festigkeit im Umgang mit den vielen inneren Problemen der Stadt. Es ist sogar behauptet worden, er habe in Wirklichkeit unter dem Einfluß starker politischer Kräfte gestanden, gegen die er machtlos war, und diese Kräfte seien verantwortlich gewesen für die Politik, die Sergej so unbeliebt machte.[5] Allerdings scheint keine der zur Verfügung stehenden Quellen diese Sichtweise zu unterstützen, und in den Augen der Öffentlichkeit war es jedenfalls der Großfürst, dem die ganze Schuld für die von ihm angewandten repressiven Maßnahmen zugeschoben wurde.

Seine eigene Familie betrachtete Sergej ebenfalls mit Mißfallen. Der Großfürst trug gern ein Korsett, und jüngere Familienmitglieder versuchten immer, die Stangen durch Sergejs Kleidung hindurch zu ertasten, was ihn maßlos ärgerte.[6] Er war eitel, engstirnig und unsensibel, und immer wieder wurde gemunkelt, er sei sexuell sadistisch veranlagt oder, schlimmer noch, homosexuell.[7] Alexander Mossolow, Leiter der kaiserlichen Kanzlei, schrieb: »Sein Privatleben war Stadtgespräch.«[8] Seine Ehe mit Ella war nicht glücklich, und die beiden lebten so gut wie getrennt. Einmal verbot er Ella, *Anna Karenina* zu lesen, weil er befürchtete, es würde »gefährliche Neugierde oder zu heftige Erregungen« in ihr wachrufen.[9] »Wie hältst du das nur aus?« hat Alexandra ihre Schwester angeblich gefragt. Ellas einzige Antwort soll gewesen sein: »Er ist mein Mann.«[10] Wie auch immer, die meisten Romanows betrachteten Sergej mit Argwohn und Mißtrauen. »Wie sehr ich mich auch bemühe«, schrieb Großfürst Alexander Michailowitsch, »ich kann nicht einen einzigen versöhnlichen Zug in seinem Charakter finden ... Er war widerspenstig, arrogant, unsympatisch, er zeigte seine vielen Eigentümlichkeiten vor der ganzen Nation und versorgte die Feinde des Regimes mit unerschöpflichem Material für Verunglimpfungen und Verleumdungen.«[11]

Sergej war immer wichtigste Zielscheibe für die Moskauer Revolutionäre gewesen und es mag überraschen, daß er trotz des schrecklichen Chaos, das sich in der Stadt ausbreitete, weiterhin lediglich mit einer gewöhnlichen Eskorte herumfuhr. An dem fatalen Nachmittag des 17. Februar 1905 hielt Ella sich im Kreml auf. Sergej war erst ein paar Minuten fort, als eine Explosion die Fenster des Palastes klirren ließ. Ella ahnte sofort, was passiert war, schrie »Es ist Sergej!« und stürzte hinaus.[12]

Sie rannte über den Platz, fand Trümmer von Glas, Holz und Stahl, dann noch brennende Stoffetzen. Ein wenig weiter lag ein Bein ihres Mannes, der Fuß ein Stück entfernt im roten Schnee. Der andere Fuß, noch im Lederstiefel, lag neben den Resten der Kutsche, und in dem Haufen aus schwelendem Holz das, was von Sergej noch übrig war, ein grausiger, blutiger Klumpen ohne Extremitäten. Vom Kopf des Großfürsten war nicht viel übriggeblieben, nur ein paar Knochen, die durch das, was von der Haut noch da war, hindurchstießen, und seine ins Leere starrenden Augen.[13] Ella sah, wie die Wachen von einem Teil zum anderen hasteten und versuchten, zusammenzuklauben, was von dem Großfürsten geblieben war. Ihr einziger Gedanke war, so jedenfalls schrieb sie später: »Schnell, schnell, Sergej haßt Blut und Schmutz.«[14] Eigenhändig sammelte die Großfürstin ein paar Teile aus dem Schnee in ihr geschürztes Kleid. Als der grausige Anblick einigermaßen beseitigt war, war Ellas Kleid mit dem Blut ihres Mannes getränkt. Die Explosion war so gewaltig gewesen, daß einer der Finger später in einiger Entfernung auf einem Dach gefunden wurde.[15]

Alexandra war tief betroffen von der Nachricht und wollte gleich nach Moskau aufbrechen, zu ihrer verwitweten Schwester. Der Zar hielt das aber für zu gefährlich, und so blieb Alexandra in der Sicherheit und Abgeschiedenheit von Zarskoje Selo. Wenn man Prinz Friedrich von Preußen glauben darf, war Nikolaus selbst offensichtlich nicht sonderlich traurig über den Tod seines Onkels. Zur Zeit des Attentats war der Prinz bei dem Zarenpaar zu Besuch. Er nahm an, daß das Festmahl am Abend abgesagt würde. Als er jedoch in den Empfangsraum kam, sah er den Zaren und seinen Vetter Sandro, Großfürst Alexander Michailowitsch, wie sie unter wildem Gelächter auf einem Sofa sitzend sich gegenseitig kitzelten und versuchten, einander auf den Boden zu schubsen.[16]

Nach der Beerdigung des Großfürsten suchte Ella seinen Mörder im Gefängnis auf. Iwan Kaljajew war ein Sozialrevolutionär. Als die Großfürstin seine Zelle betrat, fragte er: »Wer sind Sie?«

»Ich bin die Witwe des Mannes, den Sie getötet haben«, antwortete sie. »Was hat Sie veranlaßt, dieses Verbrechen zu begehen?«[17] Die beiden sprachen eine ganze Weile miteinander; Ella hat aber nicht – wie oft behauptet worden ist – angeboten, den Zaren um das Leben Kaljajews zu bitten. Ihrer Schwester Viktoria schrieb sie: »Ich habe mit irdischer Gerechtigkeit nichts zu tun. Es war seine Seele, nicht sein Körper, woran ich dachte.«[18] Kaljajew teilte der Großfürstin mit, daß sein Tod der Sache der Revolution nützen werde. Er wurde zum Tod durch den Strang verurteilt. Am festgesetzten Tag stieg er mit festem Schritt die Stufen zum Schafott hinauf. Dann bekleidete man ihn mit einem Sterbegewand, das ihm den Kopf verhüllte, und legte ihm die Schlinge um den Hals. Auf ein Signal hin öffnete sich eine Falltür unter seinen Füßen, und Kaljajew fiel hinab – und landete auf dem Boden: der Strick war zu lang gewesen. Die Verantwortlichen kürzten ihn auf die richtige Länge und Kaljajew mußte noch einmal hinaufsteigen, um gehängt zu werden, dieses Mal mit Erfolg.[19]

Nach dem Tod ihres Mannes traf Ella eine umstrittene Entscheidung: Sie verkaufte ihren Besitz und gründete mit dem Geld ein Kloster mit Krankenhaus am Ufer der Moskwa. Nach vielen Jahren des Kampfes mit dem Heiligen Synod erhielt sie die Genehmigung, die Äbtissin des Klosters Maria und Martha zu werden. Vielleicht hatten die leeren Jahre mit Sergej dazu beigetragen, sie auf ein Leben vorzubereiten, das nicht von weltlichen Dingen, sondern geistigen Idealen erfüllt war. Mit einer Hingabe, die ihr den Ruf einer Heiligen einbrachte, trug Ella die Tracht der Schwestern und arbeitete unermüdlich zum Wohle der Armen und Kranken. Sie ging ganz in ihrer Arbeit auf und verkaufte sogar ihren Ehering.[20]

Nach dem Blutsonntag breitete sich überall in Rußland Gewalt und Anarchie aus. Im ganzen Land streikten schließlich an die 500 000 Arbeiter. Die Soldaten desertierten, die Matrosen meuterten, die Bauern rebellierten und die Revolutionäre schmiedeten Komplotte. In St. Petersburg wurde die Versorgung mit Nahrungsmitteln schwierig, Krankenhäuser wurden geschlossen und die Elektrizitätswerke stellten die Arbeit ein. Nachts war die Stadt dunkel und leblos; tagsüber waren Tausende von Menschen auf den Straßen, schwenkten rote Flaggen und riefen antizaristische Parolen.

Kein Landesteil entging dem Chaos. Nachdem die Matrosen des Panzerkreuzers *Potemkin* ihre Offiziere über Bord geworfen hatten, fuhren sie an der Schwarzmeerküste entlang, bis ihnen schließlich der Treibstoff ausging. In Zentralrußland stürmten wütende Bauern die Gutshäuser und ermordeten ihre Herren. Studenten in St. Petersburg und in Moskau provozierten Unruhen. Das Land war mitten in einer ausgewachsenen Revolution. Alexandra und Nikolaus blieben in Zarskoje Selo; sie konnten aus Angst vor Attentaten ihren Palast nicht verlassen.

Der Zar reagierte mit dem Befehl an seine Soldaten, die Aufstände zu ersticken. Doch die Armee war auf eine traurige Größe zusammengeschrumpft; der Russisch-Japanische Krieg hatte viele Opfer gefordert. Trotzdem wurden die Bauernaufstände brutal niedergeworfen, und der Zar berichtete seiner Mutter: »Viele aufrührerische Banden sind zerschlagen, ihre Häuser und ihr Besitz verbrannt.« Tausende wurden getötet. Der Historiker W. Bruce Lincoln bemerkte: »Kein Romanow vor Nikolaus II. hatte je seine Untertanen auf so massive und umfassende Weise unterdrückt.«[21] Dennoch ging die Revolution weiter.

Ende September, Anfang Oktober brach in Moskau und St. Petersburg eine neue Welle von Streiks aus. Bahnarbeiter lähmten mit ihrer Arbeitsniederlegung Transport und Verkehr. Es gab weitere Demonstrationen – in den Straßen marschierten die Arbeiter und Studenten –, und Mitte Oktober war klar, daß es so nicht weitergehen konnte.

Es schien nur zwei Wege aus der Krise zu geben: die Revolte niederzuschlagen, was einer Militärdiktatur gleichkäme, oder ein Parlament und eine Verfassung zuzulassen. Der Zar selbst soll eine Militärdiktatur unter der Führung des Großfürsten Nikolaj Nikolajewitsch, in der Familie Nikolascha genannt, favorisiert haben. Aber als der Großfürst davon Wind bekam, fuhr er nach Zarskoje Selo hinaus, bahnte sich einen Weg in das Arbeitszimmer des Zaren und drohte, sich auf der Stelle zu erschießen, wenn der Zar nicht beträchtliche Reformen gewährte.[22]

Sergej Witte, Premierminister des Zaren, drängte ohnehin fortwährend auf Zugeständnisse. Vielen Menschen schienen sie unausweichlich, der einzige Weg, der aus der Krise führen konnte, aber der Zar mochte sich nicht von seiner autokratischen Macht trennen. »Ich werde niemals und auf keinen Fall in eine konstitutionelle Regierungsform einwilligen«, hatte er einmal zu Witte gesagt, »denn ich halte sie für schädlich für das mir von Gott anvertraute Volk.«[23] Und bei einer anderen Gelegenheit hatte Nikolaus Fürst Swjatopolk-Mirskij gegenüber geäußert: »Ich halte die Selbstherrschaft nicht zu meinem persönlichen Vergnügen aufrecht, ich handle nur deshalb in ihrem Geist, weil ich überzeugt bin, daß sie für Rußland notwendig ist. Wenn es allein um mich ginge, würde ich sie nur zu gern aufgeben.«[24]

Witte traf am 22. Oktober mit dem Zaren zusammen und riet ihm, ein Parlament und eine Verfassung zu bewilligen. Offenbar führte Nikolaus an dem Abend ein längeres Gespräch mit Alexandra, denn am nächsten Tag wurde Witte wiederbestellt, um diesmal beide Herrscher zu treffen und Alexandra seine Vorschläge zu erläutern. Es ist unwahrscheinlich, daß Alexandra – bei ihren Ansichten zu diesem Thema – Wittes Programm guthieß. Doch der Zar, dem keine andere Wahl blieb, beugte sich schließlich dem Druck und gab nach. Am 30. Oktober 1905 unterschrieb er ein kaiserliches Manifest, das eine Verfassung und ein gewähltes Parlament garantierte. Diese öffentliche Erklärung versprach Unantastbarkeit der Person, Gewissens- und Redefreiheit, Freiheit der Versammlungen und Koalitionen. Am Abend fand ein Adjutant des Zaren ihn weinend an seinem Schreibtisch sitzen. »Verlassen Sie mich heute nicht«, sagte Nikolaus. »Ich bin zu deprimiert. Ich fühle, daß ich mit der Unterschrift unter dieses Gesetz die Krone verloren habe. Jetzt ist alles zu Ende.«[25]

Das Oktobermanifest ebnete den Weg für demokratische Strukturen in Rußland. Tatsächlich beendete es die autokratische Regierung der Romanows. Trotzdem blieb der Zar der mächtigste Monarch der Welt. Die Beschreibung der Machtbefugnisse war so undurchsichtig, daß der *Gothaer Almanach* von 1906 Rußland als eine von einem Autokraten regierte konstitutionelle Monarchie beschrieb.[26]

Die Eröffnungssitzung des Parlaments, der Duma, fand, seltsam genug, im Thronsaal des Winterpalastes, dem Allerheiligsten der

Autokratie, statt. Mehr als einem Beobachter fiel es auf, daß an einem ähnlichen Maitag im Jahre 1789 unter Ludwig XVI. die Generalstände in Versailles zusammengetreten waren. Der Zar, die Zarin und die Kaiserinwitwe traten in schweren Brokatmänteln und Zeremonialgewändern in den Saal. Langsam schritt der Zar zum Thron, und Pagen in Livree trugen Samtkissen vor ihm her, auf denen die Insignien lagen: die kaiserliche Staatskrone, der Reichsapfel und das Zepter, alles deutlich Symbole der Autokratie. Vom Podest aus verlas der Zar die Rede zur Amtseinführung der Duma. Für den Finanzminister Wladimir Kokowzew war es eine seltsame Szenerie:

»Die ganze rechte Seite des Raumes war mit Uniformierten, Mitgliedern des Staatsrates und, weiter hinten, dem Gefolge des Zaren besetzt. Auf der linken Seite drängten sich die Mitglieder der Duma; eine kleine Anzahl von ihnen war förmlich gekleidet erschienen, aber die überwältigende Mehrheit … war, wahrscheinlich absichtlich, mit Arbeiterkitteln und Baumwollhemden bekleidet und hatte die ersten Plätze nahe dem Thron eingenommen. Hinter ihnen stand eine Gruppe Bauern … einige von ihnen in Nationaltracht, und eine ganze Schar geistlicher Vertreter.«[27]

Der Raum war voller Haß. Alexandra und Maria Fjodorowna mußten beide gegen die Tränen ankämpfen, als der Zar seine Rede zur Beendigung der Autokratie vortrug. Ein Gast erinnerte sich, daß die Zarin »so kühl und verächtlich wie immer wirkte, mehr als alles andere schien sie gelangweilt zu sein und bemerkte kaum die tiefen Verbeugungen, mit denen die kaiserliche Gesellschaft gegrüßt wurde, als sie in den Raum kam.«[28] Der Minister des kaiserlichen Hofes, Graf Wladimir Fredericks, erklärte später: »Die Deputierten … machten den Eindruck einer Bande Krimineller, die nur auf das Signal warteten, sich auf die Minister zu werfen und ihnen die Kehle durchzuschneiden. Was für verruchte Gesichter! Ich werde nie wieder einen Fuß unter diese Leute setzen!«[29]

21

Die Geburt eines Erben

Als Alexandra 1899 ihre dritte Tochter, Großfürstin Maria, zur Welt gebracht hatte, war Nikolaus schon so enttäuscht gewesen, daß er im Park spazierengehen mußte, bevor er seiner Frau gegenübertreten konnte.[1] 1901 folgte die vierte Tochter. In den ersten zehn Jahren ihrer Ehe mit Nikolaus hatte die Zarin vier Töchter geboren. Aber als Frau des Zaren aller Reußen hatte sie damit die Erwartungen der Nation nicht erfüllt: Ein Zar mußte einen Sohn haben, der ihm auf dem Thron folgen konnte.

Es war nicht immer so gewesen. Aber zur Zeit der Regierung von Nikolaus II. wurde die kaiserliche Krone nicht mehr gleichermaßen in der weiblichen wie in der männlichen Linie vererbt. Das war die direkte Folge der schlechten Beziehungen zwischen Katharina der Großen und ihrem einzigen Sohn Paul. Zar Paul hatte seine Mutter so gehaßt, daß es eine seiner ersten Handlungen nach ihrem Tod war, das Erstgeburtsrecht zu beseitigen und durch das Salische Gesetz zu ersetzen, bei dem die Frauen von der Erbfolge ausgeschlossen waren, es sei denn, alle legitimen männlichen Nachkommen wären tot. Das bedeutete, daß der Thron, sollte Alexandra keinen Sohn zu Welt bringen, nicht an ihre Töchter fallen würde, sondern an den Bruder des Zaren und danach an seine Onkel und Vettern.

Alexandra geriet in Panik und griff nach jedem Strohhalm. Kurz nach der Jahrhundertwende kamen auf Einladung des Zaren und der Zarin eine Reihe von Pilgern und wandernden heiligen Männern und Frauen in den Alexanderpalast. Viele dieser sogenannten Frommen waren eindeutig Scharlatane, hatten aber immerhin irgendwelche Kirchenführer so beeindruckt, daß das kaiserliche Paar auf sie aufmerksam gemacht wurde. Es darf nicht überraschen, daß sich Alexandra und Nikolaus an solche Leute wandten; umherziehende heilige Frauen und Männer wurden von der orthodoxen Kirche, die lehrte, daß Wunder und die Macht des Gebetes Kräfte waren, die auch im zwanzigsten Jahrhundert wirkten, geduldet und sogar gefördert.

Unter den ersten solchen geistlichen Ratgebern war eine Frau, die als Matronuschka die Barfüßige bekannt war. Sie war eine geistig zurückgebliebene fast achtzigjährige Bäuerin, von der man sagte, sie könne die Geburt eines männlichen Thronerben voraussagen. Eine andere Frau, Darja Ossipowa, war Epileptikerin, die in ihren Anfällen dem Zarenpaar Vorhersagen zuschrie. Alexandra fürchtete sich vor den »greulichen Flüchen« der »göttlichen Törin« und schickte sie bald fort.[2] Eine dritte, noch weniger erfreuliche Persönlichkeit war Mitja Koljaba, ein fast stummer Bauer, der angeblich die besondere Gabe hatte, direkt mit Gott in Verbindung treten zu können. Er war ebenfalls Epileptiker und wurde während seiner Anfälle offensichtlich von religiöser Hysterie übermannt. Das Erlebnis wurde noch dadurch verschlimmert, daß Koljaba ein Krüppel war und an Stelle der Arme nur zwei unförmige Stummel hatte. Während seiner epileptischen Anfälle fuchtelte er damit wild in der Luft herum; seine Sprache bestand nur aus wenigen gräßliche Lauten, die er »mit qualvoller Anstrengung stoßweise hervorbrachte«. Ein Mann, der ein solches Schauspiel göttlicher Offenbarung über sich hatte ergehen lassen müssen, schrieb später: »Man mußte extrem starke Nerven haben, um die Gegenwart dieses Schwachsinnigen ertragen zu können.«[3]

Alexandra geriet schließlich unter den Einfluß zweier Frauen, die als Okkultistinnen bekannt waren: die Großfürstinnen Miliza und Anastasia. Beide waren Töchter König Nikolaus I. von Montenegro, und beide hatten Verwandte von Nikolaus' II. geheiratet, Miliza Großfürst Peter Nikolajewitsch und Anastasia dessen Bruder Nikolaj Nikolajewitsch. Als prominente Mitglieder der Gesellschaft führten die Schwestern die spiritistisch Interessierten durch die Abenteuer von Seancen mit Tischerücken und Geisterbeschwörungen.

1900 hatte Miliza Alexandra von einem französischen Mystiker und Hellseher erzählt, einem Mann namens Philippe Nazier-Vachot.

Nazier-Vachot hatte ehedem als Schlachtergehilfe in Lyon gearbeitet, sich aber der Wunderheilerei zugewandt in der Hoffnung, daß sich dieser Beruf als einträglicher erweisen würde; dreimal war er wegen Praktizierens ohne Zulassung verhaftet worden. Miliza setzte sich über diese unangenehmen Dinge offenbar hinweg und lieferte der Zarin nur begeisterte Berichte. Beim Staatsbesuch in Frankreich 1901 sorgte sie dafür, daß Nazier-Vachot dem Zaren und der Zarin vorgestellt wurde. Sie trafen sich in Compiègne mit ihm. Er beeindruckte das kaiserliche Paar so sehr, daß sie bei ihrer Abreise darum baten, er möge sie als dem Hof verbundener Arzt nach Rußland begleiten.

Das bereitete einige Probleme. Erstens war der Ruf Nazier-Vachots zweifelhaft; doch Zar und Zarin wollten die diesbezüglichen Warnungen der französischen Regierung nicht hören. Aber damit Nazier-Vachot eine offizielle Position am Hof einnehmen konnte, mußte ihm zunächst ein medizinischer Grad zuerkannt werden. Diskrete Ersuchen über inoffizielle Kanäle stießen in der französischen Regierung auf harten Widerstand. Schließlich konnte der Zar seinen Kriegsminister überreden, dem Franzosen eine Stellung als Militärarzt zu gewähren, obwohl er nie irgendeine medizinische Ausbildung genossen hatte. Mit den Papieren in der Hand reiste Nazier-Vachot direkt nach St. Petersburg.

Einige Kräfte, die Nazier-Vachot zu haben behauptete, waren wirklich unglaublich. Seinem Biographen zufolge soll der kleine Franzose einmal das Meer beruhigt haben, um der kaiserlichen Jacht eine angenehmere Fahrt zu bescheren. Noch wundersamer war sein Anspruch auf Unsichtbarkeit. Einmal sah Prinz Felix Jussupow Großfürstin Miliza auf der Krim mit einem fremden Mann in einer Kutsche fahren. Jussupow verbeugte sich, doch die Großfürstin ignorierte ihn und fuhr weiter. Ein paar Tage später, als sie gefragt wurde, warum sie nicht reagiert habe, erklärte Miliza, daß Jussupow sie unmöglich habe sehen können, da sie mit Nazier-Vachot zusammengewesen sei, »und wenn er einen Hut trägt, ist er unsichtbar, und ebenso jeder in seiner Begleitung«.[4]

Obwohl es keine Beweise dafür gibt, daß Alexandra diesem Unsinn jemals Glauben schenkte, konsultierte sie Nazier-Vachot doch, weil er angeblich das Geschlecht eines ungeborenen Kindes beeinflussen konnte. 1902 wurde gemunkelt, Alexandra sei wieder schwanger.

Nazier-Vachot soll bestätigt haben, daß das Kind ein Junge sein würde. Aber es wurde nie geboren.

Zwei unterschiedliche Meinungen über das, was passiert war, wurden vorgebracht. Mehrere zeitgenössische Quellen deuten an, daß Alexandra eine Scheinschwangerschaft erlebt habe, die durch Suggestion hervorgerufen gewesen sei. Diese Version wurde in viele Darstellungen übernommen. Aber es gibt auch Hinweise darauf, daß die Zarin tatsächlich schwanger gewesen sein könnte und eine Fehlgeburt erlitt. Baronin Sophie Buxhoeveden, eine der Ehrendamen Alexandras, deutete in ihrem Buch über die Kaiserin genau das an, und Maurice Paléologue, der französische Botschafter in St. Petersburg, gibt sogar den Tag der Fehlgeburt an: wenn, dann war es der 1. September 1902.[5]

Wie auch immer, ein Jahr darauf erklärte Nazier-Vachot erneut, die Zarin sei schwanger. Überrascht rief Alexandra die kaiserlichen Ärzte zu sich. Die Ärzte untersuchten sie, fanden aber kein Anzeichen einer Schwangerschaft. Nazier-Vachot wurde fortgeschickt, doch vorher verkündete er noch, Gott würde Alexandra einen neuen »Freund« schicken, der ihr in allen Nöten getreulich beistehen werde.[6]

Obwohl die Ratschläge der »Montenegrinerinnen« bisher nur Ärger gebracht hatten, konsultierte Alexandra sie aufs neue. Sie schlugen vor, sie solle um die Fürbitte Serafims bitten, eines Eremiten, der einst ein Leben in Armut in Sarow im Gouvernement Tambow geführt hatte und der als Heiliger galt. Eines müsse Alexandra aber tun, sagte Miliza, um Serafims Hilfe zu erlangen, sie müsse den Heiligen Synod von der Heiligkeit des Eremiten überzeugen. Pobedonoszew, der alte Lehrer des Zaren, inzwischen Minister für Religion, wurde herbeigerufen, um die Kanonisierung vorzubereiten. Er protestierte und sagte, ein solcher Schritt brauche Jahre der Vorbereitung. Alexandra unterbrach ihn jedoch ärgerlich und sagte: »Alles steht in der Macht des Zaren, sogar Heiligsprechungen.«[7]

Obwohl Serafim allgemein als Heiliger angesehen wurde, gab es lautstarken öffentlichen Protest, als Alexandra seine Kanonisierung voranzutreiben begann. Er war 1833 gestorben. Als Vorbedingung für die Heiligsprechung benötigte die orthodoxe Kirche ein äußeres Zeichen seiner Heiligkeit; das wichtigste Qualifikationsmerkmal war der Erhaltungszustand der sterblichen Überreste des Kandidaten. In

Serafims Fall war die Entrüstung deshalb so laut, weil sich der Körper bei der Öffnung des Sarges in einem fortgeschrittenen Stadium des Verfalls befand. Alexandra und Nikolaus hielt das nicht ab. Als Bischof Antonius von Tambow sich gegen die Kanonisierung aussprach, schickte ihn der Zar nach Sibirien.[8] Der öffentliche Protest zwang den Metropoliten Antonius von St. Petersburg, in einer Bekanntmachung des Heiligen Synod formell zu erklären, daß der Zustand der Überreste Serafims keine notwendige Bedingung für die Anerkennung seiner Heiligkeit sei, womit er jahrhundertealten Gesetzen des orthodoxen Kanons widersprach.[9] Schließlich bekam Alexandra ihren Willen, und Serafim wurde in einer großartigen Zeremonie in Sarow heiliggesprochen. In derselben Nacht schlich sich Alexandra zum Fluß Sarowka hinunter und badete in seinen Fluten; sie hatte das sichere Gefühl, daß das einer Empfängnis dienlich sein würde.[10] Wie erwartet, war sie innerhalb weniger Monate wieder schwanger.

Freitag der 12. August 1904 war ein heißer Tag in Peterhof. Mittags setzte sich das Paar zum Essen nieder. Alexandra hatte wenig Appetit und konnte kaum ihre Suppe aufessen. Schließlich entschuldigte sie sich und ging in ihr Schlafzimmer. Der Arzt wurde herbeigerufen. Er teilte dem Zaren mit, daß seine Frau nicht allein unter Unwohlsein litt. Kurz darauf, um Viertel nach eins, gebar Alexandra einen Sohn. »Oh, das kann nicht wahr sein! Das kann nicht wahr sein!« schluchzte Alexandra. »Ist es wirklich ein Junge?«[11]

Die Kanonen der Peter-und-Pauls-Festung in St. Petersburg feuerten dreihundert Schuß Salut. Im ganzen Land läuteten die Kirchenglocken, donnerten die Kanonen und die Menschen jubelten. Seit dem siebzehnten Jahrhundert war dieses Kind der erste männliche Thronerbe, der einem regierenden Herrscher geboren wurde.

Seine Kaiserliche Hoheit Alexej Nikolajewitsch, kaiserlicher Erbe und Zesarewitsch, Großfürst von Rußland, Hetman aller Koskaen, Ritter des St.-Andreas-Ordens, Chef der Sibirischen Infanterie, des Geschützbataillons und des Kadettenkorps, war ein pausbäckiges, hellhäutiges Baby mit tiefblauen Augen und goldenen Locken. Seine Eltern nannten ihn Alexej nach dem zweiten Romanow-Zaren, dem Vater von Peter dem Großen. Als es ihnen endlich gestattet wurde, kamen die vier kleinen Großfürstinnen auf Zehenspitzen in das

Kinderzimmer neben dem Schlafzimmer der Zarin und spähten in die Messingwiege, in der ihr kleiner Bruder lag.

Die Taufe des kleinen Prinzen fand an einem regnerischen Mittwochnachmittag gegen Ende August in der Kirche von Peterhof statt. Zu dem Anlaß hatten sich viele Vertreter des europäischen Hochadels versammelt; sogar der achtundsiebzigjährige Urgroßvater des neuen Zarewitsch, König Christian IX. von Dänemark, war nach Rußland gekommen. Unter den Taufpaten des Zarewitsch waren Kaiser Wilhelm II., König Edward VII., Großherzog Ernst Ludwig von Hessen und seine Großmutter, die Kaiserinwitwe.

Alexej lag auf einem Kissen aus Goldtuch und trug einen schweren, hermelinbesetzten Taufmantel aus dem gleichen Stoff. Die Hofdame Prinzessin Marie Golizyn, die alle kaiserlichen Kinder zum Taufbecken getragen hatte, brachte auch Alexej in die Kirche. Wegen ihres fortgeschrittenen Alters mußten besondere Vorkehrungen getroffen werden, um sicherzustellen, daß sie nicht stolperte und den kleinen Säugling fallen ließ. An Alexejs Kissen war ein goldenes Band befestigt, das um die Schultern der Prinzessin geschlungen war, und ihre Schuhe waren sogar mit Gummisohlen versehen worden, um ein Ausrutschen zu verhindern.[12]

Als die Prinzessin durch den Mittelgang zum Taufbecken schritt, blickten die Gäste bewundernd auf den strampelnden, drallen kleinen Prinzen auf dem Kissen. Die vier Schwestern glucksten vor Freude, als ihr Brüderchen an ihnen vorbeikam; nur die Eltern waren, orthodoxem Brauch folgend, nicht anwesend. Der Gottesdienst wurde von dem alten Vater Janyschew gehalten, dem ehemaligen Beichtvater der kaiserlichen Familie, der Alexandra den orthodoxen Katechismus gelehrt hatte. Er nahm den Prinzen vom Kissen, hielt ihn hoch, damit ihn alle sehen konnten, und gab dem Säugling den Namen Alexej.[13] Janyschew tauchte den Zarewitsch ganz in das Taufbecken ein, und Alexej antwortete mit kräftigen Schreien. Als die Zeremonie vorbei war, eilten die Eltern in die Kirche; beide hatten Angst, daß einer von den beiden Alten, der Priester oder die Prinzessin, ihren Sohn fallen lassen würde. Am Nachmittag empfingen Alexandra und Nikolaus Gäste in einem der Salons in Peterhof. Die Zarin ruhte auf einer Couch und blickte lächelnd auf ihren Ehemann, der in ihrer Nähe stand.[14]

Der kleine Prinz nahm alle, die ihn sahen, für sich ein. »Wie hübsch er war, wie gesund, wie normal, mit seinem goldenen Haar, seinen leuchtend blauen Augen und seinem intelligenten Gesichtchen, wie es bei einem so jungen Kind selten ist«, schrieb Anna Wyrubowa.[15] Pierre Gilliard lernte Alexandra und Alexej kennen, als das Kind gerade achtzehn Monate alt war. Er schrieb: »In ihren Augen spiegelte sich die grenzenlose Freude wider, daß endlich ihr heißester Lebenswunsch in Erfüllung gegangen war. Aus ihren Blicken leuchtete das strahlende Mutterglück, das nun stolz die Schönheit ihres Kindes bewundert und bewundern läßt. Der Thronfolger war auch wirklich ein selten reizendes Kind. Blondlockig mit großen, hellblauen Augen, die von langen Wimpern überschattet wurden. Wenn er lachte, erschienen auf seinen runden, rosigen Wangen allerliebste Grübchen.«[16]

Die stolzen Eltern ließen keine Gelegenheit aus, ihren Sohn zu präsentieren. Als der Zar Alexander Mossolow, den Leiter der Hofkanzlei, empfing, schleifte er den Mann ins Kinderzimmer und sagte: »Ich glaube, Sie haben meinen lieben kleinen Zarewitsch noch nicht gesehen. Kommen Sie, ich zeige ihn Ihnen.«

»Wir gingen hinein«, berichtete Mossolow. »Das Baby bekam gerade sein tägliches Bad. Es strampelte vergnügt im Wasser herum … Der Zar hob das Kind aus seinen Badetüchern, nahm seine kleinen Füße in die hohle Hand und hielt ihn im anderen Arm. Da war er, nackig, pummelig, rosig – ein prächtiger Junge.«

»Finden Sie nicht auch, daß er eine Schönheit ist?« fragte Nikolaus lächelnd. Am nächsten Tag informierte der Zar Alexandra: »Gestern habe ich den Zarewitsch Mossolow vorgeführt.«[17]

Die Freude blieb nicht lange ungetrübt. Sechs Wochen nach seiner Geburt hatte Alexej eine Nabelblutung, die die Ärzte gar nicht stillen konnten. Entsetzt schauten die Eltern zu. Nach zwei Tagen hörte die Blutung auf. Aber während der nächsten Monate lebte Alexandra in schrecklicher Angst. Sie beobachtete, wie ihr Sohn wuchs und zu krabbeln und zu laufen begann. Wenn er sich stieß, waren seine Arme und Beine mit großen blauen Flecken übersät. Alexej schrie vor Schmerzen, wenn das Blut nicht gerinnen wollte und statt dessen unter der Haut grausame Schwellungen verursachte. Es gab keinen Zweifel mehr. Der Zarewitsch hatte die Bluterkrankheit.

Alexandra hatte immer gewußt, daß das Auftreten von Hämophilie möglich war. Sie kam in der britischen Königsfamilie vor. Als sich herausgestellt hatte, daß Königin Viktorias Sohn Leopold ein Bluter war, hatte sie protestiert, die Bluterkrankheit gebe es »in unserer Familie nicht.«[18] Das plötzliche Auftreten des Gendefekts wurde als spontane Mutation bezeichnet; das macht die Ungewißheit deutlich, die diese Krankheit umgab. Obwohl sie von Müttern an ihre Söhne vererbt wird, tritt die Hämophilie fast ausnahmslos bei Männern auf. Sie trifft jedoch nicht jedes männliche Kind einer Überträgerin: Von den vier Söhnen Königin Viktorias litt nur Prinz Leopold daran. Es gibt keine Methode herauszufinden, ob ein Mädchen, dessen Mutter einen Sohn mit Hämophilie hatte, selbst die Krankheit in sich trägt, bis sie eigene Kinder hat. Zwei von Viktorias Töchtern, Alice und Beatrice, hatten einen Sohn mit Hämophilie. Zwei von Alices Töchtern hatten auch wieder Söhne mit Hämophilie. Irenes jüngster Sohn, Heinrich, war mit vier Jahren, kurz vor Alexejs Geburt, gestorben. Über Viktoria war die Krankheit in die Königshäuser von Großbritannien, Deutschland, Spanien und Rußland eingedrungen.

Keine Tragödie traf Alexandra so schwer, wie die Bluterkrankheit ihres Sohnes. Kriege, politische Machtkämpfe und Todesfälle in der Familie konnte sie ertragen, nicht so die Krankheit des Zarewitsch. Alexandra erlebte ihre Gegenwart täglich, spürte zu jeder Stunde, an jedem Tag für den Rest ihres Lebens diese schreckliche Ungewißheit. Sie konnte sie nie vergessen. Die Hämophilie des Jungen war allgegenwärtig, sie beeinflußte all ihre Entscheidungen und diktierte ihr Haltung. Für sie war sie nicht einfach nur eine Krankheit, sie wurde zu einer aktiven Bedrohung, die in ihrem Sohn arbeitete.

Die Tragödie wurde durch die den russischen Hof umgebende Geheimniskrämerei verkompliziert. In der klösterlichen Abgeschiedenheit von Zarskoje Selo glaubten Alexandra und Nikolaus, daß das, was hinter den Palastmauern geschah, nur sie allein etwas anging. Sie schienen nicht zu verstehen, daß sie und ihre Kinder Persönlichkeiten des öffentlichen Lebens waren und somit Gegenstand von Spekulationen und Gerüchten. Die Mauer, die sie um die kaiserliche Familie errichteten, entfremdete sie der Bevölkerung. Diese selbstauferlegte Isolation war an sich schon schädlich genug; doch Zar und Zarin begingen in bezug auf die Krankheit ihres Sohnes einen fatalen Fehler, als sie beschlossen, seine Hämophilie geheimzuhalten. Rußland wurde das Wissen über das Leiden des Thronerben vorenthalten. Wenn Alexej krank war, hieß es, er habe sich den Fuß verstaucht oder er habe eine Erkältung. Wenn Alexandra sich der Öffentlichkeit zeigen mußte, war ihr Gesicht zur Maske erstarrt, hinter der sie ihre schreckliche Sorge um den zurückgelassenen Sohn verbarg. Da niemand wußte, daß ihr ernstes Gesicht von der Sorge um ihren Sohn herrührte, interpretierten viele ihren Ausdruck als Hochnäsigkeit. Bald begannen Gerüchte über Alexej zu kursieren: Man sagte er sei Epileptiker oder mißgebildet oder behindert.[19] In der Öffentlichkeit, die derart über die Situation in Zarskoje Selo getäuscht wurde, verwandelte sich die Zuneigung zur kaiserlichen Familie bald in Apathie und schlug im Laufe der Zeit in Haß auf die Zarin um. Je lauter Gerüchte und Kritik wurden, um so höher wuchs die Mauer des Schweigens um die kaiserliche Familie. Die ganze Tragödie beruhte auf einem Mißverständnis; die Schatten, die die öffentliche Gleichgültigkeit über den kaiserlichen Park von Zarskoje Selo warf, wurden länger.

TEIL DREI

Der Starez
(1905–1914)

22

Das heilige Rußland

Alexandra war zweiunddreißig Jahre alt, als der Zarewitsch geboren wurde. Seine erste Blutung stellte einen Wendepunkt in ihrem Leben als Zarin dar. Ihr Dasein wurde von der ständigen Sorge um knapp vermiedene Unfälle und jederzeit drohende und mit schrecklicher Ungewißheit erwartete Tragödien bestimmt. Die Mitglieder der Familie Romanow, die über die Krankheit des Zarewitsch Bescheid wußten, hatten für Alexandra nur wenig Mitleid übrig, da viele von ihnen nach Skandalen oder Gerüchten ihre Funktionen am kaiserlichen Hof verloren hatten und die Zarin von Herzen verabscheuten. Das übrige Land wußte nicht, was dem Zarewitsch fehlte. Und so wandte sich Alexandra dem Herzen russischen Lebens und russischer Einheit zu, der orthodoxen Kirche. In der leidenschaftlichen Gläubigkeit der Kirche fand sie Trost und Verständnis.

Die russisch-orthodoxe Kirche geht auf das Jahr 988 zurück. Großfürst Wladimir von Kiew, Herrscher der alten Rus, hatte für sein Volk den christlichen Glauben byzantinischer Prägung gewählt und begonnen, die Menschen im Wasser des Dnjepr zu taufen. Beim Streit um die richtige Form des Gebets und um den Vorrang des römischen Papstes kam es 1054 zum Bruch zwischen westlicher und östlicher Kirche; die orthodoxe Kirche trennte sich vom Westen, und Konstantinopel wurde zum Zentrum der orthodoxen Welt. Die Kirche entwickelte sich so unabhängig von den Geschehnissen in Europa, daß sich weder die Renaissance noch die Reformation auf sie auswirkte. 1453 fiel Konstantinopel an die Osmanen; hundert Jahre später erhielt Moskau seinen eigenen Patriarchen und den Titel »Drittes Rom«.

Im siebzehnten Jahrhundert stürzte die russisch-orthodoxe Kirche in ein Schisma. Der Patriarch Nikon begann mit Änderungen an Liturgie und Ritual die Kirche zu reformieren; so änderte er zum Beispiel die Anzahl der Finger, mit denen sich die Gläubigen zu bekreuzigen hatten.[1] Die Korrekturen mögen geringfügig gewesen sein, doch für einige Mitglieder der orthodoxen Kirche stellten sie einen Unterschied dar wie den zwischen Erlösung und Verdammnis. Nikon wurde vom Zaren Alexej abgesetzt, dennoch spalteten sich die sogenannten Altgläubigen von der etablierten Kirche ab und gründeten ihre eigenen Gemeinden. Als 1682 Nikons Gegenspieler Awwakum auf dem Scheiterhaufen verbrannt wurde, glaubten Tausende seiner Anhänger, daß der Zar der Antichrist sei. In einem Zeitraum von sechs Jahren verbrannten sich zwanzigtausend Altgläubige lieber bei lebendigem Leibe für ihren Glauben, als daß sie sich einem Herrscher unterwarfen, den sie für vom Teufel geleitet hielten.[2]

Die Altgläubigen waren Schismatiker, keine Häretiker, doch mit der Zeit spalteten sich abermals kleine Gruppen von den Gemeinden ab und bildeten Sekten, wie die *Chlysten*, die an Selbstkasteiungen als Form der religiösen Verehrung glaubten, und die *Skopzen*, die geschlechtliche Enthaltsamkeit übten und sogar Selbstentmannung forderten. Die Sektenmitglieder waren bald ein Bestandteil des Lebens in Rußland, und ihre Zahl nahm im Laufe der Zeit weiter zu. Da gibt es eine Geschichte von dem Bauern Kowalew, der einer Sekte angehörte. Als er hörte, daß eine Volkszählung durchgeführt werden sollte, behauptete er, der Antichrist wolle eine Liste der Verdammten haben. Daraufhin machte er sich daran, Gräber für sich und seine Familie vorzubereiten. Er hatte schon Frau und Kinder bei lebendigem Leibe begraben, als andere Sektenangehörige ihn in seiner Arbeit unterbrachen. Sie wollten auch sterben. Kowalew half zwanzig seiner Kameraden dabei, sich zu töten, bevor er sich selbst umbrachte und in sein Grab fiel. Dieses Ereignis aber hatte nicht etwa im siebzehnten Jahrhundert stattgefunden, sondern 1897, im dritten Jahr der Regierung Nikolaus' II.[3]

Alexandra war die Entscheidung, zum orthodoxen Glauben überzutreten, nicht leichtgefallen. Als sie sie aber getroffen hatte, nahm sie den Glauben mit dem ganzen Eifer einer Konvertitin an. Mit der Zeit war sie von der Kirche und ihren Zeremonien so in Anspruch genommen, daß sie vielen als übereifrig in der Ausübung ihrer Religion erschien. Tatsächlich befolgte sie aber nur die Vorschriften der orthodoxen Kirche. Sie zündete eifrig Kerzen an, betete vor Ikonen, neigte das Haupt vor Priestern und hielt Feier- und Fastentage ein. In den Augen des Adels von St. Petersburg, der mit der Kirche aufgewachsen war und sie als gegeben hinnahm, war diese Hingabe absurd. Aber Alexandra war von Anfang an darauf versessen gewesen, die Lehren der Kirche nicht nur zu verstehen, sondern sie auch zu praktizieren, so sonderbar sie ihr auch scheinen mochten.

Sie hatte sich schon immer durch Prunk und Pracht beeindrucken lassen, und die orthodoxe Kirche kam ihrer Natur in dieser Hinsicht sehr entgegen. Die russische Kirche stand in einem absoluten Gegensatz zu den protestantischen Überzeugungen, in denen Alexandra erzogen worden war. Sie hatte nichts von der lutherischen Schlichtheit. Alexandra war in eine Kirche von Metropoliten in Chormänteln und Stolen eingetreten, in eine Kirche, in der schwarzgekleidete Priester in weihrauchduftenden Schatten ihre Gesänge intonierten, in eine Kirche mit reich verzierten, der Verehrung Gottes gewidmeten Palästen voller glitzernder Ikonen und Fresken, in der feierlich gekleidete Chöre das Tedeum und die Liturgie sangen, in eine Kirche mit Heiligen, Wundern und Wanderpredigern.

Alexandras religiöse Ansichten bleiben rätselhaft. Nur wenige Forscher haben versucht, ihre Motive und ihr Denken zu verstehen. Die Petersburger beurteilten sie überwiegend nach ihrem öffentlichen Auftreten und hielten sie für fanatisch. Ihr Hang zu heiligen Männern und Frauen wurde bei Hof sehr kritisiert. Dennoch sagte sie einmal ärgerlich zu einem Beamten: »Diese Menschen sprechen mein Herz und die Tiefe meiner Seele mehr an, als Amtspersonen, die in reiche Gewänder oder Seide gekleidet zu mir kommen. Wenn ich einen Metropoliten in einer wehenden Soutane meinen Palast betreten sehe, frage ich mich: Was ist der Unterschied zwischen ihm und den eleganten Herrschaften aus der feinen Gesellschaft?«[4]

Einen der wenigen Hinweise auf Alexandras Überzeugungen liefert ein kleines Buch mit dem Titel *Les amis de Dieu* (Die Freunde Gottes). Sie hatte es einmal ihrer Freundin Anna Wyrubowa zu lesen gegeben, die mit seinem Inhalt jedoch nichts anfangen konnte.[5] Aber dieses Buch ist ein Schlüssel zum Verständnis des Glaubens der Zarin.

Die »Freunde Gottes« waren eine religiöse Bewegung des Mittelalters. Sie glaubten daran, daß sowohl Leid als auch Demut für die Erlösung notwendig seien. Leid war den »Freunden« zufolge kein Zeichen dafür, daß Gott einen Menschen verlassen hatte, sondern dafür, daß er ihm seine Gunst erwies. Durch solche Prüfungen konnte der Sucher seine Stellung im Verhältnis zu Gott einschätzen. Nach ihrer Ansicht waren die Günstlinge Gottes oft diejenigen, die am meisten hatten leiden müssen. Neben dem Leid war für das Streben nach Erlösung wichtig, daß der Mensch allen Stolz aufgab. Man konnte voller Sünde sein und dennoch vor demjenigen Erlösung finden, der sich für rein und schuldlos hielt. Die »Freunde Gottes« übten starke Kritik an den Angehörigen der Oberschicht, die fromm an den Messen teilnahmen und nach außen hin allen Regeln der Anständigkeit nachkamen, während sie gleichzeitig heimlich sündigten. Die Angehörigen der Unterschicht dagegen taten nicht so, als wären sie lauter Gerechte; sie gaben ihre Unzulänglichkeiten zu und standen in der Anerkennung ihrer Sünden Gott näher als die mächtige Aristokratie.

Dieser Glaube an die schlichte Reinheit der Unterschicht hatte die »Freunde« dazu gebracht, die wahre Stimme Gottes im einfachen Volk zu suchen. Einige Mitglieder dieses Ordens waren wegen ihrer großen Demut besonders gesegnet. Wenn ein Bauer voll der Sünde war, so war er Gott auch um so näher, weil er seine Sünden anerkannte. Unter solchen Menschen waren die Führer im Streben nach Erlösung zu finden, Menschen, die von Gott mit der Macht gesegnet waren, anderen zu helfen. Ein so berufener Mensch konnte sehr gut ein Bauer sein, der von anderen als Sünder geschmäht wurde und selbst eine Mischung aus Sünde und Frömmigkeit war. Wenn man so jemanden zum Freund hatte, der einen durchs Leben führte, war das Streben nach Erlösung gesichert, solange der Suchende in seinem Streben nicht wankend wurde.

Diese Philosophie entsprach Alexandras tiefsten Überzeugungen. Sie meinte manchmal, daß ihr Glaube allein nicht ausreichte, Gott zu erreichen, und daß sie der Vermittlung durch dritte bedürfte. Diese Haltung wurde von der russisch-orthodoxen Kirche gebilligt. Rußland war voll von wandernden heiligen Männern und Frauen, denen man nachsagte, daß ihnen das Ohr Gottes offenstünde. Das waren die *Stranniki*, von denen sich einige auf Pilgerschaft befanden, während andere vielleicht auf der Flucht vor ihrem eigenen elenden Leben waren. Es gab in der Kirche auch Mönche, die ihr Leben als geistliche Berater der Mächtigen verbrachten. So ein Mann, ein *Starez*, konnte angeblich sowohl die Seele heilen, als auch den Willen Gottes für diejenigen deuten, die auf der Suche nach Antworten waren. Gewöhnlich wurden Gebete direkt an Heilige und an Ikonen gerichtet, manchmal aber auch durch Menschen vermittelt, die solche Kräfte zu haben behaupteten. Obwohl diese Leute am Rande der etablierten Orthodoxie wirkten, wurden sie als offizielle Repräsentanten wenn auch nicht der Kirche, so doch des Glaubens anerkannt. Unter diesen Umständen überrascht es nicht, daß Alexandra an Personen wie Mitja Koljaba, Nazier-Vachot und später Rasputin geglaubt hat.

Als Alexandra sechs Wochen nach Alexejs Geburt von der Hämophilie ihres Sohnes erfuhr, hat sie es vielleicht zuerst gar nicht geglaubt. Aber schon bald akzeptierte sie die Krankheit nicht nur, sondern fand durch ihren Glauben auch die Kraft, dagegen anzukämpfen. Hingebungsvoll betete sie für die Gesundheit ihres Sohnes. In der Fjodorowskij-Kirche im Park von Zarskoje Selo hatte sie in der Krypta eine kleine Kapelle einrichten lassen.[6] Stunde um Stunde kniete Alexandra auf dem kalten Steinfußboden, alleine im flackernden Kerzenlicht, bat für das Leben ihres Sohnes und wiederholte ein ums andere Mal die Worte »Gott ist gerecht«.[7]

Als die Ärzte ihr keine Hoffnung mehr geben konnten, wandte Alexandra sich der Kirche zu. Ihr Schwager schrieb: »Sie war nicht bereit, sich dem Schicksal zu unterwerfen. Sie sprach ständig von der Unwissenheit der Ärzte. Sie bekannte offen ihre Vorliebe für ›Medizinmänner‹. Sie wandte sich der Religion zu, und ihre Gebete bekamen einen gewissen hysterischen Unterton. Die Bühne war frei für den Auftritt eines Wunderheilers ...«[8]

Der »Wunderheiler« kam am 14. November 1905 in den Alexanderpalast. An diesem Tag brachte Großfürstin Miliza einen einfachen sibirischen Bauern mit, einen *Muschik*, der den Lauf der russischen Geschichte ändern sollte. Dieser Mann war Grigorij Rasputin.

23

Rasputin

Das Dorf Pokrowskoje lag am Ufer der Tura, des wichtigsten Verkehrsweges in der sibirischen Provinz Tobolsk. Es war ein unbedeutendes Dorf, was sich an den staubigen Straßen zeigte, an den kleinen Bauernkaten aus rohen Balken und am Benehmen der Bewohner. In Pokrowskoje wohnten Bauern, die am Rande der sibirischen Taiga ihre Tiere weideten. Das Leben in dieser Umgebung hatte die Menschen hier tiefreligiös, konservativ und ungehobelt werden lassen.

Irgendwann in den sechziger oder frühen siebziger Jahren des 19. Jahrhunderts wurde Grigorij Rasputin in Pokrowskoje geboren. Das exakte Datum seiner Geburt ist nicht bekannt. Auch über Rasputins junge Jahre gibt es so gut wie keine Unterlagen. Sein Vater Jefim Rasputin war einst Kutscher der kaiserlichen Post gewesen, aber wegen Trunkenheit entlassen worden, und soll zum Pferdediebstahl übergegangen sein.[1]

Die früheste Geschichte über Rasputin, die aber mit äußerster Vorsicht behandelt werden sollte, erzählt von seiner Gabe der Hellseherei. Der Geschichte zufolge lag Rasputin als kleiner Junge einmal mit hohem Fieber im Bett, als eine Gruppe von Dörflern in das Haus seines Vaters kam, um den Diebstahl eines Pferdes zu klären. Das Tier hatte einem der ärmeren Bauern gehört, und die Männer waren wütend, denn Pferdediebstahl wurde in Sibirien als schweres Verbrechen angesehen. Grigorij hörte die Männer sprechen, setzte sich im Bett auf, erhob sich, ging auf einen der überraschten Männer zu und erklärte, der sei der Dieb. Seine Eltern bemühten sich, die peinliche

Angelegenheit so schnell wie möglich vergessen zu machen und erklärten, ihr Sohn könne wegen des Fiebers nicht für das, was er sagte, verantwortlich gemacht werden. Aber einige Bauern waren dem beschuldigten Mann gegenüber mißtrauisch geworden. Sie folgten ihm zu seinem Haus und sahen ihn das gestohlene Pferd aus seiner Scheune herausführen und freilassen. Sie verprügelten den Bauern und fingen das Pferd ein, um es dem Besitzer wiederzugeben.[2]

Als Rasputin älter wurde, erwarb er sich den Ruf, ein Lüstling zu sein. Er nahm Arbeit als Fuhrmann an und reiste mit einem Wagen von Ort zu Ort. Die häufigen Reisen eröffneten Rasputin völlig neue Möglichkeiten. In den abgeschiedenen Dörfern entdeckte er hübsche, üppige Bauernmädchen, die seinen Annäherungsversuchen gegenüber nicht kühl blieben. Er gewöhnte sich an ein »zügelloses und liederliches Leben«[3] und bald war Rasputin in der Provinz Tobolsk berüchtigt.

Eine seiner Fahrten brachte Rasputin in das Kloster Werchoturje. Grigorij war so von dem fasziniert, was er in Werchoturje vorfand, daß er, als er später einmal verurteilt wurde, weil er seinem Nachbarn einige Zaunpfähle gestohlen hatte, darum bat, er möge zur Bestrafung nicht ins Gefängnis, sondern in das Kloster geschickt werden. Er blieb mehrere Monate. Zwei häretische Sekten, die *Chlystij* und die *Skopstij*, hatten sich in diesem Kloster niedergelassen. Die Chlysten glaubten, wie schon erwähnt, an die Geißelung als Ausdruck religiöser Andacht. In einigen der Gruppen endeten diese Rituale gelegentlich mit Geschlechtsverkehr zwischen den Teilnehmern. Manche Chlysten glaubten, daß sie nur auf folgende Weise Gott erreichen konnten: erst mußte eine Sünde begangen und dann gebeichtet werden, damit Gott die Gebete hörte.[4] Der Glaube daran, »Sünde mit Sünde auszutreiben«, war nicht die einzige verdrehte Philosophie, die Rasputin in Werchoturje lernte. Es gab dort ja noch die Sekte der Skopzen, deren Lehren er später zum Teil als die seinen ausgab. Die Skopzen glaubten, daß es Menschen nach einem Zeitraum der Entbehrung und des Studiums möglich sei, am Wesen und der Allmacht Gottes teilzuhaben. Sie interpretierten das schließlich so, daß ein Mensch, welche Sünden er auch immer begehen mochte, nicht verurteilt werden konnte, weil er über der irdischen Gerechtigkeit stünde. Außerdem hielten sie Enthaltsamkeit für »die Sünde des Stolzes«; es war daher verkehrt, keusch zu bleiben, wenn man ein Bild der Heiligkeit bieten wollte.[5]

Rasputins eigene religiösen Überzeugungen sind ziemlich schwer darzustellen. Er neigte dazu, sich den Glauben anderer anzueignen und als seine persönliche eigenwillige Theologie neu auszulegen. Als er nach Pokrowskoje zurückkehrte, umgab ihn offenbar eine Aura von Heiligkeit, wobei man jedoch nicht weiß, inwieweit dieses neue Image vielleicht sorgfältig für die leicht zu beeindruckenden Freunde aufgebaut worden war. Er fand bald eine Frau, die die Herausforderung, seine Ehefrau zu sein, nicht fürchtete, und irgendwann nach 1890 heirateten die beiden.[6] Wenn sie in späteren Jahren von seinen sexuellen Abenteuern hörte, beklagte sich Praskowja Dubrowina nie, sondern sagte: »Er hat genug für alle.«[7] Sie bekamen vier Kinder, zwei Jungen und zwei Mädchen. Ein Sohn starb als Kind; der andere war geistig zurückgeblieben. Aber die beiden Mädchen, Maria und Warwara, wuchsen auf und lebten später eine Zeitlang bei ihrem Vater in der Hauptstadt.

Mit der Zeit fiel es Rasputin schwer, seinen Lebensunterhalt als ketzerischer Dorfheiliger zu verdienen. Seine Nachbarn hielten ihn für einen Anhänger der *Chlysten*, und bald erreichten diese Gerüchte den Dorfpopen, der eine offizielle Beschwerde beim Erzbischof der Provinz Tobolsk einreichte. Es war nur das erste von vielen Malen; immer wieder einmal wurde behauptet, Rasputin habe Verbindung zu der Gruppe. Der Vorwurf war falsch. Auch wenn Rasputin offensichtlich von der Sekte fasziniert war und einige ihrer theologischen Ideen als seine eigenen ausgab, so war er doch nie ein Chlyst. Aber die Anschuldigungen waren in sich schon schädlich, egal, ob etwas Wahres daran war.

Eines Tages wollte Rasputin bei der Feldarbeit eine Vision gehabt haben. Grigorij zufolge war die Jungfrau Maria, in prächtige Gewänder gekleidet, aus dem Himmel zu ihm gekommen und hatte ihn aufgefordert, Pilger zu werden. Ob Rasputin tatsächlich etwas gesehen, oder ob er eine Halluzination gehabt hat, ist irrelevant; Tatsache ist, daß er sagte, er glaube ernsthaft, daß ihn die Jungfrau Maria besucht habe. Rasputins Vater war mißtrauisch und meinte: »Grigorij ist aus Faulheit Pilger geworden.«[8] Es gibt jedoch keinen Grund anzunehmen, Rasputin hätte seine Reise nicht in ernster Absicht begonnen.

Grigorij zufolge hatte die Jungfrau Maria ihm befohlen, ins Heilige Land zu wandern. Rasputin marschierte gut dreitausend Kilometer; er beendete sein Reise schließlich in Griechenland, im Kloster am Berg Athos. Während dieser Zeit machte Rasputin sicherlich eine Wandlung durch. Als er nach Pokrowskoje zurückkehrte, war er völlig verändert. »Man konnte ihn kaum verstehen«, schreibt Alex De Jonge, »denn er sprach oft in Rätseln und streute haufenweise geistliche Sinnsprüche und Brocken von Bibelzitaten in seine Rede ein.«[9] Wenn er sprach, wurde Grigorijs stärkste Gabe offenbar, seine Fähigkeit, die Menschen um ihn herum zu manipulieren.

Der wahrscheinlich größte Widerspruch in Rasputins Persönlichkeit war seine Sinnlichkeit, die er oft zum Erreichen seiner Ziele einsetzte. Aber er schlief auch gern, um seine Selbstbeherrschung zu erproben, neben einer oder mehreren nackten Frauen oder ließ sie nackt seine Füße waschen. In späteren Jahren war seine Fleischeslust enorm, es gibt aber keinen Hinweis darauf, daß ihn die offensichtliche Unvereinbarkeit von Fleisch und Geist jemals verwirrt oder beunruhigt hat.

Als die Lebensumstände in seinem Dorf unerfreulich wurden, ging Rasputin erneut auf Pilgerschaft. Zwei der vielen Legenden um Rasputin entstammen dieser zweiten Reise. Es ist behauptet worden, daß die Dorfbevölkerung von Pokrowskoje Grigorij den Spitznamen »Rasputin« gegeben habe. Tatsächlich ist es schon immer sein Familienname gewesen; er kommt wahrscheinlich von dem russischen Wort *Raspute*, was soviel wie Kreuzweg bedeutet, und nicht von *Rasputstwo*, Ausschweifung, wie unterstellt wird.[10] Ein anderes Mißverständnis ist, daß Rasputin ein *Starez* gewesen sei, ein Mönch, der durch das Land wanderte und anderen Menschen helfend und leitend zur Seite stand und für ihre Seelen betete. Ein wirklicher *Starez* lebte ein ernstes, frommes Leben ohne die Sexualität, die bezeichnend für Rasputins Wirken war. Rasputin war einfach ein wandernder *Muschik* auf der Suche nach Abenteuern und seiner eigenen Erlösung.

1903 kam Rasputin in St. Petersburg an. Er wurde beschrieben als »… Anfang der Dreißig, breitschultrig, muskulös und von mittlerer Größe. Er trug lose Bauernblusen und weite Hosen, die in schweren, grob gefertigten Lederstiefeln steckten. Er war ungepflegt. Er stand auf, legte sich schlafen und stand wieder auf, ohne ans Waschen zu denken oder die Kleider zu wechseln. Seine Hände waren schmutzig, seine Nägel schwarz, sein Bart verfilzt. Sein Haar war lang und fettig. In der Mitte locker gescheitelt, fiel es ihm in dünnen Strähnen bis auf die Schultern. Es konnte deshalb nicht überraschen, daß er einen scharfen Geruch ausströmte.«[11]

So hat ihn Robert K. Massie beschrieben. Seine Erscheinung ist Teil der Legende Rasputins geworden. Aber wie genau sind diese Beschreibungen? Colin Wilson erhebt Einwände gegen dieses negative Bild und schreibt die folgende Rechtfertigung des Bauern:

»Mehrere Autoren haben Rasputins Vorliebe für die *Banja*, das Dampfbad, erwähnt, deshalb ist es unwahrscheinlich, daß er übel roch … Im übrigen wird eine ganz und gar irreführende Beschreibung von Rasputin als barbarischem Trunkenbold und Vergewaltiger gegeben. Seine Tochter Maria, die während der Jahre seines größten Einflusses bei ihm in Petersburg lebte, berichtete, daß er erst in den letzten Lebensjahren angefangen habe, zuviel zu trinken. Wodka trank er nie; er liebte süßen Wein. In den früheren Jahren konnte er große Mengen davon trinken, ohne daß sich irgendeine Wirkung zeigte. Er mochte Sex, scheint aber auch keine Schwierigkeiten gehabt zu haben, elegante Damen und Schauspielerinnen zu finden, die das Bett mit ihm teilten.«[12]

Die eigentliche Rasputinlegende begann, als er 1903 die Hauptstadt erreichte. In St. Petersburg fand er eine Menge schöne, mit Juwelen geschmückte Frauen, die, äußerlich korrekt, sich im Innersten nach etwas Neuem und Verwegenem sehnten. Als der seltsame, geheimnisvolle Bauer in den Salons der großen Welt erschien, wurde er von den angesehensten Kirchenoberen der Stadt, Vater Johann von Kronstadt und Archimandrit Theofan, dem Rektor der Theologischen Akademie von St. Petersburg, gefördert. Theofan stellte Rasputin dem Bischof Hermogen von Saratow vor, einem von der orthodoxen Kirche hochverehrten Priester. Es war nichts Außergewöhnliches, daß ein schlichter Bauer in der Hauptstadt solche Aufmerksamkeit auf sich zog. Wandernde Männer Gottes fielen oft dem einen oder anderen Priester, Bischof oder Fürsten auf, der dann vor seinen Freunden aus der Gesellschaft mit ihnen protzte. Für so hochstehende Kirchenpersönlichkeiten war es allerdings ungewöhnlich, daß sie Interesse an einem Bauern fanden, und das gibt wiederum einen Hinweis darauf, welche Ausstrahlung Rasputin besessen haben muß. Im Kreis der Geistlichkeit, in dem er verkehrte, war wohl niemand so einflußreich wie Vater Johann von Kronstadt, der für die St.-Andreas-Kathedrale an der Marinebasis außerhalb von St. Petersburg verantwortlich war. Vater Johann war einer der fähigsten und anregendsten orthodoxen Geistlichen und hatte verschiedenen Mitgliedern der kaiserlichen Familie als Beichtvater gedient. Seine Beliebtheit veranlaßte viele orthodoxe Gläubige, sich um ihn zu scharen und ihm ihre Sünden persönlich zu beichten. Wegen des großen Andrangs hatte Vater Johann eine neue Form des Sakraments entwickelt: Er versammelte seine Gemeinde und hörte zu, während alle gleichzeitig ihre Sünden herausschrien.[13] Vater Johann starb 1908, fünf Jahre nachdem Rasputin in die Stadt gekommen war, aber vor der berüchtigtsten Periode seines St. Petersburger Aufenthalts. 1964 wurde er von der russisch-orthodoxen Kirche im Exil heiliggesprochen.

Rasputin wirkte höchst unterschiedlich auf die Mitglieder der Gesellschaft. Einige Frauen erwarteten von ihm derbe sinnliche Lust, mit der er sie, wenn den Geschichten über ihn Glauben geschenkt werden darf, anscheinend nur allzugerne versorgte. Männer suchten bei ihm geistlichen Rat und, später, Einfluß und Macht. Andere, die seine ungehobelten Manieren und fehlende Unterwürfigkeit als beleidigend empfanden, nannten ihn einen Schwindler und beschuldigten ihn des Versuches, durch seine gesellschaftlichen Kontakte persönliche Macht gewinnen zu wollen. Mindestens zwei angesehene Mitglieder der Aristokratie, die Großfürstinnen Miliza und Anastasia, waren immerhin so beeindruckt von Rasputin, daß sie Zar und Zarin auf ihn aufmerksam machten. Da es die gleichen Schwestern gewesen waren, die Alexandra Nazier-Vachot empfohlen hatten, mag es überraschen, daß das Zarenpaar überhaupt einwilligte, ihn zu empfangen. Aber als Rasputin im Alexanderpalast erschien, hatte er außerdem eine bedeutende Empfehlung vom Archimandriten Theofan erhalten, der dem kaiserlichen Paar folgendes gesagt haben soll:

»Grigorij Jefimowitsch ist ein Bauer, ein Einfältiger. Es wird Ihren Majestäten zum Vorteil gereichen, ihm zu lauschen, weil es die Stimme der russischen Heimat ist, die durch seinen Mund spricht ... Ich weiß alles, was man ihm vorwirft: ich kenne seine Sünden, sie sind unzählig und auch meistens abscheulich. Aber er besitzt eine solche Kraft der Zerknirschung und einen so kindlichen Glauben an die himmlische Barmherzigkeit, daß ich mich beinah für sein ewiges Seelenheil einsetzen könnte. Nach jeder Reue ist er so rein wie das Kind, das soeben im Taufwasser gewaschen wurde. Gott begünstigt ihn offenbar durch seine besondere Vorliebe ...«[14]

Mit einer so eindrucksvollen Einführung zog Rasputin also in den Alexanderpalast und in die Geschichte ein.

Alexej war etwas mehr als ein Jahr alt, als Rasputin zum ersten Mal im Alexanderpalast auftauchte. Die Hämophilie erlegte dem Leben, das Alexej zu führen in der Lage sein würde, automatisch Beschränkungen auf. Alexandra hatte gleich beschlossen, daß er Leibwächter brauchte, und so bekamen zwei große, kräftige Matrosen der kaiserlichen Marine, Andrej Derewenko und Klementij Nagornij, die Aufgabe, ihn vor jeglicher Verletzung zu schützen. »Derewenko ... verwöhnte ihn nicht so sehr wie die Wärterin, war ihm aber grenzenlos ergeben und zeigte stets große Geduld«, schrieb Anna Wyrubowa. »Ich höre noch das feine Stimmchen des Thronfolgers während seiner Krankheit: ›Hebe meine Arme auf‹, oder ›Lege mein Bein zurecht‹, ›Wärme meine Hände‹, und zwischendurch die beruhigende Stimme Derewenkos ...«[15]

Auch wenn er von Leibwächtern umgeben war, blieben Unfälle nicht aus. Als Alexej drei Jahre alt war, stieß er sich so, daß beide Augen zuschwollen und sein Gesicht dunkelviolett wurde und schrecklich weh tat. Als er älter wurde, versuchte Alexandra Alexej einzuprägen, daß er vorsichtig sein mußte, auch beim Spielen. Der Zarewitsch hatte ein Spielzimmer voller teurer Spielzeuge und etliche Haustiere, darunter einen Spaniel namens Joy und einen Esel namens Wanka. Er besaß ein eigens angefertigtes Dreirad, da ein Fahrrad als zu gefährlich angesehen wurde; doch er sehnte sich nach einem richtigen. »›Schenke mir ein Fahrrad‹, bat er einmal seine Mutter. ›Alexej, du weißt doch, daß das nichts für dich ist!‹ – ›Ich möchte Tennis spielen lernen wie die Schwestern!‹ – ›Du weißt, daß du nicht spielen darfst.‹ Bisweilen brach der arme Thronfolger in Tränen aus und klagte: ›Warum bin ich nicht so wie andere Jungen?‹«[16]

Alexej war ein ausgelassenes Kind. Er stürmte gerne ins Klassenzimmer seiner Schwestern und rannte laut singend um den Tisch, bis er mit strampelnden Armen und Beinen wieder hinausgetragen wurde. »Er genoß das Leben – wenn die Krankheit es zuließ –, und er war ein glücklich herumtollender Junge«, schrieb jemand aus seiner Umgebung.[17] Manchmal waren seine Vergnügungen alles andere als kaiserlich. Als er ein wenig älter war, wurde er einmal mit auf ein Staatsbankett genommen. Von Stuhl zu Stuhl gehend begrüßte er jeden Gast – und verschwand plötzlich unter dem Tisch. Als er wieder hervorkam, präsentierte er seinem Vater stolz einen Schuh einer der Hofdamen. Nikolaus befahl ihm, den Schuh wieder zurückzubringen, und schon verschwand der Zarewitsch wieder unter dem Tisch. Kurz darauf stieß die betroffene Dame einen Schrei aus: Bevor Alexej den Schuh wieder zurückgebracht hatte, hatte er eine große reife Erdbeere hineingesteckt.[18]

Aber so fröhliche und sorgenfreie Zeiten waren selten. Da die Krankheit so unberechenbar war, beherrschte sie die Zarin vollkommen. In dem einen Augenblick noch konnte Alexej ganz gesund sein und fröhlich mit den Schwestern herumtoben. Dann ein leichter Zusammenstoß oder ein Schnitt, und alles schlug um in einen Alptraum, schmerzhaft und langwierig. Beulen oder Prellungen, bei denen winzige Blutäderchen platzten, waren für Mutter und Sohn eine Qual. Während das Blut zu fließen begann, war der Schmerz nicht so groß, weil es in die leeren Räume zwischen Knochen und Gelenken sickerte. Aber wenn kein Platz mehr da war, bildeten sich Schwellungen, die die Haut spannten und sie unter dem Druck von innen blau werden ließen. Es gab nichts, was die Zarin tun konnte; sie saß neben dem Bett ihres Sohnes, hielt seine Hand und lauschte seinen klagenden Schreien.

Wenn Alexandra überängstlich war, so fanden andere doch, daß es Alexej erlaubt sein müßte, ein halbwegs normales Leben zu führen. Zu diesen Menschen gehörte Pierre Gilliard, der Französischlehrer der Großfürstinnen. Eines Tages bemerkte er der Zarin gegenüber, daß der Zarewitsch von seinen Leibwächtern erstickt würde. Irgendwann gab sie nach und wies Derewenko und Nagornij an, sich zurückzuhalten. Gilliard schrieb:

»Ohne Zweifel erkannten sie, wieviel Schaden das bestehende System dem Besten in ihrem Sohn zufügte, und wenn sie ihn bis zum Wahnsinn liebten ... so gab ihre Liebe ihnen die Kraft, eher das Risiko eines Unfalls in Kauf zu nehmen … als ihn zu einem Mann von schwachem Charakter heranwachsen zu sehen … Zuerst ging alles gut, und mein Gewissen beruhigte sich, bis dann der Unfall, den ich so gefürchtet hatte, ohne Vorwarnung passierte. Der Zarewitsch stand im Schulzimmer auf einem Stuhl, als er ausrutschte und sich im Fallen das rechte Knie an der Ecke eines Möbelstückes stieß. Am nächsten Tag konnte er nicht gehen. Am übernächsten Tag hatte die subkutane Blutung nicht aufgehört, und die Schwellung unter dem Knie breitete sich in den Unterschenkel aus. Die Haut spannte sich von dem Druck der inneren Blutung, welche auf die Nerven einen nicht zu beschreibenden Schmerz ausübte, zum Äußersten und verhärtete sich. Aber weder der Zar noch die Zarin gaben mir die leiseste Schuld … Vom Anfang der Krisis verließ die Kaiserin den Thronfolger nicht einen Augenblick. Über ihn gebeugt, ihn schmeichelnd und liebkosend, gab sie sich die erdenklichste Mühe, durch tausend Liebesbezeugungen seinen furchtbaren Schmerz zu lindern … Auf Augenblicke öffnete dann der Thronfolger seine von der Krankheit dunkel umränderten, großen Augen, um sie mit einem schmerzhaften Seufzer sofort wieder zu schließen. Eines Morgens traf ich die Kaiserin am Kopfende ihres Sohnes sitzend. Die Nacht war für den Kranken besonders schwer gewesen … Der Arzt Derewenko war sehr unruhig, da er die Blutung nicht stillen konnte und die Temperatur immer höher stieg. Die Geschwulst hatte zugenommen, und die Schmerzen des Thronfolgers müssen furchtbar gewesen sein. Das Kind lag ausgestreckt auf dem Bette, und sein qualvolles, fortwährendes Stöhnen war unerträglich anzuhören. Sein Kopf ruhte in der Hand der Mutter – sein schmächtiges, blutleeres Gesichtchen war nicht zum Wiedererkennen. Von Zeit zu Zeit hielt er den Atem an und lispelte stöhnend das eine Wort: ›Mama‹ … Und die Mutter küßte sein Haar, seine Augen, seine Hände, seine Ärmchen, als ob ihre sanften Küsse seine Leiden lindern und das Leben, welches zusehends von ihm wich, zurückhalten könnten. Welche Pein für die Mutter, die bei den schrecklichsten Qualen ihres Kindes zugegen ist, die sich dessen bewußt ist, daß sie es ist, von der er diese schreckliche Krankheit geerbt hat, und daß er durch sie leidet. Schmach, tausendfache Schmach über diejenigen, die sich anmaßen, diese Frau zu verurteilen.«[19]

Trotz der häufigen Attacken wuchs Alexej zu einem großen freundlichen Jungen heran, mit den graublauen Augen und dem goldenen Haar seiner Mutter. Er war ungewöhnlich grüblerisch. Als er zehn Jahre alt war, fand ihn seine Schwester Olga einmal im Gras liegend, wie er untätig in den Himmel starrte. Sie fragte ihn, was er tue.

»Ich denke so gern nach«, antwortete er.

»Worüber?« fragte Olga.

»Oh, über viele Sachen. Ich genieße die Sonne und die Schönheit des Sommers, solange ich kann. Wer weiß, ob ich nicht eines Tages daran gehindert sein werde?«[20]

Es ist nicht bekannt, wann Rasputin zum ersten Mal von Zar und Zarin gebeten wurde, ihren Sohn zu heilen. Zu Beginn der Beziehung scheinen die meisten Besuche des Bauern informell gewesen zu sein und hatten nichts mit der Krankheit des Zarewitsch zu tun. Viele Jahre später erinnerte sich Olga Alexandrowna, die Schwester des Zaren, eines dieser Abende:

»Alle Kinder schienen ihn zu lieben. Sie waren ihm gegenüber in keiner Weise befangen. Ich erinnere mich noch an den kleinen Alexej, der beschlossen hatte, ein Kaninchen zu sein, und im Zimmer umherhüpfte. Und plötzlich nahm Rasputin das Kind bei der Hand und führte es in sein Schlafzimmer ... Es breitete sich Stille aus, als wären wir in der Kirche. In Alexejs Schlafzimmer waren keine Lampen an; das einzige Licht kam von den Kerzen, die vor einigen wunderschönen Ikonen brannten. Das Kind stand ganz ruhig neben dem Riesen, der den Kopf gesenkt hatte. Ich wußte, daß er betete. Es war alles sehr beeindruckend. Ich wußte auch, daß mein kleiner Neffe ebenfalls betete. Ich kann es wirklich nicht beschreiben – aber damals war mir klar, daß der Mann es ernst meinte ...«[21]

Das Heilige und Geheimnisvolle an Rasputin wurden für Olga Alexandrowna verstärkt, als sie die Heilung ihres Neffen mittelbar miterlebte:

»Das arme Kind lag voller Schmerzen da, hatte dunkle Ringe unter den Augen, und sein kleiner Körper war völlig verdreht und sein Bein schrecklich geschwollen. Die Ärzte waren einfach unbrauchbar ... ängstlicher als wir alle zusammen ... Sie flüsterten untereinander ... Es wurde spät und man überredete mich, zu Bett zu gehen. Alicky schickte dann eine Nachricht an Rasputin in St. Petersburg. Er erreichte den Palast etwa um Mitternacht oder sogar noch später. Zu der Zeit war ich schon in meinen Gemächern. Am Morgen ließ Alicky mich rufen und in Alexejs Zimmer gehen. Ich traute meinen Augen nicht. Der kleine Junge lebte nicht nur – es ging ihm auch gut. Er saß im Bett, das Fieber war verschwunden, die Augen waren hell und klar, keine Schwellung im Bein zu sehen … Später erfuhr ich von Alicky, daß Rasputin den Jungen nicht einmal berührt hatte, sondern nur am Fuße des Bettes gestanden und gebetet hatte.«[22]

Obwohl Olga die Geschichte der Heilung nur von Alexandra hörte, aus zweiter Hand also, gibt sie ein mächtiges Zeugnis für Rasputins Fähigkeit, den Leiden des Jungen Linderung zu verschaffen. In den nächsten zehn Jahren sollte sich die Szene bei vielen Gelegenheiten wiederholen. Die wichtigste Frage, und vielleicht der faszinierendste Aspekt der Rasputinlegende ist, wie war das möglich?

Es gibt keinen Zweifel daran, daß Rasputin dem leidenden Kind Linderung verschaffen konnte. Zu viele Zeugen haben diese Tatsache bestätigt. Sogar diejenigen, die dem Bauern feindlich gesinnt waren, mußten das zugeben. Über die Jahre hinweg sind zahlreiche Theorien zur Erklärung der scheinbar unerklärlichen Fähigkeiten vorgebracht worden.

Manche Leute haben behauptet, daß Rasputins Auftritte an der Seite des Patienten rein zufällig mit dem Abklingen der Anfälle zusammengefallen seien. Diese Theorie ist so einfach, wie sie unwahrscheinlich ist. Eine Stunde zu früh oder zu spät hätten den Bauern als Schwindler enttarnt. Sie übergeht auch die Male, bei denen Rasputin Alexej aus der Ferne von seinen Symptomen befreit hat, bei denen ihm also eine Beurteilung der Lage unmöglich war.

Darauf hat man erwidert, daß Rasputin einen Komplizen gehabt habe, der ihn über den Zustand des Zarewitsch informiert und den günstigsten Augenblick für die Ankündigung einer Heilung empfohlen habe. Gewöhnlich wird in diesem Zusammenhang die Freundin der Zarin, Anna Wyrubowa, als Übeltäterin beschuldigt. Das ist jedoch ebenfalls unwahrscheinlich. Erstens ist es durch viele Beweise gesichert, daß Anna Wyrubowa in erster Linie Alexandra ergeben war, nicht Rasputin. Es fällt schwer, wenn es nicht sogar unmöglich ist, sie sich derartig hinterhältig agierend vorzustellen. Zweitens hätte so ein Komplize innerhalb des Palastes dieser Theorie zufolge genug medizinisches Wissen haben müssen, um alle Wendungen der Krankheit beurteilen und den Ausgang vorhersagen zu können. Da kein einziger der Ärzte am Hof dazu in der Lage war, erscheint es unmöglich, daß Anna Wyrubowa das konnte. Es gibt absolut gar keinen Hinweis darauf, daß sie medizinisches Wissen hatte; allein, was über ihren Intellekt bekannt ist, genügt, diese Erklärung auszuschließen.

Anna Wyrubowa spielt auch in einer anderen, noch düstereren Theorie eine wichtige Rolle. Demzufolge hätten sie, Rasputin und ein gewisser tibetanischer Kräuterarzt namens Badmajew ein Komplott geschmiedet, um das kaiserliche Paar zu betrügen: Anna bekam bestimmte Drogen und Mittelchen von Badmajew und gab sie dem Zarewitsch zur Einleitung einer hämophilen Attacke. Wenn Rasputin dann gerufen wurde, verabreichte man ein zweites Mittel – eines, das das Abklingen der Symptome verursachte –, und Rasputin kam gerade rechtzeitig, um über dem Jungen zu beten und so als für die Heilung verantwortlich zu erscheinen. Wieder gibt es absolut keinen Beweis für eine solche Verschwörung.

Hypnose wurde als eine mögliche Erklärung für Rasputins Fähigkeit, den Zarewitsch zu heilen, vorgeschlagen. Es ist bekannt, daß sich Rasputin tatsächlich später mit Hypnose beschäftigte: aber das war erst 1912 oder 1913 – mindestens fünf Jahre nachdem er begonnen hatte, den Zarewitsch zu behandeln. Selbst wenn es möglich ist, daß Hypnose bei seinen Besuchen am Krankenbett des Jungen eine Rolle gespielt hat, gibt es keinen Beweis dafür, daß Rasputin sie zur Heilung einsetzte. Das alles kann die Fälle nicht erklären, bei denen er den Jungen heilte, obwohl er selbst nicht an seiner Seite war. Wenn überhaupt, so hat die Hypnose Alexej vielleicht beruhigt, aber sie allein kann für die Heilungen nicht verantwortlich gewesen sein.

Schließlich bleibt nur noch eine Theorie, die sich mit den bekannten Tatsachen vereinbaren läßt und die für alle Heilungen des Zarewitsch durch Rasputin zutreffen könnte, und das ist die wichtigste, weil es diejenige ist, an die Alexandra glaubte: daß Rasputin ihren Sohn durch die Kraft seines Gebetes heilte. Diese Überzeugung beeinflußte ihre Wahrnehmung Rasputins. Seit ihrer Kindheit glaubte sie nicht nur an Gebete, sondern auch an Wunder, und die orthodoxe Kirche lehrte, daß beide auch in der Welt des zwanzigsten Jahrhunderts stark wirkende Kräfte seien. Alex De Jonge hat folgende wichtige Aussage gemacht: »Wenn Alexandra glaubte, daß er das Bluten stoppen konnte, ist es sinnvoll anzunehmen, daß er es tat. Wie offen und anfällig gegenüber einem Wunschdenken sie gewesen sein mag, auch Leichtgläubigkeit hat Grenzen.«[23]

Obwohl sie an die Kraft, die Rasputin für sich beanspruchte, glaubte, zögerte Alexandra zunächst, ihn in den Palast zu rufen. Es dauerte fast zwei Jahre, bevor Rasputins Besuche regelmäßiger wurden. Er kam so selten, weil sich Alexandra anfangs nur zögerlich an ihn wandte. Aber nach jeder Bitte um Hilfe, jeder Heilung fiel es ihr schwerer, der Kraft, die Rasputins Gebete zu spenden schienen, zu widerstehen.

Obwohl sie sich mit wachsender Abhängigkeit auf den Bauern verließ, verwechselte Alexandra nie den Mann mit seiner Gabe. Als sie in späteren Jahren gezwungenermaßen mit den geschmacklosen Details aus Rasputins Leben in der Stadt konfrontiert wurde, behauptete die Zarin niemals, daß er nicht der Mann sei, für den ihn seine Feinde hielten. Aber außer den unangenehmen Dingen sah und erlebte Alexandra auch den echten Trost, den seine Gebete ihrem Sohn zu spenden schienen. Sie verteidigte Rasputin später als »Mann Gottes«, weil seine Gebete das Leben ihres Sohnes zu retten schienen, nicht weil sie ihn für einen frommen Heiligen hielt, der ohne Sünde war.

Jahre später nannte Wassilij Schulgin, ein monarchistisches Mitglied der Duma, Rasputin einen doppelgesichtigen Janus:

»Der kaiserlichen Familie hatte er sein Gesicht des demütigen *Starez* zugewandt, und bei seinem Anblick kann die Kaiserin nur davon überzeugt gewesen sein, daß Gottes Segen auf diesem Mann ruhte. Dem Volk wandte er das rohe betrunkene unreine Gesicht eines nackten Satyrs aus Tobolsk zu. Das ist der Schlüssel zu alldem. Das Land ist empört, daß so ein Mann unter dem Dach des Zaren empfangen wird. Und unter demselben Dach herrscht Überraschung und ein Gefühl bitterer Verletztheit. Warum sind sie alle so aufgebracht? Weil ein frommer Mann gekommen ist, um für den unglücklichen Thronerben zu beten, ein schrecklich krankes Kind, dessen geringste unbedachte Bewegung mit seinem Tod enden könnte? Deshalb sind der

Zar und die Zarin verletzt und verärgert. Warum dieser Sturm der Entrüstung? Der Mann hat nur Gutes getan. So hat sich ein Todesbote zwischen den Thron und die Nation geschoben. Und wegen der fatalen Doppelnatur dieses Mannes... kann keine Seite die andere verstehen. Also begleiten der Zar und sein Volk, so entzweit wie eh und je, einander auf den Weg zum Abgrund.«[24]

24

Jahre der Isolation

In den Jahren nach Alexejs Geburt verschlechterte sich Alexandras Gesundheitszustand zusehends. Sie litt an Kurzatmigkeit und einer »Herzerweiterung«.[1] Ihrer Schwägerin Olga Alexandrowna zufolge war sie »eine wirklich kranke Frau. Sie atmete häufig in schnellen, offensichtlich schmerzhaften Atemzügen. Ich habe oft gesehen, daß ihre Lippen blau wurden.«[2] Wenn sie so litt, und ihre Freundin Hilfe holen wollte, sagte Alexandra oftmals: »Ich will nicht, daß man es erfährt.«[3] Einmal, 1913, erinnerte sie sich an ihre Verlobungszeit: »Ich muß daran denken«, sagte sie traurig, »wie ich einst, jung und gesund, mit dem Kaiser das Theater besuchte ... Jetzt bin ich eine Ruine.«[4]

Alexandra ist niemals wirklich gesund gewesen. Schon als Kind hatte sie ein Ischiasleiden. Fünf schwere Schwangerschaften, zwei Fehlgeburten und die Sorge um Alexej hatten ihrer Gesundheit geschadet. Wenn ihr Sohn krank war, wich die Zarin selten von seinem Bett; war die Krise vorbei, mußte sie selbst wochenlang liegen, um sich zu erholen. An ihre Schwester Viktoria schrieb sie:

»Glaube nicht, daß mein schlechter Gesundheitszustand mich persönlich bedrückt. Er ist mir gleichgültig, außer daß ich meine Lieben deswegen leiden sehe, und daß ich meine Pflichten nicht erfüllen kann. Aber wenn Gott ein solches Kreuz auferlegt, muß es getragen werden. Die liebe Mama hat ihre Gesundheit auch früh verloren. Ich habe so viele Freuden erlebt, daß ich willig darauf verzichten will – sie bedeuten mir so wenig, und mein Familienleben ist so ideal, daß es mich für alles entschädigt, was ich nicht mehr tun kann.«[5]

An eine Freundin in Deutschland schrieb sie:

»Was kann ich über meine Gesundheit sagen? Zur Zeit sind die Ärzte mit meinem Herzen zufrieden ... Habe aber wieder starke Schmerzen in den Beinen und im Rücken ... Trotz sanfter Massage, es ist eher ein Streicheln, sind die Schmerzen schlimmer geworden. Du siehst, ich habe viele Beschwerden. Was für die eine Sache notwendig ist, ist schlecht für die andere, es ist kompliziert. Bin sehr müde und lustlos ... Wenn jemand Dir gegenüber von meinen ›Nerven‹ spricht, bitte widersprich nachdrücklich. Sie sind so stark wie eh und je, es ist das ›übermüdete Herz‹ und auch Körpernerven und Herznerven, aber die anderen Nerven sind sehr gesund. Habe sehr üble Herzschmerzen, bin seit drei Jahren nicht, wie man sagt, gelaufen, das Herz schlägt wie wild, bin beängstigend kurzatmig und habe solche Schmerzen ...«[6]

Nach der Revolution erinnerte sich die ehemalige Zofe der Zarin, Madeleine Zanotti:

»Ich habe fast mein ganzes Leben bei der Zarin verbracht. Ich kannte sie gut und mochte sie gern. Mir scheint, daß die Kaiserin während der letzten Jahre ihres Lebens krank gewesen ist. Mir scheint, sie litt an Hysterie ... Was der Grund für den hysterischen Zustand der Kaiserin war, weiß ich nicht. Vielleicht litt sie an einer Frauenkrankheit ... Dr. Grotte fand Symptome einer Nervenkrankheit, gegen die er eine ganz andere Behandlung als die verschrieb, die sie bis dahin angewandt hatte. Später stellte Dr. Fischer das gleiche fest. Er legte dem Kaiser einen vertraulichen Bericht vor ... Fischer ... bestand auf der Behandlung nicht ihres Herzens, welches er in gutem Zustand fand, sondern ihres Nervensystems. Auf die eine oder andere Weise hörte die Kaiserin von diesem Bericht Fischers, der sofort entlassen und durch Botkin ersetzt wurde. Botkin wurde auf ihren ausdrücklichen Wunsch zu ihrem Leibarzt ernannt ... Ich bemerkte, da ich sie täglich sah, immer wieder etwas, das mich überraschte: Wenn sie sich in der Gesellschaft von angenehmen Menschen befand, ging es ihr immer recht gut, und sie beklagte sich nie über ihr Herz; aber in dem Moment, wo ihr etwas mißfiel ... begann sie gleich zu klagen. In dem Glauben, ihr Herz sei geschädigt, verbrachte sie gewöhnlich den größten Teil des Tages auf dem Sofa liegend.«[7]

Wie schon ihre Mutter, litt Alexandra an den Symptomen einer psychosomatischen Krankheit, deren Ursache ihre Sorgen waren. Die Krankheit war durchaus real, sie war aber in der schrecklichen Ungewißheit begründet, die das Leiden ihres Sohnes umgab. Die Krankheit der Zarin hätte womöglich in der St. Petersburger Gesellschaft großes Mitgefühl erregt, wenn sie nur davon gewußt hätte. Wie die Hämophilie des Zarewitsch wurde auch Alexandras Krankheit geheimgehalten. Ihre zunehmende Abkapselung in Zarskoje Selo trug viel dazu bei, sie aus dem Gedächtnis der Öffentlichkeit zu löschen. Alexandra glaubte allen Ernstes, daß sie, sobald sie einen Fuß in ihren eigenen Palast setzte, gänzlich zur Privatperson würde. Aber Könige und Königinnen bleiben, wie sehr sie sich auch nach Privatleben sehnen mögen und ungeachtet aller Türen, die sie hinter sich verschließen, Persönlichkeiten des öffentlichen Lebens. Daß sich die Zarin dem öffentlichen Wohlwollen weit entfremdet hatte, zeigte sich deutlich in dem Klatsch, der über die kaiserliche Familie verbreitet wurde. Je mehr sie sich in ihr Privatleben in Zarskoje Selo zurückzogen, desto dringender versuchte die Bevölkerung, etwas über die abgekapselten Herrscher zu erfahren. Den meisten Menschen genügten, da die Wahrheit verschwiegen wurde, auch die Gerüchte.

Und je gemeiner die Gerüchte waren, desto mehr isolierte sich die Zarin. Einer der übelsten Skandale betraf die Zarin und General Fürst Alexander Orlow. Eines Abends tanzte die Zarin auf einem Ball einen Walzer mit dem Fürsten, was die Damen der St. Petersburger Gesellschaft mit Verwunderung betrachteten. Das war ein Bruch der kaiserlichen Etikette! Bald verband das Geflüster die Zarin und den Fürsten in einer romantischen Liebschaft. Die angebliche Affäre wurde Thema Nummer eins in den Salons der Hauptstadt.[8] Phantasievolle Gemüter begannen offen von Katharina der Großen und ihrem Liebhaber Grigorij Orlow zu sprechen. Um die Sache noch schlimmer zu machen, traf Alexandra weiterhin mit Orlow zusammen, da er kommandierender Offizier ihres Ulanenregiments war. Daß die Zarin nach wie vor eine deutliche Abneigung gegen jeden außerhalb der eigenen Familie zur Schau stellte, hieß auch Öl ins Feuer der Gerüchte gießen, denn zumindest im Falle des Fürsten schien sie alle Vorsicht außer acht gelassen zu haben. Was auch immer Orlows Absichten gewesen sein mögen, eins ist sicher: falls es auf seiten Alexandras überhaupt Zuneigung zu dem hübschen Offizier gegeben hat, war das auch alles. Ihre tiefe Liebe zu ihrem Ehemann und ihr frommer Glaube hätten eine Herzensaffäre nicht zugelassen.

Den diese Affäre betreffenden Behauptungen wurde in weiten Kreisen der St. Petersburger Gesellschaft einfach deshalb Glauben geschenkt, weil niemand mit Sicherheit wußte, was in bezug auf die kaiserliche Familie Dichtung und was Wahrheit war. Hier ein Foto, dort eine Zeile im Hofblatt, eine Parade beim Staatsbesuch eines anderen Monarchen – das waren die Bilder ihrer Herrscher, mit denen sich die Öffentlichkeit zufriedengeben mußte. Alexandras Weigerung, sich in der St. Petersburger Gesellschaft zu engagieren, führte zu allgemeinen Mutmaßungen über die kaiserliche Familie.

Die Wahrheit kannte nur ein kleiner, ausgewählter Kreis von Familienmitgliedern, ein paar Beamten und ein paar Bediensteten. Eine der ungewöhnlichsten Figuren dieser Gruppe war Anna Wyrubowa, Alexandras einzige wirkliche Freundin während all ihrer Jahre als Zarin. Alexandra schloß nicht leicht Freundschaften; sie war einerseits zu scheu und andererseits zu kritisch gegenüber den Fehlern anderer. Da sie sich ihrer Stellung als Zarin sehr bewußt war, fand es Alexandra beinahe unmöglich, ihre kaiserliche Würde zu vergessen und sich locker mit den Damen, denen sie auf Empfängen oder Bällen begegnete, zu unterhalten. Manche von diesen Frauen hätten vielleicht ihre besten Freundinnen werden können, aber sie hielten sich im Hintergrund, weil sie den Vorwurf fürchteten, sie wollten sich einschmeicheln. Einmal schrieb Alexandra in einem Brief an eine Bekannte: »Ich muß jemanden ganz für mich haben; wenn ich ich selbst sein will. Ich bin nicht dafür geschaffen, vor einer Ansammlung von Menschen zu glänzen – mir fehlt die Unbekümmertheit und der Witz, den man dafür braucht. Ich mag das *innere Wesen*, es zieht mich mit großer Kraft an. Wie Sie wissen, bin ich ein Predigertyp. Ich möchte anderen das Leben erleichtern, ihnen helfen, ihre Kämpfe auszufechten und ihr Kreuz zu tragen.«[9]

Anna Wyrubowa kam ihrem Ideal am nächsten. Sie war eine Tochter von Alexander Tanejew, einem angesehenen Komponisten, der außerdem vor Alexander Mossolow Chef der kaiserlichen Privatkanzlei gewesen war. Und ihre Mutter war eine geborene Tolstoj. So kam Anna häufig in Kontakt mit der kaiserlichen Familie. Zum ersten

Mal war sie Alexandra im Haus ihres Vaters außerhalb von Moskau, begegnet, ganz in der Nähe von Ellas und Sergejs Besitz Iljinskoje. 1901 war Anna an Typhus erkrankt. Alexandra hatte sich ihrer von einem vorangegangenen Treffen erinnert und sie in ihre übliche Runde von Krankenhausbesuchen eingeschlossen. Für Alexandra hatte der Besuch keine besondere Bedeutung gehabt, doch Anna war sofort von einer geradezu idolisierenden, leidenschaftlichen Verehrung für die Zarin erfaßt worden. Als sie sich erholt hatte, wurde Anna zum Tee in den Alexanderpalast eingeladen. Alexandra entdeckte, daß sie Klavier spielen konnte, und schon war ein Band zwischen ihnen entstanden. Alexandra war neunundzwanzig und Anna siebzehn, doch in ihrer seelenvollen Beziehung spielte das Alter keine Rolle. Von ihrem ersten Treffen an war Anna, wie Witte bemerkte, von der Zarin hingerissen und seufzte ständig »Oh, oh«.[10]

Alexandra erklärte Anna, es sei ihre Pflicht, einen Ehemann zu haben, und drängte sie in eine liebelose Heirat, eine Katastrophe, die die Freundschaft leicht hätte zerstören können. Der Mann, Alexander Wyrubow, war Überlebender der Seeschlacht von Tsushima und nervenkrank. Sogar Rasputin war um Rat gefragt worden und hatte erklärt, Wyrubow sei keine gute Wahl. Aber Alexandra wollte davon nichts hören, und so wurden Anna und Wyrubow 1907 verheiratet, mit dem Zaren und der Zarin als Trauzeugen.[11]

Die Ehe zerbrach bald. Anna entdeckte, daß ihr Mann geistig verwirrt war. Wyrubow hatte in der Schlacht von Tsushima einen schweren Schock erlitten, weil mit seinem Schiff viele seiner Freunde untergegangen waren. Er war zudem impotent und konnte die Ehe nicht vollziehen. Anna beschaffte sich bald ein Dekret des Heiligen Synod, mit dem die Ehe gelöst wurde.

In dem Bewußtsein, daß sie für Annas Unglück verantwortlich war, lud Alexandra sie ein, die kaiserliche Familie auf ihrer alljährlichen Sommerkreuzfahrt durch die finnischen Schären zu begleiten. An Deck der kaiserlichen Jacht sitzend, unterhielten sich die beiden stundenlang über ihr Leben, ihre Hoffnungen und Ängste. Alexandra öffnete sich Anna ganz, und ihre Freundin vergalt es ihr, indem sie ihr mit äußerster Aufmerksamkeit zuhörte. Alexandra sah in Anna einen Menschen, dem sie vertrauen konnte, und Anna wünschte sich nichts anderes. Anna war nur an der Freundschaft interessiert, nicht an Geld oder Titeln. Als die Reise endete, rief Alexandra fröhlich aus: »Ich danke Gott, daß er mir eine Freundin gesandt hat.«[12]

Anna war klein und rundlich und machte auf niemanden einen großen Eindruck. »Ich erinnere mich an die Wyrubowa, wie sie meine Mutter besuchte«, schrieb Tatjana Botkina, die Tochter des Hofarztes. »Sie hatte rosige Wangen, war mollig und ganz und gar in flauschigen Pelz gekleidet. Mir schien sie überfreundlich, wenn sie mit uns sprach und uns tätschelte, und wir mochten sie nicht besonders.«[13] Maurice Paléologue, französischer Botschafter während des Ersten Weltkrieges, war über Wyrubowas provinzielle Erscheinung verblüfft. »Äußerlich ist sie schwerfällig, alltäglich, mit rundem Kopf, fleischigen Lippen, hellen, ausdruckslosen Augen, von üppiger Gestalt mit zart rosig durchschimmerndem Teint; sie ist 32 Jahre alt. Sie kleidet sich mit kleinstädtischer Einfachheit. Sehr gläubig, gar nicht klug…«[14]

Ungeachtet ihrer Erscheinung war Anna Alexandras eindeutiger Liebling. Jeden Tag ging sie in den Alexanderpalast; es geschah so regelmäßig, daß Anna schmollte, wenn Alexandra sie aus irgendeinem Grund einmal nicht einladen konnte. Alexandra, die sich darüber amüsierte, soll Anna »unser großes Baby« genannt haben. Anna wohnte im Dorf Zarskoje Selo »in einer sehr bescheidenen Villa…200 Meter vom kaiserlichen Palast entfernt«[15], damit sie ihrer kaiserlichen Freundin nahe war. Es war ein Sommerhaus, »sehr kalt, denn es war nicht unterkellert. Wenn Ihre Majestäten mich abends zum Tee besuchten…saßen (wir) meist mit emporgezogenen Beinen, um die Berührung mit dem kalten Fußboden zu vermeiden.«[16] Ein Telefon im Salon war direkt mit der Telefonanlage im Palast verbunden.

Es gab viel Kritik an Annas Anwesenheit am Hof. Alexandra und Nikolaus hatten sich so gut wie ganz von der Gesellschaft zurückgezogen; selbst die Familie luden sie selten ein. Deshalb verletzte der Gedanke, daß eine einfache, unwichtige und naive junge Frau intime Abende mit dem Zaren und der Zarin in deren Palast verbrachte, nicht nur die Romanows, sondern den ganzen Hof und die feine Gesellschaft. Die klugen und eleganten Damen von St. Petersburg konnten nicht glauben, daß die Zarin am liebsten ihre Zeit damit verbrachte, sich mit diesem Niemand zu unterhalten. Auf den Vorschlag, sie solle Anna eine offizielle Position geben und damit ihre Kritiker zum Schweigen bringen, sagte Alexandra: »Sie ist meine Freundin. Ich möchte sie als solche behalten. Sicher hat eine Kaiserin das gleiche Recht wie jede Frau, sich ihre Freunde auszusuchen.«[17] Später, als die Kritik sich häufte, gab Alexandra jedoch nach und ernannte Anna zur Ehrendame bei Hof.[18] Anna selbst deutete das in ihren Erinnerungen an, aber sonst wird ihre offizielle Position bei Hof in der Literatur im allgemeinen übergangen.

Als Freundin der Zarin erlangte Anna im öffentlichen Bewußtsein eine eigenartige Bedeutung. Jede ihrer Gesten, jede Äußerung, all ihre Ansichten und Meinungen wurden als die von Alexandra gedeutet. Diese Interpretation schadete dem Ansehen der Zarin, besonders wenn es um Rasputin ging. In den Jahren seines stärksten Einflusses hielt Alexandra die Beziehung zwischen der kaiserlichen Familie und dem Bauern geheim; bald jedoch kamen Gerüchte auf, und ganz St. Petersburg wußte davon. Anna aber brüstete sich mit ihrer Beziehung zu Rasputin, und die Zeitungen, denen es verboten war, den Namen der Zarin mit dem Rasputins in Verbindung zu bringen, druckten Bilder und Geschichten, die Alexandras Freundin und den Bauern in Zusammenhang brachten. Und St. Petersburg hielt Annas Handeln für das ihrer kaiserlichen Freundin. Anna fungierte als Vermittlerin für die Zarin und Rasputin und für jeden, der mit einem von beiden Verbindung aufzunehmen wünschte. Während des Krieges wurde sie politischer Intrigen beschuldigt; jemand hat sie sogar einmal als »ein Vehikel« und »eine ideale Grammophonplatte« bezeichnet.[19]

Die Öffentlichkeit begann Anna zu hassen, nur weil sie sich so gut mit der Zarin verstand. Man glaubte, daß sie und Rasputin miteinander den Untergang der Monarchie herbeiführen würden. Unglaubliche Vorwürfe wurden gegen sie erhoben: sie habe während des Krieges finstere Orgien im Alexanderpalast organisiert und mit Höflingen geschlafen, mit Rasputin, dem Zaren, und habe sich beide hörig gemacht.[20] Nach der Abdankung des Zaren im Jahre 1917 wurde Anna in die Peter-und-Pauls-Festung in der Hauptstadt verschleppt und dort wegen ihrer »politischen Aktivitäten« inhaftiert. Da sie die Gerüchte über ihr Sexualleben kannte, ließ Anna sogar eine medizinische Untersuchung zum Beweis ihrer Unschuld über sich ergehen.

Die Untersuchung fand im Mai 1917 statt, und zur Überraschung und Bestürzung des ganzen Landes wurde Anna öffentlich als Jungfrau bestätigt.[21]

Im August 1909 reiste Alexandra zum letzten Mal nach England. Mit ihrer Familie verließ sie St. Petersburg an Bord der kaiserlichen Jacht *Standart*, des elegantesten aller kaiserlichen Schiffe. Ein riesiges vergoldetes Bugspriet ragte aus dem schwarzen einhundertsechsundzwanzig Meter langen Schiffsrumpf mit Teakholzdeck, zwei strahlend weißen Schornsteinen und drei hohen glänzenden Masten. Mit der kaiserlichen Familie und ihrem Gefolge, den Offizieren, der Mannschaft und der Bordkapelle, einem Balalaikaorchester, und einem vollständigen Zug der *Garde Equipage* an Bord stach die *Standart* in See.[22]

Der Besuch fand eine Woche vor der alljährlichen Segelregatta von Cowes vor der Insel Wight statt, als das Wasser am blauesten war und die Sonne vom wolkenlosen Himmel schien. Die *Standart* fuhr langsam durch den Ärmelkanal in den Solent ein, vorbei an vierundzwanzig Schlachtschiffen, sechzehn Panzerkreuzern, achtundvierzig Zerstörern und der königlich britischen Jacht *Victoria and Albert*. Plötzlich krachte Kanonendonner über das Wasser, Flaggen wurden gedippt und geschwenkt, Matrosen brüllten Hurra, und das »Gott schütze den Zaren« und »Gott schütze den König« der Blasorchester hallte über das Wasser.[23]

Cowes hatte sich seit Alexandras glücklichen Kindertagen kaum verändert. Die engen Kopfsteinpflasterstraßen wanden sich immer noch vom Hafen hoch, an Gärten und bürgerlichen Anwesen vorbei zum prächtigen Osborne House. Osborne war jetzt allerdings Ausbildungsstätte für Marinekadetten und Pensionsheim für Matrosen, und Alexandra blieb, von einem kurzen Besuch abgesehen, die meiste Zeit an Bord der einen oder anderen Jacht im Hafen. Jeden Tag zogen sie und ihre Töchter die weißen edwardianischen Kleider an und setzten breitkrempige, federgeschmückte Hüte auf und trafen sich mit dem König und der Königin, Onkel Bertie und Tante Alix, die »äußerst freundlich und zuvorkommend waren«.[24]

Während die Zarin Neuigkeiten über die Familie austauschte, wurde der Zar von Prinz Edward, dem späteren König Edward VIII. und Herzog von Windsor, durch die Kadettenschule in Osborne geführt.

Die Sicherheitsvorkehrungen waren umfangreich und die Polizisten, die rund um Königin Viktorias ehemalige Sommerresidenz postiert waren, beäugten jeden mit Argwohn.

Alle Abende waren mit Festen und Bällen ausgefüllt. Die Majestäten wetteiferten miteinander um das glanzvollste Bankett. Beiboote eilten über das tiefblaue Wasser von Jacht zu Jacht und von Pier zu Pier und wieder zurück, um Gäste in Uniformen oder in weißen Kleidern zur *Standart* oder zur *Victoria and Albert* zu transportieren, die in der Sommernacht schimmerten und strahlten. Blaskapellen brachten schwungvolle Musik, und Streichorchester spielten Walzer für die über die polierten Decks schwebenden Gäste. Am Ende so eines Abends versammelten sich die Gäste an der Reling der Jachten und bewunderten ein Feuerwerk am nächtlichen Himmel.[25]

Als die Zarenfamilie England schließlich verließ, stand Alexandra in cremefarbener Seide und Spitze an Deck der *Standart*, winkte mit einem Taschentuch und sah zu, wie die Ufer der Insel Wight und die Türme von Osborne House am Horizont verschwanden. Sie ließ ihre letzten Kindheitserinnerungen zurück; innerhalb eines Jahres würde Edward VII., ihr Onkel Bertie, tot sein und ihr Vetter Georgie König Georg V. werden. Zu dieser Zeit hatten die Umstände Alexandra zu einer einsamen Frau gemacht. Ihre Zurückgezogenheit in Zarskoje Selo hatte sie der öffentlichen Zuneigung beraubt. Und sogar in Cowes, wo sie einen großen Teil ihrer Kindheit verbracht hatte, war sie während des Besuches ihrer Familie und ihrer Vergangenheit entrückt gewesen. Die goldenen Sommertage von Osborne waren jetzt nur noch blasse glückliche Erinnerung aus einer anderen Zeit, so in der Vergangenheit verloren, daß Alexandra sie sich kaum noch ins Gedächtnis zurückrufen konnte.

25

»...für immer in Ihren
Armen einzuschlafen...«

Großfürstin Jelisaweta Fjodorowna stieg in ihrem grauen Nonnen-
habit, das einen scharfen Kontrast zu ihrem Titel bildete, aus dem aus
der Hauptstadt angekommenen Zug und ging zu einem wartenden
Auto. Nach kurzer Fahrt fuhr der Wagen durch die Tore des kaiserlichen Parks von Zarskoje Selo und die geschwungene Auffahrt zum
weiß-gelben Alexanderpalast hinauf. Ella ließ den Wagen warten, trat
in die halbrunde Eingangshalle, ging durch die Staatsgemächer und
durch die Salons der Familie zu einer Tür, die von zwei großen
Schwarzen bewacht wurde.

Auf der anderen Seite der Tür wartete Alexandra auf ihre Schwester. Sie muß das unvermeidliche Thema des Gespräches gefürchtet
haben: Rasputin. Jeder schien sich mit dem Bauern zu beschäftigen.
Erst ein paar Wochen zuvor hatte Alexandra die Erzieherin ihrer Kinder, eine hysterische Frau namens Sophie Tjutschewa, entlassen. Diese hatte Rasputin in einem der Kinderzimmer des Palastes entdeckt,
als er mit den Großfürstinnen Gebete sprach. Ihre Forderung, die
Zarin möge dem Bauern den Umgang mit den jungen Mädchen verbieten, hatte zu ihrer Entlassung geführt. Madame Sophie Tjutschewa war zu Ella nach Moskau gefahren und hatte ihr berichtet, wie
Rasputin die kaiserliche Familie zum Schlechten verführte. Sie hatte
Ella überredet, mit der Zarin zu sprechen.

Die Schwestern unterhielten sich im Malvenzimmer, wo sie von
Erinnerungen an ihre gemeinsame Kindheit umgeben waren. Ella
fragte Alexandra direkt, ob sie wisse, wie die Leute Rasputin wahrnäh-

men, ob sie sich über den Schaden, den Rasputin der Dynastie antue, im klaren sei. Alexandra versteifte sich bei der ersten Erwähnung des Namens Rasputin. Sie saß wie teilnahmslos da, während ihre Schwester sprach. Als sie genug gehört hatte, stand die Zarin auf und sagte ihrer Schwester nur, sie möge einem »Mann Gottes« gegenüber weniger kritisch sein. Sie trennten sich nicht als Schwestern, sondern als Herrscherin und Untertanin – kühl, steif, formell. Ella verließ den Palast und fuhr mit dem Zug zurück nach St. Petersburg. Die Schwestern sprachen danach kaum mehr miteinander.[1]

Rasputin empfing seine Anhänger jeden Tag, er teilte seine Mahlzeiten mit der zahllosen Schar derer, die bei ihm ein und aus gingen, betete mit ihnen, gab Ratschläge und manchmal, wenn eine Besucherin ihm gefiel, schlief er mit ihr. Fünf Jahre waren vergangen, seit er nach St. Petersburg gekommen war, und er war ein anderer Mensch geworden. Die Kleider zeigten seine bäuerliche Herkunft nicht mehr; Kittel, ausgebeulte Hosen und schmutzige Stiefel waren durch Seidenhemden und Samthosen ersetzt. Damen warteten auf einen Augenblick der Gunst und einen Platz in seinem Bett. Für Vater Grigorij waren intime Beziehungen anscheinend ebenso wichtig wie die Luft zum Atmen und das Essen. Aus Begierde, aus Einsamkeit, aus Neugier kamen die St. Petersburger Frauen in Scharen in seine Wohnung. Ohne sich weiter um Diskretion zu bemühen geleitete er so viele dieser Damen ins Bett, wie dazu bereit waren.

Und bereit und willig waren sie normalerweise, denn die meisten glaubten blind an die Lehren Vater Grigorijs. Rasputin predigte, daß man erst wahre Sünde begehen müsse, bevor man Erlösung finden könne. Was Rasputin antrieb, war nicht nur der Wunsch nach Sex, sondern auch sein früher Kontakt zu den Chlysten und Skopzen. Auf Geschlechtsverkehr mit dem Bauern folgte das Gebet, auf die Sünde die Reue.

»Wären Sie bereit, seinen Wünschen nachzukommen?« fragte eine Frau eine andere in St. Petersburg.

»Sicherlich«, kam die Antwort. »Ich habe ihm schon angehört und bin stolz und glücklich darüber.«

»Aber Sie sind doch verheiratet! Was sagt denn Ihr Mann dazu?«

»Er hält das für die größte Ehre! Wenn Rasputin eine Frau begehrt, dann betrachten wir dies als eine Segnung und Auszeichnung, sowohl wir Frauen als auch unsere Männer.«[2]

Dieses Verhalten wäre unmöglich gewesen, hätte Rasputin einem bestimmten Orden angehört; die Tatsache, daß er ein Bauer blieb – nicht Mönch, nicht *Starez* war –, gab ihm gewisse Freiheiten. Er paßte nicht in eine strenge religiöse Norm und folgte offen seinen eigenen Ansichten und Wünschen; auch wenn er dabei in Gegensatz zur Kirche geriet.

Die Kirche wußte, daß die Öffentlichkeit Rasputin für einen frommen Menschen hielt, trotzdem versuchte sie wiederholt, sich von dem Bauern zu distanzieren. Bischof Theofan, der einigen Frauen, die mit Rasputin geschlafen hatten, die Beichte abgenommen hatte, ging zur Zarin. Alexandra schickte nach Rasputin. Als er über die seine sexuellen Aktivitäten betreffenden Gerüchte befragt wurde, schien er ehrlich überrascht und verletzt zu sein. Sein Privatleben gehe die Kirche oder die Zarin nichts an, fand er. Rasputin lehnte jede Einmischung ab und verließ den Alexanderpalast.

Alexandra war ob dieser Vorwürfe in Sorge und bat im Jahre 1909 Anna Wyrubowa und zwei Damen des kaiserlichen Hofes, Rasputin in seinem Haus in Pokrowskoje zu besuchen. Die Zarin hatte also zumindest Kenntnis von den Gerüchten über ihren Protegé, und sie war gewillt, die Wahrheit dahinter zu entdecken. Als sie wenig später nach St. Petersburg zurückkehrten, sagten Anna und eine der Frauen, sie hätten nichts Unanständiges entdeckt. Die dritte Frau behauptete jedoch, Rasputin habe versucht, ihre Zofe zu verführen. Es stand zwei gegen eine, und Alexandra, die auf die Hilfe des Mannes angewiesen war, beschloß, die Anschuldigungen zu ignorieren.

Theofan, der als Alexandras Beichtvater noch seine Stellung bei Hofe innehatte, wollte den Kampf nicht so schnell aufgeben. Er verbündete sich mit den montenegrinischen Schwestern Anastasia und Miliza, die Rasputin ursprünglich in den Alexanderpalast eingeführt hatten. Das Trio bat außerdem Sophie Tjutschewa, die ehemalige Erzieherin der Kinder, die Unbotmäßigkeiten, die sie in den kaiserlichen Kinderstuben beobachtet hatte, zu bezeugen.

Tjutschewas wichtigstes Argument gegen Rasputin – daß er oft zugegen war, wenn die jungen Großfürstinnen schon im Nachthemd waren – tat die Zarin einfach ab. Die montenegrinischen Schwestern kamen auch nicht weiter. Und Theofan hatte mit seiner Intervention sein eigenes Schicksal besiegelt. Alexandra sprach mit Nikolaus über den Vorfall, und am nächsten Tag war der Priester entlassen. Als Rasputin von Theofans Fortgehen hörte, rief er aus: »Die Falle habe ich geschlossen!«[3]

Der Petersburger Metropolit Antonius war der nächste Geistliche, der nach Zarskoje Selo fuhr, um zu protestieren. Nikolaus gab ihm barsch zu verstehen, daß die Angelegenheiten der Kirche und die der kaiserlichen Familie zwei unterschiedliche Dinge seien. Der Metropolit hatte den Mut zu erwidern: »Nein, Majestät! Es handelt sich hier nicht nur um eine Familienangelegenheit, sondern um eine Sache, die ganz Rußland angeht. Der Thronfolger ist nicht nur der Sohn Eurer Majestät, sondern auch unser zukünftiger Herrscher, an dem ganz Rußland ein Anrecht hat.«[4] Der Zar entließ den Priester schroff und ohne ihm Hoffnung zu machen.

Alexandra glaubte an Rasputin. Auch Nikolaus war mit Sicherheit der Ansicht, daß er Alexejs Leiden lindern konnte. Ohne einen Rasputin würde Alexandra keine Hoffnung sehen, keinen Frieden finden, nur eine ungewisse Zukunft für sich selbst und ihren Sohn. In einem Augenblick der Unvorsichtigkeit gab Nikolaus einen Hinweis auf ihre Verfassung, als er sagte: »Besser ein Rasputin als zehn hysterische Anfälle pro Tag.«[5]

Ein junger Mönch namens Sergej Heliodor fügte Rasputin großen Schaden zu. Als die beiden sich kennengelernt hatten, lud Heliodor Rasputin ein, eine Einsiedelei an den Ufern der Wolga zu besuchen. Als sie ankamen, griff Rasputin nach den Frauen und begann, Heliodor zufolge, sie auf den Mund zu küssen. Das habe ihn schockiert, doch er habe nichts gesagt.[6] Die beiden reisten dann weiter nach Pokrowskoje. Während der Zugfahrt prahlte Rasputin mit seiner Macht, mit den Frauen, die sich ihm freiwillig hingegeben hatten, und, was das Schlimmste war, mit seinen Beziehungen zur kaiserlichen Familie. »Der Zar glaubt, ich sei der wiedergeborene Christus«, behauptete er. »Der Zar und die Zarin verbeugen sich vor mir, knien vor mir, küssen meine Hände. Die Zarin hat geschworen, auch wenn alle Grischka den Rücken zukehren, wird sie nicht wanken, sondern ihn immer noch ihren Freund nennen.«[7] Er fügte hinzu, daß er die Zarin häufig küsse, oft vor den Augen ihrer Töchter.[8] Heliodor sah keinen Grund, ihm nicht zu glauben, obwohl Rasputin seine Geschichten erheblich aufgebauscht hatte. Seine Behauptungen, er habe die Zarin geküßt, oder der Zar habe vor ihm gekniet, sind schlichtweg Erfindungen. Alexandra und Nikolaus haben sich nie so verhalten, weder Prinzen noch Bauern gegenüber. Was Rasputin auch getan haben mochte, um ihrem Sohn zu helfen, sie waren immer noch die Herrscher, und beide waren sich ihrer Würde viel zu sehr bewußt, als daß sie sich so hätten verhalten können, wie Rasputin es behauptete.

In Pokrowskoje zeigte Rasputin Heliodor eine Truhe voller Briefe von der kaiserlichen Familie. Er überließ dem Mönch sogar einige davon und sagte: »Suchen Sie sich etwas aus. Nur lassen Sie den Brief des Zarewitsch da. Es ist der einzige, den ich von ihm habe.«[9] So nahm Heliodor einige Briefe an sich.

Rasputins Freundschaft zu Heliodor ging verschlungene Wege, bevor sie endete. In zunehmendem Maße betrachtete der feurige junge Priester Rasputin als Feind des Thrones. Heliodor tat sich schließlich mit Bischof Hermogen von Saratow zusammen, einem einflußreichen Mitglied der orthodoxen Kirche, und die beiden Männer unternahmen einen Feldzug gegen Rasputin.

Um seine Stellung zu retten bat Rasputin den Zaren, einen Abgesandten nach Zarizyn zu schicken, wo sich der Mönch in seinem Kloster verkrochen hatte. Er schlug auch gleich den Hauptmann Alexander Mandrika vor, von dem er annahm, daß er die Wogen glätten und dem Zaren einen günstigen Bericht überbringen konnte. Wie erbeten schickte Nikolaus Mandrika los, sich mit Heliodor zu treffen.

Der Hauptmann war eine Woche fort. Als er nach St. Petersburg zurückkehrte, bat er sogleich um eine Audienz bei Zar und Zarin. Er schockierte sowohl Nikolaus als auch Alexandra mit einer detaillierten Liste der Verfehlungen Rasputins; sie enthielt unter anderem den Vorwurf, daß er mehrere Nonnen verführt und daß er sich offen mit seinen Beziehungen zur kaiserlichen Familie gebrüstet habe. Die Belastung erwies sich als zu stark für Mandrika. Als Alexandra ihn zu beruhigen versuchte, brach er in Tränen aus.

Zar und Zarin waren empört. Alexandra wurde klar, daß Rasputin sie benützt hatte, um seinen Freunden zu imponieren. Noch schlimmer war, daß zur gleichen Zeit eine Reihe von Fotos auftauchte, die

Rasputin in betrunkenem Zustand und umgeben von einer Gruppe nackter Frauen zeigte. Der Mann, dem die Fotos gehörten, versuchte Rasputin damit zu erpressen; kühn entriß der ihm die Fotos, ging damit direkt zum Zaren und behauptete, er sei betäubt und kompromittiert worden, um ihn in den Augen der kaiserlichen Familie in Mißkredit zu bringen. Der Zar, der wegen des Vorfalls mit Heliodor noch verärgert war, verlangte, daß Rasputin für eine Weile die Stadt verließ, und schlug vor, er solle ins Gelobte Land pilgern. Rasputin willigte ein, begab sich im März 1911 auf die Reise nach Jerusalem und ließ den Sturm der Entrüstung hinter sich.

Die Kirche hatte genug von dem *Muschik*. Eine Gruppe Geistlicher, angeführt von Bischof Hermogen von Saratow und Heliodor, konfrontierten Rasputin nach seiner Rückkehr mit Beweismaterial über seine sexuellen Abenteuer. Inzwischen war eine Freundschaft mit Rasputin zu einer Belastung geworden. Nur die Unterstützung der Zarin hielt ihn in St. Petersburg. Rasputin saß ruhig da und hörte die Beschuldigungen der Kirchenleute an. Die Beweise häuften sich, Fall für Fall von verführten und dann verschmähten Frauen, lüsternen Annäherungen, Unanständigkeiten, Prahlereien über uneingeschränkte Macht und Einfluß wurden vorgetragen.

»Es ist wahr, es ist wahr, es ist alles wahr!« schluchzte Rasputin.[10] Er sank zu Boden und weinte hysterisch. Hermogen ergriff ein großes Holzkreuz und schlug Rasputin damit auf den Kopf, bis er um Gnade winselte. Dann zerrten die Männer Rasputin in eine Kapelle, hielten ihm eine Ikone vors Gesicht und verlangten einen Schwur, daß er sich von den Frauen und der kaiserlichen Familie fernhalten würde. Verängstigt fügte sich Rasputin.

Zwei Tage später stand Rasputin im Alexanderpalast und gab mit Tränen in den Augen einen Bericht über die Züchtigungen und die Auseinandersetzung ab. Alexandra ließ Hermogen in ein Kloster verbannen, und Heliodor ging ins Exil. Aber der Mönch schwor Rache und tat alles, um Rasputins Namen zu verunglimpfen. Er begann damit, daß er die Briefe, die er aus Pokrowskoje mitgenommen hatte, veröffentlichte.

Die Großfürstinnen Olga und Tatjana hatten geschrieben:
»Mein liebster Freund:
Ich denke oft an Sie, Ihre Besuche, und die Art, wie Sie von Gott

sprechen. Es ist schwer ohne Sie hier, es gibt niemanden, mit dem ich über meine Probleme sprechen kann ... Wir gehen oft zu Anna; jedesmal hoffe ich, Sie zu treffen, mein lieber Freund ... Beten Sie für mich und segnen Sie mich.

In Liebe, Olga«

»Mein lieber und wahrer Freund:

Wann werden Sie kommen? Werden Sie noch länger in Pokrowskoje festsitzen? Wie geht es Ihren Kindern? ... Wenn wir Anna besuchen, denken wir alle an Sie. Wir würden so gerne nach Pokrowskoje reisen. Wann sollen wir kommen? Bitte arrangieren Sie es, Sie können doch alles erreichen. Gott liebt Sie so. Und Sie sagen, Gott ist so gut und freundlich, daß Er alles tut, worum Sie bitten. Also besuchen Sie uns bald, es ist so trübselig ohne Sie. Mutter ist krank ohne Sie, und es ist traurig, sie so krank zu sehen. Aber Sie wissen das ja, denn Sie wissen alles. Ich küsse Ihre Hand, mein lieber Freund, ich küsse Ihre heilige Hand. Gott segne Sie.

Tatjana.«[11]

Der vernichtendste Brief stammte aber von Alexandra:

»Mein geliebter, unvergeßlicher Lehrer, Erlöser und Berater:

Wie verdrießlich ist es ohne Sie. Meine Seele ist nur ruhig, und ich entspanne mich erst, wenn Sie, mein Lehrer, neben mir sitzen. Ich küsse Ihre Hände und lehne meinen Kopf an Ihre gesegnete Schulter. Oh, wie leicht, wie leicht fühle ich mich dann! Ich wünsche mir nur eins: in Schlaf zu sinken, in Schlaf zu sinken auf ewig an Ihren Schultern und in Ihren Armen. Welche Glückseligkeit, Sie in meiner Nähe zu fühlen. Wo sind Sie? Wohin sind Sie gegangen? Oh, ich bin so traurig und mein Herz so sehnsuchtsvoll ... Werden Sie mir bald wieder nahe sein? Kommen Sie schnell, ich warte auf Sie und quäle mich Ihretwegen. Ich bitte Sie um Ihren heiligen Segen und küsse Ihre gesegneten Hände. Ich liebe Sie auf ewig.

Ihre M.«[12]

M. bedeutete Mama.

Das klang eindeutig. Ganz St. Petersburg sprach von den Briefen und machte Anspielungen, daß die Zarin und Rasputin eine Affäre hätten. Niemand wußte, daß die Zarin immer in diesem gewagt blumigen Stil an ihre Freunde schrieb. Es hätte wahrscheinlich ohnehin die öffentliche Meinung nicht geändert. Gerüchte, Ablehnung und Haß – alles nahm zu.

Alexander Gutschkow, Führer der Oktobristenpartei, die die in der Verfassung von 1905 vorgesehene konstitutionelle Monarchie endlich verwirklicht sehen wollte, druckte billige Kopien der Briefe und verteilte sie in der ganzen Stadt. Der Innenminister überbrachte sie dem Zaren. Nikolaus saß hinter seinem schweren Schreibtisch. Sorgfältig untersuchte er die wohlbekannte Handschrift. »Ja, das ist keine Fälschung«, sagte er schließlich und warf den Brief mit einer ärgerlichen Bewegung in eine Schieblade.[13]

Alexandra war sehr zornig darüber, daß die Privatsphäre ihrer persönlichen Korrespondenz verletzt worden war. Gutschkow wurde Opfer eines strengen Feldzuges der Zarin gegen die Verantwortlichen, doch überraschenderweise wies sie Rasputin mehr Schuld zu als dem Duma-Abgeordneten; sie schickte ihm ein ärgerliches Telegramm und weigerte sich, ihn auf seine Bitte hin zu empfangen.[14]

Wenn Nikolaus auch damit zufrieden gewesen sein mag, die Existenz der Briefe durch das Wegschließen zu vergessen, sein Premierminister Pjotr Stolypin befahl eine großangelegte Untersuchung. Der Zar las die Berichte, tat aber sonst nichts, und so verbannte Stolypin Rasputin trotz Alexandras Protest aus der Hauptstadt. Wütend verteidigte Alexandra den Bauern. »Heilige werden immer verunglimpft«, sagte sie zu Dr. Jewgenij Botkin.[15] »Man feindet ihn an, weil wir ihn lieben«, beklagte sie sich bei Anna.[16] »Man wirft Rasputin vor, er küsse Frauen, etc.«, schrieb sie an den Zaren. »Lies die Apostel; die haben zur Begrüßung jeden geküßt.«[17]

Das kaiserliche Paar sei sich der Ungehörigkeiten Rasputins »ganz und gar bewußt« gewesen, meinte Olga, die Schwester des Zaren. Weder Nikolaus noch Alexandra »machten sich irgendwelche Illusionen seinetwegen«.[18] Diese Sichtweise widerspricht vielem, was sonst darüber geschrieben worden ist: sie macht jedoch deutlich, daß sogar Alexandra, sosehr ihre Abhängigkeit von Rasputin sie auch beeinflußte, nicht leugnete, daß der Bauer der Sünde fähig sei. Der Zar und die Zarin hätten das öffentlich zugeben können, doch dann hätten sie ihre Gründe dafür, daß sie Rasputin trotzdem in ihrer Nähe behielten, darlegen müssen. Das war unmöglich! Da sowohl Alexandra als auch Nikolaus Rasputin in seinem Streben nach Erlösung für durchaus aufrichtig hielten, fiel es ihnen leicht, die geschmackloseren Realitäten seines Privatlebens zu übersehen.

Stolypin, der es mit einem Zaren zu tun hatte, der nicht nein zu seiner Frau sagen konnte, drohte mit Rücktritt. »Ich weiß und glaube, daß Sie wirklich loyal sind«, sagte der Zar zu Stolypin, als der Premierminister seinen Bericht vorlegte. »Alles, was Sie sagen, mag sogar richtig sein. Aber ich muß Sie bitten, nie wieder mit mir über Rasputin zu sprechen. Ich bin in jedem Falle außerstande, etwas daran zu ändern.«[19] Die Kaiserinwitwe bestellte den Finanzminister Wladimir Kokowzew in ihre Residenz im Anitschkow-Palast. Beim Tee besprach sie die Situation mit ihm.

»Mein Sohn ist zu gutmütig...« begann sie. »Ich bin ganz sicher, daß sich der Zar nicht von Stolypin trennen kann... Er hat ihm noch keine Antwort gegeben, weil er einen anderen Ausweg sucht. Er nimmt von niemandem Rat an. Er hat zuviel Stolz und macht mit der Kaiserin so viele Krisen durch, ohne sich seine innere Erregung anmerken zu lassen... Mein armer Sohn hat wenig Glück mit Menschen.«[20]

Leider hatte der Premierminister in diesem Herbst auch wenig Glück. Anfang September 1911 begleitete er den Zaren, die Zarin und die beiden ältesten Großfürstinnen zur Enthüllung einer Statue Alexanders III. nach Kiew. Zufällig stand Rasputin in den Straßen von Kiew und sah den kaiserlichen Zug. Als Stolypin vorbeifuhr, sprang Rasputin wild mit den Armen fuchtelnd immer wieder hoch und rief: »Der Tod ist hinter ihm her! Der Tod fährt hinter ihm!«[21]

Am nächsten Abend füllte sich das Kiewer Opernhaus zu einer Galavorstellung von Rimskij-Korsakows *Märchen vom Zaren Saltan*. Alexandra, Nikolaus und die beiden Mädchen saßen in der Kaiserloge hoch über dem Platz von Stolypin. Während einer Pause ging ein junger Mann den Gang hinunter bis dahin, wo Stolypin saß, sah den Premierminister an, zog einen Revolver aus dem Mantel und feuerte zwei Schüsse auf ihn ab. Stolypin stand auf, wandte sich der kaiserlichen Loge zu, bekreuzigte sich und brach zusammen. Die kaiserliche Gesellschaft verließ sofort das Theater.[22]

Stolypin starb am 6. September; bald darauf wurde sein Mörder, ein Revolutionär namens Dimitrij Bogrow, hingerichtet. Der Verlust war nicht besonders schmerzlich für Alexandra; sie hatte Stolypin gehaßt, weil er gegen Rasputin war. Nach dem Tod des Premierministers sagte sie zu Großfürst Dimitrij Pawlowitsch, einem Vetter ihres Mannes: »Diejenigen, die Gott in der Person unseres Freundes beleidigt haben, können nicht länger auf göttlichen Schutz zählen.«[23]

Der Zar ernannte Wladimir Kokowzew zum neuen Premierminister. Alexandra war besorgt, daß er den Haß seines Vorgängers auf ihren Freund teilen könnte. Sie rief ihn nach Liwadja. Alexandra saß in einem Sessel auf der Terrasse mit Blick über das Schwarze Meer, als sie mit dem Minister sprach. »Ich bemerke, daß Sie sich immer wieder mit Stolypin vergleichen«, begann die Zarin. »Sie tun anscheinend seiner Erinnerung viel Ehre an und messen seiner Tätigkeit und seiner Persönlichkeit zuviel Bedeutung zu. Glauben Sie mir, man muß mit denen, die nicht mehr sind, kein Mitleid mehr haben. Ich bin überzeugt, daß jeder Mensch nur seine Pflicht tut und seine Bestimmung erfüllt, und wenn einer stirbt, so heißt das, daß seine Rolle in dieser Welt beendet ist, und daß er gehen mußte, weil sein Schicksal sich erfüllt hatte.« Dann sprach sie in sorgfältig abgewogenem Ton von Stolypins Verfolgung Rasputins und fuhr fort: »Das Leben nimmt ständig neue Formen an, und Sie dürfen nicht versuchen, blind die Arbeit Ihres Vorgängers fortzuführen. Bleiben Sie Sie selbst; suchen Sie nicht Unterstützung in den politischen Parteien; sie bedeuten so wenig für Rußland. Suchen Sie Unterstützung im Vertrauen des Zaren – Gott wird Ihnen helfen. Ich bin sicher, daß Stolypin gestorben ist, um für Sie Platz zu machen, und daß dies alles zum Wohle Rußlands ist.«[24]

Kokowzew ließ Rasputin jedoch nicht in Ruhe. Im Gegenteil; er trieb die Untersuchung seines skandalösen Lebens aktiv voran und zog sich so das Mißfallen der Zarin zu. »So abwegig es scheint«, schrieb Kokowzew, »die Rasputin-Frage wurde zum Hauptthema der nächsten Zeit. Und sie verschwand auch während meiner gesamten Amtszeit als Vorsitzender des Ministerrates nicht.«[25]

Berichte über die »Opfer« von Rasputin füllten die Schlagzeilen. Die Moskauer Zeitung *Golos Moskwij* schrieb über »den hinterlistigen Verschwörer gegen die geheiligte Staatskirche«, Grigorij Rasputin, das »Verderbnis für Leib und Seele«.[26] Der Zar drohte, daß jede

Zeitung, die den Namen des Bauern erwähnte, würde Strafe zahlen müssen; aber Rasputin blieb ein Dauerbrenner: die Herausgeber zahlten die Strafe und druckten ihre Geschichten weiter. St. Petersburg war von den Berichten schockiert: Hatte der Zar tatsächlich Rasputin die Füße gewaschen? Hatte Rasputin den Zaren wirklich aus dem kaiserlichen Schlafzimmer vertrieben und selbst mit der Zarin geschlafen? Hatte er alle jungen Großfürstinnen vergewaltigt? Schulkinder sangen unanständige Lieder über die Zarin und ihren Freund und malten obszöne Bildchen von den beiden an die Wände.[27]

Der Kaiser »ist so seelenrein, daß er an das Böse nicht glaubt«, sagte die Kaiserinwitwe zu Michail Rodsjanko, dem Präsidenten der Duma.[28] Rodsjanko hoffte, eine Auseinandersetzung in der Duma vermeiden zu können, und sprach offen mit dem Zaren. Bei dieser Audienz erwähnte er Stolypins Bericht und die Schicksale von Theofan und Hermogen, nachdem sie sich mit Rasputin angelegt hatten. Nikolaus sah keine andere Alternative, als seiner Forderung nach einer erneuten Untersuchung zuzustimmen. Alle Beweise, die Stolypin gesammelt hatte, lagen im Archiv des Heiligen Synod; Rodsjanko holte sie sich. Doch am nächsten Tag kam ein offizieller Abgesandter des Heiligen Synod in sein Büro und forderte die Papiere zurück. Als Rodsjanko sich weigerte, erklärte der Mann, daß die Forderung von einer sehr hochgestellten Persönlichkeit ausgehe. Rodsjanko fragte, in dem Glauben, es könnte der Minister für Religion sein:

»›Von wem denn? Etwa von Sabler?‹

›Nein – von einer höheren!‹

›Also von wem denn sonst?‹ fragte ich verwundert.

Nach einigem Zögern antwortete Damanskij: ›Von der Kaiserin Alexandra Fjodorowna.‹

›Dann teilen Sie Ihrer Majestät mit, daß sie ihrem allerhöchsten Gatten ebenso untertan ist wie ich, und daß wir beide verpflichtet sind, seinen Befehlen gewissenhaft nachzukommen. Ich kann daher den Wunsch Ihrer Majestät nicht erfüllen.‹«[29]

Am Ende lehnte Nikolaus es ab, den vollständigen Bericht zu lesen, obwohl er ihn selbst genehmigt hatte. Aber Alexandra wußte von seinem Vorhandensein. Als Kokowzew Premierminister geworden war, hatte die Zarin zu ihm gesagt: »Ich wünschte Sie zu sehen, um Ihnen mitzuteilen, daß der Zar und ich beide Sie bitten, uns gegenüber immer offen zu sein und uns die Wahrheit zu sagen, ungeachtet dessen, daß sie für uns unangenehm sein könnte. Glauben Sie mir, auch wenn das im ersten Moment so sein mag, wir werden Ihnen später dankbar dafür sein.«[30]

Das traf natürlich auf das Thema Rasputin nicht zu. Jeder, der mutig genug war, Rasputin zu kritisieren, fand bei der Zarin nur höchste Mißbilligung. Kokowzew erinnerte sich:

»Zuerst genoß ich die Gunst Ihrer Majestät. Ich wurde sogar mit ihrem Wissen und Einverständnis zum Vorsitzenden des Ministerrates ernannt. Als dann die Duma und die Presse eine heftige Kampagne gegen Rasputin starteten ... erwartete sie von mir, daß ich ihr ein Ende setzte. Es war aber nicht meine Weigerung, dem Vorschlag des Zaren zu entsprechen und etwas gegen die Presse zu unternehmen, was mir die Unzufriedenheit Ihrer Majestät einbrachte; es war mein Bericht über Rasputin an Seine Majestät, nachdem der *Starez* mich aufgesucht hatte.

Von da an war meine Entlassung sicher, obwohl der Zar mir zwei weitere Jahre seine Gunst schenkte. Diese veränderte Haltung Ihrer Majestät ist nicht schwer zu verstehen ... In ihrer Vorstellung stand Rasputin in engem Zusammenhang mit der Gesundheit ihres Sohnes und dem Wohlergehen der Monarchie. Ihn anzugreifen, hieß den Schutz dessen, das ihr am teuersten war, anzugreifen ... Sie war verletzt bei dem Gedanken, daß die Heiligkeit ihres Hauses in der Presse und in der Duma in Frage gestellt worden war. Sie glaubte, daß ich als Regierungschef für die Duldung dieser Angriffe verantwortlich sei, und konnte nicht verstehen, wieso ich ihnen nicht Einhalt gebot, indem ich im Namen des Zaren Befehle gab. Sie hielt mich daher nicht für den Diener des Zaren, sondern für das Werkzeug der Staatsfeinde, das als solches die Entlassung verdiente.«[31]

Nach seiner Entlassung bekam Kokowzew eine Audienz bei der Kaiserinwitwe. Sie sagte:

»Ich weiß, daß Sie ein ehrenwerter Mann sind und daß Sie meinem Sohn nicht übel gesinnt sind. Sie müssen auch meine Sorgen um die Zukunft verstehen. Meine Schwiegertochter mag mich nicht; sie glaubt, ich sei auf ihre Macht neidisch. Sie begreift nicht, daß mein einziger Wunsch der ist, meinen Sohn glücklich zu sehen. Aber ich merke, daß wir uns einer Katastrophe nähern und der Zar nur auf Schmeichler hört und nicht wahrnimmt oder überhaupt ahnt, was um ihn herum vorgeht. Warum entschließen Sie sich nicht, nun da Sie die Freiheit haben, das zu tun, dem Zaren offen alles zu sagen, was Sie denken und wissen, und ihn so zu warnen, wenn es nicht schon zu spät dafür ist?«

Aber Kokowzew konnte angeblich nichts ausrichten. »Ich sagte ihr, daß niemand mir zuhören oder glauben würde. Die junge Kaiserin hielte mich für ihren Feind.«[32]

Kokowzews Bericht über seine Entlassung weist eindeutig dem Haß der Zarin die Schuld dafür zu. Abgesehen von der Antipathie, die die Zarin gegen ihn gehegt haben mag, hatte aber auch der Zar einige wichtige Gründe, ihn gehen zu lassen. In der Duma entfremdete er ihm den linken Flügel, indem er sich gegen Reformen aussprach; nicht besser ging es ihm mit den konservativen Abgeordneten, denen er Finanzreformen aufzwang. Daher fiel es Kokowzew auch schwer, die Regierung effektiv zu führen oder funktionierende Koalitionen zu bilden. Der Historiker Martin Kilcoyne meint, daß dies, und nicht das Mißfallen der Zarin, Kokowzew zu Fall gebracht habe.[33]

Die meisten Feinde Rasputins waren jetzt verschwunden. Stolypin war tot, Kokowzew im Untergang begriffen, Theofan im Exil, Hermogen verbannt und Heliodor versteckt. Letzterer prangerte den Heiligen Synod in mit heißer Feder geschriebenen Briefen an:

»Ihr habt Euch vor dem Teufel gebeugt! Mein ganzes Sein gehört der heiligen Rache an Euch! Ihr habt die Ehre Gottes verkauft, die Freundschaft Christi vergessen … Ihr Lügner, Schlangen, Christusmörder! … Verräter und Abtrünnige! … Ihr seid alle Karrieristen; Ihr verachtet die armen Diener der Menschen, Ihr bringt die Propheten unserer Zeit auf den Scheiterhaufen! … Gottlose Antichristen, mit Euch werde ich nicht in geistiger Gemeinschaft leben! … Ihr seid Tiere, die sich von Menschenblut nähren!«[34]

Heliodor beschloß, Rasputin zu vernichten. Durch Zufall traf er die ehemalige Prostituierte China Gussewa, mit der Rasputin geschlafen und die er dann verschmäht hatte. Heliodor gab ihr ein an einer Kette hängendes Messer. Als er ihr die Kette um den Hals legte, sagte er: »Mit diesem Messer sollst du Grischka töten.«[35] Vielen schien

Mord der einzige Ausweg zu sein: Alexandra würde Rasputin nicht aufgeben. Sogar die Kaiserinwitwe war erbittert und zornig. Sie beklagte sich bei Kokowzew: »Meine arme Schwiegertochter merkt nicht mal, daß sie sowohl sich als auch die Dynastie ruiniert. Sie glaubt fest an die Heiligkeit eines Abenteurers, und wir sind außerstande, das Unglück abzuwenden, das sicher kommen wird.«[36]

26

Spala

Im September 1912 begab sich die kaiserliche Familie nach Polen zu ihren Jagdschlössern, die in tiefen Wäldern versteckt lagen. Sie reisten mit dem kaiserlichen Zug, einem Miniaturpalast aus bequemen blauen Salonwagen mit goldenen doppelköpfigen Adlern an den Seiten. Ein Plüschsalon bot Entspannung, ein Speisesaal erlaubte elegante Diners. Wenn Alexandra müde war, konnte sie in ihrem hellgrau und mauve ausgestatteten Boudoir sitzen und die Landschaft an sich vorbeiziehen lassen. Bei allem Komfort waren aber Auslandsreisen mit dem kaiserlichen Zug immer ein Grund zur Besorgnis. Im Hinterkopf hatte Alexandra ständig den Gedanken, daß trotz der strengen Sicherheitsvorkehrungen Revolutionäre den Zug angreifen könnten. Um derartige Pläne zu vereiteln, machten immer zwei gleiche Züge die Fahrt, damit die Terroristen nicht wissen würden, in welchem Zug die kaiserliche Familie reiste. Aber das kostete Geld: Die Sicherheitsvorkehrungen für jede Reise beliefen sich auf 100 000 Rubel pro Strecke.[1]

Es gab allerdings auch fröhlichere Momente. Auf der Polenreise von 1912 hielt der Zug im Bahnhof von Smolensk. Die kaiserliche Familie stieg aus, um mit dem ansässigen Adel den Tee einzunehmen. Der Nachmittag erwies sich als bemerkenswert. Der Zar schrieb später seiner Mutter: »Alexej ergatterte ein Glas Sekt und trank es unbemerkt aus, worauf er recht fröhlich wurde und sich zu unserer großen Überraschung mit den Damen zu unterhalten begann. Als wir zum Zug zurückfuhren, erzählte er uns ununterbrochen von seiner

Unterhaltung in der Gesellschaft, und auch, daß er seinen Magen knurren höre.«[2]

Diesmal fuhr die Familie zuerst nach Bielovezh, einem Jagdschloß in Ostpolen. 12 000 Hektar dichter Wald mit Hochwild warteten auf den Zaren. Die seltensten Tiere waren die Auerochsen, die um die Jahrhundertwende schon beinahe ausgestorben waren. Diese Tiere lebten nur noch an zwei Stellen, in Polen und im Kaukasus, und sie wurden sorgfältig gehegt und gepflegt, damit der Zar und seine Jagdgäste diese besondere Trophäe schießen konnten.

Eines Tages hatte Alexej in Bielovezh einen Unfall. Beim Spielen in seinem Badezimmer rutschte er neben der eingebauten Badewanne aus und stieß sich an der Kante.[3] Als Dr. Botkin den Jungen untersuchte, entdeckte er eine Schwellung am linken Oberschenkel, unterhalb der Leistengegend. Mit großen Schmerzen legte Alexej sich ins Bett. Innerhalb von ein paar Tagen waren die Schmerzen verschwunden, und Alexejs Zustand wurde als ausreichend für den planmäßigen Umzug der Familie nach Spala angesehen.

Spala, im tiefen Wald am Ende einer langen, staubigen Straße gelegen, war ein zweigeschossiges Holzschlößchen, an das die Bäume kaum einen Sonnenstrahl dringen ließen. Es war sogar so dunkel, daß unten im Speisesaal tagsüber das elektrische Licht eingeschaltet blieb.[4] Der eigentliche Reiz an Spala waren die großartigen Wälder. Es gab die Pirsch auf Elche und Hirsche; die Jagd auf Füchse, Hasen und weiteres Niederwild sowie die auf Waldhühner, Schnepfen und anderes Geflügel. Die Jagdgesellschaften befolgten eine strenge Tradition. Jeden Morgen um sieben Uhr wurden die Gäste von einem Jagdhorn geweckt. Ein Picknick im Wald zur Musik einer Militärkapelle ging der Jagd voraus. Geschossen werden durften nur bestimmte Tiere, bei der Hirschjagd etwa Zehnender oder noch ältere Tiere.[5] Die Jagdhüter notierten die Tagesstrecke in den Büchern, und in der Dämmerung wurde das erlegte Wild auf dem Rasen vor dem Schloß ausgelegt, damit die Zarin und ihre Gäste es bei Fackelschein begutachten konnten. Alexandra hatte für die Zurschaustellung dieses blutigen Sports nichts übrig, mußte der Tradition gemäß aber mitmachen.

Diese Atmosphäre von Tod, dunklen Wäldern und dem düsteren Haus trug wenig zur Aufmunterung des Zarewitsch bei. Seine Mutter glaubte, daß das Lernen geeignet wäre, ihren Sohn von seinem Kummer abzulenken. Sie gab Pierre Gilliard den Auftrag, mit dem Französischunterricht zu beginnen. Gilliard beschrieb Alexej als »ziemlich groß für sein Alter ... Er hatte ein längliches, feingeschnittenes Gesicht, vornehme Züge, kastanienbraunes Haar mit einem Kupferschimmer und große graublaue Augen wie seine Mutter.«[6] Der Unterricht begann, aber der Lehrer fand den Zarewitsch »von Anfang an krank. Er mußte dann doch bald im Bett bleiben.«[7]

Alexandra glaubte, daß eine Kutschfahrt an der frischen Luft helfen würde, ihren leidenden Sohn zu kräftigen. Sie und Anna Wyrubowa setzten Alexej in eine Kutsche zwischen sich und fuhren auf die sandige Straße hinaus. Aber der Weg war zu schlecht. Nach einigen Kilometern auf der holprigen Straße fing Alexej an, sich über einen unangenehmen Druck im Bein und im Unterbauch zu beklagen. Er hatte innere Blutungen. Erschrocken befahl Alexandra dem Kutscher umzukehren. Anna erinnerte sich später: »Während der Fahrt klagte Alexej Nikolajewitsch über heftige innere Schmerzen, jeder Stoß des Wagens war ihm eine Qual, sein Gesicht nahm einen leidenden Ausdruck an, und er wurde merklich blässer ... Als wir vor der Einfahrt des Jagdschlosses hielten, mußte der Thronfolger, der schon fast das Bewußtsein verloren hatte, hineingetragen werden.«[8]

Der Bluterguß von Bielovezh hatte sich verschoben und eine neue Blutung ausgelöst. Als Dr. Botkin den Zarewitsch untersuchte, fand er eine große Schwellung im oberen Oberschenkel. Botkins Kollege Sergej Fjodorow telegrafierte nach den St. Petersburger Spezialisten, die per Zug und Kutsche nach Spala eilten. Nachdem sie den Jungen untersucht hatten, teilten sie jedoch mit, daß man nichts tun könne. Es gab keine Medizin. Nur Blut. Es floß aus den geplatzten Äderchen im Bein in den Bauch, und bildete eine Schwellung, die so groß wie eine Pampelmuse war. Alexej mußte das linke Bein anziehen und aufstellen, um dem Blut Raum zu geben und den Druck zu lindern. Trotzdem breitete es sich im Körper des kleinen Jungen aus und griff Gewebe und Knochen an. Im Bauch gab es bald keinen Platz mehr. Doch es floß immer weiter.

Schreie drangen durch die Wände der Villa, jammervolles, verzweifeltes Wehklagen und keuchendes Atmen.[9] Bedienstete und Mitglieder des Gefolges mußten sich die Ohren zustopfen, um weiterarbeiten zu können. Vom Anfang der Krise an blieb Alexandra am Bett ihres Sohnes. Anna Wyrubowa schrieb: »Während dieser Zeit kam die Kaiserin nicht ein einziges Mal aus den Kleidern, und an Schlaf konnte sie nicht denken. Stundenlang saß sie an dem Bett ihres kranken Sohnes, der mit an den Leib gezogenen Beinen bewußtlos dalag… Das kleine wächserne Gesicht mit der spitz gewordenen Nase gemahnte an das eines Toten, die großen Augen blickten verständnislos und mit einem Ausdruck tiefen Leidens ins Leere. Als der Kaiser einmal das Krankenzimmer betrat und das schmerzliche Stöhnen seines Sohnes vernahm, eilte er sofort wieder hinaus und in sein Zimmer, riegelte die Tür hinter sich zu und gab sich haltlosem Schluchzen hin.«[10]

Die Tragödie forderte ihren Tribut von den gepeinigten Eltern. Nikolaus schrieb seiner Mutter: »Die Tage zwischen dem 6. und dem 10. waren die schlimmsten. Der arme Liebling litt sehr, die Schmerzen kamen krampfartig und traten alle Viertelstunden auf. Infolge seiner hohen Temperatur delirierte er Tag und Nacht; und er wollte im Bett aufsitzen, und jede Bewegung führte die Schmerzen wieder herbei. Er schlief so gut wie überhaupt nicht, hatte nicht einmal die Kraft zu weinen, stöhnte nur und sagte immer wieder: ›O Gott, hab Erbarmen mit mir.‹«[11]

Nikolaus berichtete seiner Mutter weiter: »Ich konnte mich in dem Zimmer kaum aufrecht halten, mußte aber natürlich mit Alix abwechseln, die, weil sie ganze Nächte an seinem Bett verbracht hatte, erschöpft war. Sie ertrug die Feuerprobe besser denn ich, als es um Alexej sehr schlimm stand…«[12] Für Alexandra wurde die Lage zum Alptraum. Sie hielt Alexejs Hand, küßte ihn und strich ihm das Haar aus dem verschwitzten Gesicht, während er immer wieder stöhnte: »Mama, hilf mir!«[13] Sie konnte nichts tun, nur beten, Gott bitten, er möge das Leben ihres kleinen Jungen retten. Im Laufe dieser elf Tage wurde ihr goldenes Haar langsam grau.[14]

Manchmal dachte man, das Ende sei gekommen. Der Zarewitsch selbst hoffte es. »Wenn ich tot bin, wird es nicht mehr weh tun, nicht wahr, Mama?« fragte er eines Tages.[15] In einem anderen Augenblick der Ruhe bat der Junge seine Eltern traurig, ihm nach seinem Tod im Park ein kleines steinernes Denkmal zu errichten.[16]

Das Leben in Spala ging weiter. Man erwähnte die Krankheit des

Jungen in der Öffentlichkeit möglichst wenig. Der Schleier des Geheimnisses um die Hämophilie des Zarewitsch wurde nicht gelüftet. Das Ganze war ein schreckliches Versteckspiel. Die Jagden wurden schließlich, als es dem Zarewitsch ein wenig besserzugehen schien, wieder aufgenommen, und das Tennisspiel ebenfalls. Der polnische Adel erschien zu Abendgesellschaften.[17] An einem solchen Abend führten die Großfürstinnen für die Gäste zwei Szenen aus Molières *Der Bürger als Edelmann* auf. Maria und Anastasia trugen die Szenen in französischer Sprache vor, und Gilliard soufflierte ihnen aus den Kulissen.

Die Zarin saß mit ihren Gästen in der ersten Reihe, lächelnd oder lachend wie sie. Nach dem Stück befand sich Gilliard zufällig auf dem Flur, der zum Zimmer des Zarewitsch führte. Das schreckliche Stöhnen war deutlich zu hören. In diesem Augenblick eilte die Zarin an dem Lehrer vorbei; die Schleppe ihres Kleides in beiden Händen haltend rannte sie den Flur entlang. Falls sie Gilliard sah, so verriet ihr entsetztes Gesicht es nicht. Sie öffnete die Tür zum Zimmer ihres Sohnes und verschwand darin. Als sie ein paar Minuten später wieder erschien, war Gilliard im Speisezimmer. Wieder lächelte sie ihren Gästen zu, und alles schien in Ordnung zu sein. Jedoch warf sie dem Zaren einen besorgten Blick zu, und er rückte näher an die Tür für den Fall, daß sich die Lage verschlechtern sollte.[18]

Am 6. Oktober erklärte Dr. Fjodorow den gequälten Eltern, daß ihr Sohn eine Magenblutung habe. Alexej, so sagte er, könne jeden Moment sterben. Mit dem Unvermeidlichen konfrontiert, gab das Zarenpaar schließlich die Zustimmung zur Veröffentlichung medizinischer Bulletins über den Gesundheitszustand des Zarewitsch. Der erste Bericht wurde am 8. Oktober veröffentlicht; er enthielt jedoch immer noch keinen Hinweis auf die Art der Erkrankung. Im ganzen Land beteten Millionen für die Gesundheit des achtjährigen Jungen. Da es in Spala keine Kirche gab, wurden die täglichen Gottesdienste in einem großen grünen Zelt auf dem Rasen abgehalten. Polnische Bauern knieten neben Mitgliedern des Hofes und des Gefolges, um für das Leben des Jungen zu beten.[19]

Zur Mittagszeit des nächsten Tages schickte Alexandra ihrem Mann die hastig gekritzelte Botschaft, daß das Ende nah sei. Die Klagen des Jungen waren nun kürzer, ruhiger, und seine Kraft schwand dahin.

Irene von Preußen, die Schwester der Zarin, war nach Spala gekommen. Am späten Nachmittag trat sie ins Speisezimmer, wo das Gefolge versammelt war, und teilte mit, daß ihr Neffe die Nacht wohl nicht überleben würde. Am Ende des Flures begann ein Priester die letzte Ölung vorzubereiten. Das Licht von den vor ein paar Ikonen flackernden Votivkerzen verlor sich im Schatten des Raumes, der Geruch von Wachs und Weihrauch lag in der Luft. Alexandra und Nikolaus knieten zusammen am Bett ihres Sohnes und beteten für seine Seele.[20] Das Bulletin für den nächsten Tag war schon geschrieben und für die Veröffentlichung bereit: Es informierte über den Tod Seiner Kaiserlichen Hoheit, des Zarewitsch Alexej.

Im Dunkel der Nacht ging ein Telegramm von Spala in das sibirische Dorf Pokrowskoje, zu Grigorij Rasputin. Alexandra bat den Bauern, für das Leben ihres Sohnes zu beten. Ein paar Stunden lang wartete sie auf seine Antwort. In den ersten Morgenstunden traf sie schließlich ein: »In dem Zustand des Thronfolgers wird bald eine Besserung eintreten. Die Ärzte sollen ihn nicht länger quälen.«[21]

Mit dem Telegramm in den Händen eilte sie zu ihrem Mann, der mit einigen Herren des Gefolges die Beerdigungszeremonien besprach. Sie war ruhig und lächelte. Den überraschten Anwesenden erklärte sie: »Die Ärzte stellen noch keine Besserung fest, aber persönlich hege ich keine Besorgnis mehr. Ich habe heute nacht von Vater Grigorij ein Telegramm erhalten, das mich vollkommen beruhigt.«[22] Am nächsten Morgen begann die Schwellung am Oberschenkel des Jungen zurückzugehen, und die innere Blutung kam zum Stillstand. Alexej lag im Bett, blaß und verkrampft, aber lebendig. Der Alptraum war vorbei.

Was im Herbst 1912 in Spala geschah, veränderte Alexandras Leben. Sie fürchtete die Zukunft nicht mehr. Solange Rasputin an ihrer Seite blieb, würde Alexej leben, und alles war in Ordnung. Die einfachen Fakten sind unstrittig. Alexej hatte im Sterben gelegen. Die Ärzte hatten nichts tun können. Die letzte Ölung war gespendet worden. Alexandra hatte Rasputin telegraphiert und ihn gebeten, für ihren Sohn zu beten. Er hatte ein Telegramm geschickt, der Junge werde sich erholen. Am nächsten Morgen hörte der Zarewitsch auf, zu bluten.

Zufall? Wenn, dann wurden die Gesetze der Wahrscheinlichkeit bis zum Zerreißen gedehnt. Es sind verschiedene Theorien zur Erklärung des offensichtlichen Wunders aufgestellt worden. Aber die wesentliche Erklärung ist die, an die Alexandra glaubte. Für sie gab es überhaupt keinen Zweifel, auf welche Weise Alexej gesund geworden war. Sie glaubte, daß die Heilung von Rasputin eingeleitet wurde, und nur von ihm. Die Fakten scheinen die Schlußfolgerung der Zarin zu bestätigen. Und der Glaube, daß Rasputin ihren Sohn gerettet hätte und es weiterhin tun würde, blieb Alexandra erhalten, lange nachdem die Herbstfröste und dann der Winter in Spala Einzug gehalten hatten.

An dem Tag nachdem Rasputins Telegramm angekommen war, schneite es in Spala. Unter einer Decke aus frischem weißem Pulverschnee reckte das Jagdschlößchen seine Giebel gen Himmel, und Schneeschauer wirbelten und glitzerten in Wind und Sonne, wenn sie von den schweren Zweigen der immergrünen Bäume im Wald stäubten. Als wäre das Leben erneuert worden, erschien alles sauber und klar. Sogar die Luft war wunderbar frisch.

Als der Schnee wieder taute, ging der Zar abermals auf Jagd in den Wald. Die Großfürstinnen spielten Tennis. Sogar Alexej wagte sich schließlich, in Decken eingewickelt, zu einer Fahrt im Ponywagen nach draußen. Alexandra saß, während er genas, meistens mit einem Buch oder einer Handarbeit bei ihm. Aber wenn das Leben auch zurückgekehrt war, der Zarewitsch war noch krank. »Sein allgemeiner Zustand ist jetzt recht gut, aber er hat wie Wachs ausgesehen: seine Hände und Füße, sein Gesicht, alles«, schrieb der Zar an seine Mutter. »Er ist schrecklich dünn geworden, aber die Ärzte füttern ihn auf wie nur möglich.«[23]

Einen Monat später konnte Alexej Spala verlassen. Die Straßen, über die die kaiserliche Familie fuhr, waren auf Geheiß Alexandras von Hand aufgeschüttet und geglättet worden, um jeglichen Stoß zu vermeiden. Der Zug kroch mit einer Geschwindigkeit von fünfundzwanzig Stundenkilometern zurück nach St. Petersburg.[24] Noch fast ein ganzes Jahr nach Spala mußte Alexej ein Metallgestell zur Streckung seines linken Beines tragen und heiße Schlammbäder gegen das Humpeln über sich ergehen lassen. Die offiziellen Fotos des Zarewitsch aus dieser Zeit zeigen ihn sitzend, auf Stufen stehend oder nur von der Taille aufwärts, so daß das angewinkelte Bein natürlich wirkt.[25] Ein Jahr nach Spala deckte die Prinzessin Radziwill erstmals auf, daß der Zarewitsch an Hämophilie litt.[26] Es gab jedoch keinen Kommentar aus dem Palast. Die Täuschung ging weiter.

Diese zwölf Tage im Herbst 1912 hatten Alexandras Leben nachhaltig beeinflußt. Rasputins Stellung als Medium war dramatisch aufgewertet worden. Er würde beten, Gott würde reagieren. So einfach war das für Alexandra. Wenn sie vorher gezögert haben mochte, sich an ihn zu wenden, nach Spala wurde er zu ihrer ersten Anlaufstelle gegen die Bluterkrankheit ihres Sohnes. Andere waren erschüttert und verwirrt von den Vorgängen in und nach Spala. Dr. Fjodorow sagte später einmal: »Und sehen Sie, Rasputin kam herein, ging zum Patienten, sah ihn an und spuckte. Die Blutung hörte im Nu auf... Wie hätte die Zarin Rasputin danach nicht glauben sollen?«[27]

27

1913

Im Jahre 1913 summten überall die mechanischen Wunder eines aufgeklärten Zeitalters: Staubsauger, Flugzeuge, Zeppeline, Filme. Die neuen Autos rasten über die Straßen Europas und brachten die Insassen zu eleganten Kasinos, wo sie die ganze Nacht hindurch dem Glücksspiel frönten. Die Welt verfolgte, wie sich Isadora Duncan durch die Hauptstädte Europas tanzte, wie Vernon und Irene Castle Tango tanzten und die Familie Krupp Waffen für den Kaiser produzierte. In New York rief Marcel Duchamps *Akt, eine Treppe herabsteigend* einen kleinen Skandal hervor, während zur gleichen Zeit das Londoner Publikum Anna Pawlowa im Covent Garden in *Giselle* tanzen sah oder sich das neue Stück von George Bernard Shaw, *Androklus und der Löwe*, anschaute. Eton gewann im Cricket gegen Harrow, und Frauen demonstrierten für ihr Wahlrecht. Einige wählten drastischere Mittel, zum Beispiel die unglückselige Emily Davison, die sich im Namen des Stimmrechts für Frauen beim Derby vor das Pferd König Georgs V. warf und dabei umkam. Die Alltagskleidung veränderte sich: Zum ersten Mal sah man Frauen in Hosen. Auch die steifen Zylinderhüte und Schwalbenschwänze der Männer wurden eingemottet und durch Nadelstreifenanzüge und »Kreissägen« ersetzt. Es war das letzte Jahr, in dem Männer sich bei Morgengrauen auf einer einsamen, taufeuchten Wiese auf Leben und Tod duellieren durften – und das im Namen der Ehre. In England waren die angesagten Sportarten Tennis, Rennen aller Art und Cricket; der letzte Schrei war *Alexander's Ragtime Band* von Irving Berlin.[1]

Mit dem Beginn des neuen Zeitalters ging ein anderes zu Ende. In dieser sonderbaren neuen Welt von Ragtime und Tango bewegten sich auch die Monarchen Europas. Das Ende der großen Dynastien stand nahe bevor. Nur ein Jahr noch, und die Welt würde auf den Kopf gestellt und in einen Krieg nie gesehenen, katastrophalen Ausmaßes hineingerissen werden. Innerhalb von fünf Jahren sollten die Herrschergeschlechter Habsburg, Hohenzollern und Romanow untergehen; die überlebenden Monarchien würden schnell lernen müssen, sich den Standards der neuen Welt anzupassen. Immer näher rückte das Ende auch für die 20 Millionen Menschen, die im Ersten Weltkrieg sterben würden.

Noch regierte über dieses sich verändernde Europa eine aussterbende Gattung von Monarchen. Mit dem Tod von Königin Viktoria im Jahre 1901 hatte das Ende des Viktorianischen Zeitalters begonnen. Nur neun Jahre hatte ihr Sohn Edward VIII. eine dominierende Rolle in Europa gespielt, dann starb auch er. Das Europa von 1913 gehörte Kaiser Wilhelm II. Es war eine militaristische Welt. Im Zentrum aller Spekulationen stand Berlin. Fast ganz Europa wartete auf das Unvermeidliche; ein Krieg war vorprogrammiert, das spiegelte sich in der zynischen Atmosphäre um 1913 wider.

In Rußland brachte das Jahr 1913 das dreihundertjährige Jubiläum der Romanow-Herrschaft. Die Feierlichkeiten begannen am 6. März, einem dunstigen St. Petersburger Morgen mit gelegentlichem Nieselregen, mit Kanonendonner von der Peter-und-Pauls-Festung. An den Straßen tauchten die ersten Menschen auf, die einen Blick auf die kaiserliche Familie erhaschen wollten, wie sie vom Winterpalast zur Muttergottes-von-Kasan-Kathedrale zum großen Tedeum fuhr.

Michail Rodsjanko, Präsident der Duma, war an dem Morgen schon seit Stunden in der Kathedrale gewesen. Nur mit größter Mühe hatte er die richtigen Sitzplätze für die Mitglieder der Duma belegen können. Er stand im Vorhof, um frische Luft zu schöpfen, als ein Helfer herauseilte und ihm mitteilte, daß ein sonderbarer Mann in Bauernkleidern auf einem der für die Duma reservierten Sitze Platz genommen habe und sich weigere zu gehen. Rodsjanko ging in die Kathedrale und erkannte Rasputin. Er berichtete:

»Ich trat dicht an ihn heran und richtete in eindringlichem Flüsterton an ihn die Frage:

›Was hast du hier zu suchen?‹

Er blickte mich frech an und erwiderte: ›Das geht dich gar nichts an!‹

›Wenn du mich duzen wirst, werde ich dich sofort am Bart aus der Kirche herausziehen! Weißt du denn nicht, daß ich der Präsident der Duma bin?‹«

Rasputin schien das egal zu sein. Er starrte Rodsjanko ins Gesicht, anscheinend in der Absicht, ihn zu hypnotisieren, doch Rodsjanko hielt dem Blick stand. Schließlich gab Rasputin auf und fragte schließlich: ›Was wollen Sie von mir?‹

›Ich will, daß du auf der Stelle verschwindest, ekelhafter Ketzer! An diesem heiligen Ort ist kein Platz für dich!‹

›Mich haben Personen, die höher stehen als Sie, hierher eingeladen‹, erwiderte Rasputin unverfroren und zog eine Einlaßkarte aus der Tasche.

›Du bist ein ganz gemeiner Betrüger!‹ erwiderte ich. ›Ich glaube dir kein Wort! Mach, daß du fortkommst, du hast hier nichts zu suchen!‹

Rasputin ... ließ sich plötzlich auf die Knie niedersinken und berührte mit der Stirn mehrmals den Boden. Ich gab ihm, empört über diese Frechheit, einen tüchtigen Rippenstoß und sagte: ›Laß diese Faxen! Wenn du nicht auf der Stelle gehst, lasse ich dich mit Gewalt hinauswerfen.‹

Mit einem tiefen Seufzer und den Worten ›O Herr, mein Gott, vergib ihm die Sünde!‹ stand Rasputin auf ... und wandte sich zum Ausgang. Ich begleitete ihn bis zum westlichen Portal. Dort reichte ihm ein Lakai einen herrlichen Zobelpelz und geleitete ihn zu einem Auto. Rasputin fuhr ab.«[2]

Kurz darauf kam die kaiserliche Familie nach einer langen verregneten Kutschenprozession durch grollenden Donner und vorbei an dürftigen Zuschauermengen und noch spärlicherem Applaus vor der Kathedrale an. Zar und Zarin hätten bei ihrem ersten großen öffentlichen Auftritt in der Hauptstadt nach zehn Jahren mehr erwarten können. Aber sogar als sie die Stufen zur Kathedrale hinaufstiegen gab es keine großen Ovationen: Weder für den Zaren noch für seinen Erben; nicht für die Zarin und nicht für die Kaiserinwitwe oder die vier jungen Großfürstinnen, die ganz in sommerliches Weiß gekleidet ihren Eltern durch das Westportal der großen Kathedrale folgten und das draußen aufkommende Unwetter hinter sich ließen.

Es gab keine kaiserlichen Bälle zu Feier des dreihundertjährigen Romanow-Jubiläums: Alexandra weigerte sich, sie auszurichten. Nur einmal zeigte sie sich bei einem Ball, den der St. Petersburger Adel in der Säulenhalle gab. In einem weißen, diamantenbesetzten Kleid betrat Alexandra am Arm ihres Mannes zu einer Polonaise von Chopin den Raum.[3] Sie tanzte an dem Abend nicht; sie empfand die Menschenmenge als zermürbend. Im Laufe des Abends überkamen sie zunehmend Angstzustände, und die Zarin steigerte sich in einen hysterischen Anfall hinein. Schließlich gab sie Nikolaus ein Zeichen, und er führte sie schnell aus dem Raum. Sobald die Türen sich hinter ihnen geschlossen hatten, sank sie ohnmächtig in die Arme ihres Mannes.[4]

Alexandra begleitete den Zaren auch ins Mariinskij-Theater zu einer Galavorstellung von Glinkas *Ein Leben für den Zaren*. Blaß und mit ausdruckslosem Gesicht betrat sie die kaiserliche Loge, ihr Türkisgeschmeide glühte im gedämpften Licht. Meriel Buchanan, die Tochter des britischen Botschafters, saß in einer benachbarten Loge. Sie schrieb später:

»Wir konnten sehen, daß der Fächer aus weißen Adlerfedern, den die Kaiserin hielt, krampfartig zitterte; wir konnten sehen, wie sich eine glanzlose, unvorteilhafte Röte über ihre Blässe legte, konnten beinahe ihren schweren Atem hören, der die Diamanten auf ihrem Oberteil hob und senkte, daß sie in tausend unruhigen Lichtfunken bebten und blitzten. Bald schien es, daß die Bewegung oder der Schmerz sie völlig beherrschte, und mit ein paar zum Kaiser geflüsterten Worten stand sie auf und zog sich in den Hintergrund der Loge zurück; sie wurde an dem Abend nicht mehr gesehen.«[5]

Zur Feier des dreihundertjährigen Jubiläums begab sich die gesamte Familie Romanow auf eine Pilgerfahrt in Erinnerung an den ersten Zaren Michail. Sie fuhren zur oberen Wolga und von dort mit einem Dampfschiff den Fluß hinab bis Kostroma, wo Michail gelebt hatte, als er auf den Thron gewählt wurde. »Wo wir auch hinkamen, empfing man uns mit Loyalitätsbezeugungen, die an Wildheit grenzten«, erinnerte sich die Schwester des Zaren, Olga Alexandrowna. »Als unser Dampfer die Wolga hinabfuhr, sahen wir reihenweise Bauern tief ins Wasser waten, um einen Blick auf Nicky zu erhaschen. In manchen Städten sah ich Handwerker und Landarbeiter zu Boden sinken, um seinen Schatten zu küssen, wenn wir vorbeikamen. Der Jubel war ohrenbetäubend ...«[6]

Wie ihre Schwägerin sah auch Alexandra nur den Jubel, die Menschenmassen, die lachenden Gesichter, die Ergebenheit der Gläubigen. Doch die Realität sah ganz anders aus. Kokowzew schrieb: »In den Gefühlen der Massen gab es nichts als oberflächliche Neugier. Von Nowgorod an und später auf der Fahrt die Wolga abwärts wehte ein schneidend kalter Wind, und der Zar zeigte sich nicht ein einziges Mal an den für einen Halt eingeplanten Stellen. Es gab hübsch dekorierte Abstiege vom Ufer zum Wasser, an denen sich kleine Gruppen von Bauern versammelt hatten, die offensichtlich darauf warteten, ihren Zaren zu sehen, aber vergebens, denn das Dampfschiff fuhr schnell bis Kostroma weiter, wo es über Nacht blieb ...«[7]

Den größten Teil der Öffentlichkeit ließ die Dreihundertjahrfeier kalt. Die bewußte Konzentration des Zaren auf ländliche und nicht gesellschaftliche Feierlichkeiten ließ die Hauptstadt erneut eine gezielte Beleidigung vermuten. Amnestie gab es nur für gemeine Verbrecher und Diebe; politische Gefangene blieben hinter Schloß und Riegel. Die Prinzessin Radziwill schrieb kurz nach dem Jubiläum über die Hoffnungen des Volkes:

»[Sie hofften] ... daß auf Initiative des Herrschers etwas Bleibendes errichtet würde ... daß Erbarmen gezeigt würde, daß Elend gemildert, Tränen getrocknet und die private und die öffentliche Wohlfahrt unterstützt würden; daß durch die Schaffung neuer Schulen und Erziehungseinrichtungen etwas zur Hebung der Moral des Volkes unternommen würde. Kurz, sie hofften zuversichtlich, daß der Monarch von der Höhe seines Thrones dorthin schauen würde, wo so viele Bedürfnisse zu erfüllen waren, wo soviel erwartet wurde, und soviel auch getan werden mußte, wenn Rußland aus seinem gegenwärtigen halb barbarischen Zustand emporsteigen und seinen Platz unter den Nationen einnehmen wollte. Nicht nur auf politischem und gesellschaftlichem Gebiet herrschte bitterer Mangel, sondern dringend war ganz besonders die Bildung der unteren Schichten, die in ihrer sozialen Zusammensetzung in Rußland momentan ein so gefährliches Potential darstellen und die gegenwärtige Ordnung der Dinge bedrohen, ohne sie durch irgend etwas Sinnvolles ersetzen zu können ...«[8]

Solcher Rat verhallte ungehört. Das dreihundertjährige Jubiläum war zu Ende und hinterließ eine sonderbar ungerührte Öffentlichkeit; der Graben zwischen der kaiserlichen Familie und dem Rest des Landes war tiefer denn je.

Nach der Dreihundertjahrfeier begab sich die kaiserliche Familie in die Ferien nach Liwadja. Sie kehrten nicht mehr in den kleinen Palast aus Holz zurück, in dem Alexander III. gestorben war, sondern in eine neue Residenz, bei deren Planung Alexandra mitgewirkt hatte. Der »Weiße Palast« in Liwadja lag auf grünen Hängen über dem Schwarzen Meer und bot einen Blick über Terrassen, Rosengärten und die Stadt Jalta hinweg aufs Wasser. Sechzig Räume gab es in dem Palast, und dazu Balkone, Kolonnaden und Loggien – Erinnerungen an Alexandras Kindertage in Osborne und an ihre Italienbesuche.

Die Zarin hatte die um mehrere Innenhöfe herum gebaute Anlage mit dem Architekten Krasnow erarbeitet; in der Mitte des größten Hofes befand sich ein alter italienischer Brunnen. Nach Empfängen und Diners zog sich die kaiserliche Familie oft mit ihren Gästen in die Loggien über den sorgfältig gepflegten Blumenbeeten zurück, um an der frischen warmen Luft zu rauchen und sich zu unterhalten. Im unteren Stockwerk des Palastes befanden sich die Staatsgemächer: Salons, Empfangszimmer und eine Porträtgalerie. Die Hauptwohnräume befanden sich im Stockwerk darüber. Die Zarin hatte ein großes Boudoir in blaßlila Seide und Mahagoni, wieder einmal von Maples in London möbliert. Daran schloß sich das kaiserliche Schlafzimmer an, ganz in Weiß, mit übereck gestellten Messingbetten in einer Ecke des Zimmers. Die Privatkapelle war im neuromanischen Stil ausgeführt; an den Wänden hingen zahlreiche wertvolle Ikonen. Der größte Raum, der weiße Saal – der als Ballsaal diente –, war eineinhalb Geschosse hoch und hatte Balkons mit einem wunderbaren Blick aufs Meer. Die eleganten Marmorräume waren immer voller frischer Blumen und Zimmerpalmen sowie vergessener Tennisschläger und Spielzeug. Ihr Komfort vermochte jedoch nicht viele Leute zu beeindrucken. Prinzessin Paley, die morganatische zweite Frau von Großfürst Pawel, Nikolaus' Onkel, bezeichnete den Palast als »möchtegernmaurisch«.[9]

Die Dreihundertjahrfeiern waren eine der ersten Gelegenheiten für die Bevölkerung gewesen, die jungen Großfürstinnen zu bewundern. Anders als Alexej, der als Thronerbe gelegentlich seinen Vater bei einer Truppenparade begleitete, waren die Mädchen fast unbekannt. Alexandra hatte dafür gesorgt. Jetzt konnte Alexandra in der warmen Sonne auf ihrem Balkon in Liwadja sitzend ihre vier Töchter am Strand unterhalb des Palastes laufen oder Tennis gegen ihren Vater spielen sehen.

Olga, die älteste, sah ihrem Vater am ähnlichsten. Sie trug lange, mittelblonde Haare und hatte blaue Augen. Von ihrer etwas kurz geratenen Nase sprach sie als von »meinem bescheidenen Stummel«.[10] Olga war freundlich und gutmütig, höflich und arglos; sie war ernster als ihre Schwestern und verbrachte einen großen Teil ihrer Freizeit mit Lesen. Oft holte sie sich Bücher, die für ihre Mutter im Malvenboudoir bereitgelegt worden waren. Wenn Alexandra sie erwischte, lächelte Olga und sagte: »Du mußt warten, Mama, bis ich herausgefunden habe, ob dieses Buch gut für dich ist.«[11]

Tatjana, achtzehn Monate jünger als Olga, war ihrer Mutter am ähnlichsten. Sie war groß, schlank und wohlproportioniert, mit feinen Zügen, einem blassen Teint und dem goldenen Haar und den blaugrauen Augen ihrer Mutter. Tatjana wirkte sehr elegant; ein Offizier der Garde sagte einmal: »Man fühlte, daß sie die Tochter eines Kaisers war.«[12] Sie war zurückhaltender als ihre Schwestern, aber eine begabte Künstlerin, und sie spielte brillant Klavier.

Maria, die hübscheste der Töchter, hatte einen hellen Teint, dichtes braunes Haar und so große Augen, daß sie in der Familie »Maries Untertassen« genannt wurden.[13] Ihre Kraft war enorm und sie konnte ihre Lehrer, ausgewachsene Männer, hochheben. Sie war ein wenig pummelig, und ihre Schwestern nannten sie »dickes Moppelchen«.[14] Außerdem war sie sehr charmant. Als ihr Vetter Ludwig, der spätere Earl Mountbatten of Burma, sie kennenlernte, verliebte er sich hoffnungslos in sie. Er hatte bis zu seinem Tod 1979 ein Bild von ihr an seinem Bett stehen.[15]

Anastasia, die jüngste von den Mädchen, sollte auch die berühmteste werden. Wegen ihres ausgelassenen Temperaments hatte sie den Spitznamen »Racker«. Anastasia war klein, etwas untersetzt und hatte blaue Augen und goldenes Haar. Sie war, schrieb Gilliard, »sehr spitzbübisch und beinahe ein Clown. Sie hatte sehr viel Humor und die Spitzen ihrer Scherze trafen oft empfindliche Ziele. Eigentlich war sie ein *Enfant terrible*.«[16] Anastasia war auch sehr selbständig, nahm ihren Unterricht nicht immer ernst und zog es vor, im kaiserlichen Park auf Bäume zu klettern.

Die vier Mädchen waren von ihrer hohen Position unberührt geblieben, wie Alexandra es sich gewünscht hatte. Alexandras Ideale waren viktorianisch: Gott, Familie, Vaterland. Die Gesellschaft und ihre Feste spielten darin keine Rolle; in der beschützten Welt von Zarskoje Selo war kein Platz für die hedonistischen Exzesse von St. Petersburg. Alexandra wollte nicht, daß ihre Kinder der Dekadenz der Hauptstadt ausgesetzt waren. Sie wurden künstlich jung gehalten, und damit verhinderte Alexandra, daß sie erwachsen wurden. Der Leiter der Hofkanzlei, Alexander Mossolow, schrieb: »Ich habe nie das leiseste Wort oder eine Andeutung von einem Flirt gehört… Sogar als die beiden ältesten zu richtigen Frauen herangewachsen waren, konnte man sie wie zwei kleine zehn- oder zwölfjährige Mädchen miteinander reden hören.«[17]

Solche mütterliche Kontrolle war in Kreisen des Hochadels nicht unüblich. Die Tante der Zarin, Königin Alexandra von England, hinderte ihre Töchter ebenfalls daran, natürlich erwachsen zu werden. Zwei der Mädchen konnten ihrer Herrschaft entkommen und heiraten, aber Cousine Victoria hatte kein Glück. Die Königin weigerte sich einfach, die Zeit vergehen zu lassen. Großfürstin Olga Alexandrowna erinnerte sich: »Die arme Toria war für ihre Mutter nur eine Art besseres Mädchen. Wie oft wurde ein Gespräch oder ein Spiel durch eine Nachricht von Tante Alix unterbrochen, und Toria rannte wie der Blitz, um dann meist festzustellen, daß ihre Mutter sich nicht erinnern konnte, warum sie nach ihr geschickt hatte, und das überraschte mich, denn Tante Alix war so gut.«[18]

1913 wurde Olga achtzehn und Tatjana sechzehn – ein Alter, in dem man begann, über die Heiratsaussichten zu diskutieren. Eine damals viel gelesene Zeitschrift bemerkte: »Unter allen heiratsfähigen Prinzessinnen Europas gibt es keine, die zur Zeit größere öffentliche Aufmerksamkeit auf sich ziehen als die beiden ältesten Töchter des russischen Zaren.«[19] Es wurde von einer möglichen Verbindung mit Kronprinz Carol von Rumänien oder mit Edward, dem Prinzen von Wales, gesprochen. Wurden die Großfürstinnen einerseits als attraktive Heiratskandidatinnen angesehen, so bemitleidete ein anderes zeitgenössisches Magazin sie wegen des ihnen aufgezwungenen klösterlichen Daseins. Der Autor von *Royal Mothers and Their Children* bezeichnete sie als »Insassen des kaiserlichen Kinderzimmers«, die von ihrer »nervenschwachen Mutter« überwacht wurden, welche unter »abnormen Ängsten« in bezug auf ihre Zukunft litt.[20]

Wenn sie auch unreif waren, die vier Mädchen waren gesund und sehr aktiv. Alexandra dachte bei ihrem Anblick oft an die weniger Glücklichen. Ihr eigener Sohn war ein Opfer. Und in dem Hügelland um Liwadja herum lagen etliche Tuberkulose-Kliniken, die immer der Hilfe bedürftig waren. Die Zarin ersann eine Aktion zu ihrer Unterstützung, einen Wohltätigkeitsbasar, eine kleine Übung in Sachen »Adel verpflichtet«. Sie ließ ihre ganze Familie daran teilnehmen: »Sie sollten die traurigen Dinge erkennen, die hinter all dieser Schönheit liegen.«[21] Der Wohltätigkeitsbasar, ein Ereignis nur für geladene Gäste, fand viermal statt, zum letzten Mal 1914. Alexandra betreute selbst einen Stand und verkaufte Stickereien, Näharbeiten und Aquarelle, unter anderem auch ihre eigenen und die ihrer Töchter. Der Ertrag war minimal, aber die Bemühung beruhigte Alexandras Gewissen, denn sie war überzeugt, daß sie damit ihrer Pflicht, den Armen zu helfen, nachgekommen war, genau wie jede andere europäische Regentin jener Zeit es auch gewesen wäre. Sogar Alexej erfüllte seine kaiserlichen Pflichten, indem er im Matrosenanzug am Tisch seiner Mutter erschien. Er stand auf einem Schemel an ihrem Stand und »reichte die verkauften Sachen der begeisterten Menge zu«.[22]

Alexandra fühlte sich in Liwadja wohler als in der Hauptstadt. Frei von den Zwängen der Gesellschaft und ohne die neugierigen Augen von St. Petersburg machte sie, lediglich in Begleitung von Anna Wyrubowa, sogar Einkaufsbummel in Jalta. An einem besonders schwülen Nachmittag flüchteten die beiden vor einem Regenguß in ein kleines Geschäft. Alexandra ließ ihren Schirm sinken und hinterließ eine Pfütze auf dem Boden. »Madame, stellen Sie Ihren Schirm bitte hier ab!« sagte der Inhaber gereizt und deutete auf einen Schirmständer an der Tür. Alexandra entschuldigte sich und stellte ihren Schirm dort ab. Erst als Anna sie mit »Alexandra Fjodorowna« ansprach, erkannte der Mann, welch erhabene Person er da gerade zurechtgewiesen hatte.[23]

Trotz der Abwesenheit des Zaren und seiner engsten Familie hatte es im Winter 1913 eine glänzende Saison gegeben. Fürstin Obolenskij richtete etwa einen Ball unter dem Thema Griechische Mythologie aus, und die Gäste schlenderten Trauben essend und Krimwein trinkend in Tuniken und Sandalen durch ihr klassizistisches Haus, während der Schnee auf St. Petersburg herabrieselte. Meriel Buchanan arrangierte für den Botschaftsball eine Reihe gruseliger »lebender Bilder«, darunter König Blaubart und Jack the Ripper. Gräfin Kleinmichel schließlich gab einen außergewöhnlichen Schwarzweißball, auf dem die Gäste auf dem Schachbrettmuster des Marmorfußbodens zu verschwinden schienen.[24]

Das St. Petersburg von 1913 war die reinste Gerüchteküche. Der Bruder des Zaren, Michail, hatte im Vorjahr eine zweifach geschiedene Nichtadelige geheiratet und war deshalb des Landes verwiesen worden. Von Großfürst Andrej, dem Vetter des Zaren, hieß es, er habe sich hoffnungslos in die Ballettänzerin Mathilde Kschessinska verliebt. Ihre prächtigen Juwelen hatten die Zungen in Bewegung gesetzt: Wer hatte sie ihr gekauft? Wieviel hatten sie gekostet? Der Zar sollte sich geweigert haben, Andrej die Frau heiraten zu lassen, die einst seine eigene Geliebte gewesen war. Delikat war der Tratsch, der sich mit Nijinskij beschäftigte: Eines Abends trat er im Mariinskij-Theater in einem enthüllend hautengen Kostüm auf. Die Kaiserinwitwe in der kaiserlichen Loge setzte ihr Opernglas an, nahm einen langen Blick, setzte es wieder ab, stand auf, wandte dem Tänzer mit einem vernichtenden Blick den Rücken zu und verließ das Theater. Nijinskij wurde am folgenden Morgen aus dem kaiserlichen Ballett verbannt.[25]

Trotz des Glanzes verfiel und verrottete St. Petersburg. Es roch sozusagen nach Untergang, als sich die Hauptstadt kopfüber in eine letzte Runde von sinnlichen Freuden warf – Alkohol, Drogen, sexuelle Freizügigkeit –, die mit Hoffnungslosigkeit gepaart waren: sie führten zu Selbstmord und Mord. W. Bruce Lincoln zitiert eine erschreckende Statistik: Auf einen Polizisten und einhundertfünfzig St. Petersburger Einwohner kamen vier bis fünf Prostituierte.[26]

Die zeitgenössische Literatur spiegelte die Hoffnungslosigkeit, von der so viele Menschen befallen waren. Walerij Brjussow, Belij und Blok füllten ihre Werke mit diesem Gefühl von Trostlosigkeit und Destruk-

Oben links: Hessische Familienszene. *Stehend von links:* Prinz Ernst,
Prinzessin Alice, Prinz Ludwig, Prinzessin Elisabeth (Ella). *Sitzend*: Prinzessin Irene
und Prinzessin Viktoria. Um 1875. (Broadlands Archives)
Oben rechts: Bei Königin Viktoria im Schloß Windsor, 1879. *Von links*:
Prinzessin Viktoria, Königin Viktoria, Prinzessin Alix und Prinzessin Elisabeth.
(Broadlands Archives)

Die Kinder von Prinzessin Alice und Prinz Ludwig von Hessen und bei Rhein,
um 1876. *Stehend hinten:* Prinz Ernst Ludwig und Prinzessin Elisabeth.
Sitzend von links: Prinzessin Irene, Prinzessin May, Prinzessin Viktoria und
Prinzessin Alix. (Broadlands Archives)

Großfürst Sergej Alexandrowitsch und seine Frau Jelisaweta Fjodorowna (Ella)
in ihrem Sommersitz Iljinskoje bei Moskau, 1884. (Broadlands Archives)

Oben links: Familienszene in Darmstadt, 1890. *Sitzend von links*:
Großfürst Sergej Alexandrowitsch, Großfürstin Jelisaweta Fjodorowna und
Großherzog Ludwig von Hessen. *Dahinter:* Prinz Ludwig von Battenberg und
seine Frau, Prinzessin Viktoria. (Broadlands Archives)
Oben rechts: Alix, Elisabeth und Ernst Ludwig in St. Petersburg 1889.
(Broadlands Archives)

Prinzessin Alix, 1888.
(Broadlands Archives)

Schloß Peterhof, vom Ende der großen
Kaskade aus gesehen, Aufnahme um
1900. (Broadlands Archives)

Der Winterpalast vom Schloßplatz aus, um 1900.

Der Zarewitsch Nikolaus
Alexandrowitsch, um 1890.

Prinz Albert Victor (Eddy), der Herzog
von Clarence, 1890.

Prinzessin Alix von Hessen, 1894,
Verlobungsfoto.

Nikolaus II. in der Uniform eines
kaiserlichen Falkners, 1894.

Zarewitsch Nikolaus in Husarenuniform und Prinzessin Alix von Hessen.
Verlobungsfoto, 1894. (Broadlands Archives)

Kaiserinwitwe Maria Fjodorowna
von Rußland, 1895.

Zarewitsch Nikolaus, Prinzessin Alix,
Großherzog Ernst Ludwig und Prinzessin
Viktoria Melita (Ducky), Darmstadt 1894.
(Broadlands Archives)

Oben: Zar und Zarin bei einer Truppenschau des Eisenbahnkorps in Sewastopol, Krim, 1898.
Mitte: Der Katharinenpalast in Zarskoje Selo, um 1900.
Unten: Der Neue Palast in Alexandria, Peterhof, um 1900. (Broadlands Archives)

Oben: Zar Nikolaus II. und sein Sohn, Zarewitsch Alexej, bei einer Truppenschau in Ropscha bei Peterhof, 1909.
Mitte: Der Zarewitsch Alexej (dritter von rechts) mit Schiffsjungen in Finnland, 1912. Der große Seemann links ist der Leibwächter des Zarewitsch, Derewenko.
Unten: Zar Nikolaus mit einem erlegten Hirsch bei Spala in Polen, 1912.

Oben links: Die kaiserliche Familie nach der Taufe der Großfürstin Anastasia, Juli 1901. *Von links:* Die Großfürstinnen Tatjana und Olga, Zar Nikolaus mit Maria und die Zarin Alexandra mit Großfürstin Anastasia im Arm. Alexandra trägt noch Trauer um ihre Großmutter, Königin Viktoria, die sechs Monate zuvor gestorben ist. (Broadlands Archives)
Oben rechts: Zarin Alexandra, 1902.

Oben links: Großfürstin Jelisaweta Fjodorowna (Ella), 1901. (Broadlands Archives)
Oben rechts: Zarin Alexandra hält nach seiner Taufe ihren Sohn, den Zarewitsch Alexej, im Arm, August 1904.

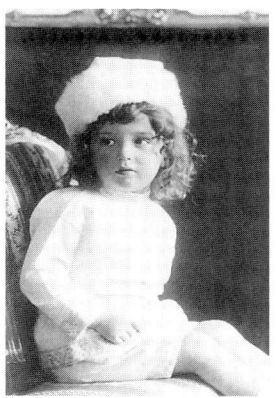

Oben links: Zarewitsch Alexej, 1906. (Broadlands Archives)
Mitte: Großfürstin Anastasia in einem russischen Hofgewand, 1910.
(Broadlands Archives)
Rechts: Zarewitsch Alexej, 1910.

Oben links: Die Kinder der kaiserlichen Familie in der Kabine ihrer Mutter
auf der Jacht *Standart,* 1906. *Von links:* Die Großfürstinnen Maria und Olga,
Zarewitsch Alexej, die Großfürstinnen Tatjana und Anastasia.
Oben rechts: Die Großfürstin Maria Nikolajewna, 1902. (Broadlands Archives)

Die Kinder der kaiserlichen Familie, 1910. *Von links:* Die Großfürstinnen
Tatjana und Anastasia, Zarewitsch Alexej, die Großfürstinnen Maria und Olga.
(Broadlands Archives)

Oben links: Zar und Zarin mit dem Bruder des Zaren, Großfürst Michail Alexandrowitsch, am Jagdschloß Skernevetski in Polen, um 1900.
Oben rechts: Zarewitsch Alexej legt den Grundstein für eine Kirche auf dem Schlachtfeld von Borodino, August 1912. Seine Familie schaut zu.

Der Zarewitsch sammelt in Jalta auf der Krim Spenden ein zum Tag der weißen Blumen, 1912. Die Dame in Weiß zu seiner Linken ist Anna Wyrubowa.

Oben links: Die russische kaiserliche Familie 1913. *Von links:* Großfürstin Maria, Zarin Alexandra, Großfürstinnen Olga und Tatjana, Zar Nikolaus II. und Großfürstin Anastasia. Der Zarewitsch Alexej sitzt vor seinen Eltern.
Oben rechts: Das letzte Foto von Kaiserin Alexandra auf dem Balkon des Gouverneurshauses in Tobolsk, Sibirien. Neben ihr die Töchter Olga und Tatjana.

Die vier Großfürstinnen im Empfangszimmer ihrer Mutter im Alexanderpalast in Zarskoje Selo, 1916. *Von links:* Olga, Tatjana, Maria und Anastasia.

Oben links: Zarin Alexandra, 1906.
Oben rechts: Kaiserin Alexandra, hinter ihr ihre Tochter Olga; sie verlassen ein
Militärzelt, nachdem sie bei Krasnoje Selo Truppen haben exerzieren sehen.
August 1913.

Die russische kaiserliche Familie 1913. *Von links:* Großfürstin Olga, Großfürstin
Maria, Zar Nikolaus II., Zarin Alexandra, Großfürstin Anastasia, Zarewitsch Alexej
und Großfürstin Tatjana. (Broadlands Archives)

Zar und Zarewitsch 1913.

Zar Nikolaus II., Postkarte, die 1914
an die russischen Truppen ausgegeben
wurde.

Kaiserin Alexandra in ihrer Rote-
Kreuz-Tracht, Postkarte, die 1915 an
die russischen Truppen ausgegeben
wurde.

Großfürstin Olga in Husaren-Uniform,
1913. (Broadlands Archives)

Großfürstin Tatjana in Lanzenreiter-
Uniform, 1913. (Broadlands Archives)

Zarewitsch Alexej mit seinem Lehrer,
Pierre Gilliard, in der *Stawka*, im Haus
des Gouverneurs in Mogilow, 1916.

Großfürst Kyrill Wladimirowitsch.

Grigorij Jefimowitsch Rasputin,
um 1906.

Fürst Felix Jussupow als Student
in Oxford, England.

Der Jussupow-Palast an der Mojka in St. Petersburg, in dem Rasputin ermordet wurde. Zeitgenössisches Foto.

Das Ipatjew-Haus in Jekaterinburg in Sibirien, das letzte Gefängnis der kaiserlichen Familie.

tivität. Dimitrij Mereschkowskij faßte diese ganze Atmosphäre und die Gefühle vieler Menschen gegenüber der kaiserlichen Familie zusammen, als er schrieb: »Im Hause Romanow ... vererbt sich ein geheimnisvoller Fluch von Generation zu Generation ... Morde und Ehebruch, Blut und Schmutz ... Richtblock, Strick und Gift – das sind die wahren Insignien der russischen Autokratie. Gottes Salbung auf dem Haupt der Zaren ist zum Kainsmal geworden.«[27]

Ein herausragendes Ereignis des Jahres 1913 – das letzte große vor dem Ersten Weltkrieg – wurde in Berlin gefeiert. Im Mai heiratete die einzige Tochter Kaiser Wilhelms II., die zwanzigjährige Prinzessin Viktoria Luise, Prinz Ernst August von Hannover, Herzog von Braunschweig. Die Feiern begannen am 22. Mai. Berlin war mit Flaggen, Wimpeln und Bannern geschmückt. Der englische König Georg V. und Königin Mary wurden mit Blasmusik empfangen; dann fuhr das Zarenpaar in seinem gepanzerten Zug von zehn Waggons in den Anhalter Bahnhof ein. Augenzeugenberichten zufolge sah der Bahnhof aus »wie ein Polizeilager, es wimmelte von Polizisten und Detektiven. Auf einem Bahnsteig in fünfzehn Meter Entfernung von dem, auf dem der Zug des Zaren einfahren sollte, stand bis weit über den Bahnhof hinaus eine Kette von Infantristen. Sie trugen geladene Gewehre.«[28]

Das Staatsbankett im Berliner Schloß an diesem Abend war die letzte offizielle Zusammenkunft der gekrönten Häupter Europas. Zweihundertundfünfzig Gäste in Uniformen und glitzernden Juwelen bewegten sich durch die eleganten Räume. Kaiser Wilhelm II. in der Paradeuniform der königlich-englischer Dragoner, mit dem russischen St.-Andreas-Orden quer über der Brust, führte Königin Mary von England. König Georg V. folgte in der Uniform der preußischen Dragoner und führte die Kaiserin. Der Zar, ebenfalls in preußischer Dragoneruniform und mit dem Hohenzollern-Orden des Schwarzen Adlers, ging mit der Tante des Kaisers, der Großherzoginwitwe von Baden, Alexandra folgte am Arm des Kronprinzen Wilhelm, in der Familie Klein-Willy genannt.[29]

Die Feierlichkeiten täuschten über die Spannung hinweg, die jeder der drei Monarchen spürte; Krieg schien unumgänglich zu sein, und Wilhelm, Georg und Nikolaus spürten das genau. Aber während sie verbündeten Ländern freundschaftliche Angebote unterbreiteten und ihre herrschaftlichen Privilegien genossen, führten ihre Regierungen ihre Schachzüge aus, steckten Grenzlinien ab und handelten Verträge aus, die ein Jahr später im Weltkrieg mündeten. In dieser Nacht tanzten die Gäste im Berliner Schloß; das flackernde Kerzenlicht der Kristallkronleuchter fing sich in den Silberintarsien der Holzarbeiten und den unzähligen Juwelen und ließ sie zum letzten Mal erstrahlen. Als die Sonne an jenem warmen Maiabend in Berlin untergegangen war, war sie auch für Europa untergegangen, seine strahlenden Reiche sollten für immer erlöschen.

28

Sommer des Kriegsbeginns

Ein herrlicher Sommermorgen begrüßte Erzherzog Franz Ferdinand, den Erben des Thrones von Österreich-Ungarn, als er mit seiner Frau, der geborenen Gräfin Sophie Chotek, am Sonntag, dem 28. Juni 1914 zu Besuch in der bosnischen Hauptstadt Sarajevo ankam. Der slawische Süden war ein Unruheherd im Reich der Habsburger gewesen, seit er von der Donaumonarchie verwaltet wurde. In den Balkanländern, allen voran Serbien, brodelte nationalistische Zwietracht, wurde die österreichische Herrschaft verabscheut. Es kam daher einem Selbstmord gleich, wenn der zukünftige Habsburger Kaiser den Balkan besuchte.

Ein offenes schwarzes Auto fuhr den Erzherzog und seine Frau durch die Straßen der Stadt. Franz Ferdinand trug die hellblaue Paradeuniform eines Kavalleriegenerals mit hohem, goldbesticktem Kragen, schwarzen Hosen und Generalshut mit Federbusch; Sophie, die neben ihm saß, hatte ein langes weißes Seidenkleid und einen breitkrempigen, ebenfalls mit Federbusch geschmückten Hut gewählt.

Als sie durch die Stadt fuhren, explodierte gleich hinter dem Wagen des Erzherzogs eine aus der Menge geworfene Bombe. Unverletzt setzte Franz Ferdinand seine Fahrt zum Rathaus fort, wo der Bürgermeister ihn mit einer Ansprache begrüßte. Doch der Erzherzog unterbrach ihn: »Was habe ich von Ihren Reden? Ich komme nach Sarajevo zu einem Besuch, und man wirft Bomben auf mich. Das ist empörend!«[1] Trotzdem wurde der Besuch fortgesetzt. Franz Ferdinand und Sophie stiegen wieder in ihr Auto und machten sich durch die Straßen von Sarajevo auf den Weg zum Gouverneurspalast.

Unterwegs verpaßte der Fahrer eine Abzweigung, das Auto des Erzherzoges kam mitten auf der Straße zum Stehen und mußte zurücksetzen. Plötzlich preschte ein junger Mann vor; mit zwei Schüssen machte der serbische Student Gavrilo Princip Geschichte. Der erste Schuß traf Sophie in den Unterleib; sie sackte auf dem Schoß ihres Mannes zusammen. Der zweite Schuß traf Franz Ferdinand; er griff sich an die Kehle, und ein dünnes Blutgerinnsel ergoß sich über seine Uniformjacke. »Sopherl! Sopherl! Stirb mir nicht! Bleib für meine Kinder!« rief er aus und brach dann über dem Körper seiner Frau zusammen. Innerhalb von einer halben Stunde waren der Erbe des österreichischen Thrones und seine Frau tot. Franz Ferdinand hatte bis zum Schluß gemurmelt »Es ist nichts«.[2]

Der Kaiser von Österreich schrieb an seinen Verbündeten, den deutschen Kaiser Wilhelm II., es habe sich bei dem Verbrechen »... nicht um die Bluttat eines Einzelnen, sondern um ein wohlorganisiertes Komplott gehandelt, dessen Fäden nach Belgrad reichen ... Auch Du wirst nach dem jüngsten Geschehnisse die Überzeugung haben, daß an eine Versöhnung des Gegensatzes, der Serbien von uns trennt, nicht mehr zu denken ist, und daß die erhaltende Friedenspolitik aller europäischen Monarchen bedroht sein wird, solange dieser Herd von verbrecherischer Agitation in Belgrad ungestraft fortlebt ...«[3] Serbien müsse als politische Gewalt auf dem Balkan eliminiert werden.[4]

Der Kaiser antwortete entsprechend. Ein kaiserlicher Erzherzog war brutal ermordet worden, das übelste aller Verbrechen. Alarmiert und besorgt erwartete Europa die allgemeine Mobilmachung. Es dauerte jedoch noch fünf weitere Wochen, bevor die Auswirkungen des Sarajevo-Attentats für die Welt Bedeutung bekamen.

Nur wenige Stunden nach der Ermordung von Erzherzog Franz Ferdinand jagte China Gussewa, die Beauftragte Heliodors, Rasputin, als er durch die Straßen des sibirischen Dorfes Pokrowskoje ging, ihr Messer in den Leib. Sie hatte sich als Bettlerin verkleidet und Rasputin um ein paar Münzen gebeten, dann hatte sie das Messer hervorgeholt und es dem Bauern in den Bauch gerammt. Rasputin konnte einen zweiten Stich abwehren, bevor er auf der staubigen Straße zusammenbrach.

Ein ansässiger Arzt untersuchte Rasputin auf seinem Eßtisch. Die Wunde reichte vom Brustbein bis zum Nabel und legte die Eingeweide frei. Ein Arzt aus Tjumen – sechs Stunden entfernt – eilte nach Pokrowskoje; als er ankam, fand er Rasputin in so schlechter Verfassung vor, daß er eine Notoperation versuchte. Rasputin befahl, keine Betäubung zu verabreichen, wurde aber bald vor Schmerzen ohnmächtig. Sobald er bewegt werden konnte, wurde Rasputin in einen Wagen gelegt und über holprige und staubige Straßen nach Tjumen gebracht.[5]

Fast hätte er die Fahrt nicht überlebt; er lag für die nächsten Monate in Tjumen im Krankenhaus und war daher während der bewegten Tage des Juli nicht in St. Petersburg. Der Arzt, der ihn gerettet hatte, Wladimirskij, erhielt bald darauf als Dank von der Zarin eine goldene Uhr.[6]

Am 20. Juli 1914 stand Alexandra neben ihrem Mann an Deck der *Standart* und sah zu, wie das Schlachtschiff *France* am silbernen Horizont größer wurde. Langsam schob sich das riesige Schiff mit dem französischen Präsidenten Raymond Poincaré an Bord, der zu einem Staatsbesuch nach Rußland kam, durch die smaragdgrünen Wasser des Finnischen Meerbusens. Plötzlich erscholl Kanonendonner, und ein Blasorchester ließ Marschmusik ertönen; dann folgten die majestätischen und nebeneinander paradox anmutenden Melodien von »Gott schütze den Zaren« und der »Marseillaise«.

Eine Folge von Festen, Banketten und Paraden zwang Alexandra wieder einmal vor die Augen der Öffentlichkeit. Alexej hatte sich den Knöchel verstaucht und konnte nicht gehen; Rasputins Leben hing an einem seidenen Faden, und ganz Europa sprach von Krieg. Die Anspannung war für den französischen Botschafter Maurice Paléologue, der bei einem Staatsbankett in Peterhof in ihrer Nähe saß, offensichtlich. Er schrieb:

»Während der Tafel beobachte ich die Kaiserin Alexandra Fjodorowna, der ich gegenübersitze. Obwohl ihr lange Feierlichkeiten ein Greuel sind, hat sie durch ihre Gegenwart dem Präsidenten der befreundeten Republik die höchste Ehre erweisen wollen. Sie sieht ziemlich gut aus; ihr Kopf strahlt im Brillantenschmuck, ihre Büste schimmert aus der Umrahmung eines weißen Brokatkleides. Zweiundvierzig Jahre haben ihrer Gestalt und ihren Zügen noch nicht viel anhaben können. Gleich nach dem ersten Gang bemüht sie sich, das Gespräch mit Poincaré, der zu ihrer Rechten sitzt, in Gang zu bringen. Aber bald verzerrt sich ihr Lächeln; auf ihren Wangen erscheinen Flecken. Unter ihrem keuchenden Atem blitzt das Brillantengeschmeide, das ihre Brust bedeckt. Bis zum Schluß der Tafel, die sehr lange währt, kämpft die arme Frau offenbar gegen das hysterische Angstgefühl ...«[7]

Ein paar Tage später war der Präsident Frankreichs Gastgeber eines Abschiedsbanketts an Bord seines Schlachtschiffes. Alexandra war Paléologues Aussage nach anscheinend »ganz erschöpft vor Müdigkeit. Mit erzwungenem Lächeln und tonloser Stimme sagt sie: ›Ich freue mich sehr, heute abend hierhergekommen zu sein ... Ich befürchtete ein Gewitter ... Die Ausschmückung des Schiffes ist herrlich ... Der Präsident wird sehr schönes Wetter haben zu seiner Überfahrt ...‹ Aber plötzlich legt sie die Hände an die Ohren. Dann weist sie schüchtern, mit schmerzlich-flehendem Ausdruck auf die Musikkapelle des Geschwaders hin ... ›Könnten sie nicht? ...‹ flüstert sie.« Der Botschafter winkte dem Kapellmeister zu, der das Orchester schweigen ließ. »Die Großfürstin Olga, die sich ... am anderen Ende des Dampfers aufhält ... erhebt sich rasch, gleitet ... auf ihre Mutter zu und sagt ihr einige Worte ins Ohr. Dann wendet sie sich an mich: ›Die Kaiserin ist sehr müde, Exzellenz, aber sie bittet Sie, noch bei ihr zu bleiben und weiter mit ihr zu sprechen.‹«[8]

Ein paar Stunden später verließ die *France* den Finnischen Meerbusen. »Die Nacht ist herrlich«, schrieb Paléologue. »Im unendlichen Ätherraum entrollt sich die strahlende Milchstraße. Kein Lüftchen regt sich. Die *France* und ihr Gefolge verschwinden rasch im Westen. Lange schäumende Bänder, die, silbernen Bächlein gleich, im Mondlichte funkeln, bezeichnen ihre Spur ...« Als sie das Schlachtschiff am Horizont verschwinden sahen, sprachen der Zar und der Botschafter über den Mord an dem Erzherzog. Nikolaus II. äußerte hoffnungsvoll: »... Nein, nein, obwohl der Schein gegen ihn spricht, ist Kaiser Wilhelm zu vorsichtig, um sein Land in ein tolles Abenteuer zu stürzen. Und Kaiser Franz Joseph wünscht sich nichts anderes, als in Frieden zu sterben.«[9]

Am nächsten Morgen traf das österreichische Ultimatum in Serbien ein. Darin wurde behauptet, daß der Mord am Erzherzog in Belgrad geplant worden sei, daß serbische Beamte die Pistole beschafft hätten, und daß Grenzsoldaten in das Attentat verwickelt gewesen seien. Zu den österreichischen Forderungen gehörten unter anderen: österreichische Beamte sollten die Erlaubnis bekommen, in Serbien eigenständige Ermittlungen durchzuführen; alle nationalistisch-serbischen Gruppen und antiösterreichische Propaganda mußten unterdrückt werden, und alle antiösterreichischen serbischen Beamten sollten entlassen werden. Serbien hatte achtundvierzig Stunden Bedenkzeit.[10]

»Die österreichischen Forderungen sind so beschaffen, daß kein Staat, der auch nur einen Funken Würde oder Nationalstolz besitzt, sie annehmen könnte«, äußerte ein österreichischer Beamter zufrieden.[11] Es war daher ein großer Schock, als Serbien den Forderungen zustimmte, und der österreichische Beamte, der die Nachricht in Empfang nahm, zögerte, sie weiterzuleiten. Schließlich widerrief Österreich seine anfänglichen Forderungen und erklärte dem Königreich Serbien am 28. Juli den Krieg. Am nächsten Tag wurde Belgrad beschossen.

Traditionsgemäß betrachtete sich Rußland als Beschützer aller slawischen Völker. Als Serbien den Zaren um Hilfe bat, befahl Nikolaus deshalb die Mobilmachung der russischen Truppen an der Grenze zu Österreich-Ungarn. Der deutsche Kaiser kam Kaiser Franz Joseph zu Hilfe. Wilhelm II. glaubte, daß Nikolaus II. unter keinen Umständen an einem kostspieligen europäischen Krieg würde teilnehmen können, und sein Botschafter in St. Petersburg, Graf Pourtales, stachelte ihn noch an, indem er diese Ansicht bestätigte. Als Pourtales eines Tages den britischen Botschafter Sir George Buchanan traf und anfing, die russische Mobilmachung herunterzuspielen, fand Sir George das gar nicht amüsant; er packte den um einiges älteren deutschen Botschafter, schüttelte ihn und sagte: »Graf Pourtales, Rußland meint es ernst!«[12]

Wilhelm telegraphierte seinem Vetter Nikolaus:

»Mit der größten Beunruhigung höre ich von dem Eindruck, den das Vorgehen Österreichs gegen Serbien in Deinem Lande hervorruft. Die gewissenlose Wühlarbeit, die seit Jahren in Serbien am Werke war, hat schließlich zu dem abscheulichen Verbrechen geführt, dem Erzherzog Franz Ferdinand zum Opfer gefallen ist ... Du stimmst sicher mit mir darin überein, daß wir beide, Du und ich, ein gemeinsames Interesse daran haben, darauf zu bestehen, daß alle für diesen feigen Mord moralisch verantwortlichen Personen ihre verdiente Strafe erhalten. In diesem Falle spielt die Politik keinerlei Rolle. Andererseits verstehe ich vollkommen, wie schwierig es für Dich und Deine Regierung ist, den Strömungen Eurer öffentlichen Meinung entgegenzutreten. Im Hinblick auf die herzliche und innige Freundschaft, die uns beide seit langem mit festem Bande verbindet, biete ich daher meinen ganzen Einfluß auf, um Österreich zu veranlassen, durch sofortiges Handeln zu einer befriedigenden Verständigung mit Dir zu kommen. Ich hoffe zuversichtlich, daß Du mich in meinen Bemühungen unterstützen wirst, die Schwierigkeiten, die noch entstehen können, zu beseitigen. Dein sehr aufrichtiger und ergebener Freund und Vetter Willy.«[13]

Aber Nikolaus' Generalstab drängte ihn zur allgemeinen Mobilmachung gegen Österreich-Ungarn. Obwohl Wilhelm gewarnt hatte, daß militärische Maßnahmen auf seiten Rußlands von Österreich als Bedrohung angesehen werden würden, befahl Nikolaus die Teilmobilmachung gegen Österreich.[14] Als Wilhelm das erfuhr, war er entrüstet. »Und diese Maßnahmen seien zur Verteidigung gegen Austria, das ihn gar nicht angreift!!! Ich kann mich nicht auf Mediation mehr einlassen, da der Zar, der sie anrief, zugleich heimlich mobil gemacht hat, hinter meinem Rücken.«[15]

Zwei Tage später beriet der Zar wieder mit seinem Außenminister Sergej Sasonow. Rußland müsse mobil machen, sagte Sasonow. Wenn Österreich erst einmal richtig auf dem Balkan Fuß gefaßt habe, würde es seinen Einfluß nutzen, um Rußlands Machtposition dort zu vernichten. Der Zar sagte nichts. Vorsichtig drängte Sasonow den Zaren: »Ich glaube nicht, daß Eure Majestät den Befehl für die Generalmobilmachung noch weiter hinausschieben kann.«[16] Nikolaus stimmte widerwillig zu.

Als Alexandra von der russischen Mobilmachung erfuhr, stürmte sie in das Arbeitszimmer ihres Mannes und schlug die Tür hinter sich zu. Anna Wyrubowa saß wartend zwei Räume weiter und konnte hören, wie sich die zwei »eine halbe Stunde lang mit erhobener Stimme unterhielten; als die Kaiserin zurückkehrte, standen in ihren Augen Tränen. Verzweifelt warf sie sich auf das Sofa und rief aus: ›Alles ist zu Ende, wir haben Krieg, und ich habe nichts davon gewußt!‹«[17]

Am 31. Juli erhielt Nikolaus ein weiteres Telegramm von Wilhelm II.: »Ich bin mit meinen Bemühungen zur Erhaltung des Friedens bis an die äußerste Grenze gegangen. Daher werde also nicht ich die Verantwortung für das entsetzliche Unglück, das die zivilisierte Welt bedroht, tragen. Es liegt nur in Deiner Hand, es noch zu beschwören. Meine Freundschaft für Dich und Dein Reich, die mir mein Großvater auf seinem Totenbette vermacht hat, ist mir immer heilig, und ich war Rußland treu, als es sich im Unglück befand, namentlich während des letzten Krieges. In dieser Stunde kannst Du den Frieden Europas noch retten, wenn Du Deine militärischen Maßnahmen unterbrichst.«[18]

Schuldzuweisungen für den Beginn des Ersten Weltkrieges vorzunehmen, ist unmöglich; zu viele Umstände kamen für jeden einzelnen ins Spiel, als daß er den militärischen Zusammenstoß hätte verhüten können. Aber aller Wahrscheinlichkeit nach hatte Kaiser Wilhelm recht. Nikolaus hätte den Krieg noch verhindern können, wenn er die Mobilmachung gegen ein Land, das das russische Reich nicht angegriffen hatte, rückgängig gemacht hätte. Aber Pflicht- und Ehrgefühl und der Druck seiner militärischen Ratgeber zwangen den Zaren, Serbien zu Hilfe zu kommen, was wiederum unvermeidlich den Konflikt zwischen den Großmächten nach sich zog.

Am 31. Juli suchte Graf Pourtales Sasonow auf und überbrachte ihm ein Ultimatum aus Berlin: Rußland müsse innerhalb von zwölf Stunden seine Mobilmachungsmaßnahmen unterbrechen. Bis zum Mittag des 1. August hatte Rußland nicht geantwortet, und so befahl der deutsche Kaiser die Mobilmachung seiner Truppen.

Am Abend suchte Graf Pourtales Sasonow erneut auf. »Sehr rot, mit geschwollenen Augen, keuchend vor Erregung, überreicht er feierlich Sasonow eine Kriegserklärung, die mit folgendem theatralischen und verlogenen Satz schließt: ›Seine Majestät der Kaiser, mein erhabener Herrscher, nimmt die Herausforderung im Namen des Kaiserreiches an und betrachtet sich im Kriegszustande mit Rußland.‹«[19]

Als Alexandra zum ersten Mal von der russischen Mobilmachung hörte, hatte sie sofort Rasputin telegrafiert, um von ihm Rat einzuholen. Er hatte mit einem Telegramm von seinem Krankenhausbett in Tjumen aus geantwortet: »Laß Papa keinen Krieg planen, denn mit dem Krieg wird das Ende Rußlands und Eurer selbst kommen, und ihr werdet bis zum letzten Mann alles verlieren.«[20] Alexandra war zum Arbeitszimmer ihres Mannes geeilt, um ihm die Nachricht zu überbringen; Nikolaus »war über diese Depesche sehr aufgebracht und legte ihr keinerlei Bedeutung bei«.[21]

Drei weitere Telegramme folgten. Am 29. Juli telegrafierte Rasputin: »Macht Euch nicht zu viele Gedanken um Krieg, wenn die Zeit gekommen ist, werdet Ihr ihn erklären müssen, jetzt aber noch nicht, Eure Sorgen werden ein Ende haben.«[22] Am 1. August schickte er folgendes Telegramm: »Ich glaube an, und ich hoffe auf Frieden; sie machen üble Sachen, wir haben daran keinen Anteil. Ich weiß, wie Ihr leidet, es ist sehr schwer, voneinander getrennt zu sein.«[23] Und wieder, am gleichen Tag: »Meine Lieben, meine Teuren, verzweifelt nicht.«[24]

Es gab auch einen sehr beunruhigenden Brief mit einem grob gekritzelten Kreuz darüber; er lautete:

»Lieber Freund,

Ich sage noch einmal, eine schreckliche Sturmwolke hängt über Rußland. Unheil, Schmerz, trübe Finsternis und kein Licht. Ein ganzer Ozean voller Tränen, man kann sie nicht zählen, und soviel Blut. Was soll ich sagen? Ich finde keine Worte, das Grauen zu beschreiben. Ich weiß, daß sie alle wollen, daß Du in den Krieg ziehst, auch noch die treuesten, und sie wissen nicht, daß sie Zerstörung heraufbeschwören. Gottes Strafe ist schwer; wenn Er den Menschen den Verstand nimmt, ist das der Anfang vom Ende. Du bist der Zar, der Vater Deines Volkes, laß nicht die Wahnsinnigen triumphieren und Dich und Dein Volk zerstören, und wenn wir Deutschland erobern sollten, was passiert dann wirklich mit Rußland? Wenn Du es so betrachtest, hat es niemals ein solches Martyrium gegeben. Wir ertrinken alle im Blut. Das Unheil ist groß, das Elend grenzenlos.«[25]

Am Abend des 1. August blieb die kaiserliche Familie in Peterhof. Alexandra nahm am Eßtisch Platz und wartete auf den Zaren. Sie wartete fast eine halbe Stunde. Schließlich kam Nikolaus blaß und erschüttert herein. Er sagte ihr, daß der Krieg erklärt worden sei. Sie brach in Tränen aus und verließ den Raum.[26]

Am 2. August erklärte der Zar vom Winterpalast in St. Petersburg aus Deutschland den Krieg. Tausende von Menschen warteten auf das Erscheinen der kaiserlichen Familie. Die Sonne schien hell und der Himmel war klar, als der Zar aus einem Boot auf den Kai am Schloß stieg, den roten Teppich entlangschritt und im kühlen Schatten des Palastes verschwand. Alexandra und ihre Töchter, alle in Weiß, folgten; Alexej war in Peterhof geblieben, weil er nicht gehen konnte.

Sie gingen in den *Salle de Nicolas*, den größten Raum im Winterpalast. Elf riesige Fenster gaben den Blick auf die breite Newa frei. Etwa tausend Menschen drängten zu einem Tedeum in den Saal. In der Mitte des Raumes war ein Altar aufgestellt worden, auf dem die Ikone der Heiligen Muttergottes von Kasan stand, das am meisten verehrte orthodoxe Symbol. »Die Gesichter waren ernst und angespannt«, erinnerte sich Großfürstin Maria Pawlowna. »Hände in langen weißen Handschuhen zerdrückten nervös die Taschentücher, und unter den breitkrempigen Hüten jener Zeit waren viele Augenpaare rot vom Weinen. Die Männer runzelten nachdenklich die Stirn, traten von einem Fuß auf den anderen und rückten ihre Säbel zurecht oder tasteten die glänzenden Orden auf ihrer Brust ab.«[27] Alexandra stand erhobenen Hauptes und mit glasigen Blicken neben dem Zaren. Die Zeremonie überwältigte sie offensichtlich, denn sie schloß ab und zu die Augen. Maurice Paléologue zufolge erinnerte ihr fahles Gesicht an eine »Totenmaske«.[28]

Am Ende des Gottesdienstes starteten Alexandra und Nikolaus ihren Gang durch den Winterpalast. Prinzessin Julia Cantacuzene hinterließ einen eindrucksvollen Einblick in diese Szenerie:

»General [Wladimir] Wojkow, Kommandant des Palastes, immer eilfertig, hastete nach vorn, um den Zeremonienmeister und seine Gehilfen zu unterstützen, grob stieß er Männer und Frauen auf ihre Plätze zurück und sagte, ›Der Platz muß freibleiben‹. Es war die Kaiserin, die ihn sachte davon abbrachte; und sie war es auch, die am besten zu verstehen schien, warum die Menschen zu ihrem Mann drängten, und sie begrüßte es. Wojkow kehrte an seinen Platz bei den Angehörigen des kaiserlichen Haushalts in der Prozession zurück. Die Herrscher setzten ihren Weg durch den Saal fort und die Menge war aus Liebe zu ihnen ganz aus dem Häuschen. Alte und junge Männer, rot im Gesicht und heiser von der Anstrengung, ließen den Lärm nicht abschwellen. Sie, und auch die Frauen, verneigten sich tief oder warfen sich auf die Knie, als ihre Herrscher vorbeikamen. Seine Majestät, in absolutem Stillschweigen, schien überhaupt niemanden wahrzunehmen. Unsere schöne Kaiserin, die mit ihren Tränen auf den Wangen aussah wie die *Mater dolorosa*, streckte im Gehen der einen oder anderen Person ihre Hand entgegen und beugte sich ab und zu anmutig herab, um irgendeine Frau, die ihr die Hand küßte, zu umarmen. Ihre Majestät schien an jenem Tag die ganze Tragik und das Leid zu verkörpern, die über uns gekommen waren; und aus diesem tiefen Gefühl heraus dankte sie der Menge für die Ergebenheit, die ihre Haltung ausdrückte. Sie hatte einen außergewöhnlich liebenswürdigen und kummervollen Ausdruck und strahlte eine Schönheit aus, wie ich sie in diesem stolzen klassischen Gesicht nie zuvor gesehen hatte. Jeder war vom Verhalten Ihrer Majestät bewegt, und das in einem Moment, da sie die Gedanken an ihre alte Heimat gequält haben müssen.«[29]

Alexandra und Nikolaus traten auf den Balkon über dem Schloßplatz. Unten hatte sich eine riesige Menschenmenge versammelt. Neun Jahre zuvor hatten die Soldaten des Zaren an derselben Stelle am »Blutsonntag« die Arbeiter zusammengeschossen. Jetzt einte sie alle der Glaube an den Zaren und an Rußland. Nikolaus versuchte zu sprechen, doch seine Worte gingen in dem heraufdringenden Getöse unter. Überwältigt senkten Alexandra und Nikolaus den Kopf. In der Menge begann jemand die Nationalhymne zu singen; bald stimmte ein ganzes Meer von Menschen ein und die Stimmen stiegen zu dem Paar auf dem Balkon empor: »Gott schütze den Zaren, mächtig und stark ...«

Auf dem Balkon des Winterpalastes neben ihrem Ehemann stehend blickte Alexandra an diesem Nachmittag auf eine bewegte patriotische Menge herab. Die Menschen bejubelten den Beginn eines Krieges, der mit dem Tod von Millionen ihrer Landsleute enden sollte, der die alte Ordnung Europas zerstören und Rußland die soziale und politische Revolution bringen würde. Es war die Dämmerung der einzigen Welt, die Alexandra je kennengelernt hatte.

TEIL VIER
Schwester Alexandra
(1914–1917)

29

» ... ein Gemetzel«

»Kein Land ist jemals so armselig ausgerüstet, so schlecht geführt und so blauäugig in einen Krieg eingetreten wie Rußland«, schreibt Virginia Cowles.[1] Die gigantische, in der westlichen Presse als »russische Dampfwalze« bezeichnete Armee umfaßte ein stehendes Heer von 1,4 Millionen Mann[2], das nach der Mobilmachung um 3,1 Millionen Rekruten aufgestockt wurde.[3] Und es sollten noch mehr Menschen für den Zaren und Rußland marschieren und kämpfen: etwa 15 Millionen wurden es im Laufe des großen Krieges, und beinahe ein Viertel von ihnen starb.

Die Zahl der Menschen war das einzige, was die Russen den Deutschen voraus, hatten. Auf einen Meter Eisenbahngleis in Rußland kamen zehn in Deutschland; die Zahl der Fabriken des Kaisers übertraf die des Zaren um Hunderte. Munition war knapp, und wenn die Soldaten ihren Vorrat verschossen hatten, mußten sie unter dem Beschuß deutscher Artillerie auf Nachschub warten. Ein russischer Soldat wurde im Durchschnitt über 1200 Kilometer zur Front transportiert, im Vergleich zu 300 Kilometern, die ein deutscher Soldat zurücklegte.[4]

Trotz der schlimmen Lage waren die Soldaten, die im August 1914 losmarschierten, optimistisch. »Für die Verteidigung des heiligen Rußland« war der Schlachtruf, der die Truppen in den Krieg begleitete.[5] Und in gewissem Sinne war es ein heiliger Krieg. Er wurde im Namen des Zaren, des Oberhaupts der russisch-orthodoxen Kirche, geführt.

Die erste große Schlacht wurde Ende August bei Tannenberg geschlagen. Fast zweihunderttausend russische Soldaten preschten Säbel schwingend durch die Wälder und Moore Masurens und stießen dann auf die deutsche Artillerie: innerhalb kurzer Zeit wurden sie niedergemäht.[6] Die Russen verloren die Hälfte ihrer Männer, und von dem kommandierenden General hieß es, er sei nicht gefallen, sondern habe sich selbst getötet, weil er die Vernichtung seiner Armee nicht überleben wollte.[7] Die Truppen des Zaren waren kein Gegner für die Übermacht der modernen Artillerie; die meisten Russen hatten solche Waffen, wie sie jetzt auf sie gerichtet waren, noch nie gesehen. Besonders die Soldaten aus Sibirien wußten nichts von der modernen Welt. »Schulenburg sagt, das 13. und 14. Sibirische Regiment seien durch alles das furchtbar erschreckt worden und hätten die Meinung gefaßt, Gott sei auf der Seite der Deutschen, da sie nicht begriffen, was Flugzeuge sind«, schrieb Alexandra.[8]

Das erste Kriegsjahr brachte fast nur Mißerfolge für die russische Armee. Mit Säbeln und Lanzen bewaffnete Kavalleristen und Infanteristen fielen zu Tausenden, wenn sie in den Wäldern und Sümpfen Polens ins Feuer der deutschen Artillerie gerieten.[9] Die Offiziere bestanden zwar darauf, daß ihre Soldaten am Boden vorwärtsrobbten, gingen aber selbst aufrecht und liefen geradewegs ins feindliche Feuer.[10] Die Todesrate unter den Offizieren war erschreckend: Das Preobraschenskij-Regiment verlor achtundvierzig seiner siebzig Offiziere[11], und in der 18. Division waren schließlich nur noch 40 von ursprünglich 370 Offizieren am Leben.[12] »Diese Menschen spielen Krieg«, kommentierte jemand.[13] Am Ende des Jahres 1914 lagen die russischen Verluste schon bei etwa einer Million.[14]

Im Krieg gegen Österreich-Ungarn war Rußland letzten Endes nicht erfolgreicher. Im März 1915 eroberten die Soldaten des Zaren die mit neunhundert Kanonen stärkste Festung Österreich-Ungarns, Przemysl; einen Monat später waren die Karpaten in russischer Hand. Aber die Deutschen kamen Österreich mit Angriffen schwerer Artillerie zu Hilfe. Bei einem Gefecht schrumpften die russischen Streitkräfte innerhalb von vier Stunden von sechzehntausend auf fünfhundert Mann zusammen.[15] Aus der zweiten Verteidigungslinie eilte das 3. Kaukasische Korps mit vierzigtausend Mann zum Entsatz herbei; bald hatten sie vierunddreißigtausend davon verloren. Die Deutschen rückten in schnellem Tempo vor. Am 2. Juni 1915 verloren die Russen Przemysl wieder.[16]

Am 5. August 1915 fiel Warschau. Gegen Ende des Sommers war die Hälfte der russischen Armee vernichtet; 1,4 Millionen waren gefallen oder verwundet, und 976 000 Mann waren in Gefangenschaft.[17] General Anton Iwanowitsch Denikin schrieb:

»An das Frühjahr 1915 werde ich mich mein Leben lang erinnern. Der Rückzug aus Galizien war eine große Tragödie für die russische Armee ... Die deutsche schwere Artillerie fegte ganze Schützengräben und deren Verteidiger hinweg. Wir erwiderten das Feuer kaum – es gab nichts, womit wir hätten antworten können. Unsere Regimenter wehrten einen Angriff nach dem anderen mit dem Bajonett ab, obwohl sie völlig erschöpft waren ... Blut floß ohne Ende, die Reihen lichteten sich zusehends; die Zahl der Gräber vermehrte sich ständig ...«[18]

Als der Winter nahte, befand sich die Front etwa dreihundert Kilometer weiter östlich als im Mai 1915; dort würde sie auch für den Rest des Krieges bleiben.[19]

In dem Glauben, die russische Armee vernichtet zu haben, verlegte Berlin einen großen Teil seiner Streitkräfte an die Westfront; doch 1916, sobald die Deutschen damit beschäftigt waren, die Alliierten im Westen zu bekämpfen, griffen die Russen im Osten wieder an. Bis in den Oktober hinein hielten sie die Offensive aufrecht; erst nachdem sie 1,2 Millionen Soldaten verloren hatten, zogen sie sich schließlich zurück.[20]

Sogar für die auf die Hälfte reduzierte Armee gab es nicht genug Waffen. »Bedenken Sie, daß in mehreren Infanterieregimentern, die an den letzten Schlachten teilgenommen haben, mindestens ein Drittel der Mannschaft keine Gewehre hatte«, berichtete ein General dem französischen Botschafter Maurice Paléologue. »Diese Unglücklichen warteten geduldig unter dem Regen der Schrapnells, daß die vor ihren Augen kämpfenden Kameraden gefallen seien, um deren Waffen an sich zu nehmen ... Heute ... ertrinkt unsere Armee in ihrem Blute ...«[21] Einmal schlug der Kriegsminister vor, die Soldaten mit langstieligen Beilen zu bewaffnen.[22] Ein anderes Mal hielt er es für sinnvoll, daß der Zar ein Edikt herausgäbe, das jeden russischen Soldaten auf drei Schuß pro Tag einschränkte.[23] Soldaten, die in den Schützengräben darauf warteten, daß man ihnen Gewehre brachte, wurden von der feindlichen Artillerie »zu Brei gestampft«.[24] Sie sahen, wie sich im Laufe des Krieges von Tag zu Tag, über Wochen und Monate hinweg ihre Reihen lichteten. »Herr General, wir haben keine Waffen außer der Brust des Soldaten«, sagte ein Soldat zu einem Offizier auf Truppenbesuch. »Das hier ist kein Krieg, Herr General, es ist ein Gemetzel.«[25]

Rußland kochte vor Deutschfeindlichkeit. Am Tag nach der Kriegserklärung stürmte eine gewalttätige Menge die verlassene deutsche Botschaft in St. Petersburg zwischen der Isaakskathedrale und dem Marienpalais. Es war ein massiver Bau aus finnischem Granit, mit klobigen Säulen davor und zwei ungeheuren Bronzepferden auf dem Dach, von Riesen im Zaum gehalten. Maurice Paléologue berichtete: »Der Pöbel ist in die Gesandtschaft eingedrungen, hat die Fensterscheiben zertrümmert, die Behänge zerrissen, die Gemälde zerstört, das gesamte Mobiliar aus den Fenstern geschleudert... Schließlich haben die Angreifer noch die Reitergruppe, die die Fassade krönte, auf das Pflaster geworfen...«[26]

Die Angst vor den Deutschen entlud sich in Gewalt. Die Fenster deutscher Bäckereien wurden vom Pöbel zerschlagen, Schulen wurden bedroht, und Bach, Beethoven und Brahms verschwanden aus den Orchesterprogrammen.[27] In dieser borniert patriotischen Atmosphäre änderte der Zar den Namen der Hauptstadt von St. Petersburg in das slawische Petrograd um. In einem letzten Akt der Intoleranz verbot der Heilige Synod den Weihnachtsbaum als deutschen Brauch. »Ich werde mich erkundigen und dann Krach schlagen«, schrieb Alexandra verärgert. »Das geht die Kirche nichts an. Und warum soll man den Verwundeten und den Kindern eine Freude nehmen, nur weil der Weihnachtsbaum ursprünglich aus Deutschland kam – diese Engstirnigkeit ist einfach kolossal.«[28]

Der Haß auf Alexandra nahm zu. War sie nicht in Deutschland geboren? Kämpfte ihr Bruder nicht für den Kaiser? Sie mußte ja eine deutsche Spionin sein. Oder zumindest Sympathien für die Deutschen hegen. Alexandra war jedoch von ganz anderen Gefühlen bewegt: »Zwanzig Jahre habe ich in Rußland verbracht – mein halbes Leben – und den erfülltesten, glücklichsten Teil davon«, sagte sie zu Baronin Buxhoeveden. »Es ist das Land meines Mannes und meines Sohnes. Ich habe in Rußland das Leben einer glücklichen Ehefrau und Mutter geführt. Mein ganzes Herz liegt in diesem Land, und ich liebe es.«[29] Zu Pierre Gilliard sagte sie: »Was ist mit dem Deutschland meiner Kindheit geschehen? Ich habe so glückliche, poetische Erinnerungen an meine frühen Jahre in Darmstadt. Aber bei meinen späteren Besuchen erschien mir Deutschland verändert, wie ein Land, das ich nicht kannte und nie gekannt hatte ... Ich fand mit niemandem Übereinstimmung im Denken oder Fühlen ... Ich habe keine Nachricht von meinem Bruder. Ich zittere, wenn ich daran denke, daß sich Kaiser Wilhelm an mir rächen könnte, indem er meinen Bruder an die russische Front schickt. Er wäre zu solch monströsem Verhalten durchaus fähig.«[30]

Die Menschen verhöhnten Alexandra hinter ihrem Rücken, und es wurden immer neue wilde Geschichten über die kaiserliche Familie verbreitet. Eine erzählte von einem General, der durch den Winterpalast geht und den weinenden Zarewitsch trifft.

»Was ist los, kleiner Mann?« fragt der General.

»Wenn die Russen geschlagen werden, weint Papa. Wenn die Deutschen geschlagen werden, weint Mama. Und wann soll ich weinen?«[31]

Als Alexandra deutschen Verwundeten Gebetbüchlein schickte, wurde sie von der Presse des Verrats bezichtigt. »Was sollen wir tun?« fragte ein russischer General an der Front. »Wir haben überall Deutsche. Die Kaiserin ist eine Deutsche.«[32] Sogar Admiral Konstantin Nilow, Flaggkapitän des Zaren, sagte: »Ich kann nicht glauben, daß sie eine Verräterin ist, aber es ist offensichtlich, daß sie Sympathien für die anderen hegt.«[33] Alexandra konnte nichts tun; die Öffentlichkeit glaubte die Gerüchte. Nach der Revolution wurde der Alexanderpalast nach einer geheimen Funkstation durchsucht, weil man annahm, daß Alexandra eine solche benutzt habe, um mit ihrem Vetter, dem Kaiser in Berlin, Intrigen zu spinnen. Die Suche war natürlich vergeblich.

Eines Tages versammelte sich auf dem Roten Platz in Moskau eine große Menschenmenge. Sie forderte die Verhaftung der Zarin, die Abdankung des Zaren, Rasputins Hinrichtung und die Thronbesteigung durch Großfürst Nikolaj Nikolajewitsch, der als Zar Nikolaus III.

gekrönt werden sollte. Vom Roten Platz aus bewegte sich die Menge zum Kloster Maria und Martha, wo Großfürstin Ella sie im langen Gewand des von ihr gegründeten Ordens am Tor begrüßte. Die Menge schrie, sie hätte ihren Bruder Ernst Ludwig versteckt und sei eine Spionin. Jemand hob einen Stein auf, warf ihn nach Ella und rief: »Weg mit der Deutschen!« In diesem Augenblick traf eine Kompanie Soldaten zum Schutz der Großfürstin ein, und die Menge verschwand. Aber im Fortgehen forderte sie erneut die Verhaftung der Zarin, wiederholte immer wieder Alexandras Namen und skandierte »*Njemezkaja bljad*« – deutsche Hure.[34]

Im Frühsommer 1915 hatte Alexandra nur einen Gedanken: die Entfernung des Großfürsten Nikolaj Nikolajewitsch aus dem Oberkommando der Armee. Sie nahm ihm immer noch die melodramatische Selbstmorddrohung übel, die ihrer Meinung nach 1905 ihren Mann dazu gezwungen hatte, Reformen zuzugestehen und das Manifest zur Einberufung der Duma zu unterzeichnen.[35] Ihr mißfiel es, wie die gesamte Armee zu ihm aufschaute, und die Demonstration auf dem Roten Platz goß weiter Öl ins Feuer ihres Hasses. Als wenn das nicht reichte, haßte Nikolaj Nikolajewitsch seinerseits Rasputin. Rasputin hatte einmal gefragt, ob er ins Hauptquartier kommen könne, um eine Ikone zu segnen. »Ja, kommen Sie nur«, hatte der Großfürst erwidert, »dann laß ich Sie hängen.«[36]

Rasputin wiederum bestätigte Alexandra, daß ihre schlimmsten Befürchtungen wahr würden, wenn der Großfürst nicht als Oberkommandierender abgelöst würde. Der Zar verbrachte den größten Teil des Frühjahres mit Nikolaj Nikolajewitsch im Hauptquartier. In einer regelmäßigen Abfolge von Briefen an ihren Mann charakterisierte Alexandra den Großfürsten als arrogant, machtgierig und illoyal:

12. Juni 1915: »... N. ist alles andere als klug, er ist widerspenstig und wird von anderen gelenkt – Gott gebe, daß ich mich irre und daß diese Wahl gesegnet ist – aber ... Kann sich dieser Mann so sehr verändert haben? ... Ist er nicht der Feind unseres Freundes? ...«[37]

24. Juni 1915: »... Ich bitte Dich, mein Engel, zwinge N., die Dinge mit Deinen Augen zu betrachten ...«[38]

25. Juni 1915: »... Wie sehr wünschte ich, N. möge ein anderer Mensch sein und sich nicht dem Mann Gottes widersetzen ...«[39]

29. Juni 1915: »...Wie du siehst, traue ich N. absolut nicht...ich weiß, daß er ganz und gar nicht klug ist, und wenn er ein Feind des Mannes Gottes ist, können seine Handlungen nicht erfolgreich und seine Ansichten nicht richtig sein... Auf Rußland wird kein Segen liegen, wenn sein Herrscher es zulassen wird, daß der Mann Gottes verfolgt wird, ich bin davon überzeugt... Du weißt, daß der Haß von N. gegen Grigorij sehr stark ist...«[40]

30. Juni 1915: »...Es ist die Schuld von N. und Witte, daß es die Duma gibt, und sie hat Dir mehr Kummer als Freude gebracht. Ach, ich mag es gar nicht, daß N. etwas mit diesen Sitzungen zu tun hat, die Fragen des Inneren betreffen; er versteht unser Land so wenig und drängt sich den Ministern so auf mit seiner lauten Stimme und seinen Gebärden. Manchmal werde ich ganz wild über seine großartige Position... Niemand weiß, wer jetzt der Kaiser ist... Es ist, als ob N. alles bestimmte, alle Entscheidungen träfe... Es macht mich ganz krank...«[41]

8. Juli 1915: »...Ich hasse Deinen Aufenthalt im Hauptquartier, da Du...auf die Ratschläge von N. hörst, die nicht gut sind und nicht gut sein können. Er hat kein Recht, sich so zu benehmen und sich in Deine Angelegenheiten einzumischen. – Alle sind empört, weil die Minister ihm Berichte erstellen, als wäre er jetzt der Herrscher. Ach, mein Nicky, die Dinge gehen nicht so, wie sie sollten. Das ist auch der Grund, warum N. Dich dort festhält, um durch seine Gedanken und schlechten Ratschläge auf Dich zu wirken...«[42]

Es dauerte lange, bis der Großfürst stürzte. Der Zar mochte seinen Cousin trotz der Bedenken seiner Frau und war stolz auf die Loyalität, mit der er die Armee beseelte. Nikolaj Nikolajewitsch seinerseits war überzeugt, daß der Zar von Gott gesalbt war, und dachte nicht im Traum daran, sich widerrechtlich dessen Amt anzumaßen. Aber am 5. August 1915 fiel Warschau. Anna Wyrubowa erinnert sich, wie sie mit der Kaiserin auf dem Balkon des Schlosses Zarskoje Selo saß: »Der Kaiser trat zu uns und meldete uns den Fall Warschaus; er war totenbleich und schien seine gewohnte Selbstbeherrschung vollkommen verloren zu haben. ›Das darf so nicht weitergehen!‹ schrie er, mit der Faust auf den Tisch schlagend.«[43]

Wenige Wochen später sah der französische Botschafter Paléologue Zar und Zarin bei einem privaten Besuch Petrograds. »Das

Herrscherpaar begab sich zuerst in die Festungskathedrale, wo es vor den Gräbern Alexanders I., Nikolaus' I., Alexanders II. und Alexanders III. gebetet hat. Nachher waren sie in der Kapelle des Hauses Peters des Großen ... Schließlich sind sie in die Kirche zu Unserer Heiligen Frau von Kasan gegangen, wo sie lange Zeit vor der wundertätigen Mutter-Gottes-Ikone auf den Knien gelegen sind.«[44]

Nikolaus hatte sich entschlossen, selbst den Großfürsten abzulösen und das Oberkommando über die Armee zu übernehmen. Anna Wyrubowa dinierte an dem Abend mit Alexandra und Nikolaus. Als danach der Zar zu einer Sitzung des Ministerrats ging, ergriff Anna ein Heiligenbildchen und reichte es ihm.[45]

Der Zar empfing seine Minister im Audienzzimmer des Alexanderpalastes. Als einige Stunden verstrichen waren, wurde Alexandra unruhig. Sie, die Kinder und Anna traten auf den um das Palais herumführenden Balkon hinaus. »Hinter den mit durchsichtigen Vorhängen verhängten Fenstern des Sitzungssaales waren die Gestalten des Kaisers und der Minister zu erkennen; einer derselben hielt soeben stehend eine Ansprache. Wir saßen bereits am Teetisch, als der Kaiser endlich mit heiterem Gesichtsausdruck eintrat ... Er gab mir das Heiligenbildchen zurück und sagte: ›Ich habe es die ganze Zeit über in der linken Hand gehalten. Nachdem ich all die langen und langweiligen Reden der Minister angehört hatte, sagte ich ungefähr: Meine Herren! Mein Entschluß steht unabänderlich fest, nach zwei Tagen reise ich in das Hauptquartier!‹«[46]

Die Mitglieder der Familie Romanow waren entgeistert. Großfürstin Olga Alexandrowna fragte die Zarin, wie denn ihr Bruder wohl den beliebten Oberkommandierenden ersetzen könne. »Ich habe dieses ganze Gerede von Nikolascha satt«, sagte Alexandra ärgerlich. »Die Leute reden von nichts anderem, dabei ist Nicky viel beliebter.«[47]

Trotz der fast ausnahmslosen Unzufriedenheit mit der Entscheidung des Zaren, das Oberkommando zu übernehmen, gab es richtige und gewichtige Gründe dafür. Solange das Kommando zwischen Nikolaus und seinem Vetter aufgeteilt war, war die Regierung instabil. Januschkewitsch, Stabschef von Nikolaj Nikolajewitsch, war im Hauptquartier, der *Stawka*, für alle Entscheidungen, die mit dem Krieg zu tun hatten, verantwortlich. Entscheidungen, die im Hauptquartier gefällt wurden, mußten erst in Petrograd Zustimmung finden, und umgekehrt. Kriegsbedingte Entscheidungen aus dem Hauptquartier beeinflußten aber oft die Innenpolitik, während innenpolitische Entscheidungen aus Petrograd häufig den Plänen des Oberkommandierenden zuwiderliefen. Ein Alleinverantwortlicher würde die Entscheidungsfindung vereinheitlichen.

Außerdem hatte Nikolaus das dringende Bedürfnis, seine Truppen persönlich zu führen, wenn auch nur symbolisch vom Hauptquartier aus. Zu Beginn des Russisch-Japanischen Krieges hatte man ihn davon abgebracht, das Kommando zu übernehmen, und er hatte es immer bedauert. Zu Beginn des Krieges im August 1914 hatte er abermals einer Gruppe von Ministern mitgeteilt, daß er irgendwann das Kommando zu übernehmen beabsichtigte.[48]

Im Gegensatz zu den übrigen Familienmitgliedern war Alexandra hocherfreut. Als Nikolaus zum Hauptquartier aufbrach, hatte er einen triumphierenden Brief seiner Frau bei sich:

»Mein Teurer, mein Geliebter!

Ich finde keine Worte, um Dir alles auszudrücken, was mein Herz erfüllt. – Ich lechze danach, Dich in meine Umarmungen zu pressen und Worte der Aufmunterung und der Liebe zu flüstern. – Es ist so schwer, Dich vollkommen allein zu entlassen, aber Gott ist Dir sehr nahe, näher als jemals! Du hast allein, mit Energie und Standhaftigkeit, einen schweren Kampf für das Vaterland und den Thron durchfochten. – Nie haben sie vorher solche Energie bei Dir gesehen, und das kann nicht fruchtlos bleiben. Sorge Dich nicht um das, was hinter Dir bleibt. Man muß streng sein und alles auf einmal abschneiden. – Liebchen, ich bin hier … Sage mir, was zu tun ist, nütze mich aus, wenn ich nützlich sein kann. In solchen Zeiten gibt mir der Herr Kraft, denn unsere Seelen kämpfen um die rechte Sache gegen das Böse. – Das ist alles viel tiefer, als es mit bloßem Auge erscheint. Wir, denen es gegeben ist, alles von der anderen Seite zu sehen, wir sehen, worin dieser Kampf besteht, und was er bedeutet. – Du erweist Dich endlich als Kaiser, als Selbstherrscher, ohne den Rußland nicht existieren kann! Würdest Du zu Konzessionen in diesen verschiedenartigen Fragen bereit sein, dann würden sie noch mehr aus Dir herausziehen. Die einzige Rettung liegt in Deiner Festigkeit. Ich weiß, wie schwer Dir das fällt, und leide entsetzlich um Deinetwillen. Verzeihe mir, ich flehe Dich an, mein Engel, weil ich Dich nicht in Ruhe gelassen habe und Dich so viel gequält habe. Aber ich habe Deinen ungewöhnlich weichen Charakter zu gut gekannt, und Du mußtest dieses Mal ihn überwinden und siegen, einer gegen alle. – Das wird eine glorreiche Seite Deiner Regierung in der Geschichte Rußlands sein – die ganze Geschichte dieser Wochen und Tage. Gott, der gerecht und bei Dir ist, wird Dein Land und den Thron durch Deine Festigkeit retten. – Selten hat jemand einen schwereren Kampf gekämpft als Du, er wird von Erfolg gekrönt sein, glaube nur daran. Dein Glaube wurde geprüft, und Du bliebest hart wie ein Fels, dafür wirst Du gesegnet sein. Gott hat Dich bei Deiner Krönung gesalbt, hat Dich an Deinen Platz gestellt, und Du hast Deine Pflicht erfüllt, sei davon fest überzeugt: er vergißt seinen Gesalbten nicht. Die Gebete unseres Freundes fliegen Tag und Nacht für Dich gen Himmel, und der Herr wird sie erhören. – Die, welche fürchten und Deine Handlungen nicht begreifen können, werden sich später von Deiner Weisheit überzeugen. Das ist der Beginn des Ruhmes Deiner Regierungszeit. Er hat es gesagt – und ich glaube tief daran. – Deine Sonne geht auf, und heute strahlt sie so glänzend. Und an diesem Morgen wirst Du all diese aufgeregten Menschen, die feigen, die lärmenden, die blinden und die engherzigen (die unehrlichen, die falschen), bezaubern … Das wird alle Herzen rühren, und sie werden begreifen, was sie gewagt haben zu wünschen – Deinen Thron zum Wanken zu bringen, indem sie Dich durch düstere innere Vorzeichen einschüchtern wollten! – Nur ein wenig Erfolg ist noch nötig – und sie werden sich alle ändern. – Sie werden alle nach Hause in die frische Luft zurückkehren, ihre Hirne werden gereinigt werden, und sie werden in ihrem Herzen Dein Bild und das Bild Deines Sohnes mitnehmen … Alles ist zum Besten, wie unser Freund sagt, das Schlechte ist hinter uns … Wenn Du fährst, telegraphiere ich heute abend an unseren Freund, damit Er besonders an Dich denken soll … Beschreibe mir Deine Eindrücke, wenn Du kannst. Sei fest bis zu Ende, gib mir die Gewißheit davon, sonst werde ich vor Unruhe ganz krank. – Lästig und bedauerlich ist es, nicht mit Dir zu sein, wo ich doch weiß, was Du durchzumachen hast! Die Begegnung mit N. wird nicht angenehm sein. – Du hast ihm getraut, und jetzt überzeugst Du Dich von der Richtigkeit dessen, was unser Freund schon vor so vielen Monaten gesagt hat, nämlich, daß er Dir, Deinem Lande und Deiner Frau gegenüber unrichtig handelt... Mein Freund, wenn Du hören solltest, daß ich nicht ganz gesund bin, dann erschrick nicht – ich habe so entsetzlich gelitten, bin körperlich in diesen zwei Tagen ermüdet und moralisch zerquält... Siehst Du, sie haben Angst vor mir, und kommen zu Dir, wenn Du allein bist. Sie wissen, daß ich einen starken Willen habe, wenn ich weiß, daß ich im Recht bin – und jetzt hast Du recht, wir wissen das. – Zwinge sie, vor Deinem Willen und Deiner Härte zu zittern! – Gott ist mit Dir, und unser Freund ist für Dich, daher ist alles gut, und später werden sie Dir dafür danken, daß Du das Land gerettet hast. – Zweifle nicht, glaube, und alles wird gut sein. Die Linken sind wütend, weil ihnen alles aus den Händen fällt, ihre Karten sind offen, ihre Intrige, für welche sie N. ausnutzen wollten, liegt klar vor aller Augen... Schlafe lange und gut, Du brauchst nach diesen Anstrengungen Ruhe, und Dein Herz braucht eine Beruhigung. – Der allmächtige Gott segne Deine Pläne, seine heiligen Engel mögen Dich behüten und das Werk Deiner Hände leiten!... Du wirst... die Nähe meiner Seele spüren. Ich drücke Dich mit Zärtlichkeit an mein Herz, ich küsse und liebkose Dich ohne Ende – ich möchte Dir die ganze Kraft meiner Liebe zu Dir zeigen, Dich erwärmen, aufmuntern, trösten und erfreuen – Dich stärken und Dir das Vertrauen zu Dir selbst einflößen. Schlafe ruhig, mein Sonnchen, Du Retter Rußlands! Denke an die letzte Nacht, wie zärtlich wir uns aneinandergepreßt haben. Ich lechze nach Deinen Liebkosungen, ohne sie kann ich nicht leben... Ich küsse Dich ohne Ende und bekreuzige Dich. Mögen die heiligen Engel Deinen Schlaf behüten, ich bin stets bei Dir und mit Dir und nichts kann uns trennen.«[49]

30

Schwester Alexandra

»Oh, dieser gräßliche Krieg!« schrieb Alexandra an ihren Mann in der Ferne. »Manchmal hat man keine Kraft mehr, von ihm zu hören; die Gedanken an die fremden Leiden, an die Unmasse vergossenen Bluts zerreißen die Seele …!«[1] Sie sprach aus Erfahrung, denn gleich nachdem der Zar ins Hauptquartier abgereist war, vertiefte sie sich in die Krankenhausarbeit. Während eines Krieges übernahmen die meisten weiblichen Hoheiten die Schirmherrschaft über ein Krankenhaus oder eine Wohltätigkeitsorganisation, doch nur wenige von ihnen absolvierten tatsächlich eine Schwesternausbildung, studierten Anatomie und assistierten im Krankenhaus. Alexandra tat all dies und versuchte damit, anderen im Land ein nachahmenswertes Beispiel vorzuleben. »Einigen mag mein Tun unnötig erscheinen«, erklärte sie, »… aber es wird viel Hilfe benötigt und jede Hand ist nützlich.«[2]

All die Jahre als Kaiserin hatte Alexandra sich geweigert, am gesellschaftlichen Leben oder auch am offiziellen öffentlichen Leben teilzunehmen. Der Krieg änderte daran nichts, und ihr Wunsch, sich aktiv zu beteiligen, nahm eine sonderbare Wendung. Statt sich der Öffentlichkeit zu zeigen, womit sie vielleicht den kriegsmüden Menschen in der Hauptstadt Mut gemacht hätte, zog sie es vor, sich in Zarskoje Selo zu verkriechen und die routinemäßige Krankenhausarbeit zu verrichten, die jede beliebige Krankenschwester hätte erledigen können. Sie ignorierte ihre Stärke, die Macht und den Einfluß, die nur sie als Zarin im Kampf gegen den deutschen Kaiser hätte einbringen können.[3]

In einem Flügel des Katharinenpalastes in Zarskoje Selo richtete Alexandra ein Lazarett ein. Ende 1914 hatten sie und ihre beiden ältesten Töchter sowie Anna Wyrubowa in Vorbereitung auf ihre Kriegsdienste einen Schwesternkurs absolviert. Die Zarin schrieb an ihre Schwester Viktoria:

»Wir haben unser Examen bestanden und das Rote Kreuz für unsere Schürzen und unsere Zertifikate als Schwestern in Kriegszeiten erhalten. Es war ein bewegender Moment, als wir die Kreuze ansteckten und mit den anderen Schwestern – 40 –, die ihren Kurs beendet hatten, antraten ... Unsere Vormittage im Krankenhaus behalten wir bei; jede Woche kommt ein Zug mit neuen Verwundeten an. Dreitausend Betten in Zarskoje und Pawlowsk. Im großen Palast haben wir Offiziere, und ich gehe jeden Nachmittag hin, um einen zu besuchen, der besonders schwer leidet. Er hat Quetschungen erlitten und war während der letzten Woche dauernd bewußtlos und erkannte niemanden. Wenn ich komme, erkennt er mich regelmäßig und behält den Rest des Tages einen klaren Kopf, er leidet scheußlich – üble Krämpfe im Kopf und im ganzen Körper –, Nerven auch zerrüttet, die arme Seele. Er benimmt sich rührend mir gegenüber, ich erinnere ihn an seine Mutter, und wenn ich komme, hält er mich erst für sie (sie ist tot). Sobald ich ihn anspreche, starrt er mich an, dann erkennt er mich, drückte meine Hände an seine Brust und sagt, daß er sich nun warm und zufrieden fühle.«[4]

Die Krankenhausarbeit verwandelte Alexandra. Vor dem Krieg hatte sie bis mittags geschlafen und selten das Sofa in ihrem Boudoir verlassen. Aber während des Krieges, mit einer Entschlußkraft, die in ihrem Leben vorher gefehlt hatte, ging Alexandra morgens zur Kirche und von da aus in ihrer adretten Schwesterntracht direkt ins Lazarett, wo sie zusammen mit Tatjana und Olga um halb zehn mit der Arbeit begann.

»Die Kaiserin und die Großfürstinnen wohnten persönlich allen Operationen bei«, schrieb Anna Wyrubowa voller Bewunderung. »Hinter dem Chirurgen stehend reichte ihm die Kaiserin, wie jede andere Operationsschwester, die sterilisierten Instrumente, Watte und Verbandszeug, trug die amputierten Glieder, Arme und Beine fort, reinigte die brandigen Wunden, scheute vor keiner, auch nicht vor der ekelhaftesten Arbeit zurück und setzte sich mutig dem für einen

Laien schwer zu ertragenden Geruch und den furchtbaren Eindrücken im Inneren eines Kriegshospitals aus.«[5]

Die Einzelheiten ihrer Tagesabläufe füllten die Briefe an Nikolaus:

»Sehr schlimme Wunden; zum ersten Mal habe ich das Bein eines Soldaten um die Wunde herum rasiert.«[6]

»Drei Finger wurden heute abgenommen, wegen einer Blutvergiftung, sie waren ziemlich verfault.«[7]

»Mein Gott, wie schrecklich sind diese Wunden! Ich fürchte, einige von ihnen sind zum Tode verurteilt, aber ich bin froh, daß sie bei uns sind und daß wir wenigstens alles tun können, was von uns abhängt, um ihnen zu helfen … Der arme Junge, ein Offizier des 2. Schützenregiments, dessen Beine bereits dunkel geworden sind; man befürchtet, daß man zur Amputation wird schreiten müssen. Ich war gestern zugegen, als dieser Junge verbunden wurde – schrecklicher Anblick, er drückte sich an mich und blieb ruhig, das arme Kind …«[8]

»Heute morgen waren wir (ich helfe wie gewöhnlich, indem ich Instrumente reinige, Olga hat Fäden in die Nadeln gefädelt) bei unserer ersten großen Amputation (der Arm wurde ganz oben an der Schulter abgenommen) … Ich hatte die Unglücklichen mit furchtbaren Wunden zu verbinden – sie werden künftighin kaum Männer bleiben, so ist alles von Kugeln durchlöchert; vielleicht wird man alles abschneiden müssen, so schwarz ist alles geworden, aber ich hoffe, es zu retten, es ist ein furchtbarer Anblick. Ich habe alles gewaschen, gereinigt, mit Jodin gepinselt, mit Vaseline eingeschmiert, verbunden … Ich habe drei derartige Verbände gemacht – bei einem war dort ein Röhrchen eingesetzt worden. Das Herz blutet – ich will nicht andere Einzelheiten beschreiben, so traurig ist das, aber als Gattin und Mutter sympathisiere ich mit ihnen ganz besonders … Mich verfolgen die schrecklichen Gerüche dieser angesteckten Wunden …«[9]

»Ein Soldat starb bei der Operation … Alle benahmen sich gut, niemand verlor den Kopf, und die Mädchen waren tapfer – sie und Anna hatten nie zuvor einen Sterbenden gesehen. Aber er starb schnell – es machte uns alle so traurig, wie Du dir vorstellen kannst – wie nahe der Tod doch immer ist.«[10]

»… Dann bin ich noch hingegangen, um die Wunde unseres Fähnrichs anzusehen, sie ist schrecklich. Die Knochen sind vollkommen zerschossen. Er hat beim Verbinden furchtbar gelitten, aber kein Wort gesagt, ist nur ganz blaß geworden, während Gesicht und Körper sich mit Schweiß bedeckten.«[11]

Alexandra erlebte die grausame Realität des Krieges täglich; für sie lag das Schlachtfeld auf der anderen Seite des Parks in den Krankensälen des Katharinenpalastes. Ihre Gegenwart schien die Verwundeten aufzumuntern. »Bei schweren Operationen flehten die Verwundeten oft die Kaiserin an, sie möge anwesend sein ... Die Sterbenden baten, sie möge sich zu ihnen auf das Bett setzen, ihre Hand in die ihrige nehmen oder sie ihnen auf die Stirne legen.«[12]

Ein junger verwundeter Soldat wuchs ihr richtig ans Herz. Die Briefe an ihren Mann sind mit Details seiner letzten Tage angefüllt: »Ich sehe, wie es dem Jungen immer schlechter geht, die Temperatur fällt langsam, aber der Puls ist immer noch viel zu schnell, abends ist er ohne Bewußtsein und so schwach. Die Wunde ist viel sauberer, aber der Geruch ist ... recht übel. Er wird allmählich einschlafen – aber hoffentlich nicht, während wir weg sind.«[13]

Vier Monate später schrieb sie:

»Mein armer verwundeter Freund ist von uns gegangen. Gott hat ihn in Ruhe und Frieden zu sich genommen. Ich war wie gewöhnlich am Morgen bei ihm und über eine Stunde am Nachmittag. Er sprach sehr viel – immer flüsternd –, über seinen Dienst im Kaukasus – schrecklich interessant, und so strahlend mit seinen großen glänzenden Augen ... Olga und ich besuchten ihn. Er lag da so friedlich unter den Blumen, die ich ihm täglich brachte, mit seinem schönen friedvollen Lächeln – seine Stirn noch ganz warm. Ich kam in Tränen aufgelöst nach Hause. Die Oberschwester kann es auch noch nicht fassen – er war ganz ruhig, fröhlich, sagte er fühlte sich ein kleines bißchen nicht zufrieden, und als die Schwester zehn Minuten später wieder hereinkam, fand sie ihn mit starren Blicken vor, ganz blau, er atmete noch zweimal – und alles war vorüber, friedlich bis zum Ende. Niemals hat er sich beklagt, nie um etwas gebeten, die Liebenswürdigkeit in Person – alle liebten ihn und dieses strahlende Lächeln. Du, mein Liebling, kannst verstehen, wie das ist, wenn man täglich dagewesen ist, und nur daran gedacht hat, wie man ihm eine Freude machen kann – und plötzlich – vorbei ... Entschuldige, daß ich so viel über ihn schreibe, aber da hinzugehen und alles war mir eine Hilfe, wo Du nicht da bist, und ich fühlte, daß Gott mich ihm etwas Sonne in seine Einsamkeit bringen ließ. So ist das Leben. Eine weitere tapfere Seele hat diese Welt verlassen, um den leuchtenden Sternen am Himmel hinzugefügt zu werden. Was ich schreibe, darf Dich nicht traurig machen, ich konnte es einfach nicht länger tragen ...«[14]

1915 besuchte Alexandra mehrere Lazarette in Pskow. Großfürstin Maria Pawlowna begleitete die Zarin bei ihren Besuchen. In offensichtlichem Kontrast zu dem oben Gesagten schrieb sie später: »Ich ging hinter ihr und hörte weniger auf das, was gesprochen wurde, immer das gleiche, sondern beobachtete die Gesichter. Aber wie ernsthaft auch die Kaiserin am Leiden der Männer Anteil nahm, wie sie auch versuchte, ihr Mitgefühl zum Ausdruck zu bringen, da war etwas nicht Greifbares an ihr, das sie davon abhielt, ihre eigenen aufrichtigen Gefühle zum Ausdruck zu bringen oder die Person, mit der sie sprach, zu trösten.«[15]

Am Tag der Abreise aus Pskow hatte man die Zarin gebeten, eine Einheit von Kadetten auf dem Weg an die Front zu inspizieren. Aber Alexandra hatte abgelehnt. Großfürstin Maria Pawlowna hatte sie gebeten, die Absage noch zu überdenken, aber die Zarin weigerte sich, ihre Absichten zu ändern. In der Hoffnung, daß sie die Zarin irgendwie zum Anhalten würde überreden können, wenn auch nur für ein paar Minuten, richtete die Großfürstin es so ein, daß sich die Jungen am Weg zum Bahnhof aufstellten. Als sie das Krankenhaus verließen und zur Bahn fuhren, wies die Großfürstin auf die Reihen der Kadetten am Straßenrand hin, die darauf warteten, die Zarin zu sehen. Doch nach Aussage der Großfürstin weigerte sich Alexandra, auch »nur für eine Sekunde« anzuhalten. Mit rotem Gesicht saß sie für den Rest der Fahrt still und unbeweglich da. Am Bahnhof bestieg sie ihren Zug, der sofort abfuhr.[16]

Wie sollen wir den großen Unterschied zwischen der Ehefrau, die ihre Briefe an den Gatten mit Einzelheiten ihres aufopfernden Schwesterndaseins füllt, und der kalten, gefühllosen Zarin, wie sie uns Maria Pawlowna beschreibt, erklären? Ein Teil der Antwort liegt zweifellos in der Tatsache begründet, daß Maria Pawlowna es gewagt hatte, sich Alexandras Wünschen zu widersetzen – eine Todsünde in den Augen der Zarin. Aber die eigentliche Antwort findet sich wohl in der Wahrnehmung der Zarin von ihren zwei Rollen während der Kriegsjahre – der der Zarin und der einer Krankenschwester. In der ersten Rolle war Alexandra schweigsam, hoheitsvoll und stolz. Sie verkörperte die Würde des Hauses Romanow. Nie entspannte sie; nie flog ein Lächeln oder ein Stirnrunzeln über ihr Gesicht. Lachen und Weinen waren private, menschliche Emotionen, die vor neugierigen Augen verborgen werden mußten. Sie bestand auf Etikette, auf strenger Förmlichkeit, auf absolutem, kritiklosem Befolgen der Wünsche der kaiserlichen Familie. In den Krankensälen des Katharinenpalastes ließ sie das alles hinter sich; sie war immer noch die Zarin, aber auch ein mitfühlender Mensch mit echten Emotionen, die nicht länger unterdrückt werden mußten. Ein offensichtlicher Widerspruch: Zarin war sie in der Öffentlichkeit, Krankenschwester nur privat. Sie konnte die beiden Rollen nicht in Einklang bringen, und indem sie sie voneinander trennte, entfremdete sie sich der Öffentlichkeit noch weiter. Die betrachtete sie nicht länger als menschliches Wesen, sondern als emotionslose Romanow-Ikone.

Verurteilt wurde Alexandra von denen, die sie nur von öffentlichen Handlungen und Auftritten her kannten. Ihre Briefe an den Zaren offenbaren etwas mehr von dem wahren Charakter der Zarin und ihrer Einstellung in den Kriegsjahren. Während der beinahe zwei Jahre, die Nikolaus im Hauptquartier verbrachte, schrieb Alexandra an die vierhundert Briefe an ihn, manchmal zwei oder drei an einem Tag. Sie schrieb englisch, in der Umgangssprache der kaiserlichen Familie. Aber es war ein Englisch, das durch die Jahre in Rußland kuriose Formen angenommen hatte; die Briefe der Zarin machen deutlich, daß sie ihre Kenntnisse in Rechtschreibung und korrekter Interpunktion zu einem großen Teil verloren hatte. Sie sind deshalb lang, umständlich und beinahe unleserlich.

Die Briefe spiegeln den Einfluß der romantischen Schriftsteller und Dichter des viktorianischen Zeitalters, die sie so liebte. Sie füllte Seite um Seite mit Ausdrücken der Leidenschaft und körperlichen Liebe zu ihrem Mann. Alexandra sehnte sich nach Nikolaus, wenn er fort war. »Vier Monate haben wir nicht miteinander geschlafen«, schrieb sie.[17] Solange er im Hauptquartier lebte, informierte sie ihren Mann auch genau über ihre Monatsblutungen. »Der Ingenieurmechaniker ist gekommen.«[18] – »Becker kam heute zu Tatjana und mir,

319

so freundlich vor der Zeit, um so besser für die Reise.«[19] – »Ich komme zu Dir und lasse Becker zurück.«[20] Als Alexandra 1916 das Gerücht erreichte, General Grabbe, Chef der kaiserlichen Kosakengarde, wolle Nikolaus eine gewisse Madame Soldatenko vorstellen, »und Dich mit ihr bekannt machen, damit sie Deine Geliebte werden kann«, war sie wütend.[21]

Der Zar fand heraus, daß es Anna gewesen war, die ihr das Gerücht hatte zukommen lassen, und schrieb verärgert zurück: »Meine Geliebte, Du kannst vollkommen überzeugt davon sein, daß ich ihre Bekanntschaft nicht machen werde, wer das auch wünschen mag. Aber Du darfst Anna nicht erlauben, Dich mit dummem Klatsch zu belästigen – das wird weder Dir selbst noch anderen irgendwelchen Nutzen bringen.«[22]

Alexandra schrieb schnell. Wenn sie fertig war, parfümierte sie das Papier manchmal mit ihrem Lieblingsduft; ein anderes Mal legte sie in den Gärten von Zarskoje Selo gepflückte Blumen zwischen die Seiten.

»Schlaf wohl, mein Schatz. Mein Bett wird leider so leer sein.«[23]

»O mein Lieb, wie schwer war der Abschied, wie schwer war es, dieses einsame, bleiche Antlitz mit den großen traurigen Augen im Waggonfenster zu sehen! In Gedanken schrie ich – nimm mich mit Dir!«[24]

»Ich segne Dich, ich küsse Dein teures Gesicht, Deinen lieben Hals und Deine teuren geliebten Händchen mit der ganzen Glut eines heißliebenden Herzens.«[25]

»Gott mit Dir. Liebe Dich. Sehne mich nach Dir.«[26]

»Ich habe Deinem Kissen einen Abschiedskuß gegeben, und ich bekam solche Lust, Dich neben mir zu haben. In Gedanken sehe ich Dich in Deinem Abteil liegen, und ich überschütte Dein teures Gesicht mit zärtlichen Küssen. O mein Lieber, wie unendlich teuer bist Du mir! Wenn ich Dir nur helfen könnte, Dein schweres Joch zu tragen. Auf Dir lastet so unsäglich viel.«[27]

»Mein Teurer, mein Tapferer … ich lechze danach, Dich fest zu umfangen und Deinen teuren Kopf auf meine Schultern zu legen – dann könnte ich Dein Gesicht und Deine Augen mit Küssen bedecken und Dir süße Liebesworte zuflüstern. Des Nachts küsse ich Dein Kissen – das ist alles, was mir geblieben ist –, und ich bekreuzige es.«[28]

»Ich sehne mich nach Deinen Küssen, nach Deinen Armen, und das scheue Kindchen gibt sie mir im Dunkeln und Frauchen lebt von ihnen ...«[29]

»Ich weiß, ich sollte das nicht sagen, und für eine alte verheiratete Frau mag es verrückt erscheinen, aber ich kann nichts dagegen machen. Mit den Jahren wird die Liebe größer und die Zeit ohne Deine liebe Gegenwart ist schwer zu ertragen ... O könnten doch unsere Kinder in ihrem verheirateten Leben ebenso gesegnet sein ...«[30]

Sie schrieb oft von den Kindern:

»Baby wird immer besser auf der Balalaika. Tatjana auch. Ich möchte, daß sie lernen, zusammenzuspielen ...«[31]

»Marie steht in der Tür und, o je, bohrt in der Nase!«[32]

»Im Zug liegen die Mädchen auf dem Fußboden und lassen sich von der prallen Sonne die Haut bräunen. Wo haben sie diese neue Mode nur her?«[33]

»Baby war den ganzen Tag unerhört ausgelassen und fröhlich ... Nachts wachte er von Schmerzen im linken Arm auf und bekam ab zwei Uhr kaum noch Schlaf. Die Mädchen saßen eine ganze Zeit bei ihm. Wie es scheint, hat er mit einem Dolch geübt und muß sich dabei überanstrengt haben – er ist so kräftig, daß es schwer für ihn ist, immer daran zu denken, daß er keine starken Bewegungen machen darf ... Die Schmerzen kamen mit solcher Gewalt ... Ich denke, es wird schneller vorübergehen – normalerweise drei Nächte ... Ich habe in der Kirche wie ein Kind geweint.«[34]

Auf diese Briefe antwortete Nikolaus in ganz ähnlichem Ton:

»Mein geliebtes Weibchen!

Die von Euch geschriebenen Zeilen sind immer so tief, und wenn ich sie lese, dringt ihr Sinn ganz in mein Herz, und meine Augen werden häufig feucht. Es ist schwer, sich auch nur für einige Tage zu trennen, aber Briefe, wie die Euren, sind ein solcher Trost, daß schon um ihretwillen es sich lohnt, sich zu trennen.«[35]

»Ich sehne mich nach Dir, habe Dich so nötig ...«[36]

»Ich ... küsse oft die Stellen, von denen ich annehme, daß Du sie mit Deinen lieben Lippen berührt hast.«[37]

Und so blieb Nikolaus im Hauptquartier und verschickte zarte Beweise seiner Liebe an Alexandra. Sie stand jeden Morgen zur Arbeit im Lazarett des Katharinenpalastes früh auf und sehnte sich die ganze

Zeit nach ihrem Mann. In Zarskoje Selo zogen die Schwäne ihre Runden auf den Teichen. Die Bäume wechselten die Farbe von grün zu gelb, rot und kupferbraun. Der lange russische Winter rückte näher. Und am sich verdunkelnden Horizont von Petrograd ragte größer denn je die Gestalt Rasputin.

31

Der Schatten Rasputins

In den Mehrfamilienhäusern an der Gorochowaja-Straße in Petrograd wohnten größtenteils Angehörige des städtischen Mittelstandes. Hier lebte Rasputin während des Ersten Weltkrieges in fünf Räumen im dritten Stockwerk. Die mit den Geschenken seiner Bewunderer ausgestattete Wohnung hatte einen großen Vorteil: eine Hintertreppe, die in den Hof führte. Wenn Rasputin die benutzte, konnte er unbemerkt kommen und gehen. Zu dieser Wohnung strömten die Großen von Petrograd in Scharen.

Zu jeder Tages- und Nachtzeit standen die Besucher Schlange. Sie hatten alle gehört, welche Macht und welcher Einfluß hinter jenen Türen liegen sollten. Wenn Rasputin den jeweiligen Besucher mochte, gab er ihm oder ihr eine Karte, auf der »Mein Lieber, Teurer, tue es für mich! Grigorij« stand.[1] Weil er nicht gut schreiben konnte, nannte Rasputin normalerweise weder den Gefallen, den ihm jemand erweisen sollte, noch den Namen der Person, welcher diese Karte übergeben werden sollte. Schließlich legte er sich einen Vorrat dieser Karten an und teilte sie einfach an die Menschen aus, die ihn in seiner Wohnung aufsuchten.

Sehr oft war der Empfänger der Karten General Mossolow, der Leiter der Hofkanzlei. »Alle waren gleich aufgemacht«, schrieb er, »ein kleines Kreuz oben auf der Seite, dann ein oder zwei Zeilen mit einer Empfehlung des *Starez*. Sie öffneten alle Türen in Petrograd.«[2] Aber zumindest bei einer Gelegenheit konnten sie die Türen nicht öffnen. »Eine Dame in einem tief ausgeschnittenen Kleid … überreichte mir einen Briefumschlag«, schrieb Mossolow, »darin fand ich Rasputins Kalligraphie mit seiner exzentrischen Rechtschreibung: ›Mein guter Junge, regle das für sie, sie ist in Ordnung. Grigorij.‹ Die Dame erklärte, sie wolle Primadonna an der kaiserlichen Oper werden. Ich tat mein Äußerstes, ihr klar und geduldig zu erklären, daß die Vergabe des Postens überhaupt nicht in meiner Hand lag.«[3]

Mehrere Geheimpolizisten bewachten den Haupteingang zu Rasputins Wohnung. Sie hatten eine doppelte Aufgabe: den Umstrittenen zu beschützen und seine Aktivitäten zu beobachten. Jeder führte ein kleines Notizbuch, in dem er das Kommen und Gehen in der Gorochowaja-Straße notierte:

»Anastasia Schapowalenkowa, die Frau eines Arztes, hat Rasputin mit einem Teppich beschenkt.«[4]

»Eine unbekannte Frau ist bei Rasputin erschienen und wollte durchsetzen, daß ihr Mann, ein im Hospital liegender Leutnant, nicht aus Petrograd weggeschafft werde. Beim Verlassen des Hauses erzählte sie in der Portiersloge, wie sonderbar Rasputin sie empfangen habe: ›Ein Mädchen öffnete mir die Türe und führte mich in ein Zimmer, wo alsbald Rasputin, den ich noch nie gesehen hatte, eintrat. Er sagte mir sogleich, ich solle mich ausziehen. Als ich seinem Wunsch nachgekommen und mit ihm in das anstoßende Zimmer gegangen war, hörte er meine Bitte kaum an, betastete fortwährend mein Gesicht und meine Brüste und verlangte, ich solle ihn küssen. Dann schrieb er einen Zettel, gab mir diesen aber nicht, meinte vielmehr, er sei mir böse, und forderte mich auf, am nächsten Tag wiederzukommen.‹«[5]

»Heute erschien Frau Leikart zum erstenmal bei Rasputin, um für ihren Mann zu intervenieren. Rasputin schlug ihr vor, sie solle ihn küssen, sie weigerte sich jedoch und ging fort. Dann kam die Mätresse des Senators Mamontow; Rasputin bat sie, um ein Uhr nachts wiederzukommen.«[6]

»Rasputin hat, während eines Besuches der Familie Pistolkors, die Prostituierte Gregubowa auf seine Knie genommen und dabei etwas vor sich hingemurmelt.«[7]

»Während er [Rasputin] zu seiner Wohnung hinaufstieg, erkundigte er sich, ob Besuche auf ihn warteten. Als man ihm antwortete, es seien zwei Damen da, fragte er: ›Sind sie hübsch? Sehr hübsch? Das ist gut, solche brauche ich.‹«[8]

»Rasputin ist in berauschtem Zustande mit Tatjana Schachowska-ja nach Hause gekommen, dann aber gleich wieder mit ihr fortgegangen und erst gegen zwei Uhr nachts, sehr betrunken, zurückgekehrt.«[9]

»Rasputin ist halb acht Uhr morgens in Begleitung zweier Männer und einer Frau zurückgekehrt; er war total betrunken und sang auf offener Straße Lieder. Die Unbekannten begleiteten ihn bis zu seiner Wohnung und gingen dann fort.«[10]

»Die Frau des Obersten Tatarinow hat Rasputin aufgesucht und nachher den Agenten erzählt, der *Starez* habe in ihrer Gegenwart ein junges Mädchen umarmt und geküßt; der Vorfall sei ihr so peinlich gewesen, daß sie beschlossen habe, Rasputin nie wieder aufzusuchen.«[11]

»In der Nacht ... hat Marja Gill, die Gattin des Hauptmanns aus dem 145. Regiment, bei Rasputin geschlafen.«[12]

»Um neun Uhr fünfzig morgens ist Rasputin mit der Warwarowa zurückgekehrt; er dürfte bei ihr übernachtet haben.«[13]

»Rasputin hat die Portiersfrau zu der Masseuse geschickt, diese aber wollte nicht kommen. Hierauf ging Rasputin selbst zu der im gleichen Hause wohnenden Schneiderin Katja und forderte sie auf, ihm ›Gesellschaft zu leisten‹. Die Schneiderin erwiderte, sie habe kein Kostüm, doch Rasputin meinte: ›Komm nächste Woche zu mir, dann will ich dir fünfzig Rubel schenken.‹«[14]

»Rasputin hatte die Frau des Hausbesorgers nach der Masseuse Utilia geschickt, doch war diese nicht daheim. Hierauf begab er sich persönlich in die Wohnung Nr. 31 zu der Schneiderin Katja. Dort wurde er offenbar nicht eingelassen, denn er kam wieder die Treppe herunter und verlangte von der Frau des Hausbesorgers, daß sie ihn küssen solle. Diese aber befreite sich aus seinen Armen und läutete bei seiner Wohnung an, woraufhin das Dienstmädchen erschien und Rasputin zu Bett brachte.«[15]

Die Polizisten und ihre Notizbücher wurden Stadtgespräch in Petrograd. Man sagte, daß über Rasputin jede Gefälligkeit erreicht werden könne: Für attraktive Frauen wurde Sex ein Zahlungsmittel. Die Reichen aber, die ihn reihenweise aufsuchten, brachten Geld, Juwelen, Gemälde, edle Weine und Speisen mit. Rasputin lag selbst wenig am Geld – er warf es, ohne es zu zählen, einfach in eine

Schreibtischschublade. Wenn ihn ein bedürftiger Mensch aufsuchte, zog Rasputin häufig ein Bündel Rubelscheine heraus und gab es dem Besucher.

Die Wachen registrierten jede Bewegung Rasputins, sie folgten ihm rund um die Uhr durch die ganze Stadt. Als die Öffentlichkeit erst einmal von ihrem Vorhandensein erfahren hatte, entstand ein Schwarzmarkt für diese Notizen, und im Nu ergötzte sich Petrograd an Rasputins liederlichen Abenteuern. »Rasputins Wohnung ist Schauplatz wilder Orgien«, schrieb der amerikanische Botschafter. »Sie spotten jeder Beschreibung, und die Berichte, die von Mund zu Mund weitergegeben werden, lassen die sagenhafte Schändlichkeit des Kaisers Tiberius auf der Insel Capri dagegen gemäßigt und zahm erscheinen.«[16]

Es erhebt sich die Frage nach der Wahrheit und Genauigkeit der Notizbücher. Nach dem, was wir über Rasputin und sein Verhalten in seinen letzten Lebensjahren wissen, kann man sagen, daß die Notizen durchaus wahr sein könnten. Rasputins Bewunderer behaupteten, daß die Polizei ihre Geschichten einfach erfunden hätte, was aber unwahrscheinlich erscheint. Was sich hinter den verschlossenen Türen von Rasputins Wohnung abspielte, wußten die Männer im Zweifelsfall von der Dienerin Dunja.

Neben den Orgien erlangten auch die Mahlzeiten in Rasputins Wohnung Berühmtheit. Sein Diener Aaron Simanowitsch beschrieb später, wie Rasputin »seine schmutzigen Hände in die Fischsuppe tauchte, die er so liebte«.[17] Wenn Marmelade auf dem Tisch stand, soll Rasputin oft seine Finger in das Glas getaucht haben und sich dann seinen weiblichen Bewunderern mit den Worten zugewandt haben: »Demütigt euch, leckt sie ab, leckt sie ab!«[18]

Alexandra wußte von den Notizbüchern, von den Gerüchten über seine Orgien und seinem Einfluß. Jahrelang hatte sie die Berichte über Rasputins ungebührliches Benehmen angehört und sie abgetan. Als aber ein Adjutant des Zaren und der stellvertretende Innenminister General Wladimir Dschunkowskij einen Bericht lieferten, schien Rasputin endgültig vor dem Untergang zu stehen. Alexandra würde die erdrückenden Beweise akzeptieren müssen.

Im April 1915 war Rasputin nach Moskau gereist, um an den Grabstätten der Heiligen in der Kathedrale Mariä Himmelfahrt im Kreml zu beten. Der britische Gesandte in Moskau, Robert Bruce Lockhart, schrieb später:

»Ich war mit einigen englischen Gästen im Jar, dem luxuriösesten Nachtlokal Moskaus. Während wir im Saal die Varietédarbietungen verfolgten, gab es in einem der Salons einen gewaltigen Tumult. Das Kreischen einer Frau, das Fluchen eines Mannes, klirrendes Glas und Türeschlagen. Oberkellner eilten nach oben, der Manager rief die Polizei... Aber der Krawall und das Gezeter gingen weiter... Der Grund der Störung war Rasputin – betrunken und lüstern, und weder die Polizei, noch die Geschäftsleitung trauten sich, ihn hinauszuwerfen.«[19]

Der Vorfall war wesentlich schlimmer, als diese Notiz es vermuten läßt. Rasputin hatte den größten Teil der eleganten Einrichtung in dem kleinen Salon zertrümmert und versucht, seine weiblichen Begleiterinnen zu verführen. Schließlich hatte er »in sehr gehobener Stimmung« seine Petrograder Liebesabenteuer zu erzählen begonnen und auch von der Kaiserin gesprochen, die er »die Alte« nannte. Er hatte auf seine gestickte Weste gezeigt und gesagt: »Diese Weste hat mir die Alte gestickt... Ich mache mit ihr, was ich will...«[20] Danach war der Streit richtig eskaliert. Die Polizei zerrte Rasputin fort, wobei er keine Zeichen von Reue zeigte und »knurrend Rache schwor«.[21]

Dschunkowskij verfaßte einen Bericht über die Angelegenheit, zögerte aber, ihn dem Zaren zu schicken. Alexandras Schwester Ella, die die Gerüchte über den Vorfall im Jar gehört hatte, bat Dschunkowskijs Schwester, den General inständigst zu bitten, in Zarskoje Selo vorstellig zu werden. Aus Moskau ließ Ella wissen, sie habe die Unterstützung des Innenministers, Fürst Nikolaus Scherbatow, und des Ministers für Religion, Alexander Samarin. Wenn es noch Reste von Familiensinn zwischen den beiden Schwestern gegeben hatte, so zerstörte Ellas Verhalten ein für allemal die Bindung zwischen ihnen.

Dschunkowskij legte dem Zaren den Bericht schließlich am 4. August 1915 vor. Verärgert beorderte Nikolaus Rasputin zu sich und forderte eine Erklärung. Rasputin sagte, er sei ein einfacher Mann, sei seinem schlechten Urteil gefolgt und habe sich betrunken. Doch trotz überzeugender Beweise leugnete er, sich jemals entblößt zu haben, wie man ihm vorwarf, oder über die kaiserliche Familie gesprochen zu haben.[22] Dennoch befahl der Zar Rasputin, Petrograd zu verlassen. Vor seiner Abreise sagte Rasputin aber noch zu einem der Polizisten vor seiner Wohnung: »Euer Dschunkowskij ist erledigt.«[23]

Nikolaus gab seiner Frau den Dschunkowskij-Bericht zu lesen. Als sie fertig war, brach Alexandra in Tränen aus und weinte fassungslos.[24] Nicht ein einziges Mal behauptete sie, der Bericht sei falsch. Doch obwohl sie dessen Wahrheitsgehalt nicht anzweifelte, wollte sie, daß Dschunkowskij entlassen würde. Das rührte zum Teil daher, daß Rasputin bedroht war. Vielleicht hat sie den Mann Rasputin abgelehnt, aber mit Sicherheit glaubte sie an den Bauern Rasputin, dessen Gebete ihren Sohn heilen konnten. Der Verlust des trunksüchtigen, lüsternen Rasputin würde auch das Ende des Trostes bedeuten, den er ihrem Sohn brachte. Welche Fehler Rasputin auch hatte, Alexandra akzeptierte ihn.

Von Rasputin abgesehen, war Alexandra über die Art und Weise, wie der Bericht publik gemacht wurde, erzürnt. Dschunkowskij machte aus seinem Inhalt kein Geheimnis und weihte andere Regierungsmitglieder ein. Fürst Wladimir Orlow, ein Mann, den der Zar sehr schätzte, gab eine öffentliche Stellungnahme zu dem Bericht ab, in dem er andeutete, daß es das Beste für das Land sei, wenn Alexandra für den Rest des Krieges nach Liwadja geschickt würde. Dschunkowskij hörte man diese Äußerung des öfteren wiederholen, und Sasonow schloß sich den beiden an, indem er sich ebenfalls gegen die Zarin aussprach. Als sie hörte, daß Großfürst Dimitrij Pawlowitsch den Bericht gesehen hatte, schrieb sie verärgert an ihren Mann:

»Mein Feind Dschunkowskij ... hat das üble und unflätige Papier Dimitri gezeigt ... Wenn wir erlauben, daß unser Freund verfolgt wird, werden wir und unser Land darunter zu leiden haben ... Ich bin so ausgelaugt, habe solche Herzschmerzen von alledem – die Vorstellung, daß über jemanden, den wir verehren, Schmutz verbreitet wird, ist mehr als schrecklich. Ach, mein Liebster, wann wirst Du *endlich* mit der Faust auf den Tisch schlagen und Dschunkowskij und andere schelten, wenn sie falsch handeln – sie fürchten Dich nicht – und das *sollten* sie – sie müssen Angst vor Dir haben, sonst tanzen sie uns auf der Nase herum ...«[25]

Auch wenn Alexandras Angriff auf Dschunkowskij unter dem Vorwand stattfand, Rasputin zu beschützen, war es in Wirklichkeit der Versuch, ihren Ruf zu wahren. Ihr Name war öffentlich in den Schmutz gezerrt worden, und Alexandra wollte, daß die Verantwortlichen bestraft wurden. Im September 1915 gab der Zar nach, und Dschunkowskij wurde von seinem Posten entfernt.

Die Position Rasputins war ohnehin während des ersten Kriegsjahres geschwächt worden. Alexandra hatte wenig Zeit für ihn, so sehr war sie von ihrer Krankenhausarbeit in Anspruch genommen, und Nikolaus hatte zu viele militärische Sorgen, um viel Notiz von ihm oder seinen Ratschlägen zu nehmen. Die Beziehungen wurden zudem durch eine Fehde zwischen Alexandra und Anna belastet, die als Hauptvermittlerin gedient hatte.

Alexandra fand, daß Anna dem Zaren allzuviel Aufmerksamkeit zukommen ließ; sie versuchte ständig, an seiner Seite zu sein und ihn um Rat zu fragen. Alexandra war nicht eifersüchtig; sie vertraute ihrem Mann und auch ihrer Freundin voll und ganz. Aber sie ärgerte sich über Annas Versuche, sich in das Vertrauen des Zaren einzuschmeicheln, und über die Briefe, die Anna ihrem Mann schrieb. Alexandra schrieb ihrerseits an Nikolaus, rügte Anna und riet dem Zaren, alle Briefe, die ihre Freundin geschrieben hatte, zu verbrennen. Da es vor allem Anna war, die die Treffen zwischen der Zarin und Rasputin in ihrem Haus arrangiert hatte, kam er eine Weile nicht mit der kaiserlichen Familie in Kontakt. Es bedurfte zweier »Wunder«, bevor Anna und Rasputin wieder in kaiserlicher Gunst standen.

Am Nachmittag des 15. Januar 1915 entgleiste ein Zug auf dem Weg von Zarskoje Selo nach Petrograd mit Anna Wyrubowa im ersten Wagen hinter der Lokomotive. Mehrere Stunden lang lag die Freundin der Zarin eingekeilt da; sie hatte eine Schädelfraktur, ihre Beine waren in den Röhren des Heizkörpers eingeklemmt, und ein Stahlträger hatte ihre Wirbelsäule verletzt. Endlich wurde sie befreit und in ein Krankenhaus gebracht. Alexandra und Nikolaus eilten an ihr Bett. Anna hörte, wie ihnen die Ärztin zuflüsterte, »sie sollten von mir Abschied nehmen, da ich den Morgen nicht überleben würde«.[26]

Rasputin hörte erst am nächsten Tag von dem Unfall. Er lieh sich von der Gräfin Witte ein Auto aus und fuhr ins Krankenhaus. Anna war noch bewußtlos. Er untersuchte sie mit ruhigem Blick, dann berührte er ihre Stirn und sprach ein kurzes Gebet. Und dreimal hintereinander sagte er: »Annuschka, Annuschka, Annuschka.« Schließlich öffnete die sterbende Frau die Augen.

»Und jetzt erwache und stehe auf!« befahl Rasputin.[27] Anna versuchte aufzustehen, sank aber zurück. Bevor sie wieder ohnmächtig wurde, hörte sie Rasputin zu Alexandra sagen: »Sie wird nicht sterben, aber zeitlebens ein Krüppel bleiben.«[28] Wie Rasputin vorausgesagt hatte, blieb Anna Wyrubowa am Leben, mußte sich aber für den Rest ihres Lebens an Krücken bewegen. Alexandra hatte die Heilung mit eigenen Augen gesehen: Ihr Glaube an Rasputin blieb unerschütterlich.

1915 befand sich das Hauptquartier, die *Stawka*, in der Stadt Mogiljow am Ufer des Dnjepr. Es war in der Villa des Provinzgouverneurs, einem großen Haus auf einem Hügel über dem Fluß, untergebracht. Als der Kaiser den Oberbefehl über die Armee übernahm, entschied er, daß sein Sohn in der *Stawka* leben sollte.

Alexandra wollte davon zuerst nichts hören, wenn schon nicht wegen seiner Jugend, dann wegen seiner Hämophilie. Aber nach vielen Diskussionen mit dem Zaren gab sie nach und stellte Rußlands Interesse über ihr eigenes. Sie erklärte Pierre Gilliard, daß der Zar seinem zehnjährigen Sohn eine Einführung in Theorie und Praxis der Führerschaft geben wollte. Nikolaus, so erzählte sie ihm, litt unter lähmender Schüchternheit, aus der heraus er allen ihm vorgetragenen Meinungen zustimmte. Es fiele ihm schwer, Entscheidungen zu fällen. Beim Tode Alexanders III. sei Nikolaus gänzlich unvorbereitet auf die Pflichten eines Zaren auf den Thron gelangt. Er habe beschlossen, bei seinem eigenen Sohn nicht den gleichen Fehler zu begehen.[29]

Alexandra schrieb dem Zaren täglich wegen Alexej und gab alle möglichen mütterlichen Ratschläge. »Paß auf, daß Tiny sich auf der Treppe nicht überanstrengt. Er kann keine Spaziergänge machen.« – »Tiny mag so gerne graben und arbeiten, und er ist so kräftig und vergißt, daß er vorsichtig sein muß.«[30] »Paß auf Babys Arm auf, laß ihn nicht im Zug umherrennen, damit er sich nicht die Arme stößt.«[31] Ihre erstickende Fürsorge verfolgte den Zarewitsch sogar bis in die *Stawka*, und ihre Gedanken kreisten ständig um seine Sicherheit. »Jeden Abend um neun Uhr ging sie in sein Zimmer, um dort zu beten – es war die Stunde, da er schlafen ging.«[32]

Doch der Zar konnte das Unvermeidliche nicht verhindern. Während eines Besuches an der Front zur Truppeninspektion holte sich der Zarewitsch eine Erkältung. Im Zug auf dem Rückweg nach Mogiljow fing er an zu niesen. Nach einigen Stunden blutete er heftig aus der Nase. Dr. Fjodorow hatte gerade Dienst; er verordnete dem Zarewitsch Ruhe. Doch Alexej ging es zunehmend schlechter, seine Temperatur stieg, das Blut floß unkontrollierbar. Besorgt teilte Fjodorow dem Zaren mit, es sei das Beste, den Jungen nach Zarskoje Selo zurückzubringen, wo man sich ordentlich um ihn kümmern konnte.

Die Zugfahrt verschlechterte seinen Zustand noch weiter. Während der Zug durch die russische Landschaft eilte, saß Pierre Gilliard am Bett des Jungen und horchte auf sein Stöhnen. Zweimal dachte er, das Ende sei gekommen.[33]

Nikolaus telegrafierte Alexandra in Zarskoje Selo, daß ihr Sohn womöglich sterben werde, und daß er auf dem Weg zum Palast sei. Weinend und betend wartete sie auf seine Ankunft. Endlich hielt ein Auto an der Auffahrt, und Alexej wurde in den Alexanderpalast getragen. Er sah seine Mutter mit einem mitleiderregenden Blick an; seine blauen Augen über den roten Fetzen der blutdurchtränkten Verbände waren schwarz umrandet. Er stöhnte. Sie hielt seine Hand und versuchte ihren scheinbar sterbenden Sohn zu trösten. Dr. Fjodorow und Dr. Derewenko eilten hin und her, wechselten die Verbände und tupften das Blut auf, das jedesmal, wenn sie seine Nase auswickelten, über das Gesicht des kleinen Jungen floß. Trotz ihrer Bemühungen sagten beide, daß es wenig Hoffnung gebe; Alexej könne jede Minute sterben.

In ihrer Verzweiflung schickte Alexandra nach Rasputin. Vielleicht widerstrebte es ihr nach dem Dschunkowskij-Bericht, den *Muschik* zu rufen, schließlich hatte sich Rasputin das Mißfallen ihres Mannes zugezogen. Im Alexanderpalast angekommen, eilte Rasputin sofort ins Schlafzimmer des Zarewitsch. Alexandra saß ermattet auf einem

Stuhl neben dem Bett, das jetzt mit dem Blut ihres Sohnes befleckt war. Rasputin trat näher. Er habe »über den Kranken das Kreuz geschlagen und, sich zu den Eltern umwendend, gesagt, es sei nichts Ernstes, es gebe keinen Grund zur Beunruhigung«; hierauf habe er sich kurz verabschiedet und sei davongegangen, berichtete Alexandra Anna Wyrubowa. »Das Nasenbluten hörte alsbald auf…«[34]

32

»Um Babys willen«

»Als der Kaiser in den Krieg zog, regierte selbstverständlich seine Frau an seiner Stelle«, erklärte Großfürst Alexander Michailowitsch.[1] In dem Augenblick, als der Zar den kaiserlichen Zug bestieg und in Richtung Hauptquartier abfuhr, übernahm Alexandra seine Leitungsaufgaben über die Regierung. In den folgenden zweieinhalb Jahren verkam diese mit erschreckender Geschwindigkeit und in einem Ausmaß, das in der neueren Geschichte keinen Vergleich findet.

Man kann sich kaum etwas Schändlicheres vorstellen, als die Entscheidung des Zaren, die Kontrolle der Regierung seiner Frau zu überlassen, doch niemand scheint die neue Rolle der Zarin ernsthaft in Frage gestellt zu haben. Auch wenn Alexandra in den Jahren vor dem Krieg vielleicht an bestimmten politischen Entscheidungen beteiligt gewesen ist, eines ist sicher: Ihre Erfahrungen hatten nicht dazu beigetragen, ihr politisches Gespür zu schärfen. Auch während des Krieges glaubte sie noch, daß die Duma und die Minister in undurchsichtige Ränke gegen ihren Mann, ihren Sohn und den Thron verwickelt wären. Rasputin und eine Handvoll anderer waren »die Guten«, und die Duma und die Regierungsmitglieder wurden von der Zarin mit dem Etikett »die Bösen« versehen.

Die Beteiligung der Zarin an den Geschäften der Politik im Krieg war ihr eigener Wunsch und Wille gewesen. Dem Zaren schrieb sie: »Erlaube mir, Dir zu helfen, mein Schatz. Es gibt sicher Dinge, bei denen eine Frau nützlich sein kann. Ich wünsche so sehr, es Dir in allem leichter zu machen…«[2] Dann schrieb sie: »Ich sehne mich danach, meine Nase in alles hineinzustecken.«[3] Und in einem der aufschlußreichsten Sätze äußerte sie: »Freund, ich bin hier, lache nicht über Dein dummes altes Weibchen, auch ich habe unsichtbare ›Hosen‹ an …«[4] Im Verlauf des Krieges waren ihre Briefe an den Zaren zunehmend mit Ersuchen, politischen Urteilen und in vielen Fällen regelrechten Anweisungen gefüllt. Ihr Ziel war die Erhaltung der Selbstherrschaft, des zukünftigen Erbes ihres Sohnes. Nikolaus selbst schätzte die Rolle, die seine Frau spielte. »Überleg mal, mein Weibchen«, schrieb er, »möchtest Du Deinem Mann, nun da er fort ist, nicht helfen? Wie schade, daß Du diese Aufgabe nicht schon vor langer Zeit oder zumindest zu Beginn des Krieges übernommen hast.«[5]

Es ist immer noch sehr umstritten, welche Rolle die Zarin durch den Einfluß auf ihren Mann im politischen Leben Rußlands spielte. Ihre Briefe aus der Kriegszeit deuten an, daß sie sich mit dem Tagesgeschehen befaßte, und manchmal kann man nur zu leicht politische Urteile und Einflußnahme in sie hineinlesen. Jedes Wort, das Alexandra sprach oder schrieb, kann schließlich allein schon wegen ihrer Stellung als politische Aussage angesehen werden. Aber ihr Einfluß und die Macht über ihren Mann waren real genug und führten schließlich in den Untergang.

Alexandra war von der Macht berauscht. Ihre Ehe mit einem Mann, der als Halbgott angesehen wurde, vermittelte Alexandra die letztlich fatale Vorstellung, daß gewisse Personen mit einer nicht bestreitbaren absoluten Autorität ausgestattet waren, die sie dazu befähigte, mit einer von Gott verliehenen Sicherheit zu urteilen. Jahrelang hatte sie ihren Mann in seiner Rolle schwanken sehen. Mit jedem bei Nikolaus wahrgenommenen Fehler war Alexandra weiter ins Zentrum der Macht vorgedrungen. Wenn Nikolaus nicht standhaft war, dann würde sie es sein. Sie fühlte sich deutlich stärker und ihrem Mann überlegen. Nikolaus mochte die Macht in der Regierung innehaben, doch Alexandra beanspruchte sie für sich und übte sie aus. Für sie gab es keine Augenblicke des Selbstzweifels, keine nochmaligen reiflichen Überlegungen. Ihre Überzeugung war stark, und sie würde nicht erlauben, daß die schwache Persönlichkeit ihres Mannes dem im Wege stand, was sie als seine Pflicht ansah.

Ähnlich umstritten ist, welchen Einfluß Rasputin in politischer Hinsicht auf Alexandra hatte. Da sie an Rasputin als »Mann Gottes«

glaubte, war es vielleicht normal, daß sich Alexandra in bezug auf das Tagesgeschehen um Rat an ihn wandte. Doch seine Rolle in politischen Angelegenheiten ist sehr verzerrt dargestellt worden. Zwischen 1915 und 1917 hatte Rußland vier Premierminister, fünf Innenminister, vier Minister für Religion, vier Justizminister, drei Landwirtschaftsminister, drei Außenminister und vier Kriegsminister. Innerhalb einer Periode von einundzwanzig Monaten bekleideten sechsundzwanzig Männer diese sieben Ämter. Nur vier dieser Ministerposten können auf Druck Rasputins hin umbesetzt worden sein.

Acht von den sechsundzwanzig Männern dankten entweder ab, oder wurden wegen Meinungsverschiedenheiten vom Zaren ihres Amtes enthoben. Alexandra hatte sich für die Absetzung von nur sieben der übrigen eingesetzt. Diese sieben Entscheidungen waren vom Zaren und der Zarin ohne den Einfluß Rasputins gefällt worden. Das soll nicht heißen, Rasputin hätte auf die Regierung der Zarin nicht eingewirkt. Tatsächlich sind die Beweise dafür erdrückend. Er hat offenbar wirklich Einfluß auf sie ausgeübt, aber nur bei einzelnen Gelegenheiten. Und selbst wenn die Zarin Rasputin konsultierte, so befolgte sie seinen Rat doch nicht blindlings. Oft gelang es ihm nicht, ihre Unterstützung für einen seiner Kandidaten zu erlangen, zum Beispiel im Dezember 1915 für W. S. Tatischtschew als Finanzminister, oder im Januar 1916 für General Nikolaj Iwanow als Kriegsminister.[6]

Die Beziehung zwischen Alexandra und Rasputin ist schon seit langem Gegenstand von Spekulationen gewesen. Aber es ist wichtig, sich daran zu erinnern, daß Alexandra selbst zu wissen glaubte, was für das Land das beste war. Rasputin war klug genug, das zu erkennen. Da die Kommunikation zwischen der Zarin und ihm in Form von Telefonaten oder persönlichen Gesprächen stattfand, gibt es keine Informationen darüber, was der eine oder die andere gesagt haben. Doch wäre es falsch anzunehmen, daß Alexandra bei der Ernennung von Ministern Rasputins Rat gesucht hätte, denn das Beweismaterial zeigt das Gegenteil. Die Zarin suchte sich Männer für die Berufung in die Regierung aus, die ihr angenehm waren. Diese Männer wurden selbstverständlich Rasputin gegenüber erwähnt. Er wußte natürlich, daß die Zarin sich entschieden hatte, und versicherte ihr fast immer, daß ihre Wahl richtig sei. So blieb er in ihrer Gunst; er wiederholte ihre Gedanken und drückte ihnen den Stempel seiner

Zustimmung auf, um anzudeuten, daß der Herrgott den Kandidaten unterstützte.

Das ist der Schlüssel zum Verständnis dessen, was zwischen 1915 und 1917 in der russischen Regierung passierte. Wenn wir festhalten, daß Rasputins Einfluß übertrieben wurde, müssen wir uns notwendigerweise Alexandra zuwenden, denn bei ihr lag die tatsächliche Macht. Der Historiker Martin Kilcoyne analysiert die Situation folgendermaßen:

»Er [Rasputin] nutzte die Äußerungen der Zarin als Zeugnisse seiner Macht. Es fiel ihm leicht, den Eindruck zu erwecken, daß er der dominierende Partner war, daß er die Ideen gehabt und dafür gesorgt hätte, daß Alexandra, die ihm automatisch und gehorsam ihre Macht zur Verfügung stellte, sie ausführte ... Trotz seiner Position als *Starez* konnte er sich nicht die Freiheit nehmen, ihr zu widersprechen. Wenn sie sich einer Sache sicher war, dann war sie so sicher, daß sie die Fähigkeit verloren hatte, sie zu überdenken und anzuzweifeln. Ihrer starken Selbstsicherheit wagte sich selbst Rasputin nicht zu widersetzen. Bei allem, was sie tat, behielt sie die Oberhand. Tatsächlich war sie die dominierende Partnerin und konnte Rasputin ihrem Willen unterwerfen. Vorsichtig ging er auf ihre eindringliche Besessenheit ein und stimmte ihrer Beurteilung der Lage vielfach zu. Ohne ganz zu begreifen, was sie tat, erzwang sich Alexandra seine Zustimmung; dann war sie sich sicher, daß ihre Ratschläge den Willen Gottes verkörperten. Ihr Zutrauen zu den eigenen Überzeugungen war nicht zu kontrollieren, auch nicht durch Rasputin. Sie nötigte ihn, ihr zu versichern, daß Gott ihren Plänen beigestimmt habe. Sie war nicht so selbstgefällig zu glauben, daß sie Gottes Willen ohne Hilfe erkennen konnte. Sie brauchte Rasputin, um ihn für sie zu interpretieren, doch die Überzeugung war zuerst da, danach kam die Billigung.«[7]

Da die Zarin Rasputin so geschickt dazu benutzte, ihren eigenen Ideen Nachdruck zu verleihen, tauchte sein Name häufig in Verbindung mit dem des einen oder anderen Ministers auf. Es wäre jedoch falsch, daraus zu schließen, daß der Vorschlag von Rasputin gestammt hätte. Es gibt kaum Hinweise darauf, daß Alexandra Interesse an dem gehabt hätte, was Rasputin selbst glaubte. Ihr Interesse galt der Erhaltung der Autokratie. Wenn sie bei ihrem Mann auf Widerstand stieß, berief sich Alexandra auf Rasputin und zwang Nikolaus auf diese Weise, entweder eine auf seine eigene Überzeugung gestützte Wahl zu treffen oder eine von Gott gesegnete.

Um der Zarin gegenüber fair zu bleiben: Begonnen hatte das Ministerwechselspiel schon, bevor der Zar das Kommando in der *Stawka* übernahm. Im Juni 1915 hatte Nikolaus innerhalb von zehn Tagen seinen Innenminister, seinen Kriegsminister, seinen Justizminister und seinen Religionsminister entlassen. Als die rasche Ablösung unter der Zarin anhielt, bemerkte ein geistreicher Kopf trocken, daß draußen an der Tür des Kabinetts ein Schild mit der Aufschrift, »Piccadilly – jeden Sonnabend ein neues Programm« hängen sollte.[8]

Alexandra hatte niemals den Durchblick im politischen Tagesgeschehen; ihr Interesse galt den Ministern der Regierung, die gegen Rasputin agitierten, und dem Erhalt der Selbstherrschaft. Solche Ziele erschienen der Zarin nur natürlich; jeder, der gegen sie zu argumentieren wagte, zog sich sogleich ihren Zorn zu. Ihre Vorurteile flossen seitenweise in ihre Briefe ein. »Rußland«, schrieb sie, »ist Gott sei Dank keine konstitutionelle Monarchie.«[9] Wenn sie irgendwo auf Widerstand stieß, empfand Alexandra ihn als Angriff auf ihre Person. »Es ist eine Jagd auf Weibchen«, berichtete sie ihrem Mann. »Du mußt mir Rückhalt geben.«[10] Sie ging zielstrebig und entschlossen vor. Zu Sir George Buchanan soll sie gesagt haben: »Ich habe keine Geduld mit Ministern, die ihn [den Zaren] davon abhalten, seine Pflicht zu tun. Die Situation verlangt Festigkeit. Der Kaiser ist leider schwach; aber ich bin es nicht, und ich habe vor, fest zu bleiben.«[11]

Alexandra berichtete ihrem abwesenden Mann genau über Rasputins letzten Rat: »Nein, höre auf unseren Freund, glaube ihm. Seinem Herzen sind die Interessen Rußlands und Deine Interessen teuer. Gott hat Ihn uns nicht umsonst geschickt, wir müssen nur Seinen Worten mehr Aufmerksamkeit schenken – sie werden nicht in den Wind gesprochen. Wie wichtig ist es für uns, nicht nur Seine Gebete, sondern auch Seine Ratschläge zu besitzen.«[12]

Am folgenden Tag schrieb sie: »... Mich verfolgt der Wunsch unseres Freundes, und ich weiß, daß seine Nichterfüllung für uns und das ganze Land verhängnisvoll werden kann. Er weiß, was Er sagt, wenn Er so ernst spricht.«[13]

Rasputin lieferte sogar eine grobgefaßte Grundsatzerklärung über eine politische Strategie, die der Zar seiner Meinung nach befolgen sollte, und Alexandra leitete sie getreu weiter: »[Rasputin] bittet Dich sehr, ein Telegramm an den König von Serbien zu schicken, denn er ist sehr besorgt, daß die Bulgaren sie vernichten werden. So lege ich das Papier für Dich bei, damit Du es für Dein Telegramm benutzen kannst – der Sinn in Deinen Worten ausgedrückt und natürlich kürzer.«[14]

Rasputin glaubte sogar, er sei technisch begabt. Als er hörte, daß Großfürst Alexander Michailowitsch Maschinen zur Unterstützung seines im Entstehen begriffenen Fliegerkorps suchte, erzählte er Alexandra, er habe »massenweise Sachen, die man sehr gut für die Maschinerie von Flugzeugen benutzen könnte«.[15]

Während der ersten Wochen seines Kommandos in der *Stawka* füllte Alexandra ihre Briefe an Nikolaus mit unschuldigen, wenn auch möglicherweise etwas beleidigenden Ratschlägen:

»Entschuldige mich, mein Teurer, aber Du weißt selbst, daß Du zu gutmütig und zu weich bist – eine laute Stimme und ein strenger Blick können mitunter Wunder wirken. Sei energischer und selbstsicherer, Du weißt sehr gut, was richtig ist, und wenn Du recht hast und mit den anderen nicht einverstanden bist, dann bestehe auf Deiner Meinung und zwinge die anderen, sie anzunehmen ... Du hältst mich sicher für aufdringlich, aber eine Frau sieht und fühlt manchmal klarer als mein allzu sanfter Freund. Demut ist eine ganz hohe Gottesgabe, aber der Monarch muß seinen Willen häufiger durchsetzen.«[16]

Russisch-orthodoxem Brauch folgend, bei dem Gegenstände aus dem Besitz von Heiligen verehrt werden, schickte Alexandra ihrem Mann einen ausgestopften Fisch, der einen auf einem Stock aufgespießten Vogel hielt – ein Geschenk von Rasputin. »Er hat ihn benutzt, und jetzt schickt Er ihn Dir als Segen.«[17] Danach ließ sie ein Foto »Unseres Freundes« folgen und drängte Nikolaus, er solle es immer in der Nähe haben, damit es ihm Mut machen möge.[18] Schließlich sandte sie einen kleinen Kamm von Rasputin: »Denke daran, Dir vor allen schwierigen Gesprächen und Entscheidungen die Haare zu kämmen, der kleine Kamm wird Dir Hilfe bringen!«[19]

Je länger der Zar im Hauptquartier weilte, um so besorgter war Alexandra:

»Manchmal reicht selbst ein leise gesprochenes Wort weit, aber in solcher Zeit wie jetzt ist es nötig, daß Deine Stimme als Protest und Vorwurf erschallt, wenn sie Deine Befehle nicht erfüllen oder bei ihrer Durchführung langsam sind – Sie müssen es lernen, vor Dir zu zittern.«[20]

»Sei mehr Selbstherrscher, mein teurer Freund, zeige Deinen Willen!«[21]

»Sei hart. Ich stehe wie eine Mauer für Dich und wanke nicht. Ich weiß, Er führt uns richtig... Unternimm wenigstens im Namen der Liebe, die Du für mich und Baby hegst, keine wichtigen Schritte, ohne mich vorher in Kenntnis zu setzen und ohne über alles in aller Ruhe gesprochen zu haben.«[22]

»Schon vor langer Zeit haben die Leute mir immer wieder gesagt: ›Rußland liebt die Knute!‹ Das liegt in seiner Natur – zärtliche Liebe, dann aber eine eiserne Hand, die straft und lenkt. Wie möchte ich meinen Willen in Deine Adern gießen!«[23]

»Liebling, möchtest Du, daß ich für einen Tag komme, um Dir Mut und Entschlossenheit zu bringen? Sei der Herr...«[24]

»Um Babys willen müssen wir stark bleiben, sonst wird sein Erbe schrecklich sein; bei seiner Persönlichkeit wird er sich nicht vor anderen beugen sondern sein eigener Herr sein, wie man es in Rußland sein muß, solange die Menschen noch so ungebildet sind...«[25]

Sie sah glorreiche Zeiten für Rußland voraus, sofern der Zar nur auf ihren Rat hören wollte:

»Wir aber müssen Baby ein starkes Land übergeben und dürfen nicht schwach sein – um seinetwillen, sonst wird er es noch schwerer haben, zu regieren, indem er unsere Fehler verbessern muß und die Zügel straff anziehen wird, die Du schleifen läßt. Du mußt für die Fehler Deiner erhabenen Vorgänger leiden, und Gott allein kennt meine Qualen. Möge Dein Erbe für Alexej leichter sein! Er hat einen festen Willen und einen eigenen Kopf. Lasse nichts aus Deinen Händen gleiten und zwinge ihn nicht, alles von neuem aufzubauen... Sei Peter der Große, Iwan der Schreckliche, Kaiser Paul – zerschmettere sie alle...«[26]

Nikolaus antwortete: »Innigen Dank für die strenge schriftliche Rüge. Ich habe sie mit einem Lächeln gelesen, weil Du sprichst wie zu einem Kind... Dein armes kleines willenloses Männchen.«[27]

Als der Zar erklärt hatte, er habe die Absicht ins Hauptquartier zu gehen und das Kommando zu übernehmen, hatten acht der dreizehn Mitglieder des Ministerrates aus Protest eine gemeinsame Rücktrittserklärung unterschrieben. Nikolaus hatte sich geweigert, sie anzunehmen, und die Minister waren geblieben. Aber Alexandra stellte sich gegen die, welche unterschrieben hatten, und machte sich daran, sie aus dem Amt zu entfernen.

Nach nur acht Wochen in der Regierung fand sich der neue Innenminister Fürst Schtscherbatow ohne Erklärung entlassen. Sein Sturz hatte höchstwahrscheinlich auch mit seiner Beteiligung an der Verleumdung der Zarin durch Dschunkowskij zu tun. Als nächstes stürzte der Religionsminister Samarin, ebenfalls wegen seiner Rolle in der Dschunkowskij-Affäre. Alexandra schrieb: »Ich flehe Dich an, bei Deinem ersten Gespräch mit Samarin mußt Du mit ihm energisch sprechen – tue das, mein Geliebter, um Rußlands willen. Auf Rußland wird kein Segen liegen, wenn sein Herrscher es zulassen wird, daß der Mann Gottes verfolgt wird, ich bin davon überzeugt. – Sage ihm streng, mit fester und energischer Stimme, daß Du jegliche Intrigen oder Klatschereien gegen unsern Freund verbietest, Du würdest ihn sonst nicht halten.«[28]

Als dieser Plan nicht funktionierte, schrieb Alexandra: »Samarin scheint weiterhin gegen mich zu sprechen. Wir werden einen Nachfolger suchen.«[29] Nach drei Monaten im Amt wurde Samarin entlassen.

Zwei weitere Unterzeichner, Landwirtschaftsminister Alexander Kriwoschin und Finanzminister A. Charitanow gingen wenig später. Als nächstes wollte Nikolaus den schon älteren, etwas senilen Premierminister Iwan Goremykin ersetzen. Alexandra, die Goremykin als den loyalsten Jasager im Kabinett schätzte, schrieb: »Wenn Du in irgendeiner Weise das Gefühl hast, daß er Dich behindert, Dir im Wege ist, solltest Du ihn wohl gehen lassen; aber wenn Du ihn behältst, wird er alles tun, was Du befiehlst, und versuchen, sein Bestes zu geben ...«[30]

»Meiner Meinung nach ist es besser, die streikenden Minister zu ersetzen, nicht aber den Ministerpräsidenten ... Er lebt ja nur für den Dienst an Dir und an Deinem Lande ...«[31]

Schließlich war Alexandra allerdings doch gezwungen, die Meinung ihres Mannes zu akzeptieren. Goremykin konnte wegen fortschreitender Senilität die Regierung nicht länger führen. Michail Rodsjanko, Präsident der Duma, schrieb Goremykin einen persönlichen Brief, in dem er ihn beschwor, im Interesse des Wohles des Vaterlandes zurückzutreten.[32] Alexandra schrieb: »Ich fürchte, der alte Mann kann nicht weiterarbeiten.«[33] An seiner Stelle schlug sie Boris Stürmer, einen undurchsichtigen, ultrakonservativen Beamten vor, der einen bedeutenden Vorteil hatte: Rasputin mochte ihn. »Liebling, ich weiß nicht, aber ich denke immer noch an Stürmer«, schrieb Alexandra, als Nikolaus zögerte.[34] Maurice Paléologue fand: »Der neue Ministerpräsident ... ist 67 Jahre alt und steht weit unter dem Mittelmaß: mangelhafte Klugheit, kleinlicher Geist, niedriger Charakter, zweifelhafte Ehrlichkeit, weder Erfahrung noch Sinn für große und ernste Angelegenheiten ...«[35] Aber Nikolaus gab Alexandra nach, und Stürmer wurde der höchstrangige Politiker in Rußland.

33

Die Regierung wird zugrunde gerichtet

Alexej Chwostow, der den Innenminister Fürst Schtscherbatow ersetzte, hatte sich selbst einmal als Menschen beschrieben, dem »das Zentrum für Zurückhaltung« fehlte, und seine Amtszeit bestätigte diese Einschätzung![1] Rasputin mochte Chwostow, weil er schön singen konnte – nicht gerade das, was ein Minister an Qualifikationen benötigte, doch Alexandra schlug ihn bereitwillig Nikolaus vor. »Aber Gott mag geben, daß Du eine gute Meinung von ihm hast! Ich empfange ihn, da er bittet, es möglichst rasch zu tun – ich weiß nicht, weshalb er an meine Weisheit und Hilfe glaubt. Das beweist mir, daß er Dir und Deiner Dynastie gegen diese Räuber und Schreier dienen will.«[2]

Als Chwostow erst einmal im Amt war, umgab er sich mit einem verrufenen Kreis von Anhängern, unter denen sich auch der berüchtigte Fürst M. M. Andronikow befand. Er war ein Mann frommen orthodoxen Glaubens, der sich selbst »Adjutant des Allmächtigen« nannte und in seinem ikonengeschmückten Schlafzimmer unzählige junge Kadetten verführt hatte.[3] Chwostow und Andronikow taten sich mit Stefan Belezkij zusammen, dem stellvertretenden Innenminister. Das Trio versuchte, mit Hilfe von Rasputins Einfluß die Kontrolle über die Regierung zu gewinnen. Sie versprachen Rasputin monatlich 1500 Rubel, abgezweigt aus offiziellen Polizeifonds, wenn er einwilligte, keine weiteren Bestechungsgelder aus Quellen außerhalb ihres Bereichs anzunehmen.

Schließlich brachte aber Rasputins unberechenbares Verhalten das

Trio zu der Überzeugung, daß er überwacht werden müßte. Für diese Aufgabe warben sie Michail Komissarow an, einen Beamten der Ochrana, der berüchtigten zaristischen Geheimpolizei, auf dessen Verschwiegenheit Verlaß war. Wie zu erwarten hielt sich Rasputin nicht an die Abmachungen mit dem Trio. Chwostow war in einer schlechten Position; wenn er ihm die Zahlungen strich, bestand die sehr reale Möglichkeit, daß Rasputin die ganze Sache aufdecken und den Minister in Ungnade stürzen würde. Chwostow fühlte sich zunehmend bedroht und beschloß Rasputin zu töten, wobei er möglichst viele Leute in das Komplott einzubeziehen versuchte. Er beauftragte Komissarow, die Tat auszuführen, doch der Ochrana-Agent hatte moralische Bedenken. Komissarow nahm Kontakt zu Belezkij auf, und die beiden fingen an, sich gegen Chwostow zu verschwören.

Es wurden verschiedene halbherzige Versuche unternommen, Rasputin zu ermorden – alle ohne Erfolg. Schließlich kam Chwostow seinen »Freunden« auf die Schliche und machte ihre Rolle bei den Mordversuchen publik. Daraufhin ging Belezkij zum Zaren und deckte die ganze Angelegenheit auf. Der Skandal war enorm: hochrangige Beamte der russischen Regierung waren in Bestechung und Mordversuche verwickelt. Alexandra schrieb an Nikolaus: »Ich bin verzweifelt, weil wir Dir Chwostow durch Grigorij empfohlen haben. Der Gedanke gibt mir keine Ruhe, Du warst dagegen, ich habe es durchgesetzt, weil sie darauf bestanden ...«[4]

Auch Alexej Poliwanow, den neuen Kriegsminister und engagierten Feind Rasputins, versuchte Alexandra loszuwerden. Sie schrieb:

»Entschuldige mich, aber ich billige Deine Wahl des Kriegsministers nicht – Du weißt doch noch, wie Du selbst gegen ihn warst, und sicherlich mit Recht, und ich glaube, N. auch.«[5] – »Wirf Poliwanow schnell hinaus. Jeder ehrliche Mann ist besser als er.«[6] – »Ach, wie möchte ich, daß Du Poliwanow los wirst ...«[7] Poliwanow setzte sich für ein gewisses Maß an Zusammenarbeit zwischen der Duma und dem Kriegsministerium ein, ein Vorschlag, der die Zarin verärgerte. Sie schrieb:

»Poliwanow benimmt sich einfach wie ein Verräter ... Er hat auch von einem verantwortlichen Ministerium gesprochen, das von allen gefordert wird, sogar von anständigen Menschen, die nicht verstehen, daß wir darauf absolut nicht vorbereitet sind.«[8]

»Mein Liebling, zögere nicht, entscheide dich, es ist viel zu ernst, und wenn Du ihn sofort ersetzt, stutzt Du dieser revolutionären Partei die Flügel; nur, tu es schnell – Du weißt doch, Du wolltest ihn schon vor langer Zeit austauschen – beeil Dich, Liebling, Du brauchst Frauchen hinter Dir, die Dich drängt… Versprich mir, daß Du den Kriegsminister sofort entlassen wirst…«[9]

Als Poliwanow stürzte, schrieb sie: »Oh, welch eine Erleichterung! Jetzt werde ich wieder ruhig schlafen können.«[10] Ein älterer Mann, General Dimitri Schuwalow, ersetzte Poliwanow. Ein britischer General sagte von ihm: »Er hatte keine Ahnung von seiner Arbeit, aber seine Ergebenheit gegenüber dem Kaiser war von der Art, daß, falls die Tür sich öffnen sollte und Seine Majestät in den Raum käme und ihn bäte, sich aus dem Fenster zu werfen, er das sofort tun würde.«[11]

Im Juli 1916 dankte der Landwirtschaftsminister nach weniger als einem Jahr im Amt ab, weil ihn der innere Zustand der Regierung anwiderte. Im gleichen Monat verlor auch A. A. Chwostow, Justizminister und Onkel des entlassenen Innenministers, seine Stellung.

Der Außenminister Sasonow war der nächste auf Alexandras Liste. Alexandra mochte ihn nicht, weil er die Selbstverwaltung Polens befürwortete, was eine klare Einschränkung des zukünftigen Erbes des Zarewitsch bedeutete, und wegen seiner öffentlichen Unterstützung der Dschunkowskij-Kampagne gegen sie. »Sasonow ist solch ein Pfannkuchen«, schrieb sie an Nikolaus.[12] In den folgenden Wochen verunglimpfte sie den »langnasigen Sasonow« mit einem Sperrfeuer von Briefen an den Zaren.[13] Nikolaus gab nach, und Premierminister Boris Stürmer übernahm Sasonows Amt zusätzlich.

Eine besonders gemeine Kampagne behielt sich Alexandra für Alexander Gutschkow vor. Er war Führer der Oktobristenpartei in der Duma, und von 1909 bis 1911 war er Präsident der Duma gewesen. Gutschkow hatte seinerzeit Kopien von den Briefen der Zarin an Rasputin in der Hauptstadt verteilt. Außerdem führte er während des Krieges in der Duma Debatten über dessen Kosten für das Land und stellte die ganze Anstrengung in Frage. »Man müßte Gutschkow loswerden, aber wie…«, schrieb sie an den Zaren.[14] »Gutschkows Platz aber ist an einem hohen Baum.«[15] Und weiter: »Ein schweres Zugunglück, bei dem er allein zu Schaden käme, wäre eine richtige Bestrafung von Gott und wohlverdient.«[16] Aber der Zar konnte nichts tun, und Gutschkow blieb mächtiger Parteiführer in der Duma.

Der größte Sturm brach im September 1916 mit der Ernennung von Alexander Protopopow zum Innenminister los. Protopopow war Sproß einer adligen Familie und darin geübt, die riesigen Landgüter, über die die Familie verfügte, zu leiten. Er war ultrakonservativ, ein Monarchist, der ganz klar den Empfindungen Alexandras und Nikolaus' entsprach. Obwohl er schon länger Duma-Abgeordneter und wohlgelitten war, hatte Protopopow kaum politisches Talent. Sein wichtigster Vorzug lag in seiner Position – ein Monarchist in der Duma. Rasputin mochte Protopopow, obwohl er Zweifel an dessen Integrität hatte. »Sein Ehrbegriff ist dehnbar wie ein Gummiband«, stellte er einmal fest.[17] Dennoch brachte Alexandra seinen Namen ins Spiel: »Grigorij bittet nachdrücklichst, Protopopow für diesen Posten zu bestimmen. Du kennst ihn, denn er hat einen guten Eindruck auf Dich gemacht, er ist Mitglied der Duma (kein Linker), daher wird er wissen, wie er sich mit ihnen zu benehmen hat ... Mir scheint, Du könntest nichts Besseres tun, als ihn ernennen ... Er kennt und liebt unseren Freund seit mindestens vier Jahren, und das spricht sehr zugunsten eines Menschen ...«[18]

Der Zar antwortete:

»Mir scheint, dieser Protopopow ist ein guter Mensch, aber er hat viel mit Fabriken zu tun usw. Rodsjanko hat ihn mir schon vor langer Zeit als Handelsminister ... vorgeschlagen. Ich muß über diese Frage nachdenken, da sie mich vollkommen überrascht. Die Meinungen unseres Freundes über Menschen sind manchmal sehr seltsam, wie Du selbst weißt, daher muß man vorsichtig sein, besonders bei der Besetzung hoher Stellen ... Infolge all dieser Änderungen wird man schwindlig. Meiner Meinung nach treten sie zu häufig ein. Auf alle Fälle ist das für den inneren Zustand des Landes nicht sehr gut, da jeder neue Mensch ebenfalls Änderungen auch in die Verwaltung mitbringt.«[19]

Protopopow bescherte den Klatschmäulern der Hauptstadt nach seiner Ernennung zum Innenminister einen großen Tag. Als er von seinem neuen Amt erfuhr, bestellte sich Protopopow die Uniform eines kaiserlichen Gendarmen, die er für seinen Auftritt im Finanzausschuß der Duma anlegte. Als er dort erschien, brachen die Anwesenden bei seinem schrillen Aussehen in brüllendes Gelächter aus. Darüber hinaus wurde dem Minister die Neigung zu Nekrophilie nachgesagt.[20] Er konsultierte den tibetanischen Quacksalber und Kräuterheiler Badmajew, der ihm alle möglichen Tinkturen aus Drogen und Wurzeln verschrieb, die ihm bei der Ausführung seiner Pflichten helfen sollten. Protopopow sprach häufig zu einer Ikone, die auf seinem Schreibtisch stand; als einmal jemand hereinkam und das beobachtete, erklärte der Innenminister hastig: »Sie hilft mir bei allem; alles was ich tue, geschieht auf ihren Rat.«[21] Es überrascht kaum, daß fast ganz Petrograd dachte, er sei verrückt.

Während Nikolaus im Hauptquartier war, begann Alexandra aufgrund ihrer eigenen Autorität Minister zu ernennen oder zu entlassen. Sie selbst wies Protopopow den Posten des Landwirtschaftsministers zusätzlich zu dem des Innenministers zu. An Nikolaus schrieb sie:

»Entschuldige, was ich getan habe, ich mußte aber so handeln. Unser Freund hat gesagt, daß es absolut nötig war ... Stürmer schickt Dir mit diesem Kurier eine neue Akte zur Unterschrift, durch welche die ganze Lebensmittelversorgung ohne Aufschub dem Innenminister übergeben wird ... Ich muß mich zu dieser Handlung entschließen, da Grigorij sagt, daß Protopopow ... auf diese Art Rußland retten wird ... Verzeihe mir, aber ich mußte diese Verantwortung um Deinetwillen auf mich nehmen ...«[22]

Die Macht, die die Zarin innehatte, erzürnte viele. Michail Rodsjanko, Präsident der Duma, forderte unter anderem: »Ich allein bin befugt, die Minister meines Kabinetts zu wählen ... Die Kaiserin muß sich künftig jeder Einmischung in die Regierungsgeschäfte enthalten und soll sich bis ans Ende des Krieges nach Liwadja zurückziehen ...«[23] Andere verlangten dagegen den gemeinsamen Rücktritt des gesamten Kabinetts. Oft änderte der Zar selbst seine Meinung; er ernannte einen Minister, nur um ihn im nächsten Moment aus keinem ersichtlichen Grund zu ersetzen. Das passierte auch dem Premierminister Boris Stürmer.

Stürmers deutsch klingender Name paßte vielen Russen nicht; sie zweifelten offen an seiner Loyalität. Der Zar entließ ihn überraschend aus seinem Amt und ersetzte ihn durch Alexander Trepow. Trepow wurde als »ungewöhnlich fähig« bezeichnet; er war der letzte große Politiker des kaiserlichen Rußland.[24]

Alexandra war gegen die Ernennung von Trepow, denn: Er war ein entschiedener Feind Rasputins. Sie schrieb: »Trepow kann ich persönlich nicht leiden und werde nie das Gleiche für ihn empfinden wie für Goremykin und Stürmer – sie waren vom alten Schlag ... Die zwei liebten mich und kamen wegen jeder Frage, die sie bedrückte, zu mir, um Dich nicht zu stören; dieser interessiert sich, glaube ich, leider nicht für mich, und wenn er mir und Unserem Freund nicht traut, wird alles anders sein. Ich habe auch Stürmer gesagt, er solle ihm mitteilen, wie er sich in bezug auf Grigorij zu verhalten hat, und daß er ihn immer beschützen müsse.«[25]

Sobald er sein Amt als Premierminister angetreten hatte, machte Trepow sich daran, Rasputin und alle seine Schützlinge loszuwerden. Mit Protopopow fing er an.

Tatsächlich hatte Trepow das sogar zur Bedingung für die Annahme des Amtes gemacht, und Nikolaus hatte ihm seine Forderung bewilligt. »Es tut mir leid für Protopopow«, erklärte er Alexandra. »Er ist ein guter, ehrlicher Mensch, aber er ist sprunghaft und kann sich in keiner Sache entscheiden.«[26] Den nächsten Zug seiner Frau vorausahnend fügte er hinzu: »Ich bitte Dich, Unseren Freund da nicht hineinzuziehen. Die Verantwortung liegt bei mir und ich möchte in meiner Wahl frei bleiben.«[27]

Die Strategie des Zaren ging nicht auf. Alexandra schrieb: »Vergib mir, Lieber, glaube mir – ich flehe Dich an, gehe nicht hin und tausche Protopopow jetzt aus, er wird sich bessern ... O Liebling, Du kannst mir vertrauen, ich bin vielleicht nicht klug genug – aber ich habe ein sicheres Gefühl, und das ist oft hilfreicher als der Verstand. Ersetze niemanden, bevor wir uns treffen. Ich flehe Dich an, laß uns ruhig darüber sprechen ...«[28]

Am nächsten Tag schrieb sie: »Liebling, mein Engel ... ersetze Protopopow nicht. Ich hatte gestern ein langes Gespräch mit ihm – der Mann ist so zurechnungsfähig wie jeder ... Er ist ruhig und still und ganz und gar ergeben, was man leider nur von wenigen sagen kann, und er wird es schaffen – die Dinge laufen schon besser.«[29]

Und schließlich: »Liebling, denke daran, daß es nicht um den Mann Protopopow oder X. Y. Z. geht, sondern es geht jetzt um die Monarchie und Dein Prestige, das in den Zeiten der Duma nicht zerstört werden darf ... Denke daran ... der Zar regiert, und nicht die Duma.

Vergib mir mein Schreiben, aber ich kämpfe für Deine Herrschaft und für Babys Zukunft.«[30]

Nikolaus gab nach und Protopopow blieb im Amt.

Als Trepow von der Weigerung des Zaren, Protopopow zu entlassen, hörte, drohte er selbst zurückzutreten. Doch Nikolaus wollte davon nichts wissen: Ärgerlich erklärte er Trepow, daß er im Amt bleibe, bis seine Pflichten erfüllt seien. In seiner Verzweiflung versuchte Trepow, Rasputin zu bestechen. Er bat seinen Schwager Alexander Mossolow – den Leiter der kaiserlichen Hofkanzlei –, Rasputin 200 000 Rubel und ein Haus in Petrograd anzubieten, wenn er von seiner politischen Einmischung Abstand nehmen würde. Rasputin hörte Mossolow schweigend an und wies sein Angebot dann zurück. Als Mossolow das Trepow berichtete, erkannte der Premierminister, »daß es um ihn geschehen war«.[31] Innerhalb von drei Wochen war Trepow aus seinem Amt entlassen.

34

Ein Herbst der Täuschungen

Gegen Ende des Jahres 1916 war in Petrograd wenig von dem verheerenden Krieg zu sehen, der Hunderte von Kilometern entfernt wütete. Elegante Damen und Herren belebten die Straßen; sie machten ihren täglichen Spaziergang über den Palastkai und das Marsfeld, auch wenn ihre Garderobe nicht mehr aus Paris stammte und sie sich mit russischer Mode begnügen mußten. Es war kalt. Der Turm der Kathedrale der Peter-und-Pauls-Festung war ständig in einen Schleier aus Dunst gehüllt. Gegen vier Uhr nachmittags wurde es dunkel. Es begann zu nieseln, eisiger Regen wurde zu Schnee, der die Straßen der Stadt mit einer weißen Decke überzog.

Es war ein Herbst der Täuschungen gewesen. Offiziere hingen Portwein nippend und Zigarren rauchend in den Rauchsalons ihrer eleganten Clubs herum, während Tausende ihrer Soldaten in den Schützengräben starben. Die Kriegswirklichkeit traf nur diejenigen, die das Pech hatten, an der Front zu dienen, oder ihre Familien, die jeden Abend vor dem Zubettgehen den Hunger und die Knappheit spürten. Alle anderen lebten im Glanz der Vorkriegszeit weiter. Im Theater bezauberte die Kschessinskaja immer noch ihr Publikum, wenn sie *Die Tochter des Pharaos* tanzte; Schaljapin sang *Boris Godunow* und *Don Quixote* und im Mariinskij tanzte Tamara Karsawina in *Sylvia* und in *Die Wasserlilie*. Paléologue schrieb:

»Von den Orchestersitzen bis in die letzten Reihen der obersten Galerien sehe ich nur helle, lächelnde Gesichter; während der Pausen beleben heitere Gespräche beim Glanze schöner Frauenaugen alle Logen. Die mißliebigen Gedanken der jetzigen Stunde, die traurigen Bilder des Krieges, die düstern Ausblicke der Zukunft sind wie durch Zauber bei den ersten Klängen des Orchesters verschwunden, eine liebliche Träumerei schwebt in allen Blicken.«[1]

Alexandras Gedanken kreisten jedoch sehr wohl um den Krieg. »Süßer Engel«, schrieb sie an Nikolaus, »[ich] sehne mich, Dich vieles über Deine Pläne bezüglich Rumäniens zu fragen. Unser Freund möchte so dringend etwas darüber wissen.«[2] Tatsächlich hatte Rasputin von einer militärischen Strategie geträumt, der Nikolaus folgen sollte:

»Jetzt muß ich Dir, bevor ich es vergesse, eine Nachricht von Unserem Freund geben, wegen dessen, was er in der Nacht gesehen hat. Er bittet Dich zu befehlen, daß man bei Riga vorrückt, sagt, es sei notwendig, sonst würden sich die Deutschen über den ganzen Winter dort so festsetzen, daß es ein endloses Blutvergießen und große Mühe kosten würde, sie wieder zu vertreiben; jetzt wird es sie so überraschen, daß wir sie erfolgreich zum Rückzug zwingen werden. Er sagt, das sei jetzt das Allerwichtigste, und er bittet Dich ernsthaft, unseren Leuten den Vormarsch zu befehlen. Er sagt, wir können und wir müssen, und ich sollte Dir sofort schreiben.«[3]

Nikolaus nahm diese Nachricht gelassen auf. »Ich habe [Michail] Alexej [dem Stabschef] erzählt, wie interessiert Du an militärischen Dingen bist, und von den Einzelheiten berichtet, um die Du in Deinem letzten Brief gebeten hast. Er lächelte und hörte schweigend zu.«[4] Wenn Nikolaus seiner Frau auch militärische Details anvertraute, so schrieb er doch wiederholt: »Ich bitte Dich, mein Liebes, teile diese Details niemandem mit. Ich habe sie nur für Dich geschrieben.«[5] – »Ich bitte Dich, behalte es für Dich, keine einzige Seele darf davon wissen.«[6] Doch Alexandra schrieb natürlich zurück, daß sie Rasputin eingeweiht habe. »Er wird es keiner Seele verraten, aber ich mußte ihn einfach um den Segen für Deine Entscheidung bitten.«[7]

Die meisten Ratschläge Rasputins betrafen den russischen Vormarsch von 1916. Die Armee marschierte in Galizien ein, um anschließend über die Karpaten nach Österreich-Ungarn vorrücken zu können. Die Verluste waren schrecklich. Im Sommer 1916 gab es 1,2 Millionen Opfer. »Unser Freund … findet es besser, wenn man nicht zu forsch vormarschiert, weil die Verluste so groß sind – man kann geduldig sein und braucht die Sache nicht zu erzwingen, denn schließlich wird es uns gehören; man kann wie wild weitermachen und den Krieg in zwei Monaten beenden, aber dann würden Tausende von Menschenleben geopfert – und durch Geduld wird das Ziel auch erreicht, und man spart sich viel Blutvergießen.«[8] – »Unser Freund hofft, daß wir nicht über die Karpaten klettern und sie einzunehmen versuchen, denn, so wiederholt er, die Verluste wären zu groß.«[9] Als Nikolaus nachgab und die Beendigung des Angriffes befahl, schrieb Alexandra: »Unser Freund sagt zu den neuen Befehlen, die Du Brusilow gegeben hast: ›Sehr zufrieden mit Papas Befehlen, alles wird gut.‹«[10]

Seine Generäle überzeugten den Zaren jedoch bald davon, daß er die Offensive fortsetzen mußte. Alexandra, die ja die erste Schlacht gewonnen hatte, verzweifelte, als sie von der neuesten Entwicklung hörte. »Oh, gib Brusilow noch einmal Befehl – halte dieses sinnlose Gemetzel auf ... Warum denn den Wahnsinn der Deutschen bei Verdun wiederholen. Dein so weiser Plan, von Unserem Freund gutgeheißen ... Halte Dich an ihn ... Unsere Generäle zählen die Leben nicht mehr – sind den Verlusten gegenüber abgehärtet – und das ist Sünde.«[11] Nikolaus gab wieder nach, und der Karpatenfeldzug wurde zum zweiten Mal abgebrochen.

Das führte zu Vermutungen, daß Alexandra und Rasputin einen Separatfrieden mit Deutschland anstrebten. Großfürst Alexander Michailowitsch, der versuchte, die Quelle dieser »unverständlichen Verleumdungen« herauszufinden, sprach mit einem Abgeordneten der Duma. »Wenn die Zarin eine so große russische Patriotin ist«, sagte der Mann, »warum toleriert sie die Gegenwart dieser betrunkenen Bestie, die man in der ganzen Hauptstadt in aller Öffentlichkeit in Begleitung deutscher Spione und Sympathisanten sieht?« Der zur Geheimhaltung der Rolle Rasputins verpflichtete Großfürst erwiderte nichts und machte die Sache dadurch nur noch schlimmer.[12]

Noch Jahre nach der Revolution wurde immer wieder behauptet, Rasputin sei ein deutscher Spion gewesen. Es ist richtig, daß sich in seiner Gesellschaft häufig Menschen von zweifelhafter Loyalität Rußland gegenüber befanden. Bei seinen Feiern, an denen Mitglieder der Gesellschaft teilnahmen, die zum Teil später des Verrats bezichtigt wurden, betrank sich Rasputin und redete frei über alles, was Alexandra ihm erzählt hatte. Fürst Felix Jussupow erinnerte sich, viele »sonderbare« Männer in Rasputins Wohnung gesehen zu haben, die »anscheinend Fragen stellten und sich Notizen von seinen Antworten machten«.[13] General Alexejew sagte nach der Revolution: »Als die Papiere der Kaiserin untersucht wurden, entdeckte man, daß sie eine Landkarte besaß, die eine detaillierte Aufstellung der Truppen an der gesamten Front aufzeigte. Es waren nur zwei Kopien dieser Landkarte angefertigt worden, eine für den Kaiser und eine für mich selbst. Ich war schmerzlich berührt. Gott weiß, wer sonst noch von dieser Karte Gebrauch gemacht haben mag.«[14] Da sie Rasputin alles mitteilte, darf man annehmen, daß er auch von dieser Landkarte Kenntnis hatte. Die Anhaltspunkte dafür, daß Rasputin wirklich mit den Deutschen zusammengearbeitet hat, sind dürftig, aber, sagte ein Staatsmann, »es wäre unerklärlich, wenn der deutsche Generalstab ihn sich nicht zunutze gemacht hätte«.[15]

Vielleicht hat es Chancen für einen Separatfrieden gegeben. Der Bruder der Zarin, Großherzog Ernst Ludwig von Hessen soll Rußland 1916 einen geheimen Besuch abgestattet haben, um zu versuchen, ein Friedensabkommen zu arrangieren. Die Hessen haben immer dementiert, daß solch ein Besuch jemals stattgefunden haben könnte, aber Kronprinzessin Cecilie erinnerte sich, daß ihr Schwiegervater, Kaiser Wilhelm, es ihr gegenüber selbst erwähnt hätte. Mehrere Personen in Zarskoje Selo berichteten, sie hätten einen Mann, der der Beschreibung des Großfürsten entsprach, gesehen. Fürst Dimitri Golizyn, der Direktor des Fürsorgedienstes der Zarin, erzählte, daß er im Alexanderpalast gesehen habe, wie »ein Herr in Zivilkleidung recht verstohlen hereinkam und hinter einer anderen Tür verschwand«. Nach langem Bohren erfuhr er, daß der Mann tatsächlich der Großherzog von Hessen gewesen sei.[16] Auch andere bestätigten diesen Besuch: Wladimir von Meck, Leiter des russischen Roten Kreuzes, wußte davon, und ebenso Mitglieder der Familie Romanow. Außerdem deuten Alexandras Briefe an, was passiert sein könnte. Der Zar hatte die Hauptstadt verlassen und war ins Hauptquartier gefahren, doch plötzlich kehrte er nach nur zwei Tagen für kurze Zeit nach Zarskoje Selo zurück. Als er das zweite Mal abgereist war, schrieb Alexandra ein bißchen wunderlich: »Eine gute Zeit wird eintreten, wenn Du geduldig sein wirst, ich bin davon überzeugt, nur müssen wir noch vieles erdulden. Ich weiß, was all diese ›Verluste und Tode‹ für Dein Herz bedeuten. – Ich kann mir vorstellen, wie Ernie jetzt leidet… Entschuldige meine schlechte Schrift, aber Kopf und Augen schmerzen, und das Herz ist schwach geworden von all diesen Leiden.«[17] Sollte aber ein Angebot gemacht worden sein, so ist es abgelehnt worden.

Der Gedanke an einen Separatfrieden muß eine große Versuchung gewesen sein. Zur Zeit des angeblichen Besuches dauerte der Krieg schon fast zwei Jahre, und er hatte von jedem Tribut gefordert, auch von Alexandra. Ihre Besuche in den Lazaretten an der Front wurden zu einer immer größeren Qual für sie. In einem lag ein in der Schlacht tödlich verwundeter junger Offizier im Sterben. Er hatte gehört, daß die Zarin in Kürze zu einer Inspektion eintreffen würde, und der Krankenschwester gesagt, er würde am Leben bleiben, bis sie käme. Als man Alexandra von dem jungen Mann berichtete, eilte sie an sein Bett, kniete nieder und nahm seine Hand; er starb innerhalb weniger Minuten.[18] Doch solche Beweise des Patriotismus gab es selten. Immer kühler wurde die Zarin empfangen, was Alexandra allerdings nicht zu bemerken schien. Bei ihrem Besuch in Nowgorod im Dezember 1916 traf sie mit einer uralten Frau zusammen, die in der Gegend wie eine Heilige verehrt wurde. Als Alexandra sich näherte, sagte die Frau zu ihr: »Da kommt die Märtyrerkaiserin Alexandra.« Die Zarin schien sie nicht verstanden zu haben und verließ die Stadt mit einem glücklicheren Gefühl. Die Begleiterinnen der Zarin nahmen die Bemerkung anders auf; sie sahen sie als böses Omen an.[19]

Sicherlich führte die Atmosphäre in Rußland, vor allem in Petrograd, zu allen möglichen Gerüchten und Spekulationen. Viele Menschen hatten das Gefühl, daß die kaiserliche Familie von Rasputin verdorben worden sei und ganz und gar aus dem Weg geräumt werden müßte. Eine Gruppe verfolgte den Plan, »das Auto des Zaren an einem bestimmten Punkt seiner Fahrtroute von einem Flugzeug aus zu bombardieren«.[20] In zunehmendem Maße forderten Abgeordnete der Duma, daß die Zarin nach Liwadja ginge und für den Rest des Krieges dort bliebe. Wassilij Schulgin, monarchistischer Abgeordneter in der Duma, schrieb über die Zarin:

»Sie ist sehr intelligent … Sie ist ihrer Umgebung weit überlegen … Sie verachtet – nun, ganz einfach, uns – mit einem Wort, Petersburg …

Sie ist sicher, daß das einfache Volk sie anbetet ... Sie und Rasputin? – Nein, das ist unmöglich ... alles, aber das nicht. Ihre Herrschaft über ihren Mann ist an sich schon eine offene Revolte gegen die Autokratie und führt alle anderen schrecklich in die Irre. Was für eine Autokratie ist denn das? Sogar für die ergebensten, treuesten Herzen, für die die Achtung für den Thron ein sechster Sinn ist, ist sie Gift. Sie vergiftet den richtigen Instinkt für die Monarchie ... Mit seiner Schwäche eines Ehemannes gegenüber seiner Ehefrau kränkt der Herrscher sein Volk und das Volk kränkt seinen Herrscher. Die Verleumdung ist zu übel, um diskutiert zu werden; er kann sie nicht aufklären, und man kann ihn nicht einmal darum bitten ... Es ist scheußlich, eine Autokratie ohne Autokraten zu haben.«[21]

Der Rest der kaiserlichen Familie verzweifelte zusammen mit dem Land. Die Kaiserinwitwe hatte ihrem Sohn ein Ultimatum gestellt: Entweder er schickt Rasputin fort, oder sie würde die Stadt verlassen. Natürlich konnte Nikolaus das nicht tun, und so nahm die Kaiserinwitwe ihren Wohnsitz in Kiew.[22]

Es halten sich hartnäckig Gerüchte innerhalb der Familie Romanow, daß die Kaiserinwitwe in Verbindung mit diesem Ultimatum in eine Verschwörung zum Sturz ihres Sohnes verwickelt war. Es war bekannt, daß sich die Großfürsten Wladimir und Kyrill beide dafür stark machten, den Zaren durch den Zarewitsch unter einer Regentschaft zu ersetzen. Die Kaiserinwitwe mochte aber die Wladimirowitschs nicht und suchte angeblich nach einer anderen Lösung. Es gibt zwei Versionen darüber, was hätte passieren können. Nach der ersten hätte Großfürst Pawel im Namen der Kaiserinwitwe die Macht ergreifen sollen, woraufhin Maria Fjodorowna selbst den Thron besteigen würde; nach der zweiten würden sie und Großfürst Pawel gemeinsam als Regenten für den Zarewitsch handeln. Den Gerüchten zufolge hatte Alexandra Wind davon bekommen.

Das Ultimatum der Kaiserinwitwe an ihren Sohn hätte den Anfang des Coups signalisieren sollen, aber Alexandra konnte den Zaren dazu überreden, seine Mutter ins Exil zu schicken.[23] Mit der ganzen Verachtung, die sie für Alexandra hegte, sagte Maria Fjodorowna zu einem Mitglied der Familie: »Das ist nicht Nicky, er nicht. Er ist sanft und ehrlich und gut – das ist alles sie!«[24]

Großfürst Alexander Michailowitsch suchte die *Stawka* fünfmal auf, um den Zaren zu überreden, den Rat von Alexandra und Rasputin nicht zu befolgen. »Ich glaube niemandem außer meiner Frau«, war die schroffe Antwort des Zaren.[25] Nach zahllosen Appellen, die nichts bewirkt zu haben schienen, suchte ihn Großfürst Nikolaj Michailowitsch auf, sprach mit ihm und legte seine Argumente auch in einem Brief dar:

»Bist Du ordentlich über die Lage im Reich, insbesondere in Sibirien informiert? Kennst Du die ganze Wahrheit, oder verstecken sie das meiste vor Dir? Wo liegt die Wurzel allen Übels? Laß mich das mit ein paar Worten erklären.

Solange Deine Methode, die Minister auszuwählen, nur einem kleinen Kreis bekannt war, lief alles mehr oder weniger unverändert weiter. Doch als solche Angelegenheiten allgemein bekannt und in der Öffentlichkeit diskutiert wurden, zeigte sich, daß Rußland so nicht länger regiert werden konnte. Du hast mir mehrfach gesagt, daß Du niemandem trauen könntest und ständig betrogen würdest.

Wenn das stimmt, dann gilt das vor allem für Deine Frau, die Dich, obwohl sie Dich liebt, dauernd falsch leitet, weil sie von Menschen umgeben ist, die vom Geist des Bösen beherrscht sind. Du glaubst Alexandra Fjodorowna. Das ist natürlich. Doch die Worte, die sie äußert, sind die Folge von geschickten Intrigen, nicht die Wahrheit. Wenn Du nicht die Macht hast, Dich von solchen Einflüssen zu befreien, dann sei zumindest immer auf der Hut vor den unermüdlichen und systematischen Intriganten, die Deine Frau als ihr Werkzeug mißbrauchen.

Wenn Du die ständige Einmischung jener bösen Einflüsse verhindern könntest, würde die Wiederbelebung Rußlands einen großen Sprung nach vorn machen und Du würdest das Vertrauen wiedergewinnen, das Du bei der großen Mehrheit Deiner Untertanen verloren hast. Du fändest ein Volk vor, das glücklich wäre, unter einer neuen Regierung unter Deiner Führung zu arbeiten.

Ich habe lange gezögert, bevor ich Dir die Wahrheit gesagt habe, habe mich jetzt aber auf Zureden Deiner Mutter und Deiner Schwester entschlossen, es doch zu tun. Vor Dir liegen neue Prüfungen, neue Angriffe auf Deine Person. Glaube mir, wenn ich meinem Wunsch Ausdruck gebe, Du mögest die Fesseln abschütteln, die Dich gefangenhalten, geschieht das nicht aus persönlichen Motiven, die ich, wie Du weißt, nicht hege, sondern nur in der Hoffnung, Dich und Deinen Thron und unser geliebtes Land vor der schrecklichen und nicht wiedergutzumachenden Katastrophe zu retten, die vor uns liegt.«[26]

Der Zar schickte den Brief ungelesen an Alexandra. »Ich…bin furchtbar empört darüber«, schrieb sie zurück. »Warum hast Du ihn nicht mitten in seiner Rede angehalten und hast ihm nicht gesagt, wenn er noch einmal diesen Gegenstand oder mich berühren würde, würdest Du ihn nach Sibirien schicken, da das bereits an Hochverrat grenzt? Er hat mich immer gehaßt und hat diese ganzen zweiundzwanzig Jahre schlecht über mich gesprochen… Aber in Kriegszeiten und in einem solchen Moment sich hinter dem Rücken Deiner Mama und Deiner Schwestern zu verstecken, nicht offen aufzutreten…zur Verteidigung der Frau seines Kaisers, das ist eine Gemeinheit und ein Verrat.«[27]

Großfürst Nikolaj Nikolajewitsch tauchte als nächster im Hauptquartier auf. Nikolascha blieb mehrere Stunden beim Zaren. Obwohl er seinen Neffen anbrüllte, weil der den Zusammenbruch der Regierung zuließ, zeigte der Zar keine Reaktion, sondern rauchte weiter seine Zigarette. Schließlich hielt es der Großfürst nicht mehr aus. »Mir wäre es lieber, du würdest mich beschimpfen, schlagen, hinauswerfen, statt zu schweigen!« brüllte er. »Kannst du nicht sehen, daß du dabei bist, deine Krone zu verlieren? Reiß dich zusammen, solange es noch nicht zu spät ist. Richte ein verantwortliches Ministerium ein. Schon im Juni habe ich mit dir darüber gesprochen. Du schiebst die Dinge nur vor dir her. Noch ist Zeit, bald wird es zu spät sein.«[28]

Im Dezember empfing Alexandra ihre ehemalige Schwägerin Melita, jetzt verheiratet mit Großfürst Kyrill Wladimirowitsch. »Ich habe mit Schmerz und Schrecken die feindselige Bewegung festgestellt«, sagte die Großfürstin, »die gegen Eure Majestät entfesselt ist…« Die Kaiserin unterbrach sie: »Sie irren, meine Liebste. Übrigens habe ich mich selber geirrt. Noch vor kurzer Zeit glaubte ich, daß mich Rußland hasse. Heute bin ich aufgeklärt. Ich weiß, daß mich einzig und allein die Petrograder Gesellschaft haßt, diese verderbte, gottlose Gesellschaft…«[29]

Und Großfürstin Maria Pawlowna erinnerte sich: »Es war ungefähr zu dieser Zeit, daß ich Menschen mit offener Feindseligkeit und Verachtung von dem Kaiser und der Kaiserin sprechen hörte. Das Wort ›Revolution‹ wurde offener und häufiger ausgesprochen; bald war es überall zu hören. Der Krieg schien in den Hintergrund zu treten. Alle Aufmerksamkeit war auf die Vorgänge im Inneren gerichtet. Rasputin, Rasputin, Rasputin – es war wie ein Refrain: seine Fehler, sein schockierendes Verhalten, seine mysteriöse Macht. Diese Macht war ungeheuer; sie war wie Staub, der unsere ganze Welt einhüllte und die Sonne auslöschte. Wie konnte ein solch bedauernswürdiger Wicht einen so langen Schatten werfen? Es war unerklärlich, überraschend, beinahe unglaublich.«[30]

Großfürst Pawel versuchte sich aus den Intrigen herauszuhalten, doch war er offensichtlich zumindest in Gespräche mit der Kaiserinwitwe über Eventualfälle verwickelt. Sogar Großfürst Michail, der zweite in der Thronfolge, hatte angefangen, sich an den verschiedenen Verschwörungen zu beteiligen.

Die gesamte Familie Romanow fühlte, daß das Ende nah war. Sie hatten alle gebettelt, argumentiert und dem Zaren gut zugeredet, seine Politik zu ändern – Rasputin ins Exil zu schicken, eine neue Regierung mit umfassender Macht einzusetzen, Alexandra daran zu hindern, sich in die Tagespolitik einzumischen. Doch der Zar hatte sich geweigert nachzugeben.

Im Herbst 1916 bat die Fürstin Sinaide Jussupow auf Drängen der Großfürstin Elisabeth um eine Audienz bei der Zarin. Bei dem Treffen begrüßte Alexandra die Dame kühl. Als Sinaide Jussupow es wagte, Rasputins Namen zu erwähnen, befahl Alexandra ihr zu gehen. Die Fürstin wollte sich jedoch den Mund nicht verbieten lassen, und die Zarin mußte einen Diener rufen, der die Frau aus dem Palast begleitete. Bevor sie ging, fixierte Alexandra die Fürstin Jussupow mit einem bösen Blick und erklärte: »Ich hoffe, Sie nie wiederzusehen!«[31]

Die kaiserliche Familie überredete Großfürstin Ella, noch einmal ihr Moskauer Kloster zu verlassen und mit ihrer Schwester zu reden. Ella kam in dem grauen Habit ihres Ordens im Alexanderpalast an. Die Unterhaltung war erfolglos. Alexandra weigerte sich, über Rasputin zu sprechen. »Denk an das Schicksal Ludwigs XVI. und Marie Antoinettes!« sagte Ella zu ihr.[32] Daraufhin erhob sich die Zarin, ging zu ihrem Schreibpult, nahm den Telefonhörer auf und bestellte einen Wagen, der ihre Schwester sofort zum Bahnhof bringen sollte.

»Es wäre vielleicht besser gewesen, ich wäre nicht gekommen«, meinte Ella traurig.

»Ja«, stimmte Alexandra zu, und die beiden Schwestern trennten sich. Sie sollten sich nie wieder sehen.[33]

35

Dezember 1916 – ein Alptraum

Am 2. Dezember 1916 erhob sich Wladimir Purischkewitsch, um in der Duma zu sprechen. Man sagte von Purischkewitsch, er sei so weit rechts, daß es rechts von ihm nur noch die Wand gebe.[1] Er war sehr intelligent und hatte einen scharfen, pointierten Witz, glaubte bedingungslos an die Autokratie und war ein erklärter Patriot. Als er ans Rednerpult trat, lehnten sich die Abgeordneten der Duma erwartungsvoll vor.

Zwei Stunden lang wetterte er auf die Anwesenden ein; er sprach von »geheimnisvollen Mächten, die Rußland entehren«. »Es bedarf lediglich einer Empfehlung durch Rasputin, und der erbärmlichste Bürger wird in ein hohes Amt erhoben«, donnerte er, und endete mit den Worten: »Auf, meine Herren Minister! Geht in die *Stawka*, werft euch dem Zaren zu Füßen; habt den Mut, ihm zu sagen, daß der Zorn des Volkes grollt und daß ein hergelaufener *Muschik* nicht länger über Rußland herrschen darf! ...«[2]

Die Abgeordneten sprangen auf und applaudierten. Auf der Galerie bemerkte eine Besucherin, daß neben ihr Fürst Felix Jussupow nicht aufgestanden war, sondern »von heftiger Erregung erschüttert« wurde, und sie sah ihn »erbleichen und zusammenzucken«.[3]

Wenige Tage später suchte Fürst Felix Jussupow Purischkewitsch auf. Dieser berichtete von diesem Gespräch:

»›Was soll man denn tun?‹ warf ich ein.

Jussupow lächelte vielsagend, sah mich, ohne zu blinzeln, unverwandt an und preßte durch die Zähne: ›Rasputin beseitigen.‹

Ich lachte. ›Das ist leicht gesagt‹, entgegnete ich, ›doch wer sollte das auf sich nehmen, wo es in Rußland ohnehin an entschlossenen Leuten fehlt? Die Regierung, die es allein tun könnte, und zwar auf geschickte Weise, ist ja durch Rasputin an der Macht und hütet ihn wie ihren Augapfel.‹

›Ja‹, erwiderte Jussupow, ›auf die Regierung kann man nicht zählen, aber ein paar Männer würden sich in Rußland doch wohl finden.‹

›Glauben Sie?‹

›Ich bin fest davon überzeugt, und einen davon sehen Sie vor sich.‹«[4]

Felix Jussupow hatte sich entschlossen, Rußland zu retten: Er würde Rasputin töten.

Auf Fürst Felix Felixowitsch Jussupow, Graf Sumarakow-Elston, neunundzwanzig Jahre alt, wartete als Erbteil das vielleicht größte Privatvermögen in Rußland. Nach dem Tod seines Bruders Nikolaus im Jahre 1908 war Felix Alleinerbe von so großartigen Palästen, Juwelen und Gemälden, daß sogar die Schwester des Zaren, Olga Alexandrowna, die häufig zitierte Legende glaubte, wonach der Reichtum der Jussupows den der Romanows überstieg.[5]

Am Abend vor der Geburt von Felix im Jahre 1887 hatte seine Mutter an einem Ball im Winterpalast teilgenommen, war bis zum Morgengrauen geblieben und dann in den ersten Wehen nach Hause geeilt. Bei der Taufe wurde Felix beinahe vom Priester ertränkt. Für seine Mutter war er eine Enttäuschung, denn sie hatte sich ein Mädchen gewünscht. Als Entschädigung dafür kleidete sie Felix bis zum Alter von fünf Jahren in Mädchenkleider, ließ seine Haare kräuseln und mit Bändern schmücken. Felix, der dagegen überhaupt nichts einzuwenden hatte, wurde sehr eitel und rief Unbekannten zu: »Schauen Sie, ist Baby nicht hübsch?«[6]

Die Jussupows besaßen vier Paläste in St. Petersburg, drei in Moskau, und siebenunddreißig andere Anwesen, die über das ganze Land verstreut waren. »Eines unserer Güter im Kaukasus«, schrieb Felix, »erstreckte sich über 200 Kilometer entlang des Kaspischen Meeres; es gab solch einen Überfluß an Rohöl, daß die Erde davon getränkt zu sein schien und die Bauern damit ihre Wagenräder schmierten.«[7]

Die Räume des Gutes Archangelskoje bei Moskau waren voll von dem schönsten Porzellan und wertvollen Gemälden. Ein weiteres Haus bei Moskau war einst das Jagdhaus Iwans des Schrecklichen gewesen; anläßlich einer Restaurierung wurden mehrere Skelette gefunden, die an die Wände eines geheimen Ganges gekettet waren, Opfer der Wut des wahnsinnigen Zaren.[8] Der Jussupow-Palast an der Fontanka in St. Petersburg war von Quarenghi erbaut worden. Hinter seinen Mauern gab es drei Ballsäle, ein Theater und eine Kunstgalerie, die die feinste Privatsammlung des Landes beherbergte, mit unter anderem fünf Tiepolos, zwei Rembrandts, einem Rubens und einem Velázquez.[9]

Der Palast an der Mojka Nr. 94, in dem Felix geboren worden war, erstreckte sich an drei Seiten um einen großen Innenhof und einen Garten. Ein Privattheater im Stil Louis XV. nahm einen ganzen Flügel des Hauses ein; in einem anderen Teil des Palastes gab es ein maurisches Zimmer, das die Kopie eines Raumes in der Alhambra war. »Die Möbel des *Petit salon* hatten Marie Antoinette gehört«, schrieb Felix. »Gemälde von Boucher, Fragonard, Watteau, Hubert Robert und Greuze hingen an den Wänden, und der Kronleuchter aus Bergkristall hatte einmal Madame Pompadours Boudoir geziert; ganz allerliebste Nippsachen standen überall auf den Tischen oder waren in Vitrinen ausgestellt: goldene und emaillierte Schnupfdosen, Aschenbecher aus Amethyst, Topas und Jade mit Edelsteinen in Goldfassung.«[10] Außerdem standen »Kristallschalen mit ungeschliffenen Saphiren, Smaragden und Opalen« als Dekoration auf den Tischen, sowie die Peregrine, eine Perle, die so rund war, »daß sie von glatten Oberflächen immer herunterrollte«.[11]

Als Jugendlicher wurde Felix von der Verlobten seines Bruders dazu angestiftet, die Kleider seiner Mutter anzuziehen. Das wurde ihm so zur Gewohnheit, daß fast ganz St. Petersburg von dem sonderbaren Geschmack des Prinzen wußte. Angefangen hatte es damit, daß er und ein Cousin sich im Alter von zwölf Jahren als Frauen verkleidet hatten und durch die Straßen der Hauptstadt gestreift waren. Sie zogen die amouröse Aufmerksamkeit einiger Offiziere auf sich und mußten, um ihnen zu entkommen, in einem Restaurant untertauchen. Drinnen begann Felix mit einigen männlichen Gästen zu flirten und wurde sehr betrunken. Er nahm seine Perlenkette ab und zielte damit wie mit einem Lasso auf die Köpfe anderer in seiner Nähe. Natürlich riß die Kette und die Perlen sprangen auseinander; Felix versuchte zu verschwinden, mußte aber alles beichten, weil der Geschäftsführer ihn erwischte, als er ohne zu bezahlen flüchten wollte.[12]

Der Ruf von Zügellosigkeit verbreitete sich mit zunehmendem Alter. Groß und gut aussehend wie er war, zog er die Aufmerksamkeit des Großfürsten Dimitrij Pawlowitsch auf sich, des sechsundzwanzigjährigen Sohnes von Großfürst Pawel und Vetters des Zaren. Großfürst Pawel hatte in zweiter Ehe eine Nichtadelige geheiratet und lebte in Paris im Exil. Seinen Sohn hatte er bei Alexandra und Nikolaus im Alexanderpalast gelassen; folglich sah das kaiserliche Paar Dimitrij fast wie eines ihrer eigenen Kinder an. Felix erinnerte sich an Dimitrij schwärmerisch als »äußerst attraktiv, groß, elegant, vornehm, mit tiefen, nachdenklichen Augen«.[13] Alexandra machte sich über diese Beziehung ständig Sorgen und ermahnte Dimitrij, er solle den Fürsten weniger häufig treffen, doch ohne Erfolg.

Es ist verschiedentlich angedeutet worden, Fürst Felix und Großfürst Dimitrij seien Liebhaber gewesen. Die beiden waren seit der Kindheit Freunde; beide waren kultiviert, reich, gut aussehend und recht vergnügungssüchtig. Anhaltende Gerüchte brachten das Paar in einen romantischen Zusammenhang, aber mögliche Beweise zur Unterstützung einer solchen Behauptung sind längst verschwunden.

1914 heiratete Felix Prinzessin Irina, die einzige Nichte des Zaren, Tochter der Großfürstin Xenia und des Großfürsten Alexander Michailowitsch. Nikolaus persönlich führte ihm bei der Trauung die Braut zu. Irina trug ein weißes Satingewand und Marie Antoinettes Brautschleier. Als Hochzeitsgeschenk erhielten Felix und Irina vom Zarenpaar einen Beutel mit neunundzwanzig Diamanten von jeweils drei bis sieben Karat.[14]

Diese Ehe war eine sonderbare Verbindung. Felix zog eigentlich die Gesellschaft seines Freundes Dimitrij vor, oder, wenn der Großfürst nicht da war, die der Zigeuner von den Inseln St. Petersburgs. Er liebte es, sich unter die Russen einfacher Herkunft zu mischen, und kam so auch in Kontakt mit Rasputin.

Felix war ein überzeugter Monarchist und hatte von Kindheit an die Bildnisse von Ludwig XVI. und Marie Antoinette in seinem Schlafzimmer gehabt, stets mit frischen Blumen davor.[15] Durch eine sonderbare Wendung fehlgeleiteter Loyalität dem Thron gegenüber glaubte Felix, daß er auserwählt sei, die Romanow-Dynastie vor dem sibirischen Bauern zu retten. 1915 entschloß er sich, Rasputin zu töten; später schrieb er, er habe gehofft, durch diese Tat den Thron vor der Revolution zu bewahren und der Einmischung der Zarin in politische Angelegenheiten ein Ende zu setzen. Um Rasputins volles Vertrauen zu gewinnen, fing der Prinz an, ihn regelmäßig wegen der »Heilung« von einer angeblichen Krankheit aufzusuchen. Er berichtete:

»Der ›Wundermönch‹ legte mich auf das Sofa nieder und blieb eine Weile neben mir stehen. Dann begann er mir durchdringend in die Augen zu schauen und mich am ganzen Körper, am Kopf, Hals und Brust, zu streicheln.

Plötzlich ließ er sich auf die Knie nieder und fing an, wie es mir schien, zu beten, während er beide Hände mir auf die Stirn legte. Sein Gesicht konnte ich nicht sehen. Sein Kopf hing bei der gebückten Haltung tief herab.

So, in dieser Stellung, verblieb er eine ganze Weile, bis er auf einmal durch eine plötzliche Bewegung sich wieder auf die Beine schwang und im Zimmer bestimmte Pas auszuführen begann. Man merkte sogleich, daß ihm gewisse, von den Hypnotiseuren angewandte Kniffe wohlbekannt waren. Die Macht ... der Rasputinschen Hypnose war eine ungeheure.

Ich fühlte, wie mein Wesen ganz von ihr ergriffen wurde, und wie sie meinen ganzen Körper in ein wohliges Gefühl der Wärme einhüllte. Zugleich aber fühlte ich auch meine Glieder gänzlich erstarren, und mein Körper schien langsam abzusterben. Ich versuchte zu sprechen, aber meine Zunge wollte mir nicht gehorchen. Allmählich versank ich in einen schweren Schlaf, wie unter der Wirkung eines starken narkotischen Mittels.

Nur noch die Augen Rasputins blieben mir sichtbar. Sie strahlten ein merkwürdig phosphoreszierendes Licht aus, das sich immer mehr ausbreitete und sich schließlich zu einem großen brennenden Kreis zusammenschloß.

Dieser Lichtkreis kam abwechselnd näher an mich heran und entfernte sich dann wieder, und als er dicht genug vor mir stand, glaubte ich die Augen Rasputins sehen und unterscheiden zu können. Aber schon im nächsten Augenblick waren sie wieder in dem leuchtenden Kreis verschwunden, der von neuem sich von mir zu entfernen begann.

An mein Ohr drang die Stimme des ›Wundermönchs‹, die Worte jedoch konnte ich nicht klar erkennen, ich hörte bloß ein undeutliches Gemurmel.

So verblieb ich eine Zeitlang in dieser unbeweglichen Lage und konnte weder rufen noch mich rühren. Nur mein Denken war noch im wachen Zustand, und ich fühlte deutlich, wie ich immer mehr der Macht dieses rätselhaften und schrecklichen Menschen verfiel.

Aber schon kam es mir wieder zum Bewußtsein, daß in meiner Seele, ohne eine besondere Willensanstrengung von meiner Seite, sich eine innere Kraft zu regen begann, die der Hypnose erfolgreich Widerstand leistete. Sie wurde allmählich stärker, bis sie schließlich mein ganzes Wesen mit einem unsichtbaren Panzer bedeckte. Dunkel tauchte in meinem Gehirn der Gedanke auf, daß ich mich in einem aufreibenden Kampfe mit Rasputin befinde. Ich fühlte, wie durch das Aufeinanderprallen beider feindlichen Mächte meine inneren Kräfte ständig wuchsen und Rasputin allmählich die Herrschaft über meine Seele entrissen.

Ich machte den Versuch, meine Hand zu bewegen, und siehe, sie gehorchte meinem Willen. Aber ich blieb noch eine Weile in derselben Stellung liegen; ich wollte absichtlich nicht eher aufstehen, bis Rasputin selber mich nicht dazu aufgefordert hatte.

Jetzt konnte ich auch klar Rasputins Figur, Gesicht und Augen unterscheiden. Der Feuerkreis, der mir solche Angst einflößte, verschwand gänzlich.

›Nun, mein Lieber, fürs erstemal sei es genug‹, sagte endlich Rasputin.«[16]

»Ich bin allmächtig«, äußerte Rasputin einmal Felix gegenüber. »Der Zar und die Zarin hören mir zu, deshalb solltest auch du mir zuhören.«[17] Seine Ansichten über das kaiserliche Paar schockierten den Fürsten. »Die Zarin ist eine außerordentlich weise Herrscherin … mit ihr kann ich mich immer verständigen, und wir werden uns auch stets einig werden … Jedoch er [der Zar] – er ist ein Mann Gottes, ja, aber doch kein Herrscher! … Da sind wir ihm nun mit Gottes Segen behilflich.«[18]

Nachdem er Purischkewitschs Rede gehört hatte, beschloß Felix nicht länger zu warten. Der Fürst und der Duma-Abgeordnete diskutierten den Plan für die Ermordung Rasputins, bevor sie ihre Mitverschwörer wählten. Felix entschied, daß Dimitrij dazugehören mußte. Ein junger Offizier namens Iwan Suchotin – ein Freund des Fürsten aus dem Preobraschenskij-Regiment – und ein Arzt, Stanislaw Lasowert, vervollständigten den Kreis. Sie beschlossen, Rasputin in den Jussupow-Palast an der Mojka einzuladen, damit er die für ihre Schönheit berühmte Prinzessin Irina kennenlernte. Wenn er erst einmal dort war, würden sie ihn vergiften. Seine Leiche wollten sie in der Newa versenken, und Purischkewitsch würde, um den Verdacht von der Gruppe im Palast abzulenken, in einem örtlichen Restaurant anrufen und fragen, ob Rasputin schon angekommen sei.[19]

Rasputin nahm die Einladung in den Jussupow-Palast für den 29. Dezember an – für Dimitrij mit seinem vollen Kalender der frühestmögliche Termin. Als sich das Datum näherte, schien Rasputin zu wittern, daß sein Leben in Gefahr war. Purischkewitsch hatte den Mund nicht halten können, und Einzelheiten waren in Petrograd bekannt geworden. Eine Zeitlang weigerte sich Rasputin aus Angst vor dem Unbekannten, das vor seiner Haustür lauerte, seine Wohnung zu verlassen. Von seinem letzten Treffen mit dem Zaren berichtete Anna Wyrubowa: »Als Ihre Majestäten sich erhoben, um sich zu verabschieden, sagte der Kaiser, wie er es gewöhnlich in solchen Fällen tat: ›Grigorij, segne uns.‹ – ›Heute segne du mich‹, erwiderte Rasputin, was der Kaiser auch tat.«[20]

Rasputin schrieb vor seinem Treffen im Jussupow-Palast einen sonderbar prophetischen Brief. Er war an den Zaren gerichtet und überschrieben mit »Der Geist von Grigorij Jefimowitsch Rasputin aus dem Dorf Pokrowskoje«:

»Ich schreibe und hinterlasse diesen Brief in St. Petersburg. Ich fühle, daß ich das Leben vor dem ersten Januar verlassen werde. Ich möchte dem russischen Volk, dem Vater, der russischen Mutter und den Kindern, dem Land Rußland zur Kenntnis geben, was sie verstehen müssen. Wenn ich von gemeinen Mördern und vor allem von meinen Brüdern, russischen Bauern, getötet werde, hast Du, Zar von Rußland, nichts zu fürchten, bleib auf Deinem Thron und herrsche, und, Zar von Rußland, Du hast für Deine Kinder nichts zu fürchten, sie werden Hunderte von Jahren in Rußland regieren. Wenn ich aber von *Bojaren*, Adligen, ermordet werde, wenn sie mein Blut vergossen haben, dann werden ihre Hände mit Blut beschmutzt sein, fünfundzwanzig Jahre lang werden sie ihre Hände nicht von meinem Blut reinwaschen können. Sie werden Rußland verlassen. Brüder werden Brüder töten, und sie werden einander töten und fünfundzwanzig Jahre lang wird es im Land keinen Adel geben. Zar des Landes Rußland, wenn Du die Glocke hörst, die Dir verkündet, daß Grigorij getötet wurde, sollst Du dieses wissen: Wenn es Deine Verwandtschaft war, die meinen Tod herbeigeführt hat, dann wird niemand aus Deiner Familie, das heißt, keines Deiner Kinder und kein Verwandter, länger als zwei Jahre am Leben bleiben. Sie werden vom russischen Volk getötet werden ... Ich werde getötet werden. Ich bin nicht länger unter den Lebenden. Bete, bete, sei stark, denk an Deine gesegnete Familie.

Grigorij.«[21]

Am Nachmittag des 29. Dezember suchte Anna Wyrubowa Rasputin in seiner Wohnung auf, um ihm ein Heiligenbild von der Zarin zu überbringen. Rasputin erzählte ihr von dem geplanten Besuch um Mitternacht im Palast an der Mojka, um Prinzessin Irina zu sehen. Anna empfand die späte Stunde als ungewöhnlich für ein Treffen, sagte aber nichts. Später am Abend jedoch, als sie mit Alexandra im Malvenboudoir saß, erwähnte sie es. »Aber das muß ein Irrtum sein«, erwiderte die Zarin, »Irina ist auf der Krim.« Sie verstummte; dann, nach ein paar Minuten, wiederholte sie: »Das muß ein Irrtum sein.« Sonst wurde an dem Abend nicht über den Besuch gesprochen.

Am nächsten Morgen, berichtete Anna, sei sie kurz nach dem Frühstück von einer der Töchter Rasputins angerufen worden ... Ziemlich besorgt habe ihr das junge Mädchen erzählt, daß ihr Vater am Abend zuvor im Auto der Jussupows ausgefahren und noch nicht zurückgekehrt sei.[22]

Fürst Felix wählte für den Mord ein Zimmer im Souterrain des Palastes an der Mojka aus. Von seinem Ende führte eine Wendeltreppe zu einem achteckigen Vorzimmer im ersten Stock, auf halber Höhe ging eine Tür auf den Hof hinaus. Felix bereitete den Raum vor. In der Mitte stand ein kleiner Tisch mit mehreren Stühlen. In einer Ecke befand sich eine Kommode mit Ebenholzintarsien, mehreren Schubladen, Bronzesäulchen und Geheimfächern, darauf ein italienisches Kruzifix aus Silber und Bergkristall aus dem sechzehnten Jahrhundert. Vor dem Tisch lag auf dem Steinfußboden ein weißes Bärenfell. Die Vorhänge waren zugezogen, und in dem Kamin aus rotem Granit brannte ein Feuer. Felix ließ seine Bediensteten den Tisch für den Mord zum Tee decken. Mehrere kleine Kuchen und Gebäckstücke wurden aufgeschnitten; Dr. Lasowert bestreute sie dick mit Zyankali, genug, sagte er, um mehrere Menschen zu töten. Der ebenfalls vergiftete Wein stammte aus den Jussupowschen Weinbergen auf der Krim. Lasowert fungierte als Chauffeur des Fürsten, und Dimitrij, Purischkewitsch und Suchotin spielten oben Grammophonplatten, um eine Abendgesellschaft vorzutäuschen. Das Mordzimmer, schrieb Felix später, war »vom Rest der Welt abgeschnitten«, die Diener hielten sich in einem anderen Flügel des Palastes auf. Als Felix sich zur Wohnung des Opfers aufmachte, füllten die Klänge des »*Yankee Doodle*« den leeren Palast.[23]

In einem schweren Mantel und mit tief ins Gesicht gezogener Pelzmütze mit Ohrenklappen stahl sich Felix die Hintertreppe zu Rasputins Wohnung hinauf. In dem Glauben, er werde die schöne Prinzessin Irina treffen, hatte sich Rasputin sorgfältig auf den Abend vorbereitet. Felix meinte, er habe nach billiger Seife gerochen, und seine Haare und sein Bart seien sorgfältig gekämmt gewesen. Er trug schwarze Samthosen, ein blaßgelbes Seidenhemd, das mit Blümchen bestickt war, und um die Taille eine himbeerfarbene Kordel mit langen Quasten.[24] Sie verließen die Wohnung eine halbe Stunde nach Mitternacht. Das Auto fuhr langsam durch die dunklen verschneiten Straßen, bis es den Palast an der Mojka erreichte; Lasowert ließ Felix und seinen Gast aussteigen und fuhr dann weiter zur anderen Seite des Hofes.

Als sie im Souterrain waren, setzten Felix und Rasputin sich an dem Tisch nieder. Der Fürst bot dem *Muschik* nervös Tee an, und Rasputin nahm dankend an. Aber ihm auch von dem vergifteten Gebäck anzubieten, konnte sich Felix noch nicht überwinden. Nach mehreren Gläsern unvergifteten Weins schien Rasputin leicht angetrunken zu sein; Felix bot ihm schnell ein vergiftetes Gebäckstück an, welches Rasputin mit einem Bissen verschlang. Nichts passierte. Felix entschuldigte sich eilig und verschwand über die Wendeltreppe.

Im Arbeitszimmer des Fürsten, gleich neben dem achteckigen Vorzimmer, erzählte er seinen Mitverschwörern, daß das Gift nicht gewirkt habe, doch sie überredeten ihn, in den Keller zurückzugehen. Dieses Mal bot Felix Rasputin vergifteten Madeira an, doch selbst zwei Gläser zeigten keine Wirkung. Im Gegenteil, Rasputin bat um mehr und aß noch weitere vergiftete Kuchen.[25]

Felix führte Hysterie in sich aufsteigen. Rasputin entdeckte eine Gitarre, und bat den Prinzen, für ihn zu spielen; Felix sang und spielte über eine Stunde lang. Als er nicht mehr konnte, entschuldigte er sich wieder, sagte, er wollte nachsehen, ob Irina bereit sei, Rasputin zu empfangen, und verschwand über die Wendeltreppe. Nach Felix' Aussage war es beinahe drei Uhr früh. Von oben konnte man noch immer die Klänge des »Yankee Doodle« vernehmen.

Die anderen Verschwörer drängten sich um Felix. Sie konnten nicht glauben, daß Rasputin noch lebte. Lasowert hatte wegen seiner strapazierten Nerven schon zwei Schwächeanfälle erlitten. Dimitrij schlug vor, sie sollten den Plan aufgeben, doch Purischkewitsch wollte davon nichts wissen; er nahm seinen Revolver heraus und stand schon auf der Wendeltreppe. Doch Felix bat um die Ehre. Er hielt den Revolver hinter dem Rücken fest umklammert, als er sich noch einmal auf den Weg ins Souterrain machte. Er erinnerte sich:

»Rasputin saß an dem Teetisch, an derselben Stelle, an der ich ihn verlassen hatte. Sein Kopf hing tief herab, und er atmete schwer. Ich näherte mich ihm mit geräuschlosen Schritten und setzte mich neben ihn hin. Er schien mein Kommen gar nicht zu beachten.«[26] Felix gab Rasputin zwei weitere Gläser des vergifteten Weins und ging dann in eine Ecke des Raums. Rasputin schlug einen Besuch bei den Zigeunern vor; Felix lehnte wegen der späten Stunde ab. Rasputin stand auf und folgte Felix durch den Raum zu dem Ebenholzschränkchen. Felix sagte später, Rasputin habe »eine kindliche Freude daran gehabt, die Schubladen zu öffnen und zu schließen und sie von oben bis unten zu untersuchen«.[27]

Felix heftete seine Blicke auf das Kruzifix, als bete er um die Kraft, zu handeln. Rasputin folgte seinem Blick und sagte: »Nach meiner Meinung ist das Schränkchen doch interessanter.«

»Grigorij Jefimowitsch, Sie sollten lieber auf die Kreuzigung hinschauen und vor ihr zum Gebet niederknien«, murmelte Felix.[28] Rasputin sah ihn erstaunt an und wandte sich dann wieder dem Schränkchen zu. Felix zog den Revolver, zielte und feuerte einen Schuß ab. Mit einem wilden Schrei fiel Rasputin rückwärts auf das Bärenfell.

Die anderen Verschwörer kamen herunter und fanden Rasputin auf dem Rücken liegend vor; Felix stand mit ausgestrecktem Arm und auf den Toten gerichtetem Revolver über ihm; sein Gesicht zeigte grimmige Befriedigung, und seine Augen funkelten wild.

»Wir müssen ihn schnell von dem Fell auf den Steinfußboden legen, damit das Blut nicht einsickert, und dann müssen wir sehen, daß wir hier herauskommen«, sagte Dimitrij.[29] Doch als sie die Leiche von dem weißen Bärenfell zogen, war darauf kein Blut zu sehen.

Lasowert erklärte ihn für tot. Sowohl Felix als auch Purischkewitsch berichten, wie Suchotin Rasputins schweren Mantel anzog und den Mojka-Palast mit Dimitrij und Lasowert in Purischkewitschs Wagen verließ, um Rasputins Abfahrt vorzutäuschen. Felix löschte das Licht im Keller, und er und Purischkewitsch gingen nach oben. Purischkewitsch setzte sich in einen Sessel und rauchte eine Zigarre; Felix wanderte durch den Palast.

Irgendwann kehrte Felix in den dunklen Raum im Souterrain zurück. Purischkewitsch deutete später an, daß im Keller etwas Sonderbares passiert sei, während der Fürst mit der Leiche alleine war, wurde aber nicht deutlicher.[30] Nach Felix' Aussage war er zu der Leiche gegangen, hatte sie gepackt und kräftig geschüttelt. »Plötzlich begann das linke Auge sich langsam zu öffnen. Nach einer Weile fing auch das rechte Lid an zu zittern und sich zu heben, und auf einmal ... durchbohrten mich beide Augen, beide Augen Rasputins, die jetzt grünlich schimmerten, schlangenartig, und einen Ausdruck teuflischer Bosheit hatten ... Ich war vor lautlosem Entsetzen wie gelähmt. Alle Muskeln meines Körpers wurden auf einmal steif. Ich wollte davonlaufen, zu Hilfe rufen, aber ich konnte meine Beine gar nicht bewegen, und meine Stimme gehorchte mir nicht ... Durch eine ungestüme, heftige Bewegung schwang sich Rasputin plötzlich auf die Beine … Ich erkannte nun, wer Rasputin wirklich war. Er war die Reinkarnation des Teufels selbst, der mich in seinen Fängen hielt und mich bis ans Ende meiner Tage nicht mehr loslassen würde.«[31] Rasputin packte Jussupow an der Schulter und riß dabei eine Epaulette ab. Felix flüchtete über die Treppe ins Eßzimmer, um Purischkewitsch zu suchen.

Purischkewitsch, der noch mit seiner Zigarre beschäftigt war, hörte einen »wilden, unmenschlichen Schrei«. Felix kam die Treppe herauf und schrie: »Purischkewitsch, schießen Sie, schießen Sie! Er lebt! Er flieht!« Seine »großen blauen Augen«, berichtete Purischkewitsch, »wirkten noch größer und drohten aus den Höhlen zu treten«. Felix lief taumelnd davon, in die Räume seiner Eltern.[32]

Purischkewitsch hörte Rasputin die Treppe hinaufstolpern. Er zog den Revolver und wartete; doch der Muschik fand die Geheimtür zum Hof und schwankte durch den Schnee in Richtung Tor und Freiheit. Während er lief, schrie Rasputin, »Felix! Felix! Das sage ich alles der Zarin!«[33]

Purischkewitsch schrieb, er habe angehalten, gezielt und gefeuert. Der Schuß krachte ungewöhnlich laut in der nächtlichen Stille. Rasputin rannte, ohne getroffen zu sein, weiter; ein zweiter Schuß ging ebenfalls ins Leere. Purischkewitsch konnte kaum glauben, daß er sein Ziel ein zweites Mal verfehlt habe. Schließlich traf ein dritter Schuß Rasputin in den Rücken. Er hielt an. Ein vierter Schuß traf ihn in den Schädel; er stürzte. Purischkewitsch lief zu dem Bauern hin und trat ihm gegen den Kopf. Der Körper bewegte sich nicht; Rasputin »knirschte nur hörbar mit den Zähnen«.[34]

Der Lärm von Schüssen und Schreien war durch die Nacht gehallt. Zwei Soldaten in der Diele des Haupteingangs zum Palast konnten sie nicht entgangen sein. Purischkewitsch setzte alles auf eine Karte und teilte ihnen mit, daß er soeben Rasputin getötet habe, »den Feind Rußlands und des Zaren«. Die Männer umarmten ihn und halfen ihm, die Leiche ins Haus zu schaffen.[35]

Ein Polizist auf Patrouille hatte die Schüsse ebenfalls gehört und erkundigte sich nach der Störung; Purischkewitsch informierte ihn, daß Rasputin tot sei. »Liebst du den Zaren und unser Mütterchen Rußland?« fragte er ihn, und forderte ihn auf, falls er gefragt würde, zu sagen: Ich weiß von nichts, ich habe nichts bemerkt. Der Polizist fügte sich und verschwand – und berichtete umgehend seinem Vorgesetzten von dem Vorfall.[36]

Felix war wieder verschwunden und Purischkewitsch ging, ihn zu suchen; er fand ihn in der Toilette, wo er, über das Waschbecken gebeugt und den Kopf in den Händen haltend, sich unaufhörlich übergab. Dabei wiederholte er immer wieder, »Felix! Felix! Felix! Felix!«[37] Schließlich gelang es ihm, sich zusammenzureißen, und er folgte Purischkewitsch nach unten; unterwegs nahm er ein Hartgummigewicht vom Schreibtisch mit.

Rasputin lag auf dem Marmorfußboden der Eingangshalle; um ihn herum breitete sich eine Blutlache aus. Jussupow schlug nun außer sich vor Erregung mit dem Gewicht auf die Leiche ein. Die Soldaten zogen ihn schließlich fort, führten ihn nach oben in sein Zimmer und setzten ihn in einen tiefen Ledersessel.[38]

Kurz nach fünf Uhr morgens kehrten Dimitrij, Lasowert und Suchotin zum Palast an der Mojka zurück. Die Soldaten hatten den Körper in einen blauen Vorhang gewickelt und verschnürt, nun legten sie ihn in Purischkewitschs Wagen. Sie fuhren durch die dunkle, stille und verschneite Stadt – zur Petrowskij-Brücke über die Newa. Die Schüsse und Schreie waren verhallt, blutbesudelt und still lag der Palast an der Mojka da. Das einzige Geräusch kam jetzt von dem Auto, das ächzend zum Stehen kam. Die Männer zerrten das blaue Bündel die Böschung hinab und stießen es durch das Eis in das schnellfließende Wasser darunter. In ihrer Eile übersahen die Verschwörer einen Stiefel, der unter der Brücke in der Nähe einer Blutspur, die von der Straße herabführte, liegengeblieben war. Die Sterne am Himmel begannen zu verblassen, als die Männer zum Jussupow-Palast zurückeilten. Und als die Sonne über Petrograd aufging, machten sie sich auf den Heimweg. Die Nacht und der Alptraum waren vorüber.

36

Pläne zu einer Palastrevolution

Am folgenden Morgen erhielt Alexandra die Nachricht, daß Rasputin in der Nacht zuvor zum Jussupow-Palast gefahren und nicht zurückgekehrt sei. Sie rief sofort Protopopow an und befahl ihm, eine Untersuchung einzuleiten. Die Polizisten, die den Palast an der Mojka aufsuchten, fanden Blutflecken auf der Wendeltreppe und eine Blutspur, die über den Schnee im Hof zu einem dunkelroten Fleck in der Nähe des Tores führte. Felix wehrte ihre Neugierde ab, indem er sagte, daß ein betrunkener Gast am letzten Abend einen Hund erschossen hatte; er zeigte sogar den Kadaver vor.[1] Doch die Männer verließen den Palast wenig überzeugt und berichteten, daß Rasputins Verschwinden und die blutbefleckten Räume im Jussupow-Palast mit großer Wahrscheinlichkeit in einem Zusammenhang stünden.

Sobald Alexandra das gehört hatte, befahl sie, daß Felix und Dimitrij verhaftet würden. Doch nur der Zar konnte die Verhaftung eines Mitgliedes der eigenen Familie befehlen, und der war im Hauptquartier. Deshalb verlangte Alexandra, daß die beiden Verdächtigen in ihrem jeweiligen Haus unter Hausarrest gestellt würden. Felix rief im Alexanderpalast an und bat darum, die Zarin zu sprechen, doch sie weigerte sich.[2] Später schickte er ihr einen Brief, in dem er jegliche Beteiligung an dem angeblichen Mord leugnete. Großfürst Pawel, der aus dem Pariser Exil zurückgekehrt war, begab sich nach Petrograd, »um seinen Sohn ... zu umarmen. Dort fragte er ihn:

›Hast du Rasputin getötet?‹

›Nein.‹

›Bist du bereit, es bei der heiligen Mutter-Gottes-Ikone und beim Bildnis deiner Mutter zu beschwören?‹

›Ja.‹«[3]

An diesem Nachmittag lag Alexandra auf der Couch in ihrem Boudoir, in den chinesischen Vasen standen frische Blumen und im Ofen brannte ein Feuer. Vor den kalten Fensterscheiben hingen schwere Vorhänge. Wäre sie aufgestanden und hätte sie beiseite gezogen, hätte Alexandra eine weiße Traumlandschaft gesehen: weite weiße Rasenflächen, die sich bis zum Ufer des im Eis erstarrten Sees erstreckten, bewacht von schwer mit Schnee beladenen Nadelbäumen – und alles leuchtend im dunstigen Rosa des winterlichen Sonnenuntergangs. Doch sie sah nur Blutflecken, als sie einen gequälten Brief an ihren Mann schrieb:

»Wir sitzen alle zusammen – Du kannst Dir unsere Gefühle und Gedanken vorstellen – unser Freund ist verschwunden. Gestern hat Anna Ihn gesehen und Er hat gesagt, daß Felix [Jussupow] Ihn gebeten hat, in der Nacht zu ihm zu kommen, ein Automobil werde ihn abholen, damit Er sich Irina ansehen kann. Das Automobil … hat Ihn mit zwei Zivilisten abgeholt und Er fuhr weg. Heute in der Nacht gab es einen Riesenskandal im Jussupowhaus – eine große Versammlung, Dimitrij, Purischkewitsch usw. –, alle betrunken. Die Polizei hat Schüsse gehört. Purischkewitsch kam herausgelaufen und schrie der Polizei zu, unser Freund sei umgebracht … Unser Freund war in diesen Tagen guter Stimmung, aber nervös … Felix behauptet, Er sei nicht in das Haus gegangen, denn er habe Ihn niemals eingeladen … Ich verlasse mich immer noch auf Gottes Barmherzigkeit, daß Er nur irgendwohin verschleppt worden ist. Protopopow tut alles, was er kann … Ich kann und will nicht glauben, daß Er ermordet worden ist. Gott erbarme sich unser. So eine fürchterliche Unruhe (ich bin ruhig – ich kann es nicht glauben) … Komme sofort her … Felix ist in der letzten Zeit oft zu Ihm zu Besuch gekommen …«[4]

Die Polizei fand Rasputins Leiche am Neujahrstag 1917. Sie mußte stundenlang auftauen, bevor die Autopsie vorgenommen wurde. Es war dreimal auf ihn geschossen worden; einmal in den Kopf und zweimal in den Rücken. Das Gesicht war zerschmettert und Augen und Nase geschwollen.[5] Es gab keine Beweise dafür, daß Rasputin, nachdem er in die Newa gestoßen worden war, Wasser geschluckt, oder daß er seinen Arm befreit hätte, um das Zeichen des Kreuzes zu machen.

Innerhalb von wenigen Stunden wußte ganz Petrograd vom Tod Rasputins, obwohl die Zeitungen keine Details drucken durften. Ein daher vager Bericht lautete: »Eine gewisse Person besuchte eine andere Person mit einigen weiteren Personen. Nachdem die erste Person verschwunden war, behauptete eine der anderen Personen, daß die erste Person nicht im Haus der zweiten Person gewesen sei, obwohl bekannt war, daß die zweite Person diese zu später Nachtzeit aufgesucht hatte.«[6]

Am Portal der Kathedrale der Muttergottes von Kasan strömte die Bevölkerung zusammen, um vor der Ikone des heiligen Dimitrij Kerzen zu entzünden.[7] Der Zar und die Zarin hatten jedoch ganz andere Gefühle. »Ich bin von Scham darüber erfüllt, daß die Hände meiner Verwandten mit dem Blut eines einfachen Bauern besudelt sind«, sagte Nikolaus.[8] »Ein Mord bleibt immer ein Mord.«[9]

Zur Strafe wurde Felix schließlich auf ein Anwesen in Zentralrußland verbannt und Dimitrij zum Militärdienst nach Persien geschickt. Purischkewitsch wurde nicht bestraft.

Alexandra und die kaiserliche Familie beerdigten Rasputin im Beisein seiner Witwe und seiner Kinder am 3. Januar in einer Ecke des Parks von Zarskoje Selo, dort, wo Anna Wyrubowa den Bau einer kleinen Kirche plante. Lili Dehn schrieb:

»Es war ein wunderschöner Morgen. Der Himmel war tiefblau, die Sonne schien, und der feste Schnee glitzerte wie lauter Diamanten. Meine Kutsche hielt an der Straße … Ich wurde angewiesen, über ein gefrorenes Feld zu der noch nicht fertiggestellten Kirche zu gehen. Holzplanken waren als Fußweg auf den Schnee gelegt worden, und als ich bei der Kirche ankam, bemerkte ich, daß ein Kastenwagen der Polizei in der Nähe des offenen Grabes stand. Als ich einige Augenblicke gewartet hatte, hörte ich den Klang von Schlittengeläut und Anna Wyrubowa kam langsam über das Feld herbei. Fast unmittelbar danach hielt ein geschlossenes Auto, und die kaiserliche Familie stieg aus. Sie trugen Trauerkleidung, und die Kaiserin hielt ein paar weiße Blumen; sie war sehr blaß aber recht gefaßt. Als der Eichen-sarg aus dem Polizeiwagen geholt wurde … und der Geistliche die Trauerfeier hielt, sah ich allerdings ihre Tränen fließen. Nachdem der Kaiser und die Kaiserin Erde auf den Sarg geworfen hatten, teilte die Kaiserin ihre Blumen unter den Großfürstinnen und uns auf, und wir streuten sie über den Sarg.«[10]

Bevor der Sarg geschlossen wurde, hatte Alexandra zwei Gegen-stände auf Rasputins Brust gelegt. Das eine war eine Ikone, die von ihr selbst, ihrem Mann und ihren Kindern unterschrieben war.[11] Das andere war ein Brief in der Handschrift der Zarin:

»Mein teurer Märtyrer, erteile mir Deinen Segen, damit er mich auf dem schmerzvollen Wege, den ich hienieden noch wandeln muß, ständig begleite. Und denke unser dort oben, in Deinen heiligen Gebeten! Alexandra.«[12]

In den Tagen und Wochen nach dem Mord an Rasputin lag Alex-andra viel auf ihrer Couch im Malvenboudoir und weinte stunden-lang. Rasputins Tod war für sie ein großer Schock. Aber er vernichte-te sie nicht. Die Verschwörer hatten gehofft, daß die Zarin sich von ihren politischen Aktivitäten zurückziehen würde, wenn Rasputin erst aus dem Weg geräumt war. Sie begriffen nicht, daß sein Einfluß auf die Zarin auf politischem Gebiet deutlich überschätzt worden war: Wenn nun der Bauer auch verschwunden war, Alexandras Wunsch, die Autokratie zu erhalten, blieb unerschüttert.

Eigentlich hatten sie nur Rasputin den *Muschik*, dessen Gebete den Zarewitsch zu heilen schienen, aus dem Weg geräumt. Rasputin hat-te mehrfach zu Alexandra gesagt: »Wenn ich sterbe oder wenn Ihr mich verlassen solltet, werdet Ihr im Verlaufe von sechs Monaten Euren Sohn und Eure Krone verlieren!«[13]

Statt zu zerbrechen, riß Alexandra sich zusammen. Gott hatte ihr Rasputin geschickt, Gott würde Alexandra die Kraft zum Durchhal-ten geben. Mit dem unerschütterlichen Glauben an die Richtigkeit ihrer eigenen Überzeugung sah Alexandra ihre Aufgabe deutlich vor sich: Sie würde weitermachen, als sei nichts geschehen.

Obwohl der Zar aus dem Hauptquartier zurückgekehrt war, stat-teten die Minister weiterhin der Zarin Bericht ab, und das Hauptte-lefon des Palastes stand in ihrem Boudoir. Wenn Nikolaus einmal eine Unterredung hatte, lauschte Alexandra dem Gespräch. »Mir war, als ob die Tür von seinem Arbeitszimmer zum Ankleidezimmer halb geöffnet wäre, was vorher niemals vorgekommen war, und daß jemand genau dahinter stünde«, schrieb Kokowzow. »Vielleicht war es nur Einbildung, doch dieser Eindruck hielt sich während meiner gesamten kurzen Audienz.«[14] Um es bequemer zu haben, stieg Alexandra auf die kleine Galerie am Ende des Ahornzimmers, die sich auch zum Audienzzimmer des Zaren auf der anderen Seite des ehemaligen Tanzsaales öffnete. Dort konnte sie auf einer Chaiselongue liegend der Unterhaltung im Arbeitszimmer des Zaren darunter lauschen.[15]

Die Umbesetzungen in den Ministerien hielten an. Trepow, der Stürmer als Premierminister abgelöst hatte, wurde selbst durch Fürst Nikolaj Golizyn, einen älteren, von der Zarin ausgewählten Mann, ersetzt. Protopopow bewahrte sich jedoch den größten Teil seiner Macht und das Vertrauen der Zarin. Andere Minister verachteten den Mann. Beim Neujahrsempfang trat Protopopow zu Rodsjanko und streckte ihm die Hand entgegen. Dieser erinnerte sich:

»Ich sprach: ›Niemals und nirgends!‹

Protopopow ... nahm mich freundschaftlich am Arm und sagte: ›Aber, mein Lieber, wir werden uns doch verständigen können!‹

Er war mir widerlich geworden, und ich antwortete:

›Lassen Sie mich in Ruhe, Sie sind mir ekelhaft!‹«[16]

Um seine Macht zu erhalten, brachte Protopopow das Gespenst Rasputins zurück in den Alexanderpalast. Er telefonierte jeden Morgen und berichtete häufig, er habe in der Nacht von Rasputin geträumt und von seinem Geist besondere Instruktionen erhalten. Eine in Petrograd beliebte Geschichte erzählte von einem Treffen zwischen der Zarin und dem Minister. »... Gleich bei seinem Eintritt, hat er sich vor ihr auf die Knie geworfen und ausgerufen: ›O Majestät, ich sehe Jesus Christus hinter Ihnen stehen!‹«[17]

»Nie zuvor hatten der Kaiser und die Kaiserin von Rußland, Herrscher über beinahe zweihundert Millionen Seelen, so einsam und hilflos gewirkt«, schrieb Anna. »Verlassen und verraten von ihren Verwandten, verunglimpft von Männern, die in den Augen der Außenwelt das russische Volk zu repräsentieren schienen, blieb ihnen niemand, außer ein paar treuen Freunden ...«[18] Zu diesen gehörte Anna selbst. Bald nach Rasputins Tod begann sie Drohanrufe per Telefon zu erhalten. Alexandra fürchtete, daß ihre Freundin als nächste würde sterben müssen, und ließ sie in den Alexanderpalast ziehen.

Selbst wenn Alexandra weiterhin ihren Mann beherrschte, fühlte sich sich doch zunehmend unsicher und besorgt. Lili Dehn meinte eines Abends, sie sehe besonders traurig aus und flüsterte: »O Madame, warum sind Sie heute abend so traurig?«

»Warum ich traurig bin, Lili?« sagte Alexandra langsam. »Ich kann es wirklich nicht sagen, aber… Ich glaube, mein Herz ist gebrochen.«[19]

Alexandra und Nikolaus öffneten noch einmal die Räume des Palastes und luden Gäste ein. Inmitten von Krieg und Haß auf die Aristokratie erwachte der Hof zum Leben. Es gab Konzerte in den Salons und Theater für die Kinder. Bei einem Staatsbankett für das diplomatische Korps zu Ehren des Britischen Hochkommissariats erschien Alexandra in einem blau und silbern bestickten Gewand aus cremefarbener Seide. Die Gesellschaft speiste Gerstencremesuppe, Forelle in Aspik, Kalbsrostbraten, Hühnchen mit Gurkensalat und Mandarineneis.[20] Das Mahl war vorzüglich, doch es gab keine Heiterkeit und kein Lachen. Nach Rasputins Tod versuchte man verzweifelt, den Eindruck zu erwecken, daß alles in Ordnung sei; es war jedoch nichts als eine schreckliche Farce.

In den ersten Wochen des Jahres 1917, bevor der Zar ins Hauptquartier zurückkehrte, schickte der Generalstab Bildberichte von der Front nach Zarskoje Selo, damit Nikolaus sie sich ansehen konnte. Die gesamte Familie versammelte sich zum Zuschauen in einem der Salons; danach wurden Kinofilme gezeigt. Eines Abends sahen sich Alexandra und Nikolaus den Film *Madame Dubarry* an, der voller Szenen war, in denen der wütende Mob Mitglieder der französischen Aristokratie umbrachte.[21] Obwohl ihre Welt um sie herum zusammenbrach, vermochte Alexandra das drohende Unwetter nicht wahrzunehmen.

Die kaiserliche Verwandtschaft wartete und hoffte, daß sich Alexandra aus der Politik zurückziehen würde. Wenn die Dynastie fortdauern sollte, mußte der Zar seine Regierung vollkommen verändern. In einem letzten Versuch, die Lage zu retten, begab sich Großfürst Alexander Michailowitsch nach Zarskoje Selo, um mit der Zarin zu sprechen. Obwohl er um eine Privataudienz gebeten hatte, fand er bei seiner Ankunft Nikolaus vor, der eine Zigarette rauchend neben ihr saß.

Alexandra lag, mit einem weißen Spitzennégligé bekleidet, im Bett. Trotz der Gegenwart des Zaren begann Sandro unverblümt: »Niemand kennt deine Liebe und Ergebenheit gegenüber Nicky besser als ich, und doch muß ich gestehen, daß deine Einmischung in die Staatsgeschäfte sowohl Nickys Ansehen als auch der üblichen Vorstellung von einem Herrscher Schaden zufügt.« Er erklärte, daß er, obwohl er »vierundzwanzig Jahre« ihr »treuer Freund« gewesen sei, sie »darauf aufmerksam machen« müsse, daß »alle Klassen der Bevölkerung« gegen ihre Politik seien. Er fragte: »Warum kannst du dich nicht auf Dinge konzentrieren, die Frieden und Harmonie versprechen? Bitte, Alix, überlaß die Staatsgeschäfte deinem Mann.«

Dem Großfürsten zufolge errötete Alexandra und sah Nikolaus an, der jedoch schwieg. Sandro erklärte, daß die Bewilligung einer für die Duma akzeptablen Regierung in diesem gefährlichen Moment Verantwortung von Nickys Schultern nehmen und ihm seine Aufgabe erleichtern würde. Er schloß mit einer Bitte um Kooperation: »Bitte, Alix, laß dich nicht entgegen besserem Wissen von deinem Rachedurst leiten.«

»Dieses ganze Gerede ist lächerlich!« rief Alexandra. »Nicky ist ein Autokrat. Wie könnte er seine göttlichen Rechte mit einem Parlament teilen?«

»Du irrst dich gewaltig, Alix!« gab Sandro heftig zurück und wies auf die Einrichtung der Duma hin. »Dein Mann hat am 17. Oktober 1905 aufgehört, ein Autokrat zu sein!«

Verzweifelt fuhr der Großfürst fort: »Bedenke, Alix, daß ich dreißig Monate still gewesen bin. Dreißig Monate lang habe ich kein einziges Wort über die skandalösen Vorgänge in unserer Regierung oder besser deiner Regierung verloren!« Zornig sagte er, daß Alexandra, wenn sie vielleicht selbst zugrunde zu gehen bereit sei, doch nicht das Recht habe, von ihnen allen zu verlangen, sie sollten für ihre »blinde Dickköpfigkeit« leiden. »Nein Alix, du hast kein Recht, deine Verwandten mit dir in den Abgrund zu reißen! Du bist unglaublich selbstsüchtig!«

»Ich weigere mich, diese Auseinandersetzung fortzusetzen!« teilte

Alexandra mit. »Du übertreibst die Gefahr. Eines Tages, wenn du weniger erregt bist, wirst du zugeben, daß ich recht hatte.« Der Großfürst stürmte aus dem Palast, um nie wieder dorthin zurückzukehren.[22] Später schickte er Nikolaus einen Brief mit einer letzten Aufforderung zur Vernunft:

»Wir durchleben den gefährlichsten Moment in der Geschichte Rußlands. Alle fühlen das, die einen mit dem Verstand, die andern mit dem Herzen oder der Seele. Gewisse Kräfte führen Dich und folglich auch Rußland in den unausweichlichen Untergang … Die Ereignisse zeigen, daß Deine Ratgeber fortfahren, Rußland und Dich in den sicheren Untergang zu führen … Die Regierung ist zur Zeit das Organ, das die Revolution vorbereitet. Das Volk will keine Revolution, aber die Regierung tut alles, um die Unzufriedenheit zu schüren, und sie hat damit Erfolg. Wir nehmen an dem einmaligen Schauspiel einer Revolution von oben, nicht von unten, teil.«[23]

Was Sandro nicht wußte, war, daß bereits ein Plan für die Einleitung einer Revolution existierte. Dieser Plan stammte jedoch nicht von der Regierung, sondern aus der kaiserlichen Familie selbst.

Die Idee einer Palastrevolution mit dem Ziel, Nikolaus vom Thron zu fegen, war langsam entstanden und kam aus den Reihen der Verwandten des Kaisers. Maria Pawlowna, aggressive Englandgegnerin und eine von Alexandras ärgsten Feinden, arbeitete aktiv an einem Plan, ihren Neffen vom Thron zu entfernen. Ihr verstorbener Ehemann, Großfürst Wladimir, hatte Nikolaus' Thronbesteigung nur mit Mühe ertragen; er war immer neidisch auf seinen älteren Bruder Alexander III. gewesen, und sein Ehrgeiz hatte vielfach zu Familienstreitigkeiten geführt. Als er starb, übertrug sich sein Eifer und sein Haß auf seine Frau. Nach Maria Fjodorowna und Alexandra war sie die dritthöchste Dame des Landes. Gesellschaftlich prominent, intelligent, elegant und überaus reich wie sie war, hatte die verwitwete Großfürstin einen Konkurrenzhof zu dem in Zarskoje Selo errichtet und baute langsam ihre eigene Machtposition unter den Mächtigen der Hauptstadt aus. Sie haßte die Zarin. Einmal, als ihr ein Gast nach einer besonders brillanten Gesellschaft Komplimente machte, erwiderte die Großfürstin eisig: »Man sollte sein Metier verstehen. Das dürfen Sie dem Großen Hof übermitteln.«[24]

Maria Pawlowna hatte drei Söhne, alle skandalumwittert. Kyrill, der älteste, war in einer nicht genehmigten Ehe mit Alexandras ehemaliger Schwägerin Melita verbunden, weshalb er seiner Ämter und Ehren enthoben und aus dem Land verbannt worden war. Auch wenn der Zar schließlich die verlorenen Ehren wiederherstellte und seinem Vetter erlaubte, nach Rußland zurückzukehren, so hatte er ihm doch nicht rückwirkend die Erlaubnis für die Heirat gegeben, was Kyrills Anspruch auf den Thron schmälerte; dennoch wollte ihn seine Mutter auf dem Thron sehen, als Regenten für den Zarewitsch Alexej – zumindest vorläufig.

Sein Bruder Andrej lebte offen mit der ehemaligen Geliebten des Zaren, Mathilde Kschessinska, zusammen und hatte mit ihr ein uneheliches Kind. Der jüngste Bruder, Boris, hatte um die Hand der jungen Großfürstin Olga, Alexandras Tochter, angehalten. Die Zarin war entsetzt gewesen über den Gedanken und hatte geschrieben: »...In welch schreckliche Gesellschaft [Olga] geraten würde... unendliche Intrige, laxe Manieren und Gespräche... Einem stark verlebten, verbrauchten, durch alle möglichen Geschichten gegangenen jungen Mann ein reines junges Mädchen zu geben, das um achtzehn Jahre jünger ist, und sie in einem Haus anzusiedeln, wo viele Frauen ihr Leben mit ihm ›geteilt‹ haben ...«[25] Die heftige Ablehnung hatte Maria Pawlowna Alexandra niemals vergeben.

Kyrill, Kommandierender Offizier der *Garde Equipage*, zog Soldaten aus seinem Regiment, von denen viele an Bord der kaiserlichen Jacht gedient hatten, in das Komplott hinein. Es war beunruhigend einfach: Eines Nachts würden vier Garderegimenter den Alexanderpalast übernehmen, den Zaren zur Abdankung zugunsten Alexejs zwingen und Kyrill als Regenten einsetzen. Auf diese Weise würden Maria Pawlowna und ihre Familie die Macht gewinnen.

Maurice Paléologue erinnerte sich besonders gut eines bestimmten Abends:

»Gestern abend veranstaltete Fürst Gabriel Konstantinowitsch ein Nachtmal bei seiner Geliebten, einer ehemaligen Schauspielerin. Unter den Gästen befanden sich Großfürst Boris... einige Offiziere und eine ganze Schar entzückender Hetären. Im Lauf des Abends hat man von nichts anderem gesprochen, als von der Verschwörung, von den Garderegimentern, auf die man bauen kann, von den Umständen, die für einen Anschlag am günstigsten wären usw. Das alles während des Kommens und Gehens der Dienstboten, in Gegenwart der Halbweltdamen, beim Gesang der Zigeuner, im Dunst des Moët & Chandon, der in Strömen floß.«[26]

Trotzdem nahm niemand die Verschwörer wirklich ernst; niemand, das heißt, bis zu dem Zeitpunkt, da Rodsjanko im Januar 1917 an einem Frühstück im Wladimirs-Palast teilnahm. Maria Pawlowna sprach über Alexandra und geriet in »sichtliche Erregung«, als sie sich über deren »schädliche Beeinflussung aller Regierungsangelegenheiten« ausließ, wie sich Rodsjanko erinnerte. »Sie führe das Land dem Verderben entgegen; sie allein sei daran schuld, daß dem Kaiser und der ganzen kaiserlichen Familie Unheil drohe, und [Maria Pawlowna] erklärte schließlich, das ging so nicht weiter, man müsse ändern, beseitigen, vernichten …

›Wie meinen Sie das – beseitigen …?‹« fragte Rodsjanko.

»›Sie verstehen mich schon, die Duma muß etwas tun! Man muß sie vernichten!‹

›Wen?‹

›Die Kaiserin!‹

›Hoheit‹, sagte ich, ›gestatten Sie mir, diese Unterredung als nicht stattgefunden zu betrachten. Wenn Sie sich an mich als Präsidenten der Duma wenden, so bin ich es meinem Eide schuldig, sofort zum Kaiser zu gehen und ihm zu melden, daß die Großfürstin Maria Pawlowna mir gesagt habe, die Kaiserin müsse vernichtet werden.‹«[27]

Rodsjanko fuhr zu seiner wöchentlichen Audienz beim Zaren mit dem Zug von der Hauptstadt nach Zarskoje Selo. Obwohl er Maria Pawlowna nicht erwähnte, wurde die Situation natürlich schnell kritisch. Rodsjanko hatte keine andere Wahl, als direkt zu sein. »Es ist kein Geheimnis mehr, daß die Kaiserin selbständig in Staatsfragen Verfügungen trifft, die Minister ihr Vortrag halten und auf ihren Wunsch die Nichtgenehmen sehr rasch ihrer Posten verlustig gehen … Die Empörung und der Haß gegen die Kaiserin wachsen im Reich. Man hält sie für eine Freundin Deutschlands und glaubt, sie schütze deutsche Interessen. Solche Dinge erzählt man sich sogar in den untersten Volksschichten.«

»Geben Sie mir Tatsachen«, sagte der Kaiser, »ich finde keine Tatsachen, die als Beweise Ihrer Behauptungen gelten können.«

»Tatsachen gibt es nicht, aber die politische Richtung, die Ihre Majestät als Kaiserin einhält, muß dazu führen, daß das Volk zu dieser Anschauung gelangt. Um Ihre Familie zu retten, ist es notwendig, daß Eure Majestät Mittel und Wege finden, die Kaiserin an ihrer Einmischung in politische Dinge zu hindern. Das Volk ... wendet sich von seinem Kaiser ab ... Bringen Sie es nicht dazu, daß das Volk zwischen Ihnen und dem Vaterlande wählen muß ...«

»Ich habe mich zweiundzwanzig Jahre lang bemüht, nur das Beste zu wollen, sollte ich mich zweiundzwanzig Jahre lang geirrt haben?« fragte Nikolaus leise.

»Ja, Majestät, zweiundzwanzig Jahre lang sind Sie einen falschen Weg gegangen!« antwortete Rodsjanko.[28]

Rodsjanko verließ den Palast in der Überzeugung, daß die Kaiserin nun auf weitere Einmischungen in die Staatsgeschäfte verzichten würde. Die Unterredung überzeugte den Zaren anscheinend davon, daß er der Duma neue Reformen und Machtbefugnisse bewilligen mußte. Er plante, persönlich eine Ansprache vor den Delegierten zu halten, änderte jedoch in letzter Minute seine Meinung und reiste ins Hauptquartier ab.

Maria Pawlownas Idee einer Palastrevolution war zu einer unkontrollierbaren Flut von Unstimmigkeiten angewachsen. Die Aristokratie, die Regierung, das Militär, sogar die kaiserliche Familie – alle planten den Sturz des Zaren. General Krymov stand in der Duma und sagte: »Ein Staatsstreich würde mit Freude aufgenommen werden, denn der Kaiser mißt dem schädlichen Einfluß seiner Frau mehr Gewicht bei als all den ehrlichen Worten der Warnung.«[29] Während Schnee auf die Hauptstadt fiel und die Rufe des Unwillens in den Marmorsälen der Paläste an der zugefrorenen Newa immer lauter wurden, machte sich Petrograd auf eine Revolution gefaßt.

37

Revolution

Während Gedanken an einen Staatsstreich durch die Köpfe der Romanows trieben wie die Schneeflocken, die auf die winterliche Hauptstadt fielen, fuhr Nikolaus in seinem Zug in Richtung Mogiljow. Seine eigenen Minister schäumten vor Wut. Am 23. Februar 1917, knapp zwei Wochen zuvor, hatte Rodsjanko seine letzte Audienz beim Zaren gehabt. Der Präsident der Duma hatte mit den Worten geendet: »Ich halte es für meine Pflicht, Eurer Majestät zu sagen, daß mein heutiger Vortrag bei Ihnen auch wohl mein letzter sein wird.«

»Warum?« hatte Nikolaus gefragt.

»Weil die Duma aufgelöst werden wird, und weil die Regierung sich auf einem bösen Wege befindet...Meiner Meinung nach wird das zur Revolution und zu einer Anarchie führen, die keine Schranken kennen wird«, erwiderte Rodsjanko.[1]

Rodsjanko hatte guten Grund zu seinen Vermutungen.

Der Bericht der Ochrana vom 18. Januar über den Zustand der Regierung lautete: »In der Gesellschaft laufen wilde Gerüchte um über die Absicht der Regierung, verschiedene reaktionäre Schritte zu unternehmen, sowie Voraussagen, daß sich feindlich gesinnte Elemente und Gruppen auf mögliche revolutionäre Aktionen und Ausschreitungen vorbereiteten.« Zwei Wochen später berichtete der Sicherheitschef der Ochrana, Konstantin Globatschew, von einem beunruhigenden Trend unter den hohen Beamten der Regierung: Viele Mitglieder der Duma sprächen offen darüber, sie würden einen Staatsstreich unterstützen.[2]

Alexander Kerenskij, liberaler Abgeordneter in der Duma, trat eines Tages in der letzten Februarwoche ans Rednerpult. Seine Rede grenzte an Hochverrat. »Die Minister sind nichts als flüchtige Schatten!« rief er. »Um eine Katastrophe zu verhindern, muß der Zar selbst entfernt werden; notfalls mit terroristischen Methoden, wenn es keinen anderen Weg gibt. Wenn Sie auf die Warnungen nicht hören wollen, werden Sie mit Fakten statt Warnungen konfrontiert sein. Sehen Sie sich das Wetterleuchten am russischen Himmel doch an!«[3]

Mitglieder der kaiserlichen Familie, Kabinettsmitglieder, Regierungsbeamte – sogar der Präsident der Duma – wollten den Zaren in einem Staatsstreich stürzen. Die Verschwörer redeten und arbeiteten Pläne aus; derweil warteten die Bauern und Arbeiter im frostigen Petrograder Morgengrauen darauf, daß die Lebensmittelläden öffneten. Anfang März 1917 standen die Züge, die normalerweise die Lebensmittel in die Hauptstadt transportierten, eingefroren und verlassen im Schnee. Die Lebensmittelpreise lagen 300 bis 400 Prozent über denen vom Beginn des Krieges.[4] Die Mehrheit der Menschen, die sich während der bedeutungsvollen Wochen des März auf den Straßen drängten, wollten keine Revolution; sie wollten nur etwas zu essen.

Der 8. März fiel 1917 auf einen Donnerstag. Morgens lag die Temperatur tief unter Null, doch bis zum Nachmittag war der Schnee auf den Straßen der Hauptstadt fast weggeschmolzen.[5] Schon in aller Frühe, vor Sonnenaufgang, standen Menschenschlangen vor den Läden. Kriegsrationen und Preissteigerungen machten tägliche Einkäufe zu einer Notwendigkeit. Sie warteten und warteten, doch die Geschäfte blieben geschlossen. An diesem Morgen war der Vorrat an Schwarzbrot – Hauptbestandteil der meisten russischen Küchenpläne – zu Ende gegangen. Und wenn es Vorräte gab, konnten die Menschen sie nicht bezahlen. Hungrig, müde und enttäuscht begaben sie sich auf den Heimweg.

Unterwegs trafen sie auf die Fabrikarbeiter – Tausende, die wütend in den Streik getreten waren. Zwei Tage zuvor hatten die Putilow-Eisenwerke achtundzwanzigtausend Arbeiter entlassen müssen; fast sechzigtausend Kollegen hatten sich ihnen angeschlossen. Die Sozialisten waren auch auf der Straße und feierten den Internationalen Frauentag. Die Streikenden und die Sozialisten vermischten sich mit den Armen. Kleine Gruppen begannen, »Nieder mit der Autokratie!« zu rufen und die »Marseillaise« zu singen.[6] Hunger, Unzufriedenheit und die Umstände hatten sie zusammengeführt.

Am Freitag brachen Gewalttätigkeiten aus. Tausende strömten auf die Straßen der Hauptstadt, schlugen Schaufensterscheiben ein und stahlen die wenigen Nahrungsmittel, die noch vorhanden waren. Studenten beteiligten sich an den Protesten und verbrachten den Nachmittag damit, Polizisten, die in den Straßen der Innenstadt patrouillierten, mit Schneebällen zu bewerfen.[7] Kosaken marschierten die Prachtstraßen auf und ab. Zuerst fürchteten sich die Massen vor den finsteren Männern. Doch nach einer Weile fingen die Kosaken an, sich mit den Streikenden zu verbrüdern. »Habt keine Angst«, sagten sie. »Wir schießen nicht.«[8] Die Revolution hatte begonnen.

In Zarskoje Selo hörte Alexandra, daß es in der Hauptstadt einige kleinere Brotaufstände gab. Sie beschloß, ein Dekret zu erlassen: Die Lebensmittel müßten gerecht verteilt werden, und den Arbeitern »sollte gesagt werden, daß sie nicht streiken dürfen«.[9] Sie hatte nicht begriffen, daß es keine Lebensmittel gab, daß die Versorgung zusammengebrochen war.

Auf dem Snamenskaja-Platz befand sich ein großes Reiterstandbild Alexanders III. Wie ein Magnet zog es Tausende an; sie skandierten Antikriegsparolen und forderten Lebensmittel. Um drei Uhr nachmittags erschoß jemand aus der Menge einen Polizisten; Gerüchten zufolge war ein Mitglied der Kosakengarde der Attentäter gewesen.[10]

Am Abend trat das kaiserliche Kabinett zusammen. Die Situation war kritisch geworden. Die Schulen waren geschlossen, Schüler und Studenten ausgeschlossen. Taxis und Straßenbahnen fuhren nicht mehr. Die Minister waren vorsichtig; die meisten von ihnen unterstützten Maria Pawlownas Idee einer Palastrevolution, und es gibt tatsächlich Zeugnisse dafür, daß mit der Ausführung des Planes schon begonnen worden war, als die Aufstände in Petrograd ausbrachen. Sie hätten sich kein günstigeres Szenario für ihre Pläne erträumen können. Die Hauptstadt war in Aufruhr; etwas mußte sich ändern. Sie telegrafierten dem Zaren, er müsse sofort in die Hauptstadt zurückkehren und eine »verantwortliche Regierung« schaffen. Nikolaus wußte nur, daß es Unruhen auf den Straßen der Hauptstadt gab. Er telegrafierte General Sergej Chabalow, dem Militärgouverneur von Petrograd: »Ich befehle, die Straßenunruhen in der Hauptstadt, die in diesen schweren Zeiten des Krieges mit Deutschland und Österreich unerträglich sind, bis morgen zu beenden. Nikolaus.«[11]

General Chabalow mochte nicht zugeben, daß man sich in einer gefährlichen Krise befand. Obwohl sich die Streiks und Demonstrationen ausbreiteten, so hatte er an General Alexejew, den Stabschef des Zaren in der *Stawka*, geschrieben, gebe es keinen Grund zur Sorge. Als das Telegramm des Zaren eintraf, beorderte Chabalow seine Truppen nur widerwillig auf die Straßen. Sie gehörten zu den schlechtesten Soldaten des Landes – Männer, die zum Dienst an der Front untauglich waren. Diejenigen, die bereits Militärdienst geleistet hatten, waren verwundet und in die Hauptstadt zurückgeschickt worden; die meisten waren Fabrikarbeiter oder Bauernjungen, die eingezogen, aber noch nicht gedrillt worden waren. Diese unausgebildeten und undisziplinierten Soldaten kontrollierten die Straßen der Hauptstadt, die sich weiterhin in Aufruhr befand.

Der Sonntag begann zunächst friedlich. Die Sonne schien, die Luft war frisch und klar. Der Klang der Kirchenglocken hallte durch die ganze Stadt. Als General Chabalow das sah, war er erleichtert. Er telegrafierte dem Zaren: »Die Stadt ist ruhig.«[12]

In der Nacht hatte Chabalow befohlen, Plakate in der Stadt anzuschlagen, die besagten, daß alle Versammlungen oder öffentlichen Zusammenkünfte verboten seien und daß alle Streikenden, die sich am folgenden Morgen nicht zur Arbeit meldeten, entlassen und an die Front geschickt würden.

Am Sonntag nachmittag brach die Gewalt aus. Auf dem Snamenskaja-Platz erschossen Soldaten der Petrograder Garnison etwa vierzig Menschen. Bauern, Fabrikarbeiter und Neugierige, die durch die Straßen liefen und zum Teil rote Armbinden trugen und antimonarchistische Parolen riefen, waren auf den Brücken und Boulevards der Hauptstadt auf die Reihen der Soldaten gestoßen. Die Soldaten schossen in die lärmende Menge. Tote blieben auf den matschigen Straßen verstreut liegen. Am Ende des Tages waren mehr als zweihundert Menschen getötet worden.

Bei der Kathedrale der Muttergottes von Kasan feuerten Soldaten des Pawlowskij-Regiments auf eine Gruppe von Demonstranten. Ein zweites Bataillon eilte zur Kathedrale, um die Kameraden dazu zu bewegen, in die Kasernen zurückzukehren. Die zwei Abteilungen stießen aufeinander, auf beiden Seiten wurden Schüsse abgegeben, und der Kommandierende Offizier des Pawlowskij-Regiments lag, von seinen eigenen Männern erschossen, tot auf der Straße.[13]

Für Rodsjanko war der Punkt erreicht, von dem es kein Zurück mehr gab. Da er selbst inzwischen eine Palastrevolution befürwortete, beteiligte er sich auch an deren Durchführung. Die Verschwörer hatten eine verantwortliche Regierung gewollt; jetzt gab ihnen der öffentliche Druck allen Grund, ihre Pläne voranzutreiben. Der Aufstand in der Hauptstadt machte den Sturz des Zaren unumgänglich: entweder mußte der Putsch ausgeführt werden, oder es mußte ein unabhängiges Kabinett gewährt werden. Das Telegramm, das Rodsjanko dem Zaren sandte, klang wie ein Ultimatum: »In der Hauptstadt herrscht Anarchie. Die Regierung ist gelähmt, der Verkehr und die Versorgung mit Lebensmitteln und Heizmaterial sind zusammengebrochen. Truppenteile schießen aufeinander. Auf den Straßen wilde Schießereien. Man muß unverzüglich eine Person, die das Vertrauen des Landes genießt, mit der Neubildung der Regierung beauftragen. Jede Verzögerung ist tödlich. Ich bete zu Gott, daß in dieser Stunde nicht der Souverän die Verantwortung zu tragen hat.«[14]

Als er das Telegramm erhielt, sagte Nikolaus verärgert zu General Alexejew: »Dieser dicke Rodsjanko hat mir einen Unsinn geschickt, der es nicht wert ist, daß ich ihn überhaupt beantworte.«[15]

Als die Nacht hereinbrach, war es in der Hauptstadt ruhig. Der britische Botschafter fuhr nach ein paar freien Tagen in Finnland am Sonntag abend durch Petrograd. Sir George Buchanan schrieb: »Der auf unserer Fahrt zur Botschaft durchquerte Teil der Stadt war vollkommen ruhig. Abgesehen von einigen Militärpatrouillen auf den Kais und dem Fehlen aller Trams und Kutschen war ihr Aussehen nicht ungewöhnlich.«[16] Paléologue, der um elf Uhr abends durch die Straßen fuhr, bemerkte, als er an der Fontanka entlangkam: »Kaum ist mein Auto in den Kai eingefahren, als ich ein strahlend erleuchtetes Haus erblicke, vor welchem eine lange Wagenreihe steht. Das Fest der Fürstin Leo Radziwill ist in vollem Schwunge ...«[17]

Am Montag morgen blickte Meriel Buchanan von einem Fenster in der Botschaft über die Stadt. Die Straßen waren leer – keine Straßenbahnen, keine Schlangen vor den Geschäften, keine Kutschen, keine Menschen. Durch den perlmuttfarbenen Morgendunst bemerkte sie, daß die kaiserliche Standarte über der Peter-und-Pauls-Festung wehte.[18]

Früh an dem Morgen meuterte das wolhynische Garderegiment. Die Soldaten hatten die Nacht hindurch miteinander diskutiert, ob sie sich mit dem Volk verbünden oder dem Befehl General Chabalows, auf die Menschen zu schießen, gehorchen sollten. Als ihr Kommandeur versuchte, ihnen die Befehle des Zaren vorzulegen, wurde er erschossen. Das wolhynische Regiment verließ die Kaserne und schloß sich der Menge auf den Straßen an. Es folgte das Preobraschenskij-Regiment, dann das litauische Regiment; das Semanowskij-, das Ismailowskij-, das Oranienbaum-Maschinengewehr-Regiment – eines nach dem anderen, Kompanie für Kompanie der Elitesoldaten des Zaren verließen ihn und beteiligten sich an der Revolution.

Ein junger Polizist befand sich auf Streife am Fontanka-Kanal, als er sich plötzlich einem gewalttätigen Haufen gegenübersah. Die Leute fielen über den jungen Mann her und schlugen auf ihn ein, bis sein Gesicht blutüberströmt war. Irgend jemand schrie, man solle ihn in den Kanal werfen. Der verängstigte Polizist flehte sie an: »Brüder! Brüder! Ertränkt mich nicht! Ich schwöre bei Gott! Ich habe nichts getan! Ich habe niemanden verletzt! Brüder!« Die Menschen kümmerten sich nicht um seine Hilfeschreie, sondern ergriffen den Mann und warfen ihn über das Geländer ins eisige Wasser. Als er zu schwimmen versuchte, hob der Pöbel Steine auf und schleuderte sie auf die im Wasser strampelnde Gestalt. Sie warfen Steine, bis sich das Wasser blutrot färbte und der Polizist unter der Wasseroberfläche verschwand.[19]

Das kaiserliche Kabinett trat zum letzten Mal im Marienpalast zusammen. In der Hoffnung, die Revolution werde dann enden, beschlossen die Minister, ihre Macht mit der Duma zu teilen. Der Premierminister wandte sich an Protopopow, den Innenminister, und bat ihn, zurückzutreten. Da Protopopow für die Lebensmittelversorgung in der Hauptstadt verantwortlich gewesen war, überraschte ihn diese Forderung nicht. Er trat mit den Worten ab: »Jetzt bleibt mir nichts zu tun, als mich zu erschießen.«[20]

Am Montag abend telegrafierte Nikolaus, daß er in die Hauptstadt zurückkehre. Während er sich noch darauf vorbereitete, die *Stawka* zu verlassen, wurde in Petrograd eine neue Regierung gebildet. Das Taurische Palais – Sitz der Duma – rückte ins Zentrum der Aufmerksamkeit. Die kaiserlichen Minister wanderten in den Marmorsälen auf und ab und versuchten zu entscheiden, was als nächstes zu tun sei. Rodsjanko wollte zwar den Zaren absetzen, sah sich aber nun einer Situation gegenüber, die das totale Chaos bedeuten konnte. »Eine Revolution will ich nicht«, sagte er. »Ich habe keine begonnen und ich werde keine beginnen.«[21] Dennoch weigerte sich Rodsjanko, der Anweisung des Zaren, die Duma aufzulösen, Folge zu leisten. Eine Entscheidung mußte getroffen werden. Wassilij Schulgin, ein monarchistischer Abgeordneter der Duma, kam zu dem Schluß, daß man vielleicht, »um die Monarchie zu retten, den Monarchen opfern« mußte.[22] Über Nacht wich die kaiserliche Regierung Rußlands einer provisorischen Räteregierung.

Im turbulenten Durcheinander der neuen Regierung rückte Kerenskij in den Vordergrund. Schulgin schrieb: »Kerenskijs Worte und Gesten waren scharf und deutlich, und seine Augen leuchteten. Er schien von Minute zu Minute zu wachsen.«[23] Schnell wurde Kerenskij Justizminister und Vize-Vorsitzender des Sowjet, den er unter dem Dach der Duma beherbergte.

Am Dienstag, dem 13. März, beschloß Nikolaus, Verstärkung in die Stadt zu senden. Er schickte General Nikolaj Iwanow mit einem Kommando von Rittern des St.-Georgs-Ordens; vier weitere Regimenter sollten unterwegs dazustoßen. Es wurde nichts daraus. Die Soldaten kamen bis Zarskoje Selo, dort wurden sie von Aufständischen umzingelt.

Iwanow war entschlossen, trotzdem nach Petrograd zu marschieren, aber dann telegrafierte ihm General Alexejew, in der Hauptstadt sei alles in Ordnung, und er und seine Männer sollten sich zurückziehen.[24] Iwanow sah keinen Grund, dem Stabschef des Zaren zu mißtrauen, und verzichtete auf militärische Maßnahmen. In der Hauptstadt gingen die Aufstände weiter.

Am Dienstag morgen nahm Chabalow mit fünfzehnhundert loyalen Soldaten Zuflucht im Winterpalast. Die Provisorische Regierung gab den Loyalisten zwanzig Minuten, um dort zu verschwinden; auf der anderen Seite der Newa wurden die Kanonen der Peter-und-Pauls-Festung auf den Winterpalast ausgerichtet. Chabalow hatte keine Wahl. Als der Winterpalast fiel, brach auch der Widerstand zusammen.

Menschenmassen strömten durch die dunklen Straßen der Hauptstadt, schwenkten rote Fahnen, brachen in Geschäfte ein und setzten öffentliche Gebäude in Brand. Unter den meuternden Soldaten fanden Blutbäder statt. In Kronstadt ermordeten die Matrosen alle Offiziere, erschossen jeweils einen und warfen den zweiten zu ihm in die Grube, um ihn bei lebendigem Leibe zu begraben.[25] Die eleganten Villen von Petrograd fielen der Revolution zum Opfer. Mathilde Kschessinska entkam gerade noch rechtzeitig aus ihrem Haus; der Pöbel brach in die Villa ein, zerschlug die Möbel und zerbrach die Fenster, beschmierte Teppiche und Wände mit Tinte und warf Zigarettenkippen in die Badewannen.[26]

Am Mittwoch desertierte die kaiserliche Garde. Mit roten Bändern und Flaggen ausstaffiert marschierten die Gardisten durch die Straßen der Hauptstadt zur Duma. Am gleichen Tag brach Großfürst Kyrill den Treueid, den er dem Zaren geleistet hatte, und führte die *Garde equipage* zur Duma. Am Taurischen Palais stellte er sich und seine Männer in den Dienst der Provisorischen Regierung. Der französische Botschafter Maurice Paléologue notierte wenige Tage später:

»Als ich von einem Besuch am Admiralitätskanal zurückkehre, gehe ich durch die Glinkastraße, wo Großfürst Kyrill Wladimirowitsch wohnt, und da sehe ich auf seinem Palast – eine rote Fahne wehen!«[27]

Indem er mit den Revolutionären kooperierte, hatte Kyrill sein Schicksal selbst besiegelt. Eine Woche nach der Revolution gab er einer Petrograder Zeitung ein Interview:

»Ich habe mich öfter gefragt, ob die ehemalige Kaiserin nicht etwa eine Mitschuldige Wilhelms II. war; aber ich habe mich jedesmal bemüht, einen so gräßlichen Gedanken von mir zu weisen«, sagte Kyrill dramatisch.[28]

Die Revolution hatte triumphiert. Einen Tag nachdem die kaiserliche Garde desertiert war, verlor Nikolaus II. die Macht. General Alfred

Knox hörte einen Mann über die Zukunft sprechen und ahnte, daß dies nur der Anfang war: »Wir haben nur einen Wunsch: die Deutschen zu schlagen«, sagte der Mann. »Wir werden mit den Deutschen hier beginnen, und zwar bei einer Ihnen bekannten Familie namens Romanow.«[29] Am 16. März 1917 wurde die Romanow-Dynastie von der Flut der Revolution weggespült.

38

Die Abdankung

Am späten Sonntag abend, dem 11. März, hatte ein Schneesturm eine frische weiße Decke über die Hauptstadt gebreitet. In Zarskoje Selo verschmolz der Park mit dem weißen Horizont des winterlichen Himmels. Hinter den dicken Steinmauern des Alexanderpalastes stieg Alexandra im Obergeschoß aus ihrem Privataufzug und ging über die dunklen Flure zu den Schlafräumen ihrer Kinder. Olga, Tatjana und Alexej hatten die Masern – sie waren sehr krank und hatten hohes Fieber. Anna Wyrubowa, die sich ebenfalls angesteckt hatte, lag in einem anderen Teil des Palastes. Nikolaus war weiterhin mit seinen Generälen in Mogiljow. Während Alexandra den Patienten *Tante Helenes Kinder* vorlas, wanderten ihre Gedanken immer wieder zu den Unruhen in der Hauptstadt.[1] Menschen marschierten, randalierten, demonstrierten – und starben. Dunkelheit breitete sich über den Palast aus, als die Lichter in den Salons eines nach dem anderen gelöscht wurden. Alexandra war allein.

Um zehn Uhr am nächsten Morgen klingelte das Telefon in Lili Dehns Wohnung in Petrograd. »Ich möchte, daß Sie nach Zarskoje Selo kommen, mit dem Zug um zehn Uhr fünfundvierzig«, sagte Alexandra zu ihr. »Es ist ein wunderschöner Morgen. Wir werden eine Fahrt mit dem Auto machen. Sie können die Mädchen und Anna besuchen und ... nachmittags um vier Uhr zurückfahren ... Ich werde am Bahnhof sein.«[2] Als Lili am Bahnhof von Zarskoje Selo aus dem Zug stieg, fragte Alexandra sie: »Wie steht es in St. Petersburg? Ich höre, daß es ernst ist.« Lili versuchte die Zarin zu beruhigen; trotzdem ließ Alexandra ihren Wagen auf dem Weg zurück zum Palast halten, um sich bei einem Kapitän der *Garde equipage* erkundigen zu können. Auf ihre Frage antwortete der Offizier: »Es besteht keine Gefahr, Majestät.«[3]

Doch am Nachmittag begannen die Nachrichten aus der Hauptstadt einzutreffen. Alexandra teilte ihrer Freundin im Flüsterton mit: »Lili, es ist *sehr* schlimm … Das litauische Regiment hat gemeutert, die Offiziere ermordet und die Kasernen verlassen. Das wolhynische Regiment hat sich angeschlossen. Ich verstehe das nicht. Ich werde niemals an die Möglichkeit einer Revolution glauben.«[4] Ein paar Stunden später traf Alexander Tanejew, Anna Wyrubowas Vater, außer Atem und in Panik im Palast ein. »Petersburg ist in den Händen des Pöbels!« rief er. »Sie halten alle Wagen an. Meinen haben sie beschlagnahmt, und ich mußte den ganzen Weg zu Fuß gehen.«[5] Alexandra nahm den vergoldeten Telefonhörer im Malvenboudoir auf und wählte die Nummer der *Stawka* in der Gouverneursvilla in Mogiljow, plötzlich war die Verbindung unterbrochen, die Leitung tot. Auf ihr verzweifeltes Telegramm antwortete Nikolaus, daß er am Mittwoch, dem 14. März, zu Hause sein würde. Lili übernachtete auf einem Sofa im roten Salon; Graf Paul Benckendorff, Großmarschall des kaiserlichen Hofes, kam zufällig an der offenen Tür vorbei und sah Lili und Anastasia auf dem Boden vor dem Kamin sitzen und Puzzles legen.

Bevor Alexandra zu Bett ging, suchte sie Lili noch einmal auf. »Ich möchte nicht, daß die Mädchen irgend etwas erfahren, solange es möglich ist, die Wahrheit von ihnen fernzuhalten. Aber die Leute trinken exzessiv, und in den Straßen wird wahllos herumgeschossen. O Lili, was für ein Segen, daß wir die ergebensten Truppen hier haben. Die *Garde equipage* ist hier; es sind alles persönliche Freunde von uns.«[6]

Rodsjanko rief Zarskoje Selo an und drängte Graf Benckendorff, der Zarin mitzuteilen, daß sie und ihre Kinder in Gefahr seien und sofort abreisen sollten. Benckendorff telegrafierte Nikolaus und bat ihn um Anweisungen, und der Zar antwortete, daß seine Familie auf seine Rückkehr warten solle. Die Verzögerung erwies sich als fatal. Am nächsten Morgen schickte Alexandra Rodsjanko die Mitteilung, daß sie nicht alleine weggehen würde, und daß wegen des Gesundheitszustandes ihrer Kinder, besonders des Thronfolgers, eine Abreise mit ihnen auch gar nicht in Frage käme.[7] Rodsjanko erwiderte: »Wenn das Haus brennt, muß man vor allem die Kranken hinaustragen.«[8] Benckendorff machte sich nicht die Mühe, der Zarin diese Nachricht zu übermitteln. Zwei Stunden später wurden die Bahnlinien, die nach Zarskoje Selo führten, unterbrochen.[9] »Um vier Uhr kommt Dr. Derewenko«, schrieb Gilliard, »und teilt der Kaiserin mit, daß sich das ganze Eisenbahnnetz in den Händen der Aufständischen befinde und es unmöglich sei, fortzufahren, und daher sei es auch sehr unwahrscheinlich, daß der Kaiser kommen könne.«[10]

Der Zar ging, in einen Soldatenmantel gehüllt, den Bahnsteig am Bahnhof von Mogiljow entlang. Er nahm die Ehrenbezeigung entgegen und stieg in den kaiserlichen Zug. Der Stationsvorsteher gab das Signal mit der Laterne, und der Zug setzte sich ruckend und Rauchwolken ausstoßend in Bewegung. Die Lichter der Lokomotive erhellten die dunkle Nacht. Am Dienstag, dem 13. März 1917, um fünf Uhr in der Frühe, verließ der Zar die *Stawka* mit Ziel Petrograd.

Die Unruhen in der Hauptstadt machten Nikolaus große Sorgen. Er hatte geglaubt, daß Chabalow in der Lage sein würde, die Massen mit Schüssen zur Unterwerfung zu zwingen. Dann, Montag abend, hatte er ein verzweifeltes Telegramm von seiner Frau erhalten: »Zugeständnisse unvermeidbar. Straßenkämpfe gehen weiter. Viele Einheiten zum Feind übergelaufen. Alix.«[11]

Am Mittwoch um zwei Uhr morgens hielt der Zug bei Malaja Wischera, 160 Kilometer südlich der Hauptstadt, abrupt an. Ein Soldat bestieg den Zug und teilte General Wladimir Wojkow aus dem Gefolge des Zaren mit, daß weiter vorn die Strecke blockiert sei. Aufständische Soldaten mit Maschinengewehren warteten auf den kaiserlichen Zug.[12] Wojkow weckte Nikolaus. Sie konnten nicht zur Hauptstadt weiterfahren; Wojkow empfahl statt dessen den nächstgelegenen Militärstandort bei Pskow, wo General Nikolaj Russkij loyale Truppen befehligte und der Zar seine Frau würde anrufen können. Nach kurzer Unterredung mit dem Gefolge stimmte der Zar zu und sagte leise: »Na dann, auf nach Pskow.«[13]

Am späten Dienstag nachmittag beschloß eine Gruppe meuternder Soldaten aus der Hauptstadt, nach Zarskoje Selo zu fahren, den Alexanderpalast zu stürmen und die Zarin und den Zarewitsch in die Peter-und-Pauls-Festung zu bringen. Nachdem die Männer im Dorf angekommen waren, machten sie sich auf den Weg zum kaiserlichen Park. Unterwegs brachen sie in einen Laden ein und stahlen etliche Flaschen Wodka und Wein. Als es dunkel wurde, waren die Soldaten zu betrunken, um den Eingang zum Park zu erreichen.

Gewehrfeuer hallte durch den kaiserlichen Park. Alexandra hörte die Schüsse von den Schlafräumen ihrer Kinder aus. »Lili, es wird behauptet, daß eine feindlich gesinnte Menge von 300 000 Mann auf den Palast zumarschiere«, flüsterte sie ihrer Freundin zu. »Wir werden und dürfen uns nicht fürchten. Alles liegt in Gottes Hand. Morgen kommt ganz bestimmt der Kaiser. Ich weiß, wenn er kommt, wird alles gut.«[14]

Im Alexanderpalast bereitete man sich auf einen Angriff vor. Am Vortag hatte Graf Benckendorff zur Bewachung des Palastes ein Bataillon der *Garde equipage* herbeordert, zwei Bataillone der gemischten Garde, zwei Regimenter der Kosakengarde, eine Schwadron des Eisenbahnregiments und eine Kompanie von Feldartilleristen.[15] Sie richteten sich im Hof des Palastes zwischen dem Hauptgebäude und dem korinthischen Säulengang ein; weitere Soldaten hielten Wache am Haupteingang und um den vorderen, dem Katharinenpalast am nächsten gelegenen See herum. Auf dem verschneiten Hof brannten Feuer, an denen sich die Soldaten wärmten, und in der Mitte stand ein riesiges Feldgeschütz. Anastasia blickte von einem Fenster im ersten Stock auf diese Szene herab und bemerkte: »Papa wird ziemlich überrascht sein.«[16]

Ein Telefonanruf um einundzwanzig Uhr hatte die Zarin gewarnt, daß der Mob begonnen hätte, in Richtung des kaiserlichen Parks zu marschieren. Die Aufständischen seien im Anzug und hätten soeben, ungefähr 500 Schritt vor dem Schloß, einen Polizisten erschlagen.[17] Gewehrschüsse hallten durch die Nacht. Alexandra lief mehrmals zum Fenster, um sich und die Kinder, die die Schüsse ebenfalls hörten, zu beruhigen. Auf ihre Fragen erklärte sie ihnen, es würden besondere Manöver abgehalten. Gräfin Benckendorff und Baronin Buxhoeveden lagen auf Sofas im grünen Salon.[18] Mehrmals kam

Alexandra herein, brachte weitere Decken und bot ihnen, auf Strümpfen gehend, Obst und Kekse an.[19]

Um Mitternacht warf sich Alexandra einen schwarzen Pelzumhang über ihre Schwesterntracht und ging mit ihrer Tochter Maria und Graf Benckendorff auf den Palasthof, um zu den Soldaten zu sprechen. Baronin Buxhoeveden sah von den Fenstern des grünen Salons aus zu. »Die Szene war unvergeßlich«, schrieb sie. »Es war dunkel…Die Truppen waren in Kampfordnung angetreten…Die erste Reihe kniete im Schnee, die anderen standen mit dem Gewehr im Anschlag dahinter. Die Kaiserin und ihre Tochter passierten eine Reihe nach der anderen, und im Hintergrund ragte geisterhaft weiß der Palast auf.«[20] Alexandra ging von einem Mann zum nächsten und sagte zu jedem einzelnen, daß sie ihm vollkommen vertraue, und daß das Leben des Zarewitsch in ihren Händen liege. Als sie wieder im Palast waren, wiederholte sie Lili gegenüber mehrfach: »Es sind alles Freunde. Sie sind uns so ergeben.«[21]

In dieser Nacht zog sich Alexandra nicht aus; sie legte sich nur für ein paar Stunden auf das Sofa in ihrem Boudoir. Doch das Gewehrfeuer hielt sie wach. Am Morgen war die Belagerung vorbei; einige der Meuterer waren bis zum Chinesischen Dorf gewankt, wo sie entweder umkippten oder aufgaben und nach Hause gingen.

Alexandra rechnete mit Nikolaus' Ankunft in Zarskoje Selo um sechs Uhr am Mittwochmorgen. Ungeduldig lief sie in ihrem Boudoir auf und ab. Um sieben sagte sie: »Vielleicht hat ihn der Schneesturm aufgehalten.« Sie legte sich aufs Sofa, um auszuruhen. Doch Anastasia fühlte, daß etwas nicht in Ordnung war, und sagte zu Lili Dehn: »Lili, der Zug kommt doch *nie* zu spät. Ach, wenn Papa nur schnell käme.«[22] Um acht fing Alexandra an, ein Telegramm nach dem anderen an ihren Mann zu schicken. Ein paar Stunden später erfuhr sie, daß er bei Malaja Wischera aufgehalten worden war. Alle Depeschen wurden ihr von Amts wegen mit dem Vermerk retourniert, der Aufenthaltsort des »Empfängers« sei unbekannt.[23]

Am Mittwoch begannen die Truppen, die den Alexanderpalast verteidigten, zu desertieren. Als Alexandra zufällig aus einem Fenster schaute, sah sie, daß viele der Männer sich weiße Taschentücher ums Handgelenk gebunden hatten – ein Symbol, das die Duma empfohlen hatte, um zu verhindern, daß die Truppen auf die Plünderer im

Dorf schossen.[24] Als Alexandra das sah, merkte sie grimmig an: »Nun, so ist also alles in den Händen der Duma.«[25]

Als sie erfuhr, daß der Zug ihres Mannes aufgehalten worden war, schickte Alexandra einen ihrer letzten Briefe ab; sie bat darin den Zaren, nicht übereilt zu handeln:

»Sie wollen Dich natürlich nicht zu mir lassen, bevor Du ein Papier unterschreibst, eine Verfassung oder etwas Ähnliches. Du bist allein, hast keine Armee hinter Dir, Du sitzt wie eine Maus in der Falle. Was kannst Du tun? Es ist die größte Gemeinheit in der Geschichte, den eigenen Herrscher gefangenzuhalten... Wenn sie Dich zu Zugeständnissen zwingen, bist Du nicht im geringsten verpflichtet, sie einzuhalten, denn sie wurden Dir auf unwürdige Weise abgenötigt... Die beiden Strömungen – die Duma und die Revolutionäre – sind zwei Schlangen, die hoffentlich einander den Kopf abbeißen werden. Das würde die Situation retten... Ich kann Dir nichts raten, bleibe nur Du selber, mein Liebling. Wenn man sich in die Umstände fügen muß, wird Gott helfen, sich aus ihnen zu befreien...«[26]

Als Lili am frühen Donnerstag morgen ins Malvenboudoir ging, stand Alexandra mit blassem Gesicht und roten Augen am Fenster. Sie wandte sich ihrer Freundin mit den Worten zu: »Lili, die Truppen sind desertiert!«

»Warum, Madame? Um Gottes willen, warum?«

»Ihr Kommandant – der Großfürst Kyrill – hat nach ihnen geschickt.«

Alexandra schwieg einen Augenblick, dann schrie sie auf: »Meine Seeleute! Meine eigenen Seeleute! Ich kann es nicht glauben!«[27]

Am Donnerstag nachmittag war Anastasia mit hohem Fieber zu Bett gegangen, und Maria gestand der Baronin Buxhoeveden, sie fühlte, daß die Reihe nun auch an ihr sei. Erst bekam sie eine Erkältung und dann eine beidseitige Lungenentzündung. Maria hatte schreckliche Alpträume, in denen Soldaten kamen, um ihre Mutter zu ermorden.[28] »Ich darf nicht nachgeben«, sagte Alexandra immer wieder zu Lili. »Ich sage ständig zu mir selbst ›Ich darf nicht‹ – das hilft mir.«[29] Die Situation verschlechterte sich von Stunde zu Stunde. Am Mittwoch nachmittag war die Wasserversorgung zum Palast unterbrochen worden. Um an Wasser zu kommen, mußte man das Eis auf dem See aufbrechen. Am selben Abend lag der Palast im Dunkeln – Soldaten hatten am Nachmittag den Strom unterbrochen.[30] Früher am Tag hatte Alexandra Rasputins Grab besucht. »Die Sonne strahlt hell, und ich verspüre solchen Frieden und solche Ruhe, wenn ich sein liebes Grab aufsuche«, schrieb sie. »Er starb, um uns zu retten.«[31]

General Russkij erwartete am Mittwoch abend am Bahnhof von Pskow den Zug des Zaren. Als Nikolaus von den Meutereien erfuhr, befahl er Russkij, Rodsjanko telegrafisch die Genehmigung zur Bildung einer verantwortlichen Regierung zu erteilen. Er hoffte, damit weitere Unruhen verhindern zu können. Doch Rodsjanko telegrafierte wütend zurück:

»Seine Majestät und Sie selbst sind anscheinend nicht in der Lage sich klarzumachen, was in der Hauptstadt los ist. Eine furchtbare Revolution ist ausgebrochen ... Der Haß auf die Kaiserin hat den Siedepunkt erreicht. Um Blutvergießen zu verhindern, war ich gezwungen, alle Minister festzunehmen ... Schicken Sie keine weiteren Truppen ... Ich hänge selbst nur noch am seidenen Faden, die Macht entgleitet meinen Händen ... Für die Maßnahmen, die Sie vorschlagen, ist es zu spät. Die Zeit dafür ist vorbei. Es gibt kein Zurück.«[32]

Die neue Regierung entschied, Nikolaus müsse zu Gunsten seines Sohnes abdanken und Großfürst Michail solle als Regent eingesetzt werden. »Es ist von äußerster Wichtigkeit, daß Nikolaus II. nicht gewaltsam gestürzt werde«, sagte Alexander Gutschkow am 14. März. Und am 15. März äußerte er dem Kaiser persönlich gegenüber: »Einzig die Abdankung Eurer Majestät zugunsten Ihres Sohnes kann das russische Vaterland noch retten und die Dynastie erhalten.«[33]

General Alexejew hatte auf die Bitte des Kaisers die Ansicht der Oberbefehlshaber und der Kommandierenden Generäle zu der eventuellen Abdankung eingeholt. Die Antworttelegramme trafen am Morgen des 15. März ein. Nikolaus sah sie nachdenklich durch; sie forderten einhellig seine Abdankung. Großfürst Nikolaj Nikolajewitsch flehte seinen Cousin sogar »kniefällig« an, auf diese Weise Rußland zu retten.[34]

Nikolaus stand am Fenster seines Zugabteils und blickte ins Leere. Plötzlich drehte er sich um und sagte zu Russkij: »Ich habe beschlossen, dem Thron zu Gunsten meines Sohnes Alexej zu entsagen.« Er machte das Zeichen des Kreuzes, und alle Anwesenden bekreuzigten sich ebenfalls. »Ich danke Ihnen für Ihre hervorragenden und treuen Dienste, meine Herren«, sagte der Zar. »Ich hoffe, Sie werden sie unter meinem Sohn fortsetzen.«[35] Nikolaus ging zu seinem Schreibtisch, nahm die Rücktrittsurkunde, die Russkij schon aufgesetzt hatte, und unterschrieb sie. Er fügte das Datum hinzu, 15. März 1917, fünfzehn Uhr. Ein Manifest, das in der Hauptstadt veröffentlicht werden sollte, kündigte die Thronbesteigung Seiner Kaiserlichen Majestät, Zar Alexej II., Kaiser und Selbstherrscher aller Reußen, an.

In Zarskoje Selo fegte am Donnerstag abend ein Sturm durch den Park. Früh am Freitag morgen brachten Bedienstete gedruckte Flugblätter aus der Hauptstadt mit, die die Abdankung des Zaren verkündeten. Alexandra weigerte sich, ihnen Glauben zu schenken. Am Nachmittag traf Pawel, der Onkel des Zaren, im Alexanderpalast ein. Er ging direkt zu Alexandras Boudoir. In ihre Schwesterntracht gekleidet stand sie da und starrte aus einem Fenster.

»Liebe Alix«, sagte Pawel zu ihr, »ich wollte in diesem schmerzlichen Augenblick bei dir sein.«

»Nicky?« fragte die Zarin schnell und fürchtete das Schlimmste.

»Nicky ist in Sicherheit und es geht ihm gut«, antwortete der Großfürst. »Aber du sei tapfer, so tapfer, wie er gewesen ist.« Ruhig teilte er Alexandra mit, daß ihr Mann abgedankt habe.

»Ich glaube es nicht!« schrie Alexandra. »Das sind alles Lügen! Das hat die Zeitung erfunden! Ich vertraue auf Gott und die Armee. Sie haben uns noch nicht verlassen!« Worauf der Großfürst schlicht erwiderte, daß sowohl Gott als auch die Armee jetzt auf seiten der Revolution stünden.[36] Alexandra sagte nichts. Plötzlich wurde ihr klar, was das hieß: Abdankung. Sie brach in Tränen aus, ihr Gesicht war schmerzverzerrt. Lili und Maria warteten im Nebenraum. Als Alexandra hereinkam, strauchelte sie, so daß Lili zu ihr eilte und ihr zu einem Schreibpult half. Alexandra lehnte sich mit gesenktem Kopf dagegen, nahm Lilis Hände in die ihren und sagte mit gebrochener Stimme: »*Abdiqué*.« Dann, unter Tränen: »Armer Liebling – ist ganz allein und leidet – mein Gott! Was muß er gelitten haben … Und ich war nicht da, um ihn zu trösten.«[37]

Am Abend empfing Alexandra ihre persönlichen Mitarbeiter und eröffnete ihnen die Nachricht. Baronin Buxhoeveden stürzte in ihre

Arme und weinte, während Graf Benckendorff die Hände der Zarin hielt. »Es ist nur zum Besten«, sagte sie, »es ist Gottes Wille. Gott schickt es, um Rußland zu retten. Das ist das einzige, was zählt.« Als sie den Raum verlassen hatten, ließ Alexandra sich in einen Sessel fallen, bedeckte ihr Gesicht mit den Händen und weinte bitterlich.[38]

Noch am gleichen Abend, erinnerte sich Gilliard, sah er sie »bei dem Thronfolger Alexej Nikolajewitsch … Mit einer beinahe übermenschlichen Kraft beherrschte sie sich so vollständig, daß man auf ihrem Antlitz nichts von der inneren Verzweiflung und Aufregung bemerken konnte. Und dies tat sie nur, um ihr krankes Kind nicht unnütz in Aufregung zu versetzen.«[39] Nur Maria wußte Bescheid, da sie zugegen gewesen war. »Mama hat furchtbar geweint«, erzählte sie Anna, »und ich mußte auch weinen, später aber, als wir am Teetisch saßen, habe ich mich um Mamas willen zusammengenommen.«[40]

Am nächsten Morgen platzte ein Diener ohne anzuklopfen in Alexandras Schlafzimmer und verkündete erregt: »Der Kaiser ist am Telefon!« Alexandra starrte ihn kühl an, dann wurde ihr klar, was er gesagt hatte, und sie eilte ans Telefon.[41] »Du weißt es?« fragte Nikolaus leise. »Ja«, flüsterte Alexandra.[42]

Gutschkow und Schulgin kamen am Donnerstag abend spät in Pskow an. Die Duma hatte sie delegiert, um die Unterzeichnung der Abdankungsurkunde zu bezeugen und sie in die Hauptstadt zu bringen. Sie hatten beinahe sechs Stunden gebraucht, um Pskow von Petrograd aus zu erreichen.

Während dieser sechs Stunden hatte Nikolaus seine Entscheidung, zu Gunsten seines Sohnes abzudanken, noch einmal überdacht. Der Zar hatte angenommen, daß Michail sich den größten Teil der Verantwortung aufbürden würde, und daß es Alexej dann freistünde, bei seiner Familie zu leben. Doch Dr. Fjodorow machte darauf aufmerksam, daß die neue Regierung, die dem Zaren und der Zarin schon jetzt feindlich gesinnt war, ihnen kaum erlauben würde, den Jungen weiter zu erziehen und zu beeinflussen. Wenn die kaiserliche Familie ins Ausland ginge – zum Beispiel nach England –, würde Alexej in Rußland zurückbleiben müssen.

Als Gutschkow und Schulgin um einundzwanzig Uhr ankamen,

empfing Nikolaus sie im Salon des Zuges. Gutschkow hielt eine längere Rede, um zu erklären, warum der Zar abdanken müsse; endlich unterbrach ihn Nikolaus mit der Bemerkung, daß die Rede unnötig sei. Er fuhr fort:»Meine Herren, ich habe beschlossen, dem Thron zu entsagen. Bis drei Uhr nachmittags dachte ich, ich könnte zugunsten meines Sohnes abdanken, aber ich habe meinen Entschluß zugunsten meines Bruders Michail geändert. Ich hoffe, meine Herren, Sie verstehen die Gefühle eines Vaters.«[43]

Der Zar stand auf, nahm den von Gutschkow und Schulgin mitgebrachten Entwurf der Abdankungsurkunde mit in einen anderen Raum und änderte ihn entsprechend ab. Damit waren sowohl er als auch sein Sohn entmachtet – juristisch gesehen ein illegaler Vorgang, da die Gewalt schon auf Alexej übergegangen war. Er behielt Datum und Zeit des Originals bei und unterschrieb ein zweites Mal; Gutschkow und Schulgin zeichneten als Zeugen gegen und sicherten dann die Unterschrift des Zaren mit Firnis.[44]

Nikolaus stand mit abwesendem Blick an einem Fenster. Dann sah er Schulgin an, und Tränen traten ihm in die Augen.»O Majestät, wenn Sie das alles doch früher getan hätten, sogar noch bei der letzten Einberufung der Duma, vielleicht hätte das alles...« Schulgin brach ab. Nikolaus sah ihn mit einem sonderbaren Blick an und fragte dann resigniert mit leiser Stimme:»Glauben Sie, es hätte vermieden werden können?«[45]

Am 18. März abends um zehn Uhr klopfte Graf Benckendorff an die Tür zum Boudoir der Kaiserin. Er berichtete Alexandra, daß eine Gruppe von Revolutionären auf dem Weg zum Alexanderpalast sei, wahrscheinlich, um sie zu verhaften. Sie zog sich schnell an und wartete auf ihre Ankunft.

Die Revolutionäre erwiesen sich als Gutschkow und General Lawrentij Kornilow und eine Handvoll von Mitgliedern des Revolutionsrats von Zarskoje Selo. Sie erkundigten sich nach der Gesundheit der Zarin und fragten, ob sie irgend etwas benötigte. Der Gedanke, daß jederzeit eine Gruppe von Männern in den Palast eindringen und ihre persönlichen Dinge konfiszieren konnte, beunruhigte Alexandra. Auf Nikolaus' Rat begann sie nun, den Berg von privaten Papieren und Korrespondenz zu vernichten.

An einem kalten, spätwinterlichen Tag – es hatte noch einmal geschneit –, stand Alexandra im roten Salon vor einem lodernden Feuer im Kamin. Auf dem Tisch neben ihr standen Kisten mit Papieren – Briefen von ihrem Vater, dem Bruder, Schwestern, Freunden und Verwandten. Einen nach dem anderen warf sie in die Flammen – Erinnerungen an ihre ersten beiden Rußlandbesuche, an Ferien mit Königin Viktoria in Osborne, Balmoral und Windsor, an die sommerlichen Verlobungstage mit Nikolaus, an ihre Hoffnungen und Ängste als Frau und Mutter –, alle wurden von dem gierigen Feuer verschlungen. Sogar die Briefe von Königin Viktoria. Die sorgfältig verschnürten Bündel verschwanden in den züngelnden Flammen. Nun stand Alexandra da und umklammerte die letzten Schachteln: die Briefe von ihrem Mann. Die Briefe aus der Zeit des Ersten Weltkrieges vernichtete sie nicht, denn sie nahm an, daß sie nützlich sein konnten, falls sie oder der Zar des Verrats beschuldigt werden sollten. Alle anderen nahm sie einzeln aus den Schachteln und fing an, sie noch einmal zu lesen; von Zeit zu Zeit schluchzte sie auf, dann warf sie Seite für Seite in das prasselnde Feuer und sah zu, wie die Blätter für einen Moment rot aufglühten, bevor sie zu weißer Asche zerfielen.[46]

General Kornilow kehrte am 21. März in den Alexanderpalast zurück, diesmal wollte er die Zarin davon unterrichten, daß sie unter Arrest stünde. Alexandra empfing ihn im grünen Salon. Sie trug ihre Schwesterntracht, und als Kornilow den Raum betrat, stand sie schweigend da, ohne ihm die Hand zum Gruß zu reichen.[47] Kornilow erklärte, daß die Festsetzung im Palast die Zarin vor dem wütenden Mob in Petrograd beschütze, und daß der Zar ebenfalls festgenommen worden sei. Er würde am nächsten Morgen zurückkehren. Von Kornilow erfuhr Alexandra auch, daß ihr Schwager Michail den Thron und die Zarenwürde zurückgewiesen und damit die Herrschaft der Romanows beendet hatte. Sobald die Pläne endgültig feststünden, sagte er, würde die kaiserliche Familie nach England ausgewiesen werden. Als Kornilow sich erhob, um zu gehen, nahm Alexandra seine beiden Hände. Der General verließ den Palast mit Tränen in den Augen.[48]

»Der Kaiser kommt morgen«, sagte Alexandra zu Pierre Gilliard. »Man muß dem Thronfolger jetzt alles mitteilen. Ich bitte Sie, tun Sie es, und ich werde mit meinen kranken Töchtern sprechen.«[49] Gehorsam ging Gilliard ins Zimmer des Zarewitsch. Ruhig begann er dem kleinen Jungen zu erklären, daß sein Vater am nächsten Morgen aus dem Hauptquartier zurückkommen und nicht mehr dorthin zurückkehren würde. Er beschrieb die Szene:

»›Warum?‹ fragte Alexej.

›Weil Ihr Vater nicht mehr Oberbefehlshaber sein will.‹

Da der Thronfolger gern ins Hauptquartier fuhr, schien ihn diese Nachricht sehr zu betrüben.

Nach einiger Zeit fragte ich ihn: ›Wissen Sie schon, Alexej Nikolajewitsch, daß Ihr Vater auch nicht mehr Zar sein will?‹

Er sah mich hierauf erschrocken an und bemühte sich, in meinem Gesicht zu lesen, was vorgefallen sein könnte.

›Wie? Warum?‹

›Darum, weil Ihr Vater sehr müde ist und in der letzten Zeit viel Unangenehmes und Schweres zu überstehen hatte.‹

›Ach, ja, Mama erzählte mir, daß man seinen Zug angehalten habe, als er hierher fahren wollte. Doch wird Papa später wieder Kaiser sein?‹

Ich erklärte ihm dann, daß der Kaiser dem Throne zugunsten des Großfürsten Michail entsagt habe, der Großfürst seinerseits aber auch auf den Thron verzichte.

›Wer wird dann aber Kaiser sein?‹

›Ich weiß nicht. Jetzt – niemand!‹«[50]

Alexandra teilte ihren Töchtern mit, daß ihr Vater abgedankt habe, und daß sie nun Gefangene der neuen Regierung seien. Maria, die schon Bescheid wußte, mußte die Lücken in der Geschichte ihrer Mutter schließen, als Alexandra zusammenbrach, unfähig, fortzufahren. Erschwert wurde die Geschichte dadurch, daß Tatjana als Folge ihrer Erkrankung vorübergehend taub war und die Zarin ihr die Einzelheiten aufschreiben mußte, damit sie sie verstand.

Der nächtliche Himmel über Zarskoje Selo war klar, die weiße Landschaft leuchtete im Vollmond. Die Türen des Alexanderpalastes waren versiegelt, und revolutionäre Garden standen Wache, um die Gefangenen an einer Flucht zu hindern. Lili Dehn schlief in dieser Nacht im Malvenboudoir, um der Zarin näher zu sein. Im Kamin brannte ein Feuer, als Lili Laken und Decken auf der Chaiselongue ausbreitete. Alexandra stand dabei und schaute zu; sie war in einen weiten seidenen Morgenmantel gehüllt, ihr langes goldenes Haar war offen und gebürstet. Sie lächelte über die zaghaften Bemühungen ihrer Freundin.

»Ach, Lili, die russischen Ladys können kein Bett beziehen«, sagte Alexandra. »Als ich noch klein war, hat mir Großmutter gezeigt, wie man das macht.« Als die Lichter gelöscht waren, überflutete Mondlicht das Boudoir. Lili warf sich auf ihrem Lager hin und her und lauschte auf das Hüsteln der Kaiserin im Nebenzimmer.[51] Draußen pfiff klagend der Wind und wurde nur von dem Geräusch der Schüsse im Park unterbrochen, wo die neuen Soldaten die zahmen Hirsche, die die Kinder dort gehalten hatten, erlegten.

TEIL FÜNF

Alexandra Romanowa

(1917 – 1918)

39

Gefangene

Fast ein Vierteljahrhundert zuvor war Alexandra Zarin von Rußland geworden, ganz entgegen den Wünschen ihrer Großmutter, der Königin Viktoria, die fürchtete, daß der Thron der Romanows zu instabil war, als daß ihre Enkelin den hübschen jungen Erben hätte heiraten dürfen. Die Revolution bewies, daß die bejahrte Königin recht gehabt hatte. Alexandra verlor alles: Was sie jemals an Macht und Ansehen besessen hatte, wurde in der bitteren Kälte des russischen Frühjahrs hinweggefegt.

Ohne ihre Titel wurde Alexandra zu einer Frau ohne eigene Identität. Sie hatte ihre Kraft und ihre Zielbewußtheit immer aus der Umgebung geschöpft, in Darmstadt wie in London oder St. Petersburg. Was verband man jetzt mit ihr? Die Beziehungen wurden immer undeutlicher. Die deutschen Titel waren während des Krieges ohnehin bedeutungslos geworden, und nun hatte sich ihre einzige weitere Benennung, die der Kaiserin von Rußland, in nichts aufgelöst. Sie war einfach Alexandra Fjodorowna Romanowa, die Frau eines Ex-Zaren.

Die Veränderung ihrer Stellung war für Alexandra schwer zu akzeptieren. Als Nikolaus nach der Abdankung heimkehrte, war er so überwältigt von der Erniedrigung, dem Kummer und seiner Seelenqual, daß er die Fassung verlor und wie ein Kind weinend in Alexandras Arme sank.[1] Nach ihrer Festsetzung waren sie auf einen Flügel des Alexanderpalastes beschränkt und wurden von revolutionären Soldaten bewacht, die voller Verachtung für die kaiserliche Familie waren.

Der allgemeine Haß auf die Romanows und besonders auf die Zarin, erreichte nach der Revolution einen neuen Höhepunkt. Petrograd verschlang die Geschichten von »Alexandra der Deutschen« und ihrem »Liebhaber« Rasputin. Die schmutzigen Bilder von der Zarin und ihrem Freund, die früher in der Stadt an die Wände gemalt worden waren, wurden jetzt auf den Seiten der Zeitungen verbreitet. Eine Karikatur zeigte die Zarin, wie sie in einer Wanne voller Blut badete und sagte: »Wenn Nicky ein paar mehr von diesen Revolutionären töten würde, könnte ich häufiger so ein Bad nehmen.«[2]

An einem warmen Frühlingstag im April 1917 stand Alexandra besorgt in angespannter, stolzer Haltung im roten Salon und wartete, horchte auf das Geräusch von Schritten auf dem Marmorboden des Flurs hinter den polierten Türen. Alexander Kerenskij, der neue Justizminister der Provisorischen Regierung, hatte mitgeteilt, er wolle die Zarin über ihre »verräterischen Aktivitäten« während des Krieges befragen.

Alexandra hatte keine Ahnung, was mit ihr geschehen würde. Sie hatte die meisten der privaten Papiere und Briefe vernichtet, weil sie die Unantastbarkeit ihres Privatlebens schützen wollte; jetzt konnte Kerenskij sie natürlich des Versuches beschuldigen, Beweise für ihren Verrat zu vernichten. Auch den Zaren, der wartend neben seiner Frau saß und rauchte, wollte der Justizminister befragen.

Plötzlich öffneten sich die Türen. Graf Benckendorff trat in den Raum und verkündete: »Seine Majestät heißt Sie willkommen.« Kerenskij trug ein hochgeschlossenes blaues Hemd ohne Kragen und Manschetten und hatte schwere Arbeiterstiefel an den Füßen.[3] In deutlich »fiebriger Erregung« schritt der Minister auf den Zaren zu, streckte seine Hand aus und sagte, »Kerenskij«.[4] Nikolaus begrüßte den Mann, lächelte »sichtlich ermutigt«, und führte ihn zu seiner Familie. Alexandra war sich weniger sicher. »Nur zurückhaltend, wie unter Zwang, gab sie mir die Hand«, schrieb Kerenskij.[5]

Kerenskij informierte sich über die Bedingungen, unter denen die kaiserliche Familie lebte, und inspizierte den gesamten Palast gründlich, öffnete Türen und schaute in Räume hinein, durchsuchte Schreibtische, kroch auf Knien, um die Unterseite der Möbel zu kontrollieren, nahm Gegenstände von den Tischen und spielte mit ihnen herum.[6] Er erklärte, daß Nikolaus für die Dauer der Untersuchung von seiner Frau getrennt werde leben müssen. Der Zar, der in einen separaten Flügel des Palastes verbannt wurde, durfte seine Frau nur bei den Mahlzeiten sehen, und auch nur dann, wenn ein Offizier der Wache zugegen war und die Unterhaltung in Russisch verlief.

Die Untersuchung dauerte achtzehn Tage. Als Kerenskij den Zaren über die Regierung befragte, erwähnte er auch, daß die Zarin unter Umständen vor ein öffentliches Gericht gestellt werden müsse. Nikolaus' einzige Entgegnung war: »Ich glaube nicht, daß Alice etwas damit zu tun hat. Gibt es Beweise?«

»Ich weiß es noch nicht«, antwortete Kerenskij.[7]

Er sollte auch keine finden. Kerenskij befragte Alexandra über ihr Leben als Zarin in Rußland, ihre politische Betätigung und die Rolle Rasputins in der Regierung. Alexandra beantwortete seine Fragen ehrlich und sagte, daß sie und Nikolaus in ihrer Ehe sehr offen seien, und daß sie deshalb keine Geheimnisse voreinander hätten. Die Politik spielte in ihrem Leben eine so große Rolle, weil sie und ihr Mann oft die Ereignisse diskutierten, wenn sie auftraten, und Alexandra sich wünschte, dem Zaren, der sich um so viele Probleme kümmern mußte, eine Hilfe zu sein. Was Rasputin betraf, so antwortete die Zarin, daß sie auf seinen Rat gehört habe, weil er ein Mann Gottes gewesen sei, demütig und einfältig, der nur versucht hätte, ihre Rechte und die ihres Mannes zu erhalten. Kerenskij akzeptierte diese Antworten; er stritt sich nicht mit der Zarin über Rasputin, da er erkannte, daß dies ihre persönliche Wahrnehmung jenes Mannes war. Als er seine Untersuchung beendet hatte, erklärte er die Zarin des vorgeworfenen Verrats für nicht schuldig und sagte zum Zaren: »Ihre Frau lügt nicht.«[8]

Bevor Kerenskij den Alexanderpalast verließ, suchte er das Krankenzimmer auf, in dem sich Anna Wyrubowa und Lili Dehn befanden. Anna Wyrubowa schrieb in ihren Erinnerungen: »Während ich noch, im Bett liegend, frühstückte, erklangen plötzlich im ... Korridor laute Stimmen und hastig sich nähernde Schritte. Das Herz wollte mir stille stehen, denn ich fühlte sofort, daß dieser Lärm mir galt ... Lili Dehn, die mich beruhigt und mir Trost zugesprochen hatte, sprang auf und lief hinaus. Gleich darauf trat ein Läufer ein und meldete Kerenskij. Hinter ihm erschien, umringt von Offizieren, ein kleiner Mann mit frechem, glattrasiertem Gesicht, der mir mit drohender

Stimme zuschrie, er wäre der Justizminister, und ich sollte mich sofort bereit machen, um ihm nach Petersburg zu folgen. Als er sah, daß ich im Bett lag, wurde er ein wenig höflicher und ordnete an, die Ärzte zu befragen, ob ich transportfähig sei … Dr. Botkin von der allgemeinen Panik angesteckt, erklärte: ›Natürlich kann sie fahren!‹«[9]

Baronin Buxhoeveden war der Meinung, daß Anna entfernt werden müßte, weil »ihre Anwesenheit im Palast eine Quelle ständiger Sorge für den Haushalt« gewesen sei, »auf Kosten der Kaiserin: denn die Soldaten griffen sie nicht nur offen an, sondern verbanden den Namen der Kaiserin mit dem ihren und drohten ständig, erst Madame Wyrubowa und dann die Kaiserin zu ermorden.«[10] Alexandra teilte diese Meinung ihrer Hofdame nicht. Als sie hörte, was geschehen war, rief sie Botkin ins Boudoir.

»Sie haben doch selbst Kinder, schämen Sie sich nicht Ihrer Handlungsweise?« rief sie ihm schluchzend zu. Doch Kerenskijs Entschluß stand fest, und Anna hatte gerade noch Zeit, ein paar Habseligkeiten zusammenzupacken, bevor sie gehen mußte.

Alexandra wartete in der Porträtgalerie, um ihrer Freundin auf Wiedersehen zu sagen. Weinend humpelte Anna an ihren Krücken in den Raum. Alexandra eilte ihr entgegen und stützte sie. Tatjana war ebenfalls in Tränen. »Eine lange, innige Umarmung, uns blieb noch soviel Zeit, unsere Ringe zu wechseln – Tatjana Nikolajewna erhielt meinen Verlobungsring –, und wir mußten uns trennen. Die Kaiserin wies noch einmal nach oben und sagte weinend: ›Dort und bei Gott werden wir uns wiedersehen!‹« erinnerte sich Anna Wyrubowa.[11]

Kerenskij hatte auch Lili Dehn Anweisung gegeben, den Palast noch am selben Tag zu verlassen. Alexandra zwang sich, zu lächeln und sagte zu ihrer Freundin: »Lili, durch das Leid werden wir für den Himmel geläutert. Dieser Abschied bedeutet wenig. Wir werden uns in einer anderen Welt wiedersehen.«[12] Lili stieg zu Anna in das Auto und beide fuhren davon. Alexandra rannte durch den Palast zurück in die Kinderzimmer im zweiten Stock. Sie preßte ihr Gesicht gegen die Fensterscheiben und sah dem Auto nach. Lili und Anna blickten durch die Heckscheibe des Wagens und winkten der Zarin zum Abschied, bis sie in der Dunkelheit eines aufziehenden Unwetters nicht mehr zu sehen waren.

Das Leben als Gefangene der Provisorischen Regierung hatte

wenig Ähnlichkeit mit dem Alltag, an den Alexandra gewöhnt gewesen war. Da sie auf den Alexanderpalast beschränkt war, verbrachte sie den größten Teil des Tages auf der Chaiselongue in ihrem Boudoir. Ihre Gedanken weilten in der Vergangenheit, und sie ließ sich die Entscheidungen, die sie gefällt hatte und zu denen sie ihren Mann ermutigt hatte, immer und immer wieder durch den Kopf gehen. War alles falsch gewesen? Als aus Tagen Wochen wurden und aus Wochen Monate, begann Alexandra allmählich zu begreifen, daß ihre Rolle in der russischen Politik dazu beigetragen hatte, ihren Mann zu Fall zu bringen. Das Gewicht dieser schmerzlichen Erkenntnis zerbrach ihren Mut und ihre Energie, dämpfte ihre Hoffnung. Ein Vierteljahrhundert hatte sie gegen diejenigen gekämpft, die sich gegen sie gestellt hatten – die Kaiserinwitwe, die Duma, Stolypin, Nikolascha, Rasputins Feinde, sogar gegen ihren Mann. Jetzt konnte sie nicht mehr; es gab nichts mehr, um das sie hätte kämpfen können. Ihrer politischen Funktion und der Krankenhausarbeit enthoben, überließ sich Alexandra gefährlich fatalistischen Gedanken. Obwohl sie immer noch glaubte, daß die Mehrheit der Russen der kaiserlichen Familie weiterhin die Treue hielte, war Alexandra sicher, daß sie und ihr Mann für die früheren Sünden der Romanow-Dynastie bezahlen müßten. Daher wandte sie sich im Geiste dem zu, was sie für ihr bevorstehendes Martyrium hielt.

Das tägliche Leben brachte Alexandra ihre neue Stellung auf unangenehme Weise vor Augen. Die Provisorische Regierung hatte Obst zu einem »Luxus, der Gefangenen nicht gewährt werden konnte«, erklärt. Die Zarin konnte ihre Räume nicht mehr mit frischen Rosen- und Fliedersträußen füllen, da die Gewächshäuser von Zarskoje Selo verlassen dastanden. Als ein Mädchen ihr einen Fliederzweig aus dem Garten brachte, war Alexandra so überwältigt, daß sie vor Freude weinte.[13]

Die Sicherheitsvorkehrungen für die kaiserliche Familie sorgten dafür, daß sie keinen Kontakt zur Außenwelt hatte. Sie wurden als Gefangene schärfer bewacht, als sie es als herrschende Familie gewesen waren. Nur Mitglieder des Haushaltes und des Gefolges durften Telefonate führen, und sie mußten dabei das zentrale Telefon im Wachraum benutzen. Alles, was in den Alexanderpalast hereinkam oder ihn verließ, wurde einer gründlichen Untersuchung unterzogen.

Zahnpastatuben wurden aufgerissen, Schokolade zerbissen und in Joghurtbehältern mit schmutzigen Fingern gestochert.[14]

Alexandra bekam selten Nachrichten von ihren Freundinnen. Lili war entlassen worden, als sie in der Hauptstadt ankam, doch Anna war in der Peter-und-Pauls-Festung gefangen. Der größte Teil des Gefolges hatte den Palast verlassen. Diejenigen, die geblieben waren, sahen aus wie »die Überlebenden eines Schiffsunglücks«. Es waren nur wenige, »die ihnen noch die Treue bewahrt hatten ... die Gräfin Benckendorff, die Hofdame Buxhoeveden, die Gräfin Hendrikow und Fräulein Schneider. Graf Fredericks, General Wojkow und General Groten waren damals schon verhaftet Geblieben waren nur Gilliard und Gibbes ... einige Diener, die alten Wärterinnen der Töchter ... sowie die beiden Ärzte Botkin und Derewenko. Auch die persönliche Dienerschaft Ihrer Majestät, die sogenannte ›Hälfte der Kaiserin‹ hatte mutig ausgeharrt, angefangen von dem Kammerdiener, bis hinab zu den untersten Dienstboten. Von der gesamten Dienerschaft des Kaisers jedoch war nur der alte Kammerdiener Tschemodurew treu geblieben.«[15]

Als die Kinder gesund genug waren, bekamen sie wieder Unterricht. Gilliard unterrichtete Französisch, Gibbes Englisch, Mademoiselle Schneider Mathematik, Gräfin Hendrikow Kunst, Baronin Buxhoeveden Musik, Nikolaus Geschichte und Geographie und Alexandra Religion.

Das Verhalten der Männer, die die kaiserliche Familie bewachten, grenzte ans Absurde. Einmal trafen Baronin Buxhoeveden und Großfürstin Tatjana vor dem Palast zufällig auf einen diensttuenden Wachtposten. Er war es offensichtlich leid zu stehen, denn er saß mit einem Hocker unter den Füßen und mit Sofakissen gepolstert auf einem goldenen Sessel aus dem Palast und las die Zeitung; sein Gewehr lag am Boden.[16] Bei einer anderen Gelegenheit begrüßte Nikolaus seine Frau eines Morgens mit einer amüsanten Geschichte. »Als ich aufstand«, erzählte er, »zog ich meinen Morgenmantel an und schaute aus dem Fenster. Der Wachtposten, der dort gewöhnlich stand, saß auf den Stufen, das Gewehr war ihm entglitten – er schlief! Ich rief meinen Kammerdiener und zeigte ihm den ungewöhnlichen Anblick, denn ich mußte lachen – es war wirklich komisch. Der Soldat wachte von meinem Gelächter auf ... er warf uns einen finsteren Blick zu, und wir zogen uns zurück.«[17]

Die Wachen waren auch lästig. Sie erschossen und töteten nicht nur die zahmen Hirsche, sondern auch die Schwäne auf den Teichen. Eine Wache postierte sich absichtlich direkt vor dem Fenster von Alexandras Ankleideraum. Wenn Alexandra sich ankleidete, tat sie das hinter einem chinesischen Wandschirm, da der Posten ihr nicht erlaubte, die Vorhänge des Fensters zu schließen.[18]

Alexandra litt unter Depressionen, obwohl alle um sie herum ihr Bestes taten, sie aufzumuntern. Einmal zeigte Baronin Buxhoeveden ihr einen Brief, den sie erhalten hatte – adressiert an die »Ex-Baronin Buxhoeveden, die Ex-Hofdame der Ex-Kaiserin«.[19] Alexandra lachte und Nikolaus nahm die Idee auf. Es wurde zu einem Familienwitz. »Nenn mich nicht mehr Kaiserin«, konnte Alexandra sagen, »ich bin nur eine Ex.«[20]

Doch die Lage war viel zu ernst, als daß die kaiserliche Familie Scherze über ihre Gefangenschaft hätte machen mögen. Der Petrograder Sowjet forderte immer wieder ihre Inhaftierung in der Peter-und-Pauls-Festung. Kerenskij war zwar den Romanows nicht feindlich gesinnt, er mußte aber um das nackte Überleben seiner eigenen Regierung kämpfen. Als Gefangene der Provisorischen Regierung konnte Alexandra nicht einmal ihren eigenen Palast verlassen. Ihre Freundinnen waren ihr genommen worden. An Rasputin konnte sie sich auch nicht mehr wenden. In der Nacht, in der der Zar aus dem Hauptquartier nach Zarskoje Selo zurückkehrte, hatte eine Gruppe von Soldaten Rasputins Grab gefunden. Kurz nach Mitternacht gruben sie den Sarg aus. Im Fackellicht hoben die Männer neugierig den Deckel an. Rasputins Gesicht war schwarz geworden, und er stank erbärmlich.[21] Die Soldaten luden den Leichnam auf einen Lastwagen und fuhren ihn in den Pargolowo-Wald. Sie tränkten den verwesten Körper mit Benzin und zündeten ihn dann an. Er soll sechs Stunden gebrannt haben; im Morgengrauen kam ein Wind auf, wirbelte die Asche hoch und trug sie fort. Rasputin hatte vorausgesagt, daß sein Körper nach seinem Tod nicht in Frieden gelassen, sondern vernichtet und seine Asche vom Wind verteilt werden würde.[22] Die Brise, die im fahlen Märzlicht klagend durch den Pargolowo-Wald fuhr, gab ihm recht.

Im Mai 1917 wurde Oberst Jewgenij Kobylinskij neuer Kommandant der Revolutionsgarde in Zarskoje Selo. Kobylinskij hegte keinen Groll gegen den Zaren oder seine Familie und gestattete ihnen an zwei Tagen der Woche Zutritt zum Park des Alexanderpalastes.

Diese kleine Verbesserung stellte einen beträchtlichen Triumph dar. Die kaiserliche Familie hatte schon die ganze Zeit darum gebeten, in den Garten hinausgehen zu dürfen. Kobylinskij hatte ihnen sogar die Erlaubnis gegeben, in einer Ecke des Parks einen Gemüsegarten anzulegen. Es traten jedoch auch immer noch Schwierigkeiten auf. Alexandra folgte ihrer Familie im Rollstuhl in den Garten; die Soldaten beklagten sich darüber und bestanden oft darauf, daß sie mit ihrem Mann und den Kindern zu Fuß ginge. Obwohl die Genehmigung erteilt war, gab es lange Verzögerungen, bis das Hauptportal des Alexanderpalastes geöffnet wurde.[23] Als bekannt wurde, daß sich die kaiserliche Familie Bewegung verschaffte, säumten Menschenmengen den schmiedeeisernen Zaun um den kaiserlichen Park. Sie winkten und riefen den Kindern etwas zu, zischten und spuckten aber, wenn sie die Zarin und ihren Mann sahen.

Die Belästigungen dauerten die ganze zweistündige Bewegungspause über an. Einmal streifte Nikolaus durch den Park und wurde von einer Gruppe von sechs mit Gewehren bewaffneten Soldaten aufgehalten. Anna Wyrubowa beschrieb die Szene: »Im Garten, in unmittelbarer Nähe des Palais, stand der Kaiser aller Reussen und neben ihm sein treuergebener Freund, der Fürst Dolgorukij. Um sie herum drängten sich sechs Soldaten, richtiger – sechs bewaffnete Räuber, die den Kaiser ununterbrochen, bald mit den Fäusten, bald mit den Gewehrkolben, in den Rücken stießen, als wäre er irgendein gemeiner Verbrecher, und ihn anschrien: ›Dorthin dürfen Sie nicht gehen, Herr Oberst, kehren Sie um, wir wünschen es!‹ Der Kaiser sah sie ruhig an und kehrte in das Palais zurück.«[24] Trotzdem blieb er allen gegenüber freundlich. »Guten Morgen«, sagte er zu einem Soldaten und hielt ihm seine Hand hin.

»Um nichts in der Welt«, antwortete der Soldat.

»Aber mein Lieber, warum nicht?« fragte der Zar. »Was haben Sie gegen mich?«[25]

Die Feindseligkeiten nahmen häufig die Form physischer Gewalt an. Als Nikolaus eines Tages mit dem Fahrrad einen Weg entlangfuhr, stürmte eine Gruppe von Soldaten auf ihn zu, und einer von ihnen stieß ihm sein Bajonett in die Speichen. Nikolaus fiel in den Schmutz und die Soldaten lachten. Doch der Zar stand einfach auf und ging davon.[26]

Den Kindern fiel es schwer, diese Behandlung zu akzeptieren. Die Mädchen versuchten, sich ständig zu beschäftigen, trugen unter den neugierigen Blicken ihrer Gefängniswärter bergeweise Erde aus dem Garten und legten Gemüsebeete an. Alexej nahm die Beleidigung jedoch persönlich. Aus dem allgemeinen großen Respekt vor seinem Vater war Beschämung und Erniedrigung geworden. Selbst der Zarewitsch konnte dem Mißtrauen und dem Haß, die seine Eltern umgaben, nicht entkommen. Einmal spielte er mit einem Spielzeuggewehr, als ein Wächter es entdeckte und brüllte: »Sie sind bewaffnet!« Alexej lief zu seiner Mutter, doch schon bald kamen mehrere Männer an und verlangten »die Waffe«. Gilliard versuchte, deren wahre Beschaffenheit zu erklären, doch die Männer wollten davon nichts hören. Sie nahmen das Gewehr an sich und gingen fort. Als Kerenskij von dem Vorfall hörte, nahm er das Gewehr auseinander und schmuggelte es Stück für Stück zu dem Jungen zurück.[27] Alexejs persönlicher Leibwächter Derewenko war zu den Revolutionären übergelaufen. Eines Tages hatte er einfach beschlossen, nicht mehr zu dienen. Anna Wyrubowa beobachtete die folgende Szene: »Als ich zurückgetragen wurde und an dem Zimmer Alexej Nikolajewitschs vorüberkam, erblickte ich darin den Matrosen Derewenko. Er lümmelte breitspurig in einem Sessel und befahl dem Thronfolger, ihm bald dieses, bald jenes herbeizutragen. Alexej Nikolajewitsch beeilte sich, seinen Wünschen nachzukommen, wobei er ihn mit traurigen und erstaunten Augen ansah ...«[28]

Das Interesse an der Zarin veranlaßte die Soldaten, ihr im Garten überallhin zu folgen, sie zu verspotten und zu beschimpfen. Alexandra saß gewöhnlich fernab von neugierigen Blicken auf einer Decke unter einem Baum. Einmal, als sich Baronin Buxhoeveden für kurze Zeit entfernt hatte, lief ein Soldat auf die Zarin zu und setzte sich neben sie auf die Decke. Baronin Buxhoeveden protestierte, doch der Mann erwiderte, das sei nun »der Umschwung«. Die Baronin sah die Zarin an, doch Alexandra, in Sorge, daß im Falle ihres Protestes die ganze Familie gezwungen werden konnte, in den Alexanderpalast zurückzukehren, bedeutete der Hofdame zu schweigen. Alexandra rutschte von dem Soldaten fort, doch der rückte näher. Er beschuldigte die Zarin, das Volk zu »verachten«, und sagte, sie sei nicht daran interessiert, einfache Russen kennenzulernen, und sie hasse dieses Land. Alexandra erklärte behutsam, daß sie in den ersten zehn Jahren ihrer Ehe fünf Kinder zur Welt gebracht habe, und daß sie das davon abgehalten habe, herumzureisen. Der Soldat schien das zu akzeptieren und wurde weniger feindselig. Er befragte die Zarin über ihr Leben als Mädchen in Deutschland und deutete an, sie könnte Sympathien für die Armee des deutschen Kaisers hegen. Alexandra erwiderte, daß sie zwar als Kind eine Deutsche gewesen sei, daß sie aber einen Russen geheiratet habe. Ihre Kinder seien Russen und sie selbst fühle sich mit ganzem Herzen als Russin. Baronin Buxhoeveden hatte einen Offizier der Wache herbeigeholt. Als er ankam, erhob sich der Soldat gerade von der Decke. Er nahm die Hand der Zarin und sagte: »Wissen Sie, Alexandra Fjodorowna, daß ich eine ganz andere Vorstellung von Ihnen hatte? Ich habe mich geirrt.« Später erfuhr Alexandra, daß der Soldat ein Delegierter des Sowjets war.[29]

Trotz der manchmal angenehmen Überraschungen war Alexandra doch in Sorge über das weitere Schicksal ihrer Familie. Da Kerenskij sie und ihren Mann, was die Vorwürfe des Verrats anging, für unschuldig befunden hatte, fürchtete Alexandra keine Gerichtsverhandlung. Doch der Petrograder Sowjet forderte weiter öffentlich ihre Inhaftierung in der Peter-und-Pauls-Festung, und Alexandra wußte von einem Tag zum nächsten nie, wo sie landen würde. Ihre Hoffnungen und Gedanken kreisten um England. Sie hörte Gerüchte über ein englisches Exil, und das machte ihr Mut. Doch Tag für Tag versank in der Langeweile des Gefängnislebens, und die kaiserliche Familie durfte in dieser Frage nicht mitreden. Sie alle wußten nicht, daß König Georg V. in London mit seinem Vetter und seiner Cousine Romanow nichts mehr zu tun haben wollte.

40

Ein königlicher Verrat

König Georg V. von Großbritannien gehörte dem Fürstenhaus Sachsen-Coburg-Gotha an. Edward VII., Sohn von Prinzgemahl Albert und Königin Viktoria und Vater von Georg V., hatte die dänische Prinzessin Alexandra geheiratet, deren Vater Christian IX. wiederum vor seiner Thronbesteigung in Dänemark ein deutscher Fürst gewesen war. Die Frau von Georg V., Königin Mary, hatte einen deutschen Vater, Herzog Franz von Teck. Von Georgs sechsundzwanzig Cousinen und Cousins väterlicherseits war die Hälfte deutsch. So wie die Zarin Opfer der Gerüchte in bezug auf ihre Loyalität während des Krieges war, hatte auch ihr Vetter Georg Mühe, mit der Feindseligkeit im Volk fertig zu werden. Druck von seiten des Kabinetts und der Öffentlichkeit hatte ihn veranlaßt, den Rücktritt seines Vetters Ludwig von Battenberg als Stabschef der britischen Marine anzunehmen, nur weil der arme Mann einen deutschen Namen trug. Im Sommer 1917 beugte sich König Georg V. der allgemeinen Hysterie und fegte mit einem Streich alles Deutsche aus dem britischen Königshaus: Der Herzog von Teck wurde Marquis von Cambridge, die Battenbergs nannten sich Mountbatten und das englische Haus Sachsen-Coburg-Gotha wurde in Haus Windsor umgetauft.

Als konstitutioneller Monarch hatte König Georg V. nur drei königliche Machtbefugnisse, »das Recht, befragt zu werden, das Recht zu bestärken und das Recht zu warnen«, wie es Walter Bagehot ausdrückte, ein Autor des 19. Jahrhunderts. Die wahre Macht lag in den Händen des Premierministers David Lloyd George, eines streitbaren

Walisers, dessen liberale Ansichten oft mit denen des Königs kollidierten. Als Zar Nikolaus II. am 15. März 1917 abdankte, telegrafierte Lloyd George aufgeregt an die neue Provisorische Regierung:

»Mit Gefühlen tiefster Befriedigung hat das britische Volk erfahren, daß sein großer Alliierter Rußland jetzt zu den Nationen gehört, die ihre Institutionen auf eine verantwortliche Regierung stützt ... Wir glauben, daß die Revolution der größte Dienst an der Sache ist, für die die alliierten Völker seit August 1914 kämpfen. Sie enthüllt die fundamentale Wahrheit, daß dieser Krieg im Grunde ein Kampf für eine Volksregierung und für Freiheit ist.«[1]

Lloyd George hatte einen wunden Punkt berührt. Die russische Revolution beschäftigte die Vorstellungskraft der britischen Öffentlichkeit, und der Gedanke, daß etwas Ähnliches daheim geschehen könnte, rief allerlei Spekulationen über die Zukunft der königlichen Familie hervor. In einem Brief an die Londoner *Times* schrieb H. G. Wells: »Die Zeit ist gekommen, uns der uralten Insignien Thron und Zepter zu entledigen.«[2] Vor diesem brisanten Hintergrund dachte König Georg über das Schicksal seiner russischen Verwandten nach.

Als er von der Abdankung des Zaren erfuhr, schickte Georg V. ein Telegramm an Nikolaus: »Die Ereignisse der letzten Wochen haben mir großen Kummer bereitet. Meine Gedanken sind stets bei Dir, und ich werde immer der aufrichtige und ergebene Freund bleiben, der ich, wie Du weißt, stets gewesen bin.«[3] Die Provisorische Regierung hielt diesen Text für politisch heikel, aber es war die britische Botschaft, die schließlich die Übermittlung an den Hof verhinderte. König Georg hatte nach Rücksprache mit Lloyd George entschieden, daß das Telegramm allzu leicht als Einladung zum Asyl mißverstanden werden konnte. Das wollte er vermeiden.[4]

Das Kriegsministerium in London holte Rat bei General Waters ein, der britischer Militärattaché in Petrograd gewesen war. Waters erklärte, daß es noch gute Chancen für eine Rettung gäbe, »wenn ein schnelles Torpedoboot und ein paar Säcke voll Zehnschillingstücke in den Golf von Finnland abgeschickt würden ...«.[5]

Sir George Buchanan schrieb am 19. März an das Auswärtige Amt in London und informierte über ein Gespräch, das er mit Pawel Miljukow, dem Außenminister der Provisorischen Regierung, geführt hatte: »...Der Zar ... habe ersucht, die Regierung möge ihm gestatten, nach Zarskoje Selo zu ziehen und dort zu bleiben, bis seine Kinder sich von den Masern erholten, und dann weiter nach Port Romanow zu reisen. Seine Exzellenz ließ mich wissen, daß diese Erlaubnis erteilt würde, und fragte mich, ob ich von Vorbereitungen einer Reise Seiner Majestät nach England etwas wüßte.«[6]

Am nächsten Tag traf Miljukow wieder mit Buchanan zusammen und drängte auf die umgehende Abreise der kaiserlichen Familie. Der französische Botschafter Paléologue notierte unter dem Datum 21. 3.: »Die Verhaftung des Kaisers und der Kaiserin regt Miljukow sehr auf. Er möchte, daß ihnen der König von England eine Zuflucht auf britischem Gebiete gewähre und sich sogar verpflichte, ihre Bewachung zu übernehmen; er bittet daher Buchanan, sofort nach London zu telegrafieren und darauf zu bestehen, daß man ihm mit äußerster Dringlichkeit antworte. ›Das ist die letzte Möglichkeit, die Freiheit und vielleicht das Leben dieser Unglücklichen zu retten!‹ sagt er uns.«[7]

Dieser Bericht bereitete dem Londoner Auswärtigen Amt Sorge. Man formulierte »eine vorsichtige Antwort, in der darauf aufmerksam gemacht wurde, daß noch keine Einladung ergangen sei, und in der angeregt wurde, ob es nicht besser sei, wenn der Zar eine Reise nach Dänemark oder in die Schweiz erwäge statt nach England. Als diese Nachricht Miljukow erreichte, wurde er ›äußerst besorgt‹ und fragte nun in aller Form an, ›ob … der König und die Regierung seiner Majestät dem Zaren sofort Asyl in England anbieten würden‹ …«[8]

Die britische Regierung mußte sich nun entscheiden. Lloyd George ließ den Schatzkanzler, Andrew Bonar Law, den Privatsekretär des Königs, Lord Stamfordham, und den Unterstaatssekretär im Auswärtigen Amt, Lord Hardinge, zu einem spätabendlichen Treffen in der Downing Street Nr. 10 kommen. Diese Männer, und nicht der König, beschlossen, der kaiserlichen Familie offiziell Asyl anzubieten.

Am nächsten Tag erhielt Sir George Buchanan ein Telegramm mit der Ankündigung: »Um der Forderung der russischen Regierung zu entsprechen, bieten der König und die Regierung Seiner Majestät dem Kaiser und der Kaiserin bereitwillig Asyl in England an und hoffen, daß sie es während des Krieges in Anspruch nehmen.«[9]

An Buchanan schickten sie gleichzeitig ein persönliches Telegramm, in dem ihm empfohlen wurde, eine Bedingung klarzustellen:

»Um in Zukunft jeden möglichen Zweifel über den Grund für die Asylgewährung zu vermeiden ... müssen Sie die Tatsache betonen, daß das Angebot zur Gänze aufgrund der Initiative der russischen Regierung erfolgt.«[10]

Buchanan teilte Miljukow die Entscheidung der britischen Regierung mit. Er richtete auch aus, daß, wenn die kaiserliche Familie einmal in England wohnte, ihr königlicher Cousin nicht bereit sei, sie zu unterstützen. Miljukow erwiderte, der Zar würde sich und seine Familie aus eigenen Mitteln unterhalten können, und die Provisorische Regierung werde diese ergänzen.

Kerenskij und Miljukow hatten an der Ausweisung der kaiserlichen Familie gearbeitet, als das Asylangebot ankam. Zu dieser Zeit wußten sie, was der deutsche Kaiser befohlen hatte: Daß ein britisches Kriegsschiff, das durch die Ostsee fuhr, um seine Verwandtschaft abzuholen, auf keinen Fall angegriffen oder behindert werden sollte.[11]

In London überdachte König Georg das Angebot seiner Regierung jedoch noch einmal. Er setzte die letzte seiner drei Machtbefugnisse – das Recht, zu warnen – ein und versuchte mit allem Nachdruck, den Premierminister umzustimmen. Vom 30. März an korrespondierte er über seinen Privatsekretär Lord Stamfordham regelmäßig in dieser Angelegenheit. An den Außenminister, Arthur Balfour, ließ er ihn schreiben:

»Der König hat sich wegen des Angebots der Regierung, Zar Nikolaus und seine Familie sollten nach England kommen, viele Gedanken gemacht. Wie Sie zweifellos wissen, verbindet den König eine starke persönliche Freundschaft mit dem Zaren, und er würde deshalb alles tun, um ihm in dieser Krise zu helfen. Aber Seine Majestät kann nicht nur wegen der Gefahren der Seereise, sondern auch aus allgemeinen Gründen der Zweckdienlichkeit nicht die Zweifel überwinden, ob es ratsam sei, daß die Zarenfamilie sich in diesem Land niederlassen soll. Der König würde sich freuen, wenn Sie den Premierminister konsultieren könnten, da Seine Majestät annimmt, daß die russische Regierung in dieser Sache noch keine definitive Entscheidung getroffen hat.«[12]

Balfour antwortete sofort: »Die Minister Seiner Majestät sind sich der Schwierigkeiten wohl bewußt, auf die Sie in Ihrem Brief aufmerksam machen, aber sie glauben nicht, daß es jetzt noch möglich ist, falls sich die Lage nicht ändert, die ausgesandte Einladung zurückzuziehen. Und sie verlassen sich darauf, daß der König zustimmen wird, die ursprüngliche Einladung aufrechtzuerhalten, die auf den Rat der Minister Seiner Majestät abgesandt wurde.«[13]

Einige Tage später erhielt der König zwei Briefe von Mitgliedern des Oberhauses, die jeweils Bedenken darüber zum Ausdruck brachten, ob man der kaiserlichen Familie erlauben solle, nach England zu kommen. Am 6. April schrieb Stamfordham erneut an Balfour:

»Mit jedem Tag wächst die Sorge Seiner Majestät über die Frage der Reise des Zaren und der Zarin in dieses Land. Seine Majestät erhält Briefe von Bürgern aller Klassen, von Menschen, die ihm bekannt und unbekannt sind, und in denen steht, wie sehr diese Angelegenheit diskutiert wird, und zwar nicht nur in Clubs, sondern auch von arbeitenden Menschen, und die Mitglieder der Labour Party im Unterhaus stehen dem Vorschlag feindselig gegenüber. Wie Sie wissen, war der König von allem Anfang an der Ansicht, daß die Anwesenheit der Zarenfamilie (vor allem der Zarin) in diesem Lande alle möglichen Schwierigkeiten ergeben würde, und ich bin sicher, Sie werden verstehen, wie peinlich es für unsere königliche Familie sein wird, die so eng mit dem Zaren und der Zarin verbunden ist. Sie sind sich wahrscheinlich auch im klaren darüber, daß die Sache mehr oder weniger zu einer öffentlichen Angelegenheit geworden ist, und daß die Bürger entweder annehmen, der König habe sie in die Wege geleitet, oder die äußerst unglückliche Lage bedauern, in die Seine Majestät gerät, wenn das Arrangement durchgeführt wird. Der König läßt Sie fragen, ob nach einer Konsultation des Premierministers Sir George Buchanan nicht aufgefordert werden sollte, der russischen Regierung nahezulegen, ob nicht andere Pläne für den zukünftigen Aufenthalt Ihrer Kaiserlichen Majestäten gefaßt werden könnten.

Ihr sehr ergebener
Stamfordham

PS: Die meisten Menschen scheinen anzunehmen, die Einladung sei vom König ausgegangen, während es ja seine *Regierung* war, die sie erließ.«[14]

Der Gedanke, daß den Verwandten britisches Asyl angeboten würde, lag dem König so schwer auf der Seele, daß er Stamfordham veranlaßte, noch am selben Tag einen zweiten Brief an Balfour zu richten:

»Auf Wunsch des Königs schreibe ich noch einmal in bezug auf die Angelegenheiten in meinem Brief von heute morgen. Er muß Sie ersuchen, dem Premierminister vorzuhalten, daß er aus der Presse hört und ersieht, der Aufenthalt des Ex-Zaren und der Zarin würde von der Öffentlichkeit in diesem Land streng verurteilt, und ohne Zweifel würde dadurch die Position des Königs und der Königin kompromittiert ... Buchanan sollte instruiert werden, daß die Opposition gegen die Anreise des Zaren und der Zarin so stark ist, daß es uns gestattet sein muß, die Einwilligung zurückzuziehen, die wir dem Vorschlag der russischen Regierung erteilt haben.«[15]

Der einzige ernsthafte Widerstand dagegen, daß die Romanows nach England kämen, kam von Georg V. persönlich. Die Angst um seine eigene Position hatte den König zu dieser herzlosen Haltung veranlaßt. In seiner Vorstellung bedrohten Alexandra und Nikolaus die Stabilität seines eigenen Thrones. Doch diese Bedrohung bestand nur im Kopf des Königs. Balfour schickte die beiden Briefe an den Kabinettsminister und fügte hinzu: »Wir müssen wahrscheinlich Spanien oder Südfrankreich statt England als passenderen Aufenthaltsort für den Zaren vorschlagen.«[16]

König Georg bat Balfour, das Kabinett möge tunlichst jede Erwähnung seiner Person vermeiden, da er wünschte, daß der königliche Name nicht durch den politischen Sumpf der Asylfrage gezogen würde. Balfour instruierte das Kabinett und teilte Buchanan mit, daß er das Thema kaiserliche Familie oder deren Asyl nicht erwähnen solle. Das Auswärtige Amt schickte außerdem eine neue Botschaft an die Provisorische Regierung: »Die Regierung Seiner Majestät besteht nicht auf ihrem ursprünglichen Angebot, der kaiserlichen Familie ihre Gastfreundschaft anzubieten.«[17]

Buchanan deutete an, daß Frankreich eine weisere Entscheidung sein könnte. Zur gleichen Zeit schrieb Lord Hardinge einen Privatbrief an Lord Frances Bertie, den britischen Botschafter in Paris, und unterbreitete ihm den Plan zu einem französischen Exil. Bertie antwortete am 22. April aus Paris: »Ich glaube nicht, daß der Ex-Zar und seine Familie in Frankreich willkommen wären. Die Zarin ist nicht nur von Geburt eine Boche, sondern auch von ihrer Einstellung her. Sie hat alles getan, um eine Verständigung mit Deutschland herbeizuführen. Sie wird als Verbrecherin oder als verbrecherische Irre betrachtet, und der Ex-Zar als Verbrecher wegen seiner Schwäche und Abhängigkeit von ihren Eingebungen.«[18]

Dieser Brief voller boshafter Lügen über Alexandra beendete das offizielle britische Engagement für ein Romanow-Asyl. König Georg hatte getan, was er konnte, um dafür zu sorgen, daß Alexandra und Nikolaus nie wieder einen Fuß in sein Land setzten.

Im Mai sagte Buchanan vertraulich zu Miljukow: »... Wir sollten wahrscheinlich allen Mitgliedern der Zarenfamilie untersagen, sich während des Krieges in England aufzuhalten.«[19] Die Provisorische Regierung hatte jedoch immer noch Hoffnung, die kaiserliche Familie nach England schicken zu können:

»Nach Kerenskijs Worten fragte man wieder in London an, ›zu welchem Datum ein Kreuzer abgeschickt würde, um den ehemaligen Zaren samt Familie abzuholen‹. Kerenskij war von der britischen Antwort äußerst betroffen, und Sir George Buchanan, der sie ihm übergab, war ebenfalls schockiert. Kerenskij erinnert sich:

›Ich weiß nicht mehr genau, ob es Ende Juni oder Anfang Juli war, als der britische Botschafter erschien. Er war äußerst bekümmert Er brachte mir einen Brief von einem hohen Beamten des Außenministeriums, der auch sehr eng mit dem Hof liiert war. Mit Tränen in den Augen und beinahe unfähig, seine Gefühle zu beherrschen, informierte Sir George Buchanan den russischen Außenminister von der endgültigen Weigerung, dem früheren Zaren Zuflucht zu gewähren. Ich kann mit Bestimmtheit sagen, daß diese Ablehnung ausschließlich aus Rücksicht auf die innere britische Politik erfolgte.‹«[20]

Als Kerenskij seine Darstellung veröffentlichte, dementierten beide, Lloyd George und Sir George Buchanan, sofort und bezeichneten sie als Lüge. Sie behaupteten, das britische Asylangebot sei niemals zurückgezogen worden, sondern die kaiserliche Familie habe Rußland nicht verlassen können wegen der Unfähigkeit der Provisorischen Regierung, die interne Situation unter Kontrolle zu halten.

»Im Jahr 1932 entlarvte die Tochter des Botschafters, Meriel Buchanan, die offizielle Version endgültig. Sie sagte, ihr Vater habe seine Memoiren gefälscht, um zu vertuschen, was wirklich vorgefallen sei.

Er hatte auch kaum eine Wahl – das Außenministerium hatte gedroht, ihm seine Pension zu entziehen.«[21]

Die Rolle des Königs verblaßte schließlich, geriet in bürokratische Vergessenheit, wurde mit Unterlagen, Depeschen und Telegrammen in den Archiven des Außenministeriums abgeheftet. Doch diejenigen, die dem König am nächsten standen, kannten die Wahrheit. Im April 1917 schrieb Sir Clive Wigram, stellvertretender Privatsekretär des Königs, an Sir William Lambton:

»Sie haben wahrscheinlich Gerüchte gehört, wonach der Kaiser und die Kaiserin von Rußland zusammen mit vielen Großfürsten nach England fahren und hier Asyl bekommen sollen. Natürlich ist der König beschuldigt worden, sich für seine adeligen Freunde einzusetzen. Tatsächlich ist Seine Majestät von Anfang an gegen diesen Vorschlag gewesen und hat seine Minister gebeten, den Plan zu verwerfen. Ich erwarte nicht, daß die russischen Adligen kommen, aber wenn sie es doch tun, wird ihre Anwesenheit hier dem Kriegskabinett und nicht Seiner Majestät zuzuschreiben sein.«[22]

Später jedoch wollte niemand die Schuld für die Verweigerung dem König zuweisen, obwohl sie eindeutig von ihm ausgegangen war. Nachdem die kaiserliche Familie ermordet worden war, und als offensichtlich wurde, daß die Entscheidung des Königs den Tod seiner Verwandten mit ermöglicht hatte, wurde König Georgs Rolle in der Affaire von allen Beteiligten strikt geleugnet.

In den Dokumenten des Außenministeriums fand sich eine knappe Aussage von einem Eingeweihten zu dieser Affäre: »Ich nehme an … daß Mr. Lloyd George für diese Entscheidung nicht verantwortlich war, daß es jedoch nicht angebracht ist, zu erklären, wer es war …«[23]

Summers und Mangold berichten, daß 1971 Lord Mountbatten, Sohn von Alexandras Schwester Viktoria, die Haltung des Königs kommentierte:

»›O ja, in den ersten Tagen besprach er es mit meiner Mutter, er war eifrig bemüht, ihnen hier Asyl anzubieten. Aber die Regierung des Premierministers, Lloyd George, war verständlicherweise aus politischen Gründen in jenem Stadium des Krieges dagegen, und ich denke, es wäre deshalb äußerst schwierig gewesen, gegen ihn anzugehen.‹ – Lord Mountbatten sagte das natürlich in gutem Glauben, aber die Akten zeigen ein ganz anderes Bild.«[24]

Die Rolle des Königs bei der Weigerung seiner Regierung, seinen Verwandten Asyl zu gewähren, hinterließ einen Fleck auf dem Bild der königlichen Familie, den die Zeit nicht löschen wird. Vielleicht hat der König im Frühling 1917 seine Lektion gelernt, denn 1922 zögerte er nicht, ein Schiff zur Rettung der griechischen Königsfamilie zu entsenden. Diese Aktion bewahrte die griechischen Verwandten höchstwahrscheinlich vor einem ähnlichen Schicksal wie dem der Romanows. Durch diese Maßnahme entkam der sechs Monate alte Prinz Philip, der fortan in England lebte und 1947 die spätere Königin Elisabeth II. heiratete.

41

Das Exil

»Die Bolschewiken sind hinter mir her«, teilte Kerenskij dem Zaren mit, »und werden auch hinter Ihnen her sein.«[1] In Petrograd, 25 Kilometer nördlich von Zarskoje Selo, stritten sich in den Marmorsälen des Taurischen Palais die Sowjets. Sie wollten den Alexanderpalast stürmen und die kaiserliche Familie hinrichten. Kerenskij mußte sie abwehren und gleichzeitig Mitglieder seiner eigenen Provisorischen Regierung davon abbringen, den Zaren und die Zarin vor ein Gericht zu stellen. Nach monatelangen Verhandlungen mit der britischen Regierung hatte König Georg V. sich geweigert, seinen Verwandten in seinem Land Asyl zu gewähren. Mit jedem Tag wuchs die Bedrohung für die Sicherheit der kaiserlichen Familie.

Alexandra hoffte auf ein Exil in Liwadja. Doch der Umzug warf für Kerenskij zu viele Probleme auf. Die Zugreise würde die kaiserliche Familie durch das ländliche Zentralrußland führen, wo sich beinahe die gesamte bäuerliche Bevölkerung im Aufruhr befand und Gutshäuser und Dörfer niederbrannte. Nach reiflicher Überlegung, schrieb Kerenskij später, wählte er Tobolsk, eine kleine Stadt am Zusammenfluß von Tobol und Irtysch in Westsibirien.

»Gewisse Royalisten [schrieb Kerenskij] haben behauptet … daß der einzige Grund für diese Wahl unser Wunsch gewesen sei, es dem Zaren ›heimzuzahlen‹ – ihn nach Sibirien zu schicken, wohin er in der Vergangenheit die Revolutionäre zu verbannen pflegte. Doch Tobolsk konnte über die nördliche Route erreicht werden, ohne daß man dicht besiedelte Distrikte durchqueren mußte. Und was die

Rache betrifft – wir hatten es nicht nötig, komplizierte Arrangements für eine Reise nach Tobolsk zu machen: wir hatten die Peter-und-Pauls-Festung in Reichweite, oder, sogar noch besser, Kronstadt. Der Grund, warum ich Tobolsk wählte, war, daß es abgelegen und hinterwäldlerisch war... eine sehr kleine Garnison hatte, kein eigenständiges Proletariat und eine wohlhabende und zufriedene, um nicht zu sagen altmodische Bevölkerung. Außerdem wußte ich zufällig, daß das Klima in Tobolsk im Winter hervorragend war und daß es in der Stadt eine recht ansehnliche Gouverneursvilla gab, in der die kaiserliche Familie mit einem gewissen Maß an Komfort leben konnte.«[2]

Möglicherweise stimmte das nicht. Kerenskijs Entscheidung, die kaiserliche Familie nach Sibirien zu schicken, ergibt keinen Sinn. Wenn er die Romanows aus dem Land haben wollte, wie er geschrieben hatte, warum brachte er sie dann nur bis Tobolsk? Ein Interesse, sie im Inlandsexil zu behalten, hatte er sicher nicht. Die weitere Anwesenheit der kaiserlichen Familie in Rußland konnte seiner Regierung nur weitere Schwierigkeiten verursachen. Er hatte intensive Verhandlungen mit der britischen Regierung unternommen, um die Genehmigung für ein ausländisches Exil zu erlangen. Wenn sie auf einer »sicheren« Eisenbahnlinie nach Tobolsk fuhren, warum dann nicht gleich weiter? Das Risiko, die kaiserliche Familie aus dem Land zu bringen, wäre gering im Vergleich mit dem, sie in einem Inlandsexil zu schützen.

Es gibt Hinweise darauf, daß es genau das war, was Kerenskij beabsichtigte. Als die kaiserliche Familie Zarskoje Selo in Richtung Tobolsk verließ, trug ihr Zug ein Plakat mit der Aufschrift »Mission des japanischen Roten Kreuzes« und zwei japanische Flaggen. Ein solcher Zug konnte ohne großes Risiko durch Sibirien und weiter in die Mandschurei fahren. Es ist durchaus denkbar, daß Kerenskij die kaiserliche Familie mit diesem Zug aus dem Land bringen wollte, daß die Bolschewiken diesen Plan entdeckten, während der Zug unterwegs war, und daß sie ihn zwangen, in Tjumen anzuhalten. Angesichts der Einstellung Kerenskijs sowie der Tatsache, daß die kaiserliche Familie nach ihrer Ankunft in Tobolsk eine Woche warten mußte, bis die Gouverneursvilla zurechtgemacht war, ist diese Erklärung durchaus möglich.

Am 11. August teilte Nikolaus Alexandra mit, daß sie Zarskoje Selo

427

innerhalb weniger Tage verlassen würden – mit welchem Ziel, wußte er nicht. An diesem Tag hatte Kerenskij dem Zaren auch gesagt, die Frauen sollten warme Kleidung und ihre Pelze mitnehmen. Alexandra erriet, daß ihre neue Residenz nicht Liwadja sein würde.

Am folgenden Tag wurde Alexej dreizehn Jahre alt. Er verbrachte seinen Geburtstag damit, seine Habseligkeiten für die Reise zusammenzupacken. Alexandra schweifte durch die verlassenen Räume des Alexanderpalastes; die Vorhänge vor den hohen Fenstern waren zugezogen und die Möbel bereits abgedeckt. Die Zarin leerte den Inhalt ihrer Garderobenschränke auf dem Boden ihres Ankleidezimmers aus. Sie machte zwei Haufen aus den Kleidern, einen kleineren für sich, und dann einen größeren, der an die Hilfsorganisationen für Flüchtlinge und Kriegsgefangene gehen sollte.[3] Ihre Schrankkoffer füllten die Porträtgalerie; sie enthielten Fotografien und Gemälde, Teppiche, Möbelstücke und Wäsche für ihr neues Zuhause.

Nur wenige Mitglieder des Hofes und wenig Personal begleiteten die kaiserliche Familie ins Exil: Gräfin Hendrikowa und Fürst Dolgorukij als Hofdame und Höfling, General Ilja Tatischtschew ersetzte Benckendorff, der wegen des schlechten Gesundheitszustands seiner Frau zurückblieb, als Hofmarschall; Dr. Botkin mit seinen zwei Kindern Gleb und Tatjana, Dr. Derewenko, Pierre Gilliard und Catherine Schneider als Lehrer; vom Personal zwei Kammerdiener, zehn Lakaien, sechs Zimmermädchen, drei Köche, ein Butler, ein Kellermeister, vier Küchenhilfen, ein Schreiber, eine Krankenschwester, ein Frisör, ein Sekretär und 330 Wachsoldaten.[4] Baronin Buxhoeveden und der Lehrer Gibbes stießen später in Tobolsk dazu.

Die Abreise war für ein Uhr dreißig am Morgen des 14. August 1917 festgesetzt worden. Wenige Stunden bevor der Zug ankam, sprach Kerenskij zu den Soldaten: »Denkt daran, einen Mann, der am Boden liegt, schlägt man nicht«, sagte er zu ihnen. »Benehmt euch wie Ehrenmänner und nicht wie gemeine Kerle. Denkt daran, daß er euer früherer Zar ist, und daß weder ihm noch seiner Familie etwas zustoßen darf.«[5]

Kerenskij übergab Oberst Kobylinskij die Verantwortung für die Operation und hinterließ ihm ein Dokument folgenden Inhalts: »Den Anordnungen von Oberst Kobylinskij ist Folge zu leisten, als seien sie die meinen. Alexander Kerenskij.«[6]

Alexandra begab sich im Reisegewand in die Gemäldegalerie, um auf die Abreise zu warten. Alexej wanderte aufgeregt umher. Doch für die Zarin war der Streß zu groß; Kerenskij fand sie weinend in einer Ecke sitzen.[7] Aber Kerenskij hatte eigene Sorgen. Um ein Uhr dreißig in der Frühe lag der Bahnhof von Zarskoje Selo noch verlassen da. Der Zug für die kaiserliche Familie war nicht auf den Weg gebracht worden. Es wurde zwei, dann drei, vier und fünf. Endlich kam Kerenskij in die Porträtgalerie und verkündete, daß der Zug im Bahnhof wartete.

Um halb sechs Uhr bog ein Konvoi von Autos in die Auffahrt ein und fuhr vor dem Alexanderpalast vor. Die Flügeltüren öffneten sich, und das Gepäck wurde verladen. Alexandra kam, stieg die Stufen hinab und nahm in einem der Autos Platz. Ihr Mann saß neben ihr; die Kinder, Haushalt und Personal folgten. Der Himmel über ihnen strahlte in leuchtendem Rosa, und die ersten Sonnenstrahlen schienen schon durch die Wipfel der Kiefern. Alexandra wandte den Kopf und sah den Alexanderpalast im perlmuttfarbenen Morgenlicht entschwinden.

Die Reise nach Tobolsk dauerte eine Woche. Die kaiserliche Familie reiste in einem Zug mit komfortablen Schlafwagen; der Speisewagen war gut mit Weinen aus dem kaiserlichen Keller bestückt worden. Die Tage schienen endlos. Um acht Uhr gab es Frühstück, um zehn Kaffee, Mittag um eins, Tee um fünf und Abendessen um acht. An jedem Abend hielt der Zug irgendwo am Wasser oder bei einem Wäldchen, so daß der Zar und seine Kinder die Hunde, die sie mitgenommen hatten, spazierenführen konnten – Alexejs König-Charles-Spaniel Joy und Tatjanas kleinen Spaniel Jimmy. Alexandra saß am Fenster und sah ihrem Mann und den Kindern zu; nicht ein einziges Mal verließ sie den Zug.

Am dritten Reisetag überquerte der Zug den Ural und erreichte Sibirien, wo die Luft kälter wurde. Am späten Abend des vierten Tages hielt er in Tjumen. Die kaiserliche Familie ging an Bord des Dampfschiffs *Rus*, das am Pier lag. Früh am nächsten Morgen fuhr es langsam den Tobol flußabwärts. Unterwegs kam die *Rus* am Dorf Pokrowskoje vorüber. Alexandra stand an Deck und hielt Ausschau: Rasputins zweistöckiges Haus überragte die einfachen Bauernhütten des Ortes. Rasputin hatte Alexandra gesagt, daß sie eines Tages dieses bescheidene Dorf mit eigenen Augen sehen würde.[8]

Am siebten Tag, gerade als die Sonne unterging, erreichte die *Rus* Tobolsk. Eine Festung hoch oben auf einem Felsen bestimmte das Bild der Stadt. Zwanzigtausend Einwohner lebten hier an ungepflasterten Straßen in Holzhäusern, Steingebäuden und einigen schmucken Villen.

Die Gouverneursvilla, in der die kaiserliche Familie wohnen sollte, stand in einer kürzlich in »Straße der Freiheit« umbenannten staubigen Allee im Zentrum der Stadt. Das große weiße zweistöckige Haus hatte auf zwei Seiten des Obergeschosses Balkone. Um das Gebäude herum gab es ein großes Areal mit mehreren Nebengebäuden – Holzschuppen, Remisen, Scheune und Gewächshaus –, aber kaum etwas, das wie ein Garten aussah. Obwohl das Haus recht groß war, konnte es die kaiserliche Familie nicht mitsamt ihrer ganzen Begleitung aufnehmen. Der größte Teil des Personal wurde in einem Haus direkt gegenüber untergebracht, das einem Kaufmann namens Kornilow gehörte.

Als Kobylinskij die Gouverneursvilla prüfte, fand er sie in einem schrecklichen Zustand vor. Die Tapeten lösten sich von den Wänden, die Zimmer waren gar nicht oder nur höchst dürftig möbliert. Kobylinskij stellte Maler an und gab den Auftrag, neue Tapeten anzubringen. Er kaufte neue Möbel in der Stadt und brachte von der *Rus* Teppiche und Gemälde. Während die kaiserliche Familie darauf wartete, daß diese Nachbesserungen ausgeführt wurden, wohnte sie weiter auf dem Schiff, unternahm gelegentlich Ausflüge auf dem Irtysch und ging zum Picknick und um die Hunde spazierenzuführen an Land.

Um acht Uhr am Morgen des 26. August legte die *Rus* am Kai der Westsibirischen Dampfschiffahrts- und Pelzhandelsgesellschaft an. Kobylinskij hatte nur einen Wagen organisieren können, und in dem fuhren Alexandra und Tatjana. Der Rest der Zarenfamilie mußte die eineinhalb Kilometer bis zur Gouverneursvilla zu Fuß durch die Straßen der Stadt gehen.

Die kaiserliche Familie wohnte im Obergeschoß der Villa. Die vier Großfürstinnen teilten sich einen der Eckschlafräume. Alexej bekam einen weiteren; Alexandra und Nikolaus einen dritten. Kobylinskij hatte einen großen Salon für die Zarin und ein Arbeitszimmer für den

430

Zaren eingerichtet. Nagornij – Alexejs Pfleger – hatte ein Zimmer in der Nähe seines kaiserlichen Schützlings, und der Rest des Haushaltes und des Personals war auf dieses Haus und die Kornilow-Villa auf der anderen Straßenseite verteilt.[9]

Während der ersten paar Tage in Tobolsk genossen sie noch relative Freiheit. Sie schlenderten durch die Straßen der Stadt und besuchten Mitglieder des Haushalts und Personals in der Kornilow-Villa. Aber dagegen wehrte sich die Garnison, und Kobylinskij mußte widerstrebend den Befehl geben, einen hohen Bretterzaun, der auch einen kleinen Teil der Straße einschloß, um die Residenz zu errichten. Die tatsächliche Inhaftierung der gesamten kaiserlichen Familie warf ein Problem auf, da genaugenommen nur der Zar, die Zarin und das Personal, das sie begleitete, unter Arrest standen. Alexej und die vier Mädchen waren keine Gefangenen und hatten ihre Eltern freiwillig begleitet. Kobylinskij schlug vor, den Kindern innerhalb von Tobolsk gewisse Freiheiten zu gewähren, doch wieder lehnten die Soldaten ab.[10]

Für Alexandra war das Leben in Tobolsk nicht unangenehm, zumindest zu Anfang. Wenn ihre Zimmer auch kalt waren, so gab es doch auch ein normales Dasein mit Familienfotos, den gewohnten Teppichen und persönlichen Gegenständen aus Zarskoje Selo. Von all diesen Gegenständen umgeben, mit der Familie in ihrer Nähe, fühlte sich Alexandra auf sonderbare Weise mit sich im Einklang. Sie mußte nicht länger gegen die Politiker, die Gesellschaft oder die öffentliche Meinung ankämpfen. Das Leben in Tobolsk bestärkte sie in ihrem Glauben, daß das einfache russische Volk dem Zaren gegenüber loyal war. Wenn sie am Fenster saß oder draußen auf einem Balkon war, bemerkte Alexandra manchmal, daß sich eine Gruppe von Neugierigen auf der Straße sammelte und sich bekreuzigte. Die vier Mädchen kamen manchmal an ihren Schlafzimmerfenstern zusammen und winkten den Leuten zu, bis die Wachen ihnen sagten, sie würden erschossen, wenn das noch einmal vorkäme.[11]

Mit der Zeit wurden die Soldaten, die die kaiserliche Familie bewachten, allerdings freundlicher. Sie hielten die Großfürstinnen auf ihren Spaziergängen an, um sich mit ihnen zu unterhalten, und die Mädchen genossen diese unschuldigen Flirts. Doch Kobylinskijs offene Sympathie für die Familie, die er bewachte, irritierte die Hartgesottenen unter den Revolutionären der Garnison. Als sie sich bei Kerenskij beschwerten, schickte die Provisorische Regierung widerwillig zwei neue Kommissare, die über die Situation berichten und Kobylinskijs Verhalten überwachen sollten.

Wassilij Pankratow und Alexander Nikolskij, Kerenskijs Beobachter, waren beide unter dem Zarenregime in Sibirien inhaftiert gewesen. Pankratow hegte keinen Groll, aber Nikolskij haßte den Zaren und alles, wofür er stand. Als Pankratow ankam, begab er sich in die Gouverneursvilla. »Um die Regeln der Höflichkeit nicht zu verletzen ...«, sagte Pankratow und bat dann den Kammerdiener des Zaren, Nikolaus zu informieren, daß er ihn zu sprechen wünsche.

»Guten Morgen«, sagte der Zar, als er den Raum betrat. »Hatten Sie eine gute Reise?«

»Danke, ja«, antwortete Pankratow und schüttelte die ausgestreckte Hand des Zaren.

»Wie geht es Alexander Fjodorowitsch Kerenskij?« fragte der Zar, und die Unterhaltung wurde in höflichem Ton, nach den strikten Regeln der kaiserlichen Etikette, fortgesetzt.[12]

Nikolskij hegte deutlich andere Gefühle und benahm sich gezielt grob und unhöflich. Er streckte gern wie zu einem freundlichen Gruß die Hand aus, ergriff dann die Hand des andern und drückte mit seinen knochigen Fingern zu, bis sich sein Opfer vor Schmerzen krümmte.[13] Er betrat ohne anzuklopfen die Privaträume der kaiserlichen Familie und bestand darauf, daß alle Inhaftierten zu Identifikationszwecken fotografiert würden. Als auf Kerenskijs Befehl Wein aus dem kaiserlichen Weinkeller für die Familie eintraf, ließ Nikolskij die Flaschen ungeöffnet im Fluß versenken.[14]

Dann brach der Winter über Tobolsk herein. Die Flüsse froren zu, die Temperaturen sanken, und die Gouverneursvilla verlor, was sie an Wärme gehalten hatte. In den Öfen brannten den ganzen Tag über die Feuer, doch die Temperatur im Salon, dem wärmsten Ort des Hauses, stieg nicht über sieben Grad.[15] Alexandra zitterte vor Kälte, litt an Frostbeulen und saß den ganzen Tag direkt am Feuer.[16] Sie versuchte zu stricken oder zu schreiben, doch ihre Finger waren wegen der Kälte zu steif, und sie konnte sie kaum bewegen. Zum ersten Mal in ihrem Eheleben mußte sie ihren Verlobungsring mit der rosafar-

432

benen Perle und ihren goldenen Ehering abnehmen, da sie anfingen, die Durchblutung zu behindern.[17]

Mit dem Winter zeigten sich die härteren Realitäten der Gefangenschaft. Alexandra empfand das Leben als »namenlos langweilig«.[18] Sie las in der Bibel und gab den Mädchen Deutschunterricht; ihre Augen waren so schwach, daß sie jetzt ständig ihre Brille tragen mußte, um deutlich sehen zu können. Wenn sie konnte, versuchte Alexandra für ihre Familie Strümpfe zu stricken oder ihre Kleidung zu flicken, da die meisten Sachen voller Löcher waren. Der Zar trug geflickte Hosen, und die vier Mädchen mußten sich mit abgetragener Unterwäsche zufriedengeben.[19]

Im Herbst erhielt Alexandra die Erlaubnis, an Anna Wyrubowa zu schreiben.

»Meine geliebte Anja!

Dein Brief hat mich unbeschreiblich erfreut; ich küsse Dich innig und danke Euch für alle Eure Liebe … Ich lese viel und bin im übrigen mit meinen Gedanken viel in der Vergangenheit, die so reich ist an schönen und teuren Erinnerungen … Es ist sehr schwer, so von allen Lieben abgeschnitten zu sein Gott ist uns nahe, wir fühlen immer aufs neue seinen starken Arm, der uns stützt und führt, und in unserem Innern herrscht Friede, wenn wir auch um unserer Heimat willen und in der Sorge um Dich leiden! … Jetzt eben vermag man freilich nichts mehr zu begreifen, und es scheint, als hätten alle den Verstand verloren … Mein Lieb, verbrenne meine Briefe, gleich nachdem Du sie gelesen; in den heutigen unruhigen Zeiten ist das besser, und auch ich habe alles, was ich an lieben Briefen aus früheren Zeiten aufbewahrt hatte, vernichtet …[20] Man behält nur Tränen und dankbare Erinnerungen. Eines nach dem anderen entgleiten alle irdischen Dinge, Häuser und Besitz sind vernichtet, die Freunde verschwunden. Man lebt nur von einem Tag zum nächsten …«[21]

Als Weihnachten nahte, wurde Alexandra immer fatalistischer, sie wälzte die Fehler der Vergangenheit im Kopf herum und kam zu dem Schluß, daß sie sich auf ihren eigenen Tod vorbereiten müßte. Die kaiserliche Familie durfte nicht zur Kirche gehen, deshalb hatte Alexandra niemanden, der ihr mit geistlichem Rat beistehen konnte. Abendandachten im Salon des Erdgeschosses waren kein Ersatz, und da die Gouverneursvilla keinen geweihten Altar besaß, konnte der

Priester keine Messe lesen. Kobylinskij sorgte schließlich dafür, daß die kaiserliche Familie Gottesdienste in einer Kirche in ihrer Straße besuchen konnte; sie waren jedoch selten und wurden am frühen Morgen vor der allgemeinen Messe abgehalten.

Weihnachten im Exil ließ sich kaum mit den früheren Feiern vergleichen. Die kaiserliche Familie hatte so gut wie kein Geld, mit dem sie Geschenke hätte erstehen können, und sie durfte die Gouverneursvilla ohnehin nicht zum Einkaufen verlassen. Alexandra mußte sich damit begnügen, daß sie Bänder, die sie als Lesezeichen bemalt hatte, ein paar Aquarelle und gestrickte Socken oder Schals verschenkte. Am Weihnachtsmorgen marschierte die kaiserliche Familie in Schals und Mäntel verpackt zwischen zwei Reihen von Soldaten die Straße hinab, um die Messe in der nahegelegenen Kirche zu hören. Am Schluß des Gottesdienstes betete der Priester für die kaiserliche Familie und benutzte auch noch ihre Titel, die offiziell aus der orthodoxen Liturgie gestrichen worden waren. Deshalb wurde der kaiserlichen Familie verboten, weiter zur Kirche zu gehen.[22]

Es war demütigend, Weihnachten eingesperrt verbringen zu müssen. Dazu kamen die Gerüchte über eine zweite Revolution in Petrograd. Lenin hatte sich, seit er im April zurückgekehrt war, im Land frei bewegt und hatte den Kurs festgelegt, den die Bolschewiken einschlagen sollten. Als die Situation verzweifelt wurde, war er untergetaucht und nach Finnland geflohen. Aber schließlich holte ihn im November das Glück ein, und durch eine außergewöhnliche Reihe von Zufällen konnten die Bolschewiken die Macht ergreifen.

Sie hatten keine Pläne, es gab kein Regelwerk, dem sie hätten folgen können, um ihren Erfolg zu sichern. Kerenskij hatte erkannt, daß ein Konflikt zwischen seiner Provisorischen Regierung und den Bolschewiken Verstärkung erfordern würde, und hatte deshalb am 7. November den Winterpalast – den paradoxen Sitz seiner Macht – verlassen, um von der Front Truppen abzuziehen. Seine Minister saßen im Malachitzimmer zusammen und wurden von einer Abteilung von Offiziersanwärtern der Armee und einem Bataillon weiblicher Soldaten beschützt. Auf der anderen Seite der Newa hatte der Kreuzer *Aurora* rote Fahnen gehißt und seine Kanonen auf den Winterpalast am Kai gerichtet. Obwohl die Bolschewiken untereinander Kämpfe ausfochten, weil jeder seine eigenen Pläne verfolgte, war es ihnen gelungen, den Bahnhof, die staatlichen Banken, das Postamt, alle Verbindungsbrücken und die Telefonzentrale zu besetzen und für sich zu sichern. Um neun Uhr am Abend des 7. November feuerte die *Aurora* Granaten auf den Winterpalast ab, und das Frauenbataillon ergab sich. Eine Stunde später schlugen weitere Granaten von dem Kreuzer im Winterpalast ein; zwei Stunden darauf, am Morgen des 8. November, gaben die Minister auf und Kerenskijs Provisorische Regierung war gestürzt. Kaum jemand in Petrograd wußte, daß es eine zweite Revolution gegeben hatte.

Lenin kontrollierte jetzt die Regierung, nicht Kerenskij. Der Wechsel war eine Katastrophe für die kaiserliche Familie. Die revolutionäre Provisorische Regierung hatte die kaiserliche Familie toleriert, und Kerenskij hatte versucht, ihnen ein gewisses Maß an Komfort in ihrem Leben als Gefangene zu bieten. Aber Lenin empfand anders. Als die Bolschewiken an die Macht gelangten, war das Schicksal der kaiserlichen Familie besiegelt.

42

Sibirischer Winter

Die Wintertage in Tobolsk vergingen langsam. Alexandra verließ ihre Räume in der Gouverneursvilla selten, doch ihr Mann und ihre Kinder verschafften sich täglich Bewegung auf dem kleinen abgesperrten Areal. Die Mädchen trugen noch modische Kleider aus Paris – graue Wollcapes und schwarzrote Angoramützen –, doch ihre Unterwäsche war zerschlissen. Sie wechselten sich dabei ab, ihren Bruder auf seinem Schlitten durch den Schnee zu ziehen. Der Zar tat nichts lieber, als Holz zu sägen, und oft wurde Pierre Gilliard aufgefordert, am anderen Ende der Bundsäge mitzuarbeiten.

Abends führten die Kinder Theaterstücke auf. Pierre Gilliard und Charles Gibbes studierten eine Auswahl von Stücken mit ihnen ein, die von russischen Klassikern bis zu leichten edwardianischen Komödien rangierten. Als die kleine Truppe *Der Bär* von Anton Tschechow spielte, übernahm Nikolaus die Rolle des geizigen Gutsbesitzers, der von einem armen Bauern Miete einzutreiben versucht. In einem anderen Stück sollte ein alter Landarzt auftreten; als Botkin davon hörte, weigerte er sich hartnäckig, die Rolle zu übernehmen. Doch eines Tages ergriff Alexej seinen Arm und sagte: »Ich möchte etwas mit Ihnen besprechen, Jewgenij Sergejewitsch.« Der Zarewitsch hatte anscheinend erfolgreich argumentiert, daß nur Botkin den notwendigen Realismus beisteuern könne, denn der Arzt übernahm seine kleine Rolle wie erhofft.[1]

Ein Abend erwies sich als denkwürdig. Gibbes hatte eine Farce von Grattan mit dem Titel *Packen* einstudiert, in dem die damals sechzehnjährige Anastasia die männliche Hauptrolle übernahm. Am Ende des Stückes mußte sie dem Publikum den Rücken zukehren, ihren Morgenmantel öffnen und sagen: »Aber ich habe meine Hosen eingepackt! Ich kann nicht gehen!« Anastasia drehte ihren Rücken den Zuschauern zu und begann ihre Zeilen zu sprechen, als sich ihre Hand im Morgenmantel verfing. Ohne sich dessen bewußt zu sein, zog sie ihn hinten hoch, und Beine und Hinterteil in den Jaeger-Unterhosen ihres Vaters kamen zum Vorschein. Das Publikum hielt einen Augenblick lang den Atem an und brach dann in Gelächter aus, Alexandra, Nikolaus, Personal und Gefolge. »Ich werde mich immer an diesen Abend erinnern«, schrieb Gibbes später, »es war das letzte Mal, daß die Kaiserin herzlich und ungezwungen lachte.«[2]

Natürlich waren solche heiteren Momente in Tobolsk selten. Als sich die bolschewistische Revolution durchsetzte, wurde die Atmosphäre feindselig. Im Februar zog die neue Regierung die alten Soldaten aus der kaiserlichen Armee, die den Romanows noch freundlich gesinnt gewesen waren, ab. Sie wurden durch rücksichtslose junge Revolutionäre ersetzt. Diese ritzten obszöne Wörter auf die Schaukeln der Kinder; Alexej entdeckte sie, doch bevor er weiter forschen konnte, hatte Nikolaus die Sitze entfernt. Um nicht noch einmal ausgetrickst zu werden, schrieben oder kritzelten die Soldaten danach ihre plumpen Sprüche auf die hohe Bretterwand, wo sie nicht entfernt werden konnten.[3]

Am 3. März 1918 unterzeichneten die Mittelmächte Deutschland und Österreich in Brest-Litowsk ein Friedensabkommen mit Rußland, in dem Sowjetrußland auf Polen, Finnland, das Baltikum, die Ukraine und die Krim verzichtete. Zar und Zarin waren entsetzt. »Welch ein Unsinn, daß die Deutschen uns alle retten und Ordnung schaffen wollen«, schrieb Alexandra an Anna. »Gibt es etwas Schlimmeres und Erniedrigenderes? Mit der einen Hand wollen sie uns Ordnung geben und mit der anderen alles fortnehmen! O Gott, hilf und errette Rußland!«[4]

Die Veränderungen wurden sofort fühlbar. Geld war seit einiger Zeit ein großes Problem für die Zarenfamilie gewesen. Kobylinskij hatte eine große Summe erhalten, um für die Haushaltskosten aufzukommen; die Soldaten sollten von der Provisorischen Regierung bezahlt werden. Doch als die Regierung den Bolschewiken zufiel, blieb der Geldzufluß aus, und das Haushaltsgeld mußte für die Bezahlung der Soldaten verwendet werden. Schließlich war diese Quelle erschöpft, und Kobylinskij und General Tatischtschew mußten den örtlichen Distriktkommissar aufsuchen und sich zweimal 15 000 Rubel borgen.[5] In Petrograd sammelte Graf Benckendorff verzweifelt Geld für die kaiserliche Familie; schließlich konnte er 200 000 Rubel auftreiben. Er schickte es nach Tobolsk, doch es verschwand unterwegs und erreichte die Gefangenen nie.

Die finanziellen Sorgen der kaiserlichen Familie wurden am 1. März 1918 von der bolschewistischen Regierung so gelöst: Es wurde ihr mitgeteilt, daß sie fortan auf Soldatenration gesetzt werden würden – 600 Rubel pro Person und Monat, oder 4200 Rubel für die Familie insgesamt. Für eine siebenköpfige Familie wäre die Summe mehr als angemessen gewesen, doch von den 4200 Rubeln mußte der gesamte Haushalt versorgt werden – Köche, Ärzte, Lehrer, Hofstaat, Kammerdiener und Mädchen. Nikolaus machte einen Haushaltsplan und mußte zehn Angestellte entlassen, auch solche, deren Familien sie nach Tobolsk begleitet hatten. Als Anna Wyrubowa der kaiserlichen Familie etwas Geld schickte, schrieb Alexandra: »Wir sind tief gerührt, daß Ch. uns Geld mitgebracht hat, jetzt ist es aber wirklich nicht mehr nötig, denn wir haben genug. Es hat wohl Augenblicke gegeben, da wir nicht wußten, woher wir Geld erhalten sollten ... Es heißt, die Heiden hätten sich im Smolnij-Institut reichlich mit Vorräten versorgt, so daß sie keinen Hunger leiden werden; ob die Menschen in Petersburg Hungers sterben, ist ihnen ja gleichgültig! Weshalb hat Ch. Geld geschickt? Hätte er es doch lieber an die Armen verteilt ...«[6]

Selbst mit den Lebensmittelkarten waren die Mahlzeiten in Tobolsk überwiegend höchst unkaiserlich. Butter und Kaffee wurden als »Luxusartikel« angesehen, auf die die kaiserliche Familie verzichten mußte. Das Mittagessen, die Hauptmahlzeit des Tages, bestand aus Suppe, Fleisch oder Fisch und etwas Wein. Abends speiste die kaiserliche Familie Fleisch, Gemüse und gelegentlich Makkaroni. Als die Menschen in Tobolsk von dieser Situation hörten, schickten sie Kaviar, Leckereien, Eier und frischen Fisch; Alexandra bezeichnete sie als »Geschenke des Himmels«.[7]

Als sich ihre Lage weiter verschlechterte, kehrte Alexandra sich nach innen, wandte sich ihrem orthodoxen Glauben zu. Obwohl ihre

Ansichten oft fatalistisch waren, gab ihr tiefer Glaube an Gott ihr die Kraft, weiterzumachen. Sie schrieb an Anna:

»Das Leben ist Schall und Rauch, wir alle bereiten uns auf das Himmelreich vor, und so gibt es für uns keine Schrecknisse mehr. Alles kann dem Menschen genommen werden, die Seele aber kann niemand ihm rauben ... Habe nur noch Geduld, und die Leiden werden vergehen, unsere Qualen werden in Vergangenheit versinken, und wir werden nur noch Dankbarkeit empfinden ... Ich kann nicht mehr schreiben, vermag nicht in Worten auszudrücken, was meine Seele erfüllt ... Du bist schon weiter als ich auf jenem Weg gegangen, Du lebst gleichsam hier und doch nicht hier ...«[8]

Unter den Papieren, die nach dem Verschwinden der kaiserlichen Familie gefunden wurden, befand sich ein Gedicht, das Großfürstin Olga abgeschrieben hatte. Die Autorenschaft ist ungeklärt. Es wurde angenommen, daß die Gräfin Hendrikowa die Verse geschrieben hat, aber ihr Stil läßt auch an Alexandra denken. Sie bringen auf jeden Fall die Gefühle zum Ausdruck, die sie während jenes letzten Winters in Tobolsk oft in ihren Briefen an Anna beschrieben hat:

> »Gott, gib Geduld uns, Deinen Kindern,
> in dieser dunklen, harten Zeit,
> daß alle Mühen wir ertragen
> und still erdulden alles Leid.
>> Gott, gib uns Stärke, die wir brauchen,
>> um unsern Feinden zu verzeih'n,
>> und unser schweres Kreuz zu tragen –
>> laß uns so sanft wie Christus sein.
> Sind wir beraubt, bespeit, getreten,
> in Tagen wilder Rebellion,
> dann laß die Probe uns bestehen,
> wir bitten Dich, o Gottessohn.
>> O Schöpfergott, allmächtiger Vater,
>> o segne uns und dies Gebet
>> und schenke uns den Seelenfrieden,
>> wenn es mit uns zu Ende geht.
> Wenn wir dem Tod ins Auge sehen,
> dann bitten wir in Gott vereint,

daß wir die Stärke finden mögen,
in ihm zu beten für den Feind.«[9]

Der sibirische Winter ging vorüber, die Lage in Tobolsk war weiterhin ungewiß und Alexandra wurde wegen der Zukunft immer verzagter. Sie wußte zwar, daß Bemühungen unternommen wurden, sie und ihre Familie aus Rußland heraus und nach England in die Freiheit zu entführen, aber wie ernst waren die zu nehmen?

Die Johannes-Bruderschaft von Tobolsk, eine monarchistische Organisation, und ihr Vorsitzender, Boris Solowjow, wollte die kaiserliche Familie retten. Solowjows Vater war Schatzmeister des Heiligen Synod gewesen, und Boris hatte während des Ersten Weltkriegs sowohl mit Rasputin als auch mit Anna Wyrubowa Kontakt gehalten. Alexandra kannte ihn daher persönlich. Nach Rasputins Tod führte Solowjow eine Gruppe von Gläubigen, die vergeblich versuchten, mit Rasputins Seele Kontakt aufzunehmen. Außer seiner familiären Beziehung zur Regierung und seiner Freundschaft mit Anna Wyrubowa und Rasputin schien Boris kaum Ziel monarchistischer Hoffnungen sein zu können. In Alexandras Augen besaß er jedoch die wichtigste Referenz von allen: Er hatte nicht nur mit Rasputin vor dessen Tod auf freundschaftlichem Fuße gestanden, sondern heiratete im Oktober 1917 Rasputins ältere Tochter Maria.[10]

Solowjow sorgte dafür, daß er bald als die Autorität in bezug auf Rettungsversuche galt. Monarchisten mit Geldgeschenken für die kaiserliche Familie gaben ihre Rubel willig an Solowjow in der Hoffnung, daß es ihm gelingen würde, sie zu befreien. Durch ein Mädchen begann Solowjow der Zarin Nachrichten zukommen zu lassen, die versprachen: »Grigorijs Familie und seine Freunde handeln.«[11] Der kaiserlichen Familie gelang es auf dem gleichen Weg, einige der Juwelen, die sie mit ins Exil genommen hatte, hinauszuschmuggeln, um damit für die Mittel zur Rettung zu bezahlen. Alexandra glaubte Solowjow vollkommen, als er sagte, daß 300 Offizier bereitstünden, auf sein Wort zu handeln, die Gouverneursvilla zu stürmen und die kaiserliche Familie zu befreien.[12] Wie hätte denn auch der Schwiegersohn »unseres Freundes« sie hintergehen können?

Solowjows Kritiker wollten schließlich die Rettungspläne sehen.

Das verweigerte er ihnen; er richtete es jedoch so ein, daß die Skeptiker bei der formalen Ausbildung der Tjumener Garnison zusehen konnten. Angeblich hatte Solowjow das Regiment in seinen Plan eingeweiht; zu einem festgelegten Zeitpunkt gab ein Offizier der Garnison ihm sogar ein vorher abgesprochenes Zeichen. Er sorgte außerdem dafür, daß ein Mitglied der kaiserlichen Familie auf den Balkon der Gouverneursvilla trat und einem der Skeptiker auf der Straße zunickte. Als man sah, daß die kaiserliche Familie kooperierte, schwanden alle Zweifel an Solowjow.

Aus Solowjows aufwendigen Rettungsplänen wurde nie etwas, denn sie existierten überhaupt nicht. Als die kaiserliche Familie Tobolsk mit Ziel Jekaterinburg verließ, ließ sich Solowjow bequemerweise verhaften und hatte damit ein perfektes Alibi dafür, daß er seine grandiosen Pläne nicht ausführte. Obwohl er später als Bolschewik galt, der daran gearbeitet hatte, monarchistische Pläne zunichte zu machen, scheint Solowjows wahre Motivation das Geld gewesen zu sein. Ein Bankier in Petrograd hatte 175 000 Rubel für die kaiserliche Familie aufgebracht, die er an Solowjow in Tjumen schickte. Von dieser Summe wurden nur 35 000 Rubel den Gefangenen ausgehändigt; der Rest verschwand einfach.[13] Was auch immer Solowjows Absichten gewesen sein mögen, die Johannes-Bruderschaft von Tobolsk löste sich auf, zerrann im Schneematsch des sibirischen Frühlings.

Aus diesen monarchistischen Bemühungen, die kaiserliche Familie zu retten, wurde also nichts, aber es gab noch andere Pläne für eine Flucht der Romanows. Auf Fragen der britischen Autoren Anthony Summers und Tom Mangold antwortete Großfürst Wladimir Kyrillowitsch 1974 »…ausweichend, aber er…fügte hinzu: ›Während der Anwesenheit der Zarenfamilie in Tobolsk gab es – unabhängig von monarchistischen Verschwörungen – verschiedene Pläne. Und sowohl Georg V. als auch andere hatten damit zu tun.‹«[14] Wladimir führte das nicht weiter aus, aber zumindest zwei ernstzunehmende Anstrengungen, in denen die britische Königsfamilie eine Rolle spielte, sind bekannt.

Am 15. Dezember 1917 bat Alexandra den Englischlehrer ihrer Kinder einen Brief an ihre ehemalige Lehrerin Margaret Hardcastle Jackson aufzusetzen. Miss Jackson hatte schon lange aufgehört zu unterrichten und lebte in einem Haus für ehemalige Hauslehrerinnen in Regent's Park in London. Oberflächlich betrachtet war es ein harmloser Erzählbrief:

»Liebe Miss Jackson,

Sie werden in den Zeitungen über die vielen Veränderungen gelesen haben, die stattgefunden haben. Im August hat die Provisorische Regierung beschlossen, unseren Wohnsitz von Zarskoje nach Tobolsk zu verlegen, einer kleinen Stadt im fernen Sibirien ... Unser Haus ... ist ganz und gar isoliert, ein kleiner Garten und ein Stück der Straße sind eingezäunt worden, um uns Bewegungsraum zu schaffen ... Wie in fast allen russischen Häusern kommt man, wenn man die Haupttreppe hinaufsteigt, in den Salon, auf dessen einer Seite das Arbeitszimmer liegt und auf der anderen das Wohnzimmer. Danach kommen das große Schlafzimmer und ein Raum, den die vier Töchter als Schlafraum benutzen ... Der Jüngste hat ein Zimmer für sich am anderen Ende des Korridors ...

Die Tage unterscheiden sich nicht sehr ... Sonntags dürfen wir meistens zum Abendmahlsgottesdienst in die Gemeindekirche gehen. Vor dem Mittagessen erhalten die jüngeren Mitglieder der Familie Unterricht, danach verschaffen wir uns alle in unserem kleinen, eingezäunten Stück Bewegung und Erholung.

Es ist eine Ewigkeit her, daß Sie geschrieben haben, oder vielleicht sind die Briefe nicht angekommen ... Ich habe gehört, daß David aus Frankreich zurückgekehrt ist; wie geht es seinem Vater und seiner Mutter? Und die Cousins, sind die auch an der Front?«[15]

Der eigentliche Brief war viel länger und enthielt einen detaillierten Bericht von den Gottesdiensten, die die Familie besuchte, den Zeiten, zu denen sie gingen, und die Anzahl der Wachen, die sie auf ihrem Weg begleiteten.

Warum würde Gibbes, der Miss Jackson überhaupt nicht kannte, es auf sich nehmen, einen so langen, detaillierten Brief zu schreiben? Er selbst berichtete später, daß Alexandra ihn darum gebeten hatte, und daß sein eigentlicher Bestimmungsort der Buckingham-Palast war. Wenn das so ist, dann hat der Brief vielleicht König Georg V. und Königin Mary nie erreicht, denn es existiert in den königlichen Archiven in Windsor keine Spur von ihm. Die aufschlußreichsten Sätze im ganzen Brief sind die letzten: »Ich habe gehört, daß David aus Frankreich zurückgekehrt ist; wie geht es seinem Vater und seiner Mutter? ...« Innerhalb der königlichen Familie wurde Edward, der Prinz von Wales und Sohn Georgs V. David genannt. Dieser versteckte Hilfeschrei bleibt ein Rätsel.

Von den Plänen, in die Jonas Lied verwickelt war, kann das nicht behauptet werden. Lied war ein norwegischer Geschäftsmann, der in den Jahren vor dem Krieg in Sibirien tätig gewesen war. 1913 hatte er persönlich einen neuen Transportweg in Sibirien geschaffen, von Tobolsk stromabwärts in die Karasee. Mit einem britischen Partner zusammen hatte er die Sibirische Dampfschiffahrts- und Produktionsgesellschaft aufgebaut, und Nikolaus persönlich hatte ihm die Ehrenbürgerschaft verliehen.[16]

Im Frühjahr 1918, als sich die kaiserliche Familie noch in Tobolsk aufhielt, wurde Lied nach London gerufen. Er traf dort mit Frederick Browning, einem höheren Nachrichtenoffizier des Secret Service, Lord Robert Cecil, einem hohen Beamten, der persönlich mit dem Fall Romanow betraut war, und Sir Reginald Hall, dem Chef des Marinenachrichtendienstes, zusammen.[17] Diese wichtigen Männer wollten natürlich etwas von Lied, und nach mehreren Tagen in London fand er heraus, was sie vorhatten: die kaiserliche Familie aus Tobolsk herausholen.

Lied erörterte die Möglichkeit, ein Boot nach Tobolsk zu schicken, die Zarenfamilie den Bolschewiken zu stehlen und sie dann in die Karasee zu bringen, wo ein Torpedoboot der Britischen Marine sie aufnehmen würde. »König Georg unterstützte den Plan«, erinnerte sich ein Diplomat und Freund von Lied, »aber der Premierminister hatte keine Verwendung für den Zaren. Was auch immer der Grund war, den Plan zu ändern, es war Lloyd George, der in Wahrheit den Zaren ermordete. Lied trug es für den Rest seines Lebens auf dem Gewissen, daß der Plan nicht verwirklicht wurde.«[18]

Der Sohn von Georg V., Edward Herzog von Windsor, erinnerte sich:

»Ich habe seit langem den Eindruck, daß mein Vater, kurz bevor die Bolschewiken den Zaren gefangensetzten, persönlich plante, ihn mit einem Kreuzer zu retten, doch irgend etwas stand dem im Wege. Auf jeden Fall verletzte es meinen Vater, daß Großbritannien keinen Finger krumm gemacht hatte, um seinen Cousin Nicky zu retten. ›Diese Politiker‹, sagte er häufig. ›Wenn es jemand von ihnen gewesen wäre, hätten sie schnell genug gehandelt. Aber nur weil der arme Mann ein Kaiser war ...‹«[19]

Ein Jahr zuvor hatte König Georg V. alles getan, um zu verhindern, daß seine Verwandtschaft nach England kam. Erst als er den Ernst der Lage erkannt hatte, unternahm der König den Versuch, der Familie zu helfen. Doch es war zu spät für die Romanows. Die Lied-Affäre setzte den britischen Bemühungen um die kaiserliche Familie ein für alle Mal ein Ende. Und anstelle von Georg V. und England fanden die Romanows einen höchst überraschenden anderen Verbündeten: *Cousin Willy*, Wilhelm II., den Kaiser von Deutschland.

43

»Gottes Wille«

An einem bitterkalten Tag im Januar 1918 suchte eine Gruppe besorgter Monarchisten das Büro von Graf Mirbach, dem deutschen Bevoll-
mächtigten in Moskau, auf. Diese sonderbare Gruppe bat Rußlands
Feind der letzten vier Jahre, sich für die Sicherheit der Zarenfamilie
in Tobolsk einzusetzen. Aber Mirbach scheint solch eine Anfrage
erwartet zu haben. Auf ihre Bitte antwortete der Graf: »Seien Sie beruhigt. Wir Deutschen haben die Lage fest in der Hand, und die Zarenfamilie steht unter unserem Schutz. Wir wissen, was wir tun, und
wenn die Zeit kommt, wird die kaiserliche deutsche Regierung die
nötigen Maßnahmen ergreifen.«[1]

Zwei Monate später, am 3. März, garantierte das Abkommen von
Brest-Litowsk praktisch deutsche Kontrolle über große Teile Ruß-
lands. Ein Memorandum des britischen Außenministeriums nimmt
eindeutig Bezug auf »Anträge zugunsten der Romanows durch die
Deutschen in Brest-Litowsk«.[2] Kaiser Wilhelm II. persönlich hatte
Alexandras Bruder Ernst Ludwig erlaubt, einen Brief an sie zu schreiben und Hilfe für die Rettung der Zarenfamilie anzubieten. Großherzog Ernst Ludwig von Hessen gab den Brief einem gewissen Sergej
Wladimirowitsch Markow, einem ehemaligen Offizier des Krim-
Kavallerieregiments der Zarin. Anscheinend hat Markow den Brief
über geheime Kanäle zustellen können, denn Nikolaus beantwortete den Vorschlag mit einem klaren Nein. Alexandra fühlte sich jedoch
zu einer Antwort verpflichtet und erklärte Ernst Ludwig, warum das
Angebot nicht angenommen werden könne. Markow brachte den

Brief nach Deutschland. Ein General schrieb später, daß der von Markow überbrachte Brief tatsächlich existiert habe. »Er wurde von anderen Personen gesehen. Er wurde von Leuten gesehen, die die Handschrift der Zarin erkannten.«[3]

Die Weigerung des Zaren ärgerte die Deutschen. Als Graf Benckendorff eine lange Bittschrift an Graf Wilhelm Mirbach, der nach dem Vertrag von Brest-Litowsk deutscher Botschafter in Moskau geworden war, richtete, in der er sich nach der russischen kaiserlichen Familie erkundigte, bekam er die beunruhigend kühle Antwort: »Das Geschick des Zaren ist eine Angelegenheit des russischen Volkes. Wir müssen uns jetzt mit der Sicherheit der deutschen Prinzessinnen auf russischem Boden beschäftigen ...«[4] Nach Berlin berichtete Mirbach: »Ich habe ... den Volkskommissaren eine Erklärung ausgehändigt bezüglich unserer Erwartung, daß die deutschen Prinzessinnen mit jeder möglichen Rücksichtnahme behandelt werden und daß besonders unnötige kleinliche Belästigungen und Todesdrohungen nicht gestattet werden ...«[5]

Das alles geschah auf Befehl Kaiser Wilhelms. Der machte sich trotz seines oft bombastischen Auftretens aufrichtige Sorgen um seine russischen Verwandten. Königin Olga von Griechenland hatte mit der Schwiegertochter des Kaisers, Kronprinzessin Cecilie, gesprochen; in einem britischen Bericht darüber hieß es: »Die Kronprinzessin teilte ihr mit, daß der Zar erklärt habe, er wolle um keinen Preis von Deutschland gerettet werden. Seine Haltung beunruhigt den deutschen Kaiser, der in schlaflosen Nächten das Schicksal der Romanows betrauert.«[6]

Am Nachmittag des 22. April 1918 traf eine Abteilung von 150 berittenen Soldaten in Tobolsk ein, an ihrer Spitze Wassilij Wassiljewitsch Jakowlew. Jakowlew, ein Mann Mitte dreißig, kommandierte seine Schwadron Bolschewiken auf Befehl von Moskau. Seine Instruktionen waren einfach: Er sollte den Zaren und seine Familie in die neue Hauptstadt bringen.

Jakowlew beeindruckte die kaiserliche Familie durch seine Höflichkeit und seine guten Manieren. Als er am Abend seiner Ankunft mit Alexandra und Nikolaus den Tee einnahm, redete er den Zaren mit »Eure Majestät« an und sprach mit Gilliard französisch. Jakowlew zeigte Kobylinskij zwei Briefe, die von Jakow Swerdlow unterzeichnet waren, dem Präsidenten des Zentralkomitees in Moskau: beide drohten mit dem Tode, wenn Jakowlews Anweisungen nicht sofort Folge geleistet würde.[7]

Zu Moskaus Entscheidung, die kaiserliche Familie nach Moskau zu überführen, hatte das Interesse geführt, das die benachbarten Sowjets von Omsk und Jekaterinburg an deren Schicksal bekundet hatten. Im Februar war Jekaterinburg Gastgeber des Dritten Regionalen Kongresses der Sowjets gewesen, auf dem bedeutende Bolschewiken aus dem Ural in Schlüsselpositionen gewählt worden waren. Einer von denen, die in eine Machtposition aufgestiegen waren, Isaak Goloschtschokin, der neue Militärkommissar des Ural-Sowjets, war ein enger Freund von Swerdlow in Moskau. Goloschtschokins persönliche Ansichten über die Romanows sind nicht bekannt, aber der Ural-Gebietssowjet fürchtete, daß der ehemalige Zar und seine Familie mit Beginn des Frühlings versuchen würden, aus Tobolsk zu fliehen. Viele dieser Ural-Bolschewiken hatten einen persönlichen Haß auf die kaiserliche Familie und wollten an ihrem ehemaligen Herrscher Selbstjustiz üben; aber es gab außerdem auch die Sorge, daß es einer der monarchistischen Gruppen irgendwann gelingen könnte, die Romanows zu retten. Bei einem Treffen des Ural-Sowjets im März stimmte das fünfköpfige Präsidium für die Forderung nach einer Überführung der Romanows von Tobolsk nach Jekaterinburg. Man stellte einen formellen Antrag bei Swerdlow in Moskau. Gleichzeitig sandte Jekaterinburg eine eigene Gruppe von Bolschewiken, um die Situation in Tobolsk zu untersuchen. In Tobolsk fanden die Vertreter aus Jekaterinburg eine ähnliche Gruppe von Bolschewiken des Rivalen Omsk vor, die sich ebenfalls für den Transfer der kaiserlichen Familie einsetzten – in ihre eigene Stadt. Die Delegation aus Jekaterinburg zog sich – vorübergehend – zurück, um Verstärkung zu holen.

Wegen des politischen Streits um die Verlegung der Gefangenen schickte der Ural-Sowjet Goloschtschokin Ende März mit dem Auftrag nach Moskau, ein Urteil zu erwirken. Es gibt einige Meinungsverschiedenheiten, was den Ausgang dieser Gespräche betrifft. Peter Bykow, ein Mitglied des Ural-Sowjets, der später etwas veröffentlichte, was einer offiziellen sowjetischen Version über die Geschehnisse, die das Schicksal der kaiserlichen Familie umgaben, nahekommt, behauptete, Swerdlow habe entschieden, die Überführung Nikolaus Romanows nach Jekaterinburg unter der Bedingung zu genehmigen, daß Goloschtschokin »die persönliche Verantwortung für die Gefangenen« übernehme.[8] Doch das offizielle Protokoll des zentralen Exekutivkomitees zeigt, daß das Präsidium am 1. April 1918 beschloß, die Romanows nach Moskau zu holen. Zu diesem Zweck wurde der Sonderkommissar Wassilij Jakowlew nach Tobolsk entsandt.

Ohne die Nachricht über Moskaus Entscheidung abzuwarten, schickte Jekaterinburg eine zweite Abordnung nach Tobolsk. Sie kam am 13. April dort an. Der verantwortliche Kommissar, S. S. Saslawskij, verlangte die Genehmigung, die kaiserliche Familie nach Jekaterinburg zu bringen; Kobylinskij verweigerte sie. Als nächstes beantragte Saslawskij, sie in das örtliche Gefängnis zu überführen; auch diesen Vorschlag wies Kobylinskij zurück. Daraufhin begann Saslawskij einen offenen Feldzug gegen Kobylinskijs Autorität in dem Versuch, seine Soldaten zur Revolte zu animieren. Genau in diesem höchst gefährlichen Augenblick kam Jakowlew aus Moskau an.

Jakowlews wahre Identität ist jahrelang ein Rätsel geblieben. Neuere russische Protokolle haben ihn als Konstantin Mjatschin identifiziert, zweiunddreißig, in der Nähe von Orenburg geboren. Zwar ist berichtet worden, Jakowlew sei ein britischer Agent gewesen, aber inzwischen ist ziemlich klar, daß er ein verläßliches Mitglied der Sowjet-Hierarchie war. Er war Delegierter beim Zweiten Allrussischen Sowjetkongreß gewesen und Mitglied der Führungsriege der Tscheka, der Nachfolgeinstitution der Geheimpolizei des Zaren, der Ochrana.

Es ist ebenfalls ziemlich sicher, daß Jakowlew die Romanows nach Moskau bringen sollte. Er machte das Kobylinskij und dem Zaren gegenüber sehr deutlich. Er hatte einen von Swerdlow unterzeichneten Sonderauftrag bei sich, der ihn zur Überführung nach Moskau ermächtigte; und darüber hinaus einen zweiten diesbezüglichen Befehl, der von Lenin selbst unterschrieben war.[9] Jakowlew traf auf dem Weg nach Tobolsk außerdem mit Isaak Goloschtschokin zusammen und informierte ihn über die Entscheidung, die kaiserliche Familie nach Moskau zu bringen. Das muß für Goloschtschokin überraschend gekommen sein; er war erst kürzlich aus Moskau zurückgekehrt, wo er die Versicherung erhalten hatte, daß Jekaterinburg die kaiserliche Familie in ihr eigenes Gefängnis verlegen könne.

Goloschtschokin kehrte nach Jekaterinburg zurück und informierte den Ural-Sowjet über Jakowlews Mission. Es wurde sofort beschlossen, eine eigene Abteilung nach Tobolsk zu schicken, um die Verlegung der Romanows zu vereiteln und sie nach Jekaterinburg zu holen. Es gibt keine Beweise dafür, daß die Jekaterinburger Moskaus Anordnungen zuwiderhandelten, denn sie hatten ebenfalls die Erlaubnis erhalten, die kaiserliche Familie zu inhaftieren.

Anfangs war Alexandra nicht klar, daß alle diese Männer Bolschewiken waren. Als die erste Abteilung aus Jekaterinburg in Tobolsk eintraf, hielt sie sie für Solowjews Gruppe loyaler Monarchisten und zeigte sie ihren Töchtern von den Fenstern der Gouverneursvilla aus als ihre Retter, »gute russische Männer«.[10] An Anna schrieb sie voller Hoffnung von den englischen Parks, derer sie sich aus ihrer Kindheit erinnerte, und daß sie zu glauben wagte, sie könnte sie vielleicht wiedersehen.[11]

Mit Alexej befürchtete Alexandra allerdings Schwierigkeiten. Eine Woche zuvor war der Zarewitsch mit dem Schlitten die Flurtreppe hinabgefahren und gestürzt; eine starke Blutung in der Leistengegend hatte sofort eingesetzt.[12] Die Schmerzen waren unerträglich. »Mama, ich möchte sterben«, weinte der gequälte Junge. »Ich fürchte mich nicht vor dem Tod, aber ich fürchte mich sosehr davor, was sie hier mit uns machen werden.«[13] Alexandra konnte sich nicht mehr an Rasputin wenden; verzweifelt betete sie Tag und Nacht um ein Wunder, nicht nur, um ihren Sohn zu retten, sondern auch ihre Familie. An Anna schrieb sie:

»*Sunbeam* liegt bereits seit einer Woche krank im Bett; als ich Dir das letztemal schrieb, war er noch gesund … Jetzt geht es ihm ein wenig besser, er schläft aber noch schlecht, und die Schmerzen sind, wenn sie auch nachgelassen haben, noch nicht ganz vorüber Gestern hat er zum erstenmal ein wenig gegessen … [Dr. Derewenko] sieht keine Gefahr mehr; er darf sich schon ein wenig bewegen, nur der Rücken tut ihm noch weh – wohl infolge des langen Stilliegens … Ich sitze den ganzen Tag bei ihm und stütze sein Bein, so daß ich einem Schatten ähnlich sehe …« Und vier Tage später: »Er hat die Krise

449

schnell und gut überstanden, in der vergangenen Nacht allerdings hat er wieder an starken Schmerzen gelitten. Gestern hat er zum erstenmal seit langem gelacht und geschwatzt, Karten gespielt und sogar am Tage zwei Stunden lang geschlafen. Er ist furchtbar abgemagert und sehr blaß geworden, seine Augen sehen übernatürlich groß aus, ganz wie in Spala ... Er hat es schon sehr gern, wenn man ihm vorliest, doch mit seinem Appetit ist es noch schlecht bestellt ...«[14]

Jakowlew besuchte den Zarewitsch, um seinen Zustand zu prüfen. Als er erkannte, daß der Junge für die Reise zu krank war, telegrafierte er nach Moskau und bat um Anweisungen. Am 25. April bekam er Antwort und informierte Kobylinskij, daß er zwar geschickt worden sei, die gesamte Familie aus Tobolsk und dem Uralgebiet fortzuholen, die Krankheit des Zarewitsch habe das aber unmöglich gemacht, und jetzt sei er angewiesen worden, den Zaren nach Moskau zu bringen und den Rest der Familie zurückzulassen.

Als Jakowlew das dem Zaren mitteilte, sagte Nikolaus ganz einfach: »Ich weigere mich, zu gehen.«[15] Jakowlew machte deutlich, daß Moskau, wenn sich der Zar nicht fügte, unter Umständen die Angelegenheit durch einen Mann mit weniger Skrupel erzwingen würde. »Sie können aber ruhig sein«, sagte Jakowlew, »ich hafte mit meinem Leben für Ihre Sicherheit. Wenn Sie nicht allein gehen wollen, können Sie mitnehmen, wen Sie wollen. Halten Sie sich bereit, wir brechen morgen früh um vier Uhr auf.«[16]

»Ich kann es nicht zulassen, daß der Kaiser allein fährt«, wandte sich Alexandra an Pierre Gilliard. »Sie wollen ihn zwingen, etwas Unrechtes zu tun ... Ich muß während der ihm bevorstehenden Prüfung bei ihm sein. Doch der Thronfolger ist noch so krank ... O mein Gott, welche Qual! Zum erstenmal in meinem Leben weiß ich nicht, was ich tun soll. Früher, wenn ich mich zu etwas entschließen sollte, fühlte ich immer eine Eingebung, und jetzt fühle ich nichts, gar nichts ...«[17]

Die Zarin saß mit Tatjana zusammen und versuchte zu entscheiden, was sie tun sollte. »Es ist der schwerste Moment meines Lebens«, sagte sie.[18]

»Aber Mama, wir müssen uns trotzdem zu etwas entschließen, falls Papa dennoch fahren sollte«, sagte Tatjana.[19] »Du kannst dich nicht weiter so quälen.«[20] Alexandra schritt im Zimmer auf und ab und führte Selbstgespräche. Plötzlich sagte sie zu Gilliard: »Ich fahre mit dem Kaiser, und meinen Sohn vertraue ich Ihnen an.«[21]

Obwohl Jakowlew erklärte, daß das Ziel Moskau sei, nahm jeder an, daß sie nach England weiterreisen würden. Kobylinskij selbst sagte, sie würden von Moskau »nach Petrograd, dann nach Finnland, Schweden und Norwegen« gebracht werden.[22] Dr. Botkin sagte zu seinen Kindern: »Jakowlew hat endlich mitgeteilt, daß er gekommen ist, um uns alle nach Moskau zu bringen Es stimmt tatsächlich, daß die Sowjets den Deutschen versprochen haben, die kaiserliche Familie freizulassen. Aber die Deutschen waren anständig genug, nicht zu verlangen, daß die kaiserliche Familie nach Deutschland geht. Es ist demzufolge beschlossen worden, daß wir nach England geschickt werden sollen.«[23]

Alexej hatte keine Ahnung, was geschah. Als seine Mutter nach dem Mittagessen nicht wie gewöhnlich erschien, fing er an zu rufen: »Mama! Mama!«[24] Als sie schließlich auftauchte, waren ihre Augen verweint. Sie erklärte ihrem Sohn ruhig, daß sie und der Zar am folgenden Morgen nach Moskau aufbrechen würden. Sie hoffte jedoch weiterhin, daß sie nicht abreisen mußten. »Ich weiß es, ich bin vollkommen überzeugt, daß der Fluß noch heute aufbrechen wird, und daß die Abreise, ob man will oder nicht, aufgeschoben werden muß. Das wird uns Zeit geben, aus dieser furchtbaren Lage herauszukommen. Wenn es eines Wunders bedarf, so wird das Wunder eben dasein.«[25]

Doch es geschah in dieser Nacht kein Wunder für Alexandra. Lange vor der Dämmerung fuhren mehrere Fuhrwerke an der Gouverneursvilla vor; die ganze Nacht lang war das Haus hell erleuchtet. In den langen Stunden vor der Abfahrt ging das Schneegestöber weiter, bis dann um halb vier in der Frühe Nikolaus und Alexandra die Haupttreppe hinabstiegen, um in die wartenden Wagen einzusteigen. Es standen für die Reise nur schlittenähnliche Bauernfahrzeuge zur Verfügung, die weder eine Federung noch Sitze hatten. In ihnen mußten sie rund 300 Kilometer reisen.

Alexandra hatte ihre Tochter Maria gebeten, sie zu begleiten. Beide Damen waren in ihre Pelze gehüllt, doch Jakowlew bestand darauf, daß sich die Zarin außerdem Dr. Botkins Mantel umlegte. Der Zar kam in seinem normalen Offiziersmantel heraus.

»Was? Sie tragen nur einen Mantel?« rief Jakowlew.

»Mehr trage ich nie«, sagte der Zar.

»Aber das kommt nicht in Frage«, antwortete Jakowlew, und er befahl seinen Leuten, noch einen Mantel zu holen, und legte ihn auf die Sitzbank des Schlittens.«[26] Er ließ außerdem Stroh aus dem Schweinestall bringen und es zusammen mit einer alten Matratze auf den Boden von Alexandras Wagen legen.

Alexandra kletterte langsam in ihren Wagen. Als Nikolaus ihr folgen wollte, hielt Jakowlew ihn zurück und sagte ihm, der Zar müsse mit ihm in einem zweiten Wagen reisen. Dann stieg Maria zu ihrer Mutter ein. Botkin, Fürst Dolgorukij, der Kammerdiener Terentij Tschemodurew, das Mädchen Anna Demidowa und der Lakai Alexej Trupp folgten in weiteren Fuhrwerken. Die Tore des Anwesens öffneten sich, und die Gruppe von Wagen schoß die Straße hinab, hinaus in die sibirische Nacht, begleitet von einer Kavallerieabteilung.

Diese Reise über schmelzenden Schnee und noch zugefrorene Flüsse dauerte etwas über zwei Tage. Sie wechselten an mehreren Stellen unterwegs die Pferde. Alexandra beschrieb die Reise in ihrem Tagebuch:

»Maria in einem Tarantas [einem russischen Schlitten]. Nikolaus mit Kommissar Jakowlew. Kalt, grau und windig; überquerten den Irtysch, nachdem wir um acht die Pferde gewechselt hatten, und hielten um zwölf in einem Dorf und tranken Tee und aßen von unserem kalten Reiseproviant. Straße ganz und gar grauenhaft, gefrorener Boden, Schlamm, Wasser bis an die Pferdebäuche, werden furchtbar durchgeschüttelt, überall Schmerzen. Nach dem vierten Wechsel lockerte sich das Stangengestell, auf dem der Wagenkasten des Tarantas ruht, und wir mußten in eine andere Kiste umsteigen. Wechselten fünfmal die Pferde ... Kamen um acht nach Jewlewo, wo wir die Nacht in einem Haus verbrachten, in dem früher der Dorfladen gewesen war. Wir schliefen zu dritt in einem Raum, wir in unseren Betten, Maria auf ihrer Matratze auf dem Fußboden ... Man sagt uns nicht, wohin wir von Tjumen fahren. Einige stellen sich Moskau vor; die Kleinen sollen uns folgen, sobald Fluß frei und Baby gesund ist.«[27]

Einer der Pferdewechsel fand in Pokrowskoje statt, wo die Karren

direkt unterhalb von Rasputins Haus hielten. Seine Witwe, Prasko-
wje, stand an einem Fenster und sah hinab. Den Blick auf Alexandra geheftet machte sie sorgfältig das Zeichen des Kreuzes und verschwand dann hinter dem Vorhang.[28]

Zwanzig Kilometer vor Tjumen schloß sich ein Regiment bolschewistischer Kavallerie der Gruppe an.[29] Am Bahnhof schickte Jakowlew seine Gefangenen zu einem Abteil der ersten Klasse und verschwand dann im Telegrafenbüro, um Kontakt mit Moskau
aufzunehmen.

Es gab zwei Möglichkeiten, mit der Eisenbahn nach Moskau zu
fahren: Eine Linie führte von Tjumen direkt durch Jekaterinburg und
dann nach Moskau; die andere, südlichere Route führte auf einem
riesigen Umweg über Omsk im Südosten zur sowjetischen Hauptstadt und berührte Jekaterinburg nicht. Die Entfernung zwischen Tjumen und Jekaterinburg betrug etwa 300 Kilometer; eine Reise über
Omsk bedeutete mehrere zusätzliche Reisetage. Jakowlew fürchtete
um die Sicherheit seiner Gefangenen, wenn er sie auf dem direkten
Weg über Jekaterinburg beförderte. In einem Versuch, die Jekaterinburger Linie zu vermeiden, bat er Moskau um die Erlaubnis, die
Gefangenen über Omsk fortbringen zu dürfen; Swerdlow war damit
einverstanden. Infolgedessen wies Jakowlew den Stationsvorsteher
an, den Zug nach Westen zu schicken, in Richtung Jekaterinburg; am
nächsten Bahnhof wollte er die Lokomotive umrangieren und zurückfahren, durch Tjumen hindurch in Richtung Omsk, und von dort die
südliche Route über Tscheljabinsk nach Moskau nehmen. In den
frühen Morgenstunden des 28. April dampfte der Zug mit den kaiserlichen Gefangenen in Richtung Jekaterinburg aus Tjumen hinaus,
änderte dann plötzlich die Richtung und fuhr auf denselben Gleisen
zurück in Richtung Omsk.

Jekaterinburg hatte Jakowlews Bewegungen durch eine Reihe von
Spitzeln, die entlang der Route postiert waren, nervös verfolgt, seit er
Tobolsk verlassen hatte. Als der Zug nicht wie erwartet auftauchte,
war Jekaterinburg sofort mißtrauisch. Durch telegrafische Übermittlung erfuhr man, daß der Zug umgekehrt war. Das Präsidium des
Ural-Gebietssowjets hieß Jakowlew einen »Verräter an der Revolution« und telegrafierte, da man annahm, daß Jakowlew die Romanows aus dem Land befördern wollte, an den Sowjet von Omsk, er

solle den Zug anhalten und die Gefangenen nach Jekaterinburg schicken.[30]

Für Jakowlew war es ein Rennen gegen die Uhr. Der Sowjet von Omsk schickte hastig eine Abteilung Soldaten nach Kulomsino, wo die Bahnlinie an die Südverbindung nach Tscheljabinsk anschloß. Irgendwie erfuhr Jakowlew von diesem Plan; er kuppelte die Lokomotive vom Zug ab, ließ die Waggons mit den Romanows am Bahnhof von Ljubinskaja stehen und fuhr selbst nach Omsk weiter, um sich wegen neuer Anweisungen direkt mit Moskau in Verbindung zu setzen.

Wir haben nur Bykows Aussage darüber, was sich nun zutrug. In seinem Buch berichtet er, daß Swerdlow vorgeschlagen habe, die Gefangenen direkt nach Jekaterinburg zu bringen und sie dem Ural-Sowjet zu unterstellen. Das erscheint unwahrscheinlich. Jakowlew handelte nur auf direkten Befehl aus Moskau, und es gibt keinen Anlaß zu glauben, daß Swerdlow oder Lenin wegen der Forderungen von Jekaterinburg plötzlich ihre Meinung geändert hätten. Es wurde argumentiert, daß Swerdlow seinen Plan, die Romanows nach Moskau zu bringen, einfach aufgegeben hätte, und statt dessen die Erlaubnis erteilt hätte, sie den Ural-Bolschewiken zu überstellen, um es nicht zu einer Konfrontation zwischen seinem Abgesandten und der stärkeren Abordnung aus Jekaterinburg kommen zu lassen. Auch das ist unbefriedigend. Warum sollte Moskau plötzlich seine Pläne fallenlassen und sich örtlichem Druck beugen? Goloschtschokin, Swerdlows Freund in Jekaterinburg, würde es kaum wagen, das zentrale Exekutivkomitee mit einer solchen Aktion vor den Kopf zu stoßen. Richard Pipes spekuliert, daß Swerdlow in Wirklichkeit Jakowlew angewiesen hat, weiter wie geplant nach Moskau zu fahren, jedoch über Jekaterinburg, um Vermutungen, er wolle versuchen, die Romanows hinauszuschmuggeln, zu entkräften. Jedenfalls erhielt Jakowlew seine Befehle: Umkehren und nach Jekaterinburg fahren. »Der Omsker Sowjet ließ uns Omsk nicht passieren und fürchtete, man wolle uns nach Japan bringen«, notierte Alexandra in ihrem Tagebuch.[31]

Jakowlews Zug kam am Morgen des 30. April 1918 in Jekaterinburg, der Hauptstadt des Ural, an. Der Zug fuhr in den Hauptbahnhof ein, auf dem eine große feindselige Menschenmenge wartete und verlangte, daß man ihr die Romanows zeigte.[32] Die Strecke nach Moskau war blockiert. Jakowlew verließ den Zug und eilte zum örtlichen Telegrafenbüro. Aber Moskau weigerte sich, Befehl zur Durchführung des bisherigen Plans zu geben. Es bestand durchaus die Möglichkeit, daß der Zug überfallen und die Gefangenen verletzt oder getötet würden, wenn Jakowlew weiterzufahren versuchte. Jekaterinburg hatte gewonnen: Kurz vor Mittag fuhr der Zug in den Güterbahnhof Jekaterinburg II ein, wo keine Demonstranten warteten. »Jakowlew mußte uns an den Ural-Sowjet ausliefern«, konstatierte die Zarin verbittert in ihrem Tagebuch.[33] Und den Zaren hörte man sagen: »Ich möchte überall hin, nur nicht nach dem Ural.«[34] Der Vorsitzende des Ural-Sowjets, Alexander Beloborodow, stieg in den Zug und händigte Jakowlew eine formelle Empfangsbescheinigung aus:

1. Der ehemalige Zar, Nikolaus Alexandrowitsch Romanow
2. Die ehemalige Zarin, Alexandra Fjodorowna Romanowa
3. Die ehemalige Großfürstin Maria Nikolajewna Romanowa

Alle werden unter Bewachung in der Stadt Jekaterinburg gefangengehalten.[35]

Nikolaus stieg als erster aus, ihm folgte Alexandra, die sich schwer auf einen Stock stützte, aber ihr Handgepäck selbst trug. Als Maria und die Diener herausgeklettert waren, bestieg die kleine Gruppe mehrere wartende Autos und verließ den Bahnhof. Fürst Dolgorukij konnte die kaiserliche Familie nicht weiter begleiten; die Bolschewiken brachten ihn ins Stadtgefängnis und ermordeten ihn später.

Die Gruppe fuhr durch Nebenstraßen zu ihrem Ziel, einer Villa, die einem Kaufmann namens Ipatjew gehört hatte. An der Tür wartete bereits triumphierend Goloschtschokin, der den Zaren mit den Worten begrüßte: »Bürger Romanow, Sie dürfen eintreten.«[36]

Bevor sie Tobolsk verließ, hatte Alexandra in ihrem letzten Brief an Anna Wyrubowa über ihre Erwartungen an die Zukunft geschrieben: »Die Atmosphäre ist wie mit Elektrizität geladen, und ich spüre ein nahendes Gewitter; Gott aber ist gnädig und wird uns vor allem Bösen bewahren ... Obgleich sich das Gewitter nähert, bin ich innerlich vollkommen ruhig – Gottes Wille geschehe!« ...[37]

44

Das »Haus zur besonderen Verwendung«

Am Osthang des mittleren Uralgebirges lag die Hauptstadt des Ural, Jekaterinburg, auf einer Reihe von Hügeln hingestreckt und umgeben von Kiefern- und Birkenwäldern. Tobolsk war provinziell gewesen. Jekaterinburg dagegen war ein florierendes Industriezentrum mit gut fünfundsiebzigtausend Einwohnern. Viele waren Arbeiter, entweder in den städtischen Fabriken oder in den Bergwerken und Hüttenwerken am Rande der Stadt. Es war ein wichtiges Zentrum bolschewistischer Macht. Andererseits waren die langen, staubigen und zum Teil ungepflasterten Straßen normalerweise von Offizieren bevölkert, die der örtlichen Akademie des Generalstabs angehörten.

In den Bergen um die Stadt wurde Eisen, Kupfer, Gold, Marmor und Malachit abgebaut. Als man diese Bodenschätze entdeckt und zu nutzen begonnen hatte, war Geld in die Stadt geflossen. Einige reiche Kaufleute hatten frühzeitig für Verbesserungen in ihrer Stadt gesorgt: es waren elegante, großzügige Lindenalleen entstanden; eine große städtische Parkanlage säumte den See, der zwischen den Ausläufern des Gebirges lag, und zwei Grandhotels standen am breiten Wosnessenskij-Prospekt, der Jekaterinburg durchschnitt.

Oben am Wosnessenskij-Prospekt stand auch das Haus von Nikolaj Ipatjew. Am 27. April suchte eine Delegation des Ural-Sowjets Ipatjew auf und gab ihm vierundzwanzig Stunden, seinen Haushalt zusammenzupacken und zu verschwinden. Als Ipatjew protestierte, wurde ihm mitgeteilt, daß der Sowjet die Räumlichkeiten aus »Staatsgründen« benötige. Ipatjew tat wie verlangt; er und seine Familie verbrachten den ganzen Tag damit, ihre Sachen einzupacken: Teppiche, Vorhänge, Wäsche, Gemälde, Silber und Küchengeräte wurden in einem niedrigen Schuppen auf der Rückseite des Anwesens untergebracht. Am 28. April nahmen die Bolschewiken die Villa in Besitz. Sie strichen alle Fenster im Erdgeschoß weiß an, damit niemand hinein- noch hinaussehen konnte, und errichteten einen hohen Bretterzaun um das Grundstück. Der Ural-Sowjet benannte die Villa um in »Haus zur besonderen Verwendung«.

Ipatjew hatte keine Ahnung, warum der Sowjet sein Haus benötigte. Am Nachmittag des 30. April fuhren mehrere Autos vor dem Haupteingang vor, und eine Gruppe von Menschen wurde eilig hineingebracht. Erst eine Woche später brachte die Zeitung *Der Uralarbeiter* die offizielle Meldung: »Der Entscheidung des Sowjetkommissars des Volkes entsprechend sind der Ex-Zar Nikolaus Romanow und seine Familie in einem schwerbewachten hiesigen Gebäude untergebracht worden, nachdem sie von Tobolsk nach Jekaterinburg verlegt wurden.«[1] Bald versammelten sich neugierige Menschen auf der Straße und starrten auf das Haus, in dem ihr ehemaliger Zar und seine Familie gefangengehalten wurden.

Das Ipatjew-Haus stand an einem Hang. Die Vorderseite blickte auf den Wosnessenskij-Prospekt und auf den Wosnessenskij-Platz – den Himmelfahrtsplatz, an dem die große weißgetünchte Himmelfahrts-Kathedrale stand. Es war ein hübsches Haus im Stil des Spätempire, mit Stuckornamenten, schmiedeeisernen Geländern und rundbogigen Dachgeschoßfenstern. Gleich neben dem Haupteingang am Wosnessenskij-Prospekt gab es einen Torbogen zum Hof. Ein zweiter Eingang befand sich an der Seite des Hauses zur Wosnessenskij-Gasse, einer Sackgasse, die sich zum Stadtpark hinunterzog. Auf der Rückseite war das Haus in beiden Stockwerken mit einem Balkon ausgestattet, mit Blick auf den kleinen Garten.

Die kaiserliche Familie war auf das Obergeschoß des Gebäudes beschränkt. Dort konnte sie mehrere Räume nutzen. Vom Haupteingang stieg eine große geschnitzte Holztreppe in den ersten Stock. Zwei Türen führten in die Wohnräume. Den ersten Raum hatte der Kommandant in Besitz genommen. Am Ende des Flures befand sich ein großer Doppelsalon; er war durch einen Türbogen unterteilt, mit schweren Möbeln und einem Klavier ausgestattet und mit Zimmerpalmen und Blumentapeten geschmückt. Eine weitere Tür führte in das Speisezimmer. Es gab in diesem Geschoß drei Schlafzimmer, die der kaiserlichen Familie und ihrem Gefolge zugewiesen wurden. Alexandra und Nikolaus bezogen das größte, ein Eckzimmer, das auf den Wosnessenskij-Prospekt sowie die Wosnessenskij-Gasse hinausging. Die Tapeten an den Wänden waren leuchtend gelb. Hier wurden zwei Betten aufgestellt, eines für Zar und Zarin und eines für den Zarewitsch. Daneben befand sich ein großer Raum, dessen eines Bogenfenster auf die Gasse ging. In diesem Raum mit einem großen Pfeilerspiegel, Ofen und mundgeblasenem Glaskronleuchter sollten die vier Großfürstinnen schlafen. Anna Demidowa bekam das letzte Zimmer an der Rückseite des Hauses. Als sie ankamen, fehlte in dem Haus jegliche Dekoration; bald trafen jedoch die Kisten mit Wäsche, Teppichen und Fotos ein, die die kaiserliche Familie mit nach Tobolsk genommen hatte, und die Zarin verbrachte mehrere Tage damit, ihr neues Gefängnis auszustatten. Auf den Fensterrahmen in ihrem letzten Schlafzimmer zeichnete Alexandra ein Kreuz und schrieb das Datum dazu: 17./30. April 1918.

Es gab zehn Wachtposten im Ipatjew-Haus. Ein Mann war im Eingangsflur des Hauptgeschosses postiert, ein zweiter im hinteren Flur, der zum Bad und zur Toilette führte, der dritte direkt vor dem Haupteingang auf dem Wosnessenskij-Prospekt, der vierte außerhalb des Zauns in der Nähe der Einfahrt zum Hof, der fünfte in einem Wachhäuschen mit Blick über den Wosnessenskij-Prospekt, der sechste Ecke Wosnessenskij-Prospekt und -Gasse, der siebte zwischen der Hauswand und dem Zaun auf der Seite der Wosnessenskij-Gasse, der achte hinter dem Anwesen im Garten, der neunte auf dem rückwärtigen Balkon unten und der zehnte im Flur des Untergeschosses. Zwei Maschinengewehre waren auf dem Balkon und in einem der Mansardenfenster in Stellung gebracht worden. Das Ipatjew-Haus war eine uneinnehmbare Festung, aus der die kaiserliche Familie nicht entkommen konnte.

Die Romanows kamen am 30. April im Ipatjew-Haus an. Beim Eintreffen wurde ihnen befohlen, ihr ganzes Gepäck zu öffnen. Alexandra protestierte. Der Zar versuchte, ihr zu Hilfe zu kommen und sagte: »Bis jetzt sind wir höflich behandelt worden, von anständigen

Männern...« Er wurde schnell unterbrochen. Die Wachen belehrten ihn, daß er nicht mehr in Zarskoje Selo sei und daß bei einer Weigerung, ihren Forderungen zu entsprechen, er vom Rest seiner Familie getrennt werden würde; ein zweiter Verstoß werde mit Zwangsarbeit bestraft. Alexandra, die um die Sicherheit ihres Mannes fürchtete, gab schnell nach und gestattete die Durchsuchung.[2]

Nach einer Woche in Jekaterinburg durfte Alexandra an ihre vier anderen Kinder schreiben, die noch in Tobolsk waren. In dem Brief, der von ihrem Mädchen Anna Demidowa geschrieben, aber von der Zarin diktiert wurde, drängte sie die Mädchen, »wie verabredet, die Medikamente zu beseitigen«.[3] Bevor sie Tobolsk verlassen hatten, hatte die Zarin ihre Töchter informiert, daß sie, wenn sie diese Nachricht erhielten, anfangen sollten, die Juwelen zu verstecken, die die kaiserliche Familie mit ins Exil genommen hatte. Mehrere Tage arbeiteten die drei zurückgebliebenen Großfürstinnen daran, Diamanten, Rubine, Smaragde und Perlen in Korsetts und Mieder einzunähen.

Die Kinder trafen am 23. Mai bei ihren Eltern in Jekaterinburg ein. Nach einer aufregenden Reise in Begleitung bolschewistischer Funktionäre erreichten die Großfürstinnen und der Zarewitsch die Stadt während eines Unwetters. Der Sowjet von Jekaterinburg hatte mehrere Droschken geschickt, um sie abzuholen. Der Matrose des Zarewitsch, Klementij Nagornij, trug den kranken Thronfolger auf dem Arm; die drei mit Koffern beladenen Mädchen folgten. Pierre Gilliard, der ihnen von einem Fenster des Zuges nachsah, bemerkte, daß Tatjana immer tiefer im Schlamm einsank und darum kämpfte, weder ihren Koffer noch ihren kleinen Hund Jimmy zu verlieren. Als Nagornij versuchte, ihr zu Hilfe zu kommen, stießen ihn die Soldaten grob zur Seite. »Nach einigen Minuten entschwanden die Wagen meinen Blicken«, erinnerte sich Gilliard. »...Ich ahnte es nicht, daß ich die mir so teuer und lieb Gewordenen zum letztenmal gesehen hatte.«[4]

Der Sowjet teilte die Begleitung in drei Gruppen. Die erste, bestehend aus dem Adjutanten General Tatischtschew, der Hofdame Gräfin Hendrikow, dem Kammerdiener der Zarin, Alexej Wolkow, und Mademoiselle Schneider, wurde ins Gefängnis gebracht, wo die meisten später erschossen wurden. Die zweite Gruppe – Baronin Buxhoeveden, Dr. Derewenko, Gilliard und Gibbes – wurde freigelassen. Der Koch, Iwan Charitonow, und der vierzehnjährige Küchenjunge

Leonid Sedinew wurden ins Ipatjew-Haus geschickt, um bei den Gefangenen zu bleiben.

Die Ankunft ihrer Kinder war eine große Erleichterung für die besorgten Eltern. Die Unterkunft war überfüllt. Nikolaus, Alexandra, ihre Kinder und das Mädchen Demidowa hatten die Schlafräume bezogen. Der Rest der Dienerschaft schlief auf Sofas im Salon oder auf den Fluren. Der Sowjet genehmigte der kaiserlichen Familie schließlich acht Angestellte: Dr. Jewgenij Botkin, Anna Demidowa, Alexej Trupp; Iwan Charitonow, den Diener Iwan Sedinew und seinen Neffen Leonid, den Matrosen Nagornij und den Kammerdiener Tschemodurew. Insgesamt fünfzehn Menschen teilten sich sechs Räume des oberen Stockwerks. In den ersten Wochen gab es kein fließendes Wasser, und im Haus fehlte jegliche Lüftungsmöglichkeit. Die Fenster waren verschlossen und weiß getüncht und so versperrt, daß sie trotz der glühenden Hitze des Jekaterinburger Sommers nicht geöffnet werden konnten.

Fünfundsiebzig Mann taten Wachdienst am Ipatjew-Haus, fast alles Russen. Sie waren in zwei Kategorien unterteilt – innere und äußere Wachen. Die kleinere innere Abteilung lebte im Untergeschoß des Ipatjew-Hauses, während die äußere Wache im Popow-Haus auf der anderen Seite der Wosnessenskij-Gasse einquartiert war. Viele dieser Männer waren Fabrikarbeiter aus der ansässigen Slokasowskij-Fabrik und der Werch-Issezk-Fabrik. Der Kommandant des Ipatjew-Hauses, Alexej Awdejew, war fünfunddreißig Jahre alt, groß und trug einen dünnen Schnurrbart. Freunde beschrieben ihn als »einen echten Bolschewiken«.[5] Es gibt widersprüchliche Hinweise auf Awdejews Verhalten gegenüber der kaiserlichen Familie. Einige Berichte sprechen von respektvoller Behandlung und zitieren die Tatsache, daß er Nikolaus als »den Kaiser« bezeichnete. Doch die Mehrheit der Zeugen erinnern sich seiner als eines groben, brutalen Menschen und schweren Trinkers. Wenn die Bitte um einen Gefallen für die Romanows Awdejew erreichte, gab er immer dieselbe Antwort: »Zur Hölle mit ihnen!«[6] Die Wachen im Haus hörten oft, daß er den Zaren als »Nikolaus der Blutige« und Alexandra als »die deutsche Hure« bezeichnete.[7]

Der Alltag der Gefangenschaft machte sich im Ipatjew-Haus immer unangenehmer bemerkbar. Jekaterinburg war eine andere Welt. Der

Verfall der Sitten und des Respekts und der Entzug einfacher äußerer Annehmlichkeiten, die in Tobolsk noch gewährt worden waren, kamen nun voll zur Geltung. Die Wachen betraten zu jeder Tages- und Nachtzeit die Räume der Familie, und es war ihr verboten worden, die Zimmer abzuschließen. Sie mußten sich die schmutzigen Witze und die Schmähungen der Bolschewisten anhören, und abends wurden die Großfürstinnen aufgefordert, ihnen auf dem Klavier im Salon etwas vorzuspielen. Ihre Musikwünsche reichten von »Du bist als Opfer im Kampf gefallen« und »Vergeßt das alte Regime« bis zu »Frohen Mutes im Gleichschritt, Genossen« und »Du brauchst keinen goldenen Götzen«.[8]

Ein Gang zur Toilette war eine Qual. Die Gefangenen mußten ihren Bereich verlassen und durch den Flur gehen, der mit dem Wachraum darunter verbunden war, dann durch die Küche und über einen zweiten Flur, bevor sie das WC erreichten. Auf dem hinteren Flur lungerten immer Soldaten herum und warteten darauf, daß jemand vorbeikam. Sie hatten obszöne Sprüche an die Wände gekritzelt, wo die Familie nicht umhin konnte, sie zu sehen. Wenn die Mädchen zur Toilette gingen, begleiteten die Soldaten sie und behaupteten, sie müßten aufpassen, daß sie keinen Fluchtversuch unternahmen. Eine Wache postierte sich direkt vor der Tür. Das Linoleum im Inneren war gewellt und spröde, die Rohre lagen offen. In einem verzweifelten Versuch, einen Grad an Würde aufrechtzuerhalten, hatte jemand, wahrscheinlich Alexandra, ein Schild gemalt und über die Tür gehängt: »Bitte hinterlassen Sie die Toilette genauso sauber, wie Sie sie vorgefunden haben.«[9] Gegenüber hatte jemand pornographische Zeichnungen von der Zarin und Rasputin an die Wand geschmiert. Wenn eines der jungen Mädchen zur Toilette ging, sagte der wachestehende Soldat, sie solle sich die »Kunst« drinnen nur genau ansehen. Es überrascht nicht, daß in dieser brisanten Atmosphäre voller sexueller Anspielungen die Zarin darauf bestand, daß ihre Töchter alle Korsetts trugen.

Für die Romanows war das Leben im Ipatjew-Haus ein Alptraum von Unsicherheit und Angst. Die kaiserliche Familie wußte nie, ob sie am nächsten Tag noch hier sein oder ob sie vielleicht getrennt oder getötet würden. Fast alles war ihnen verboten. Am Nachmittag durften sie sich eine Stunde lang unter den wachsamen Augen der

Wachen im Garten hinter dem Haus Bewegung verschaffen. Alexej konnte immer noch nicht wieder gehen, und Nagornij mußte ihn tragen. Alexandra nahm selten an diesen täglichen Aktivitäten der Familie teil. Sie verbrachte statt dessen die meiste Zeit im Rollstuhl sitzend und las in der Bibel oder in den Schriften des heiligen Serafim. Abends spielten die Romanows Karten oder lasen: sie erhielten wenig Post von außerhalb, und die Zeitungen, die sie lesen durften, waren längst veraltet.

Die Mahlzeiten im Ipatjew-Haus wurden aus der Speisehalle des örtlichen Sowjets angeliefert. Das Frühstück bestand gewöhnlich aus Schwarzbrot und schwachem Tee. Ihre Hauptmahlzeit aßen die Gefangenen um zwei Uhr mittags. Iwan Charitonow wärmte das Fleisch und die Suppe, die jeden Tag aus der öffentlichen Küche geschickt wurden, sorgfältig auf. Das Abendessen sah meist wie das Mittagessen aus. An manchen Tagen kam das Essen überhaupt nicht an, und die kaiserliche Familie mußte sich mit Brot und Tee begnügen. Awdejew ordnete an, daß die kaiserliche Familie und ihre Bediensteten zusammen äßen, ein Bruch der Etikette, der beiden Seiten sehr peinlich war. Sie aßen an einem Tisch ohne Tischtuch und ohne Besteck; später, nach vielem Bitten, wurden ihnen fünf Gabeln gegeben, die sich die fünfzehn Menschen am Tisch teilen mußten. Awdejew brachte oft Freunde mit, um zuzusehen, wie die Romanows aßen, und beleidigte die Gefangenen absichtlich, um damit seinen bolschewistischen Kollegen zu imponieren. Einmal langte Awdejew am Zaren vorbei, um sich etwas zu essen zu nehmen, und stieß dabei seinen Ellenbogen Nikolaus ins Gesicht.[10] Bei einer anderen Gelegenheit grabschte er etwas aus Nikolaus' Hand und sagte: »Genug für dich! Ich werde selbst auch etwas nehmen.«[11]

Gelegentlich gab es Besuch von draußen. Awdejew erlaubte manchmal Dr. Derewenko, der in Jekaterinburg geblieben war, zu kommen und nach dem Zarewitsch zu sehen. Ab und zu kam ein Frisör, um dem Zaren und seinem Sohn die Haare zu schneiden. Und zu mindestens drei Gelegenheiten kamen ortsansässige Priester, um Gottesdienste abzuhalten. Ende Juni, als die Nachricht von der dürftigen Ernährung der kaiserlichen Familie an die Öffentlichkeit drang, erhielten die Nonnen vom Nowotichwinskij-Kloster die Erlaubnis, Eier, Milch, Butter, Fleisch, Käse und Gebäck für die Romanows zu bringen, doch es ist nicht bekannt, wieviel davon an Awdejew und seinen Soldaten vorbeigelangte.

Die Sicherheitsmaßnahmen, die zunächst sehr straff eingehalten worden waren, wurden gelockert. Das Hab und Gut der Romanows war überwiegend in dem niedrigen Schuppen hinter dem Haus verstaut worden. Die Wachen stöberten diese Sachen ganz ungeniert durch und suchten sich heraus, was sie gebrauchen konnten. Die kaiserliche Familie konnte nichts dagegen tun. Endlich erhielt sie die Erlaubnis, einige ihrer Fenster zu öffnen, doch das führte beinahe zu einer Katastrophe. Als eines Tages Anastasia ihren Kopf aus dem Fenster steckte, um sich umzusehen, feuerte der Wachposten mit seinem Gewehr auf sie. Die Kugel verfehlte sie nur knapp und krachte in den Fensterrahmen.[12] Der Matrose Nagornij und der Diener Sedinow protestieren gegen den Diebstahl und die schlechte Behandlung der Gefangenen; das Ergebnis war, daß sie am 24. Mai aus dem Ipatjew-Haus geholt und im örtlichen Gefängnis eingesperrt wurden. Vier Tage später ließ die Tscheka beide erschießen.

Allmählich änderte sich jedoch die Einstellung der Wachen gegenüber ihren Gefangenen. Sie sahen nicht eine Horde blutrünstiger Tyrannen vor sich, sondern eine einfache Familie, deren Mitglieder einander zugetan waren und sich fürchteten. Einer dieser Soldaten, Anatolij Jakimow, erinnerte sich:

»Obwohl ich nicht mit ihnen sprach, wenn ich sie traf, bekam ich doch einen Eindruck von ihnen, der sich mir tief einprägte. Der Zar ist nicht mehr jung; er hatte graue Haare in seinem Bart … Seine Augen waren freundlich, und überhaupt hatte er ein freundliches Wesen. Ich bekam den Eindruck, daß er ein liebenswürdiger, bescheidener, offener und gesprächiger Mensch war. Manchmal hatte ich das Gefühl, er würde mich gleich ansprechen. Er sah aus, als würde er gerne mit jedem von uns reden.

Die Zarin war ihm nicht ein bißchen ähnlich. Ihr Blick war streng. Sie hatte das Auftreten und das Benehmen einer hochmütigen und ernsten Frau. Manchmal sprachen wir unter uns über sie, und wir alle waren der Meinung, daß Nikolaus Alexandrowitsch ein bescheidener Mann sei, daß sie aber ganz anders war und genau wie eine Zarin aussah. Sie wirkte älter als der Zar. An ihren Schläfen zeigten sich graue Haare, und ihr Gesicht war nicht das einer jungen Frau …

Nachdem ich sie einige Male persönlich gesehen hatte, bekam ich ganz andere Gefühle ihnen gegenüber. Ich begann sie zu bemitleiden und bedauerte sie als menschliche Wesen … Ich hatte so eine Vorstellung im Kopf, ich sollte sie entkommen lassen, oder etwas tun, das es ihnen ermöglicht hätte zu fliehen.«[13]

An einem Sonntag im Juni kam der Priester Storoschew in das Ipatjew-Haus, um die Messe zu lesen. Als er den Salon betrat, fand er die kaiserliche Familie bereits wartend vor. Alexej lag blaß und dünn auf einer Liege an der Wand. Alexandra saß in seiner Nähe auf einem Stuhl und trug ein locker fließendes dunkelblaues Kleid. Storoschew bemerkte, daß die Zarin keinen Schmuck trug. Ihm fiel ihre Haltung auf, die er als »würdevoll« beschrieb. Aber sie schien krank zu sein, erinnerte er sich, und sah aus, als könne sie ihre Emotionen während des Gottesdienstes kaum beherrschen.[14]

Der Gedanke an eine Flucht aus dem Ipatjew-Haus schien viele Monarchisten in Jekaterinburg zu beschäftigen. Der britische Konsul der Stadt, Thomas Preston, erinnerte sich später: »Bei 10 000 Rotgardisten in der Stadt und roten Spionen hinter jeder Ecke und in jedem Haus wäre ein solcher Versuch verrückt gewesen und höchst gefährlich für die kaiserliche Familie selbst … Es hat in Jekaterinburg niemals einen organisierten Versuch in diese Richtung gegeben.«[15]

Viele Jahre lang wurde das durch die offizielle sowjetische Version von Peter Bykow bestritten. »(Es) begannen seit den ersten Tagen der Überführung der Romanows nach Jekaterinburg viele Monarchisten hierher zusammenzuströmen«, schrieb er, »von geistesschwachen Damen, Gräfinnen und Baronessen aller Schattierungen bis zu Nonnen, Geistlichen und den Vertretern der fremden Mächte.«[16] Briefe, die die kaiserliche Familie über Fluchtvorbereitungen informierten, sollten von Dr. Derewenko und den Nonnen des Nowotichwinskij-Klosters eingeschmuggelt worden sein.

Mit Sicherheit haben vier Briefe die kaiserliche Familie erreicht. Der erste, der wahrscheinlich Anfang Juni eintraf, lautete:

»Die Freunde schlafen nicht und hoffen, daß die so lange erwartete Stunde gekommen ist. Die Revolte der Tschechoslowaken bedroht die Bolschewiken immer ernstlicher. Samara, Tscheljabinsk und ganz Sibirien, Ost und West, sind unter der Kontrolle der Nationalen Provinzregierung. Die Armee der slawischen Freunde steht achtzig Kilometer vor Jekaterinburg. Die Soldaten der Roten Armee leisten keinen wirksamen Widerstand.

Achten Sie aufmerksam auf jede Bewegung draußen, warten und hoffen Sie. Aber seien Sie gleichzeitig vorsichtig, ich flehe Sie an, die Bolschewiken sind für Sie eine reale und ernste Gefahr, solange sie nicht besiegt sind. Seien Sie jederzeit bereit, Tag und Nacht. Fertigen Sie eine Zeichnung Ihrer beiden Räume an, zeigen Sie, wo Möbel und Betten stehen. Beschreiben Sie genau, wann Sie alle schlafen gehen. Einer von Ihnen sollte in den kommenden Nächten zwischen zwei und drei Uhr nicht schlafen. Antworten Sie in wenigen Worten, aber geben Sie bitte alle nützlichen Informationen an Ihre Freunde draußen weiter. Geben Sie Ihre schriftliche Antwort dem gleichen Soldaten, der Ihnen diese Nachricht überbringt, aber sprechen Sie nicht ein einziges Wort.

Ein Offizier der russischen Armee,
der für Sie zu sterben bereit ist.«[17]

Es folgt die wahrscheinlich vom Zaren geschriebene Antwort: »Von der Ecke des Balkons aus gesehen gehen fünf Fenster auf die Gasse hinaus, zwei auf den Platz. Alle diese Fenster sind verschlossen, versiegelt und zugemalt. Der Kleine [der Zarewitsch] liegt immer noch krank im Bett und kann gar nicht gehen. Jede Bewegung verursacht ihm Schmerzen ... Es ist wichtig, nichts zu riskieren, wenn man sich des Erfolges nicht absolut sicher ist. Wir sind beinahe ständig unter aufmerksamer Beobachtung.«[18]

Es ist zu vermuten, daß zu diesem Brief auch ein Lageplan vom Ipatjew-Haus gehörte; er befindet sich unter den Papieren von Charles Gibbes. Dieser Plan, der sowohl in Summers und Mangold: *The File on the Tsar*, als auch in Trewin: *The House of Special Purpose*, abgebildet ist, wurde fälschlich als der Gouverneursvilla in Tobolsk zugehörend identifiziert. Doch ein Vergleich der Skizze mit den Lageplänen des Ipatjew-Hauses, die in Sokolows Buch abgebildet sind, zeigt, daß die beiden Grundrisse identisch sind.

Der zweite Brief, der das Ipatjew-Haus erreichte, sprach wieder ausführlich von einem Rettungsversuch:

»Mit Gottes Hilfe und Ihrer Kaltblütigkeit hoffen wir unser Ziel zu erreichen, ohne ein Risiko einzugehen. Es ist unbedingt notwendig, daß eines Ihrer Fenster entriegelt wird, damit Sie es zu gegebener Zeit öffnen können. Bitte bezeichnen Sie das Fenster genau.

Daß der kleine Zarewitsch nicht laufen kann, kompliziert die Sache, aber wir haben das bedacht und ich glaube, daß es nicht allzu hinderlich sein wird. Bitte schreiben Sie, ob zwei Personen nötig sind, ihn zu tragen, oder ob jemand von Ihnen diese Aufgabe übernehmen kann. Ist es möglich, den Kleinen für ein oder zwei Stunden mit einem Narkotikum einzuschläfern, falls Sie im voraus die genaue Uhrzeit erfahren?

Das muß der Arzt entscheiden, aber falls es notwendig sein sollte, könnten wir das eine oder andere Mittel für diesen Zweck liefern.

Seien Sie unbesorgt. Wir unternehmen nichts, wenn wir uns des Erfolges nicht absolut sicher sind.

Vor Gott, vor der Geschichte und vor unserem Gewissen versprechen wir Ihnen das hoch und heilig.

Ein Offizier.«[19]

Hierauf erwiderte die Zarin:

»Das zweite Fenster von der Ecke, das auf den Platz hinausgeht, steht schon zwei Tage offen, und sogar des Nachts. Die Fenster 7 und 8 neben dem Haupteingang – sie sind ebenfalls dem Platz zugekehrt – sind auch immer offen. Das Zimmer ist vom Kommandanten und seinen Leuten besetzt, die jetzt den Innendienst versehen. Es sind 13 Menschen, mit Gewehren, Revolvern und Handgranaten. Keine Tür außer der unseren hat einen Schlüssel. Der Kommandant und seine Gehilfen treten in unsere Zimmer, so oft sie wollen. Nachts macht die Wache zweimal stündlich einen Rundgang um das Haus … Auf dem Balkon steht ein Maschinengewehr und über dem Balkon ein zweites, für den Alarmfall. Unseren Fenstern gegenüber, an der anderen Straßenseite, wohnt eine Wache in einem kleinen Haus …

Vergessen Sie nicht, daß wir den Arzt, ein Zimmermädchen, zwei Männer und einen Küchenburschen bei uns haben. Selbst wenn sie uns nicht zur Last fallen wollen, es wäre unehrenhaft sie zurückzulassen, nachdem sie uns freiwillig ins Exil gefolgt sind. Der Arzt liegt nach einer Nierenkolik seit zwei Tagen im Bett, ist aber auf dem Wege der Besserung. Wir warten die ganze Zeit auf die Rückkehr zweier unserer Männer, die jung und stark sind, und die seit einem Monat eingesperrt sind, ohne daß wir den Grund dafür kennen [Nagornij und Sedinew, die schon von der Tscheka ermordet worden waren]. Während ihrer Abwesenheit wird der Kleine von seinem Vater herumgetragen ...«[20]

Mitten in diesen versteckten Vorbereitungen wurden die Bolschewiken plötzlich aufmerksam. Am 13. Juni, Himmelfahrts-Donnerstag nach dem orthodoxen Kalender, war die Zarenfamilie früh auf den Beinen, da sie einen Priester erwarteten, der die Messe lesen sollte. Sie warteten vergebens. Um vier Uhr am Nachmittag, als die Romanows zu ihrem täglichen Spaziergang in den Garten gehen wollten, teilte ihnen Awdejew plötzlich mit, daß sie das an diesem Tag nicht dürften. Der Ural-Sowjet befürchtete den Angriff einer Gruppe Anarchisten und die kaiserliche Familie werde daher sofort nach Moskau überführt. Sie packten schnell ihre Sachen. Um elf Uhr nachts sagte Awdejew ihnen, daß sich die Abreise um ein paar Tage verzögern würde. Am folgenden Nachmittag kam Awdejew betrunken in ihre Zimmer und informierte die Familie, daß die Gefahr vorbei sei und die Reise nicht stattfinden würde.

Ein paar Tage später, am 21. Juni, traf eine Delegation aus Moskau ein, um die Bedingungen im Ipatjew-Haus zu prüfen. Der Oberbefehlshaber der Ural-Sibirischen Nordfront, Bersin, durchsuchte Zimmer für Zimmer, überprüfte die Fenster und fragte die Wachen aus. Er berichtete nach Moskau, daß alles in Ordnung sei. Am Tag nach seiner Abreise notierte Alexandra in ihrem Tagebuch: »Zwei der Soldaten kamen und nahmen eines der Fenster in unserem Zimmer heraus; was für eine Freude, endlich herrliche Luft und ein nicht mehr getünchtes Fenster.«[21]

Irgendwann in diesen Tagen der Anspannung erreichte ein dritter Brief das Ipatjew-Haus:

»Machen Sie sich keine Sorgen über die fünfzig Männer in dem kleinen Haus gegenüber von Ihren Fenstern: sie werden keine Gefahr darstellen, wenn es notwendig wird zu handeln.

Erzählen Sie uns Genaueres über Ihren Kommandanten, um uns den Anfang leichter zu machen. Wir können im Moment noch nicht sagen, ob es möglich sein wird, alle Ihre Leute mitzunehmen. Wir hoffen es, aber sie werden nach dem Verlassen des Hauses, mit Ausnahme des Arztes, nicht bei Ihnen sein ...

Wir hoffen stark, Ihnen noch vor Sonntag den genauen Operationsplan mitteilen zu können. Im Moment sieht er folgendermaßen aus: Auf das erwartete Signal hin schließen und verbarrikadieren Sie mit den Möbeln die Tür, die Sie von Ihren Wachen trennt, welche im Inneren des Hauses eingeschlossen und eingeschüchtert werden. Mit einem Seil, das speziell für diesen Zweck angefertigt wurde, steigen Sie durch das Fenster hinab. Unten werden Sie erwartet. Der Rest ist nicht schwierig. An Mitteln zum Fortkommen fehlt es nicht, und die Flucht (ihr Erfolg) ist gewisser denn je. Das Hauptproblem wird sein, den Kleinen herunterzubringen. Ist es möglich? Beantworten Sie die Frage nach reiflicher Überlegung. Auf jeden Fall sind es der Vater, die Mutter und der Sohn, die zuerst gehen müssen. Dann folgen die Töchter und der Arzt. Antworten Sie, ob das Ihrer Meinung nach möglich ist, und ob Sie ein passendes Seil selbst herstellen können, da es im Moment schwierig ist, Ihnen eins zukommen zu lassen.

Ein Offizier.«[22]

Zwischen dem Eingang dieses Briefes und der Antwort der Romanows wurden die Sicherheitsvorkehrungen im Ipatjew-Haus plötzlich verschärft. Am 28. Juni schrieb Alexandra in ihr Tagebuch: »In der Nacht hörten wir, wie die Wachposten angewiesen wurden, jede Bewegung an unseren Fenstern sehr sorgfältig zu beobachten – sie sind also, seit unser Fenster geöffnet ist, wieder höchst mißtrauisch geworden ...«[23] Ob es diese vorgetäuschten Sicherheitsmaßnahmen waren oder ob vielleicht ein Gefühl der Unsicherheit verantwortlich war, plötzlich weigerten sich die Romanows, mit ihren angeblichen Rettern zu kooperieren. Als Antwort auf den dritten Brief schrieb der Zar:

»Wir wollen und können nicht fliehen. Vielleicht können wir nur mit Gewalt befreit werden, denn gewaltsam wurden wir auch von Tobolsk fortgebracht. Zählen Sie deshalb nicht auf aktive Hilfe von unserer Seite. Der Kommandant hat viele Helfer. Sie wechseln häufig und sind erschöpft. Sie bewachen unser Gefängnis und unser Leben gewissenhaft und sind anständig zu uns. Wir wollen weder, daß jene unseretwegen leiden, noch daß Sie leiden. Und vor allem, vermeiden Sie um Gottes willen ein Blutvergießen. Holen Sie sich selbst Informationen über sie. Es ist ganz und gar unmöglich, ohne eine Leiter von dem Fenster herabzusteigen. Selbst wenn man herabgestiegen ist, ist man in großer Gefahr wegen des offenen Fensters im Zimmer der Kommandanten und wegen der Maschinengewehre im unteren Flur, den man vom Innenhof betritt.

Geben Sie den Gedanken, uns wegzubringen, auf. Wenn Sie über uns wachen, können Sie im Falle drohender echter Gefahr immer noch kommen und uns retten. Wir wissen überhaupt nicht, was draußen vor sich geht, da wir weder Zeitungen noch Briefe erhalten. Seit es erlaubt wurde, die Fenster zu öffnen, ist die Wache verstärkt worden, und man darf den Kopf nicht aus dem Fenster stecken, da man Gefahr läuft, eine Kugel in den Kopf zu bekommen.«[24]

Die Sicherheitsvorkehrungen waren tatsächlich verstärkt worden. Anfang Juni war ein zweiter, höherer Zaun errichtet worden, der die erste Zaunwand vollständig einschloß. Wenn der Briefeschreiber der kaiserlichen Familie absolute Sicherheit verspricht, erscheint das höchst suspekt; ein schwerbewachtes Haus, das mit Maschinengewehren ausgerüstet ist, zu stürmen, bedeutet auf jeden Fall ein großes Risiko, nicht nur für die potentiellen Retter, sondern auch für die Gefangenen.

Der kaiserlichen Familie ist der Vorschlag möglicherweise verdächtig vorgekommen: dem Ton der Antwort auf den dritten Brief nach zu urteilen, scheint es möglich, daß sie versuchten, sich aktiv von dem Rettungsversuch zu distanzieren. Sie schrieben so, als erwarteten sie, daß ihre Antwort von den Wachen gelesen würde. Trotzdem wurde den Gefangenen am 27. Juni ein vereinbartes Zeichen gegeben, denn die kaiserliche Familie blieb die ganze Nacht auf und wartete angekleidet auf Rettung. Es passierte jedoch nichts, und der Zar notierte in seinem Tagebuch, daß »das Warten und die Unsicherheit sehr enervierend waren«.[25]

Was sollen wir von den Briefen halten? Viele Jahre lang benutzten die Sowjets sie als Beweis für die Absicht der Romanows zu fliehen sowie für die Gefährdung durch äußere Einwirkung, der sie ausgesetzt gewesen wären, wenn jemand das Ipatjew-Haus hätte stürmen wollen. Der amerikanische Journalist Isaac Don Levine, der 1919 die ersten Kopien der Briefe von den Sowjets erhielt, glaubte, daß sie auf die Existenz eines sehr realen Komplotts, die Familie aus Jekaterinburg zu retten, hinwiesen. Michail Pokrowskij, der stellvertretende Kommissar für Erziehung, erzählte Levine: »Jekaterinburg war auf drei Seiten eingeschlossen, als die vier französisch geschriebenen und mit ›Offizier‹ unterzeichneten Briefe im Besitz der Romanows gefunden wurden. Diese Briefe bewiesen die Existenz einer organisierten Verschwörung zur Entführung des Zaren und seiner Familie. Der Ural-Sowjet, der damals eiligst die Stadt evakuierte, nahm sich der Angelegenheit an und beschloß, den Zaren, die Zarin und alle Kinder zu erschießen.«[26]

Die Sowjets benutzten die Entdeckung der Briefe eindeutig als Entschuldigung dafür, daß sie die ganze Familie umgebracht hatten. Doch die russische Presse hat vor kurzem berichtet, daß die Briefe in der Tscheka geschrieben worden seien, um die Romanows zu diskreditieren und Beweismaterial für ihre Fluchtabsicht zu liefern – alles in dem Bemühen, die Ermordung der Gefangenen zu rechtfertigen.[27] Die kaiserliche Familie könnte das gespürt haben – daher ihre ablehnende Antwort auf den dritten Brief, den sie erhielten.

Das Schicksal der kaiserlichen Familie wurde schnell zum Stachel im Fleisch der Bolschewiken. Die Beteiligung der Tscheka an dem Versuch, sie in Mißkredit zu bringen, zeigt, wie besorgt sie über die Situation im Ipatjew-Haus waren. Anfang Juli wurde die Zeit – sowohl für die Romanows als auch für die Bolschewiken – knapp.

45

Die letzten Tage der Romanows

Zu Beginn des Sommers 1918 war Rußland im Aufruhr. Der Bürgerkrieg zwischen der bolschewistischen Roten Armee und den monarchistischen Weißen breitete sich über das Land aus. Die Stabilität von Lenins Regime war im März, als er das Abkommen von Brest-Litowsk zur Beendigung des Kriegs mit Deutschland unterschrieben hatte, weiter geschwächt worden. Als Gegenleistung für die Einstellung der Feindseligkeiten waren die Bolschewiken gezwungen gewesen, ihrem bisherigen Feind große Gebiete abzutreten: unter anderem die Ukraine, die Krim und fast ganz Weißrußland. Das Abkommen demütigte Lenins Regierung und brachte Deutschland die Herrschaft über weite Teile Rußlands.

Gleichzeitig mit der deutschen Besetzung brach in Sibirien der Aufstand der Tschechischen Legion los. Im Frühsommer gab es in Rußland zwischen vierzig- und fünfzigtausend tschechoslowakische Kriegsgefangene. Die Rote Armee versuchte wenig erfolgreich, sie zum Dienst zu verpflichten. Die meisten Gefangenen wollten Rußland gerade verlassen, als am 14. Mai 1918 ein Konflikt zwischen tschechischen und ungarischen Soldaten in Tscheljabinsk zu Unruhen führte. Die Bolschewiken reagierten mit der Inhaftierung der Tschechen: Drei Tage später marschierte die Tschechische Legion in die Stadt ein, befreite die Gefangenen und überwältigte die dort stationierten Soldaten der Roten. Plötzlich waren die Tschechen zu einer starken Gewalt geworden, mit der man rechnen mußte. Die tschechischen Streitkräfte, ohne Sympathie für die Bolschewiken, schlugen sich auf die Seite der Weißen und begannen in Sibirien eine Offensive. Innerhalb von gut zwei Wochen hatten die tschechischen Truppen mehrere wichtige bolschewistische Zentren erobert, darunter Omsk am 7. Juni und am folgenden Tag Samara (später Kuibyschew) an der mittleren Wolga.

Die tschechische Offensive bedrohte die bolschewistische Stellung in der Uralregion. Die Bolschewiken verloren schnell die Kontrolle über die Transsibirische Eisenbahn, die Wolga und alle Zugverbindungen im Osten des Urals. Jekaterinburg war abgesehen von der telegrafischen Verbindung bald von der direkten Kommunikation mit Moskau abgeschnitten. Vor diesem Hintergrund wurde in Moskau über das Schicksal der kaiserlichen Familie entschieden.

Vor der Unterzeichnung des Abkommens von Brest-Litowsk war der Frage, was man mit den Romanows anfangen sollte, von den Bolschewisten wenig Aufmerksamkeit geschenkt worden. Lenin war zu sehr vom Überleben seines eigenen Regimes in Anspruch genommen, um sich über die ehemaligen Herrscher Gedanken zu machen. Eine der ersten Erwähnungen sowjetischer Überlegungen über das Schicksal der Romanows stammt vom Februar 1918. Bei einer Sitzung des Rates der Volkskommissare wurde der Vorschlag, dem ehemaligen Zaren öffentlich den Prozeß zu machen, diskutiert. Der Justizkommissar des Sowjet, Isaak Steinberg, hatte Einwände gegen ein solches Verfahren, und Lenin selbst scheint Zweifel an einem Schauprozeß gehabt zu haben. Trotzdem wies Lenin Steinberg an, Unterlagen zu sammeln und eine Akte anzulegen, die dazu benutzt werden sollte, den Zaren anzuklagen, wenn die Zeit für eine Verhandlung gekommen wäre.

Als Goloschtschokin im März nach Moskau reiste, um Swerdlow zu treffen, wurde die Frage, was mit der kaiserlichen Familie geschehen sollte, erneut gestellt. Während dieses Treffens in Moskau, bei dem Goloschtschokin die Überführung der Romanows von Tobolsk nach Jekaterinburg forderte, stimmte Swerdlow dieser anscheinend prinzipiell zu: die Verlegung war akzeptabel bis zu dem Zeitpunkt, an dem in Moskau eine Gerichtsverhandlung organisiert werden konnte.

Die nächste nachweisliche Erörterung des Schicksals der kaiserlichen Familie fand am 23. Mai während einer nächtlichen Sitzung des zentralen Exekutivkomitees unter dem Vorsitz von Swerdlow statt. Wieder wurde die Frage nach einem öffentlichen Prozeß aufgeworfen und anscheinend negativ entschieden. Trotzdem drängten einige – wie etwa Leo Trotzkij – weiterhin auf einen Schauprozeß. Trotzkij hoffte selbst als Ankläger des Sowjets zu fungieren. Er schrieb später:

»Während eines meiner kurzen Aufenthalte in Moskau – ich glaube, es war einige Wochen vor der Hinrichtung der Romanows – ließ ich im Politbüro unter anderem die Bemerkung fallen, daß es angesichts der schlechten Lage im Ural ratsam wäre, den Zarenprozeß zu beschleunigen. Ich schlug eine öffentliche Gerichtsverhandlung vor, die das Gesamtbild der Regierungszeit entrollen sollte (Agrar-, Arbeits-, Nationalitäten-, Kulturpolitik, die beiden Kriege usw.); der Verlauf dieser Gerichtsverhandlung sollte über den Rundfunk im ganzen Land verbreitet werden; in den einzelnen Wolosti [Bezirken] sollten die Verhandlungsberichte täglich verlesen und kommentiert werden. Lenin nahm dazu etwa in dem Sinne Stellung, daß er sagte, dies würde sicherlich sehr gut sein, wenn es bloß zu verwirklichen wäre. Aber ... es könnte der Fall eintreten, daß keine Zeit mehr zu verlieren sein würde ... Eine Diskussion ergab sich nicht, da ich, von anderen Dingen ganz in Anspruch genommen, auf dem von mir vorgebrachten Vorschlag nicht bestand. Auch waren wir im Politbüro, soweit ich mich erinnere, zu dritt oder viert: Lenin, ich, Swerdlow, ...«[1]

Doch der Plan eines öffentlichen Verfahrens fiel der politischen Lage zum Opfer. Am 19. Mai erklärte Lenin in Moskau das Kriegsrecht. Eine Reihe von Verschwörungen und Angriffen gegen die Regierung bedrohten Lenins Führungsposition. Es ist zu bezweifeln, daß die Romanows irgendeine Bedrohung für das Überleben der bolschewistischen Regierung bedeuteten. Dennoch quälte Lenin der Gedanke, daß die Gefangenen unter Umständen den Weißen in die Hände fallen konnten.

Lenin persönlich war den Romanows feindlich gesinnt. Seit 1887, als sein älterer Bruder Alexander hingerichtet worden war, weil seine Verschwörergruppe versucht hatte, Zar Alexander III. zu ermorden, scheint Lenin fest überzeugt gewesen zu sein, daß es politisch notwendig sei, die kaiserliche Familie zu vernichten, sobald sich die Gelegenheit bot. »1911 hatte Lenin geschrieben, in Rußland müsse man

›wohl mindestens hundert Romanows enthaupten…‹«, erwähnt Pipes.[2] Bei einer anderen Gelegenheit zitierte Lenin die Ansichten eines Freundes, des Bolschewiken Sergej Netschajew. Als er gefragt worden war, welche von den Romanows ermordet werden sollten, hatte Netschajew geantwortet: »Das ganze Haus Romanow.« Lenin zitierte dieses Beispiel und sagte: »Das ist so einfach wie genial.«[3]

Als Lenin sein Land in den Roten Terror stürzte, wollte er sich sicherlich jeglicher Opposition entledigen. Der Adjutant von Felix Dserschinskij, dem Chef der Tscheka, sagte später: »Wir führen keinen Krieg gegen Individuen. Wir wollen die Bourgeoisie als Klasse ausrotten. Sucht nicht Beweise dafür, daß der Angeklagte mit Wort oder Tat sich gegen die Sowjetmacht versündigt hat. Das Wesentliche ist, welcher Klasse er angehört, wie seine Abstammung und Bildung ist. Das entscheidet über sein Schicksal. Das ist die Essenz des Roten Terrors.«[4]

Der erste entscheidende Schritt in Richtung Ermordung der Romanows geschah in der Nacht des 12. Juni, als in Perm eine Gruppe von Bolschewisten den Bruder des Zaren, Großfürst Michail, entführten und töteten. Der Großfürst, der in einem Hotel unter Hausarrest gelebt hatte, war – zusammen mit seinem englischen Sekretär Nicholas Johnson – in einen einsamen Wald am Rand der Stadt verschleppt worden; dort wurden beide Männer erschossen und ihre Leichen anschließend in einer Schmelzhütte vernichtet.

Die Sowjets verkündeten, daß der Großfürst verschwunden sei, daß Angehörige der Weißen Garde ihn entführt hätten, daß Michail entkommen und daß sein Aufenthaltsort unbekannt sei – alles in der Bemühung, über die Umstände Verwirrung zu stiften und die Wahrheit über ihr Verbrechen zu verbergen. Ähnliche Täuschungsmanöver würden die Bolschewiken später, nach dem Verschwinden der kaiserlichen Familie aus Jekaterinburg, anwenden.

Zur gleichen Zeit kamen Gerüchte auf, daß der Zar ermordet worden sei. Richard Pipes schreibt dazu: »Gleichzeitig verbreiteten sich Gerüchte, Nikolaus sei von einem in das Ipatjew-Haus eingedrungenen Rotarmisten getötet worden. Diese Gerüchte könnten spontan aufgekommen sein, doch ist es viel wahrscheinlicher, daß sie absichtlich von den Bolschewiki in die Welt gesetzt wurden, um die zu erwartenden Reaktionen der russischen Öffentlichkeit und der ausländischen Regierungen auf den geplanten Mord an Nikolaus zu testen, zu dem bereits Vorbereitungen getroffen wurden.«[5] Wenn das der Fall war, muß sich das beinahe vollkommene Schweigen, mit dem man der Nachricht begegnete, als entscheidender Faktor für ihre spätere Aktion gegen die Romanows erwiesen haben. Am 3. Juli berichtete *The Times* in London: »Jedesmal, wenn der Familie Romanow solche öffentliche Aufmerksamkeit geschenkt wird, glauben die Menschen, daß etwas Ernstes im Gange sei. Die Bolschewiken werden der häufigen Überraschungen über die abgesetzte Dynastie überdrüssig, und wieder erhebt sich die Frage, ob es nicht ratsam wäre, das Schicksal der Romanows zu besiegeln, damit man sie ein für allemal los ist.«[6]

Es scheint keinen Protest auf diesen Hinweis darauf, was die Bolschewiken möglicherweise mit den Romanows vorhatten, gegeben zu haben – weder von den ehemaligen Alliierten des Zaren noch von seinen zahlreichen königlichen Verwandten in Europa.

Anfang Juli 1918 standen die tschechoslowakischen Streitkräfte nur noch wenige hundert Kilometer von Jekaterinburg entfernt. Die Stadt drohte in Chaos und Anarchie zu verfallen, und es war nur noch eine Sache von Wochen, bis die Bolschewiken gezwungen sein würden, die Uralregion zu evakuieren. Angesichts der drohenden Katastrophe beschloß Moskau jetzt, die Romanow-Frage ein für allemal zu lösen. Unheilverkündend warnte die Jekaterinburger Zeitung *Der Uralarbeiter*: »Romanow und seine Verwandten werden dem Gericht des Volkes nicht entkommen, wenn die Stunde geschlagen hat.«[7]

In der ersten Juliwoche war Goloschtschokin in Moskau zu Gast bei seinem Freund Swerdlow. Bykow berichtet, daß Goloschtschokin nach Moskau geschickt worden sei, um über die Verteidigung Jekaterinburgs und das Schicksal der kaiserlichen Familie zu sprechen. Der Ural-Sowjet wollte deren sofortige Hinrichtung; in Moskau war immer noch die Rede von einem Schauprozeß, wobei die sich schnell verschlechternde Situation im Ural dem bald ein Ende setzte.

Die Entscheidung, die kaiserliche Familie zu töten, wurde während dieser Woche in Moskau gefällt. Am 4. Juli trat der Fünfte Allrussische Sowjetkongreß im Bolschoitheater zusammen. Zu der Zeit müssen Lenin und Swerdlow eng zusammengearbeitet haben. Natürlich hat

Lenin damals auch direkten Kontakt zu Goloschtschokin gehabt, denn am 7. Juli befahl er, daß Alexander Beloborodow, der Vorsitzende des Ural-Sowjets, direkt telegrafisch mit dem Kreml verbunden werden sollte.

Es ist zu vermuten, daß die Entscheidung schon vor dem 4. Juli getroffen wurde. An diesem Tag sandte Alexander Beloborodow folgendes Telegramm nach Moskau: »An den Vorsitzenden des zentralen Exekutivkomitees Swerdlow für Goloschtschokin: Syromolotow organisiert die Dinge in Übereinstimmung mit Instruktionen aus der Zentrale. Kein Grund zur Besorgnis. Awdejew ersetzt. Sein Assistent Moschkin verhaftet. An Stelle von Awdejew Jurowskij. Innere Wache ganz ausgewechselt, durch andere ersetzt.«[8]

Dieses Telegramm informierte Moskau über Vorgänge im Ipatjew-Haus. Es scheint anzudeuten, daß Moskau Besorgnis über die Situation in dem »Haus zur besonderen Verwendung« ausgedrückt und darum gebeten hatte, die Wachen und den Kommandanten zu ersetzen. Die Verantwortung für die Gefangenen ging jetzt von dem örtlichen Sowjet von Jekaterinburg an die Tscheka über.

Wir wissen heute, daß Lenin persönlich die Hinrichtung der kaiserlichen Familie befahl. Obwohl offizielle sowjetische Berichte die Verantwortung für die Entscheidung dem Ural-Sowjet zuweisen, machte Trotzkij in seinem Tagebuch ganz deutlich, daß die Ermordung auf Anweisung Lenins stattfand. Trotzkij schrieb:

»Das nächste Mal kam ich nach Moskau, als Jekaterinburg schon gefallen war. Im Gespräch mit Swerdlow stellte ich unter anderem die Frage: ›Ja, und wo befindet sich der Zar?‹ – ›Fertig‹, sagte er, ›erschossen.‹ – ›Und wo ist die Familie?‹ – ›Auch die Familie, zusammen mit ihm.‹ – ›Alle?‹ fragte ich, vermutlich mit einem Unterton der Verwunderung. – ›Alle‹, antwortete Swerdlow, ›wundert Sie das?‹ Er wartete darauf, wie ich reagieren würde. Ich antwortete nicht. – ›Wer hat denn die Entscheidung getroffen?‹ fragte ich. – ›Wir hier. Iljitsch [Lenin] war der Meinung, daß man den Weißen kein lebendes Symbol ihres Kampfes belassen dürfe, insbesondere nicht unter den augenblicklichen schwierigen Umständen …‹«[9]

Goloschtschokin kehrte am 12. Juli nach Jekaterinburg zurück. Eine Dringlichkeitssitzung des Ural-Sowjets, auf der Goloschtschokin seine Kameraden wahrscheinlich über Moskaus Genehmigung infor-

476

mierte, die Romanows zu exekutieren, wurde noch am selben Abend abgehalten.

Am 14. Juli berichtete die Jekaterinburger Zeitung *Iswestija*: »Gestern abend hatte der Vorsitzende des Sowjet über eine Direktverbindung nach Moskau eine lange Unterredung mit dem Vorsitzenden Lenin. Die Unterhaltung betraf militärische Fragen und die Sicherheit des ehemaligen Zaren Nikolaus Romanow.«[10] An dem Abend fand eine zweite Sitzung des Ural-Sowjets statt. Bei diesem Treffen diskutierten die Mitglieder die beabsichtigte Hinrichtung des Zaren und seiner Familie. Inzwischen ging es um die Details.

Es scheint ein wenig Verwirrung im Hinblick darauf zu geben, wann die letzten Befehle aus Moskau kamen. Peter Wojkow, der örtliche Kommissar für Versorgung, erinnerte sich später: »Wir legten (unsere Pläne) dann dem Zentralkomitee der Bolschewistischen Partei und dem Sowjet der Uralregion zur Genehmigung vor. Sie wurden sofort ratifiziert. Am selben Abend telegrafierte der Sondergesandte des Kreml, Goloschtschokin, nach Moskau. Moskau billigte unsere Entscheidung und betonte, daß die ganze Familie zur gleichen Zeit wie der Zar verschwinden müsse. In Moskau, wie auch bei uns in der Uralregion, hatte man Angst vor einer Verschwörung, die nach Nikolaus' Tod den Zarewitsch, die Zarin und die Großfürstinnen retten und dann die Zarin zur Regentin machen wollte ...«[11]

Natürlich war Wojkows Geschichte dazu gedacht, Moskau im bestmöglichen Licht erscheinen zu lassen; sie schiebt die Verantwortung für die grundlegende Entscheidung zur Ermordung dem Ural-Sowjet zu. Wir wissen, daß das nicht der Wahrheit entspricht, da Goloschtschokin den Hinrichtungsbefehl Moskaus nach Jekaterinburg brachte. Die Versammlungen des Ural-Sowjets vom 12., 14. und 15. Juli wurden anscheinend nicht abgehalten, um über das Schicksal der Romanows zu entscheiden – das war bereits entschieden –, sondern um Art und Weise und den Zeitpunkt der Hinrichtung zu bestimmen.

1989 wurden die Memoiren von Jakow Jurowskij, dem letzten Kommandanten des Ipatjew-Hauses, in der Sowjetpresse veröffentlicht. Nach Jurowskijs Darstellung kam der endgültige Befehl zur Hinrichtung erst am 16. Juli 1918. Es war ein Befehl von Lenin als Antwort auf ein Telegramm aus Jekaterinburg. Um sechs Uhr abends unterzeichnete Goloschtschokin den Befehl.[12] Das Schicksal der Romanows war besiegelt.

Am 4. Juli 1918 wurde Jakow Jurowskij, Chef der Jekaterinburger Tscheka, zum Kommandanten des Ipatjew-Hauses ernannt. Über sein früheres Leben ist wenig bekannt. Er lernte bei einem Uhrmacher in Tomsk. 1905 wurde er Bolschewik. Obwohl er Parteimitglied war, konvertierte Jurowskij nach einem kurzen Aufenthalt in Berlin zum lutherischen Glauben. Bis zum Beginn des Ersten Weltkriegs besaß und leitete er ein Fotostudio. Während des Krieges diente er als Sanitäter an der Front. Nach der Revolution trat er in die Tscheka ein und war Regionalkommissar im Ural für Justiz.

Jurowskij war ein loyaler Bolschewik, ein Mann, auf den sich Moskau bei der Ausführung seiner Befehle hinsichtlich der kaiserlichen Familie verlassen konnte. Als er seine Stellung als Kommandant des Ipatjew-Hauses antrat, straffte Jurowskij sofort die Sicherheitsvorkehrungen. Er setzte den Diebereien der Wachen aus dem Besitz der Romanows ein Ende. Er verbot der äußeren Wache, die Räume, in denen die Familie lebte, zu betreten. Der kaiserlichen Familie nahm er alle Juwelen und Wertgegenstände ab; er legte sie in eine Schatulle, die er versiegelte und den Gefangenen überließ. Alexandra behielt nur zwei Armreifen, die ihr Onkel Leopold, der Herzog von Albany, ihr als Kind geschenkt hatte und die sie nicht abnehmen konnte. Er wußte jedoch nicht, daß die Zarin und ihre Töchter Diamanten, Smaragde, Rubine und Perlenketten in ihrer Kleidung verborgen hatten.

Die innere Wache des Ipatjew-Hauses war ebenfalls ganz ausgewechselt worden. Mit Jurowskij kamen zehn neue Männer, die einmal als lettische Soldaten, ein anderes Mal als ungarische Kriegsgefangene bezeichnet worden sind. Die alte äußere Wache haßte die neuen Soldaten, die die Hauptetage des Ipatjew-Hauses betreten durften und mit Jurowskij persönlich und seinem Assistenten Grigorij Nikulin speisten.

Bald nachdem Awdejew ersetzt worden war, erhielt die kaiserliche Familie einen vierten Rettung verheißenden Brief:

»Der Austausch der Schutzwache und des Kommandanten hat uns daran gehindert, Ihnen zu schreiben. Kennen Sie den Grund dafür?

Wir beantworten Ihre Fragen. Wir sind eine Gruppe Offiziere der russischen Armee, die ihr Gewissen nicht verloren haben, die ihre Pflicht gegenüber Zar und Vaterland kennen. Aus naheliegenden Gründen können wir Ihnen keine genaueren Informationen über uns geben, aber Ihre Freunde D und T. [wahrscheinlich die bereits ermordeten Dolgorukij und Tatischtschew], die schon gerettet sind, kennen uns. Die Stunde der Befreiung naht, die Tage der Usurpatoren sind gezählt. Die Armeen der Tschechen nähern sich Jekaterinburg... Denken Sie daran, daß die Bolschewiken im letzten Moment zu jedem Verbrechen bereit sind. Jetzt ist der Zeitpunkt gekommen, wo gehandelt werden muß. Was den Kommandanten betrifft, so werden wir ihn entführen müssen. Warten Sie auf das Pfeifen um Mitternacht... Das ist das Signal.

Ein Offizier.«[13]

Am 14. Juli, einem Sonntag, kamen zwei Priester ins Ipatjew-Haus, um die Messe zu lesen. Einer von ihnen, Vater Storoschew, erinnerte sich später:

»Ich trat als erster in den Salon, dann kamen der Diakon und Jurowskij. Gleichzeitig kam Nikolaus Alexandrowitsch durch die Tür, die in einen Raum weiter drinnen führte. Zwei seiner Töchter waren bei ihm; ich konnte nicht genau sehen, welche. Ich glaube, Jurowskij fragte Nikolaus Alexandrowitsch: ›Nun, sind Sie alle da?‹ Nikolaus Alexandrowitsch antwortete mit fester Stimme: ›Ja, alle.‹

Weiter vorn saß unter dem Türbogen bereits Alexandra Fjodorowna mit zwei Töchtern und Alexej Nikolajewitsch. Er saß in einem Rollstuhl und trug, wie mir schien, eine Jacke mit Matrosenkragen. Er war blaß, aber nicht so bleich wie bei meinem ersten Gottesdienst. Insgesamt sah er ein bißchen gesünder aus. Auch Alexandra Fjodorowna sah gesünder aus. Sie hatte dasselbe Kleid an wie am 2. Juni. Auch Nikolaus Alexandrowitsch trug die gleichen Sachen wie beim ersten Mal. Allerdings kann ich mich irgendwie nicht genau erinnern, ob er bei dieser Gelegenheit das Georgskreuz auf der Brust trug. Tatjana Nikolajewna, Olga Nikolajewna, Anastasia Nikolajewna und Maria Nikolajewna trugen schwarze Röcke mit weißen Blusen. Ihr Haar war gewachsen und reichte ihnen jetzt bis über die Schultern.

Mir kam es so vor, als wären bei dieser Gelegenheit Nikolaus Alexandrowitsch und alle seine Töchter – ich will nicht sagen, deprimiert, aber sie wirkten doch irgendwie erschöpft …

Gewöhnlich wird dem Gottesdienstritus entsprechend an einer bestimmten Stelle das Gebet ›Mit den Heiligen zur Seelenruhe‹ gelesen. Bei dieser Gelegenheit begann der Diakon aus irgendeinem Grunde, statt das Gebet zu lesen, es zu singen, und ich, durch diese Abweichung vom Ritus verwirrt, sang mit. Aber wir hatten kaum begonnen, da hörte ich die hinter mir stehenden Mitglieder der Familie Romanow auf die Knie fallen …

Nach der Messe küßten sie alle das heilige Kreuz. Der Vater Diakon und ich reichten Nikolaus Alexandrowitsch und Alexandra Fjodorowna die Hostie … Beim Hinausgehen kam ich nahe an den früheren Großfürstinnen vorbei und hörte kaum vernehmbar das Wort ›Danke‹ – ich glaube nicht, daß ich mir das nur eingebildet habe …

Der Vater Diakon und ich gingen schweigend zur Kunstschule; plötzlich sagte er zu mir: ›Wissen Sie, Pater Erzpriester, irgend etwas ist da mit denen geschehen.‹ Da seine Worte meinen Eindruck gewissermaßen bestätigten, hielt ich an und fragte ihn, wie er darauf käme. ›Es ist einfach so‹, sagte der Diakon, ›sie sind wirklich alle andere Menschen geworden. Und sie haben nicht mitgesungen, keiner.‹ Und das muß ich tatsächlich sagen, beim Gottesdienst vom 14. Juli hat zum ersten Mal keiner von der Familie Romanow mitgesungen.«[14]

Als am folgenden Tag die Nonnen vom Nowotichwinskij-Kloster am Ipatjew-Haus ankamen, bat Jurowskij sie, beim nächsten Mal, am Dienstag, fünfzig Eier und etwas Milch mitzubringen. Er gab auch die Bitte einer der Großfürstinnen um Nähgarn weiter.

An diesem Nachmittag kam eine Gruppe Frauen von der örtlichen Gewerkschaft, um im Ipatjew-Haus die Fußböden zu schrubben. Sie durften nicht mit den Gefangenen sprechen, aber die vier Großfürstinnen halfen den Frauen, die Möbel zu verrücken, und schienen soweit ganz munter zu sein. Eine der Frauen erinnerte sich später, daß sie Jurowskij beim Zarewitsch hätte sitzen sehen, wo er sich nach dessen Gesundheit erkundigt habe. Am Abend schrieb Alexandra in ihr Tagebuch: »Nachts hörte ich Geschützdonner und etliche Revolverschüsse.«[15]

Dienstag, der 16. Juli 1918, war ein heißer Tag in Jekaterinburg. Das Ipatjew-Haus mit seinen geschlossenen, getünchten und vergitterten

Fenstern briet in der Sommerhitze. Der Tag verging »normal« für die kaiserliche Familie. Um vier Uhr nachmittags unternahmen der Zar und seine Töchter den üblichen Spaziergang in dem kleinen Garten. Am frühen Abend schickte Jurowskij den fünfzehnjährigen Küchenjungen, Leonid Sedinew, fort; er behauptete, sein Onkel wollte ihn sehen. Nikolaus und Alexandra spielten an diesem Abend Bezique; um halb elf gingen sie ins Bett.

Als der Abend hereinbrach, hörte man in Jekaterinburg wieder Geschützfeuer. Die Armee der Weißen und der Tschechen standen nicht mehr weit von der Stadt entfernt. Es galt eine frühe Sperrstunde in diesen Tagen, und um Mitternacht hörte man keinerlei Verkehr mehr auf dem Wosnessenskij-Prospekt. Als Arthur Thomas, Assistent des britischen Konsuls Thomas Preston, am späten Abend auf dem Heimweg am Ipatjew-Haus vorbeikam, schickten ihn die Wachen vor dem »Haus zur besonderen Verwendung« auf die andere Seite der Straße.[16]

In den ersten Stunden des 17. Juli ging ein Bauer namens Buiwid, der einen Raum im Untergeschoß des Popow-Hauses gegenüber an der Wosnessenskij-Gasse bewohnte, in den Garten, weil ihm schlecht war. Plötzlich hörte er aus dem Keller des Ipatjew-Hauses gedämpft Schüsse. Buiwid bekam eine Todesangst und kehrte schnell ins Haus zurück.

»Hast du gehört?« fragte ihn sein Mitbewohner.

»Ich habe Schüsse gehört«, antwortete Buiwid.

»Hast du kapiert?«

»Ich habe kapiert«, antwortete Buiwid, und die beiden Männer schwiegen. Zwanzig Minuten später öffnete sich das Tor am Ipatjew-Haus, und die zwei Männer hörten ein Auto herausfahren und in der sibirischen Nacht verschwinden.[17]

46

Das Ende der Romanows

Es gab keinerlei Hinweis, daß irgend etwas anders war als sonst, als Alexandra, Nikolaus und ihre Kinder am Abend des 16. Juli gegen halb elf schlafen gingen. Es war ganz einfach das Ende eines weiteren trüben unsicheren glutheißen Sommertags im Ipatjew-Haus.

Am frühen Abend hatte Jurowskij den einunddreißigjährigen Pawel Medwedew, den Chef der Wache, in sein Büro im oberen Stockwerk kommen lassen. »Heute nacht, Medwedew«, sagte er, »müssen wir sie alle erschießen. Sag den Wachen Bescheid, sie sollen sich nicht aufregen, wenn sie Schüsse hören.« Jurowskij forderte Medwedew außerdem auf, die Handfeuerwaffen der diensthabenden Wächter einzusammeln. Medwedew brachte ihm zwölf: Brownings, Mausers und Nagants.[1]

Drei Stunden später weckte Jurowskij Dr. Botkin und bat ihn, der kaiserlichen Familie zu sagen, daß die unsichere Lage in der Stadt eine Bedrohung ihrer Sicherheit darstellte; sie sollten sich alle sofort anziehen und die Nacht im Keller verbringen, wo man sie leichter schützen könne.

Die Gefangenen brauchten dreißig Minuten, um sich zu waschen und anzuziehen. Während sie sich bereit machten, nach unten zu gehen, wartete Jurowskij ungeduldig im Salon; im Wachraum wartete das Erschießungskommando.

Kurz nach zwei Uhr kam die kaiserliche Familie aus ihren Räumen. Niemand wirkte beunruhigt. Nikolaus ging voran; er trug Alexej auf dem Arm. Es folgte Alexandra, die sich auf einen Stock stützte. Dann kamen die vier Mädchen in schwarzen Röcken und weißen Blusen; Tatjana hatte ihren kleinen Spaniel Jimmy auf dem Arm. Das Mädchen, Anna Demidowa, trug zwei Kissen; in die waren kleine Metallkästen eingenäht, die noch allerlei wertvollen Schmuck der Zarin und ihrer Töchter enthielten. Dr. Botkin, Alexej Trupp und der Koch Iwan Charitonow folgten.

Jurowskij führte die Gefangenen die Treppe hinunter in den Hof und von dort durch die zweite Tür ins Erdgeschoß und dann in das Zimmer, das an den Abstellraum grenzte. Ziemlich hoch in der Wand gab es ein Rundbogenfenster. Gegenüber der Eingangstür führte eine weitere Doppeltür zu einem kleinen Vorratsraum. Eine Flucht war nicht möglich. »Die Romanows ahnten nichts«, schrieb Jurowskij.

Der Kellerraum war leer. »Was denn, keine Stühle?« fragte Alexandra. »Kann man sich nicht mal setzen?« Jurowskij befahl zwei Stühle zu bringen. Auf einen setzte Nikolaus den Jungen, auf dem anderen nahm Alexandra Platz. Der Rest stand daneben und dahinter. Jurowskij bat sie zu warten, bis die Gefahr vorüber sei, und schloß die Tür zum Vorraum.

Im Hof stand ein Lastwagen, ein Fiat. Jurowskij ließ den Fahrer auffordern, den Motor zu starten, damit durch das Geräusch die mörderischen Schüsse im Keller übertönt würden. Dann sammelte er seine Freiwilligen. Zehn Mann gehörten zum Erschießungskommando, sechs Ungarn und vier Russen. Als alles bereit war, trat Jurowskij wieder in den Raum, in dem die Zarenfamilie wartete.

Beunruhigt sah die Familie ihn an, als Jurowskij sich vor ihr aufstellte. Dann sagte der Kommandant: »Angesichts der Tatsache, daß Ihre Verwandten fortgesetzt Anschläge auf Sowjetrußland verüben, hat das Ural-Exekutivkomitee verfügt, Sie zu erschießen.«

Jurowskij selbst berichtete später: »Nikolaus drehte sich zu seiner Familie um, dann schien er sich zu besinnen, wandte sich dem Kommandanten zu und fragte: ›Was ist? Was ist?‹ ... Der Kommandant wiederholte hastig seine Worte und befahl dem Kommando, sich bereit zu machen ... Dem Kommando war vorher gesagt worden, wer auf wen schießen sollte, und es war befohlen worden, aufs Herz zu zielen, um größere Blutlachen zu vermeiden und schnell fertig zu werden.«

Die Mörder drängten sich in drei Reihen in der offenen Tür, um sich nicht gegenseitig zu verletzen. Jurowskij selbst gab den ersten

Schuß ab. Er traf Nikolaus in den Kopf, der Zar brach sofort tot über seinem Sohn zusammen. Alexandra bekreuzigte sich noch, dann traf eine Kugel ihren Kopf und sie fiel tot rückwärts von ihrem Stuhl. Die Mädchen drängten sich schreiend zusammen, die Schießerei ging weiter. Sie hielt zwei oder drei Minuten an, und die Kugeln flogen durch das Zimmer »wie Hagelkörner«.

Der Raum war inzwischen voll von beißendem Pulverrauch. Alexandra lag neben Nikolaus, beide in einer sich ausbreitenden Blutlache. Man hörte noch Stöhnen. Alexej war noch nicht tot, da die Leiche seines Vaters ihn vor den Geschossen abgeschirmt hatte. Er versuchte jetzt über den Boden zu kriechen und sich mit der Hand vor den Kugeln zu schützen. Jurowskijs Gehilfe Nikulin feuerte immer wieder auf ihn, schließlich kam ihm Jurowskij zu Hilfe und schoß ebenfalls mehrmals auf den Dreizehnjährigen. Nur eins der vier Mädchen war gleich getötet worden, die anderen drei klammerten sich in einer Ecke des Raums schreiend aneinander, triefend vom Blut ihrer Eltern. Die Mörder versuchten sie nun mit den Bajonetten zu töten. Zu ihrem Entsetzen trafen sie auf festen Widerstand, wenn sie die Waffen in die Oberkörper zu stoßen versuchten. Nach mehreren Minuten erst gaben die drei blutüberströmten Großfürstinnen keinen Laut mehr von sich. Charitonow war sofort gestorben. Dr. Botkin und Trupp lebten noch, und die Soldaten töteten sie schnell. Die Demidowa versteckte sich hinter den zwei Kissen, die sie mitgebracht hatte, und rannte schreiend und über die Leichen stolpernd hin und her. Schließlich griff sie sogar mit beiden Händen nach den Bajonetten, bis schließlich auch sie tot zusammenbrach.[2]

Die Erschießung hatte rund zwanzig Minuten gedauert. Jurowskij und seine Männer gingen durch den Raum und prüften die Pulse. Wegen des dichten Rauchs konnten sie kaum etwas sehen. Niemand schien zu wissen, was jetzt zu tun war. Mehrere der Soldaten begannen, die Leichen nach Schmuck und Uhren abzusuchen, aber Jurowskij hinderte sie daran. Er befahl ihnen, Laken und Decken aus den Schlafzimmern oben zu holen. Dahinein wurden die Leichen gewickelt. Dann wurden die schweren Bündel durch die Kellerräume zu dem Lastwagen getragen und aufgeladen.

Als die Leichen auf die Ladefläche gelegt wurden, bemerkten mehrere der Soldaten, daß noch Stöhnen aus den blutigen Laken drang.

Eine der Großfürstinnen setzte sich plötzlich auf und begann zu schreien, zwei ihrer Schwestern bewegten sich ebenfalls. Entsetzen packte die Männer. Bei einigen gaben die Nerven nach, und sie rannten ins Haus, um Jurowskij zu holen. Man konnte draußen im Hof nicht mehr schießen, weil das zuviel Lärm verursacht hätte. Auf Jurowskijs Befehl setzten die Mörder wieder die Bajonette auf und erstachen die Mädchen. Ungläubig beobachtete Jurowskij, daß die Bajonette nicht eindringen wollten. Schließlich verstummte das Schreien und Stöhnen.[3]

Um drei Uhr morgens verließ der Lastwagen das Ipatjew-Haus und fuhr in den Wald außerhalb von Jekaterinburg.

Die Hinrichtung war von Moskau befohlen worden, die Einzelheiten, wie die Beseitigung der Leichen, hatte man dem Exekutivkomitee überlassen. Jurowskij hatte einen aufgegebenen Bergwerksschacht zwanzig Kilometer von der Stadt entfernt vorgeschlagen. Er war unter dem Namen »Vier Brüder« bekannt und lag inmitten des Koptjakijwaldes, umgeben von Morastlöchern. Im Wald sollte in der Nähe des Weges eine zweite Gruppe von Bolschewiken auf den Lastwagen mit seiner grausigen Fracht warten; von dort aus wollte man die Leichen mit Pferdefuhrwerken weiterbefördern. Aber es gab Probleme: der Fahrer verfuhr sich, und der Lastwagen blieb im Schlamm stecken. Jurowskij stieg aus und ging mit einem Teil des Erschießungskommandos zu Fuß weiter, um den richtigen Weg zu suchen. Schließlich konnte der Lkw weiterfahren und traf auch auf das zweite Kommando. Jurowskij erinnerte sich:

»Etwa fünf Werst hinter der Werch-Issetskij-Fabrik stießen wir auf ein richtiges Lager, ca. 25 Leute zu Pferd, in einspännigen Droschken usw. Es waren Arbeiter (Mitarbeiter des Sowjets, des Exekutivkomitees), die Jermakow hinbeordert hatte. Sie schrien: ›Warum habt ihr sie uns tot hergebracht?‹ Sie hatten gedacht, die Hinrichtung der Romanows werde ihnen übertragen ... Unterdessen wurden die Leichen in die Droschken umgeladen, es war sehr mühsam, wir hätten Leiterwagen gebraucht. Sofort gingen die Leute daran, den Toten die Taschen zu leeren. Auch hier mußte mit Erschießung gedroht werden. Jetzt stellte sich heraus, daß Tatjana, Olga und Anastasia besondere Korsetts trugen. Es wurde beschlossen, die Leichen auszuziehen, doch nicht hier, sondern an der Begräbnisstelle.«[4]

Der Trupp machte sich auf den Weg. Die Sonne war schon aufgegangen, als sie den Schacht gefunden hatten. »Der Kommandant ordnete an, die Leichen zu entkleiden und mehrere Feuer anzuzünden, um alles zu verbrennen ... Als eines der Mädchen ausgezogen war, kam ein von Kugeln zerfetztes Korsett zum Vorschein; durch die Löcher schimmerten Brillanten. Die Leute guckten gierig. Der Kommandant beschloß, alle wegzuschicken und nur ein paar Wachposten und fünf Mann vom Kommando dazulassen.«[5]

Die übrigen fuhren weg; Jurowskij und einige Getreue waren mit den Leichen allein. Sein plötzliches Bedürfnis nach Heimlichtuerei mag aus Angst vor Diebereien erwachsen sein. Aber es könnte auch einen anderen, wichtigeren Grund für diese Einsamkeit gegeben haben, ein dunkles Geheimnis, das Jurowskij in Panik versetzte und das fast 75 Jahre im Koptjakijwald verborgen gelegen hat.

Brillanten, Perlen, alles wurde von Jurowskij notiert. Alexandra trug einen Perlengürtel, der aus mehreren Ketten bestand, in Leinen eingenäht. Auch Alexej hatte Juwelen in seinen Kleidern, erinnerte sich Jurowskij.

Nachdem alles eingesammelt und registriert worden war, wurden die nackten Leichen in den offenen Schacht geworfen. Dann schleuderten die Männer noch Handgranaten hinein, um den Schacht zum Einsturz zu bringen. Das gelang nicht. Sie stießen deshalb noch ein paar Äste in die Öffnung, um den Inhalt unten zu verbergen. Kleidung, Schuhe und andere Besitztümer wurden in großen Feuern verbrannt. Schließlich, gegen Abend, kehrte Jurowskij zum Ipatjew-Haus zurück.

Später schrieb Jurowskij, der Schacht habe nur »vorübergehend« als Grab dienen sollen. Man konnte die Leichen da, wo sie lagen, nicht verstecken; es gab bereits Gerüchte. Weiter die Landstraße hinunter gab es eine Reihe von tieferen Minenschächten in Wald und Sümpfen. Jurowskij beschloß, die Leichen aus dem Schacht herauszuholen und sie woanders zu verstecken. Am Abend des 18. Juli kehrten er und seine Leute dorthin zurück. Einer der Männer wurde in den Schacht hinuntergelassen und befestigte Seile an den Leichen. Eine nach der anderen wurden sie heraufgeholt, zunächst auf dem Lehmboden neben dem Schacht abgelegt und schließlich wieder aufgeladen, erst auf Pferdefuhrwerke, dann auf den Lkw. Unterwegs blieb der Lastwagen abermals stecken. Es wurde spät. Jurowskij schrieb: »Da wir nicht mehr bis zum Schacht kommen würden, mußten wir die Leichen entweder begraben oder verbrennen ... Wir wollten Alexej und Alexandra verbrennen, verbrannten aber statt letzterer aus Versehen eine andere Frauenleiche. Dann vergruben wir unter der Feuerstelle die Überreste und legten wieder ein Feuer an, um die Spuren der Grube zu verwischen. Für die übrigen wurde unterdessen ein Massengrab ausgehoben ... Wir legten die Leichen in die Grube und übergossen die Gesichter und Körper mit Schwefelsäure, um sie unkenntlich zu machen und um Verwesungsgerüchen vorzubeugen ... Wir bedeckten sie mit Erde und Reisig, legten Bahnschwellen darauf und fuhren ein paarmal darüber. Von der Grube blieb keine Spur zurück ...«[6] Am Morgen des 19. Juli kehrten Jurowskij und seine Männer nach Jekaterinburg zurück.

Am 17. Juli waren die beiden Nonnen aus dem Nowotichwinskij-Kloster wieder ins Ipatjew-Haus gekommen, mit Nahrungsmitteln, die Jurowskij am Tag vorher bestellt hatte. Sie wollten den Kommandanten persönlich sprechen, aber einer der Bewacher sagte ihnen, er sei nicht da. Verwirrt warteten sie, bis einer der Männer ihnen grob mitteilte: »Gehen Sie zurück und bringen Sie nichts mehr!«[7]

Das Ipatjew-Haus war immer noch schwer bewacht, aber den Soldaten war gesagt worden, daß die kaiserliche Familie in der Nacht erschossen worden sei. Einer der Wächter, Anatolij Jakimow, erinnerte sich später:

»Auf dem Tisch im Büro des Kommandanten lagen viele verschiedene Wertsachen. Es gab da Steine, Ohrringe, Nadeln mit Edelsteinen und Perlen. Viele waren gefaßt, manche lagen in Schatullen, die alle offen waren.

Die Tür, die vom Vorzimmer in die Räume der kaiserlichen Familie führten, war verschlossen wie zuvor, aber es war niemand in jenen Räumen. Vorher, als die kaiserliche Familie da gelebt hatte, waren immer Geräusche herausgedrungen: Stimmen, Schritte. Jetzt gab es da kein Leben mehr. Nur ein kleiner Hund stand im Vorzimmer, an der Tür zu den Räumen, in denen die Familie gelebt hatte, und wartete darauf, eingelassen zu werden. Ich weiß noch, daß ich die ganze Zeit dachte: Du wartest vergebens.«[8]

Am 20. Juli veröffentlichte der Ural-Sowjet die erste offizielle Mitteilung über die kaiserliche Familie:

»Beschluß

des Präsidiums des Gebietssowjets der Deputierten der Arbeiter, Bauern und Rotgardisten des Ural:

Angesichts des Vorrückens konterrevolutionärer Banden auf die rote Hauptstadt des Ural und angesichts der Möglichkeit, daß sich der gekrönte Scharfrichter dem Gericht des Volkes entziehen könnte (eine Verschwörung von Weißgardisten, die versuchten, ihn selber und seine Familie zu entführen, wurde aufgedeckt, kompromittierende Dokumente wurden sichergestellt), hat das Präsidium des Gebietssojwets den Willen der Revolution erfüllt und die Erschießung des ehemaligen Zaren Nikolaus Romanow verfügt, der sich unzähliger blutiger Gewalttaten schuldig gemacht hat. Der Beschluß wurde in der Nacht vom 16. auf den 17. Juli vollzogen. Die Familie Romanow wurde an einen sicheren Ort überführt ...«[9]

Gleichzeitig veröffentlichte Moskau seine offizielle Verlautbarung:

»Bei der ersten Sitzung des von der fünften Sowjet-Konferenz gewählten Zentralen Exekutivkomitees wurde eine Botschaft veröffentlicht, die uns über eine Direktverbindung vom Ural-Gebietssowjet erreicht hat, betreffend die Erschießung des Ex-Zaren Nikolaus Romanow.

Seit kurzem ist Jekaterinburg, die Hauptstadt des Roten Ural, ernsthaft durch das Nahen tschechoslowakischer Banden bedroht. Zur gleichen Zeit wurde eine konterrevolutionäre Verschwörung aufgedeckt, deren Ziel es war, den Tyrannen durch Waffengewalt der Sowjetmacht zu entreißen. Angesichts dieser Tatsache beschloß das Präsidium des Ural-Gebietssowjet, den Ex-Zaren Nikolaus Romanow zu erschießen. Dieser Beschluß wurde am 16. Juli vollstreckt.

Frau und Sohn Romanow sind an einen sicheren Ort verbracht worden. Die die Verschwörung betreffenden Dokumente werden durch einen besonderen Boten nach Moskau geschickt.

Zuvor war beschlossen worden, den Ex-Zaren vor Gericht zu stellen und ihn wegen seiner Verbrechen gegen die Menschen anzuklagen; spätere Entwicklungen hatten jedoch zu Verzögerungen geführt. Das Präsidium des Zentralen Exekutivkomitees hat über die Umstände beraten, die den Ural-Gebietssowjet gezwungen haben, Nikolaus

Romanow zu erschießen, und ist zu folgender Entscheidung gelangt: ›Das Allrussische Zentrale Exekutivkomitee, verkörpert durch das Präsidium, akzeptiert die Entscheidung des Ural-Gebietssowjets als ordnungsgemäß.‹«[10]

In beiden Bekanntmachungen war nur vom Zaren die Rede, wurde nur der Zar als tot bezeichnet; Alexandra und Alexej sollten an einen sicheren Ort gebracht worden sein. Von den vier Großfürstinnen war gar nicht die Rede. Für dieses Täuschungsmanöver gab es politische Gründe. Zur Zeit der Veröffentlichung hatte die Regierung des deutschen Kaisers Wilhelm II. Moskau schon mehrfach Warnungen zukommen lassen, daß den »deutschen Prinzessinnen« nichts geschehen dürfe: damit war vermutlich zumindest die Zarin gemeint, und außer ihr entweder ihre Schwester Ella oder ihre Töchter. Später gaben die Sowjets zu, daß die ganze Familie umgekommen sei, aber zu diesem Zeitpunkt wagten sie das noch nicht. Außerdem gaben beide Verlautbarungen die Verantwortung für die Entscheidung dem Jekaterinburger Gebietssowjet und nicht Moskau, was bekanntermaßen nicht der Wahrheit entsprach.

Vor der Veröffentlichung waren die Mitglieder der Regierung über die Erschießung informiert worden. Bei einer Sitzung am 18. Juli referierte gerade der Volkskommissar für das Gesundheitswesen, als Swerdlow eintrat, sich hinter Lenin setzte und ihm etwas zuflüsterte.

»Genosse Swerdlow bittet ums Wort«, sagte Lenin.

»Ich muß mitteilen«, sagte Swerdlow, »daß ein Bericht eingetroffen ist, der uns davon in Kenntnis setzt, daß in Jekaterinburg auf Beschluß des Ural-Sowjets Nikolaus erschossen worden ist. Nikolaus wollte fliehen, die Tschechoslowaken rückten vor. Das Präsidium der Zentralexekutive beschloß, seine Billigung auszusprechen.«

Stille breitete sich im Raum aus. Dann sagte Lenin langsam: »Wir wollen jetzt mit dem Verlesen der einzelnen Punkte des Projektes beginnen.«[11]

Am 25. Juli nahmen die vorrückenden Streitkräfte der Weißen und der Tschechoslowaken Jekaterinburg ein. Das Ipatjew-Haus war leer, im Keller gab es noch Blutspuren. Über die Hinrichtung des Zaren hatten sowohl Moskau als auch Jekaterinburg sich geäußert, aber es gab ja noch Hoffnung, daß der Rest der Familie lebte.

Im Laufe des folgenden Jahres wurden fünf verschiedene Untersuchungen gestartet. Drei davon hatten einen juristischen Charakter, die beiden anderen – die eines Offiziersausschusses sowie eine militärgerichtliche Prüfung – wurden von der Weißen Armee unterstützt.[12] Die letzte dieser Untersuchungen leitete der Jurist Nikolaj Sokolow. Er begann fünf Monate nach dem Verschwinden der kaiserlichen Familie, sich mit dem Fall zu befassen, stieß aber von Anfang an auf praktische und politische Schwierigkeiten. Doch er hatte nur fünf Monate Zeit, dann fiel Jekaterinburg wieder an die Roten. Die Ergebnisse seiner Forschungen nahm er mit sich ins europäische Exil. 1924 veröffentlichte er sie in Paris, und sie galten als offizieller Bericht über die Ereignisse in Jekaterinburg.

In dem Bericht gibt es eine Fülle von Beweismaterial. Der Kellerraum des Ipatjew-Hauses war noch blutfleckig, die Wände waren von Einschußlöchern übersät. Er entdeckte ein kodiertes Telegramm, das Beloborodow wenige Stunden nach dem Mord nach Moskau geschickt hatte, in dem Swerdlow informiert wurde, daß die gesamte Familie tot sei. Vier ehemalige Bewacher aus dem Ipatjew-Haus – Pawel Medwedew, Anatolij Jakimow, Michail Letemin und Filip Proskurjakow – hatten ausgesagt, daß die kaiserliche Familie erschossen worden sei, wobei aber alle außer Medwedew das nur aus zweiter Hand wußten. Schließlich fanden die Forscher an der Schachtanlage »Vier Brüder« Reste von verkohlten Kleidern, Schuhen und Handtaschen und sogar Juwelensplitter, die der kaiserlichen Familie gehört haben mußten.

Aber die Leichen fand Sokolow nicht. Die große Menge Asche an der alten Mine legte einen traurigen Schluß nahe, und noch überzeugter war Sokolow von seinen Überlegungen, als er herausbekam, daß am Tag nach dem Verschwinden der Zarenfamilie eine große Menge Schwefelsäure besorgt worden war. Das war für Sokolow die Antwort. Er schloß seinen Bericht in der Überzeugung, daß die kaiserliche Familie und ihre Getreuen an der Mine verbrannt und die Überreste mit Schwefelsäure beseitigt worden seien.

Die Bolschewiken hielten sich in der ersten Zeit mit Geständnissen zurück. Schließlich, als die ersten Berichte von anderen veröffentlicht wurden, folgte eine sowjetische Version, die sich eng an die fehlerhafte Theorie der Weißen anlehnte. Es lag im sowjetischen Interesse, die Wahrheit zu verbergen. Den Bolschewiken wäre wenig damit gedient, wenn die Leichen wirklich gefunden worden wären, und sie wollten auch den Weißen keine zaristischen Reliquien liefern.

Im Laufe der Jahre ist der Bericht Sokolows viel kritisiert worden. Trotzdem wird jetzt deutlich, daß er der Wahrheit sehr nahe gekommen ist. Das eigentliche Geheimnis, der Ort, an dem die Romanows begraben waren, wurde 1989 entdeckt, 71 Jahre nach dem Mord.

47

Das Geheimnis des Koptjakijwalds

Am 12. April 1989 druckte die sowjetische Zeitung *Moscow News* einen überraschenden Artikel: »Die Erde gibt ihr Geheimnis preis«, schrieb da Geli Rjabow, und behauptete, er habe die Leichen der kaiserlichen Familie in einem Massengrab am Rande des Koptjakijwalds gefunden.

Schon die Art der Veröffentlichung an sich war mysteriös. Kurze Zeit zuvor hatte Präsident Michail Gorbatschow Königin Elisabeth II. von Großbritannien besucht. In der Presse wurde spekuliert, daß er sie zu einem Staatsbesuch in die Sowjetunion einladen wollte. Wenn sie die Einladung annähme, dann wäre das der erste Besuch eines britischen Monarchen seit der Revolution, und in der Presse wurde offen diskutiert, ob das angemessen wäre angesichts der Tatsache, daß das Geheimnis um die Ermordung der königlichen Verwandten immer noch nicht gelüftet war.

Tatsächlich nahm die Queen Gorbatschows Einladung an. Es gab Gerüchte, daß eine der Bedingungen für einen Staatsbesuch in Rußland die Klärung des Schicksals der kaiserlichen Familie gewesen sei. Das haben aber weder Königin Elisabeth II. noch Präsident Gorbatschow je bestätigt. Es gab auch keine offizielle Reaktion auf die Enthüllungen betreffend das Geheimnis der Romanows.

Eine Woche nachdem Gorbatschow in die Sowjetunion zurückgekehrt war, erschien der Rjabow-Bericht. Ob er Moskaus Antwort auf die Besorgnis der Queen war, ist ungewiß, aber der Zeitpunkt legt Vermutungen dieser Art nahe.

Rjabow hatte Mitte der siebziger Jahre begonnen, das Schicksal der kaiserlichen Familie zu erforschen. 1976 war es ihm gelungen, Sohn und Tochter von Jakow Jurowskij in Leningrad ausfindig zu machen. Sie gaben an, ihr Vater habe für den Rest seines Lebens an Schuldgefühlen wegen seiner Rolle bei der Ermordung der kaiserlichen Familie gelitten. Er hatte seinem Sohn erklärt, daß er die Leichen am Schacht »Vier Brüder« zu beseitigen versucht habe, daß er sie aber hätte woanders beerdigen müssen. Und daß die ganze Familie erschossen worden sei, auch wenn Moskau es für richtig gehalten habe, aus politischen Gründen den Tod der Zarin und der Kinder zu verheimlichen.

Daraufhin hatte Rjabow beschlossen, die ganze Wahrheit herauszufinden. Jurowskijs Sohn Alexander, ein pensionierter Admiral, zeigte ihm die Notizen seines Vaters über den Mord. Rjabow durchforstete außerdem mehrere Jahre lang mit der Erlaubnis des Innenministeriums, für das er arbeitete, die Kreml-Archive. Nach drei Jahren fanden er und seine Mitarbeiter, unter ihnen Alexander Awdonin, am 30. Mai 1979 das Grab. Es war ein flaches Grab, nur etwa 90 Zentimeter tief, und 1,80 x 3,00 Meter groß. »Wir machten Probebohrungen mit einem Wasserrohr, das wir unten geschärft hatten«, berichtete Rjabow. »Obenauf war unberührter Boden, aber weiter unten stießen wir auf Schichten, denen anzusehen war, daß da jemand tätig gewesen war … Unser erster Fund war schwarzgrün – es war der Beckenknochen von Nikolaus II.«

Rjabow und seine Helfer »griffen ins Grab« und »berührten mindestens acht oder neun Skelette …«, legten aber nicht alles frei. Rjabow ging dennoch von elf Skeletten aus. »Dafür würde ich die Hand ins Feuer legen«, erklärte er später.

Drei Schädel exhumierte er; es seien die von Nikolaus, Alexandra und »entweder Alexej oder Anastasia – das wissen wir noch nicht sicher«. Im Schädel Alexandras war ein Durchschuß im Gesicht.[1] »Selbst für mich«, erklärte Rjabow, »war es nicht schwierig, sie zu identifizieren, die Zahl der Leichen, die Art der Wunden, die falschen Zähne, die in ausländischen Publikationen eine Rolle spielen, und die Überreste eines Keramikkruges, in dem Säure gewesen war.«[2]

Das Grab lag auf einer Lichtung am Rande des Waldes, nicht weit von einem Weg, der zu dem stillgelegten Schacht führte, und rund zweihundert Meter von der Moskauer Straße entfernt. Tatsächlich hatte auch Sokolow diese Stelle untersucht und angenommen, daß hier der Lastwagen mit den Leichen steckengeblieben war; er hatte sogar ein Foto von dem Ort abgedruckt, ohne zu wissen, daß genau dies das Grab war.

Die Leichen waren hastig und zum Teil übereinander ins Grab geworfen worden. Auch die Seile, mit denen sie aus dem Schacht »Vier Brüder« hochgezogen worden waren, lagen zum Teil noch im Grab. Es waren fast nur noch Knochen da; nur wenige Reste von Gewebe und ein paar Haare hatten die Zeit überdauert.

Rjabow machte Fotos vom Grab und von den drei Schädeln, die er später wieder zu den anderen zurücklegte. Es wurde noch kein Versuch unternommen, das ganze Grab freizulegen.

Bis 1989 bewahrte Rjabow sein Geheimnis. »Vor zehn Jahren, als wir das Grab öffneten und die Leichen fanden … konnte ich die Ergebnisse meiner Untersuchung noch nicht veröffentlichen, und später auch noch nicht«, sagte er.[3] Das änderte sich dann unter Gorbatschow und seiner *Glasnost*-Politik.

Rjabows Behauptungen machten in der ganzen Welt Schlagzeilen und wurden als Aufklärung eines jahrzehntealten Geheimnisses gefeiert. Aber leider konnte er keine Beweise liefern, und vieles von dem, was er sagte, waren bestenfalls Phantasiegebilde. Er hatte keine Unterlagen, um die Zähne zu vergleichen; er konnte die Gesichtszüge nicht identifizieren, mit Ausnahme einer Narbe auf dem Schädel, der für den von Nikolaus gehalten wurde – ein Überbleibsel aus dem Angriff auf ihn in Japan 1892. Die Identifikation des »Beckenknochens von Nikolaus II.« war ebenso absurd. Dennoch bestand er darauf, er sei »ausgebildet, ein Spezialist … ich kann das analysieren. Das habe ich gelernt.«[4]

Rjabow weigerte sich, den Behörden den Ort des Grabes bekanntzugeben und sagte, das würde er nur tun, wenn man ihm zusicherte, daß die Überbleibsel ein christliches Begräbnis bekämen. Aber da er von Jurowskijs Notizen in den Kreml-Archiven ausgegangen war, war es den Sowjets ein leichtes, ihre eigenen Untersuchungen anzustellen.

Am 13. Juli 1991 wurde das Grab im Koptjakijwald geöffnet. Im Dunkel der Nacht begann eine Gruppe von sowjetischen offiziellen

Beauftragten – Polizisten, Archäologen, Gerichtsmediziner, Fotografen – mit der Exhumierung. Das Grab war erheblich durcheinandergebracht, nicht nur von Rjabows Öffnung zwölf Jahre zuvor, sondern auch durch neutrale Erdarbeiten, weil ein Starkstromkabel gleich daneben gelegt worden war. Die Knochen waren von dem Matsch rundherum kaum zu unterscheiden. Eines nach dem anderen wurden die Skelette freigelegt und herausgeholt. Aber es kamen nur neun Leichen zum Vorschein, nicht elf, wie man erwartet hatte – die von Nikolaus, Alexandra, fünf Kindern und vier Bediensteten. Diese sterblichen Überreste wurden in die Kriminalpathologie in Swerdlowsk – früher Jekaterinburg – gebracht. Hier wurden sie einfach auf den Boden gekippt – ein Haufen von rund siebenhundert Knochen – die Überbleibsel der kaiserlichen Familie.[5]

Die Behörden in Swerdlowsk teilten mit, daß sie in Kürze eine Identifizierung der Leichen vornehmen würden. Gleichzeitig beschloß der Swerdlowsker Komsomol, die Jugendorganisation der Kommunistischen Partei, zu einem Forum einzuladen, bei dem sie alle offenen Fragen klären zu können hofften. Der Kongreß, zu dem Pathologen, Historiker und Experten zum Thema Romanows eingeladen werden würden, sollte im August 1991 stattfinden.[6]

Doch in jenem August vereitelten Turbulenzen in Moskau den Kongreß in Swerdlowsk. Der versuchte Staatsstreich gegen Gorbatschow und der spätere Untergang der sowjetischen Regierung lenkte die Aufmerksamkeit von dem Geheimnis um die kaiserliche Familie ab. Es kam nie zu dem Kongreß. Die Sowjetunion hörte auf zu existieren und Boris Jelzin übernahm das Amt von Michail Gorbatschow. Die Gebeine blieben in der Kriminalpathologie und harrten der Identifizierung.

Wadim Winer, Kurator des Komsomol-Museums in dem wieder zurückbenannten Jekaterinburg, wurde zum Leiter einer zivilen Untersuchung der sterblichen Überreste ernannt. Er äußerte den Verdacht, daß sie einem Jekaterinburger Kaufmann und seiner Familie gehören könnten, die zur gleichen Zeit wie die Romanows verschwunden waren, oder aber Opfern der Roten oder der Weißen Armee.[7] Den ganzen Herbst 1991 hindurch arbeitete ein Team von Gerichtsmedizinern unter Dr. Wladislaw Plaksin, dem Chef-Leichenbeschauer im Gesundheitsministerium, an der Identifikation.

Als erstes kehrten sie zu dem Grab zurück und unternahmen eine genauere Untersuchung des Ortes. Bei diesem zweiten Versuch wurden weitere zweihundertfünfzig Knochenfragmente entdeckt, die das vorige Team verloren oder in den Boden getrampelt hatte. In mühevoller Kleinarbeit wurden die Knochen verglichen und zusammengesetzt, bis die Skelette mit einer annähernden Wahrscheinlichkeit wiederhergestellt waren – eine undankbare Aufgabe, die Plaksins Assistent Sergej Abramow und Ludmilla Korjakowa, Archäologin an der Ural-Universität, durchführten.[8]

Vorsichtig begann das Team Schlüsse zu ziehen. Es waren die Skelette von vier Männern und fünf Frauen; fünf davon gehörten mit ziemlicher Wahrscheinlichkeit derselben Familie an. Sie entsprachen den Berichten zufolge ziemlich genau den Romanows und ihren Bediensteten. Der Schädel, den man für Alexandras hielt, hatte die übelste Wunde: ein Schuß hatte Nasenbein, Wangenbein, Kieferknochen und Stirnbein zerschmettert. Im Unterkiefer waren die Zähne mit Platin überzogen. Der Schädel, den man für den des Zaren hielt, hatte eine tiefe Narbe an der linken Schläfe, möglicherweise von dem Angriff in Otsu her, und einen Kiefer mit sechs 18-Karat-Goldkronen. Die beiden fehlenden Schädel gehörten vermutlich dem Zarewitsch und einer der Großfürstinnen. Plaksin zögerte, Namen zu nennen, aber die Spekulationen konzentrierten sich sogleich auf Anastasia als fehlende Tochter.

Im Sommer 1992 gab es einige verblüffende Verlautbarungen aus Jekaterinburg: Am 22. Juni teilte Sergej Abramow mit, daß nach monatelangen Untersuchungen die Leichen von Alexandra, Nikolaus und Dr. Botkin einwandfrei identifiziert seien. Mit Hilfe einer computergestützten fotografischen Analyse habe man die entscheidenden Schädelpunkte mit vorhandenen Fotos der Familie verglichen. Die übrigen Skelette seien nicht zugeordnet.

Am 19. Juli 1992 – zwei Tage nach dem 74. Jahrestag der Erschießung – traf eine Gruppe amerikanischer Gerichtsmediziner in Jekaterinburg ein, um auf Einladung der Behörden die Überreste zu untersuchen. Ihre Ankunft rief starke Animositäten in Plaksins Moskauer Büro hervor, weil sich die russischen Experten nicht ohne Grund zugunsten der westlichen Fachleute übergangen fühlten.

Das amerikanische Team wurde von Dr. William Maples geleitet, dem Direktor des C. A. Pound Human Identification Laboratory an der University of Florida in Gainesville. Maples hatte bereits an der Identifizierung der Gebeine des spanischen Eroberers Francisco Pizarro mitgearbeitet sowie an der Untersuchung der Überreste des 1850 gestorbenen amerikanischen Präsidenten Zachary Taylor wegen des Verdachts auf Vergiftung. Mit ihm kamen Dr. Michael Baden, oberster Leichenbeschauer der Stadt New York und Mitglied des Untersuchungsausschusses des Repräsentantenhauses, der den Mord an Präsident John F. Kennedy noch einmal untersucht hatte; Dr. Lowell J. Levine, Zahnexperte beim New Yorker Amt für Gerichtsmedizin, der an der Identifizierung des berüchtigten Dr. Mengele in Brasilien mitgewirkt hatte; Catherine Oakes, Haar- und Faserexpertin aus Levines Amt für Gerichtsmedizin, sowie der Historiker William Goza.

Nach zwei Wochen intensiver Arbeit teilte das amerikanische Team mit, daß die Gebeine die der Romanows zu sein schienen. Alle in dem Grab gefundenen Leichen waren jetzt identifiziert: Neben Alexandra, Nikolaus und Dr. Botkin bestätigten die Experten auch die Identität von Olga, Tatjana, Maria sowie dem Mädchen Demidowa und den Bediensteten Trupp und Charitonow. Anastasia und Alexej fehlten.

Wieder waren computergestützte fotografische Analysen und anthropologische Daten benutzt worden. »Alle Skelette scheinen zu groß zu sein, als daß sie Anastasia gehören könnten, und nichts in dem Skelettmaterial, das wir gesehen haben, könnte Alexej darstellen«, sagte Maples. Er nehme an, daß es irgendwo im Koptjakijwald noch ein weiteres Grab mit den zwei fehlenden Leichen gäbe. Aber die Russen hatten die Umgebung äußerst gründlich untersucht und waren der Ansicht, daß da nichts mehr sein könne. »Das bleibt ein Geheimnis«, erklärte Maples, »und es wird noch für eine Weile von Interesse sein.«[9]

Die Mitteilung vom 28. Juli 1992 beendete Jahre des Spekulierens über das Schicksal der russischen kaiserlichen Familie. Es steht jetzt fest, daß die Familie in der Nacht vom 16. auf den 17. Juli 1918 im Keller des Ipatjew-Hauses erschossen wurde. Gerüchte, daß die Zarin und ihre Töchter von den Bolschewiken nach Perm gebracht worden wären, waren nur ein ungeschickter Versuch der Desinformation an die Adresse der deutschen Regierung, um die Romanows noch als Gegenstand der Verhandlungen im Gespräch zu belassen.

Wenn die Frauen tatsächlich noch weggebracht worden wären, so bestünde kaum eine Chance, daß die Bolschewiken sie mitten im Bürgerkrieg noch getötet und dann wieder vierhundert Kilometer von Perm nach Jekaterinburg zurückgebracht hätten, nur um sie mit den Bediensteten und dem Zaren zusammen zu bestatten. Die Identifizierung von Alexandra und ihren drei Töchtern bedeutete also, daß sie alle zur gleichen Zeit und am gleichen Ort wie der Zar gestorben sind.

Damit muß der größte Teil des Berichts von Nikolaj Sokolow als richtig akzeptiert werden. Die Identifizierung der Leichen löst das Rätsel um diesen Fall. Nur die Vernichtung der Leichen am Schacht »Vier Brüder« hat nicht gestimmt. Daß er an einer anderen Stelle des Waldes das Geheimnis der Romanows unter seinen Füßen hatte, ahnte er 1919 nicht.

Die Verlautbarung vom 28. Juli 1992 beantwortete viele der Fragen, ließ aber die Möglichkeit offen, daß vielleicht Anastasia oder Alexej das Massaker doch überlebt hatten. Die Überlegung, daß ein oder mehrere Romanows entkommen sein könnten, ist nicht neu. Aber zum erstenmal bekommen damit diese Spekulationen durch die Wissenschaft neue Nahrung.

Kritiker sagen, es sei unmöglich, daß jemand das Gemetzel im Keller überlebt haben könnte: es seien zu viele Soldaten dagewesen, zu viele Menschen in dem kleinen Raum. Wenn es aber eine Chance gab, dann eben wegen dieser Bedingungen. Wir wissen aus Jurowskijs Aufzeichnungen, daß in dem Raum Chaos herrschte und völlige Orientierungslosigkeit. Einige Teilnehmer an dem Erschießungskommando waren betrunken. Drei der Großfürstinnen und Alexej überlebten die erste Serie von Schüssen. Aus den Berichten, die die Teilnehmer an dem Mord hinterlassen haben, erfahren wir, daß einige der Opfer sogar noch lebten, als sie im Hof des Ipatjew-Hauses auf den Lastwagen geladen wurden, und mit dem Bajonett erstochen werden mußten.

War es überhaupt möglich, daß jemand überlebt hat? Wir wissen, daß die mit Schmuck gefüllten Mieder die Kugeln und die Bajonette ablenkten. Es wäre also denkbar, daß sogar auf dem Weg zum Schacht »Vier Brüder« noch Mitglieder der kaiserlichen Familie am Leben gewesen wären.

Aber selbst wenn wir akzeptieren, daß noch jemand am Leben gewesen sein könnte, wie hätte er oder sie dann entkommen können? Der Wagen war voll von Angehörigen des Erschießungskommandos. Mitglieder des Ural-Sowjets und der Tscheka warteten an der Straße und schlossen sich den anderen auf dem Weg zum Schacht »Vier Brüder« an. Dennoch sind in den Memoiren der Teilnehmer an der Erschießung im Ipatjew-Haus Hinweise auf das verborgen, was geschehen sein könnte.

Auf dem Weg zur Mine blieb der Lastwagen stecken. Jurowskij und einige seiner Leute machten sich zusammen mit Männern der Tscheka auf in den Wald und ließen nur ein paar betrunkene Soldaten bei ihrer grausigen Fracht zurück. Wenn eins der Mädchen noch lebte, könnte ihr Stöhnen jetzt diese paar Männer aufmerksam gemacht haben. Diese Menschen waren sowieso schon verwirrt, halb betrunken, vielleicht hatten sie längst Schuldgefühle wegen des Massakers. Der Fall von Jekaterinburg stand bevor; die Bolschewiken verloren an Boden. Wenn noch eins der Mädchen lebte, gab es jetzt die Chance, sie zu retten und sich selbst vielleicht auch.

Auch wenn in Jurowskijs Memoiren ausdrücklich gesagt wird, daß alle Mitglieder der kaiserlichen Familie getötet worden seien, gibt es immer wieder Hinweise darauf, daß zwei von der Familie fehlten, als der Schacht erreicht war. Er schrieb später, zwei der Leichen seien einzeln verbrannt worden und Alexej nannte er sogar ausdrücklich. Aber warum zwei von ihnen verbrennen? Wenn sich die Bolschewiken die Mühe machten, zwei zu verbrennen, warum dann nicht alle? Es kommt einem nicht unwahrscheinlich vor, daß Jurowskij, als er mit seiner Fracht den Schacht erreichte, merkte, daß zwei Leichen fehlten. Daraufhin schickte er schnell die Männer der Tscheka fort; als Vorwand dienten ihm die in die Mieder der Mädchen eingenähten Juwelen. Er und Jermakow und die wenigen anderen zählten dann in der Morgendämmerung noch einmal die Leichen. Wir wissen nicht, ob die Soldaten noch befragt wurden oder ob an der Mine einfach beschlossen wurde, die fehlenden Leichen zu ignorieren. Aber keiner der Männer konnte es sich leisten, das Geheimnis seinen Vorgesetzten zu verraten. Als also Jurowskij seinen Bericht schrieb, erwähnte er, daß zwei der Leichen verbrannt worden seien, um für den Fall, daß die anderen doch gefunden würden, ihr Fehlen zu erklären. Jermakow tat das gleiche in seinem Bericht. Sie waren sehr darauf bedacht, ihr Geheimnis zu bewahren, sie hatten Angst vor Moskau.

Die Frage ist, kann man Jurowskijs Bericht von der Verbrennung der zwei Leichen einfach als Tatsache akzeptieren? Schließlich haben sich die anderen Details seines Berichts als zutreffend erwiesen. Aber die absurde Vorstellung, daß die Bolschewiken zwei der Leichen verbrannt hätten und die anderen nicht, spricht sehr für einen Vertuschungsversuch, vor allem da Jurowskij keinen vernünftigen Grund für die angebliche Verbrennung zweier Leichen angibt.

Der russische Autor Edward Radsinski entdeckte bei seinen Forschungen für eine Biographie Nikolaus' II. diese Hinweise.[10] Ihn suchte ein Mann auf, der ihm die nackten Fakten der oben erzählten Geschichte berichtete und sagte, daß die Männer die Sache mit den zwei verbrannten Leichen erfunden hätten, um sich selbst zu schützen. Diese Aussage ist sehr überzeugend, wenn man davon ausgeht, daß der anonyme Besucher vielleicht selbst Angehöriger der Tschekaeinheit gewesen ist, die den Lastwagen auf dem Weg zum Schacht begleitet hat. Wenn er Augenzeuge der Ereignisse an jenem Morgen im Koptjakijwald gewesen ist, bekommt die Geschichte Hand und Fuß, und seine Kenntnisse von der Rettung zweier Opfer wäre unser wichtigster Hinweis für das, was geschehen ist.[11]

Jurowskij selbst hat berichtet, daß Alexej nicht bei der ersten Serie von Schüssen gestorben sei, und daß sein Assistent Nikulin mehrere Schüsse auf den über den Boden kriechenden Jungen abgegeben hätte, bevor der liegengeblieben sei. Wenn wir einmal annehmen, daß der Zarewitsch wie seine Schwestern eine Art von Wickel voller Juwelen unter seiner Kleidung getragen hätte, würde das erklären, weshalb ihn die Kugeln nicht töteten. Wenn aber Alexej das Massaker im Ipatjew-Haus überlebt hat, müßte er schwer verletzt gewesen sein. Wie lange hätte er überleben können, bevor ihn die Hämophilie dahinraffte?[12] Wie immer die Antwort aussieht, es bleibt die Tatsache, daß er und Anastasia in dem Massengrab fehlten, in dem ihre Eltern und Schwestern gefunden wurden.

Am 11. Dezember 1992 wurden die sterblichen Überreste Alexandras noch einmal identifiziert durch ein britisches Expertenteam im Home Office Science Laboratory (dem Naturwissenschaftlichen Labor des Innenministeriums) im englischen Aldermaston. Erstmals gab es eindeutige wissenschaftliche Beweise, daß die in dem flachen Grab im Koptjakijwald gefundenen Skelette die der kaiserlichen Familie und ihrer Getreuen waren.

Zuvor hatten die Russen aus Jekaterinburg neun linke Oberschenkelknochen nach England geschickt. Sie wurden einem neuen, von Dr. Peter Gill entwickelten DNS-Test unterworfen. Zunächst wurden DNS-Fragmente aus den Knochen entnommen. Gill verglich die Mitochondrial-DNS, nicht die der Chromosomen; sie wird nämlich matrilinear weitergegeben und bleibt von Generation zu Generation unverändert. Diese DNS aus den Knochen sollte dann mit denen naher Blutsverwandter verglichen werden.[13]

DNS-Tests sind immer noch umstritten, werden aber vor englischen Gerichten als Beweismittel zur Identifikation anerkannt. Zu den Menschen, von denen Vergleichsmaterial erbeten wurde, gehörte auch Prinz Philip, der Herzog von Edinburgh und Ehemann von Königin Elisabeth II., ein direkter Nachkomme von Alexandras Mutter Alice. Zudem wurden Haare der Königin Viktoria zum Vergleich herangezogen.

DNS aus dem Schädel, der für den Alexandras gehalten wurde, zeigte die gleichen Merkmale wie die Probe von Prinz Philip. Es war definitiv Alexandras Schädel. Bei weiteren DNS-Untersuchungen sollte der Schädel des Zaren mit Proben von Nachkommen in seiner Verwandtschaft mütterlicherseits verglichen werden, ebenso die der drei Töchter. Außerdem wurden Haare von Anna Anderson, die 64 Jahre lang behauptet hat, sie sei Anastasia, nach Aldermaston gebracht. Die Prüfung hat inzwischen ergeben, daß sie keine Tochter von Alexandra war.

Achtzig Jahre sind vergangen seit jener heißen Sommernacht 1918. Heute wissen wir, was im Koptjakijwald außerhalb von Jekaterinburg geschehen ist. Das Geheimnis wurde gelüftet.

Epilog

Das Ende der russischen kaiserlichen Familie war gekennzeichnet durch Gewalttätigkeit, politische Korruption und Täuschungen. Heute kommt es uns vor, als hätte man den tragischen, erschütternden Tod dieser Menschen wegen ihrer extravaganten und sorglosen Art zu leben voraussahnen müssen. Die Romanows hatten völlig die Verbindung zur Umwelt verloren und fuhren trotz aller Warnungen fort, in der industrialisierten und aufgeklärten Welt so zu leben wie eine Dynastie des 17. Jahrhunderts. Das Ende dieser Familie markierte auch das Ende einer Ära. Das Totenglöckchen für Europas große Herrscherfamilien wurde zuerst in Rußland geläutet.

Die Ermordung der kaiserlichen Familie war nur ein kleiner Teil der zahllosen in Rußland begangenen Verbrechen, die schon vor der kommunistischen Revolution begonnen hatten und durch die Terrorregime Lenins und Stalins weitergeführt wurden. Trotzdem sind diese sieben Opfer etwas besonderes. Im Gegensatz zu Karl I. von England oder Ludwig XVI. von Frankreich wurde Nikolaus II. kein Gerichtsverfahren gewährt; das Urteil wurde insgeheim gefällt und vollstreckt, außerhalb aller geltenden Gesetze, und seine Frau und seine Kinder wurden mit dem Kaiser erschossen.

»... Zarenmord ... hat etwas einmalig Abscheuliches an sich, etwas, das ihn zutiefst von früheren Königsmorden unterscheidet und ihm den Charakter eines Vorspiels zu den Massenmorden des 20. Jahrhunderts verleiht«, schrieb Richard Pipes. »Wenn eine Regierung sich die Macht anmaßt, Menschen zu töten, und zwar nicht dessentwegen, was sie getan haben oder möglicherweise hätten tun können, sondern weil ihr Tod ›notwendig ist‹, dann betreten wir eine völlig neuartige moralische Sphäre. Hier liegt die symbolische Bedeutung der Ereignisse in Jekaterinburg in der Nacht zum 17. Juli 1918. Der auf den geheimen Befehl der Regierung erfolgte Mord an einer Familie, die trotz ihrer dynastischen Herkunft alltäglich war und sich nichts hatte zuschulden kommen lassen, die nichts anderes wünschte, als in Frieden leben zu können, dieser Mord beförderte die Menschheit über die Schwelle vor dem gezielten Völkermord. Dasselbe Argument, das die Bolschewiki dazu bewogen hatte, die Familie des Ex-Zaren zum Tod zu verurteilen, sollte später in Rußland und anderswo auf Millionen namenloser Menschen angewandt werden, die zufällig dem einen oder anderen Plan für eine neue Weltordnung im Weg standen.«[1]

Der Beschluß, die Romanows aus dem öffentlichen Gedächtnis zu tilgen, führte zur Ermordung auch vieler anderer Mitglieder der kaiserlichen Familie. Im April 1918 nahm eine Gruppe von Bolschewiken Alexandras Schwester Ella in ihrem Moskauer Kloster fest. Sie behaupteten zunächst, der Zar wünschte sie zu sehen; sie packte also eilig ein paar Sachen zusammen und machte sich zusammen mit einer Helferin auf den Weg zum Moskauer Hauptbahnhof.[2] Die Bolschewiken schickten sie nach Perm, wo sie dann mit Großfürst Sergej Michailowitsch sowie Igor, Iwan und Konstantin Konstantinowitsch und Großfürst Pawels Sohn aus seiner zweiten, morganatischen Ehe, Fürst Wladimir Paley, eingekerkert wurde.

Nach ein paar Tagen in Perm brachten die Bolschewiken ihre Gefangenen dann nach Alapajewsk, einhundertsiebzig Kilometer nordöstlich von Jekaterinburg. Am Abend des 18. Juli 1918 wurden sie mit einem Lastwagen von der leerstehenden Schule, in der sie untergebracht waren, abgeholt. Bewaffnete Rotarmisten eskortierten den Lastwagen zu einem abgelegenen Bergwerksschacht im Wald. Nachdem die Gefangenen ausgestiegen waren, teilte man ihnen mit, daß sie nun alle in den Schacht geworfen würden – lebend. Ella bat darum, sich den Kopf mit ihrem Tuch verhüllen zu dürfen, und begann ihren Lieblingschoral »Die Cherubim« zu singen. Dann trat sie über den Rand des Schachts und verschwand in der Finsternis unten. Die anderen wehrten sich oder baten um ihr Leben oder beteten, aber alle folgten Ella in den Schacht. Großfürst Sergej Michailowitsch versuchte im letzten Augenblick einen Ausbruch und wurde erschossen; man schob seine Leiche über den Rand. Als alle Gefangenen unten waren, warfen die Bolschewiken noch zwei Granaten in das Loch und fuhren fort.[3]

Bauern aus der Umgebung, die sich dem Schacht näherten, hörten in den folgenden Tagen noch Gesang aus der Tiefe heraufdringen. Aber sie wagten nicht, die Gefangenen zu befreien: die Bolschewiken konnten ja zurückkommen und sie ebenfalls töten. Erst als die Weiße Armee Alapajewsk einnahm, wurden die Leichen aus der Mine geborgen. Die Weißen stellten fest, daß Ella noch Iwan Konstantinowitschs schwere Kopfwunde mit ihrem Tuch verbunden hatte, und daß Konstantin Konstantinowitsch so hungrig gewesen war, daß er Erde gegessen hatte. Aber nach Stunden oder Tagen waren die Gefangenen alle ihren Verletzungen, der Kälte und dem Hunger erlegen.[4]

Die Weiße Armee wollte die Leichen nach Perm bringen und sie dort in der Kathedrale beisetzen, aber die Gegenoffensive der Roten zwang sie, die Särge statt dessen in Richtung Osten zu schicken. Nach einem langen Umweg durch Sibirien bis in die Mandschurei gelangte Ellas Sarg schließlich nach Jerusalem. Dort ruht sie in der russisch-orthodoxen Kirche auf dem Ölberg.

Schon vorher hatten die Bolschewiken den Bruder des Zaren, Großfürst Michail, in Perm erschossen. Im Januar 1919 wurden vier Großfürsten – Pawel, der Onkel des Zaren, Dmitrij Konstantinowitsch und Nikolaj und Grigorij Michailowitsch –, die in der Peter-und-Pauls-Festung eingesperrt waren, aus ihren Zellen geholt und ermordet.

Viele andere Romanows überlebten. Maria Fjorodowna, die Kaiserinwitwe, war auf die Krim entkommen; im April 1919 schickte der englische König Georg V. ein Kriegsschiff, das sie und andere Mitglieder der Familie abholte. Maria Fjodorowna ließ sich in ihrer Heimat Dänemark nieder; dort lebte sie in einem Flügel des Schlosses ihres Neffen, Christians X. Sie starb am 13. Oktober 1928 im Alter von 81 Jahren.

Maria Fjodorownas Töchter Xenia und Olga lebten noch viele Jahre im Exil. Xenia ließ sich in England nieder. Sie und ihr Mann,

Großfürst Alexander Michailowitsch, lebten getrennt. Sandro starb 1933. Seiner Cousine Xenia bot Georg V. »Gunst und Gnade« des freien Wohnens im Wilderness House an. Dort lebte sie bis zu ihrem Tod 1960. Olga führte mit ihrem zweiten Mann und zwei Kindern ein zurückgezogenes Leben in Kanada; ihre letzten Tage verbrachte sie bei einem russischen Ehepaar in Toronto in deren Wohnung über einem Friseurladen. Die Großfürstin starb am 24. November 1960.

Michail Alexandrowitsch, der Bruder des Zaren, hatte 1912 eine zweimal geschiedene Bürgerliche geheiratet, Natalja Tscheremetewskaja. Zwei Jahre zuvor hatte sie seinen unehelichen Sohn Georgij zur Welt gebracht. Nach der Revolution gelang es Natalja, der man aus Höflichkeit den Titel einer Gräfin Brassowa verliehen hatte, und ihrem Sohn, aus Rußland zu fliehen. Im Exil aber wollte keiner der Romanows sie empfangen. Im Juli 1931 starb Georgij Graf Brassow bei einem Autounfall in Cannes. Mit ihrem letzten Geld erstand Natalja ein Grab auf dem Friedhof von Passy für ihren Sohn und sich. Ihre letzten Jahre verbrachte sie verarmt in einem kleinen Zimmer in einem schäbigen Hotel in Paris. Ihre Kleider waren zerlumpt, und sie hatte nie genug zu essen. Keiner der Romanows im Exil unterstützte sie. Sie starb am 23. Januar 1952 und wurde in Passy neben ihrem Sohn beerdigt.[5]

Großfürst Nikolaj Nikolajewitsch starb 1929 in Frankreich. Alexandras andere Feindin, Großfürstin Maria Pawlowna, flüchtete mit einer Schmuckschatulle unter dem Arm aus dem Land. Sieben Wochen lang lebte sie nur von schwarzem Brot und Suppe, bevor sie den Westen erreichte. Sie starb 1920 in der Schweiz.[6]

Großfürst Kyrill und seine Frau Melita konnten ebenfalls entkommen. Zur Zeit der Revolution war sie schwanger mit ihrem dritten Kind, zuvor hatte sie zwei Töchter bekommen. Sie verließen Petrograd in einem Sonderzug, den ihnen die Bolschewiken zur Verfügung gestellt hatten, und fuhren nach Finnland. Dort gebar Melita einen Sohn, Wladimir. 1924 rief sich Kyrill selbst zum Zaren aller Reußen aus – was ihn den übrigen Romanows entfremdete. Als Kyrill 1938 starb, erklärte sich sein Sohn Wladimir zum Erben des Throns.

Der Anspruch der Wladimirowitsch auf den Thron führte zur Spaltung in der Romanow-Familie, die sich bis zum heutigen Tag erhalten hat. Nach dem Paulinischen Gesetz konnte Wladimir den Thron aus zwei Gründen nicht erben: Seine Eltern hatten ohne die Erlaubnis des Zaren geheiratet, und sie waren Vetter und Cousine ersten Grades – nach orthodoxem Recht durften sie nicht einmal heiraten. Trotzdem stilisierte er sich als Großfürst und russischen Thronerben. 1948 heiratete er die Tochter eines georgischen Fürsten. Ihre einzige Tochter, Maria, hat ihrerseits einen Sohn, Georg von Preußen. Am 21. April 1992 starb Wladimir im Alter von 75 Jahren in Miami. Vor seinem Tod erklärte er seine Tochter Maria zur Kuratorin des Hauses Romanow für ihren Sohn Georg.[7] Der andere Anwärter auf den nichtexistierenden Thron ist Fürst Nikolaj Romanow, der in der Schweiz und Italien lebt. Tatsache ist, daß nach 75 Jahren im Exil keiner der potentiellen Prätendenten nach den vor der Revolution geltenden Gesetzen in Frage käme, weil sie sich alle durch morganatische Ehen oder religiöse Entscheidungen selbst ausgeschlossen haben.

Von den Rasputinmördern äußerte sich nur Großfürst Dimitri Pawlowitsch im Exil nicht mehr über die Ereignisse in jener Dezembernacht. Er starb 1942. Sein Freund Felix Jussupow entkam mit seiner Frau Irina und ihrer Tochter, die ebenfalls Irina hieß, nach Frankreich. Von dem gewaltigen Vermögen der Jussupows blieb wenig übrig, dennoch half Felix Jussupow russischen Emigranten, wo er konnte. Er stand auch der mittellosen Gräfin Brassowa in den Jahren vor ihrem Tod bei. Felix und Irina Jussupow wurden die Stars der französischen Gesellschaft und bewegten sich nach dem Zweiten Weltkrieg in einem glänzenden Kreis, zu dem auch der Herzog und die Herzogin von Windsor gehörten.[8] Am 27. September 1967 starb der Mann, der Rasputin getötet hatte, im Alter von 80 Jahren in Paris. Seine Frau folgte ihm wenige Jahre später, und ihre Tochter Irina starb 1983.

Von Alexandras und Nikolaus' gekrönten Vettern dankte der deutsche Kaiser Wilhelm II. 1918 ab, nachdem in Kiel die Marine gemeutert hatte. Er starb 1941 im holländischen Exil. Der englische König Georg V. und Königin Mary waren die einzigen, deren Ansehen und Einfluß am Ende des Ersten Weltkriegs noch intakt waren. 1930 mußte der König den ersten sowjetischen Botschafter Sokolnikow in Schloß Windsor empfangen. »Was glauben Sie, was es für mich bedeutet, einem Mann von jener Partei die Hand geben zu müssen, die meine Verwandtschaft ermordet hat?« rief er.[9] Georg V. starb 1936, Queen Mary 1953.

506

Von Alexandras Freunden überlebten einige die Revolution. So auch Anna Wyrubowa, die nach ihrer Entlassung aus der Peter-und-Pauls-Festung nach Finnland reiste. Sie starb 1964 im Alter von 80 Jahren. Graf Benckendorff starb 1921, Graf Fredericks ein Jahr später. Gilliard lebte bis zu seinem Tod 1962 in der Schweiz; Gibbes starb 1963 in England. Baronin Buxhoeveden arbeitete auch im Exil weiter für Mitglieder der Familie Romanow. Eine Weile war sie Hofdame von Alexandras Schwester Viktoria. Lili Dehn zog nach Argentinien. Alexejs Spaniel Joy nahm ein britischer Offizier auf, der ihn fast ein Jahr nach der Ermordung der kaiserlichen Familie in Jekaterinburg auf der Straße fand. Er nahm den Hund mit nach England, wo er noch ein paar Jahre in friedlicher Landschaft nicht weit vom Schloß Windsor lebte.[10]

Alexandras Bruder Ernst Ludwig verlor seine Position, als im November 1918 der Kaiser abdankte, behielt aber den Titel Großherzog von Hessen und gab ihn später an seinen Sohn Georg weiter. Seine Gesundheit nahm langsam ab, und er starb am 9. Oktober 1937. Er wurde in der Krypta auf der Darmstädter Rosenhöhe beigesetzt. Im Februar 1931 hatte Georg von Hessen die Tochter des Prinzen Andreas von Griechenland geheiratet, die hübsche Cecilla, deren Mutter die älteste Tochter von Alexandras Schwester Viktoria, Alice, war. Cecillas Bruder Philip heiratete später Elisabeth II.

Ernst Ludwigs Witwe Eleonore überlebte ihn nicht lange. Einen Monat nach seinem Tode wollte sie mit Sohn Georg und seiner Frau Cecilla, die ihr viertes Kind erwartete, und ihren Söhnen Ludwig und Alexander zur Hochzeit von Ernst Ludwigs zweitem Sohn Ludwig mit der Ehrenwerten Margaret Geddes nach England reisen. Ihre dreimotorige Junckers geriet in dichten Nebel und stürzte ab. An Bord waren auch die berühmten hessischen Perlen und der Schleier aus Honitonspitze, den Alice einst getragen hatte.[11]

Prinz Ludwig und Margaret Geddes wurden am nächsten Morgen in einer privaten Zeremonie getraut, Trauzeuge war Lord Louis (Ludwig) Mountbatten. Zwei Stunden danach verließen sie England; sie folgten den fünf Särgen nach Darmstadt zur Rosenhöhe, wo schon Ernst Ludwig, Ludwig IV. und Alice lagen.

Alexandras Schwester Irene lebte noch viele Jahre friedlich in Deutschland. Sie starb 1953. Viktoria starb im September 1950. Ihr jüngster Sohn, Lord Mountbattan, diente im Zweiten Weltkrieg mit Auszeichnung in der britischen Marine und war 1947 der letzte Vizekönig von Indien. Er erinnerte sich immer gern an die langen Sommerabende, die er mit den russischen Verwandten erlebt hatte, als er sich in Alexandras dritte Tochter Maria verliebt hatte. Er starb 1979 bei einem Bombenattentat der IRA in seinem Schloß in Irland. Sein Enkel Norton Knatchbull Lord Romsey ist Erbe des Mountbatten-Titels. Er heiratete 1979 die frühere Penelope Eastwood. Ihre beiden Kinder heißen Nikolaus und Alexandra.

In den Jahrzehnten seit der russischen Revolution haben die Sowjets nachdrücklich versucht, die Erinnerung an die Romanows aus den Köpfen der Bürger zu vertreiben. Sie verschwanden aus den Geschichtsbüchern, wurden nichtexistent, geschmäht, wo sie doch noch auftauchten, und vom Staat verurteilt. Jekaterinburg wurde in Swerdlowsk umbenannt, zu Ehren von Jakow Swerdlow, dem Mann, der zusammen mit Lenin über das Schicksal der kaiserlichen Familie entschieden hatte. Das Ipatjew-Haus war lange Museum der Bolschewiken, und Besuchergruppen bekamen den trüben Kellerraum gezeigt, in dem die Zarenfamilie erschossen worden war.

1977 wurde es in einer nächtlichen Aktion dem Erdboden gleichgemacht. Der Mann, der den Befehl ausführen ließ, der damalige Erste Sekretär des Swerdlowsker Provinzsowjets, war Boris Jelzin. Er schrieb später:

»Die Rückkehr zu den Quellen unserer von Lüge entstellten Geschichte ist ein normaler Prozeß. Unser Land will die Wahrheit, auch die schlimme Wahrheit, über seine Vergangenheit wissen. Die Tragödie der Familie Romanow ist ein Teil unserer Geschichte, den man gern verschweigt. In meiner Zeit als Erster Sekretär des Gebietskomitees wurde das Ipatjew-Haus zerstört. Es war immer eine Art Wallfahrtsziel für die Menschen gewesen, obwohl es sich äußerlich kaum von den alten Nachbarhäusern unterschied... Die Menschen zog es wegen der schrecklichen Tragödie, die sich 1918 hier ereignet hatte, zu diesem Haus. Sie blieben davor stehen, warfen einen Blick durch die Fenster und betrachteten es schweigend... Doch durch irgendwelche Kanäle war die Information über die vielen Pilger, die das Ipatjew-Haus aufsuchten, nach Moskau gelangt. Ich weiß nicht, was die Information da auslöste, wovor unsere Ideologen erschraken oder welche Versammlungen abgehalten wurden; jedenfalls erhielt ich eines Tages eine geheime Mitteilung aus Moskau... Es war eine Anordnung des Politbüros über den Abriß des Ipatjew-Hauses in Swerdlowsk... Ein paar Tage später fuhren schwere Geräte nachts vor dem Ipatjew-Haus auf, und am anderen Morgen war nichts mehr davon zu sehen. Später asphaltierte man die Stelle, wo es gestanden hatte. Dies war eine weitere traurige Episode aus der Zeit der Stagnation. Schon damals fühlte ich, daß wir uns eines Tages dieser Barbarei schämen würden, aber dann würde man nichts mehr rückgängig machen können.«[12]

Seit der Veröffentlichung von Rjabows Bericht ist das Interesse an den Romanows gewachsen. Am 17. Juli jenes Jahres hat eine Gruppe von Monarchisten einen Gedenkgottesdienst für die Romanows auf dem Friedhof des Donskoj-Klosters außerhalb von Moskau abgehalten. Es war die erste von vielen derartigen Demonstrationen. Bei der Mai-Parade 1990 mußte die sowjetische Führung zusehen, als die alte russische dreifarbige Flagge und Fahnen mit dem Porträt von Nikolaus über den Roten Platz getragen wurden. Heute kämpft eine monarchistische Partei offen für die Wiederherstellung des alten Kaiserhauses. Mit dem Zusammenbruch der Sowjetunion 1991 hat das Interesse an der Dynastie, die einst über dreihundert Jahre geherrscht hat, weiter zugenommen.

Gorbatschows *Glasnost*-Politik hat erstmals nach über siebzig Jahren den Dialog über die Romanows zugelassen. Tausende von Moskauern standen Schlange, um eine Ausstellung mit Fotos von Alexandra und Nikolaus zu sehen; ein Theaterstück, das den Mord an der kaiserlichen Familie behandelte, war monatelang ausverkauft. Straßenhändler haben begonnen, Romanow-Memorabilia zu verkaufen, und volkstümliche Zeitschriften bringen Berichte über den letzten Zaren und seine Familie.

Die sich wandelnde öffentliche Meinung und die wachsende Ablehnung des Kommunismus haben zu einem anschaulichen Signal geführt: Sowohl Leningrad als auch Swerdlowsk – die Städte, die eng mit den Romanows zusammenhängen und die Namen der zwei Männer trugen, die die größte Verantwortung für ihre Ermordung hatten – haben sich zurückbenannt. Seit dem 1. Oktober 1991 heißen sie offiziell wieder St. Petersburg und Jekaterinburg.

Dem neuen St. Petersburg hat im Herbst 1991 der inzwischen verstorbene selbsternannte Großfürst Wladimir, Anwärter auf den Thron der Romanows, einen Besuch abgestattet. Zusammen mit seiner Frau suchte er die Paläste auf, in denen seine Familie einst residiert hatte, und legte Blumen an den Gräbern der Vorfahren in der Peter-und-Pauls-Festung nieder. Es entbehrt nicht einer gewissen Ironie, daß Wladimir sechs Monate später abermals nach St. Petersburg kam – zu seiner Beisetzung. Wenige Jahre zuvor wäre diese Szene noch undenkbar gewesen: Daß einer, der Anspruch auf den Thron erhoben hatte, prächtig aufgebahrt in der Isaakskathedrale lag, umgeben von Trauernden und hohen orthodoxen Geistlichen, die ihre größte Kirche wieder in Besitz genommen haben.

Es ist lange darüber gestritten worden, was mit den Skeletten in der Kriminalpathologie in Jekaterinburg geschehen sollte. Jekaterinburg wollte sie in der Gedächtniskirche bestatten, die dort gebaut werden soll, wo das Ipatjew-Haus gestanden hat. St. Petersburg wollte sie in der Kathedrale der Peter-und-Pauls-Festung beisetzen, wie die früheren Romanows. Ein dritter Vorschlag, die kaiserliche Familie in der Fjodorowskij-Kirche in Zarskoje Selo zu begraben, wurde von etlichen Romanow-Verwandten unterstützt. Auch Moskau stellte Ansprüche. Die meisten Monarchisten in Rußland waren für eine Beisetzung in St. Petersburg: Sie wäre höchst symbolisch.

Anfang 1998 ist die Entscheidung gefallen: die Gebeine wurden am 17. Juli 1998, dem 80. Jahrestag der Ermordung, in der Peter-und-Pauls-Kathedrale beigesetzt.

Die Stadt Zarskoje Selo südlich von St. Petersburg, die heute Puschkin heißt, sonnt sich noch immer im alten kaiserlichen Glanz. Am Rande des sehr gepflegten Parks liegt zwischen Bäumen und wild wachsenden Rasenflächen verborgen der Alexanderpalast, in dem Nikolaus und Alexandra und ihre Kinder gewohnt haben. Nach der Revolution wurde er in genau dem Zustand gehalten, in dem er sich bei der Abreise der kaiserlichen Familie nach Sibirien befunden hatte. In den eleganten Salons und Empfangsräumen waren Nikolaus' Uniformen, Alexandras Festgewänder und die Spielsachen der Kinder ausgestellt, Erinnerungen an eine verschwundene Welt. In den Privaträumen hatte sich nichts verändert: Im Arbeitsraum des Zaren lagen seine Schreibutensilien auf dem Schreibtisch, und der Kalender zeigte noch den 30. Juli. Im Malvenboudoir lagen Bücher und Schreibpapier zur Benutzung bereit. Das kaiserliche Schlafzimmer duftete noch immer nach dem Rosenöl, das Alexandra für ihre Ikonenlampen verwendet hatte.[13] Es war, als seien die Bewohner nur für einen kleinen Nachmittagsspaziergang in den Park gegangen und könnten jeden Augenblick zurückkommen.

1942 rückten die Deutschen an, eroberten die Stadt und plünderten den Palast. Sie stahlen die Bilder von den Wänden, zerschlugen Möbel und legten Feuer. Die Flammen zerstörten das Malvenboudoir, das Arbeitszimmer des Zaren, das kaiserliche Schlafzimmer. Nach dem Krieg wurden einige Teile des Palastes wieder aufgebaut, einschließlich der Gemäldegalerie und des kaiserlichen Audienzzimmers. Der Rest wurde in Büros aufgeteilt. Jetzt ist die Petersburger Marineakademie dort untergebracht, von hohen Zäunen umgeben und scharf bewacht. Vor einigen Jahren wurden Anträge gestellt, die Marine umzusiedeln und den Palast entweder für eine Erweiterung des Puschkin-Museums oder als kaiserliches Museum zu nutzen. Der Palast wird zur Zeit restauriert.

Der frühere Kurator des Palastes, Anatolij Kuchumow, erzählte Suzanne Massie, daß er mehrfach das Gefühl gehabt habe, als sei jemand da, als sei er nicht allein. Eines Abends, als er in dem leeren Palast arbeitete, habe er aus dem Augenwinkel eine schattenhafte Gestalt gesehen, eine große Frau mittleren Alters, ganz in Schwarz gekleidet, die verschwunden sei, als er den Kopf gewendet habe. Er ist überzeugt, daß spät abends, wenn alle Marineangehörigen den Palast verlassen haben und heimgegangen sind, Alexandras ruheloser Geist durch die dunklen Räume ihres Heims wandert und nach dem friedlichen Ende sucht, das ihr im Leben verwehrt war.

Danksagung

An diesem Buch habe ich zwölf Jahre geschrieben, und weitere drei Jahre habe ich es redigiert und umgeschrieben. Viele Menschen haben zu dem Ergebnis beigetragen. Ihnen allen, genannten und nicht genannten, bin ich sehr dankbar.

Ich habe die Ehre, dem Fürsten Nikolaj Romanoff für seine Hilfe bei meinen Forschungen und für seine Vorbemerkung zu diesem Buch zu danken. Seine Charakterisierung Alexandras ist eine präzise und angemessene Einführung zu meinen eigenen Ansichten, ein wunderbarer Beitrag.

Danken möchte ich den Verantwortlichen am Broadlands Archiv der University of Southampton für die Erlaubnis, viele der hier abgedruckten Fotos zu veröffentlichen und aus unveröffentlichten Briefen und Memoiren zu zitieren, vor allem denen von Alexandras Schwester Viktoria. Ebenso hat Wartski in London dankenswerterweise Fotos geliefert.

In England hat Lord Brabourne freundlicherweise immer wieder Zugang zu Familiendokumenten gestattet. Die Hilfe und Kooperation Lord Romseys war von unschätzbarem Wert, und er öffnete mir viele Türen, wofür ich ihm sehr dankbar bin. Dr. C. M. Woolgar, Archivar der Broadlands Archive, Hartley Library, University of Southampton, hat sehr viel Zeit geopfert, als er mir Fragen beantwortete und Genehmigungen besorgte; das gleiche gilt für die Belegschaft der Public Records Office in Kew. Die freundlichen und geduldigen Mitarbeiter in den Archiven waren immer bereit, mir meine Wünsche zu erfüllen, und ich danke ihnen sehr für ihre Unterstützung. Robert Parsons lieferte mir wertvolle Informationen betreffend die Geschäfte der kaiserlichen Familie mit Fabergé sowie zu Alexandras Schmuck, ebenso Suzy Menkes. George Gibbes, Sohn des Hauslehrers der Zarenkinder, ließ mich einen Nachmittag lang die Sammlung seines Vaters kaiserlicher Schreiben und Fotos sehen.

513

Pauline Holdrup, Enkelin von Natalja Tscheremetewskaja, der morganatischen Ehefrau von Nikolaus' Bruder Großfürst Michail, gab mir ebenfalls Einblick in ihre Erinnerungen und in ihre private Sammlung. Schließlich gestattete Ihre Majestät, die Königin von England, mir den Zugang zu den königlichen Archiven im Schloß Windsor; die Arbeit dort wurde durch die kenntnisreichen und freundlichen Hinweise von Frances Diamond besonders wertvoll und erfreulich für mich.

In Deutschland gestattete Ihre königliche Hoheit, die inzwischen verstorbene Prinzessin Margaret von Hessen, mir freundlicherweise, das Schloß Wolfsgarten zu besuchen, Sommerresidenz Alexandras in ihrer Kindheit. Gudrun Illgen, Archivarin im Hessischen Staatsarchiv Darmstadt, ermöglichte mir die Prüfung der Familienfotos aus Alexandras Jugend.

In Rußland wurde mir die Recherche sehr erleichtert durch die Arbeit von Irene Fotschkina in Moskau und Roman Wartanow in St. Petersburg. In Moskau zeigten mir Michail Kuprijanow und seine bezaubernde Frau Milan die Stadt, gingen von Palast zu Palast mit mir und öffneten mir Türen, die mir ansonsten verschlossen geblieben wären. In St. Petersburg vollbrachten Iwan Skubitschew und Tamara Dubko Wunder, als sie mir meine manchmal abwegigen Wünsche erfüllten. Ich danke ihnen beiden, weil sie mir so angenehme und nützliche Erfahrungen verschafft haben. Edward Radsinski schließlich, Autor des Buches *Nikolaus II.: Der letzte Zar und seine Zeit*, teilte sein Wissen und seine Gedanken betreffend die Ermordung der kaiserlichen Familie großzügig mit mir.

In Amerika haben viele Menschen Teile dieses Buches in verschiedenen Stadien seines Entstehens gelesen. Terry Della Penna, Mary Hendricks, Charles und Eileen Knaus, Matt Kumma, Desiree Michael, Elizabeth Roraback und Margaret Scarborough haben alle durch Kommentare und Vorschläge ihren Beitrag geleistet.

Ebenso haben Robert Achinson, Leslie Field, Linda Greenwald, James Blair Lovell, Alexandra Pat Ormsby, Greg Rittenhouse, G. Nicholas Tantzos und Pater Konstantin Tivetsky Informationen geliefert und Fragen zum Inhalt dieses Buches beantwortet.

Ich hatte das Glück, daß mir viele Autoren bei der ersten Manuskriptfassung beigestanden haben. Ihr Beitrag hat die Art beeinflußt, wie ich beim Schreiben des Buches vorgegangen bin, und viele von ihnen werden ihre Gedanken hier wiederfinden – besser konnte ich ihnen nicht danken. Stephen Bird, Ellie Brauer, Lillian Canzler, Shirley Cooper, Phyllis Damish, Ed Dorian, Ron Fleshman, Mary Jane Hayfield, Marilyn Kapp, Elaine Leslie, Linda McMichael und Kay Nelson haben meine tiefste Dankbarkeit und meinen höchsten Respekt verdient.

Die Forschungsarbeit und das Schreiben des Buches haben mich manchmal emotional sehr mitgenommen; zum Glück war ich umgeben von mitfühlenden, hilfsbereiten Mitarbeitern und Kollegen, deren Hingabe und Langmut mir die Weiterarbeit ermöglicht haben. Michelle Fischer, Dan Kaufmann, Julie Miller, Jason Pickering, Amy Torgerson, Edd Vick und vor allem Ryan Sharp und Courtni White haben mir ihre Freizeit geopfert und Aufträge übernommen und mir auf vielfältige Weise beigestanden. Ich danke ihnen allen.

Dieses Projekt war schon durch die lange Zeit, deren es bedurfte, bis ich mein Ziel erreicht hatte, schwierig. Meine Freunde haben viel Verständnis gezeigt. Mein Dank gilt nun Wendy Collins, Andrea Cuddy, Angela Manning, Mark Manning, Murika Matz und Seth Van Dyke. Besonderer Dank den drei besten Freunden, die man sich denken kann – Sharlene Aadland, Cecelia Manning und Russel Minugh –, weil sie an mich glaubten und mir Mut machten.

Marlene Eilers hat sich als unschätzbare Freundin und Kollegin erwiesen. Ihre Energie, Begeisterung und Unterstützung waren mir immer eine Quelle der Inspiration. Marlene hat mich immer über die neuesten Entwicklungen auf dem laufenden gehalten und ihr eigenes Wissen mit mir geteilt. Es findet sich überall im Buch verstreut.

Laura Enstone hat die Grenzen normaler Freundschaft weit überschritten, als sie ihre Ferien opferte und mich finanziell unterstützte, damit ich noch irgendeinen Palast sehen, noch eine Bibliothek in England aufsuchen konnte, immer mit einem Lächeln und einem unbesiegbaren Humor, der uns durch einige unglaubliche Abenteuer geleitet hat. Ohne ihre Gegenwart und ihr Verständnis wäre aus diesem Buch etwas anderes geworden.

Susanne und Denis Meslans haben viel Arbeit für mich auf sich genommen. Korrekturlesen, Ratschläge geben, bei der Forschung aushelfen oder mich nur unterstützen – sie haben wirklich viele, viele Stunden für mich geopfert. Ich stehe tief in ihrer Schuld.

Auch das Interesse und die Unterstützung all der Menschen in der Carol Publishing Group muß anerkannt werden. Der Lektor Allan J. Wilson hat sich vom ersten Augenblick an für dieses Projekt eingesetzt und war von dem Buch und seinem Thema fasziniert. Franz Lavena und Donald Davidson haben meinen manchmal ausgefallenen Wünschen und Erklärungen gegenüber viel Geduld aufgebracht. Jeder Autor steht eine Zeit großer Befürchtungen durch, wenn er sein Manuskript eingereicht hat und darauf wartet, wie der Verlag reagiert, wenn er es zurückschickt. Mein tiefster Dank gilt allen jenen bei Carol, die mir diesen Augenblick zum Vergnügen gemacht haben.

Schließlich muß ich mich noch zu der Unterstützung äußern, die mir meine Eltern in all den Jahren geboten haben. Ob es emotionale oder finanzielle Hilfe war, sie haben immer dazu beigetragen, daß ich nicht aufgab, auch wenn die Aussichten manchmal sehr trübe waren. Mehr als ein Jahrzehnt lang haben sie geduldig abgewartet. Ich hoffe, daß das Ergebnis ihnen gefällt.

Greg King
Oktober 1993.

Anmerkungen

Vorwort
1. Aus naheliegenden praktischen Gründen schließe ich darunter nicht die Arbeiten von Prinzessin Catherine Radziwill, die eindeutig in anklägerischer Absicht geschrieben wurden, oder die Bücher von Anna Wyrubowa und Lili Dehn ein, die das entgegengesetzte Ziel hatten.
2. Crankshaw, 240 ff.

1. Kapitel
1. Benson, 76.
2. Zitiert nach Longford, 269.
3. Epton, 5.
4. Cowles: *Wilhelm*, 24.
5. Duff: *Die Enkel*, 13.
6. Ebd., 21.
7. Alice, 5.
8. Longford, 329.
9 Zitiert bei Epton, 84.
10. Hough: *Louis and Victoria*, 1.
11. Ebd., 21.
12. Zitiert nach Epton, 88.
13. Martin, 5:253.
14. Duff: *Die Enkel*, 57.
15. Ebd., 58, 61.
16. Longford, 260/61.
17. Duff: *Die Enkel*, 96 f.
18. Benson, 119 ff.
19. Alice, 143.
20. Lee, 382.
21. Alice, 132.
22. Epton, 152.
23. Zitiert nach Duff: *Die Enkel*, 152 f.
24. Noel, 113.
25. Ebd., 223 ff.
26. Ebd., 166.
27. Zitiert nach Hough: *Louis and Victoria*, 20 f.
28. Noel, 136.
29. Ebd., 175.

2. Kapitel
1. *Alice*, 304.
2. Buxhoeveden, 1 f. (Das Neue Palais wurde im Zweiten Weltkrieg durch einen englischen Luftangriff zerstört.)
3. *Alice*, 304, 353.
4. *Alice*, 356.
5. Zitiert nach Dimond u. Tayler, 92.

6. Oustimenko: *Royalty*, 64.
7. Mouchanow, 46.
8. Hough: *Louis and Victoria*, 38.
9. Duff: *Die Enkel der Queen*, 152 f.
10. *Alice*, 109.
11. *Alice*, 350, 372.
12. *Alice*, 261 f.
13. Donaldson, 9.
14. VMH, 26.
15. Hough: *Louis and Victoria*, 43.
16. Ebd., 45.
17. Noel, 167.
18. *Alice*, 376.
19. VMH, 41.
20. *Alice*, 403.
21. Duff: *Die Enkel der Queen*, 161.
22. Longford, 382.
23. Ebd., 383.
24. Hough: *Louis and Victoria*, 48.
25. Longford, 383.
26. Königin Victorias Briefwechsel, II, I: 535
27. Epton, 155.
28. Duff: *Die Enkel der Queen*, 164.
29. Victoria: *Advice*, 9.

3. Kapitel

1. Buxhoeveden, 7.
2. Ebd., 12.
3. Ebd.
4. Hough: *Louis and Victoria*, 54.
5. Victoria: *Advice*, 61.
6. Hough: *Louis and Victoria*, 202.
7. Ponsonby, 41.
8. VMH, 39.
9. Ebd.
10. Ebd., 26.
11. Ponsonby, 17.
12. Pope-Hennessy, 140.
13. Buxhoeveden, 7.

14. Ebd., 14.
15. Ebd., 15.
16. Ponsonby, *Recollections*, 180.
17. Marie Louise, 50.
18. Buchanan: *Queen Victoria's Relations*, 94.
19. Cowles: *Wilhelm der Kaiser*, 34.
20. Longford, 436.
21. VMH, 78.
22. Zitiert nach Hough: *Louis and Victoria*, 117.
23. Victoria: *Advice*, 62.
24. Hough: *Louis and Victoria*, 116.
25. Ebd., 117.
26. Zitiert nach Hough: *Louis and Victoria*, 120.
27. Hough: *Louis and Victoria*, 120.
28. Ebd., 121.

4. Kapitel

1. Hough: *Louis and Victoria*, 125.
2. Bergamini, 95.
3. Zitiert nach Massie: *Nikolaus und Alexandra*, 26.
4. Massie: *Nikolaus und Alexandra*, 29.
5. N's Diary, TsGAOR, 27. Mai 1884
6. Buxhoeveden, 18.
7. Oustimenko in *Royalty*, 66.
8. N's Diary, TsGAOR, 31. Mai 1884
9. Wyrubowa, 22.
10. Kochan, 48.
11. Buchanan: *Dissolution*, S. 24.
12. Mossolow, 191.
13. Salisbury, 237.
14. Buxhoeveden, 23.
15. Marie Pavlovna, 38.
16. Buxhoeveden, 24.

17. Marie Pavlovna, 63.

5. *Kapitel*
1. Hough: *Louis and Victoria*, 159.
2. Duff: *Die Enkel.*
3. Victoria: *Advice*, 89.
4. Airlie, 89.
5. Buxhoeveden, 22.
6. Ebd., 25.
7. Hough: *Louis and Victoria*, 166.
8. Buxhoeveden, 31.
9. Ebd., 29.
10. Victoria: *Advice*, 116.
11. Buxhoeveden, 30.
12. Vyrubova, 7.
13. Almedingen: *Empress Alexandra*, 8.
14. Ponsonby, 100.
15. Buchanan: *Dissolution*, 12.
16. Victoria: *Advice*, 96.

6. *Kapitel*
1. Harrison, 30.
2. Ebd., 32.
3. Nicolson: *King George V.*, 17.
4. Pope-Hennessy, 178.
5. Vgl. Knight: *Jack the Ripper.*
6. Victoria: *Advice*, 89.
7. Epton, 196.
8. Pope-Hennessy, 178.
9. Zitiert bei Hough: *Louis and Victoria*, 149.
10. Victoria: *Advice*, 104.
11. Ebd., S. 100.
12. Ebd., S. 104.
13. Pope-Hennessy, 183.
14. Zitiert bei Edwards, 41.
15. Pope-Hennessy, 211 f.
16. Ebd., 187.

7. *Kapitel*
1. Victoria: *Advice*, 111.
2. Sasonoff: *Sechs schwere Jahre*, 131.
3. Victoria: *Advice*, 113.
4. Pope-Hennessy, 242.
5. Buxhoeveden, 37.
6. Longford, 432.
7. Victoria: *Advice*, 42.
8. Ebd., 106.
9. Ebd., 108.
10. Ebd., 110.
11. Almedingen: *Unbroken Unity*, 35.
12. N's Diary, 31.
13. Harrison, 218.
14. N to MF, 61.
15. Nikolaus II.: *Tagebuch*, 77, 21. Dez. 1891.
16. N's Diary, 32.
17. Victoria: *Advice*, 122.
18. Vassilli, *Behind the Veil*, 189. Siehe auch Witte, 45.
19. Duff: *Die Enkel*, 211.
20. N an MF, 76.
21. VMH, 154.
22. Almedingen: *Empress Alexandra*, 20.
23. Tyler-Whittle, 187.
24. AF an N, 321.
25. Zitiert bei Duff: *Victoria Travels*, 320.
26. Marie Louise, 56.

8. *Kapitel*
1. Witte: *Memoirs*, S. 39.
2. Vorres, 21 f.
3. Essed-Bey, 20.
4. Pobedonoszew, 34 f.
5. N an MF, 34.

6. MF an N, 32.
7. Nikolaus II.: *Tagebuch*, 58,
   16.11.91.
8. Nikolaus II.: *Tagebuch*, 58,
   17.11.91.
9. Nikolaus II.: *Tagebuch*, 61.
10. Witte: *Erinnerungen*, 160.
11. Alexander, 46.
12. Pares: *History*, 403.
13. Lincoln: *In War's Dark Shadow*,
    167.
14. Alexander, 59 f.
15. Vorres, 13.
16. Hamilton, 163 f.
17, Essed-Bey, 24.
18. Lincoln: *In War's Dark Shadow*,
    28.
19. N's Diary, zitiert nach Radzi-
    will: *Nicholas II.*, 33.
20. N's Diary, zitiert nach Essed-
    Bey, 27.
21. N's Diary, 21.
22. Nikolaus II.: *Tagebuch*, 74,
    25.2.92.
23. Ebd., 115, 27.9.94.
24. Charques, 49.
25. Witte: *Vospominanija*, I: 435.
26. Zitiert bei Bergamini, 386.

9. Kapitel
1. Victoria: *Advice*, 124–127.
2. Wasili: *Zar Nikolaus II.*, 17.
3. Witte: *Memoirs*, 197.
4. Buxhoeveden, 36.
5. Hough: *Louis and Victoria*, 152.
6. Buxhoeveden, 36.
7. Victoria: *Advice*, 123 f.
8. Massie: *Nikolaus und Alexandra*,
   59.
9. Victoria: *Advice*, 124.

10. Buxhoeveden, 38.
11. Bainbridge, 56, zitiert nach
    Massie: *Nikolaus und Alexandra*,
    59.
12. Buxhoeveden, 38.
13. *The Lady*, 5. Juli 1894.
14. Hough: *Louis and Victoria*, 53.
15. Ebd., 153.
16. N an MF, 86.
17. N's Diary, 75.
18. Ebd., 75 f.
19. Ebd., 77 f.
    »Die Uhr im Glockenturm
    schlägt
    Und erinnert an die Flüchtig-
    keit der Zeit.
    Doch keiner von uns beachtet
    die Stunde.
    Mag die Zeit auch vergehn, die
    Liebe bleibt.
    Ich spür seinen Kuß auf der
    fiebernden Stirn;
    Wenn wir scheiden müssen,
    oh, warum jetzt?
    Ist dies ein Traum?
    Dann wird das Erwachen
    schmerzhaft sein.
    Oh, weck mich nicht, laß mich
    weiterträumen.«
20. Ebd., 62.
    »Pst, mein Liebling, lieg still
    und schlaf,
    Heilige Engel schützen Dein
    Bett,
    Himmlischer Segen ohne Ende
    schwebt sacht hernieder auf
    Dein Haupt,
    Besser, täglich besser.«
21. Ebd., 83.
22. Nikolaus II.: *Tagebuch*, 109.

23. N's Diary, 85.
24. Hough: *Louis and Victoria*, 154.
25. Victoria: *Advice*, 127.

10. Kapitel
1. Buchanan: *Dissolution*, 1 f.
2. Vorres, 63.
3. N's Diary, 103.
4. Alexander, 168.
5. Ebd., 168 f.
6. Nikolaus II.: *Tagebuch*, 110.
7. Buxhoeveden, 41.
8. Zitiert bei Battiscombe, 205.
9. Zitiert bei Magnus, 248.
10. Gilliard: *Thirteen Years*, 48.

11. Kapitel
1. Buxhoeveden, 44.
2. Kennett, 36.
3. Ebd., 41.
4. Buxhoeveden, 43.
5. Poliakoff: *Empress Marie*, 234 f.
6. Buxhoeveden, 43.
7. Informationen von Mr. Robert Parsons von Wartski an den Autor.
8. Hough: *Louis and Victoria*, 126.
9. Poliakoff, 17. f.
10. Mouchanow, 17 f.
11. Wasili: *Zar Nikolaus II.*, 6.
12. Zitiert bei Pope-Hennessy, 300.
13. Mouchanow, 25.
14. Zitiert bei Oldenburg, I: 46.
15. Nikolaus II.: *Tagebuch*, 133.
16. Buxhoeveden, 50.
17. Nikolaus II.: *Tagebuch*, 136.

12. Kapitel
1. Richards. Informationen über die Finanzen in Kap. 4.

2. Zitiert nach Massie: *Nikolaus und Alexandra*, 79.
3. Ross, 197.
4. Buxhoeveden, 44.
5. Zitiert bei Magnus, 249.
6. A. an Prinz Ludwig, 22. Dezember 1894, BA.
7. Vorres, 52.
8. Vassilli: *Confessions*, 20 f.
9. Almedingen: *Empress Alexandra*, 43.
10. Mouchanov, 50 f.
11. Essed-Bey, 80.
12. Vorres, 62 f.
13. Hamilton, 126.
14. Mouchanov, 46.
15. *Cosmopolitan*, 487.
16. Wyrubowa, 10.
17. Ebd., 10.
18. *Century*, 847.
19. Zitiert bei De Jonge, 96.
20. Bogdanovich, 82.
21. Radziwill: *Intimate Life*, 75 f.
22. Botkin, 26.
23. Zit. nach Cowles: *Last Tsar*, 52.
24. Cowles: *Der lebenslustige König*, 337 f.
25. Mossolov, 36.

13. Kapitel
1. Mossolov, 10 f.
2. Radziwill: *Nicholas II.*, 253, teilw. zitiert nach Crankshaw.
3. Florinsky: *End*, 2: 1147.
4. Radziwill: *Nicholas II.*, 102 f.
5. Witte: *Memoirs*, 190.
6. Zitiert bei Salisbury, 7.
7. Zitiert bei Kochan, 67.
8. Salisbury, 101 f., Lincoln: *In War's Dark Shadow*, 123–28.

9. Lincoln: *In War's Dark Shadow*, 213.
10. Payne, 49.
11. Ebd., 95.
12. Fischer: *Das Leben Lenins*, 51.
13. Payne, 164–168.

14. *Kapitel*
1. Bovey, 10, 32.
2. Salisbury, 53.
3. Harcave: *Years of the Golden Cockerel*, 292.
4. Vassilli: *Behind the Veil*, 144.
5. Bovey, 15 ff.
6 .*Strand*, 487.
7. Vorres, 72.
8. Alexandras Krönungsgewand ist im Zeughaus des Kreml ausgestellt.
9. Buxhoeveden, 64.
10. Narischkin-Kurakin, 179.
11. *Illustrated London News*, 30.5.1896, 679.
12. Buxhoeveden, 63.
13. Oldenburg, 1: 59 f.
14. Buxhoeveden, 65.
15. Ebd., 64.
16. Alexander, 157.
17. Essed-Bey, 65.
18. Ebd., 63.
19. *Harper's*, 349.
20. Bovey, 26.
22. Buxhoeveden, 66.
23. Kschessinska, 59.
24. Harcave: *Years of the Golden Cockerel*, 293.
25. Salisbury, 52.
26. Harcave: *Years of the Golden Cockerel*, 293.
27. Salisbury, 57. Alexander, 171 f.

28. Salisbury, 56.
29. Harcave: *Years of the Golden Cockerel*, 294.
30. Vorres, 79.
31. Izvolsky, 259.
32. Salisbury, 58.
33. Ebd., 58.
34. Alexander, 172.
35. Mouchanow, 54.

15. *Kapitel*
1. Buxhoeveden, 71.
2. Haslip, 271.
3. Zitiert bei Sulzberger, 153.
4. Zitiert nach Cowles: *Wilhelm der Kaiser*, 124.
5. Lee, 411.
6. N an MF, 118 f.
7. Zitiert bei Longford, 506.
8. Duff: *Victoria in the Highlands*, 222.
9. Buxhoeveden, 73.
10. Zitiert nach Poliakoff: *Tragic Bride*, 125.
11. Oldenburg, I: 69–73.
12. Buxhoeveden, 75.

16. *Kapitel*
1. Wyrubowa, 14.
2. Youssoupov: *Lost Splendour*, 86.
3. Wyrubowa, 48. Buxhoeveden, 51 f. Dehn, 70.
4. Grey, Marina, 28.
5. Mouchanov, 25.
6. Ebd., 113.
7. Dehn, 68.
8. Vorres, 93.
9. Mouchanov, 28.
10. Ebd., 67.
11. Ebd., 143.

12. Wyrubowa, 66.
13. Mouchanov, 37.
14. Marie Pavlovna, 47.
15. Grabbe, 136.
16. Botkina, 8.
17. Wyrubowa, 147.
18. Botkin, 43 f.
19. Vyrubova, 93.
20. Mossolov, 20.
21. Mouchanov, 40.
22. Dehn, 68.
23. Mouchanov, 40.
24. Vorres, 128.
25. Marie Pavlovna, 34.
26. N an MF, 105.
27. MF an N, 109.
28. Buxhoeveden, 56.
29. Victoria: *Advice*, 136.
30. Mouchanow, 68.
31. Buxhoeveden, 77.
32. MF an N, 137.
33. Mouchanow, 91.
34. N an MF, 139.
35. Ebd., 140.
36. Buxhoeveden, 89.
37. Witte: *Vospominanija*, 1: 172.

17. Kapitel
1. Ponsonby, 158 f.
2. Buxhoeveden, 90.
3. Ebd., 90.
4. Ebd.
5. Judd, 42.
6. Ebd.
7. Hough: *Louis and Victoria*, 208.
8. Duff: *Enkel*, 247.
9. Judd, 42.
10. Buxhoeveden, 98 f.
11. Michael of Greece, 140.

18. Kapitel
1. Lincoln: *In War's Dark Shadow*, 239.
2. Zitiert nach Massie: *Nikolaus und Alexandra*, 118.
3. Wilhelm II: *Briefe*, 12 (v. 26.4.95), 15 (v. 10.7.1895).
4. Witte, *Erinnerungen*, 160.
5. Harcave: *Years of the Golden Cockerel*, 333.
6. Zitiert nach Salisbury, 93.
7. Dillon, 133.
8. Zitiert bei Cowles: *Last Tsar*, 65.
9. Witte: *Memoirs*, 117.
10. Pares: *History*, 440.
11. Kleinmichel, 220 f.
12. Lincoln: *In War's Dark Shadow*, 260.
13. Rollins in Oldenburg, 2: 273 f., Anm. d. Hrsg.
14. Ebd., 2: 274.
15. Lincoln: *In War's Dark Shadow*, 262 f.
16. Oldenburg, 2: 96.
17. Massie: *Nikolaus und Alexandra*, 124.
18. Harcave: *Years*, 333.
19. Rollins in Oldenburg, 2: 284, Anm. d. Hrsg. – Vgl. auch Lincoln: *In War's Dark Shadow*, 266.
20. Harcave: *Years*, 356.
21. Vorres, 113.

19. Kapitel
1. Vorres, 114.
2. Cowles: *Last Tsar*, 73 f.
3. Harcave: *Years*, 345 f.
4. Massie: *Nikolaus und Alexandra*, 132.

5. Oldenburg, 2: 111.
6. Harcave: *Years*, 342.
7. Harcave: *1905*, 88 f.
8. Lincoln: *In War's Dark Shadow*, 289.
9. Pares: *Fall*, 79. Vgl. a. Salisbury, 129.
10. Mazour: *Risse and Fall*, 356.
11. *Times* (London), 25.1.1905.
12. Buxhoeveden, 108 ff.
13. Buxhoeveden, 61. Mouchanow, Kap. 6.
14. Mouchanow, 64.
15. Victoria: *Advice*, 67.
16. Almedingen: *Empress Alexandra*, 171.
17. Bergamini, 395.

20. Kapitel
1. Salisbury, 1935.
2. Lincol: *In War's Dark Shadow*, 217.
3. Charques, 44.
4. Ular, 79.
5. Vassilli: *Behind the Veil*, 127.
6. Youssoupov: *Lost Splendour*, 90.
7. Ular, 76 f.
8. Mossolov, 80.
9. Paléologue, I: 146.
10. Almedingen: *Empress Alexandra*, 18.
11. Alexander, 139 f.
12. Wyrubowa, 17 f.
13. Almedingen: *Unbroken Unity*, 42.
14. VMH, 235.
15. Youssoupow: *Lost Splendour*, 118.
16. Essed-Bey, 132.
17. Youssoupow: *Lost Splendour*, 118.

18. VMH, II: 237.
19. Paléologue, I: 154 f.
20. Buchanan: *Victorian Gallery*, 148.
21. Lincoln: *In War's Dark Shadow*, 310.
22. Mossolov, 90.
23. Pipes, I: 50.
24. Ebd., I: 60 f.
25. Salisbury, 162.
26. Harcave: *Years of the Golden Cockerel*, 375.
27. Kokovtsov, 129 f.
28. Vassilli: *Behind the Veil*, 345.
29. Mossolov, 139.

21. Kapitel
1. Buxhoeveden, 83.
2. Fülöp-Miller, 140–145.
3. Witte: *Memoirs*, 194.
4. Youssoupov: *Lost Splendour*, 62.
5. Paléologue, I: 203.
6. Fülöp-Miller, 137.
7. Cowles: *Last Tsar*, 90.
8. De Jonge, 113.
9. Dillon, 155 f.
10. Vorres, 119.
11. Mouchanow, 155.
12. Buxhoeveden, 104.
13. Zitiert nach Radziwill: *Taint of the Romanows*, 179 f.
14. Buxhoeveden, 104.
15. Vyrubova, 16.
16. Gilliard: *Das tragische Schicksal*, 8.
17. Mossolov, 29 f.
18. Longford, 198.
19. Mayre, 294.

22. *Kapitel*
1. Massie: *Peter der Große*, 59.
2. Ebd., 63.
3. De Jonge, 32.
4. Zitiert bei Salisbury, 134.
5. Wyrubowa, 141.
6. Kokovtsov, 449.
7. Pares: *Fall of the Russian Monarchy*, 33.
8. Alexander, 183.

23. *Kapitel*
1. De Jonge, 14.
2. Fülöp-Miller, 14–17.
3. Ebd., 17.
4. Wilson, 38.
5. De Jonge, 35.
6. Wilson, 31.
7. Pares: *Fall of the Russian Monarchy*, 145.
8. Wilson, 33.
9. De Jonge, 48.
10. Ebd., 13.
11. Massie: *Nikolaus und Alexandra*, 232.
12. Wilson, 11 f.
13. De Jonge, 94.
14. Paléologue, I: 134.
15. Wyrubowa, 63 f.
16. Ebd., 64.
17. Gilliard: *Thirteen Years*, 40.
18. Mossolov, 53.
19. Gilliard: *Thirteen Years*, 38–43. Gilliard: *Das tragische Schicksal*, 9 f.
20. Radziwill: *Taint of the Romanows*, 199.
21. Vorres, 138.
22. Ebd., 142.
23. De Jonge, 139.

24. Almedingen: *Empress Alexandra*, 127.

24. *Kapitel*
1. Massie: *Nikolaus und Alexandra*, 199.
2. Vorres, 130.
3. Wyrubowa, 37.
4. Ebd., 78.
5. Buxhoeveden, 126.
6. A. an Prinzessin Barjatinskij. BA, 28, Oktober 1910.
7. Radziwill: *Nicholas II.*, 194 f.
8. Vassilli: *Confessions*, 147.
9. Buxhoeveden, 166.
10. Essed-Bey, 191.
11. Wyrubowa, 30 f.
12. Ebd., 25.
13. Botkina, 8.
14. Paléologue, I: 225.
15. Ebd., I: 225.
16. Wyrubowa, 34.
17. Dehn, 49.
18. Vyrubova, 29.
19. Pares: *Fall of the Russian Monarchy*, 127.
20. Massie: *Nikolaus und Alexandra*, 199.
21. Vyrubova, 395.
22. Mossolov, 246. Die *Standart* endete als sowjetischer Minenräumer.
23. Donaldson, 45.
24. Buxhoeveden, 122.
25. Heckstall-Smith, 77.

25. *Kapitel*
1. Paléologue: *Memoirs*, I: 161.
2. Fülöp-Miller, 236 f.
3. Illiodor, 202.

4. Rodzjanko, 35.
5. Rivet, 40.
6. Illiodor, 198.
7. Zitiert nach De Jonge, 169.
8. Illiodor, 111.
9. Ebd., 116.
10. Ebd., 233 f.
11. Zitiert nach De Jonge, 154.
12. Moorehead, 97.
13. Kokovtsov, 300.
14. Fuhrman, 91.
15. Botkin, 123.
16. Wyrubowa, 149.
17. Massie: *Nikolaus und Alexandra*, 258 f.
18. Fuhrman, 53.
19. Ebd., 55.
20. Kokovtsov, 266.
21. Pares: *Fall of the Russian Monarchy*, 143.
22. Kokovtsov, 272.
23. Youssoupov: *Lost Splendour*, 146.
24. Kokovtsov, 281 ff.
25. Ebd., 291.
26. Rodzjanko, 40.
27. Almedingen: *Empress Alexandra*, 124.
28. Rodzjanko, 43.
29. Ebd., 54 f.
30. Kokovtsov, 12.
31. Ebd., 454.
32. Ebd., 470.
33. Kilcoyne, 248.
34. Pares: *Fall of the Russian Monarchy*, 150.
35. Massie: *Nikolaus und Alexandra*, 258.
36. Kokovtsov, 295 f.

26. *Kapitel*
1. Zitiert nach De Jonge, 198.
2. N an MF, 278.
3. Spiridovich, 2: 202.
4. Wyrubowa, 71.
5. De Jonge, 213.
6. Gilliard: *Thirteen Years*, 40.
7. Ebd., 28.
8. Wyrubowa, 72.
9. Gilliard: *Thirteen Years*, 29.
10. Wyrubowa, 72 f.
11. N an MF, 280.
12. Ebd., 280.
13. Buxhoeveden, 132.
14. Massie: *Nikolaus und Alexandra*, 224.
15. Buxhoeveden, 132.
16. Wyrubowa, 73.
17. Gilliard: *Thirteen Years*, 29 ff.
18. Ebd., 29.
19. Ebd., 31.
20. Vyrubova, 93.
21. Wyrubowa, 74.
22. Paléologue, 141.
23. N an MF, 280.
24. Vyrubova, 97.
25. Gilliard: *Thirteen Years*, 37.
26. Vassilli: *Behind the Veil*, 394.
27. Zitiert bei De Jonge, 139.

27. *Kapitel*
1. Cowles: *1913*.
2. Rodzjanko, 72 f.
3. Buchanan: *Dissolution*, 87.
4. Buxhoeveden, 175.
5. Buchanan: *Dissolution*, 36 f.
6. Vorres, 130.
7. Kokovtsov, 361.
8. Vassilli: *Behind the Veil*, 399.
9. Paley, 15.

10. Buxhoeveden, 153.
11. Botkin, 65.
12. Kobylinsky in Wilton, 220.
13. Buxhoeveden, 155.
14. Gilliard: *Thirteen Years*, 76.
15. Hough: *Louis and Victoria*, 265.
16. Gilliard: *Thirteen Years*, 76 f.
17. Mossolov, 247.
18. Vorres, 53.
19. *Munsey's*, 3.
20. *Good Housekeeping*, 455 f.
21. Buxhoeveden, 180.
22. Wyrubowa, 44.
23. Botkina, 9.
24. Cowles: *1913*, 111.
25. Almedingen: *Empress Alexandra*, 132.
26. Lincoln: *In War's Dark Shadow*, 377.
27. Paléologue, *Memoirs*, III: 122.
28. *Daily Mail* (London), 23.5.1913.
29. Cowles: *1913*, 76.

28. Kapitel
1. Zitiert nach Cassels, 253.
2. Ebd., 258.
3. Zitiert nach Cassels, 265 f.
4. Pares: *Fall of the Russian Monarchy*, 182.
5. De Jonge, 237.
6. Ebd.
7. Paléologue, I: 5.
8. Ebd., I: 17.
9. Ebd., I: 19 f.
10. Mansergh, 345.
11. Pares: *Fall*, 181.
12. Ebd., 184.
13. Zitiert nach Cowles: *Kaiser*, 274.
14. Buchanan: *Mission*, I: 202.
15. Cowles: *Kaiser*, 276.

16. Sazonov, 201.
17. Wyrubowa, 84.
18. Zitiert nach Paléologue, I: 38.
19. Paléologue, I: 41.
20. Pares: *Fall*, 188.
21. Wyrubowa, 83.
22. Zitiert bei De Jonge, 228.
23. Ebd., 228.
24. Ebd.
25. Simanovich, 196.
26. Gilliard: *Thirteen Years*, 165 f.
27. Marie Pavlovna, 162.
28. Paléologue, I: 44.
29. Cantacuzene, 15.

29. Kapitel
1. Cowles: *Last Tsar*, 154.
2. Golovine, 53.
3. Ebd., 45–50.
4. Ebd., 34.
5. Ebd., 205.
6. Pares: *Fall of the Russian Monarchy*, 198.
7. Paléologue, I: 102.
8. AF an N, 73.
9. Knox, 103.
10. Pares: *Fall*, 211.
11. Knox, 189.
12. Ebd., 194.
13. Ebd., 249.
14. Golovine, 214.
15. Pares: Fall, 230.
16. Massie: *Nikolaus und Alexandra*, 369.
17. Golovine, 98.
18. Ebd., 145.
19. Ebd., 237.
20. Ebd., 98.
21. Paléologue, I: 373.
22. Golovine, 127.

23. Knox, 255.
24. Ebd., 270.
25. Pares: *Fall*, 232.
26. Paléologue, I. 49.
27. Almedingen: *Empress Alexandra*, 137.
28. AF to N, 37.
29. Buxhoeveden, 186.
30. Gilliard: *Thirteen Years*, 109.
31. Lockhart, 102 f.
32. Knox, 515.
33. Kerensky: *Murder*, 55.
34. Almedingen: *Empress Alexandra*, 143.
35. Mossolov, 87.
36. Knox, 334.
37. AF to N, 91.
38. AF an N, 122.
39. AF an N, 125.
40. AF an N, 145 ff.
41. AF an N, 100.
42. AF an N, 165 f.
43. Wyrubowa, 102.
44. Paléologue, I: 407.
45. Wyrubova, 103.
46. Ebd., 103.
47. Zitiert bei Lincoln: *Armageddon*, 167.
48. Cantacuzene, 69 f.
49. AF an N, 173–180.

30. Kapitel
1. AF an N, 69 f.
2. Buxhoeveden, 192.
3. Marie Pavlovna, 196.
4. Buxhoeveden, 192 f.
5. Wyrubowa, 87 f.
6. AF to N, 11.
7. Ebd., 12.
8. AF an N, 74.

9. Ebd., 78 ff.
10. AF to N, 31 f.
11. AF an N, 84.
12. Wyrubowa, 89.
13. AF to N, 33.
14. Ebd., 53.
15. Marie Pavlovna, 194.
16. Ebd., 196 f.
17. AF to N, 394.
18. AF an N, 154.
19. AF to N, 366.
20. Ebd., 368.
21. AF an N, II:106.
22. Ebd., II:115.
23. Ebd., 35.
24. Ebd., 38.
25. Ebd., 59 f.
26. AF to N, 11.
27. AF an N, 63.
28. Ebd., 129.
29. AF to N, 248.
30. Ebd., 267.
31. Ebd., 310.
32. Ebd., 43.
33. Ebd., 334.
34. Ebd., 318.
35. N an AF, 50 f.
36. N an AF, 83.
37. N to AF, 38.

31. Kapitel
1. Fülöp-Miller, 272.
2. Mossolov, 153.
3. Ebd.
4. Fülöp-Miller, 210.
5. Ebd., 211.
6. Ebd.
7. Ebd., 214.
8. Ebd., 227.
9. Ebd.

10. Ebd., 227 f.
11. Ebd., 211.
12. Ebd., 214.
13. Ebd., 227.
14. Ebd., 216.
15. Ebd., 217.
16. Mayre, 446.
17. Pares: *Fall of the Russian Monarchy*, 140.
18. Zitiert nach De Jonge, 213 f.
19. Lockhart, 125 f.
20. Paléologue, I:329.
21. Lockhart, 126.
22. Pares: *Fall*, 225.
23. Zitiert bei Salisbury, 271.
24. De Jonge, 253.
25. AF to N, 105 f.
26. Wyrubowa, 97 ff.
27. Zitiert nach Paléologue, I:254.
28. Wyrubowa, 99.
29. Gilliard: *Thirteen Years*, 167 f.
30. AF to N, 182 und 192.
31. Ebd., 225.
32. Wyrubowa, 105.
33. Gilliard: *Thirteen Years*, 155 f.
34. Wyrubowa, 157.

32. Kapitel
1. Pares: *Fall of the Russian Monarchy*, 280.
2. AF an T, 117.
3. AF to N, 153.
4. AF an N, 174.
5. N to AF, 71 f.
6. De Jonge, 249 f.
7. Kilcoyne, 279.
8. Zitiert bei Salisbury, 237.
9. AF to N, 110.
10. Ebd., 441.
11. Zitiert bei Radziwill:

Nicholas II., 242. Siehe auch Buchanan: *Dissolution*, 128.
12. AF an N, 12.
13. Ebd., 121.
14. AF to N, 186.
15. Ebd., 379.
16. AF an N, 96.
17. Ebd., 137.
18. AF to N, 291.
19. Ebd., 117.
20. AF an N, 117.
21. Ebd., 137.
22. Ebd., II:233.
23. Ebd., II:234.
24. AF to N.
25. Ebd., 305.
26. AF an N, II:233 und 240.
27. Ebd., II:244 f.
28. Ebd., 146.
29. AF to N, 121.
30. Ebd., 143 f.
31. AF an N, 186.
32. Rodzjanko, 141.
33. AF to N, 120.
34. Ebd., 256.
35. Paléologue, II:35.

33. Kapitel
1. De Jonge, 259.
2. AF an N, 212.
3. De Jonge, 257.
4. AF an N, 324.
5. Ebd., 130.
6. AF to N, 297.
7. AF an N, 274.
8. Ebd., 341.
9. AF to N, 297.
10. Ebd.
11. Knox, 415.
12. AF to N, 156.

13. Ebd., 210.
14. AF an N, 180.
15. Ebd., II:198.
16. AF to N, 156.
17. Zitiert bei De Jonge, 287.
18. AF an N, II:111.
19. N an AF, II:117 f.
20. Billington, 500.
21. Kerensky: *Crucifixion*, 218.
22. AF an N, II:184.
23. Rodzjanko, 176.
24. Fuhrman, 184.
25. AF to N, 438.
26. N to AF, 297.
27. Ebd., 298.
28. AF to N, 439.
29. Ebd., 441.
30. Ebd., 442.
31. Mossolov, 168–173.

34. Kapitel
1. Paléologue, II:197.
2. AF to N, 211.
3. Ebd., 221.
4. N to AF, 202.
5. Ebd., 68.
6. Ebd., 203.
7. AF to N, 411.
8. Ebd., 385.
9. Ebd., 282.
10. Ebd., 411.
11. Ebd., 413.
12. Alexander, 271.
13. Kerensky: *Murder*, 51.
14. N to AF, Anmerkung des Herausgebers, 203.
15. Kerensky: *Crucifixion*, 220.
16. Zitiert bei Kurth, 345 ff.
17. AF an N, 325.
18. Vyrubova, 111.

19. Buxhoeveden, 223.
20. Kerensky: *Crucifixion*, 244.
21. Shulgin, 90 ff.
22. Zu weiteren Informationen s. Salisbury, 296.
23. Die Verwicklung der Kaiserinwitwe und anderer Romanows in die Verschwörung ist schwer zu beweisen. Immerhin glaubten viele Familienmitglieder selbst daran. Meine Informationen habe ich von G. Nicholas Tantzos, einem Autor, der Zugang zu bestimmten Dokumenten im Archiv der Oktoberrevolution in Moskau hatte, darunter noch unveröffentlichten Briefen der kaiserlichen Familie.
24. Zitiert bei Salisbury, 299.
25. Alexander, 275.
26. Zitiert bei Alexandrov, 119 f.
27. AF an N, II:188 f.
28. Zitiert bei Salisbury, 297.
29. Zitiert bei Paléologue, II:324.
30. Marie Pavlovna, 248 f.
31. Youssoupow: *Lost Splendour*, 193.
32. Zitiert bei Salisbury, 299.
33. Gilliard: *Thirteen Years*, 181 f.

35. Kapitel
1. Pares: *Fall of the Russian Monarchy*, 376.
2. Ebd., 396 f. Zitiert nach Paléologue, II. 278.
3. Paléologue, II. 321 f.
4. Purischkewitsch, 15.
5. Vorres, 98.
6. Youssoupow: *Lost Splendour*, 19.

7. Ebd., 55.
8. Ebd., 70.
9. De Jonge, 296.
10. Youssoupov: *Lost Splendour*, 62.
11. De Jonge, 296.
12. Youssoupov: *Lost Splendour*, 65.
13. Ebd., 86.
14. Ebd., 174 f.
15. De Jonge, 297.
16. Jussupow: *Rasputins Ende*, 117 f.
17. Youssoupov: *Lost Splendour*, 213.
18. Jussupow: *Rasputins Ende*, 106 f.
19. Youssoupov: *Lost Splendour*, 225 f.
20. Wyrubowa, 161 f.
21. Pares: *Fall of the Russian Monarchy*, 399.
22. AF to N, 466.
23. Youssoupov: *Lost Splendour*, 232.
24. Ebd., 233.
25. Ebd., 236.
26. Jussupow: *Rasputins Ende*, 165.
27. Pares: *Fall of the Russian Monarchy*, 235.
28. Jussupow: *Rasputins Ende*, 167.
29. Purischkewitsch, 72.
30. Ebd., 75 f.
31. Jussupow: *Rasputins Ende*, 173, und Youssoupov: *Lost Splendour*, 242.
32. Purischkewitsch, 75 f.
33. Ebd., 76 f.
34. Ebd., 77.
35. Ebd., 78.
36. Ebd., 81.
37. Ebd., 78–81.
38. Ebd., 79 f.

36. Kapitel
1. Vyrubova, 181.

2. Ebd., 180.
3. Paléologue, II:338.
4. Ebd., II:263.
5. De Jonge, 324.
6. Zitiert bei De Jonge, 325 f.
7. Massie: *Nikolaus und Alexandra*, 445.
8. Vyrubova, 183.
9. Paléologue, II:330.
10. Dehn, 123.
11. Kerensky: *Murder*, 106.
12. Paléologue, II:303.
13. Ebd., II:357.
14. Kokovtsov, 478.
15. Pares: *Fall of the Russian Monarchy*, 414.
16. Rodzjanko, 205.
17. Paléologue, II:287.
18. Vyrubova, 186.
19. Dehn, 137.
20. Almedingen, *Empress Alexandra*, 281.
21. Zitiert nach Salisbury, 325.
22. Alexander, 283 f.
23. Ebd., 184. Zitiert nach Radsinski, 189 f.
24. Mossolov, 79.
25. AF an N, 318.
26. Paléologue, II:323.
27. Rodzjanko, 202.
28. Ebd., 206 f.
29. Cowles: *Last Tsar*, 183.

37. Kapitel
1. Rodzjanko, 212.
2. Zitiert nach Salisbury, 331.
3. Kerensky: *Crucifixion*, 261.
4. Massie: *Nikolaus und Alexandra*, 465.
5. Salisbury, 344 ff.

6. Harcave: *Years of the Golden Cockerel*, 453.
7. Ebd.
8. Massie: *Nikolaus und Alexandra*, 466 f.
9. Harcave: *Years*, 454.
10. Salisbury, 354.
11. Pares: *Fall of the Russian Monarchy*, 442.
12. Salisbury, 359.
13. Ebd., 359 f.
14. Zitiert nach Radsinski, 196.
15. Pares, *Fall*, 443.
16. Buchanan, *Meine Mission*, 166.
17. Paléologue, II:382.
18. Buchanan: *Dissolution*, 164.
19. Zitiert nach Salisbury, 368.
20. Pares: *Fall*, 451.
21. Salisbury, 384.
22. Zitiert nach Salisbury, 384.
23. Pares: *Fall*, 450.
24. Ebd., 458.
25. Botkin, 139.
26. Kschessinska, 169.
27. Paléologue, II:425.
28. Ebd., II:428.
29. Knox, 558.

38. Kapitel

1. Salisbury, 356.
2. Dehn, 147.
3. Ebd., 148.
4. Ebd.
5. Ebd., 149.
6. Ebd., 152.
7. Benckendorff, 5.
8. Gilliard: *Das tragische Schicksal*, 21.
9. Benckendorff, 5.

10. Gilliard: *Das tragische Schicksal*, 21.
11. Kerensky: *Murder*, 79.
12. Ebd., 86 f.
13. Pares: *Fall of the Russian Monarchy*, 459.
14. Dehn, 155.
15. Benckendorff, 6 f.
16. Dehn, 158.
17. Gilliard: *Das tragische Schicksal*, 21.
18. Buxhoeveden, 256.
19. Benckendorff, 9.
20. Buxhoeveden, 254 f.
21. Dehn, 156.
22. Ebd., 158.
23. Wyrubowa, 177.
24. Benckendorff, 14 f.
25. Dehn, 160.
26. Zitiert nach Radsinski, 203.
27. Dehn, 162.
28. Buxhoeveden, 262 f.
29. Dehn, 163.
30. Buxhoeveden, 256.
31. Zitiert nach De Jonge, 333.
32. Kerensky: *Murder*, 90 ff.
33. Paléologue, II:397 und 400.
34. Mossolov, 27.
35. Kerensky: *Murder*, 93.
36. Paley, 61.
37. Dehn, 165.
38. Buxhoeveden, 261 f.
39. Gilliard: *Das tragische Schicksal*, 22.
40. Wyrubowa, 177.
41. Dehn, 174.
42. Buxhoeveden, 264.
43. Pares: *Fall of the Russian Monarchy*, 467; zitiert nach Radsinski, 208.

44. Ebd.
45. Ebd., 468.
46. Dehn, 176.
47. Benckendorff, 30–35.
48. Bulygin, 190.
49. Gilliard: *Das tragische Schicksal*, 23.
50. Ebd.
51. Dehn, 185ff. Zitiert nach Radsinski, 216.

39. Kapitel
 1. Wyrubowa, 179f.
 2. Almedingen: *Empress Alexandra*, 209f.
 3. Benckendorff, 65.
 4. Ebd., 59.
 5. Kerenskij: *Memoiren*, 351.
 6. Benckendorff, 55f. und 59.
 7. Kerenskij: *Memoiren*, 355.
 8. Benckendorff, 75f.
 9. Wyrubowa, 189.
10. Buxhoeveden, 279.
11. Wyrubowa, 189f.
12. Dehn, 215.
13. Buxhoeveden, 286.
14. Ebd., 286.
15. Wyrubowa, 185.
16. Buxhoeveden, 284.
17. Dehn, 192.
18. Buxhoeveden, 284.
19. Ebd., 285.
20. Dehn, 199.
21. De Jonge, 340.
22. Kerensky: *Murder*, 105.
23. Buxhoeveden, 298.
24. Wyrubowa, 180.
25. Benckendorff, 71.
26. Buxhoeveden, 299.
27. Gilliard: *Thirteen Years*, 230f.

28. Wyrubowa, 187f.
29. Buxhoeveden, 300f.

40. Kapitel
 1. Lloyd-George, 507.
 2. *The Times*, London, 21.4.1917.
 3. Nicolson, 326.
 4. Ebd.
 5. Summers/Mangold, 240.
 6. Ebd., 240.
 7. Paléologue, II:423.
 8. Summers/Mangold, 240.
 9. PRO/FO 371/2998.
10. Summers/Mangold, 241.
11. Kerensky: *Murder*, 118.
12. Summers/Mangold, 242.
13. Ebd.
14. Ebd., 242f.
15. Ebd., 243.
16. Ebd., 244.
17. PRO/FO 800/205.
18. Summers/Mangold, 245.
19. Ebd.
20. Kerensky: *Murder*, 118; zitiert nach Summers/Mangold, 245.
21. Summers/Mangold, 245f.
22. Zitiert nach Lambton, 389.
23. Summers/Mangold, 246.
24. Ebd., 239.

41. Kapitel
 1. Pares, Einführung zu Kerensky: *Murder*.
 2. Kerensky: *Murder*, 120.
 3. Vyrubova, 222.
 4. Buxhoeveden, 305.
 5. Massie: *Nikolaus und Alexandra*, 547. Bykow: *Ende*, 32.
 6. Kerensky: *Murder*, 128.
 7. Bulygin, 194.

8. Kerensky: *Murder*, 130.
9. Gilliard: *Thirteen Years*, 239 f.
10. Ebd., 240.
11. Buxhoeveden, 311.
12. Gilliard: *Thirteen Years*, 242.
13. Bykov: *Last Days*, 43 f. Massie: *Nikolaus und Alexandra*, 555.
14. Massie: *Nikolaus und Alexandra*, 556.
15. Bykov: *Last Days*, 45.
16. Massie: *Nikolaus und Alexandra*, 560.
17. Vyrubova, 303.
18. Wyrubowa, 307.
19. Ebd., 317.
20. Ebd., 305, 307, 308, 313.
21. Vyrubova, 302.
22. Buxhoeveden, 316 f.

42. Kapitel
1. Botkina, 50.
2. Trewin, 82 f.
3. Wilton, 198.
4. Wyrubowa, 345.
5. Massie: *Nikolaus und Alexandra*, 565.
6. Wyrubowa, 331, 334.
7. Buxhoeveden, 323.
8. Wyrubowa, 343 f.
9. Deutsch von Udo Rennert. Zitiert nach Pipes, II:707 f.
10. Bulygin, 198 f.
11. Ebd., 198.
12. Bykow: *Ende*, 47.
13. Bulygin, 216.
14. Summers/Mangold, 254.
15. Trewin, 88 ff.
16. Summers/Mangold, 250.
17. Ebd., 251.
18. FOT, 255.

19. Windsor, 131.

43. Kapitel
1. Summers/Mangold, 270 f.
2. Ebd., 271 f.
3. Deterichs, I:78.
4. Summers/Mangold, 272.
5. Ebd., 273. Bei den »deutschen Prinzessinnen« dürfte es sich um Alexandra und ihre Schwester Elisabeth (Ella) gehandelt haben, nicht um die Zarin und ihre Töchter.
6. Ebd., 275.
7. Bulygin, 201.
8. Bykow: *Ende*, 53.
9. *Krasnaja Nitwa*, Nr. 27, 1928, 19.
10. Bulygin, 201.
11. Vyrubova, 340.
12. Botkina, 56.
13. Massie: *Nikolaus und Alexandra*, 573.
14. Wyrubowa, 356, 359.
15. Bulygin, 208.
16. Wilton, 205.
17. Gilliard: *Das tragische Schicksal*, 42.
18. Buxhoeveden, 329.
19. Gilliard: *Das tragische Schicksal*, 43.
20. Buxhoeveden, 329.
21. Gilliard: *Das tragische Schicksal*, 43.
22. Botkina, 56.
23. Botkin, 194.
24. Wilton, 249.
25. Bykow: *Ende*, 57.
26. Summers/Mangold, 258.
27. Levine, 130.
28. Bulygin, 212.

29. Ebd.
30. Bykow: *Ende*, 59.
31. Levine, 131.
32. Bykow, *Das Ende*, 61.
33. Levine, 133.
34. Bykow: *Ende*, 60.
35. Wilton, 206 f.
36. Bulygin, 232.
37. Wyrubowa, 362 f.

44. Kapitel
1. Grey, Marina, 19.
2. Kobylinskij in Wilton, 216.
3. Bulygin, 232.
4. Gilliard: *Das tragische Schicksal*, 47.
5. Summers/Mangold, 35.
6. Wilton, 179.
7. Ebd., 164.
8. Wilton, 148, 180.
9. Sokolov, 124.
10. Wilton, 34.
11. Ebd., 129.
12. Ebd., 149.
13. Ebd., 180 ff.
14. Sokolov, 144 f.
15. Vorres, 243.
16. Bykow: *Ende*, 64.
17. Levine, 138.
18. Ebd.
19. Ebd., 140.
20. Ebd., teilw. zitiert nach Radsinski und nach Bykow, 67.
21. Ebd., 133.
22. Ebd., 139.
23. Ebd., 133.
24. Ebd., 139.
25. Zitiert bei O'Conor, 81.
26. *Chicago Daily News*, 6. November 1919.
27. Radsinski in *Ogonek*, Nr. 2 (1989), 27.

45. Kapitel
1. Trotzki, 111 f.
2. Pipes, II:682.
3. Zitiert bei Salisbury, 611.
4. Ebd., 581 f.
5. Pipes, II:711.
6. *The Times*, London, 3. Juli 1918.
7. Melgunov, 365.
8. Deterichs, I:31.
9. Trotzki, 112 f.
10. Melgunov, 402.
11. Alexandrov, 229.
12. Radsinski in *Ogonek*, Nr. 21 (1989), 30.
13. Levine, 141. Teilw. zitiert nach Radsinski.
14. Sokolov, 122 ff.
15. Levine, 134.
16. McCullagh, 129.
17. Sokolov, 192 f.

46. Kapitel
1. Wilton, Aussage von Medwedew, Kap. 6.
2. Diese Szene der Ermordung ist den kürzlich veröffentlichten Memoiren von Jakow Jurowskij entnommen, wie sie in *Ogonek* und bei Radsinski: *Nikolaus II.*, 414–421, nachzulesen sind.
3. Siehe Radsinski, 422 f.
4. Radsinski, 436.
5. Ebd., 436.
6. Ebd., 441 f.
7. Sokolov, 221.
8. Ebd., 205.
9. Wilton, 325 f.

10. Ebd., 322f.
11. Bykow, 71.
12. Zu weiteren Informationen vgl. O'Conor.

47. *Kapitel*
 1. Den Rjabow-Bericht auf Video vertreibt das Holy Archangels Center in Washington, DC. Ich bekam meine Kopie durch freundliche Genehmigung von Mr. James Blair Lovell.
 2. *The Times*, London, 15. April 1989.
 3. Ebd.
 4. Rjabows Videoband.
 5. Kurth: *Vanity Fair*, 120.
 6. *New Republic*, Juli 1991.
 7. Kurth: *Vanity Fair*, 119.
 8. Ebd., 120.
 9. *AP Wire story*, 29. Juli 1992.
10. Radsinski, Kap. 16 und 17.
11. Radsinski erzählte mir davon bei einem Interview im Juli 1992.
12. Radsinski beschäftigt sich S. 451–455 mit Alexejs möglichem Überleben. Er berichtet von einem Mann aus einem stalinistischen Arbeitslager, der behauptet hätte, der Zarewitsch zu sein. Nach meinem Eindruck glaubt Radsinski, daß dieser Mann Alexej war. »Ich finde, es ist viel leichter zu glauben, daß er Alexej war, als

anzunehmen, daß [Anna Anderson] Anastasia war«, sagte er zu mir. Der einzige andere Mensch, der behauptet hat, Alexej zu sein, ein polnischer Überläufer namens Michael Goloniewski, hatte keinerlei Beweise für seine Angaben.
13. *The Times*, London, 11. Dezember 1992.

Epilog
 1. Pipes, II:748, 750.
 2. Bulygin, 255.
 3. Wilton, 362f.
 4. Bulygin, 256.
 5. Zu weiteren Informationen vgl. Pauline Grey: *Grand Duke's Woman*.
 6. Die Großfürstin hatte ein Vermögen an Schmuck auf die Flucht mitgenommen. Der größte Teil wurde nach ihrem Tod verkauft. Königin Elisabeth II. trägt oft ihr Diamant-Diadem. Vgl. Leslie Field, Suzy Menkes und Hans Nadelhoffer.
 7. Kurth: *Vanity Fair*, 123.
 8. Vgl. Dobson, sowie Bryan und Murphy.
 9. Airlie, 231.
10. Summers/Mangold.
11. Vgl. Duff: *Die Enkel der Queen*.
12. Jelzin, 86–97.
13. S. Massie: *Pavlovsk*, 179.

Bibliographie

Leider konnte ein Teil der Zitate nicht deutsch verifiziert und auch nicht aus der Originalsprache direkt übernommen werden, sondern mußte aus dem Englischen übersetzt werden. Das gilt gelegentlich auch für Bücher, von denen deutsche Ausgaben herangezogen wurden, wenn das Zitat darin nicht zu finden war. Deshalb erscheint in den Anmerkungen neben dem Nachweis Wyrubowa (der deutschen Ausgabe) auch Vyrubova (die englische Ausgabe), oder neben Gilliard: *Das tragische Schicksal* (einer Textauswahl von 62 S.) auch Gilliard: *Thirteen Years* (260 Seiten oder mehr). (Anmerkung der Übersetzerin).

Airlie, Mabell: *Thatched With Gold*. London 1962.
Albert. Ein Leben am Throne. Siehe Jagow, Kurt (Hrsg.).
Alexander Michailovich: *Once a Grand Duke*. Garden City, N. Y., 1932.
Alexandra Feodorovna, Zarin von Rußland: *Als deutsche Zarin im Weltenbrand*. Dresden 1932.
Alexandra: *Die letzte Zarin. Ihre Briefe an Nikolaus II.* Berlin 1922.
Alexandrov, Victor: *The End of the Romanows*. London 1966.
Alice. Großherzogin von Hessen und bei Rhein. (Briefe). Unveränderter fotomechanischer Nachdruck Darmstadt 1982.
Almedingen, Edith Martha von: *The Empress Alexandra*. London 1961.
Bainbridge, Henry: *Peter Carl Fabergé*. London 1949.
Balfour, Michael: *Kaiser Wilhelm II. und seine Zeit. Frankfurt* 1979.
Battiscombe, Georginia: *Queen Alexandra*. London 1969.
Benckendorff, Paul: *Last Days at Tsarskoe Selo*. London 1927.
Benson, E. F.: *Queen Victoria's Daughters*. London 1939.
Bergamini, J.: *The Tragic Dynasty: A History of the Romanovs*. London 1970.
Billington, James: *The Icon and the Axe*. New York, 1966.

Bing, Edward J. (Hrsg.): *The Secret Letters of the Last Tsar: Being the Confidential Correspondence Between Tsar Nicholas II and the Dowager Empress Marie.* New York 1938.

Bogdanovich, [Madame] A. V.: *Journal de la général A. V. Bogdanovich.* Paris 1926.

Botkin, Gleb: *The Real Romanovs.* New York 1931.

Botkina, Tatiana: *Vospominanija o Tsarskoi Sem'ye.* Belgrad 1921.

Bovey, Kate Koon: *Russian Coronation, 1896.* Minneapolis, Privatdruck 1942.

Bryan III, J., und Charles Murphy: *The Windsor Story.* New York 1979.

Buchanan, George: *My Mission to Russia.* London 1923. Deutsch: *Meine Mission in Rußland.* Berlin 1926.

Buchanan, Meriel: *Dissolution of an Empire.* London 1932.

– *Queen Victoria's Relations,* London 1954.

– *Victorian Gallery.* London 1956.

Bulygin, Paul: »The Sorrowful Quest«, in: *The Murder of the Romanows.* London, 1935.

Buxhoeveden, Sophie von: *The Life and Tragedy of Alexandra Feodorovna, Empress of Russia.* New York 1928.

Bykow, P. M.: *Das Ende des Zarengeschlechts. Die letzten Tage der Romanows.* Berlin 1926.

Cantacuzene, Princess: *Revolutionary Days.* Boston 1919.

Cassels, Lavender: *Der Erzherzog und seine Mörder.* Wien 1988.

Charques, Richard: *The Twilight of Imperial Russia.* Fair Lawn, N. Y., 1959.

Corti, Egon: *The English Empress.* London 1957.

Cowles, Virginia: *Der lebenslustige König. Leid und Freud Edwards VII. von England.* Frankfurt 1957.

– *1913: An End and a Beginning.* New York 1967.

– *The Romanovs.* London 1971.

– *Wilhelm der Kaiser.* Frankfurt/Berlin 1963.

– *The Last Tsar.* New York 1977.

Crankshaw, Edward: *Winterpalast. Rußland auf dem Weg zur Revolution. 1825–1917.* München 1978.

Dehn, Lili: *The Real Tsaritsa.* London 1922.

De Jonge, Alex: *The Life and Times of Gregorij Rasputin.* New York 1982.

Deterichs, Mikhail: *Ubiistvo Tsarkoi Sem'i.* Wladiwostok 1922.

Dillon, E. J.: *Eclipse of Russia.* London 1918.

Dimond, Frances, und Roger Taylor: *Crown and Camera.* London 1987.

Dobson, Christopher: *Prince Felix Yusupov, The Man who Killed Rasputin.* London 1989.

Donaldson, Frances: *Edward VIII.* London 1974.

538

Duff, David: *Die Enkel der Queen. Lebensbilder einer deutschen Fürstenfamilie.* Düsseldorf/Köln 1968.

– *Victoria in the Highlands.* London 1969.

– *Victoria Travels.* Taplinger 1970.

Edwards, Anne: *Matriarch: Queen Mary and the House of Windsor.* New York 1984.

Eilers, Marlene: *Queen Victoria's Descendants.* New York 1987.

Epton, Nina: *Queen Victoria and Her Daughters.* New York 1971.

Essed-Bey, Mohammed: *Nicholas II: Prisoner of the Purple.* London 1936.

Field, Leslie: *The Queen's Jewels: The Personal Collection of Elizabeth II.* New York 1987.

Fischer, Louis: *Das Leben Lenins.* Köln und Berlin 1964.

Florinsky, Michael T.: *The End of the Russian Empire.* New York 1961.

– *Russia: A History and an Interpretation.* New York 1964.

Fülöp-Miller, René: *Der heilige Teufel. Rasputin und die Frauen.* Berlin, Wien, Leipzig 1931.

Fuhrman, Joseph T.: *Rasputin: A Life.* New York 1990.

Fulford, Roger: *Dearest Child: The Letters of Queen Victoria to the Crown Princess Victoria of Prussia.* London 1964.

Gilliard, Pierre: *Das tragische Schicksal der Zarenfamilie. Veröffentlichungen eines Augenzeugen.* Berlin 1922.

– *Thirteen Years at the Russian Imperial Court.* New York 1921.

Golovine, N. N.: *The Russian Army in World War I.* London 1931.

Grabbe, Paul und Beatrice von: *The Private World of the Last Tsar.* Boston 1984.

Grey, Marina: *Enquête sur le massacre des Romanovs: Vérités et légendes.* Paris 1987.

Grey, Pauline: *The Grand Duke's Woman.* London 1976.

Hamilton, Frederick: *The Vanished Pomps of Yesterday.* New York 1934.

Harcave, Sidney: *1905.* New York 1964.

– *Years of the Golden Cockerel.* London 1970.

Harrison, Michael: *Clarence: Was He Jack the Ripper?* London 1972.

Haslip, Joan: *Elisabeth von Österreich.* München 1972.

Heckstall-Smith, Anthony: *Sacred Cows.* London 1965.

Hough, Richard: *Louis and Victoria: The First Mountbattens.* London 1974.

– *Mountbatten. Ein außergewöhnliches Leben.* Wien 1980.

Iliodor [Sergej Trufanow]: *The Mad Monk of Russia.* New York 1918.

Izvolsky, Alexander: *Memoirs.* London 1920.

Jagow, Kurt (Hrsg.): *Prinzgemahl Albert. Ein Leben am Throne.* Berlin 1937.

Jelzin, Boris: *Aufzeichnungen eines Unbequemen.* München 1991.

Judd, Denis: *Prince Philip.* New York 1981.

Jussupoff, Fürst Felix: *Rasputins Ende*. Frankfurt 1990. Siehe auch Youssoupov, Felix.

Karkov, George: *Russia, 1917. The February Revolution*. London 1967.

Kennett, Audrey und Victor: *Die Paläste von Leningrad*. München und Luzern 1974.

Kerenskij, Alexander: *Die Kerenski-Memoiren. Rußland und der Wendepunkt der Geschichte*. Wien/Hamburg 1966.

Kerensky, Alexander: *The Catastrophe*. New York 1927.

– *Crucifixion of Liberty*. New York 1934.

– *Murder of the Romanovs*. London 1935.

Kilcoyne, Martin: *The Political Influence of Rasputin*. Unveröffentlichte Phil. Diss., Seattle 1961.

Kleinmichel, Marie: *Memories of a Shipwrecked World*. London 1923. Deutsch: *Bilder aus einer versunkenen Welt*. Berlin 1922.

Knight, Stephan: *Jack the Ripper*. London 1976.

Knox, Alfred: *With the Russian Army*. New York 1921.

Kochan, Miriam: *The Last Days of Imperial Russia*. New York 1976.

Kokovtsov, Vladimir: *Out of My Past: The Memoirs of Count Vladimir Kokovtsov*. Stanford 1935.

Kschessinska, Mathilde: *Dancing in Petersburg*. Garden City, N. Y., 1961.

Kurth, Peter: *Anastasia: The Riddle of Anna Anderson*. Boston 1983.

Lambton, Anthony: *Elizabeth and Alexandra*. New York 1986.

Lee, Sidney: *Queen Victoria*. London 1902.

Levine, Isaac Don: *Eyewitness to History*. New York 1973.

Lincoln, W. Bruce: *The Romanows*. New York 1981.

– *In War's Dark Shadow*. New York 1983.

– *Passage Through Armageddon*. New York 1986.

Lloyd-George, David: *War Memoirs*. Boston 1934.

Lockhart, Robert Bruce: *British Agent*. New York 1933.

Longford, Elizabeth: *Victoria. Königin und Kaiserin. Ihr Leben und ihre Epoche*. Oldenburg 1966.

Lovell, James Blair: *Anastasia: The Last Princess*. Washington 1991.

McCullagh, Frances: *Prisoner of the Reds*. London 1921.

Magnus, Philip: *King Edward VII*. New York 1964.

Mansergh, Nicholas: *The Coming of the First World War*. New York 1942.

Marie Louise: *My Memories of Six Reigns*, New York 1957.

Marie of Battenberg: *Reminiscences*. London 1925.

Maria Pavlovna: *Education of a Princess*. New York 1934.

Markov, Sergej: *How We Tried to Save the Tsaritsa*. London 1929. Deutsch: *Wie ich die Zarin befreien wollte*. Wien 1929.

Martin, Theodore: *The Life of the Prince Consort*. London 1874. Deutsch: *Das Leben des Prinzen Albert, Prinz-Gemahls der Königin*. Gotha 1881.

Massie, Robert K.: *Nikolaus und Alexandra*. Frankfurt 1968.

– *Peter der Große. Sein Leben und seine Zeit*. Frankfurt 1986.

– *Die Romanows: das letzte Kapitel*. Berlin 1995.

Massie, Robert, und Jeffrey Finestone: *The Last Courts of Europe*. New York 1981.

Massie, Suzanne: *Pavlovsk: The Life of a Russian Palace*. Boston 1990.

Mayre, George Thomas: *Nearing the End in Imperial Russia*. Philadelphia 1929.

Mazour, Anatole: *The Rise and Fall of the Romanovs*. Princeton, N. J., 1960.

– *Russia Past and Present*. New York 1951.

Melgunoff, Sergej (Hrsg.): *Das Tagebuch des letzten Zaren von 1890 bis zum Fall*. Berlin 1923.

Menkes, Suzy: *The Royal Jewels*. London 1988.

Michael of Greece: *Crown Jewels*. New York 1986.

Milford-Haven, Victoria: *Reminiscences*. Unveröffentlicht. Broadlands Archives.

Moorehead, Alan: *Roter Oktober. Die Bolschewisten ergreifen die Macht*. München 1958.

Mossolov, Alexander: *At the Court of the Last Tsar*. London 1935.

Mouchanov, Marfa: *My Empress*. New York 1918.

Nadelhoffer, Hans: *Cartier: Jewellers Extraordinary*. London 1984.

Narischkin-Kurakin, Elisabeth: *Unter drei Zaren. Die Memoiren der Hofmarschallin Elisabeth Narischkin-Kurakin*. Zürich/Leipzig/Wien 1930.

Nicolson, Harold: *Georg V*. München 1954.

Nikolaus II: *Das Tagebuch des letzten Zaren von 1890 bis zum Fall*. Hrsg. v. S. Melgunoff. Berlin 1923.

– *Der letzte Zar. Briefwechsel Nikolaus' II. mit seiner Mutter*. Einleitung und Erläuterungen von Wladimir von Korostowetz. Berlin 1938.

Noel, Gerard: *Princess Alice: Queen Victoria's Forgotten Daughter*. London 1974.

O'Conor, John: *The Sokolov Investigation*. New York 1971.

Oldenburg, S. S.: *Last Tsar: Nicholas II, His Reign und His Russia*. Gulf Breeze, Fla., 1977.

Paléologue, Maurice: *Am Zarenhof während des Weltkrieges. Tagebücher und Betrachtungen*. München 1925.

Paley, Princess of Russia: *Memories of Russia*. London 1924.

Pares, Bernard: *The Fall of the Russian Monarchy*. New York 1961.

– *A History of Russia*. New York 1960.

Payne, Robert: *Lenin*. München 1965.

Pipes, Richard: *Die russische Revolution*. Bd. 1: *Der Zerfall des Zarenreiches*.

Bd. 2: *Die Macht der Bolschewiki*. Berlin 1992.

Pobedonostsev, Constantine: *Reflections of a Russian Statesman*. Ann Arbor, Mich., 1965.

Poliakoff, Vladimir: *The Empress Marie of Russia and Her Times*. London 1926.

– *The Tragic Bride: The Story of the Empress Alexandra*. New York 1927.

Ponsonby, Sir Frederick: *Im Dienste der großen Queen. Aus den Erinnerungen ihres Privatsekretärs*. Jugenheim 1916.

– Englische Ausgabe: *Recollections of Three Reigns*, New York 1952.

Pope-Hennessy, James: *Queen Mary*, New York 1960.

Preston, Thomas: *Before the Curtain*. London 1950.

Prideham, Francis: *Close of a Dynasty*. London 1956.

Purischkewitsch, Wladimir: *Wie ich Rasputin ermordete*. Berlin 1991.

Radsinski, Edward: *Nikolaus II. Der letzte Zar und seine Zeit*. München 1992.

Radziwill, Catherine: *The Intimate Life of the Last Tsarina*. London 1929.

– *Nicholas II, the Last of the Tsars*. London 1931.

– *Secrets of Dethroned Royalty*. New York 1920.

– *The Taint of the Romanovs*. London 1931.

Rasputin, Maria: *My Father*. London 1934.

– *Rasputin*. London 1929.

Richards, Guy: *The Hunt for the Czar*. London 1971.

Rivet, Charles: *The Last of the Romanovs*. London 1918.

Rodzjanko, Michail: *Erinnerungen*. Berlin o. J. (1926).

Rose, Kenneth: *King George V*. London 1983.

Ross, Marvin: *The Art of Karl Fabergé and His Contemporaries*. Tulsa 1965.

Rumbelow, Donald: *The Complete Jack the Ripper*. Boston 1975.

Salisbury, Harrison: *Black Night, White Snow*. New York 1977.

Sazonov, Serge: *Fateful Years*. New York 1928. Deutsch: Sasonoff: *Sechs schwere Jahre*. Berlin 1927.

Shulgin, V.: *The Years: Memoirs of a Member of the Russian Duma*. New York 1984.

Simanovich, Aron: *Rasputin i evre; vospominaniia lichnago sekretaria Grigorii Rasputin*. Riga o. J.

Sokolov, Nicholas: *Enquête judicaire sur l'assassinat de la famille impériale russe*. Paris 1924.

Spiridovich, Alexander: *Les dernières années de la cour de Tsarskoie Selo*. Paris 1928.

Sulzberger, Cyrus Leo: *The Fall of Eagles*. New York 1977.

Summers, Antony; Mangold, Tom: *Zarenmord. Das Ende der Romanows*. München 1976.

Taylor, Edmund: *The Fall of the Dynasties*. New York 1963.

Trewin, John: *The House of Special Purpose.* New York 1975.

Trotzki, Leo: *Tagebuch im Exil.* Köln/Berlin 1958.

Tuchmann, Barbara: *August 1914.* Frankfurt 1993.

– *Der stolze Turm.* Zürich 1981.

Tyler Whittle, Michael: *Kaiser Wilhelm II.* München 1979.

Ular, Alexander: *Russia from Within.* London 1905.

Vassilli, Paul [d. i. Catherine Radziwill]: *Behind the Veil of the Russian Court.* London 1913. Die deutsche Ausgabe: Wasili, Graf: *Zar Nikolaus II. in seiner wahren Gestalt. Wie ihn einer seiner Höflinge schildert,* Berlin 1916, war nur in einem gekürzten Nachdruck von 1989 zu bekommen. Die Zitate sind deshalb zum Teil neu übersetzt.

– *Confessions of the Czarina.* New York 1918.

Victoria: *Advice to a Granddaughter.* Hrsg. v. Richard Hough. London 1975.

Victoria: *Königin Victorias Briefwechsel und Tagebuchblätter während der Jahre 1862 bis 1878.* Hrsg. v. George Earl Buckle. Zweiter Teil: 1870 bis 1878. Berlin 1926.

Victoria: *Queen Victoria. Ein Frauenleben unter der Krone. Eigenhändige Briefe und Tagebuchblätter 1834–1901.* Hrsg. Kurt Jagow. Berlin 1936.

Vorres, Ian: *The Last Grand Duchess.* New York 1965.

Vyrubova, Anna: *Memories of the Russian Court.* New York 1923. Siehe auch Wyrubowa.

Warwick, Christopher: *Two Centuries of Royal Weddings.* New York 1980.

Waters, Hely-Hutchinson Wallscourt: *Potsdam and Doorn.* London 1935.

Wasili, Graf: *Zar Nikolaus II. in seiner wahren Gestalt. Wie ihn einer seiner Höflinge schildert,* Berlin 1916; Nachdruck einer gekürzten Fassung: Rastede 1989

Wheeler-Bennett, John: *Brest-Litovsk.* London 1963.

Wilhelm II., Deutscher Kaiser: *Briefe Wilhelms II. an den Zaren 1894–1914.* Hrsg. Walter Goetz. Berlin (1920).

– *Briefe und Telegramme Wilhelms II. an Nikolaus II. 1894–1914.* Hrsg. Hellmuth von Gerlach. Wien 1920.

Wilson, Colin: *Rasputin and the Fall of the Romanovs.* New York 1964.

Wilton, Robert: *The Last Days of the Romanovs.* London 1920. Deutsch: *Die letzten Tage der Romanows.* Berlin 1923.

Windsor, HRH the Duke of: *A King's Story.* New York 1947.

Witte, Serge: *The Memoirs of Count Witte.* New York 1921.

– *Vospominanija.* Moskau 1960. Deutsch: *Erinnerungen.* 1923. In dieser einbändigen Auswahl aus der zweibändigen Originalausgabe sind die angeführten Zitate nicht enthalten.

Wolfe, Bertram David: *Drei Männer, die die Welt erschütterten.* Wien 1951.

Wyrubowa, Anna: *Glanz und Untergang der Romanows*. Wien 1927.
Youssoupov, Felix: *Lost Splendour*. London 1953.

Russische Periodika:
Krasnaija Niwa, Nr. 27 (1928), 17.
Radsinski, Edward: *Ogonek*, Nr. 21 (1989), 4–5, 30–32.
Rjabow, Geli: *Rodina*, Nr. 4 und 5 (1989).

Englischsprachige Periodika:
Coudert, Amalia Kussner: »The Human Side of the Czar«, *Century*, Oktober 1906, 847.
»The Czar and His Family«, *Munsey's*, Bd. 51, Nr. 1 (Februar 1914), 3.
Fletcher, Richard: »Royal Mothers and Their Children«. *Good Housekeeping*, Bd. 54, Nr. 4 (April 1912), 455 f.
Illustrated London News, Verschiedene Ausgaben, siehe die Quellennachweise.
Kurth, Peter: »The Mystery of the Romanov Bones«, *Vanity Fair*, Bd. 56, Nr. 1 (Januar 1993).
Morris, Fritz: »The Czar's Simple Life«, *Cosmopolitan*, Bd. 23, Nr. 5 (September 1902), 487.
New Republic, Juli 1991.
Oustimenko, Vladimir: »The File of the Romanovs: Nicholas and Alexandra«, *Royalty Monthly*, Bd. 11, Nr. 3 (Dezember 1991).
Pelham-Clinton, Charles: »The Russian Coronation«, *Strand*, Bd. 11, 1897, 487–93.
The Lady, Juli 1894.

Zeitungen:
(Die Daten sind jeweils in den Quellennachweisen angegeben)
The Times (London)
Chicago Daily News
London Daily Mail

Andere Medien:
New Findings. Videoband eines Interviews mit Geli Rjabow von 1989. Vertrieb: Holy Archangels Center, Washington D. C.

Weitere Quellen:
Neben den in der Bibliographie genannten Werken konnte ich unveröffentliches Material aus Archiven nutzen. Es steht unter den folgenden Abkürzungen:
BA Broadlands Archives. Die Familienpapiere der Mountbattens, z. Zt. in der Southampton University, Southampton, England.
VMH Die unveröffentlichten Reminiszenzen von Victoria Milford-Haven, der Schwester Alexandras. Ebenfalls Broadlands Archives.
PRO/FO Public Records Office/Foreign Office Files im Public Records Office in Kew, England.
TsGAOR oder N's Diary State Central Archives of the October Revolution, Moskau: Unveröffentlichte Teile des Tagebuchs von Nikolaus II.

Auch die folgenden Werke sind abgekürzt nachgewiesen:
AF an N Briefe von Alexandra Fjodorowna an Nikolaus II.
N an AF Briefe von Nikolaus II. an Alexandra Fjodorowna.
Beides in Alexandra Fjodorowna: *Zarin im Weltenbrand.*

AF to N *The Letters of the Tsarina to the Tsar, 1914–1916.*
N to AF *The Letters of the Tsar to the Tsarina, 1914–1917.*
Aus den nicht in *Zarin im Weltenbrand* enthaltenen Briefen.

N an MF
MF an N:
Briefe Nikolaus' II. an seine Mutter, Maria Fjodorowna in Bing (Hrsg.): *The Secret Letters of the Last Tsar.*

Personenregister